भारत और विश्व इतिहास की ऐतिहासिकता

भारत और विश्व इतिहास की ऐतिहासिकता

(इतिहास का पहला और अन्तिम पृष्ठ)

Historicity of Indian and World History

(The First and The Last Page)

पण्डित ओम (खण्डूड़ी)

Pandit Om (Khanduri)

KALPAZ

भारत और विश्व इतिहास की ऐतिहासिकता

ISBN : 978-93-5128-008-8

मूल्य : रू. 1050

भारत में सन् 2014 में प्रकाशित

कल्पज़ पब्लिकेशन
सी-30, सत्यवती नगर,
दिल्ली-110052

Phone : 9212142040
ई-मेल : kalpaz@hotmail.com

शब्द संयोजक : जी. आर. कम्प्यूटर्स
मुद्रित : चावला ऑफसेट प्रिंटर्स, दिल्ली

समर्पण

मेरे स्व. माता-पिता के चरणों में समर्पित

अनुक्रमणिका

पुस्तक परिचय

यह पुस्तक पाश्चात्य इतिहासकारों द्वारा लिखा गया भारतीय इतिहास, प्रमेयतः विश्व इतिहास की प्रक्षिप्त विकृतियों के प्रक्षालन का एक प्रयास है अतः एक प्रकार से संक्षिप्त में उस विरूपित इतिहास की पुनरसंरचना और पुनर्लेखन (Re-writing, & setting right) का प्रयत्न है। सनातन वैदिक, पुराण शास्त्रीय गवेषणा एवं आधुनिक ऐतिहासिक, वैज्ञानिक, भूगर्भीय, पुरातत्त्वीय विवेचन परिनिष्ठित यह पुस्तक सच कहें तो इतिहास को ही एक ऐतिहासिक चुनौती है। पाठक पहली बार यह समझेंगे कि भारत और विश्व इतिहास के पहले और अंतिम पृष्ठ से, जो कि अतीव विस्मयकारी हैं, उन्हें किस तरह अभी तक वचिंत रखा गया था। पाठक इस सच से भी अवगत होंगे कि भारतीयों को अपमानित करने और अपने ही ऋत इतिहास के ऋत ज्ञान से वंचित रखने की कदाशयता से किस तरह जानबूझकर पाश्चात्य - यूरपियन इतिहासकारों ने इतिहास के पृष्ठों को विकृत और प्रदूषित किया था। यह पुस्तक बहुधा प्रतिष्ठापित इस आध्यात्मिक प्रश्न - हम कौन हैं, कहाँ से आये - का ऐतिहासिक उत्तर है, साथ ही बौद्धिक मंथन का आह्वान भी। केवल ऋत इतिहास का ज्ञान ही देशवासियों के अन्दर आत्मगौरव, स्वाभिमान, आत्मबल, आत्मसम्मान और उदारचरित उत्पन्न करने में सक्षम है। ऋत इतिहास और ऐतिहासिक सत्यता के ज्ञान के साथ संविधान की सामान्य जानकारी ही सुराज की कल्पना तथा सर्वहित कल्याणमय, शोषणमुक्त, न्याय और समानता आधारित सामाजिक व्यवस्था की स्थापना का स्वप्न साकार करने में समर्थ है। इन दोनों उद्देश्यों से यह पुस्तक वर्तमान पीढ़ी के लिये निधि तथा भावी के लिये वसीयत साबित होगी। देश की युवा पीढ़ी आज इस तरह के ऋत ज्ञानमय इतिहास दर्शन की ही अपेक्षा करती है। यह पुस्तक नागरिकों के अंदर प्रबल आत्मगौरव और युवाओं के अंतस्थ में प्रकृष्ट आत्मबल प्रस्फुटित करने में सक्षम होगी ऐसी आशा है। इसी प्रबोधन से अन्ततः शासनतन्त्र और व्यवस्था के रचनान्तरण - कायाकल्प के बीज प्रस्फुटित होंगे और सुराज की स्थापना सम्भव होगी। आशा है संस्कृत और अंग्रेजी दोनों को भोग-व्यापार और पण्डितांई तथा साहबियाना तक संकुचित रखने वाले मैक्समूलर-मुकोली (Macaulay) के अनुयायियों की यह पुस्तक चक्षु उन्मीलक होगी।

पण्डित ओम (खण्ड्ड़ी)

निवेदन

भारत और विश्व इतिहास जो लिखा जा चुका है उसे बदलना सम्भव न भी हो तथापि प्रयत्न तो किया ही जा सकता है। पाश्चात्यों ने विशेषतः अंग्रेजों और तदुपरान्त फ्रांसीसियों- जर्मनों ने महज अपनी खोखली श्रेष्ठता प्रदर्शित करने एवं सनातन वैदिक संस्कृति को हेय तथा भारतीय आर्यत्व को अपमानित करने के उद्देश्य से न केवल भारत के आदि आर्य इतिहास को विकृत किया अपितु इस निकृष्ट उद्देश्य से प्रमेयतः विश्व भी इतिहास को विरूपित कर दिया। उनका उद्देश्य जानबूझकर अपने दासों को नीचा दिखाना और गोरे वर्ण का आर्यत्व स्थापित करना था। वह इतिहास तब हमने मजबूरी में पढ़ा लेकिन अफसोस कि आज बिना मजबूरी के भी पढ़ रहे हैं जिसे बदलना अब उतना ही दुरूह है जितना पौरोहित्य प्रदूषित कर्मकाण्ड एवं ज्योतिष, बाबा, गुरु, जोगिनी मालिनीकृत धार्मिकता और भारतीय संवैधानिक एवं विधि व्याख्या विकृति जन्य न्यायिक-प्रशासनिक अराजकता को। तथापि दर्पण तो दिखाया ही जा सकता है। भारतीय वांगमय का 'सत्यमेव जयते' अगर सत्य है तो, देशवासियों को अपना ऋत इतिहास जानने और ज्ञान करवाने की बात भी उतनी ही सत्य हो सकती है जितनी अब सुराज, सु-शासन स्थापना हेतु संविधान और व्यवस्था परिवर्तन एवं रचनान्तरण की बात।

इस विकृत इतिहास को पढ़ना उस समय भारतीयों की मजबूरी थी। एक तो दास और दूसरे परतंत्र थे, दूसरा उनकी अपनी भाषा- संस्कृति खत्म हो चुकी थी। शिक्षा और नौंकरी दोनों का माध्यम अंग्रेजी होने से भारतीय जनमानस और वांगमय की भाषा संस्कृत समाप्त हो चुकी थी। इस सांस्कृतिक आक्रमण के साथ विदेशी शासकों ने भारतीयों को मानसिक रूप से ही कुचल दिया।

इस पुस्तक में लेखक ने इस विचार से भारतीय सनातनता की पहचान ढूँढने का प्रयास किया है कि–If history could not be annulled the distorted history could be attempted to be reversed. इसलिए यह पुस्तक आत्मगौरव एवं स्वाभिमान

पुनरस्थापित करने के साथ भारतीयत्व एवं अपनी पहचान ढूँढने का प्रयास है। दो टूक शब्दों में कहें तो यह इतिहास के पुनर्लेखन-पुनर्स्थापन (Re-writing and setting right) का प्रयत्न है। जिस दिन भारत अपने को ढूँढ़ेगा और भारतीयों को अपनी पहचान की जरूरत पड़ेगी उस दिन यह पुस्तक उनके साथ-साथ इतिहासकारों का भी मार्गदर्शन करेगी। भावी पीढ़ी के लिये तो यह अमूल्य निधि होगी।

यह पुस्तक वर्षों के अध्ययन, चिन्तन मन्थन और त्याग का अमृत है इसीलिये किसी तपस्या से कम नहीं। यही कारण है कि इस पुस्तक के लिये किसी प्रशस्ति या प्रमाण पत्र की भी आवश्यकता नहीं है। यह पुस्तक मूल रूप से जन सामान्य (Aam Aadami) के लिये लिखी गई है जिनको देश-समाज से लगाव और अपने प्रति गौरव का भाव है।

इस पुस्तक को लिखने का विचार पुराणों से उत्पन्न हुआ लेकिन लेखनी चलाने की प्रेरणा महाभारत और रामायण से मिली। लोकमान्य (बालगंगाधर) तिलक जी की कृति The Arctic Home in Vedas को पढ़ने और जरथुष्टी (ईरानी-पारसी) आर्यशास्त्र 'अवेस्ता' तथा 'Vendidad' को समझने के साथ लेखक को Glimpses of World History में अभिव्यक्त नेहरू जी के इन विचारों को हृदयंगम करने में जरा भी समय नहीं लगा कि 'भारत का इतिहास जो हमने पढ़ा, पूरी तरह विकृत है। यह उन लोगों द्वारा लिखा गया है जो कभी हमारा भला नहीं चाहते थे। मुझे इतिहास का बहुत ज्ञान नहीं है लेकिन अगर आज मुझे इतिहास लिखना पड़े तो वह बिल्कुल अलग होगा'।

सच है, भारत का इतिहास लिखने में पाश्चात्यों-यूरोपियंस (जर्मन, फ्रांसीसियों खास तौर से गोरे अंग्रेजों) ने बहुत बड़ी दगाबाजी और बेईमानी की। हमारे सनातन आर्य इतिहास को पूरी तरह विकृत करके हमें न तो भारतीय रखा न यूरोपियन अधर में लटका कर शारीरिक रूप से दास तो बनाया ही मानसिक रूप से हमेशा के लिये अपंग बना दिया जिसका प्रभाव आज साफ दिखाई दे रहा है।

किसी भी जाति समुदाय का अपना ऋत इतिहास ही उसकी असली पहचान होती है। अगर हम अपने इतिहास के प्रतिविम्ब हैं तो अतीत हमारी धरोहर है और हम अतीत की। अपने ऋत इतिहास के साथ-साथ संविधान को बिना शास्त्रवत् जाने समाज और राष्ट्र का समग्र स्वरूप परिवर्तन (Transformation and Metamorphosis) सम्भव नहीं है और यही हमारी सबसे बड़ी विडम्बना है।

फिर भी जब कभी भारतीयों के समक्ष अपनी पहचान का सवाल आयेगा, पाश्चात्य संस्कृति के आक्रमण से जनसामान्य, टूटते सपनों से नव धनाढ़्य, बिखरते परिवारों से, नव अभिजात्य, सामाजिक कुरूपता से तथाकथित माडर्न अंग्रेजीवादी पीढ़ी की त्रस्त आत्मा उन्हें झकझोरने लगेगी और लोग पुनः आत्मगौरव ढूँढने के लिये लालायित होंगे तथा उन्हें अपनी पहचान की जरूरत पड़ेगी, तब यही पुस्तक उनके काम आयेगी। उनका ऋत ऐतिहासिक मार्गदर्शन करेगी।

दैवी सानिध्य एवं प्रकृति के सामंजस्य के साथ मानव उद्भव और ज्ञान के विकास की अवधारणा को इस पुस्तक में मूर्त रूप देने का प्रयास किया गया है। भारतीय पौराणिक इतिहास एवं शास्त्रीय रहस्यों के साथ-साथ भारतीय एवं पाश्चात्य इतिहासकारों के सुलेखन तथा कुलेखन के आधार पर कई सवाल भी पैदा हुए जिनका निवारण करने का इस पुस्तक में प्रयास किया गया है। निष्कर्ष सर्वत्र लेखक के अपने हैं।

लेखक ने कई परम्परागत अंधविश्वासों और पाश्चात्य इतिहासकारों द्वारा उत्पन्न एवं भारतीय इतिहासकारों द्वारा अनुगमित तथा मान्य विकृतियों का निर्मूलन कर पौराणिक-शास्त्रीय-ऐतिहासिक एवं भौगोलिक सत्य को उजागर करने का प्रयास किया है। अतः लेखक को गुरु-गुराणी, बाबा, जोगी-जोगिनी, स्वामी-महन्त-महन्तानी, कर्मकाण्डी, पुरोहित, इतिहासकारों से शास्त्रार्थ करने में अति प्रसन्नता होगी।

प्राकृतिक सृष्टि एवं मानव जीवन विकास क्रम के साथ भारत और विश्व के पौराणिक इतिहास की नये तरीके से इस पुस्तक में व्याख्या की गई है। सृष्टि (Creation) एवं क्रमिक विकास के साथ-साथ विलय-क्षय के पाश्चात्य वैज्ञानिक सिद्धान्तों जैसे Big-Bang (महांविस्फोट), Big Chill (महांशीत), महांसंकुचन (Big Crunch) आदि को सनातन दर्शन की कसौटी पर कसते हुये वैदिक, आर्य वैज्ञानिक समन्वय स्थापित किया गया है। यह पुस्तक संक्षिप्त में होते हुए भी गहन है तथा आने वाली पीढ़ी के लिये शोध एवं अनुसंधान के लिये भाष्य की तरह उपयोगी सिद्ध हो सकती है।

इस पुस्तक में मानव इतिहास को नया आयाम दिया गया है। सृष्टि क्रम से मानव जीवन के उद्भव एवं ज्ञान के विकास का जो पौराणिक प्रमाण सम्भव है उसकी खोज इस पुस्तक में की गई है। अंग्रेजों एवं पाश्चात्य इतिहासकारों ने हमारे

इतिहास में जो विकृतियां पैदा की और दुर्भावना पूर्वक अंग्रेजी के माध्यम से पीढ़ी दर पीढ़ी पढ़ाया और हम पढते रहे उसे इस पुस्तक के माध्यम से ऋत यानी सही आयाम देने का प्रयत्न किया गया है। अपने गौरव, अपनी पहचान एवं अपने मूल का विस्तृत क्षेत्र यह पुस्तक भावी पीढ़ी के लिये छोड़ रही है। यह जरूरी है कि इस तरह की पुस्तकें बच्चों को पढ़ाई जायें ताकि अपने पूर्वजों की महिमा एवं वैभव को जानने के साथ वो अपनी सांस्कृतिक विरासत की आत्मिक अनुभूति कर सकें।

इस पुस्तक में ही पहली बार स्वायम्भुव मनु (प्रथम मानव पुरुष) के जन्म स्थान के निर्धारण का प्रयास किया गया है। विश्व के अन्य देशों के धर्मशास्त्रों एवं पौराणिक कथाओं में मनु की मान्यता और विश्वासों की खोज की गई है साथ ही पारसी पुरातन जेण्ड अवेस्ताई आर्य स्थान 'आर्याणा वजे', बाइबल में उल्लिखित Garden of Eden और Paradise के साथ ब्रह्मपुरी-ब्रह्म सरोवर-मेरू तथा उस देव नदी की सम्भावनाओं पर प्रकाश डाला गया है जो चार धाराओं में पृथ्वी पर प्रवाहित हुई और आज की गंगा है। यहीं प्रारम्भिक वेदों विशेषतः ऋग्वेद की रचना हुई।

पौराणिक शास्त्रों के आधार पर ब्रह्मा जी के मानस पुत्र स्वायम्भुव मनु और संकल्प निर्मित नारी सतरुपा से मानव वंश का विस्तार हुआ। उनके पहले वंशज प्रियव्रत पृथ्वी के प्रथम अधिपति थे जिन्होंने आदि हिम युगीन नैसर्गिक सात सागरों (आज के महांसागर) के आधार पर पृथ्वी को सात द्वीपों में विभक्त किया। पुस्तक में, आदि पौराणिक ऐतिहासिकता, परम्परा, विश्वास, भाषा, स्थान, नामों के विश्लेषण के आधार पर सनातन आर्य मानव संस्कृति की वैश्विक एकता की पुष्टि के साथ वैश्विक मानवीय पैतृक एकत्व के प्रमाण प्रस्तुत किये गये हैं। संसार के विभिन्न धर्म-विश्वासों, शास्त्र-पुराणों, इतिहासकारों, वैज्ञानिकों और पुरातत्त्वीय अन्वेषणों के विश्लेषण का सामंजस्य सनातन वैदिक वांगमय दर्शन एवं पौराणिक इतिहास से करते हुये 'इतिहास का पहला और अन्तिम पृष्ठ' की खोज करने का प्रथम प्रयास किया गया है। इस प्रकार आर्योदय के साथ मानवोदय एवं मानव सभ्यता तथा आर्यों के मूल स्थान और विश्व विस्तार के इतिहास पर दार्शनिक वैज्ञानिकता एवं वास्तविक ऐतिहासिकता के ऐंगल से प्रकाश डाला गया है। आदि काल में दैत्य-दानवों आदि के वंशजों के यूरोपीय रूस से अलास्का होते हुये अमेरिका प्रवास तथा कालान्तर में आर्य मानव वंशजों के मध्य एशिया (मध्य

जम्बूद्वीप) से ईरान होते हुये ईराक, सीरिया, टर्की, मिस्त्र और फिर यूनान से रोम-इटली और यूरोप विस्तार के साथ माया, रोमा आदि समुदायों के मूल आर्य सम्बन्धों का भी विश्लेषण किया गया है। द्रविड़-आर्य विवाद के पाश्चात्य कुकर्म और हड़प्पा-मोहनजो-दड़ो के मूल सत्य को जानने के प्रयास के साथ आर्य रक्त, DNA तथा जीव सैल-जीन्स (chromosomes) का अध्ययन-विश्लेषण करने के साथ मानव ही नहीं समस्त प्राणि मात्र का अलौकिक एकत्व मूल स्थापित करने का प्रयास किया गया है।

रूस में उराल-अरकेम-वोल्गा-साइवेरिया आदि की खुदाई के साक्ष्य, रूस द्वारा पुष्कर (आर्कटिक) की खुदाई और विशाल पुष्करिणी की खोज, आर्कटिक में छः-छः माह के रात-दिन यानी उत्तरायणा-दक्षिणायन (देव-पितृ यान), मध्य एशियाई घोड़ों का स्वर्णिम इतिहास, वैज्ञानिकों द्वारा आर्कटिक में 30,000 (तीस हजार) वर्ष पूर्व जीवन की सम्भावनाओं के साथ आर्कटिक में दबी सभी सम्भावनायें सनातन वैदिक वांड्मय के इसी सत्य को सिद्ध करते हैं कि आर्कटिक-पुष्कर ही पृथ्वी पर आदि देवलोक और अन्टार्कटिक पाताल लोक थे तथा आदि आर्य मानव तुषित देव पुत्र और मानव वंश के प्रथम पूर्वज थे और आर्योदय मध्य एशिया-आर्कटिक क्षेत्र से हुवा था। इन्हीं तुषित देवों को अब पाश्चात्य परग्रही (Aliens) कह रहे हैं।

आर्य मानवों से पूर्व देवासुर-वैदिक युग में अतिमानव योनियों-दैत्य, दानवों का अफ्रीका-यूरोप पर अधिकार था। देवो-सुरों का पुष्कर, जम्बूद्वीप आदि पर। दोनों एक ही पिता की अलग-अलग माताओं से उत्पन्न सन्तानें थीं अतः देवों-दानवों के मध्य स्वर्ग पर अधिकार के लिये कौरव-पाण्डवों की तरह युद्ध होते रहे जो देवासुर संग्राम या देव दानव युद्ध के नाम से प्रसिद्ध हुये। इस पर नई तरह से पुस्तक में विस्तृत प्रकाश डाला गया है।

कालान्तर में यानी आदि सतयुग के उपरान्त आर्यजन और आर्य संस्कृति मध्य जम्बूद्वीप से न केवल अलास्का होते हुये अमेरिका पहुँची अपितु ईरान (आर्याणा) होते हुये सुमेर (ईराक) सीरिया, यमन, टर्की आदि से मिस्त्र और उसके बाद यूनान, रोम तथा यूरोप में विस्तृत हुई। मिस्त्र में पितामह, सप्तर्षि अथवा सात पुरोहितों और दश वैदिक राजाओं के साथ-साथ मेरू के आधार पर पिरामिडों के निर्माण के अलावा मध्य एशिया यानी प्राचीन मध्य जम्बूद्वीप के हयस्थान (अर्मेनिया) तालकेन्द्र (ताशकंद) समरकेन्द्र (समरकन्द), सैलोदा नदी (सिर्दर्या), तुरुष्क (तुर्कमेनिस्तान),

कालकेय (कजाकिस्तान) अदूरवेदागम (अजरवेजान), सिल्क रूट, पोलेण्ड, लीबिया आदि सहित अनातोली (कालान्तर में Anatolia वर्तमान Turkey) और रूस (उत्तरकुरु) के आर्यत्व का अमृत मन्थन किया गया है। पहली बार चीन के आर्य रहस्य को उजागर करते हुये पाण्डवों के स्वर्गारोहण पथ का चित्रण और आदि स्वर्ग को Locate किया गया है जहाँ छः-छः माह के मानव रात-दिन यानी एक देव दिन-रात आज भी होते हैं।

इस पुस्तक में सनातन शास्त्रीय प्रमाणों के अलावा बाइबल एवं जेण्ड शास्त्रों के आधार पर भी विश्व संस्कृति एवं इतिहास का समन्वय करते हुये पौराणिक आर्य इतिहास एवं संस्कृति की वैश्विक प्रामाणिक पुष्टि करने का प्रयास किया गया है। वैदिक प्राकृत और विश्व भाषा व्युत्पत्ति, स्वर, व्यंजन, व्याकरण, परम्परा, विश्वास, मान्यताओं के साथ साथ सात द्वीप, सात सागरों सहित जम्बूद्वीप और पुष्करद्वीप के साथ पृथ्वी का नया चित्रण प्रस्तुत किया गया है। सनातन वैदिक आर्य राजाओं के स्वामित्व का भी पौराणिक ज्ञान कराया गया है। विशेषतः जेण्ड अवेस्ताई ईरानी आर्याणा भाषा एवं शास्त्रों के साथ आर्य वेदत्व का अमृत निकाला गया है। पहली बार आधुनिक वैज्ञानिकों के (Splendors of the Aurora Borealis की खोज के दम्भ का नकाब हजारों साल पूर्व वाल्मीकि जी एवं भारतीय पौराणिकता में उद्घाटित उत्तरी प्रकाश से धूमिल किया गया है।

इस पुस्तक में सनातन वैदिक ऐतिहासिक प्रमाणों के आधार पर वैश्विक पैतृक - पूर्वजीय एकत्व (Ancestral Unity of the world) के अलावा पौराणिक शास्त्रों के विभिन्न उदाहरणों से मौलिक सनातन आर्य मानवीय एकता की पुष्टि की गई है और इस प्रकार सप्रमाण डार्विन के विकासवादी सिद्धान्त-'बन्दर से मनुष्य' का खण्डन करते हुए सतयुग से कलियुग की ओर गमन के भारतीय मत को सिद्ध किया गया है और कलियुग से सतयुग की ओर विकास के पाश्चात्य मत का विखण्डन किया गया है। सृष्टि और जीवन के चारणिक विकास (Phased evolution) के वैज्ञानिक सिद्धान्त को भारतीय सनातनता से भी सिद्ध किया गया है लेकिन सृष्टि के स्वविकसित (evolved) होने के पाश्चात्य वैज्ञानिक सिद्धान्त की हास्यास्पदता को दर्शाते हुये इसे विनिर्मित (Designed) सिद्ध किया गया है।

लेखक को बहुत अधिक ज्ञान न होने और इतिहास से सदैव दूर भागने के बावजूद उसने पाश्चात्यों द्वारा विकृत किये गये भारतीय आर्य सनातन पौराणिक

इतिहास और तदैव विश्व इतिहास के विरूपण को कुछ ही पृष्ठों में पुनर लेखन और set right करके भारतवासियों के समक्ष रखने की कोशिश की तथा ऋत इतिहास के कपाट खोलने की दु:साहसिक कोशिश की है ताकि हम सभी अपनी अनुपम विरासत पर गर्व कर सकें और आने वाली पीढ़ी इस लेखन और खोज को आगे बढ़ाये ताकि देश-समाज के लिये कुछ करने का आत्मगौरव हमारे अन्दर पुनः जागृत हो। सफलता और असफलता सुधी पाठकों और विद्वानों का निर्णय है।

निवेदक, लेखक नहीं है न इतिहासकार। पाठकों को यह पुस्तक अगर ज्ञानमयी प्रतीत हुई हो, रुचिकर लगी हो और इस पुस्तक से कुछ नई प्राप्ति हुई हो तो वह लेखक का सौभाग्य है। लेकिन अगर आज यह पुस्तक पाठकों के समक्ष है तो इसका श्रेय कल्पज पब्लिकेशन दिल्ली को जाता है। प्रकाशकों का 'रिस्क' लेने का अदम्य साहस वर्णनातीत है। नये लेखक की नई 'रिस्की' रचनाओं को प्रकाशित करने में उनके सहयोग के प्रति सहृदय कृतज्ञता प्रकट करने के अलावा लेखक के पास कुछ नहीं हैं। साथ ही उनकी विवेकी, सुलझी, निपुण टीम के प्रति लेखक का सहृदय आभार।

अपने स्वर्गीय माता-पिता को समर्पित इस पस्तक के पूर्ण सम्पादन में लेखक अपनी पत्नी उमा एवं पुत्र प्रभाकर का बहुत आभारी है जिनके गहन अध्ययनात्मक सहयोग के बिना इस विषय और पुस्तक को प्रामाणिक ऐतिहासिक और वैज्ञानिक रूप देना सम्भव न होता।

पण्डित ओम (खण्डूड़ी)

1

सृष्टि : देव संस्कृति, मानव उद्भव-सभ्यता एवं विश्व पितृत्व

आर्कटिक-परग्रही : मध्य जम्बूद्वीप (सेन्ट्रल एशिया) एवं आर्य

पाश्चात्य वैज्ञानिक, जीवाश्म एवं मानवविज्ञानी तथा इतिहासकार अपनी प्रारम्भिक खोजों में मानवोदय एवं सभ्यता विकास के चिन्ह अन्ध महाद्वीप (Dark Continent) यानी पूर्वी अफ्रीका से मानते रहे और मानव विकास के डार्विन द्वारा प्रतिपादित लंगूर-बन्दर-वनमानुष सिद्धान्त की पुष्टि भी करते रहे। इस जानवर को वो महा बनमानुष (Great Ape) कहते और मानते हैं लेकिन लम्बे समय से पोषित उनके ये विचार नई खोजों के साथ बदलते रहे, बदल गये या परिमार्जित हो रहे हैं। अब वैज्ञानिकों, इतिहासकारों, मानव विज्ञानियों के एक बड़े वर्ग ने मानवोदय के पूर्वी अफ्रीकी सिद्धान्त के साथ-साथ मानव के प्रवास एवं विस्तार काल के सम्बन्ध में भी असहमति जताई है और पूरी अधिकारिता के साथ ये माना है कि मानवोदय दक्षिण अफ्रीका से हुआ था। आज स्वयं वैज्ञानिकों के सोचने के तरीको में वैज्ञानिक परिवर्तन हो रहा है और वो वही बात मानने के लिये बाध्य प्रतीत होते हैं जो भारतीय सनातन दर्शन हजारों सालों से कहता आया है। वो अब मान रहे हैं कि मानव का जन्म देवत्व के संसर्ग से ही सम्भव हुआ और बिना परग्रही योनियों के अस्तित्व के यह सम्भव नहीं था। आधुनिक समय में उनका ध्यान अब आर्कटिक की ओर गया है और वो मानने लगे हैं कि मानवोदय की सबसे अधिक सम्भावनायें वहीं से हैं।

वनमानुष से मानव विकास के सिद्धान्त ने 18वीं सदी में डार्विन की कृति Theory of Evolution by Natural Selection के साथ जोर पकड़ा और आम तौर पर यह सिद्धांत मान्य सा हो गया था। ब्रिटानियों का दास होने के कारण भारत और भारतीयों को डार्विन के अनर्गल विचार तथा हास्यास्पद सिद्धान्त (Darwinism) स्वीकार करने पड़े, इसके अलावा कोई अन्य विकल्प नहीं था। सच ये है कि यह सिद्धान्त ब्रिटेन द्वारा भारत और भारतीयों पर जानबूझ कर थोपा गया। उद्देश्य था भारत के अनन्त वर्षों की ऐतिहासिक विरासत, सनातन आर्य दर्शन और वैदिक समृद्धि की तौहीन करना, अपनी और यूरोपियन श्रेष्ठता प्रदर्शित करके भारत का आर्य द्रष्टा वैज्ञानिकों एवं मनीषियों से असम्बद्धता सिद्ध करना और सभ्यता संस्कृति के विकास की दृष्टि से भारत को हेय साबित करना।

प्रारम्भ में यूरोपियों और ब्रिटानियों ने ही भारत की आर्य संस्कृति एवं सभ्यता विकास के सिद्धान्तों का मजाक उड़ाया एवं सृष्टि और क्रमिक विकास की आर्य सनातन मौलिकताओं का उपहास किया, वैदिक सनातन ज्ञान की आलोचना की लेकिन 19 वीं सदी की दूसरी चौथाई में जब अंग्रेजी भाषा नौकरी और रोटी-रोजी के साथ-साथ शासकीय भाषा और शिक्षा का माध्यम बन गई तो भारत के ही लोग अपनी मूल भाषा, अपनी संस्कृति, ज्ञान, और वाङ्मय की भाषा संस्कृत को भूलते चले गये। भारत के लोग न केवल भौतिक रूप से बल्कि मानसिक रूप से भी अंग्रेजों के दास बन गये थे। यूरपियों के विचार, उनके सिद्धान्तों को ही भारत के लोग मौलिक मानने लगे थे। यहाँ पर इतना ही कहना पर्याप्त होगा कि डार्विन का सिद्धान्त हर तरह से आलोचना के लिये खुला है। सच यही है कि भारतीय मनीषियों, द्रष्टा, दार्शनिकों, आध्यात्मिक वैज्ञानिकों ने ब्रह्माण्ड तथा सृष्टि-सृजन और प्रकृति के क्रमिक विकास का जितना गहन अध्ययन और अनुसंधान तब किया था जब यूरोप में सभ्यता की शुरुआत भी नहीं हुई थी और वो जंगली, वनमानुष से भी बदतर हालात में थे, उसका अंदाजा पाश्चात्य आज भी नहीं लगा सकते।

भारतीय दार्शनिक, विचारक और पौराणिक वैज्ञानिकों ने जिन्हें हम द्रष्टा (Visionaries) और श्रष्टा (exponents) कहते हैं, ब्रह्माण्ड सृष्टि तथा प्रकृति एवं जीवन के क्रमिक विकास की कई थियरियाँ (सिद्धान्त) प्रतिपादित किये जिसमें आज के वैज्ञानिकों द्वारा कथित महाविस्फोट (Big bang या theory of explosion) भी सम्मिलित है जिसे भारतीय पौराणिक वैज्ञानिकों ने शब्द विस्फोट या महाविस्फोट

अथवा महा अग्निकाण्ड कहा है। इस विस्फोट के साथ जिस ब्रह्माण्डीय शब्द की उत्पत्ति हुई वह ओम् (अउम्) था जिसे वेदों ने प्रणव (ॐ) में निष्पादित किया। वेद और गीता में ओम् की अलौकिकता के अलावा माण्डूक्योपनिषद' (माण्डूक्य उपनिषद) में इन चार मात्राओं अउम् की विस्तृत ब्रह्माण्डीय व्याख्या की गई है जिसे महर्षि पतञ्जलि ने अपने योग सूत्र में "तस्य वाचकः प्रणवः (यानी ॐ ईश्वर का वाचक है) कह कर सब कुछ कह दिया। उस महा विस्फोट के साथ प्रतिध्वनित आदि शब्द ॐ ही था। इसी ब्रह्माण्डीय (cosmic) शब्द के साथ पाँच भौतिक तत्वों (physical elements) के मूल आकाशीय तत्व (ether element) का प्रकटन हुआ और सृष्टि रचना सम्भव हुई। इस तत्व की अपनी बड़ी विचित्रता है, यही वो तत्व है जो दृश्य और अदृश्य दोनों ही है, अस्तित्व के साथ अनस्तित्व, सकार के साथ नकार भी। ऐसा विश्लेषण अन्य किसी धर्म दर्शन में नहीं हुआ।[1]

भारतीय मनीषी आदि काल से ही मानते रहे हैं, जैसा कि वैज्ञानिक भी मानते हैं, कि इस ब्रह्माण्ड में कोई भी तत्व, पदार्थ या द्रव्य विनष्ट नहीं होता। भारतीय वाङ्मय सृष्टि रचना और प्रलय को स्वाभाविक प्रक्रिया मानता है। वह इसे प्रकृति और धरती का नष्ट (Destruction) या विनष्ट होना (annihilation) नहीं मानता अपितु समस्त ब्रह्माण्डीय रचना को ईश्वर की मूल प्रकृति मानते हुये उसका ईश्वर में ही लय मानता है, प्रलय नहीं। भले ही स्थूलतः वह प्रलय प्रतीत होता हो अर्थात् सनातन दर्शन ईश्वर की मूल प्रकृति का ईश्वरीय तत्व में ही विलय (Coalescence) होना मानता है। इस समस्त प्रक्रिया की एक अवधि है जिसे भारतीय वांगमय ब्रह्मा के सौ वर्ष के बराबर मानता है। इसका विवरण आगे दिया गया है तथा विस्तृत विवरण इस पुस्तक के द्वितीय प्रकरण में दिया गया है। इसका तात्पर्य है जो भी पैदा हुआ है, जो भी रचा गया है उसका रूप परिवर्तन और क्षय अवश्यम्भावी है। यही सिद्धान्त ब्रह्माण्ड पर भी चरितार्थ होता है। सनातन वैदिक वाङ्मय उस ईश्वरीय तत्व (creator) को ब्रह्माण्ड (cosmos) से परे मानता है। यही कारण है कि जो वैज्ञानिक कल तक ब्रह्माण्ड के विसार-विस्तार (expansion) की बात करते थे आज उसके संकोचन-संकुचन (contraction) की बात कर रहे हैं। ये एक अजीबोगरीब सच है कि ब्रह्माण्ड की रचना और विस्तार में जितना समय लगा उतना ही उसके संकुचन और महा विलय (big crunch) में भी लगेगा। यानी

---

1. समाधिपाद-27 (योग सूत्र)

ब्रह्मा की आयु का अभी पूर्वार्ध समाप्त हुआ अर्थात 50 वर्ष पूरे हुये और 51वाँ वर्ष चल रहा है। आशय ये है कि इतने ही वर्ष पूर्व ब्रह्माण्ड की रचना हुई और इतने ही वर्ष इसके प्रलय होने में शेष हैं। इस संगणना का विस्तृत व्यौरा आगे दिया गया है तथा पुस्तक के द्वितीय प्रकरण में भी दिया गया है। इत्तफाक से आज के वैज्ञानिकों की संगणना भी इसी सिद्धान्त के आसपास घूम रही है।

हमें यह भी नहीं भूलना चाहिये कि समय की गति के साथ वैज्ञानिकों की थिअरियाँ भी बदलती रही हैं और बदल रही हैं, चाहे वो छोटी सी छोटी टायफाइड (typhoid) या जलने (burn) की हो अथवा बड़ी जैसे प्लूटो (Pluto) या ब्रह्माण्ड रचना अथवा हिमयुग (ice age) या पृथ्वी के ताप (earth warming) या अन्य ग्रहों में जीवन की या परग्रहियों (aliens) के सम्बन्ध में। वैज्ञानिकों को स्वयं ये सब समझना दुर्वोधनीय हो रहा है क्योंकि वो ब्रह्माण्ड-सृष्टि-प्रकृति में ईश्वरीय कमियों को ढूँढ रहे हैं और उनको ठीक करने के चक्कर में पृथ्वी को ही नर्क बना रहे हैं। भारतीय हार्वर्डियनों (Harvardians) की तरह वो भी पृथ्वी को नर्क बनाकर चन्द्रमा को स्वर्ग बनाना चाहते हैं, आम आदमी का पेट काटकर चन्द वैज्ञानिकों को नौकरी देना चाहते हैं। वो ईश्वर की खोज केवल इसलिये कर रहे हैं ताकि पूछ सकें उसने ब्रह्माण्ड कैसे बनाया ताकि वो भी ईश्वर को उसकी गलतियाँ बताकर दूसरे ब्रह्माण्ड की रचना कर सकें। स्टीफन हकिंग इन्हीं में से एक हैं जो स्वयं अपंग होकर भी कहते हैं-हमें ईश्वर की जरूरत नहीं (We need no God).

अमेरिका के अर्थशास्त्रियों की तरह पाश्चात्य वैज्ञानिकों ने दुनियां के गरीब लोगों को खूब बेवकूफ बनाया। फिर भी वैज्ञानिकों को यह नही भूलना चाहिये कि संसार के 70 प्रतिशत लोगों के मुँह का निवाला छीन कर बाह्य अन्तरिक्ष (outer space) पर इतना अपव्यय करना पशुत्व है। अच्छा यही है कि पृथ्वी को अगर स्वर्ग न बना सकते हों तो इसे पृथ्वी ही रहने दें, नर्क न बनायें। उन्हें भारतीय सनातन दार्शनिक वैज्ञानिकों की बात को समझना चाहिये कि जो जीवन इस पृथ्वी पर है वो अन्यत्र कहीं नहीं क्योंकि जीवन के लिये पृथ्वी, जल, वायु, अग्नि, और आकाश जिन पाँच तत्वों की एक साथ सम्मिलित जरूरत है वो अन्यत्र कहीं नहीं हैं। अन्य ग्रहों में दूसरी योनियाँ (species) या जीवन हो सकता है लेकिन ये प्राणी और जीवन नहीं जो पृथ्वी पर है। मानव और पशु-पक्षी जीवन अन्य किसी ग्रह पर टिक ही नहीं सकता।

...ह्म अण्ड एवं कमल (Cosmic Egg and Lot... ...है कि ब्रह्माण्ड गोलाकार (circular) नहीं है औ... ...णिक साहित्य में कई बार यह प्रसंग आया है कि पृथ... ...रही। पौराणिक विचारकों ने उन सभी अज्ञात अकल्प... ...दे दिया जो उनकी समझ से बाहर थी अथवा उनके य... ...त नहीं हुई थी और इस सम्बन्ध में पाश्चात्यों की तरह ... रखे। एक पौराणिक प्रसंग ये भी है कि पृथ्वी को आदि ... के अन्दर ले गया और सैकड़ों वर्षों बाद ईश्वर ने व... ...ो अपने दाँतों में रखा और अगाध जलार्णव से बाहर नि... ...सत्य की पुष्टि होती है कि महा विस्फोट के समय पृथ्व... ...ठंडी होने में सैकड़ों साल लगे एवं यह पृथ्वी भी अन्य ग्रहों ... ...ही स्थित है। बराह का पृथ्वी को दाँतों में रखने का आशय यही ... को सूखने में समय लगा।

पौराणिक ... ग्रन्थों ने ब्रह्माण्ड के लय से पूर्व प्रचण्ड ज्वलन एवं दहन (heat... ...ा पृथ्वी के जलप्लावन से पूर्व भीषण अत्युष्णता की भविष्यवाणी ... वर्षों की अनावृष्टि होगी, धरती इस तरह जलने लगेगी मानो ... प्रज्वलित हो रहे हों। यही अति उष्णता धीर-धीरे ठंडी और ... लगातार वर्षा होने से जलप्लावन होगा और पृथ्वी पानी में ड... ...ा होने पर पुनः जीवन का प्रारम्भ होगा। आज वैज्ञानिक जिस ...bal warming) से परेशान हैं उसकी भविष्यवाणी भारतीय ... ...क साहित्य हजारों वर्ष पूर्व कर चुका है वो भी एक मत से। अ... अपने कारणों से उनका मजाक उड़ाया तो भारतीयों ने अपनी अज्ञ... हिम युगों की घटनाओं की संगणना और बढ़ती गर्मी की गति के ... ...ज वैज्ञानिक ये आंकलन कर रहे हैं कि 1500 वर्ष के अन्त तक ... ...ge) की पुनरावृत्ति होगी जब ग्लेशियरों के पिघलने से जलप्लावन होग... ...ई जनसंख्या तबाह हो जायेगी तथा एक चौथाई भूमि या तो रेगिस्ता... ...ा अपने स्वरूप को बदल देगी। इसका विस्तृत पौराणिक विवेचन ए... प्रकरण में किया गया है।

जलप्लावन की स्थिति में सृष्टि रचना नारायण एवं कमल सिद्धान्त (Narayan&Lotus principle) पर आधारित मानी गई है जो बहुत ही प्रामाणिक है। यह स्टीफन हकिंग जैसे साइन्सदाओं की समझ से बाहर की बात है। नारायण का अर्थ ही है 'नार वा नारा अयनं यस्य' अर्थात् जल ही जिसका पथ, निवास, स्थान और गति है। ये अलौकिक (Divine) अर्थ है। क्योंकि जलप्रलय काल में नारायण का ही अस्तित्व हो सकता है। इसका सम्बन्ध मत्स्य अवतार से भी है। मीन ही पार्थिव रूप से जल में जीवित भी रह सकती थी और वनस्पति के रूप में कमल। यह जीवन के प्रारम्भ का भी संकेत है। मीन और कमल सिद्धान्त प्राकृतिक सृष्टि के आरम्भ का द्योतक है क्योंकि दोनों ही जल में डूब नहीं सकते। नारायण ब्रह्म (Creator) की नाभि (seed of Infinity) से ही अलौकिक (celestial) ब्रह्म कमल की उत्पत्ति हुई जिससे ब्रह्म-अण्ड (Cosmic Egg) के रूप में अव्यक्त (primordial) या आदि अथवा मूल प्रकृति (primaeval nature) के प्रकटन के साथ ब्रह्मा (the Pro creator) का जन्म हुआ। नारायण का दूसरा अर्थ है जो सभी मानवों, जीवों, प्राणियों की शरणस्थलि है। इसप्रकार ब्रह्मा लौकिक और अलौकिक के बीच की कड़ी है। ब्रह्मा ने प्रकृति का चरणों में विकशन-सृजन (Phased evolution) किया। ब्रह्मा की विभिन्न पूर्व रचनाओं के माध्यम से ही धरती पर वनस्पति, जीवों-प्राणियों और मनुष्य का भी क्रमिक उद्भावन सम्भव हुआ। ब्रह्म (Creator) की प्रथम भौतिक कृति होने के कारण ब्रह्मा की भी अपनी आयु है जो अलौकिक सौ (100) वर्ष मानी गई है[1] जिसकी गणना आगे दिखाई गई है। ब्रह्मा पितामह (the Procreator) को विराज् तथा विराट पुरुष भी कहा गया है लेकिन मानव वंश के आदि पितर (Patriarch) होने के कारण स्वयंभू ब्रह्मा जी के पुत्र स्वायम्भुव मनु को भी विराज्-विराट कहा गया है।

उपर्युक्त सिद्धान्त और प्रकिया को ही आधुनिक वैज्ञानिक अपनी भाषा में 'संहति और विकीरण सिद्धान्त' (Assimilation and Dissemination of elements and substances) कह रहे हैं। सृष्टि और लय-प्रलय के सिद्धान्त को हम rewinding and winding principle भी कह सकते हैं। इसे हम विस्तारण और संकुचन अथवा Creation - Coalescence सिद्धान्त भी कह सकते हैं[1]। इस ब्रह्माण्ड (creation) को भारतीय दर्शन अनन्त ईश्वर, खुदा, (God infinity) की फितरत मानता है इसलिये इसके अस्तित्व को उसकी प्रतिच्छाया (shadow or image) के रूप में पूर्णरूप से स्वीकार करता है:

पूर्णमदः पूर्णमिदं पूर्णात् पूर्णमुदच्यते
पूर्णस्य पूर्ण मादाय पूर्णमेवावशिष्यते

इस पूर्णता के वावजूद भारतीय दार्शनिक वैज्ञानिकों ने ब्रह्माण्ड-सृष्टि को अनन्त (infinity) नहीं माना। प्रशस्त-अभेद्य भारतीय वाङ्मय के अनुसार केवल ईश्वर, अल्लाह, God ही है जो सृष्टि कर्ता है। वैज्ञानिक भी पहले ब्रह्माण्ड और प्रकृति को अनन्त मानते थे लिकिन अब वो मानने लगे हैं कि ये अनन्त नहीं है। कल तक वैज्ञानिक मानते थे कि ब्रह्माण्ड निरन्तर विस्तार की ओर अग्रसर है लेकिन अब वो मानने लगे हैं कि ब्रह्माण्ड (universe) अपने अधिकतम विसार (expansion) पर पहुँचने के बाद संकुचन (contraction) की ओर है और यही उसके अन्त का भी संकेत है। कल वैज्ञानिक क्या कहेंगे ये कहना मुश्किल है क्योंकि ये सब वैज्ञानिकों की कलैया (somersault) हैं। इसलिये सृष्टि के शाश्वत सत्यों की खोज केवल वैज्ञानिकों पर नहीं छोड़ी जा सकती है और यहीं अध्यात्मज्ञान एवं आत्मदर्शन की जरूरत पड़ती है।

भारतीय दार्शनिक वैज्ञानिकों ने 'अणोर्णीयान महतो महीयान'[1] अर्थात् परम अणु (परमाणु) से परम महान (परमात्मा) तक एक 'परमतत्व' की खोज की जिसके आधार पर उन्होंने समय के अणु से लेकर ब्रह्मा के सौ वर्षों तक का परिकलन (calculation) किया जो सृष्टि के तलीय एवं शिरो विन्दु (bottom - acme Point) हैं। ब्रह्मा की आयु का पूर्वार्ध सृष्टि का उद्भवात्मक (evolutionary) काल था, अब उत्तरार्ध 'क्षय' (reversal) का है। ये सत्य प्रतिदिन सिद्ध हो रहा है कि शास्वत ब्रह्माण्डीय सत्यों (eternal cosmic matters) में हम विज्ञान और वैज्ञानिकों पर ही निर्भर नहीं रह सकते। वैज्ञानिकों का ज्ञान इस विषय में उतना ही खतरनाक और भंगुर साबित हो सकता है जितना वनमानुष से मानुष का विकासवाद सिद्धान्त (Theory of evolution of man from monkey or ape)। हमें यह नहीं भूलना चाहिये कि इस ब्रह्माण्ड में अनुसंधानक (inventor) केवल एक ही है बाकी सब या तो अन्वेषक (researcher) हैं या खोजी (discoverer) हैं। चोरी सब उसीकी कर रहे हैं, जो पहले से था। उसी में हाथ की सफाई (manipulations, permutation - combinations) कर रहे हैं जो पहले से बना हुआ या किसी रूप में विद्यमान है। कभी वैज्ञानिक कहते थे मंगल ग्रह अग्निमय है इसीलिये वो

लाल है, वहाँ जल भी नहीं है अतः वहाँ जीवन सम्भव नहीं है। कल तक यही वैज्ञानिक कहते थे चन्द्रमा पर पानी नहीं है, वहाँ जीवन सम्भव नहीं है। आज वही वैज्ञानिक चाँद और मंगल पर पानी की बहुतायत की बात कर रहे हैं, रहने योग्य बता रहे हैं। यहाँ तक कि वहाँ रहने के लिये टेण्डर पड़ने लगे हैं, पृथ्वी में पानी की कमी पूरी करने के लिये वहाँ उत्खनन (sourcing) प्रारम्भ हो गया है भले ही उसका मूल्य रु. 100000 प्रति लीटर क्यों न हो। प्रश्न यह है कि अगर भारतीय दार्शनिक वैज्ञानिकों की हजारों साल पूर्व कही गई कोई बात या कोई प्रयोग आज कालक्षेप या प्राकृतिक परिवर्तनों के कारण आंशिक रूप से बदल रहा है तो फिर देशी-विदेशी वैज्ञानिक तथा इतिहासकार उनका ही मखौल क्यों उड़ा रहे हैं अपनी मूर्खता पर क्यों नहीं हंस रहे हैं?

दुनियाँ के वैज्ञानिक अब दीर्घ काल से सम्बधित इस भारतीय शास्त्रीय थियरी के समीप आ गये हैं कि इस धरती पर जीवन अन्य ग्रहों से या अन्य ग्रहियों से ही सम्भव हुआ था। उनका यह निष्कर्ष 1995 में अमेरिका में खोजे गये एक आदिम धूमकेतु (primitive asteroid) के nitrogen building blocks के अध्ययन पर आधारित है। कैलिफोर्निया (अमेरिकी) वैज्ञानिक जेनिफर जी ब्लाक (Janiffer G Block) की टीम इस निष्कर्ष पर आई है कि धूमकेतुओं के टकराने से ही धरती पर जीवन सम्भव हुआ। इसके अलावा हाल की ही एक खोज से पता चला है कि करीब 11500 वर्ष पूर्व अलास्का के एक परिवार ने अपने बच्चे के अवशेष घर के ही अन्दर रख दिये थे। उस दफन किये गये शरीर के अवशेषों से उस समय एशिया से नई दुनिया यानी वर्तमान अमेरिका प्रवास करने वाले निवासियों के जीवन और काल पर नया प्रकाश पड़ा है। अलास्का विश्व विश्वविद्यालय के अध्ययन के अनुसार उस अवशेष से प्राप्त हड्डियाँ उत्तरी अमेरिकी आर्कटिक क्षेत्र से प्राप्त अभी तक के सबसे प्राचीन अवशेष हैं। ये बहुत ही महत्वपूर्ण खोज और निष्कर्ष हैं। ये अन्वेषण भारतीय वाङ्मय की इस अवधारणा की पुष्टि करते हैं कि मानवयोनि देवीय रचना है, पाशविक नहीं, भले ही वो कितना ही बड़ा बनमानुष क्यों न हो। पशु से मनुष्य का जन्म या अभ्युदय हो ही नहीं सकता। मनुष्य से पशुत्व की ओर अधःपतन दूसरी बात है। साथ ही यह अन्वेषण आदि मानव का उदय आर्कटिक क्षेत्र से होने की पुष्टि करता है, जिसे वैदिक वांगमय पृथ्वी का आदि देवलोक मानता है।

आज भी कुदरत अपनी पर आजाय तो पूरे विश्व यानी पृथ्वी के जलमग्न होने और दुनियां के आधे देशों का प्रलय होने में बारह से ज्यादा घण्टे नहीं लगेंगे। किसी एक देश या कुछ देशों का तो नामो निशान मिटने में मुश्किल से ही दो घण्टे लगेंगे। उत्तराखण्ड के केदारनाथ धाम में हुये देवी विनाश और अन्यत्र आई विपदा से साबित होता है कि ईश्वरीय लीला को समझना किसी के बस का नहीं है। मौसम विज्ञानी क्या-क्या उल्टी-सीधी भविष्यवाणियाँ करते रहे और क्या से क्या हो गया और हो जाता है अमरीका और यूरोप तो इसे बहुत अच्छी तरह जानते हुये भी अनजान बने हुये हैं। साफ है इस समस्त creation का कोई एक उद्देश्य है, उद्देश्य की प्राप्ति अथवा समाप्ति के साथ इसका लय होना अवश्यम्भावी है। फिर चाहे आर्कटिक देव लोक हो या मेरु-ब्रह्मपुरी अथवा अटलांटिस या केदारनाथ। वैज्ञानिक तो अपने अहंकार के मूर्खतावस प्रकृति के साथ खिलवाड़ कर रहे हैं। सबकुछ बिगाड़ने के बाद मानवजाति को विनाश के कगार पर धकेल कर वो हाथ खड़े कर देंगे। कहेंगे यही विकास का अन्त है अब हम कुछ नहीं कर सकते। वैसे भी दुनियां आज ऊपर-नीचे सब जगह से और सब तरह से विस्फोट के ऊपर खड़ी है।

क्रमिक विकासः भारतीय और पाश्चात्य विपर्यय (Diversion)

पाश्चात्य और भारतीय सोच में इतना बड़ा फर्क होने का मुख्य कारण है कि जहाँ पाश्चात्य-यूरोपीय वैज्ञानिक नीरस और इतिहासकार शुष्क विचारक एवं अन्वेषक रहे हैं, वहीं वैदिक, पौराणिक वैज्ञानिक एवं इतिहासकार अंतश्चेतना के साथ चेतन जगत से जुड़े दार्शनिक रहे हैं। अतः पाश्चात्य वैज्ञानिक क्रमिक विकास में यदि स्थूल जगत ही देख पाये तो सनातन आर्य वैज्ञानिकों ने सूक्ष्म जगत को भी उतनी ही सूक्ष्मता से देखा। उन्होंने सूक्ष्म सृष्टि (astral या incorporeal)[1] से स्थूल सृष्टि (physical या corporeal)[1] के क्रमिक विकास की विवेचना की और कारण शारीर (casual body) तक पहुँचने का प्रयास किया। पाश्चात्य वैज्ञानिक कार्य-कारण (cause - effect) की बात तो करते रहे और करते भी हैं लेकिन सृष्टि अथवा ब्रह्माण्ड की रचना पर आते ही कारण पर चुप्पी साध जाते हैं और चुप हो भी गये। बल्कि यों कहिये कि उसके पीछे किसी कारण को मानने के लिये तैयार ही नहीं रहे। अतः वो कारण की खोज भी नहीं कर पाये जबकि यह बात

---

1. न्याय-सांख्य दर्शन, वैशषिक एवं पुराण

वैदिक वैज्ञानिकों के साथ नहीं थी। यद्यपि यह भी सच है कि भारतीयों की तरह अधिकांश पाश्चात्य वैज्ञानिक अपने धर्मग्रन्थों पर उतना ही विश्वास करते हैं। भारतीय सनातन विज्ञान आर्यों को आदि मानव मानता है जो तुषित पुत्र थे यानी देव और अर्ध देवों (demi-semi gods) की सन्तान, जिन्हें पाश्चात्य आज परग्रही (aliens) कह रहे हैं, जो कि उस आदि सतयुग में इस पृथ्वी पर मौजूद थे। इसीलिए वैदिक वैज्ञानिकों को सृष्टि के पीछे के 'करण' यानि कारण के भी कारण को समझने में समय नहीं लगा। वैज्ञानिकों की तरह भारतीय दार्शनिक वांगमय के अनुसार Energy can neither be created nor destroyed and that is God. Similarly matter can neither be created nor destroyed means creations or universe. One is immortal world other is mortal.

वैदिक वैज्ञानिकों ने प्रकृति का क्रमिक विकास सूक्ष्म तत्त्वों से स्थूल अथवा भौतिक की ओर माना है। पहले पाँच चरणों में सूक्ष्म का विकास हुआ।[1] मूल (primordial) या अलिंगी (sign less - abstract) अर्थात् अव्यक्त (unmanifested) लय प्रकृति (nature lying coalesced in Creator) से महत या महतत्त्व (gross or cosmic intelligence), फिर अहंकार (cosmic or gross id or ego), फिर मन (cosmic mind), इन्द्रियां (senses), तत्पश्चात शब्द, स्पर्श, रूप, रस, गन्ध और क्रमशः उनके स्थूल रूप आकास (ether-space), वायु, अग्नि, जल, पृथ्वी। इसके उपरान्त लता, जड़ी-बूटी, पौधे-पेड़ (creepers, herbals, roots] plants, trees) यानी उद्भिज, फिर जीवों-पशुओं की सृष्टि जिनमें जलचर, नभचर, उभयचर सम्मिलित हैं। इन श्रेणियों में स्वेदज (born of sweat or heat), सरीसृप (Reptiles) जोकि आमतौर पर अण्डज हैं, और स्तनपाई (Mammals) जिनमें आमतौर पर जरायुज (placental) हैं, शामिल थे। इनमें कई कशेरुकीय (Vertebrate) हैं अन्य अकशेरुकीय (invertebrate), कई मांसभक्षी (carnivores) हैं, अन्य शाकाहारी (herbivores) पशुओं में भी एकशफ (single-hoofed), द्विशफ (bi-hoofed), पंचशफ (five-hoofed) का क्रम से विकास हुआ। भारतीय सृष्टि सिद्धान्त के अनुसार सब सृष्टियों के उपरान्त द्विपदीय (biped) मनुष्य सृष्टि हुई जो नौंवे चरण (ninth phase) में हुई यानी जब प्रकृति उसके रहने योग्य बन गई।

---

1. अधिकांश महापुराण एवं उपनिषद

दासता के साथ भाषा की मजबूरी ने हमें पाश्चात्यों, गोरों के गलत-सही सिद्धान्त मानने के लिये वाध्य कर दिया। हमें अपने ज्ञान की अमूल्य निधि और आर्य वैज्ञानिक धरोहर (ancestral scientific heritage) को पढ़ने और समझने का न तो ख़्याल आया न हिम्मत और न अंग्रेजों ने ये मौका आने दिया। कई वर्षों तक तो कोई उनके गलत सिद्धांतों को चुनौति देने का साहस भी न कर पाया। 20वीं सदी के प्रारम्भ में मानव सृष्टि और सभ्यता विकास के पाश्चात्य सिद्धान्त को पहली वैज्ञानिक चुनौति देने वाले महामानव थे भारत माता के सपूत-लोकमान्य तिलक।[1]

मानव और मानव सभ्यता के विकास का अन्ध महाद्वीपीय (अफ्रीकी) सिद्धान्त बाद में उतना ही हास्यास्पद साबित हुआ जितना कि मानव का विकास वनमानुष से। अन्धकार से प्रकाश की उत्पत्ति तो विज्ञान ने भी कभी नहीं मानी। प्रकाश का लोप होना या प्रकाश की अनुपस्थिति अन्धकार है। मतलब ये कि प्रकाश पहले से था या है पर अन्धकार से प्रकाश की उत्पत्ति कभी सम्भव ही नहीं क्योंकि उससे स्वयं अन्धकार का ही नाश हो जायेगा जबकि प्रकाश शाश्वत है। मनुष्य जैसी दिव्य योनि को, जो आत्मज्ञान और विज्ञान तथा बुद्धत्व की चरम कृति है, बन्दर का विकसित रूप मानना या बनमानुष से विकसित मानना यंकियों (Yankees) के लिये ही सम्भव था और है, भारतीयों के लिये नहीं, क्योंकि भारतीय सनातन विज्ञान मनुष्य योनि को अलौकिकता का प्रतिरूप मानता हैं जिसके लिये देव योनियाँ भी तरसती हैं। पाश्चात्य क्रमिक विकास सिद्धान्त के इस क्रम में (जैसा कि पाश्चात्य मानते हैं) पिछले 6,0000000 (छः करोड़) वर्षों में हमें मगरमच्छ या घड़ियाल, व्हेल या शार्क में कोई परिवर्तन नजर नहीं आया न किसी लंगूर, बन्दर, वनमानुष, या गोरिल्ला को मनुष्य या कुछ और ही बनते देखा या सुना। अगर डार्विन के क्रमिक विकास सिद्धान्त में जरा भी सत्यता होती तो पशु अब तक मनुष्य बन गये होते और मनुष्य आर्य मानव या देव। जबकि यहाँ उल्टा हो रहा है। मनुष्य, पशुत्व की ओर जा रहा है। सच कहें तो विज्ञान और वैज्ञानिक उसे पशुत्व की ओर ले जा चुके हैं। पर्यावरण आज रहने लायक रह नहीं गया है। दुनियाँ हर तरह से पतन की कगार (point of collapse) पर पहुँच चुकी है। क्या यही विज्ञान और वैज्ञानिकों का विकास है? पच्चीस करोड़ लोग आज भी भारत में भूखे सोते हैं,

1. Orion and the 'Arctic Home in Vedas'

बचपन मर गया है, क्या यही चमकता भारत (shining India) है? क्या भारत को सुपर पावर बनाने का यही 'हारवर्डियन' तरीका है? मनुष्य इस पाश्चात्य क्रमिक विकास सिद्धान्त के अनुसार विकास की ओर क्यों नहीं गया, देवत्व की ओर क्यों नहीं गया, पशुत्व की ओर क्यों बढ़ रहा है, पतन की ओर क्यों जा रहा है?

सृष्टि के सम्बन्ध में भी वैज्ञानिकों की कितनी ही 'थियरियाँ' बदली। चालीस लाख से 15 करोड़ साल और 40 करोड़ से एक अरब और अब 14 अरब वर्ष। इस प्रकार विज्ञान स्वयं अपनी उलझनों और अनिश्चितताओं का शिकार है और सारा विश्व इन वैज्ञानिकों और अर्थशास्त्रियों के अज्ञान का। विश्व के अभिजात्य वर्ग की सामूहिक बुद्धि (collective elite Intelligence) की विफलता के दुष्परिणामों को भी दुनियाँ देख और भुगत चुकी है। विश्व मानव की समस्याओं का समाधान ढूँढने में वह पूरी तरह फेल हो गई। इससे बड़ा दुर्भाग्य और क्या हो सकता है? कोई भी भौतिक विज्ञान, जिसे पाश्चात्य natural science कहते हैं, अगर nature के बारे में ही पूर्वानुमान करने में असमर्थ है, तो कैसे ब्रह्माण्ड और सृष्टि विकास के बारे में सही-सही बात बताने की धृष्टता कर सकता है, जिसे उसने क्या, किसी ने भी होते हुये देखा नहीं, जो पूर्वजों का भी पूर्वज है, जो सबसे पहले था। ऋग्वेद (10-129-6) इसीलिये इतने सुस्पष्ट शब्दों में कहता है;

को अद्धा वेद क इह प्रवोचत्कुत आजाता कुत इयं विसृष्टिः
अर्वाग्देवा अस्य विसर्जनेनाथा को वेद यत आबभूव[1]

(वो सबसे पहले हुआ, बाकी सब उसके बाद। फिर कोई भी कैसे कह सकता है ये सब कैसे पैदा हुआ, कहाँ से आया, और कैसे वृद्धि को प्राप्त हुआ क्योंकि जीवन का प्रारम्भ उसके बाद ही हुआ)

आधुनिक विज्ञान के उपकरण और तरीके अलग हो सकते हैं लेकिन सार रूप से उसका दृष्टिकोण भारतीय वाङ्मय से मेल खाता है। दोनों के बीच मुख्य भेद परिकल्पनाओं, आधार एवं धारणाओं को लेकर है अन्यथा दोनों ही हर कार्य (effect) के पीछे कारण (cause) मानते हैं। लेकिन विज्ञान आश्चर्यजनक अविश्वसनीयता के साथ प्रकृति को ही प्रकृति का कारण मानता है और यही उसकी

---

1. ऋग्वेद 10-129-6

failure है। जबकि सनातन वैज्ञानिक दर्शन प्रकृति के आवरण (veil) को भी विदीर्ण करके उसके पार की सत्यता की खोज करता है। विज्ञान के लिये प्रकृति ही चरम (ultimate) है, उसके लिये यही सब कार्यों (effects) का कारण है। लेकिन भारतीय वाङ्मय ने परम (infinity), समग्र पूर्णत्व की खोज की है, उसके लिये प्रकृति भी सीमित है जो किसी बड़े कारण (bigger cause) का कार्य है। इस बड़े कारण को सनातन दर्शन 'करण' यानी कारण का भी कारण मानता है। इसी की अभिव्यक्ति गीता में भगवान कृष्ण ने आम आदमी को समझाने के लिये बड़ी सरल वैज्ञानिकता से की है;

मम योनिर्महदब्रह्म तस्मिन्गर्भं दधाम्यहम
सम्भवः सर्वभूतानां ततो भवति भारत
अजोपि सन्नव्ययात्मा भूतनामीश्वरोपि सन
प्रकृतिं स्वामधिष्ठाय सम्भवाम्यात्म मायया
सहस्त्रयुगपर्यन्तमहर्यद ब्रह्मणो विदुः
रात्रिं युगसहस्त्रान्तां तेहो रात्र विदो जनाः
अव्यक्ताद् व्यक्तयः सर्वाः प्रभवन्त्यहरागमे
रात्रयामेवशः प्रलीयन्ते तत्रैवाव्यक्त संज्ञके
भूतग्रामः स एवायं भूत्वा भूत्वा प्रलीयते
रात्रयामेवशः पार्थ प्रभवत्यहरागमे

(अर्थात् अपनी प्रकृति में स्थित होकर ही ईश्वर सृष्टि रचना करते रहते हैं। गीता सृष्टि लय-प्रलय को एक प्रक्रिया मानती है)[1]

भारतीय आर्य-पौराणिक दर्शन विश्व-सृजन (universe - creation) के पीछे एक अनन्त कर्ता-रचयिता (creator - infinity) को मानता है, वही ईश्वर-परमेश्वर है, लेकिन प्रकृति में जीवन के व्यवस्थित अनुक्रमण (Systematic evolution of life) के पीछे एक विराज् या विराट् (Pro creator) को भी मानता है, वही ब्रह्मा प्रजापिता या पुरुष है, जो सृष्टि अथवा ब्रह्माण्ड रचना के साथ ईश्वर की प्रथम भौतिक कृति है। विराट पुरुष अथवा ब्रह्मा ने अपने अर्धनारीस्वर रूप और संकल्प

1. गीता अ० ४, ८, १४

से प्रजापतियों और मानस पुत्रों की सृष्टि के साथ-साथ मनु जिन्हे स्वायम्भुव मनु भी कहते हैं और उनकी पत्नी सतरूपा की सृष्टि की जिनसे मानव सृष्टि का विस्तार हुआ। दूसरे प्राणियों की सृष्टि की विस्तृत चर्चा इस पुस्तक के द्वितीय प्रकरण में की गई है।

विज्ञान भी एक प्रकार से इन सब कारणों को मानता है पर उसे मूर्त रूप (physical form) में न मानकर ऊर्जा शक्ति के रूप में (energy form) मानता है और इस प्रकार सूक्ष्म (astral - subtle form) में मानता है। तथापि वैज्ञानिक उस तत्व को ढूँढने में भी लगे हैं जो इस सृष्टि के पीछे है। अगर कुछ है ही नहीं, या कुछ था ही नहीं तो ढूँढ किसे रहे हैं? यहाँ भी वैज्ञानिक डामाडोल हैं, अस्थिर हैं, उन्हें यकीन ही नहीं है कि ब्रह्माण्ड के सृजन के पीछे केवल इनर्जी (energy) का ही खेल है। वो अन्तःकरण में यही समझ रहे हैं कि इस सृजन के पीछे कोई शक्ति है जो उन्हें मिल नहीं पा रही है। ये उनकी परेशानी का परम कारण है। जबकि वैदिक विज्ञानी उसका आत्म साक्षात्कार कर चुके हैं। आत्मा का विषय होने के कारण वैज्ञानिक उसे न समझ पायेंगे न खोज पायेगे क्योंकि वो बुद्धिबल से शाश्वत आत्मिक तत्व को प्राप्त करना चाहते हैं। विज्ञान जिसे positive and negative energy form कहता या मानता है वैदिक सनातन विज्ञान उसे विराज् (procreator) का 'पुरुष और स्त्री तत्व' मानता है जिसे पुरुष और प्रकृति भी कहा गया है। अविश्वसनीय रूप से आश्चर्यजनक ये है कि प्रकृति अपना कार्य करती रहती है और उस परम पुरुष ईश्वर का उसमें कोई दखल नहीं है। इसीलिये गीता बार-बार ब्रह्म, सृष्टि और प्रकृति के बारे में बड़ी वैज्ञानिकता से कहती है;

मयाध्यक्षेण प्रकृतिः सूयते स चराचरम
हेतुनानेन कौन्तेय जगद्विपरिवर्तते
प्रकृतिं स्वामवष्टभ्य विसृजामि पुनः पुनः
भूतग्राममिमं कृत्स्नमवशं प्रकृतेर्वशात
प्रकृत्यैव च कर्माणि क्रियमाणानि सर्वशः
प्रकृतेः क्रीयमाणानि गुणैः कर्माणि सर्वशः
गुणा गुणेषु वर्तन्त इति मत्वा न सज्जते
पुरुषः प्रकृतिस्थो हि भुङ्क्ते प्रकृतिजान्गुणान
कारणं गुण सङ्गोस्य सदसद्योनि जन्मसु[1]

---

1. गीता अ० ३, ५, ६

न कर्तृत्वं न कर्माणि लोकस्य सृजति प्रभुः
न कर्मफल संयोग स्वभावस्तु प्रवर्तते

(ईश्वर और उसकी अध्यक्षता में होते हुए भी प्रकृति अपने में ही अवस्थित अपना कार्य कर रही है, जो कि एक स्वाभाविक अनवरत प्रक्रिया है)

कई भारतीय वैज्ञानिक दार्शनिक यह भी मानते हैं कि ईश्वर और उसकी शक्ति यानी मूल प्रकृति एक ही है। सृष्टि रचना में केवल उनका नाम रूप बदल जाता है। उसकी शक्ति (Female form) ही प्रकृति है और पुरुष (Male form) शाक्तिमान, अतः ईश्वर और उसकी शक्ति में अभेद है, दोनों एक ही हैं शब्द और उसके अर्थ की तरह या मांस और रक्त (flesh and Blood) की तरह दोनों अभिन्न (inseparable) हैं। वही creator सब कारणों का कारण और सब कार्यों का कार्य भी है इसीलिए उसके धनात्मक (plus) और ऋणात्मक (minus) हमेशा पूर्ण (whole) हैं और पूर्ण ही रहते हैं। यही कारण है कि इतनी विशाल सृष्टि सृजन के वावजूद उसकी अनन्तता पर कोई असर नहीं पड़ता। शून्य की तरह उसका न आदि है न अन्त, वो पूर्ण, निर्विकार है।

समन्वित परिवृद्धि (Integrated Evolution)

इस प्रकार भारतीय वाङ्मय ने न केवल सृष्टि रचना और प्रकृति अपितु प्रकृति स्थित निर्जीव तथा सजीव जीवन अविवृद्धि (evolution) का भी गहन मन्थन किया और कई सिद्धान्तों का शोधन किया जिसमें नदी पर्वत वनस्पति जीव जन्तु पशु पक्षी से लेकर दिव्य कृति मनुष्य भी सम्मिलित है। सनातन विज्ञान ने प्राकृतिक व्युत्क्रम (topsy-turvy) की स्थिति में भी मनुष्य की व्युत्पत्ति, विकाश अथवा क्रमिक विकास वनमानुष से नहीं पाया न इस पर कभी विश्वास ही किया। सच ये भी है कि डार्विन को जरूरत से ज्यादा बदनाम करवाने में अति उत्साही, सतही यूरोपीयन शिक्षितों का ही हाथ है। डार्विन के सिद्धान्त का पूरा अध्ययन करने के उपरान्त बुद्धिजीवी वैज्ञानिकों का एक वर्ग सहमत है कि डार्विन के सिद्धान्त से न तो यह निष्कर्ष निकलता है, न निकाला जा सकता है कि मनुष्य का विकास वनमानुष से ही हुआ बल्कि उसने केवल ये सम्भावना व्यक्त की है कि विकास क्रम की इस प्रक्रिया में शायद ऐसा भी हुआ हो। फिर भी सृष्टि की इतनी श्रेष्ठ रचना को इतना नीचे गिराने के बारे में सोचना भी मूर्खता ही कहा जायेगा। परन्तु

पाश्चात्यों पर इसका कोई असर आज भी नहीं है और इस प्रक्रिया में उन्होने मनुष्य को पशुत्व के खड्डे में ढकेल ही दिया।

भारतीय वांगमय निश्चित रूप से यह मानता है कि सभ्यता का विकास विना ज्ञान के और ज्ञान का विना अलौकिक दैवीयता (divinity) की उपस्थिति के न तो सम्भव था न सोचा ही जा सकता था और इसे वैज्ञानिक अब मान भी रहे हैं, यहाँ तक कि इतिहासज्ञ, पुरातत्त्वज्ञ और वैज्ञानिक अपने ही कई पुराने सिद्धांतों को चुनौती भी दे रहे हैं। पहले जो पाश्चात्य भारत को फूटी आँख नहीं सहते थे, भारत और भारतीयों की अवमानना करने, नीचा दिखाने, संस्कृति का मखौल उड़ाने और इतिहास तथा प्रज्ञा और ज्ञान की धरोहर को विकृत करने में कोई कसर नहीं रखते थे वही अब भारतीय वैदिक सिद्धान्तों को मानने के लिये वाध्य और उत्साहित हो रहे हैं। लोकमान्य तिलक यानी 1903 से पूर्व तक, पाश्चात्य विद्वान भी उत्तर पथ आर्कटिक क्षेत्र को मानव और आर्य संस्कृति का आदि अभ्युदय स्थान मानने के लिये तैयार नहीं थे। कुछ वर्ष पूर्व तक भी पाश्चात्य वेद-पुराणों की इस बात को मानने के लिये तैयार नहीं थे कि आर्कटिक इस पृथ्वी पर आदि कालीन यानी कृत युगीन स्वर्ग था, जो देवी-देवता और तुषित देवों (demi gods) का धाम था, जिन्हें अब स्टीफन हकिंग (Stephen William Hawking) सहित तथाकथित पाश्चात्य वैज्ञानिक परग्रही कहते हैं। इसी देवलोक आर्कटिक से ज्ञान, विज्ञान और अभ्युदय का निर्वपण (devolution) हुआ। यह क्षेत्र आर्य मानव और वैदिक संस्कृति का अभिन्न अङ्ग था। पाश्चात्यों ने इसे पूर्व में कभी स्वीकार ही नहीं किया। यहीं से मानवोदय हुआ यह भी उन्होंने स्वीकार नहीं किया। यही नहीं उन्होंने भारतीय शास्त्रों, ग्रन्थों और साहित्यिक कृतियों के काल निर्धारण (dating) को भी स्वीकार नहीं किया यहाँ तक कि उनकी ऐतिहासिकता और प्रमाणिकता पर ही अंगुली उठाई। वो भारत की आर्य वैदिक सभ्यता को यूनान, मिश्र के अलावा भी कई अन्य देशों के मुकाबले जैसे चीन, ईरान से पुरातन नहीं मानते यहाँ तक कि कई अफ्रीकी देशों से भी नहीं। अपमान की हद और अफसोस की सीमा ये है कि सिन्धु सभ्यता को भी उन्होने भारत से अलग सभ्यता माना ताकि भारत को प्राचीन सभ्यता होने का श्रेय ही न मिले। उत्तर पथ को उन्होंने देवत्व और तुषित का आदि धाम मानने से इन्कार करने के अलावा पृथ्वी पर कभी अलौकिकता और ईश्वरीयत्व या अवतार के अस्तित्व की बात को भी स्वीकार नहीं किया लेकिन कालान्तर में जीसस को पृथ्वी पर ही ईश्वर पुत्र माना तथा परग्रहियों की मौजूदगी की बात अब स्वयं ही

कर रहे हैं। आर्यों को उन्होंने तुषित पुत्र न मानकर आदम (nomad) और घोड़ों पर घूमने वाली घुमक्कड़ जाति (horse riding shepherd), गड़ेरिया कहा। उन्होंने वैदिक दर्शन के समन्वित जीव सृष्टि सिद्धान्त (integrated evolution theory) को भी नहीं माना। क्रमिक विकास में मत्स्य या मीन (जलचर), कूर्म-कच्छप (उभयचर), सूकर या वराह (मुख्यतः स्थल चर) नरसिंह (मनुष्य-पशु समन्वित विकास), वामन (मनुष्य-देवत्व समन्वय) सिद्धान्त को भी नहीं माना। राम-कृष्ण को देव अवतार क्या अलौकिक या अवतार पुरुष मानने से भी इन्कार कर दिया। प्रारम्भ में पाश्चात्यों ने मानव के पैतृक एकान्वय (ancestral unity) को भी मानने से इन्कार किया था। लेकिन अब स्थिति में परिवर्तन हुआ है। विद्वानों में ये आम सहमति हो रही है कि आर्य ही विश्व मानव जाति के आदि पूर्वज थे और सभ्यता का अभ्युदय उनके मूल निवासन आर्कटिक क्षेत्र से हुआ। अंग्रेजों ने आर्यों को विदेशी आक्रमणकारी बताकर भारत को एक आदम देश साबित करने और प्रारम्भ से ही उस पर दासत्व का दाग लगाने तथा अपने शासन एवं आक्रमण को सही सिद्ध करने का षड्यंत्र रचा। यहाँ तक कि उन्होंने रामेश्वर के पास समुद्र पर राम द्वारा बनवाये गये नल सेतु (रामसेतु) की ऐतिहासिकता को तो स्वीकार नहीं किया लेकिन सेतु के अस्तित्व को माना और उसे अकल्पनीय रूप से एडम्स ब्रिज (Adams Bridge) नाम दिया।

गीता का विज्ञान पाश्चात्यों के सर से निकलजाना लाजमी था लेकिन यह ज्ञान-विज्ञान भारतीय नकलचियों (apers) के सर से भी न केवल निकाल गया अपितु पाश्चात्यों द्वारा लिखित विकृत इतिहास को उन्होंने बच्चों के पाठ्यक्रम का भी हिस्सा बना दिया और युवा मस्तिष्क को उस विकार से ग्रसित कर दिया जिससे उनको उबारने की जरूरत थी। यही नहीं बल्कि बरतानियों और यूरपियनों ने जो कह दिया, लिख दिया वह पाश्चात्य मानसिकता के देशी पण्डितों के लिये वेद वाक्य हो गया भले ही भारत के संविधान की तरह वेद उन्होंने कभी देखे भी न हों, पढ़ने की तो बात ही क्या है। इस प्रकार शारीरिक दासता खत्म हो जाने के दाद भी भारतवासी मानसिक रूप से पाश्चात्य दास बने रह गये। इस दम्भी पाश्चात्य मानसिकता में डूबे पण्डितों ने मध्य-एशिया (अंग्रेजी में एसिया-Central Asia) को आर्यों का वासस्थान तो बताया लेकिन उसे मध्य जम्बूद्वीप मानना उनके ज्ञान तथा यूरपीय लंगूरियत मानसिकता (aping) से परे था। आर्यों का वेदों के रचयिता और आदि मानव के रूप में वर्णन न करके आक्रमणकारी के रूप में वर्णन किया।

पाश्चात्यों ने रेशम मार्ग (silk route) को अपनी खोज बताया पर ये नहीं बताया कि उसे 'सिल्करूट' ही क्यों कहा जाता है। कितने भारतवासियों को ये बात पता है कि पाण्डवों ने दो बार उस मार्ग से यात्रा की थी। नेहरू जी ने भी, इन्दिरा जी को लिखे अपने पत्रों में, जो कि 'विश्व इतिहास की झलकियाँ' (Glimpses of world history) में संकलित हैं, आर्यों को आक्रमणकारी बताया है लेकिन उन्होंने कम से कम ये तो माना है कि भारतीय इतिहास को यूरोपियनों ने विकृत किया और उसका अयथार्थ वर्णन किया है, तथा जो इतिहास हम पढ़ रहे हैं या हमें पढ़ाया गया वह सही नहीं है। पाश्चात्यों ने भारत के पौराणिक इतिहास को पढ़ा, उसका गहन अध्ययन किया और अचम्भित होकर बदले की आग में जलकर इतिहास की रूप-रेखा बदलने के साथ साथ अयथार्थ व्याख्या करके उसका स्वरूप ही विकृत कर दिया। यहाँ तक कि आज हम ऐतिहासिक नामों की असलियत (originality) को भी नहीं जान पारहे हैं जिसका सबसे बड़ा कारण हमारी दासता और अंग्रेजी भाषा रही। अंग्रेजों-यूरोपियों का उद्देश्य आर्यत्व का मखौल उड़ाना था जिसमें वो काफी सफल रहे।

इतना होते हुये भी भारतीयों से ज्यादा पाश्चात्यों ने ही भारतीयों को उनके असली इतिहास की उसी तरह याद दिलाई जिस तरह भारतीय पौराणिक शास्त्रों ने मध्य एसियाइयों को उनके इतिहास की। यद्यपि पाश्चात्यों ने पौराणिक नामों में विकृतियाँ पैदा की पर उन विकृतियों में संकेत छोड़ दिये और छूट भी गये। इसके महत्वपूर्ण उदाहरण हैं सेन्ट्रल एसिया, जो कि मध्य जम्बूद्वीप का ही पर्याय है, सिल्करूट वही मार्ग है जहाँ से पाण्डवों ने मेरू, उत्तरकुरु (रूस) की और अर्जुन ने शस्त्र-अस्त्रों की प्राप्ति के लिये स्वर्ग, ब्रह्मपुरी, मेरू, आर्कटिक की यात्रा की थी। जीवन के अन्त में पाण्डवों के स्वर्गारोहण मार्ग का अधिकांश हिस्सा यही मार्ग था। दोनों मार्ग क्योंकि चीन से होकर गुजरते थे और चीन का अर्थ संस्कृत में 'रेशम' है अतः 'रेशम मार्ग' की भी सार्थकता सिद्ध हुई। अंग्रेजों का परम्परावादी (conservative) होने का चरित्र भी इसमें सहायक रहा जिसके कारण वो पुरातन संकेत छोड़ ही गये। यह सिल्करूट उस 'उत्तरपथ' (सत-पथ या स्वर्गपथ या उत्तरांचल में प्रचलित सतोपंथ) का भाग है जहाँ से गंगावतरण हुआ था।

भारत के पौराणिक साहित्य की असंगत और आख्यात इतिहास की अनुपयुक्त व्याख्या करके पाश्चात्य विशेषतः अंग्रेज, भारत की सांस्कृतिक आत्मा पर आघात

करके भारत और भारतीयों को विभाजित करना चाहते थे जिसमें वो काफी हद तक सफल भी रहे और यह भारत पर निरंकुश राज करने की उनके दाँव-पेंच की बहुत बड़ी जीत (tactical victory) थी। उन्होंने अपने आराम और एयाशी के स्थानों का हर लागत पर विकास किया लेकिन भारत को सांस्कृतिक और भावनात्मक रूप से बांध कर रखने वाले स्थानों को पूरीतरह उपने भाग्य पर छोड़ दिया। उत्तरपथ-दक्षिणपथ का पुराण-ऐतिहासिक उत्तरी और दक्षिणी ध्रुव यानी (उत्तरायण दक्षिणायन अथवा देवयान-पितृयान) अर्थ बदलकर उसका विरूपण उत्तर-दक्षिण भारत किया। ये 'फूट डालो और राज करो' (divide & rule) का उनका दूसरा हथियार था यानी आर्य-द्रविड़ वैपरीत्य (आर्य आक्रमणकारी द्रविड़ आदिवासी) सिद्ध करना। साम्प्रदायिक विभाजन की मलिनताओं की अन्तिम परिणति देश के विभाजन के रूप में होने के वावजूद इन सब ऐतिहासिक विकृतियों के दुर्भाग्यपूर्ण परिणाम देशवासी आज तक भुगत रहे हैं। इस प्रकार भारत के संस्थागत सामाजिक सामंजस्य (Institutional Indian polity) तथा समन्वयात्मक सामाजिक व्यवस्थिति (integrated society) को चकनाचूर करने तथा सभ्य स्थापना (civil society) को क्षत-विक्षत करने में उन्होंने कोई कोर कसर नहीं छोड़ी। अपने सही इतिहास को न समझना कितना भयंकर हो सकता है इसका अंदाजा लगाना भी आज सम्भव नहीं है। तुलनात्मक दृष्टि से अपने संविधान को न जानने न समझने की जितनी भयंकर विभीषिका सम्भव है वही इतिहास को न जानने न समझने की हुई है।

वाल्मीकि-प्रथम भूमण्डलज्ञ (First Geographer)

उस युग में रामायण के किष्किन्धा काण्ड (अध्याय 40-43) में वाल्मीकि जी ने जिस आश्चर्यजनक रूप से पृथ्वी का वर्णन किया है वह स्तब्ध करने वाला है। वाल्मीकि को कैसे और कहाँ से यह ज्ञान प्राप्त हुआ वह और भी विस्मयकारी है। न केवल द्वीपों अपितु पृथ्वी की चारों दिशाओं में पर्वतों, नदियों, सागरों, स्थानों, निवासियों का जो वर्णन उन्होने किया है वह आज के तथाकथित ज्ञानीजनों की सोच से परे (beyond imagination of man) तो है ही उससे भी आश्चर्यजनक है, उत्तरी ध्रुव के स्वभास का वर्णन, जिसे आज के वैज्ञानिक उत्तरी-प्रकाश (Northern Lights) या प्रभामण्डल (Aurora) कह रहे हैं। जिसका वैज्ञानिक नाम Splendors of Aurara Borealis है।[1]

1. वाल्मिकी "रामायण" किष्कि०-४०-४३

सीता जी की खोज में वानरराज सुग्रीव ने चारों दिशाओं में उस सीमा तक वानरी सेना को भेजा था जहाँ से आगे जाना सम्भव नहीं था अथवा जिसके बारे में सुग्रीव को स्वयं पता नहीं था और उन्हें कहना पड़ा 'अभास्करममर्यादं न जानीमस्ततः परम' अर्थात इसके आगे अन्धकारमय होने के कारण मुझे ज्ञात नहीं है। वाल्मीकि के वर्णन से भी ज्ञात होता है कि उस स्मय भारत का उत्तर-खण्ड, कैलाश सहित चीन और मध्य जम्बूद्वीप (यानी वर्तमान सेन्ट्रल एशिया) और उत्तर कुरु (अर्थात वर्तमान एशियाई रूस (Asiatic Russia) तक दिव्य आर्य मानवीय सभ्यता थी। उत्तरकुरु से आगे उत्तर समुद्र यानी आर्कटिक-पुष्कर द्वीप (उत्तरी ध्रुव) तक देव संस्कृति युक्त उत्तर पथ था। शेष स्थानों में आम तौर पर बर्बर, रक्तपिपाशु, जीवभक्षी आदम-दैत्य जातियाँ रहती थी। मानव सभ्यता कहीं विकसित नहीं हुई थी। कुछ स्थानों पर अतिमानव, अप्राकृतिक, दिव्य अर्धदेव योनियों का वास था। इसी उत्तर खण्ड में ऋषि, मुनि, द्रष्टा, आप्त पुरुषों, यक्ष, गन्धर्व, किन्नरों तथा देव दिव्यता का वास था। पौराणिक काल में हिमालय-कैलाश से मेरु तक का भाग 'उत्तर-खण्ड' के नाम से अभिख्यात था और उससे आगे यानी उत्तर कुरु से उत्तर समुद्र (आर्कटिक) तक का भाग, जो कि पुष्करद्वीप क्षेत्र था, उत्तर पथ के साथ-साथ सत्यपथ अथवा सतो पन्थ से भी अभिज्ञात था। रामायण जैसा इतिहास और भूगोल का प्रामाणिक साक्ष्य ग्रन्थ होते हुये भी भारतीय इतिहासकार सत्य को सामने लाने से हमेशा डरते रहे। यूरोपीय जो असभ्य, बर्बर, जंगली थे, जिनको डरना चाहिये था वो कभी डरे नहीं, लेकिन इतिहास साक्षी है कि सभ्य मानव ही हमेशा असभ्यों से डरता रहा। फलस्वरूप हारता रहा और आर्थिक रूप से पिछड़ता रहा।

वाल्मीकि के समय में पृथ्वी का क्या स्वरूप था, उसमें तब से अब तक क्या क्या भौगोलिक और भूगर्भीय परिवर्तन हुये, ये बातें कुछ के लिये विवाद, अन्यों के लिये अन्वेषण तथा कुछ के लिये ज्ञान का विषय हो सकते हैं, लेकिन वाल्मीकि को उस समय की पृथ्वी के भूगोल का इतना अच्छा ज्ञान था, यह हर भारतीय के लिये गर्व का विषय है। रामायण आज भी हमारी अमूल्य ऐतिहासिक, धार्मिक, सांस्कृतिक निधि के साथ साथ ज्ञान का निर्विवादित खजाना (treasure) है।

इस इतिहास और भूगोल को समझने के लिये रामायण के साथ-साथ महाभारत विशेषरूप से वन पर्व और महाप्रस्थानिक पर्व का अध्ययन जरूरी है। इस अध्ययन से पता चलता है कि रामायण और महाभारत काल की भौमिक (Geo)

स्थिति में बहुत अन्तर था। रामायण कालीन पृथ्वी ज्यादा हिमीय (glacio climatic) थी। महाभारत काल तक हिम नदियाँ, हिम पर्वत, हिम खण्ड काफी पिघल गये थे या खिसक गये थे या स्थान परिवर्तित कर गये थे और भूमि क्षेत्र ज्यादा उपलब्ध हो गया था। इससे दोनों कालों के बीच अन्तर का भी पता चलता है। पाश्चात्य कुछ भी कहें पर ऐसा लगता है कि दोनों कालों के बीच करीब एक हिमयुग (ice age) यानी लगभग दश हजार (10000) साल का फर्क था। पंडित नेहरू ने बिना रामायण-महाभारत को अपनी लेखनी का आधार बनाये भारत की सभ्यता की प्राचीनता और उस समय की भौगोलिक एवं जलवायु परक स्थिति का सजीव चित्रण किया है। तब यूरोप और विश्व के अन्य हिस्सों में बर्बर, असभ्य, आदम समुदाय रहते थे। अपनी प्रसिद्ध कृति 'Glimpses of World History' के (संस्करण 1999), जो कि इन्दिरा जी को लिखे गये पत्रों का संकलन है, पृष्ठ 13, 19, 20, 24, 28, 33, 36 पर नेहरू जी ने उसी तरह का वर्णन किया है जैसा कि पुराण-इतिहास में है। नेहरू जी अपने दि. 11.1.1931 के पत्र (पृष्ठ 16-17) में लिखते हैं[1] :

"It is very difficult, of course, to form a real and truthful idea of something or some people whom we have never seen. We are so used to our present conditions and ways of living that hardly could we imagine an utterly different world. Yet, the ancient world whether in India or China or Greece, was utterly different from the present world. All we can do is to guess, with the help of their books–etc."

नेहरू जी के अनुसार भौतिक जलवायु एवं पर्यावरणीय कारणों में परिवर्तन के फलस्वरूप 'ग्लेशियर' मध्य एशिया से यूरोप की ओर खिसक गये[2]

"The climate of northern Europe had probably been changing and this must have resulted in new conditions. Long, long ago you may perhaps remember it was very cold all over northern Europe and northern Asia- Huge glaciers came right down to central Europe. Man did not exist then probably, or even if he did, he was more

1. Pt. Nehru-Glimpses of World History
2. *Ibid.*, (पूर्वोक्त)

animal than human. We can say that glaciers came down to central Europe and to England because we can still find the peculiar marks of glaciers in these countries. Later it became warmer and the glaciers gradually shrank. Geologists tell us that this cold spell was succeeded by a warm spell when it was even warmer than it is today in Europe. The Aryans in their wanderings reached central Europe also. The civilised people of Greece and Mediterranean probably looked upon these people of central and northern Europe as barbarians."

आमतौर पर वैज्ञानिक, भूगर्भज्ञ (geologists), इतिहासकार और जीवाश्मज्ञ (Paleontologists) भी हिमालय पर्वत श्रेणी को तुलनात्मक रूप से युवा मानते हैं और 'उराल' पर्वत श्रिंखला को प्राचीन। आर्कटिक क्षेत्र, उत्तरी ध्रुव होने के कारण स्वाभाविक रूप से प्राचीनतम था। सम्भवतः सृष्टि विकास क्रम में नारायण सिद्धान्त (Naryan principle) का प्रारम्भ इसी आर्कटिक क्षेत्र से हुआ। यही क्षेत्र पृथ्वी में आदि स्वर्ग था, यही देव लोक था, यहीं तुषित पुत्र प्रथम आर्य मानवों का जन्म हुआ। भारतीय वाङ्मय नारायण को प्रलयकालीन जलप्लावन के उपरान्त सृष्टि का आदि कर्ता मानता है। नारायण अर्थात 'नार' यानी जल का 'अयन' अर्थात धाम या निवास-पथ, स्थिति अर्थात् शरण स्थान। अतः नारायण शक्ति से भाव है विष्णु-व्यापक-सर्व शक्तिमान, जलार्णव में शयन करने वाला, जलशायि, जल सैलाव और जल प्लावन को विदीर्ण करने वाला, जिसकी नाभि से जलाह्वय (कमल) की उत्पत्ति के साथ जलजासन (ब्रह्मा) का आविर्भाव हुआ जिन्होंने भौतिक जगत में जीवन का सृजन किया। एक शब्द में कहें तो सब लय हो जाने के बाद, सब कुछ जलमग्न हो जाने के उपरांत जो एक-केवल शेष रह जाता है वही "नारायण" है। इसलिये उत्तरी ध्रुव क्षेत्र में स्थित मेरू पर्वत श्रेणी, पुष्कर स्थित सुमेरु और आर्कटिक सागर तथा उनसे प्रवाहित होने वाली नदियाँ एवं उनके वन प्रांत पृथ्वी पर देवताओं तथा अलौकिक योनियों एवं परग्रहियों (aliens) के सहज आदि धाम तथा देवलोक बने और मानव जीवन तथा सभ्यता विकास क्रम के अभिन्न अंग। आज भी उत्तरी ध्रुव पर छः (6) माह के मानव रात्रि-दिवस होते हैं जो देवताओं के एक रात-दिन के बराबर है। इसप्रकर प्रारम्भिक आर्य मानव सभ्यता का उदय आर्कटिक-मेरू (उराल) देव लोक क्षेत्र से अवतरित होकर मध्य जम्बूद्वीप क्षेत्र में विकसित हुई। आदि सभ्यता का उदय पर्वत, जल, नदी, वन क्षेत्रों के आसपास जीवन सम्पोषण,

सुरक्षा, आश्रय-शरण स्थली, आहार, जल, काष्ठ, फल, मूल, अन्न की उपलब्धता के कारण स्वाभाविक था।

पौराणिक इतिहास से आभास मिलता है कि आर्कटिक क्षेत्र ही सर्व प्रथम बाढ़ (flood - deluge) मुक्त हुआ और प्रारम्भिक पृथ्वी पर सम्भवतया तब एक ही ध्रुव यानी उत्तरी ध्रुव था। भारतीय पौराणिक शास्त्रीय इतिहास उत्तरी ध्रुव से ही दो अर्ध-वृत्तों अथवा गोलार्धों (hemisphere) के उद्‌भव का स्पष्ट संकेत देता है। इतना स्पष्ट है कि मानव के अन्दर ज्ञान का विकास बिना देव सानिध्य के सम्भव नहीं था और बिना ज्ञान के सभ्यता का विकास असम्भव था। वो अलीयन्स हो सकते हैं लेकिन पाश्चात्यों के लिए, भारतीयों के लिए नहीं, क्योंकि भारतीय उन्हें अपना मूल पितर मानते हैं।

भारतीय वाङ्मय पाश्चात्य धारणा के ठीक विपरीत सृष्टि के प्रारम्भ में सत युग मानता है और उसका क्रमिक विकास कलियुग की ओर, जबकि पाश्चात्य विचारधारा ने सृष्टि के प्रारम्भ में कलियुग और उसका क्रमिक विकास सतयुग की ओर माना है। शायद यही उनका 'मंकीवाद' (monkey to man or ape to man-monkeyism) का विकासवादी सिद्धान्त था। लेकिन संसार की जो वास्तविकता आज है, वह व्यावहारिक रूप से भारतीय विचारधारा को ही पुष्ट करती है।

भारतीय वांगमय मानव की उत्पत्ति आर्यों से और आर्यों की अर्ध देवों-तुषितों (demigods) से मानता है। आजभी सभी विश्व धर्म मानव को मूलतः ईश्वर की ही सन्तान मानते हैं। भारतीय वैदिक विज्ञान ने आदि में दैवी प्रकाश के अस्तित्व को माना है जिससे अन्धकार की समाप्ति हुई। यूरोपीय विज्ञान प्रारम्भ में अन्धकार के अस्तित्व को मानता है जिससे प्रकाश का सृजन हुआ। जहाँ भारतीय शास्त्र ये मानते हैं कि ईश्वरत्व (divinity) से ज्ञान का प्रकाश पहले आया, पाश्चात्य अज्ञानमय पशुत्व के अन्धकार को पहली उपज मानते हैं। एक है वैज्ञानिक दर्शन, दूसरा प्राकृतिक साइन्स, कभी न मिलने वाले दो किनारे। ये कलियुग से सतयुग की ओर उसी तरह का विकास (evolution) है जैसा एच० आर० डी० (HRD) द्वारा ईश्वर की दिव्य कृति मनुष्य का समुच्चय मानव शक्ति (human power) से मानव संसाधन (human resources) की ओर। इस विकास ने मनुष्य को भी अन्य आर्थिक संसाधनों की श्रेणी में रख कर निर्जीवता और पशुत्व की हद तक गिरा दिया है।

ब्रह्माण्ड सृष्टिः सुनियोजित अथवा यादृच्छिक (Designed or Random)

इस उथली, सतही सोच के कारण पाश्चात्य विचारधारा ब्रह्माण्ड सृष्टि एवं प्रकृति के स्वरूप के बारे में भी दोहरे भ्रम में हैं। धार्मिक विश्वास मानते हैं कि सृष्टि सुनियोजित (designed) है, जबकि विज्ञान इसे स्व विकसित (evolved) मानता है। हैरानी ये है कि न तो पाश्चात्य वैज्ञानिक धार्मिक विश्वासों को छोड़ने के लिये तैयार हैं न ही धार्मिक आवाम विज्ञान को छोड़ने के लिये, इसलिये उलझन और भ्रम और भी गहरा गया है। पाश्चात्य लोग सृष्टि के सम्बन्ध में ज्यादातर बाइबलीय सिद्धान्तों को मानते हैं। लेकिन सन 2009 में रोमन कथलिक चर्च के प्रधान पोप बेनेडिक्ट XVIth ने कई बार अपने भाषण में कहा कि सृष्टि सुनियोजित नहीं बल्कि क्रमिक विकसित (evolved) है। इसके विपरीत भारतीय वैदिक विज्ञान सृष्टि को सुनियोजित मानता है क्योंकि भारतीय दर्शन हर कृति के पीछे कर्ता को मानता है। वैसे ही जैसे पाश्चात्य दर्शन प्रथम लौकिक मानव Adam and Eve को ईश्वरीय कृति। भारतीय दर्शन आदि आर्य तुषित-विराज मानव मनु और सतरुपा को ब्रह्मा (Procreator) के संकल्प से उत्पन्न मानते हैं जिसे "द्विधा कृत्वात्मनो देहमेर्धेन पुरुषो भवत, अर्धेन नारी तस्यां स विराजमसृजत प्रभु" (उसने स्वयं को स्त्री-पुरुष दो भागों में विभक्त कर इस विश्व में जीवन की सृष्टि की), कह कर व्यक्त किया गया है। वो ही मानवता के आदि 'पितर', प्रथम पुरुष या पूर्वज (Progenitors or Patriarchs of human race) हैं, जिन्हें हम 'प्रकृति और पुरुष' (male and female energy forms of Brahma the procreator) भी कहते हैं।[1]

अगर सृष्टि evolution है, designed नहीं तो, समस्त धार्मिक विश्वासों सहित धर्म-आध्यात्मिकता का औचित्य भी खत्म हो जाता है। साथ ही जन्म-मृत्यु-पुनर्जन्म और आत्म दर्शन का कोई मतलब नहीं रह जाता। इसका ये भी मतलब है कि संसार की रचना और विकास 'मत्स्य न्याय-जंगल न्याय' (survival of the fittest) की तरह के किसी सिद्धान्त पर ही हुई लेकिन ऐसा कुछ भी अनुभव और व्यवहार में दिखाई नहीं देता। अन्यथा मानव-मानव में इतना भेद क्यों, भाग्य में इतना फर्क क्यों, अमीरी-गरीबी-बीमारी और दुर्भाग्य में इतना फर्क क्यों? गॉड (God) और विकासवाद (evolution) एक साथ नहीं चल सकते। अगर ब्रह्माण्ड,

1. कालीदास-कुमार सम्भव एवं पुराणशास्त्र

सृष्टि या प्रकृति मात्र संयोग, इत्तफाक या यादृच्छिक, अनियमित (Random) हैं तो इतना विशाल ब्रह्माण्ड और प्रकृति-कुदरत इतनी व्यवस्थित, सामंजस्यता एवं विन्यास के साथ कैसे चल रही है? क्या random creation का कोई सिद्धान्त नहीं है? फिर ऐसा क्यों होता है कि बहुत से अनपढ़ बहुत धनी और विद्वान गरीब हो जाते हैं तथा बड़े बड़े राजाओं का पतन और विद्वानों को रोटी के लाले पड़ जाते हैं। ज्यादा लोग गरीब, भूखे और बीमार क्यों हैं? यहाँ तक कि कई अमीरों के बच्चे पैदा होते ही मर जाते हैं या उनके बच्चे ही पैदा नहीं होते, जबकि गरीबों के कई बच्चे हो जाते हैं और उनके सामने पालन-पोषण की समस्या बनी रहती है। इस तरह के न जाने कितने ही उदाहरण हैं। सच यह है कि पाश्चात्य वैज्ञानिक अपने को ही सब कुछ, सबसे बड़ा सिद्ध करने के चक्कर में ईश्वर को नकार रहे हैं। अफसोस यह है कि प्रकृति की इतनी मार पड़ने पर भी सीख लेने के लिये तैयार नहीं हैं।

अफसोस! जनवरी 2012 में जब न्यूयार्क में सबसे उत्तम-खूबसूरत 'थियरियों' के चुनाव का मूल्यांकन हुआ तब। ज्यादा विशेषज्ञों ने आइंस्टीन के बजाय डार्विन के प्राकृतिक चुनाव और क्रमिक विकास के सिद्धान्त का चुनाव किया। लेकिन न तो वहाँ कोई पूछने वाला था, न किसी ने ये पूछा कि क्या 'ऐडम और ईव' (Adam A Eve) भी वनमानुष, बन्दर, ऐप, लंगूर या गुरिल्ला के ही विकसित रूप हैं? नहीं; तो फिर ये दो मापदण्ड क्यों?

भारतीय आध्यात्म ने प्रकृति को भी सजीव मान कर सबसे रहस्यमय प्रश्न का भी जबाब दे दिया है। इसको समझना पाश्चात्य विज्ञान के वश का नहीं है। ये आत्म विज्ञान का विषय है। समस्त सृष्टि में अपने को और अपने में समस्त सृष्टि को देखना। ईश उपनिषद के प्रथम मन्त्र 'ईशावास्यं इदं सर्वम्'[1] से उत्पन्न प्रारम्भिक घोषणा "यस्तु सर्वाणि भूतानि आत्मन्येवानु पश्यति, सर्व भूतेषु चात्मान्" इस थियरी की नीव है।

यक्ष प्रश्न और विश्व विभाजन

प्रश्न उठता है कि अगर जैसा कि पाश्चात्य विज्ञान और वैज्ञानिक मानते हैं ब्रह्माण्ड भी evolution या random है तो उससे पहले क्या था और Big Crunch के बाद क्या होगा? क्या ब्रह्माण्ड फिर बनेगा या हमेशा के लिये अन्त हो जायेगा। वो egg कहाँ से आया जिसमें विस्फोट हुआ था? क्या वो आज के ब्रह्माण्ड

के ही बराबर था, यदि नहीं तो वो बढ़ा कैसे, उसके अन्दर जीव तत्व या Life कहाँ से आई? और अगर वह ब्रह्माण्ड के बराबर था तो विस्फोट कैसे हुआ फिर तो उसे फैल कर ब्रह्माण्ड के बाहर जाना चाहिये। वो ब्रह्माण्ड के बाहर कहाँ गया? अगर वो energy थी तो energy आई कहाँ से? वो अनन्त है या सीमित (infinite या finite)? अगर अनन्त भी है तो उसकी तब्दीली (conversion) सृष्टि में कैसे हुई। अगर ये ऊर्जा (energy) infinite है तो ब्रह्माण्ड का विस्तारण Expansion रुकना नहीं चाहिये, फिर ये संकुचन contraction कैसे? इससे और सबसे बड़ा सवाल है सृष्टि (creation) की जरूरत क्यों आ पड़ी? फिर सृष्टि के प्रश्न पर विज्ञान अपनी कार्य-कारण (थियरी) से क्यों भाग रहा है। सत्य को स्वीकार क्यों नहीं करता। क्या सत्य को स्वीकार करने में विज्ञान को रोटी चले जाने का भय है। ये समझना विज्ञान के लिये जरूरी है कि उसका 'कार्य के पीछे कारण' का सिद्धान्त समस्त सृजन या सृष्टि पर लागू होता है लेकिन जो सृजक (creator) है उस पर नहीं, क्योंकि वह सृजन नहीं सृजन से बाहर है, सृजन का भी सृजक है, कारण का भी कारण, infinity.

इसलिए केवल यही बात देखने में आती है कि सृष्टि और ब्रह्माण्ड (Creation - Cosmos) के सम्बन्ध में एक सवाल का जबाब मिलने की हम खुशी मना भी नहीं पाते कि दूसरा प्रश्न खड़ा हो जाता है। उसका कारण यही है कि पूर्ण को हम जानते नहीं और जान भी नहीं सकते क्योंकि अंश पूर्ण को कभी नहीं जान सकता इसलिये ज्ञान भी नहीं करा सकता। दार्शनिक वाङ्मय (epistemology) जो उसे जानता है उसको विज्ञान संख्या और परिमाणात्मकता के अभाव में मानता नहीं, क्योंकि साइन्स की भाषा भौतिक और स्थूल है, भावनात्मक, दार्शनिक और आत्मिक नहीं।

इस प्रकार यह भी सिद्ध होता है कि डार्विन के 'प्राकृतिक चयन विस्तारण' (evolution by natural selection) या अव्यवस्थित आनुवंशिकी परिवर्तन (random genetic mutations) और नैसर्गिक व्यवस्थिति में अवस्थित अभिव्यक्ति (evolution through the process of nature) अलग अलग सत्य हैं। डार्विन की थियरी अभी भी कुछ देशी-विदेशी विज्ञानियों को वेद वाक्य हो सकती है लेकिन

1. ईशोपनिषद १-३

अब भारतीय इतिहासकारों को 'आर्य थियरी' से 'पाश्चात्य थियरी' को चुनौती देने का समय आ गया है। वैसे दार्शनिकों ने सही कहा है 'East and West are two ends apart and could never meet'। यद्यपि ये बात भी सच है कि डार्विन की पुस्तक और उसका सिद्धान्त मानवोत्पत्ति की अविवृद्धि को सम्बोधित नहीं करता अपितु प्राकृतिक चुनाव की सामान्य सम्भावना (general possibility) को ही सम्बोधित करता है।

इसके अलावा पाश्चात्यों का पूर्व-पश्चिमात्मक (east–west) विश्व विभाजन, जैसा कि हमें आगे ज्ञात होगा, उनका पृथ्वी और पृथ्वी के भूगोल के बारे में अज्ञान तथा संस्कृति एवं सभ्यता के उदय-अभ्युत्थान के बारे में अनभिज्ञता का द्योतक है। सही विभाजन उत्तरी और दक्षिणी ध्रुव के आधार पर उत्तर-दक्षिण है। यही पौराणिक उत्तरायण और दक्षिणायन है तथा आज का आर्कटिक और अंटार्कटिक। तथापि इसकी सबसे बड़ी सटीकता उत्तरी और दक्षिणी गोलार्ध के प्रतीक उत्तर पथ और दक्षिण पथ हैं। इन सबसे ध्यान हटाने और आर्य सिद्धान्त की हंसी उड़ाने के उद्देश्य से पाश्चात्यों ने पूर्व-पश्चिम विभाजन किया और भारतीयों ने उसे मान भी लिया। भारतीयों को विभाजित करने के षडयंत्र के तहत उन्होंने भारत का ही उत्तर-दक्षिण पथ के नाम पर विभाजन कर दिया और जहाँ ये विभाजन होना चाहिये था उस विश्व को पूर्व-पश्चिम। सच कहें तो पश्चिम और पूर्व में विभाजित कर दिया जिसका एकमात्र आधार पृथ्वी का पश्चिम से पूर्व की ओर घूमना था सूर्योदय भी नहीं। अगर यह सिद्धान्त इतना सही था तो मानचित्र पठन (map reading) में उसका उपयोग क्यों नहीं किया गया? उत्तर से मैप रीडिंग का वर्तमान सिद्धान्त भी तो अर्ध रात्रि से नया दिन मानने या पहली जनवरी से नया साल मानने की तरह उन्हीं पाश्चात्यों की तो देन है।

बचकाना विज्ञान-बदहवास वैज्ञानिक

दार्शनिक स्तर पर कभी कहा जाता था कि पूर्व और पश्चिम मिल नहीं सकते (East is East-West is West and the twin will never meet). उस समय भी जहाँ पूर्व से तात्पर्य एशिया खास तौर से भारत से था वहीं पश्चिम का मतलब यूरोप ही था अमेरिका नहीं। लेकिन भौतिक स्तर पर जहाँ यह कथन गलत साबित होता दिख रह है आध्यात्मिक क्षेत्र में यह सदैव सत्य रहेगा। भारत के वैदिक वैज्ञानिकों और आर्य दर्शनिकों को पश्चिम के इतिहासकारों, वैज्ञानिकों और

Learned लोगों ने धर्म के नाम पर हिन्दु धर्म से जोड़ा और मखौल उड़ाया, जबकि सांस्कृतिक, धार्मिक, दार्शनिक, आध्यात्मिक, ऐतिहासिक रूप से हम कभी हिन्दु थे ही नहीं। आज के परिप्रेक्ष में देखा जाय तो धर्म अगर बिना वैज्ञानिक दृष्टि के लंगड़ा है तो विज्ञान भी धार्मिक सोच के बिना अन्धा। तात्पर्य यह है कि विज्ञान के बिना भी मानव जाति के पास पथ दर्शन हेतु धर्म की आँखें रहेंगी जबकि धर्म के बिना अंधा होने के कारण विज्ञान विनाश ही करेगा। लेकिन सनातन वैदिक दर्शन मूलतः दर्शन और विज्ञान का समन्वय है। इसीलिये ऐसा कहा जाता है कि क्रान्तिकारी महान वैज्ञानिक दार्शनिक आइन्स्टीन ने कहा था कि विज्ञान जहाँ पर रास्ता भटक जाय या विज्ञान का अन्त हो जाय वह भारत से सीखे, आगे का रास्ता वहीं से शुरु होता है और होगा। राजनैतिक-आर्थिक पृष्ठभूमि में विचार करें तो धर्म और विज्ञान का समन्वय गांधी और मार्क्स की समनुगति (Integration) है।

तथापि पाश्चात्य वैज्ञानिकों की किंकर्तव्य विमूढ़ता, भटकाव और भटकाने के कुछ अन्य उदाहरण जिनका अनुसशरण भारतीय वैज्ञानिक भी करेंगे और कर रहे हैं, इस प्रकार हैं।

आज University of Melbourne (आस्ट्रेलिया) तथा Royal Melbourne Institute of Technology के भौतिकीविदों (Physicists) का कहना है कि ब्रह्माण्ड (creation) की रचना के पीछे महाविस्फोट नहीं अपितु महा शीत् (Big Chill) अर्थात् जल के पूरी तरह जम जाने और हिम-मय हो जाने का स्फूटन था। उनके अन्वेषण के अनुसार बर्फ सहित सभी क्रिस्टलों में समान रूप से दरार, चटक और फटन (Cracks - crevices) के ज्ञान से हमारे सृष्टि सम्बन्धी आयाम में क्रान्तिकारी परिवर्तन हो सकते हैं। प्रश्न है अब सच क्या माना जाय? इन्हीं वैज्ञानिकों के अनुसार प्राचीन यूनानी दार्शनिक भी इस तथ्य से अचम्भित थे कि आखिर पदार्थ (matter) किससे बना है यानी अलग-अलग अणुओं से या द्रव्यों (substances) की अनन्त संग्रहणता (collectivity) से, सनातन भारतीय विज्ञान के अनुसार अलग अलग अणुओं के स्वतन्त्र अस्तित्व के वावजूद उनकी संग्रहण शक्ति से ही ऐसा सम्भव है अन्यथा नहीं।

अब खगोल वैज्ञानिकों (Astronomers) का भी एक तपका यह भविष्यवाणी करने लगा है कि उम्रदराज सूर्य पाँच अरब साल (five bn years) में पृथ्वी को निगल जायेगा। कई अन्य खगोलीय घटनाओं के आधार पर ही भौतिकविद वैज्ञानिक

Alex Wolszczan ने उपर्युक्त बात कही है। उनके अनुसर हमारे सौर सिस्टम के अन्तरतम ग्रहों के साथ भी यही हो सकता है। तथापि लेखक के अनुसार यह कोई नई बात नहीं है। अशोचनीय अविश्वसनीय बातें और घटनायें इस पृथ्वी में आज भी हो रही हैं, फिर अनन्त ब्रह्माण्ड की बात ही क्या है। यही तो रहस्य है जिसने मानव को उलझाया हुआ है, अन्यथा मानव क्या करता, यह और भी विस्मयकारी होता।

एक ओर अगस्त 2012 में बीजिंग (चीन) में विश्व खगोल संघ (IAU) को सम्बोधित करते हुये नोबल विजेता खगोलशास्त्री Brian Schmidt ने ब्रह्माण्ड के अन्ततोगत्वा क्षीण हो जाने के कारण अन्धकारमय भविष्य की भविष्यवाणी की है। उनके अनुसार 100 अरब साल के बाद मानव के समक्ष एक रिक्त ब्रह्माण्ड होगा जब हमारी आकाश गंगा (मिल्की वे) को छोड़कर सभी आकाश गंगायें उजड़ जायेंगी। दूसरी तरफ वैज्ञानिकों के एक तपके का कहना है कि ब्रह्माण्ड के विस्तार (expansion) की इति हो गई है और वह संकुचन (contraction) की ओर अग्रसर होते हुये अन्ततः महा विनाशकारी चटकन (Big Crunch) की ओर जा रहा है। लेकिन ब्रायन स्मिट साहब का कहना है कि ब्रह्माण्ड का विस्तार अभी चालू है और उसकी गति तेज (accelerate) हो गई है। इसी सिद्धांत को प्रमाणित करने के लिये उन्हें 2011 का Nobel Prize भी मिला। अब किस पर विश्वास करें? ऐसे साइन्स पर विश्वास करके मानव जाति कितनी सुरक्षित है? स्मिट साहब के अनुसार जब तक dark energy अचानक लुप्त नहीं हो जाती ब्रह्माण्ड के विस्तार की गति और भी तेजी से चलती रहेगी और वह अन्ततोगत्वा लुप्त सा हो जायेगा। स्मिट महोदय अपनी वैज्ञानिक चालाकी और बुद्धिमत्ता से पुनः आगे बखान करते हैं कि हमारी आकाश गंगा के अलावा सभी दृश्य समूह समाप्त हो जायेंगे और हमारी आकाश गंगा भी किसी दूसरी आकाश गंगा में समाहित हो जायेगी। कितना बड़ा वैज्ञानिक विरोधाभास है ये। अब ऐसे विज्ञान पर विश्वास करके मानव जाति का अस्तित्व कब तक रहेगा? परिणाम भी सामने हैं जो मानव जाति को और भी आगे भुगतने होंगे। अन्य वैज्ञानिक ज्ञानियों के विपरीत खगोलविद स्मिट का मानना है कि 'डार्क एनर्जी' आकाशीय तानाबाना ही है। यह इस तरह का चक्र है कि dark energy-more space-more dark energy-more space-more and more यही stuff ब्रह्माण्ड के अन्त का कारण भी है। लेकिन अमेरिकी अंतरिक्ष एजेन्सी NASA के

वैज्ञानिक अब कहते हैं कि हमारा अन्तरिक्ष हर पल करीब दो किलोमीटर फैल रहा है। इस प्रकार कई वैज्ञानिक मानते हैं कि संकुचन के बजाय अन्तरिक्ष के फैलाव की गति में तेजी आ रही है। विज्ञान जो स्वयं दोगली बात करता रहा है, दूसरों को झूठा साबित करने की बेशर्माई में भी कभी पीछे नहीं रहा, खासतौर से वैदिक सिद्धांतों को। आर्य सनातनता को।

यही नहीं एक समय की अपनी यू एफ ओ (Unidentified Flying Object) की मनगढ़न्त कहानियों को सत्य का जामा पहनाने और पुनः वणिक व्यवसाय का आधार बनाने के लिये अमेरिका ने उसे अब मंगल ग्रह (Mars) से जोड़ कर सत्य सिद्ध करने का प्रयास किया है। नासा के वैज्ञानिकों के एक वर्ग ने हाल ही में प्रक्षेपित उपग्रह Curiosity के मार्ग में आये ऐसे ही दृश्यों से उपर्युक्त निष्कर्ष निकाले। वैदिक आर्कटिक स्वर्ग, तुषित देवों के अस्तित्व और आर्यों के विश्व पितृत्व तथा रामायण-महाभारत की वैज्ञानिकता को नकारने वाले तथा सत्य प्रयुक्त एवं परीक्षित भारतीय पौराणिक इतिहास को विकृत करने वाले पाश्चात्यों का यह चेहरा देखने-समझने लायक है।

अमरीकन अन्तरिक्ष रिसर्च अजेन्सी (नासा) द्वारा प्रक्षेपित उपग्रह Curiosity-Rover द्वारा अगस्त 2012 में चित्रित कुछ ऐसे ही नजारों के वैज्ञानिकों ने अपने अपने हिसाब से अर्थ निकाले जिनमें से एक यू एफ ओ से सम्बन्धित है। इसमें कितने ही विरोधाभास हैं, कुछ के अनुसार वो यू एफ ओ था, अन्य के अनुसार किसी object के प्रतिविम्ब कुछ अन्य के अनुसार फोटोग्राफी की असम्बद्धतायें। जिनको अपने ही ऊपर यकीन न हो उनका लिखा इतिहास हम सत्य कैसे मान रहे हैं और मान सकते हैं? यह मानना भी ठीक विज्ञान की तरह का ही मानना है जो विश्व को खात्मे की ओर ले जा रहा है।

यही पाश्चात्य वैज्ञानिक कल तक कहते थे कि मनुष्य अपने समाज और आनुवंशिकता (heredity and parentage) का प्रतिबिम्ब है। अब यही बन्दर पुत्र चन्द बन्दरों पर किये गये चंद परीक्षणों के आधार पर कह रहे हैं कि मनुष्य का व्यवहार उसके परिवार से नहीं मित्र समाज से प्रभावित होता, बनता और प्रतिबिम्बित होता है। ये निष्कर्ष Portsmouth विश्वविद्यालय के प्रोफेसर Jerome और Bridget और उन की टीम के हैं।

यह आज की ही बात नहीं है। सनातन आर्य और वैदिक-पौराणिक वैज्ञानिकों-दार्शनिकों को भी प्रकृति के अनवरत अन्तर्निहित परिवर्तनों और सृष्टि के-स्वनिर्मित आयामों की चक्रीय रचनाओं के कारण बदलती हुई स्थिति में अपने सिद्धान्तों में परिवर्तन करने पड़े। ईश उपनिषद[1] कहता है इस जगत यानी ब्रह्माण्ड में हर चीज स्वभावतः परिवर्तनशील और चलायमान है (यत किंचित जगत्यां जगत्) और यही इसकी अनन्तता है, अतः हर सिद्धान्त को एक समय के बाद बदलना ही है चाहे 100 वर्ष बाद हो या 1000 या 10000 साल बाद। यहाँ इस बात का जिक्र केवल उन लोगों को याद दिलाने के लिये किया जा रहा है जो भारतीय सनातन वैज्ञानिकों का मखौल उड़ाते रहे हैं। इसका एक और रोचक उदाहरण देखिये कि वैज्ञानिकों ने आइन्स्टीन की सुप्रसिद्ध Theory of Special relativity को भी अब चुनौती दे दी है। एडिलेड विश्वविद्यालय (आस्ट्रेलिया) के व्यावहारिक गणितज्ञों (Applied Mathematicians) ने अब यह सिद्ध किया है कि प्रकाश से तेज गति सम्भव है। इस तरह हर वो चीज जो अरबों सालों से अस्तित्व में है लेकिन पहली बार दिखाई दे रही है या ढूँढी जा रही है, वैज्ञानिक उसका श्रेय ऐसे ही ले रहे हैं जैसे जनता को उसका ही हक देने-दिलाने में एम एल ए-एम पी लेते हैं मानो उन्होंने ही ये सब पहली बार बनाया या किया हो। देश की जनता की तरह ब्रह्माण्ड में उस बनानेवाले का कहीं अता पता नहीं है। हाल ही में पृथ्वी से दूना बड़ा डायमण्डाकार ग्रह आकाश में अमेरिकी-फ्रांसीसी वैज्ञानिकों को दिखाई दिया तो उन्होंने उसी तरह तमाशा किया जैसे CERN (स्विटजरलेण्ड) में God Particle को लेकर वैज्ञानिकों ने दुनियाँ को अपनी तरह बेबकूफ समझकर बेबकूफ बनाया, जैसे ईश्वर कोई चीज हो, कोई वस्तु (matter) या तत्व (element), जिसको विभाजित किया जा सके और उसका एक particle लिया जा सके। जो ईश्वर आकाश और समीर की तरह, अन्धकार और प्रकाश की तरह, ज्ञान और अज्ञान की तरह, प्रकृति और विकृति की तरह सर्वत्र होते हुये भी, अणु-अणु, कण-कण में होते हुये भी दर्शन और दार्शनिकों, ज्ञानियों-विज्ञानियों, आत्मज्ञानियों और त्रिकालज्ञों की समझ से बाहर है, उसका अंश (पार्टीकल) इन्हें कैसे मिल गया। तअज्जुब यह कि अमेरिका इस पर अभी तक कुछ नहीं बोला। उसके वैज्ञानिक कुछ नहीं बोले-क्यों? उनकी नजर में यह एक बहुत बड़ा झूठ और मजाक लगता है-एक फरेब।

1. पूर्वोक्त

कनाडा के Alberta विश्वविद्यालय के प्रो0 Gregory की टीम का अन्वेषण है कि अन्तरिक्ष में 28000 प्रकाश वर्ष दूरी पर ऐसा अनन्त गह्वर (black hole) है जिसके आगे कुछ नहीं बचता यानी सब समाप्त हो जाता है। ज्योतिषविद भी यही बात कह रहे हैं कि यह ब्लैक होल प्रकाश की चौथाई गति से हमारे अन्तरिक्ष में गैस के पुंज अवतरित कर रहा है। अगर सच कहें तो CERN के नहीं इन वैज्ञानिकों को गॉड पार्टिकल प्राप्त हुआ है। इनको समय और स्थान दोनों दृष्टियों से अन्तिम विन्दु (Ultimate Zenith) दिख गया है और ये उस काल में पहुँच गए हैं जहाँ से creation प्रारम्भ हुआ। इससे एक बात और भी प्रमाणित होती है कि समय की गति अलग-अलग जगहों पर ही नहीं अलग-अलग योनियों के लिए भी अलग-अलग है। इसीलिये पितरों, देवी-देवताओं, यक्षों, किन्नरों और ब्रह्मा जी आदि का काल अलग-अलग है।

स्पेनी यूरोपियों को वह स्थान बिन्दु तक मिलगया जहाँ करीब 2050 साल पहले (44 BC) में रोमन राजा सीजर को छुर्रा घोंपा गया था लेकिन पाश्चात्यों की नजर में भारत के पौराणिकों का लिखा सारा इतिहास बकवास है-यही है 'गरीब की महरारू सबकी भौजाई'।

इसके अलावा यही वैज्ञानिक चन्द जीवों की स्टडी के आधार पर अब यह भी कहने लगे हैं कि पुरुष सम्बन्धी यानी (Male specific), Y chromosomes (DNA और Genes वाहक cell nucleus) पुरुषों में घट रहे हैं लेकिन यह चिंता की भी बात नहीं है। ये निष्कर्ष कैसे निकले और क्यों निकाले गये, यह बात तो Australian National University के प्रोफेसर Paul Walters की टीम ही बता सकती है।

दुर्भाग्य यह है कि जीवन से मृत्यु तक, सृष्टि से प्रलय तक, प्रकृति से पुरुष तक, जीव से निर्जीव तक सनातन आर्य वैदिक दर्शन तथा पौराणिक अन्वेषणों के प्रणेता और द्रष्टा आज जीवित नहीं हैं। उनके द्वारा प्रतिपादित सिद्धान्त (पाश्चात्यों को छोड़ भी दें), भारतीय इतिहासकार और वैज्ञानिकों की भी समझ में नहीं आये, आ भी नहीं सकते क्योंकि उसके लिये उन्हें अछूत संस्कृत भाषा पढ़नी पड़ती। भारतीय सनातन वैदिक सांस्कृतिक वांगमय से अवगत होना पड़ता। अतः 'खिसियानी बिल्ली को खम्भा नोचने' के अलावा कुछ नहीं सूझा। फिर भी उन्हें गुरु आइन्स्टीन की सीख से ज्ञान लेना चाहिये। पाश्चात्य वैज्ञानिकों की कई हास्यास्पद बातों का

जिक्र इस पुस्तक में यत्र-तत्र किया ही गया है। स्पष्ट है वैश्विक और ब्रह्माण्डीय परिवर्तनों की निरन्तरता के कारण हर सिद्धान्त एक समय के बाद बदलेगा।

अतः जिस तरह हम पृथ्वी को वैज्ञानिकों के हवाले और देश को पॉलिटिशयनों के हवाले नहीं छोड़ सकते उसी तरह भारत के ऋत इतिहास के ज्ञान के लिये हम पाश्चात्यों-यूरपियनों द्वारा लिखे गये विकृत इतिहास पर निर्भर नहीं रह सकते।

मनु, वेद, विश्व पौराणिकतायें एवं मध्य जम्बू आयाम

पुराणों के अनुसार आज के उत्तराखण्ड राज्य के गंधमादन, बदरीवन, कैलाश-मानसरोवर का मेरू यानी मध्य जम्बूद्वीप (आज का सेन्ट्रल एशिया) तक जुड़ाव था। दूसरे शब्दों में उत्तर कुरु की सीमा तक उत्तर-खण्ड था जो अलौकिक रहस्यात्मकता के साथ उत्तर पथ से जुड़ा हुआ था। उत्तर-पथ यानी उत्तर कुरु से उत्तर समुद्र अर्थात वर्तमान आर्कटिक सागर से घिरे पुष्कर द्वीप की सीमा-जो पृथ्वी पर आदि सतयुगीन देवलोक था, स्वर्ग की प्रतिकृति और देवभूमि था। देवत्व का आविर्भाव पृथ्वी पर सर्वप्रथम यहीं हुआ। यहीं से आदि आर्य मानव का उद्भव, आर्य संस्कृति और सभ्यता का अभ्युदय हुआ। इससे सिद्ध होता है कि इस पृथ्वी पर जीवन का आरम्भ अलौकिक समन्वयता के साथ और ज्ञान का विकास प्रकृति की गोद में हुआ। मध्य जम्बूद्वीप ज्ञान, विज्ञान, कला कौशल और आर्य संस्कृति का आदि केंद्र था। यहीं मेरू के चारों ओर फैला इलावृत वर्ष-जम्बूद्वीप का राजधानी क्षेत्र था। इसी के आसपास देव-दानव युद्ध हुये थे। सम्भवतः इस तरह के युद्ध बाद में आर्यों एवं आदम, आततायी बर्बर, म्लेच्छों के मध्य भी हुये। आर्य मानवों का समस्त विश्व में यहीं से विस्तार हुआ।

महाभारत के वनपर्व में अन्य इतिहास पुराणों की अपेक्षा उत्तर-खण्ड के इतिहास-भूगोल का बहुत ही विस्तृत हृदय स्पर्शी चित्रण है। महाभारत में दिया गया वर्णन तुलनात्मक रूप से अधिक प्रामाणिक और विश्वसनीय है, और माना भी जाना चाहिये। हरिद्वार से मेरु और उत्तरकुरु वर्ष तक के भूगोल और इतिहास को महाभारत ने गूथा है। हरिद्वार के कई नाम बदले लेकिन पाण्डवों के समय हरिद्वार का नाम गंगाद्वार था और यह कुरु राज्य का हिस्सा था जिसे दक्षिण कुरु कहा जाता था। पौराणिक इतिहास से ऐसा लगता है कि कभी पुरातन काल में वर्तमान गोमुख (गंगोत्री-गंगोत्तरी) भी गंगा द्वार नाम से विख्यात था। अगर उन हिमयुगों की कल्पना

करें तो लगता है हिममय होने के कारक कैलाश से आर्कटिक तक सम्पूर्ण उत्तर दिशा में हिमालय का ही विस्तार था। इस प्रकार जम्बूद्वीप ही नहीं विश्व की पूर्व और पश्चिम दिशायें हिमालय से जुड़ी हुई थी क्योंकि विश्व का स्थलीय स्वरूप सीमित था। तथापि उत्तरी ध्रुव (आर्कटिक) तक हिमालय का विस्तार होने के कारण पूरा विश्व पूर्व से पश्चिम दिशा तक (अमेरिका को छोड़कर) स्वतः ही जुड़ा हुआ था।

पाण्डवों ने गंधमादन से न केवल चीन और पूर्वी एशिया के काफी बड़े हिस्से की यात्रा की अपितु मध्य जम्बू द्वीप (सेंट्रल एशिया) की यात्रा मेरू (उराल) होते हुये उत्तरकुरु (रूस) की सीमा तक की थी। उत्तरकुरु से आगे उत्तर समुद्र से घिरा पुष्कर द्वीप जैसा की नाम से ही अभिज्ञात है कमलाकार देवलोक था जो आज भी काफी हद तक कमलाकार ही है। तत्कालीन जम्बूद्वीप के मध्य भाग अर्थात् इलावृत वर्ष के केन्द्र में स्थित मेरू की भी कमल कर्णिका से उपमा की गई है। पुष्कर द्वीप के मध्य में सुमेरु स्थित था जिसे रामायण में सोमगिरि और भागवत सहित कई पुराणों में देवगिरि भी कहा गया है। यहीं देवताओं के साथ त्रिदेव (ब्रह्मा विष्णु महेश) का धाम था जो अपने विग्रहों के साथ यहाँ निवास करते थे।

रामायण, महाभारत और पौराणिक इतिहास से ये प्रमाण मिलते हैं कि मानवोत्पत्ति से बहुत पहले देव-दानव, आदित्य-दैत्य संस्कृतियाँ मौजूद थी। प्रसिद्ध इतिहासकार श्री जेपी मित्तल[1] और डॉ० के. एल. जैन का भी यही मानना है। आदि आर्य मानवों की उत्पत्ति तुषित यानी अर्धदेवों की सन्तति के रूप में हुआ और उन्हीं से मानवों का विस्तार हुआ. अतः मानवोत्पत्ति और सभ्यता के इतिहास का ठीक ठीक काल निर्धारण करना किसी के लिये भी सम्भव नहीं है। इतिहास, विज्ञान, पुरातत्त्व और मानव शास्त्र के विद्वानों में भी इस सम्बन्ध में मतैक्य नहीं है और अधिकतर ये काल अनुमान पर आधारित है। महाभारत और रामायण में स्थानों, नामों, पथों तथा अन्य भौगोलिक वर्णन के अन्तर को देखते हुए भी ऐसा प्रतीत होता है कि दोनों की हिमयुगी (Glacial) दशा में काफी अन्तर था अतः भौतिक स्थिति भी काफी अलग थी।

पौराणिक इतिहास भी इतिहासकारों के इन विचारों की पुष्टि करता है कि पाण्डवों से भी हजारों वर्ष पूर्व आर्य जन मध्य एसिया से चीन आये थे। कमोवेस

1. History of Ancient India - Vol. 1

उनका वही पथ था जिसे आज पाश्चात्य रेशम मार्ग (silk route) कहते हैं। यह सम्भवतः प्रथम रेशम मार्ग था। नेहरु जी ने भी उल्लेख किया है कि;[1]

"About 5000 years or more there was an invasion of China from the west. These invading tribes also came from central Asia and were fairly, advanced in their civilisation. They knew agriculture and kept large flocks and herds of cattle. They built good houses and had a well-developed society. They settled down near and around the Hoang Ho, which is also, called the Yellow River, and organised their state. For many hundreds of years they continued spreading over China and other places improving their arts and crafts.'

अलकनन्दा की तरह ह्वांग हो (Hwang Ho) नदी भी, गंगा की चार धाराओं में एक थी. इन्हीं चार धाराओं के किनारे सर्वप्रथम आर्य संस्कृति पनपी और विकसित हुई अतः सम्भवना यह है कि चीन के साथ-साथ आर्य लोग अलकनन्दा मार्ग की दिशा में कैलाश-मानसरोवर-बदरीवन तक आये और यह स्थान उन्हें आर्कटिक मेरु की प्रतिकृति के अलावा सबसे रम्य देवभूमि प्रतीत हुआ, अगम्य और सुरक्षित तो था ही। अतः जब आर्कटिक से देवत्व अंतर्ध्यान हुआ और देवलोक लय हो गया तो इसी क्षेत्र में भगवान नारायण का अवतरण हुआ। कहा जाता है कि 30-40 साल पूर्व तक आर्कटिक-साइबेरिया से राज हंस यथा समय मानसरोवर आते थे।

इस स्थान पर नेहरू जी द्वारा प्रयुक्त invaders, tribes तथा काल निर्धारण की शब्दावली के विवाद में पड़े बिना इतना ही कहना पर्याप्त होगा, जैसा कि पहले कहा भी जा चुका है और आगे वर्णन से भी स्पष्ट होता रहेगा कि आर्य कोई जाति या रंग आधारित नस्ल (race) नहीं थी बल्कि मनु के वंशज आर्य मानव थे, देव योनि (celestial) के प्रथम भौमिक (terrestrial) प्राणी। अति सुसंस्कृत होने के कारण ही उनका 'आर्य' सम्बोधन हुआ लगभग उसी तरह जैसे जर्मनी में fuehrer अंग्रेजी में Sir या Mosieur है। ईसाइयत के अनुसार ऐडम और ईव (Adam - Eve) भी दैवी (divine) शक्ति जात प्रथम भौमिक माने गये हैं। ईसवी सन् 500

1. Glimpses of World History-28

से पूर्व तक विश्व के मुख्य धर्म लगभग एक से ही थे। तथापि आज से 2000 साल पहले तक उनमें बहुत साम्यता थी। इस्लाम आने के बाद इसमे परिवर्तन आया। अभी भी इस्लाम की बहुत सी बातें और आख्यान वही हैं जो यहूदी और ईसाइयत में हैं। ऐडम और ईव तथा आदम और हवा में तात्विक दृष्टि से कोई फर्क नहीं है सिर्फ नाम का ही फर्क है वैसे ही जैसे इब्राहिम और अब्राहम अथवा मूसा और मोजेज आदि हैं। आदिम यानी (आदो भव) जो सबसे पहले हुआ। इसी से आदमी शब्द की व्युत्पत्ति हुई और आज उसका यही अर्थ लिया भी जाता है इसी अर्थ में ऐडम भी आदम है और 'ईव' (Eve) जिसका अर्थ है मानव जीवन के प्र.रम्भ की पूर्व संध्या अर्थात् मानव सृष्टि से पहले जिस नारी की रचना हुई या जन्म हुआ। इसी प्रकार 'हवा-हेवा' भी अलौकिक है यानी हवनाग्नि से जन्म लेने वाली, आहुति से उत्पन्न (अयोनिजा) और आहुति के समान पवित्र।

पुष्कर और उत्तर समुद्र यानि वर्तमान आर्कटिक क्षेत्र की सीमा से पहले लगा हुआ उत्तरकुरु वर्ष यानी वर्तमान रूस-साइबेरिया क्षेत्र स्वर्ग द्वार था। उससे पहले ही जम्बूद्वीप का राजधानी क्षेत्र इलावृत्त था जिसके मध्य में स्वर्णमय मेरू था यही वर्तमान 'उराल' है। मेरू पर ही ब्रह्मपुरी स्थित थी जहाँ देवी देवताओं का वास तो था ही, पितामह ब्रह्मा का धाम भी था। यहीं ब्रह्मा जी के संकल्प से आदि विराज पुरुष स्वायम्भू मनु और उनकी पत्नी शतरूपा (the Patriarch and Progenitor) का आविर्भाव हुआ और आर्य मानवों का विस्तार भी। अगले प्रकरणों में इसका विस्तृत विवरण दिया गया है। इसी मेरू पर ब्रह्म सरोवर भी अवस्थित था। कहा जा सकता है कि यही बाइबल का गार्डन आफ ईडन (Garden of Eden) था और आर्क्टिक ही पेरडाइज (Paradise) यानी स्वर्ग।

ज्ञान का अवतरण आदि आर्य मानवों के माध्यम से इसी उत्तर-पथ, उत्तर-खण्ड से पृथ्वी पर निसृष्ट (devolve) हुआ। इसी उत्तरपथ से स्वर्ग और पृथ्वी समन्वित हुई, देव और मानवों की संगति हुई और पृथ्वी पर देवत्व और प्रकृति के सानिध्य में मानव अभ्युदय और ज्ञान की अविवृद्धि एवं संहति हुई।

पिछले 30 वर्षों के अन्दर रूस के साइबेरिया-उराल-अरकेम-वोल्गा आदि अन्य क्षेत्रों के विभिन्न स्थानों की खुदाई करने से आश्चर्यजनक आर्य संस्कृति प्रमाण मिले हैं जिसका सविस्तार व्यौरा प्रकरण दो में दिया गया है। वैसे रूस में आज भी कई नामों के उच्चारण संस्कृतनिष्ठ हैं भले ही उनके अर्थ कुछ भी हों। इसके

उदाहरण हैं आर्कटिक से लगा 'नरियन-मर (Nariyan Mar), जो कि नर-नारायण से मिलता है। नद्यम, ओमस्क (ओम से व्युत्पन्न), तोमस्क, दुदिन्का, सवरमाया (जोकि सर्वमाया हो सकता है, वैसे 'सवर' शिव का भी नाम है), नोवाया, खटंगा (यह नाम भी शिव के खट्वाङ्ग नाम से मिलता है, वैसे इस नाम एक ऋषि भी थे), डिक्सोर आदि। वैसे भी विद्वानों का कहना है कि रूसी भाषा 30 फीसदी से ज्यादा संस्कृत से मिलती है। सम्भव है गंगा जो कि आर्कटिक स्वर्ग से उदित होकर चार धाराओं में विभक्त हुई उनमें से एक अर्थात् भद्रा, मेरू से नद्यम आदि होते हुये ही उत्तर समुद्र में प्रवाहित हुई हो।

यह मानना सम्भव है कि सृष्टि सृजन के साथ ही देवों के साथ दानव, असुरों के साथ सुरों और आदित्यों के साथ दैत्यों का अस्तित्व उसी तरह था जैसे जीवन के साथ मृत्यु, Positive के साथ negative, विकास के साथ पतन, प्रकाश के साथ अन्धकार, मांस के साथ रक्त। अतः आर्यों के साथ अनार्यों, बर्बरों का भी अस्तित्व था जिन्हें आर्य जन म्लेच्छ और जीत कर बंदी बनाने पर दास कहते थे जो इन्हीं दैत्य-दानवों की सन्तान थे। देव-दानव युद्धों की तरह दोनों संस्कृतियों में अपने अस्तित्व एवं श्रेय (Supremacy) के लिये संघर्ष होता रहा। मानव जीवन के अभ्युदय में जिस तरह देवों की परिणति तुषितों में, तुषितों की गौर वर्ण आर्य मानवों में, आर्य मानवों की मानवों में, मानवों की आदमियों में और आदमी की यात्रा पशुत्व की ओर है उसी तरह दैत्य-दानवों की परिणति जीव भक्षी, नर भक्षी, मांस भक्षी, काले वर्ण बर्बरों-अनार्यों में हुई जिन्हें अफ्रीकी हब्सी (Negro) भी कहा गया। इस तरह वैज्ञानिकों, इतिहासकारों आदि का यह कहना कि मनुष्य की उत्पत्ति अन्ध अफ्रीकी महाद्वीप से हुई उनकी मति से ठीक भी कहा जा सकता है, लेकिन मानव और दैत्य-दानव में अन्तर बहुत है। दैत्य-दानवों की इस परिणति प्रकृया को परिवर्तन (Change) या उत्परिवर्तन (Mutation) कहा जा सकता है। शायद विकास (evolution) भी, लेकिन परिवृद्धि या संवर्धन नहीं क्योंकि अलौकिक ज्ञान के सहअस्तित्व के साथ आदि आर्य मानव का और आर्य संस्कृति का अभ्युदय मेरू-पुष्कर यानी आर्कटिक क्षेत्र और मध्य जम्बूद्वीप में अवतरित देवत्व से ही हुआ। यही आदि मानव का अभ्युदय (development) था। यही मानव इस सृष्टि की अनुपम कृति है जिसके लिये देवता तरसते हैं-दैत्य-दानव नहीं।

वैसे पुराणों में भी वैज्ञानिकों, भू-गर्भज्ञों, पुरातत्त्वीयों आदि की तरह भयंकर दैत्याकार प्राणियों और विशाल काय (mammoth) जीवों का वर्णन किया गया है जिन्हें दैत्य, दानव, राक्षस नाम दिये गये। इसी तरह विशालकाय जीवों को वैज्ञानिकों द्वारा डायनोसोर, प्लीसिओसोर, आर्कोसोर आदि नामों से कहा गया। अभी वैज्ञानिकों को दक्षिण ब्राजील में डायनासौर से भी विशाल जीव भक्षी के अवशेष मिले हैं जिसे 26 करोड़ साल से भी प्राचीन (265 million years) बताया जा रहा है और डायनासौर से 4 करोड़ साल पहले का. यह जीव anteosaurs परिवार का है। इससे भारतीय दार्शनिक वैज्ञानिकों के इस कथन की भी पुष्टि होती है कि सृजन की प्रक्रिया में जीवों की सृष्टि मनुष्य से बहुत पहले हो चुकी थी।

वेदों के गहन अध्ययन से ये पुष्टि भी हो जाती है कि ऋग्वेद की रचना इलावृत वर्ष-ब्रह्मपुरी में ही हुई थी। लोकमान्य तिलक तो आर्यों का आदि स्थान और वेदों की रचना आर्कटिक में मानते हैं लेकिन पौराणिक इतिहास से इसकी पुष्टि नहीं होती। रामायण सहित महाभारत और पौराणिक इतिहास से आर्क्टिक का पुष्कर द्वीप यानी आदि स्वर्ग होना ही साबित होता है। अन्य वेदों और स्मृतियों का सृजन मध्य जम्बूद्वीप के अलावा आर्याणा (ईरान) गन्धर्व देश (अफगानिस्तान) और भारत वर्ष में सिन्धु-सरस्वती के अलावा अन्य स्थानों पर भी सम्भव है। ऋग्वेद की भाषा न तो संस्कृत है न प्राकृत। ये वैदिक संस्कृत ही है, जिसको समझने के लिये यास्क मुनि को 'निरुक्त शास्त्र' (वैदिक शब्दकोष) की रचना करनी पड़ी जो वेदों के सही सही ज्ञान हेतु निष्पादित छह वेदांगों में से एक है। वैदिक शब्दावली से ये बात भी स्पष्ट हो जाती है कि वेद एक स्थान पर नहीं लिखे गये इसीलिये शब्दकोष की आवश्यकता पड़ी। शेष दो वेदों यजुर्वेद और सामवेद में भी ऋग्वेद आच्छादित है। अथर्ववेद के स्वरूप और विषय को देखते हुये उसकी रचना और काल के सम्बन्ध में मत वैभिन्य भी है। पुराणों के अनुसार अथर्वा ऋषि अथर्ववेद के प्रणेता हैं जिसकी अभिवृद्धि वशिष्ठ मुनि ने की। वेदव्यास जी को वेदों को चार भागों में विभक्त करने वाला मानना या बताना न केवल विसंगति है अपितु अज्ञान भी है। व्यास जी ने वेदों का संहिताकरण किया था यानी सुव्यवस्थितिकरण अर्थात विभिन्न वेदों के मण्डलों, मंत्रों, सूक्तों का सुनियोजन। वेदों में वर्णित शाखाकरण सम्भवतः ब्राह्मण ग्रन्थों और आरण्यकों के दीर्घकालिक विन्यास के साथ विभिन्न ऋषि-मुनियों से सम्बद्ध होता गया। यह विन्यास और शाखाकरण आर्यों के भारत आगमन के बाद भी उत्तर

पश्चिम भारत से गंगा-यमुना क्षेत्र तक विकसित होता रहा। आर्यों ने भारत आगमन के साथ पुष्कर, मेरू और इलावृत के स्मारकों के रूप में उनकी प्रतिकृतियाँ भारत में बनाईं और उन्हें उसी तरह के नाम दिये। जैसे पश्चिम समुद्र में सोम गिरि, बदरिवन में नारायण धाम, बालखिल्य, राजस्थान में पुष्कर तीर्थ। इसी तरह वैखानस (आज का वोखरा) तीर्थ आदि नाम उसी भावनात्मकता के प्रतीक हैं।

विश्व की विभिन्न संस्कृतियों में भी मानव जाति (यानी 'मनोरपत्यम' अर्थात् मनु की सन्तति) के आदि पुरुख (Patriarch) या प्रथम पितर (Progenitor) की मनु के साथ सादृश्यता दिखाई देती है। जर्मन पौराणिक आख्यान ग्रन्थों (Mythology) में मानव वंश के आदि पूर्वज को Mannus नाम से अभिहित किया गया हैं। मिस्त्री-मिश्री (Egyptian), पारसी, यूनानी, पौराणिक धर्म शास्त्रों में वह Manes, Minos नाम से आभिजात हैं। ये सभी मनु नाम से ही रूढ़ हैं। इससे इतिहासकारों के बहुमत की यह सोच कि मानव वंश का वास्तव में मौलिक वैश्विक एकत्व (ancestral unity) है और उसका जन्म रूस के आसपास और उससे भी उत्तर की ओर आर्कटिक से हुआ, सही साबित होता है[1]। इसका आगे और भी विस्तार से वर्णन किया गया है।

इस गूढ़ विषय को हृदयंगम करने तथा इसके सनातन वैदिक आर्य इतिहास और भूगोल के साथ अभिन्नता से जुड़े होने के कारण इसकी गहराई में जाना जरूरी है। भारतीयों के लिये तो इसकी अपरिमित महत्ता है। पौराणिक शास्त्रों में गहन रूप से वर्णित सोमगिरि (सुमेरु, देवगिरि, सुरगिरि), महामेरु, पुष्कर द्वीप, उत्तर कुरु, उत्तरपथ, ब्रह्मपुरी एवं उत्तर समुद्र पाश्चात्यों तथा पाश्चात्य दास मानसिकता के विद्वानों के लिये अविश्वसनीय हो सकते हैं या उनकी स्थिति के बारे में शंकायें हो सकती हैं लेकिन दूसरों के लिये ये सभी उतने ही सच हैं जितना भारतीय सनातन वैदिक इतिहास एवं आध्यात्मिक संस्कृति। ये आर्यत्व और देवत्व के केन्द्रीय अंग और वैदिक आर्य सभ्यता उद्भव के अकाट्य प्रमाण हैं। इसलिये हर भारतीय को अपना सही, ॠत, गौरवशाली इतिहास जानना उतना ही जरूरी है जितना कि अपने आप को, अपने संविधान को और अपने कर्तव्य एवं अधिकार दोनों को।

रामायण, महाभारत आदि पौराणिक प्रमाण

रामायण (वाल्मीकि), किष्किन्धाकाण्ड (सर्ग 43),[1] महाभारत (महाप्रस्थानिक पर्व, अ. 1-2) तथा वनपर्व (अ0 145, 160, 174)[2] तथा अन्य पौराणिक ग्रंथों के समन्वित अध्ययन से इस सच्चाई में कोई सन्देह नहीं रह जाता कि सुमेरु पर्वत जिसे रामायण में सोमगिरि, भागवत (स्कन्ध 5 अ0 3) में सुरगिरि तथा अन्य ग्रंथों[3] में देवगिरि भी कहा गया है, उत्तर समुद्र (वर्तमान आर्कटिक महासागर) से आवृत पुष्कर द्वीप में अवस्थित था। जिसे कहीं-कहीं मेरु भी कहा गया है। पुष्कर उस समय के सात द्वीपों (वर्तमान महाद्वीपों continents) में से एक था। उस समय पृथ्वी पर प्रकृति प्रदत्त (evolutionary) सात समुद्र थे जिनके आधार पर तथा पुराणों के अनुसार मनु महाराज के पुत्र पृथ्वी के आदि सम्राट प्रियव्रत ने सात महाद्वीपों के रूप में तराशा था। प्रत्येक सागर या समुद्र (वर्तमान महासागर), एक द्वीप को आवृत कर दूसरे की बाहरी सीमा बना हुआ था। उस समय क्योंकि सात ही समुद्र थे अतः महासागर (Ocean) कहने का प्रश्न भी नहीं था। इन सात द्वीपों की सीमा एवं रेखांकन सम्राट प्रियव्रत ने सागरों की भूगोलीय स्थिति के अनुसार ही किया होगा जिससे वो छोटे बड़े हुये। प्रियव्रत के छोटे भाई उत्तानपाद थे और दोनों स्वायम्भुव मनु और सतरुपा के पुत्र थे। जैसा कि पहले बताया गया है पुष्कर का अर्थ कमल है। आर्कटिक उस आदि प्राचीन काल में कमलाकार ही रहा होगा जैसा आज भी है और उसका कमलाकार होना स्वर्ग या देवलोक का ही द्योतक है। आज भी उसकी हिमशिलायें और श्रृंग धवल कमल की पंखुड़ियों (petals) जैसी हैं। ऐसा प्रतीत होता है कि उसकी प्राकृतिक बनावट ही कमलाकार थी। आर्कटिक समुद्र, यानी तत्कालीन उत्तर समुद्र को शुद्धोदक एवं स्वादूदक सागर भी कहा गया जो आज भी उतना ही सत्य है क्योंकि वह जल विशुद्ध है। वाल्मीकि रामायण किष्किन्धा काण्ड (सर्ग 43/39, 40)[1] से अभिज्ञात होता है कि उत्तरकुरु वर्ष (वर्तमान एशियाई रूस-साइबेरिया क्षेत्र जिसकी सीमा आर्कटिक से मिली है) में कई नदिया प्रवाहित होती थी और वहाँ कई जलाशय, सरोवर, झीलें भी थी जिसे वैज्ञानिक और पुरातत्त्वज्ञ भी आज मान रहे हैं। वह प्रदेश रत्नों, मणियों और सुवर्ण से भरा था

---

1. रामायण
2. महाभारत
3. श्रीमद् भागवत् महा पुराण

जहाँ पुण्यात्मा मानव निवास करते थे। पुराणों में भी लगभग यही वर्णन है। आर्कटिक से मिला होने के कारण साइबेरिया हिमाच्छादित था और पर्यावरणीय ताप के बावजूद आज भी है। साइबेरिया क्षेत्र में आज भी कई नदियां, जलाशय एवं झीलें हैं।

जम्बूद्वीप के उत्तर-खण्ड क्षेत्र, हिमालय-कैलाश एवं पश्चिमी भाग जिसे आज पूर्वी एशिया (east Asia) कहा जाता है, प्राचीन काल में अतिमानव-अतिप्राकृतिक योनियों का निवास भी था जिन्हें यक्ष, गन्धर्व, किन्नर, किंपुरुष, विद्याधर आदि नामों से जाना जाता है। सम्भवतः इन्हीं से कालान्तर में ज्ञात किरात, तुखार या तुषार, दरद आदि जातियों का जन्म हुआ। महाभारत काल के दौरान मध्य एशिया में पोलोम, कालकेय और निवातकवच नस्ल के वंश की आवादी थी जिन्हें अर्जुन ने परास्त किया था। महाभारत के वर्णन से ज्ञात होता है कि पाण्डवों की यात्रा के समय ये जातियाँ मौजूद थीं। जम्बूद्वीप के नौ वर्षों (प्रभाग-regions) में एक वर्ष का नाम ही किंपुरुष वर्ष था जो वर्तमान चीन से मिला था। उस काल में मेरू को मानदण्ड मानते हुये सूर्योदय अर्थात् पूर्व से दिशाओं का निर्धारण होता था आज की तरह उत्तर से नहीं। इस प्रकार आज का पूर्व एसिया पश्चिमी जम्बूद्वीप था। पुराणों में नैषध पर्वत का काफी सन्दर्भ है जिसकी अवस्थिति वर्तमान चीन में ही थी। इससे लगता है कि उत्तर-खण्ड का एक हिस्सा महाराज नल के राज्य का भाग था। कुछ विद्वान मानते हैं कि तिब्बत, चीन के अलावा नेपाल, हिमाचल का कुछ भाग निषध राज्य के अन्तर्गत था। पुराणों ने भी निषध पर्वत की अवस्थिति कैलाश से आगे, क्रौंचरन्ध्र से भी आगे बताई है। मेनाक और निषध पर्वत आसपास जान पड़ते हैं जो सम्भवतः पश्चिमी चीन और सेन्ट्रल एशिया के बीच में थे।

केदारनाथ तीर्थ का वर्णन करते हुये महाभारत वनपर्व (85-17-22)[1] में नैषध यानी निषध राज नल (आदि त्रेतायुग) का सन्दर्भ निम्न शब्दों में आया है;

पवित्रो मंग्लीयश्च ख्यातो लोके सनातनः
केदारश्च मतंगस्य महानाश्रम उत्तमः
कुण्डोदः पर्वतो रम्यो बहुमूलफलोदकः
नैषधस्तृषितो यत्र जलं शर्म च लब्धवान

उपर्युक्त आधार पर अनुमान लगाया जा सकता है कि निषध राज्य का विस्तार आदि त्रेता युग में केदार खण्ड-उत्तरांचल तक भी था।

---

1. महाभारत-वनपर्व अ० १४१

वनवास काल में पाण्डवों ने करीब पाँच वर्षों तक गन्धमादन पर्वत (वर्तमान फूलों की घाटी क्षेत्र) पर निवास किया था और कुबेर के आतिथ्य में रहे। इसी अवधि में उन्होने वर्तमान पूर्व एशिया, चीन, सेन्ट्रल एशिया एवं उत्तरकुरु (रूस) तक भ्रमण किया जिसको मानचित्र द्वारा दिखाने का प्रयास किया गया है।

पाण्डवों के समय वर्तमान उत्तराखण्ड राज्य का ऋषिकेश (हृषिकेश) से आगे गढ़वाल सम्भाग कुणिन्द राज्य के अन्तर्गत था और राजा सुबाहू जिन्हें किरात राज भी कहा जाता था, उस राज्य के राजा थे। उस समय वहाँ कुणिन्द, तंगण, किरात और तुषार (तुखार) लोगों का निवास था। गन्धमादन बदरिवन की यात्रा पर जाते हुये पाण्डवों ने गंगाद्वार (हरिद्वार) से आगे बढ़ने पर राजा सुबाहू के राज्य में प्रवेश किया। राजा सुबाहू पाण्डवों के आगमन और स्वागत करते हुये भाव विभोर हो गये और उनके समक्ष यात्रा के लिये घोड़े, हाथी आदि समस्त सुविधायें प्रस्तुत की लेकिन पाण्डवों ने पैदल जाना ही स्वीकार किया और एक रात्रि कुणिन्द राज्य में विश्राम कर दूसरे दिन प्रातः बदरि यात्रा के लिये प्रस्थान किया (वनपर्व अ0 141);

एवं संभाषमाणास्ते सुवाहो विषयं महत,
ददृशुर्मुदिताराजन्प्रभूत गजवाजिमत
किरात तंगणाकीर्णं कुणिंदशतसंकुलम,
सुबाहुश्चाऽपि तान्दृष्ट्वापूजया प्रत्यगृहण्त
विषयान्ते कुणीन्दानामीश्वर प्रीतिपूर्वकम,
तत्र ते पूजितास्तेन सर्व एव सुखोषिता
प्रतस्थुर्विमले सूर्ये हिमवन्तं गिरिप्रति,
पद्भिरेव महावीर्या ययु कौरवनन्दना[1]

महाभारत युग के उपरान्त लेकिन भगवान बुद्ध के काफी पहले (यानी 6वीं शताब्दी बीसी के बहुत पहले से ही) किरातों का प्रभुत्व उत्तरांचल में बढ़ा हुआ था और उनके वंशजों का राज्य करीब ईसा की नौवीं सदी तक रहा। ये लोग कत्यूरी कहे गये।

महाभारत वन पर्व में यह भी उल्लेख है कि वर्तमान वैवस्वत मन्वन्तर (युग-कल्प विभाजन के 14 में से 7 वें अधिष्ठाता का काल) के प्रवर्तक वैवस्वत मनु ने बद्रीनाथ में तपस्या की थी जो इस बात का प्रमाण है कि बद्रीनाथ पिछले हिमयुग

में भी अपने अस्तित्व में था। भागवत पुराण (स्कन्ध 5, अ. 1) में सन्दर्भ है कि[1] पृथ्वी के प्रथम सम्राट स्वायम्भुव मनु के पुत्र प्रियव्रत ने पृथ्वीपति के रूप में अभिषेक से पूर्व गन्धमादन-बदरी वन में श्री हरि को प्रसन्न करन हेतु तपस्या की थी। इसका तात्पर्य है कि बदरिनाथ-गन्धमादन पर्वत भी आदि सतयुग कालीन हैं। इस विवरण से स्वतः प्रमाणित है कि उत्तर-खण्ड का अस्तित्व मानवोत्पत्ति से भी पूर्व यानी प्रकृति अभ्युदय कालीन है और इसका सम्बन्ध मेरू-उत्तरपथ और आर्कटिक से रहा है। राजा प्रियव्रत, आदि देव मानव और विराज स्वायम्भू मनु (ब्रह्मा जी के मानस पुत्र) की पहली पीढ़ी थी और उनका जन्म हर प्रमाण से मेरू, ब्रह्मपुरी में ही सम्भावित है अतः उनका बदरिवन में तपस्या करना एकबार संदिग्ध भी माना जा सकता है लेकिन वैवश्वत मनु (वर्तमान मनु) जी के बारे में इस तरह का संदेह भी नहीं किया जा सकता। महाभारत वनपर्व (अ. 88 श्लोक 19-28) में बदरीवन और वैवश्वत मनु के सम्बन्ध का इस तरह उल्लेख किया गया है।

नारायणः प्रभुर्विष्णुः शाश्वतः पुरुषोत्तम[2]
तस्यास्ति यशसः पुण्यां विशालाँ बदरी मनु
यत्र नारायणो देवः परमात्मा सनातनः
सुवर्ण सिक्ता राजन्विशालाँ बदरी मनु
तत्पुण्यं तत्परं ब्रह्म तत्तीर्थं तत्तपोबनं,
पुण्यानामपि तत्पुपुण्यं----

पुष्कर द्वीप यानी आदि सतयुगी देवलोक (स्वर्ग) से, जिसे सम्भवतः 'श्वेत द्वीप' भी कहा जाता था, गंगावतरण हुआ था। गंगा मेरू स्थित ब्रह्म सरोवर में प्रवाहित होकर चार धाराओं में बही जिसका वर्णन द्वितीय प्रकरण में विस्तार से किया गया है। पौराणिक काल में मेरू को उत्तर में रख कर सूर्योदय की दिशा यानी पूर्व से दिशा निर्धारण किया जाता था। भारत मेरू के दक्षिण में था। अलकनन्दा मेरू के दक्षिण में प्रवाहित होकर कैलाश स्थित विन्दु सरोवर में अवस्थित हुई और कालान्तर में राजा भगीरथ की तपस्या से एक धारा अलकनन्दा के उत्तर की ओर से प्रवाहित होकर गंगा उत्तरी (गंगोत्तरी) कहलाई जो भागीरथी नाम से विख्यात हुई।

---

1. श्रीमद् भागवत् महापुराण - स्कन्ध ५/१
2. महाभारत - वन पर्व

मुख्य दक्षिण धारा अलकनन्दा बदरी नाथ होते हुये प्रवाहित हुई। दोनों का संगम देवप्रयाग में हुआ।

सात एवं चार सागर, जम्बूद्वीप और पृथ्वीः एक प्रतिबिम्ब

एक विचारणीय एवं रहस्यमय प्रश्न ये भी है कि पुराणों तथा प्राचीन आख्यानों में कालान्तर में सात के बजाय चार सागरों का ही बार-बार उल्लेख किया गया है। जिससे संकेत मिलता है कि पृथ्वी में कालान्तर में भारी भौमिक उथल-पुथल हुये। हिम नदियां पिघल गईं। भारी प्राकृतिक परिवर्तनों, वर्षा और बाढ़ (deluge) से पृथ्वी का भूगोल बदल गया। फलस्वरूप सागर टूट गये, एक दूसरे से अलग हो गये और पृथ्वी का स्वरूप काफी बदल गया। परिणामस्वरूप द्वीपों का आकार बदलने के साथ-साथ देशों की स्थिति और भौगोलिक स्वरूप भी बदल गये। लोग एक दूसरे से अलग हो गये। इसका आलेखन "A Comprehensive Chronicle of World History[1] एवं विस्तार The Chronicles of World[2] में है। परिणामस्वरूप अलग अलग संस्कृतियां भी विकसित हुई। चार समुद्र उत्तर, दक्षिण, पूर्व, पश्चिम सागर के नाम से विख्यात होकर जम्बूद्वीप की सीमा बन गये। यह स्थिति महाभारत काल में हो गई थी। आज इन चार समुद्रों के नाम हैं-आर्कटिक, हिन्द महासागर, प्रशान्त महासागर और सम्भवतः अरब सागर की तरह का कोई सागर। शेष तीन समुद्र हो सकते हैं-आज के भूमध्य सागर, अंटार्कटिक और अटलांटिक महासागर।

पाश्चात्य वैज्ञानिक मान रहे हैं कि बाइबिल में उल्लिखित लाल सागर (Red Sea) सम्भवतः तूफानों और समुद्री हवाओं (वर्तमान सुनामी जैसी आपदाओं) के फलस्वरूप ही विभक्त हो गया था. कालिदास ने 2000 हजार वर्ष पहले चार समुद्रों का वर्णन इस प्रकार किया है (रघुवंश 2 / 3);

पयोधरीभूत चतुः समुद्रां जुगोप गोरूप धरामिवोर्वीम[3]

---

1. (The rise of civilization - Version 1-0)
2. D.K. Publishing USA
3. रघुवंश सर्ग २ (३)

(राजा दिलीप ने चार समुद्रों से घिरी पृथ्वी की तरह ही नंदनी गाय की रक्षा की मानो वह अपने थन में पृथ्वी की सीमा के प्रतीक चार समुद्रों को धारण किए हुये हो)

महाभारत वनपर्व (81, 136) में भी चार समुद्रों का उल्लेख आया है;

समुद्राश्चापि चत्वारः समानीताश्च दर्भिणः[1]

पुनः वनपर्व (83/60) में भी चार ही समुद्रों का उल्लेख आया है;

समुद्रास्तत्र चत्वारो निवसन्ति युधिष्ठिरः

स्वर्णिम मेरू को कई पुराणों में महामेरू भी कहा गया है। पाण्डवों ने भी उसे महामेरु सम्बोधित किया है। मेरू नाम की सार्थकता जम्बूद्वीप की रीढ़ के अलावा तत्कालीन पृथ्वी की सुषुम्णा (spinal cord) से भी थी। हो सकता है मेरू हिमीय पृथ्वी (Glacial earth) का भी मेरू-दण्ड (arch) रहा हो क्योंकि सम्पूर्ण भूमि क्षेत्र संकुचित होकर इतना सघन (Compact) हो गया होगा। इसीलिये पौराणिकों ने मेरू की तुलना वैश्विक कमल कोष (shell) की कर्णिका (cell) से किया है (cell of Global lotus shell)। जैसे ही हम यह समझ लेंगे कि अमेरिका उस हिमीय पृथ्वी का भाग नहीं माना गया था बल्कि पाताल लोक माना जाता था तो उपर्युक्त विवरण समझ में आजायेगा। कूर्म पुराण के निम्न उद्धरण से इसे समझने में आसानी होगी क्योंकि शब्दों के हेरफेर के साथ सभी पुराणों में यही वर्णन है (अ. 43 / 6, 8);

जम्बूद्वीपः समस्तानां द्वीपानां मध्यतः शुभः[2]
तस्य मध्ये महामेरूर्विश्रुतः कनकप्रभः
भूपद्मस्यास्य शैलो सौ कर्णिकात्वेन संस्थितः

कालान्तर में हिमयुग, जलप्लावन या प्राकृतिक और दूसरे कारणों से पृथ्वी के द्वीपों के अलग-थलग पड़ जाने और जम्बूद्वीप की भौगोलिक स्थिति में बदलाव आ जाने के कारण देवत्व, ज्ञान-विज्ञान और संस्कृति उत्तर-खण्ड, मध्य जम्बूद्वीप और

1. म० भा० (आरण्यक पर्व)
2. महाभारत - वन पर्व

आर्कटिक तक सीमित हो गये और जम्बूद्वीप चार सागरों (आज महासागर) से परिवेष्टित।

'उराल' नाम ध्वन्यात्मक रूप से (phonetically) जहाँ मेरू से मिलता है वहीं उराल शब्द की व्युत्पत्ति स्पष्टतः संस्कृत शब्द 'अराल' से लगती है जिसका अर्थ है टेढ़ा-मेढ़ा, वक्र, मुड़ा हुआ, जो पर्वत की मुख्य विशेषता है। इसके अलावा संस्कृत 'उरू' भी उराल नाम का धातुरूप हो सकता है जिसका अर्थ है विशाल, विस्तृत, बड़ा-जो मेरू का भी विशेषण है। कहने की आवश्यकता नहीं कि आज भी वहाँ 'अराल' नाम की प्रसिद्ध झील मौजूद है, जिसे 'अराल झील (Aral lake) ही कहा जाता है।

जैसा पहले भी कहा जा चुका है, जम्बूद्वीप पौराणिक काल में नौ वर्षों में विभक्त था। उसके मध्य में इलावृत वर्ष था और इलावृत के मध्य में मेरू। इलावृत के उत्तर में उत्तरकुरु, रम्यक आदि, पश्चिम में केतुमाल, किंपुरुष आदि, पूर्व में भद्राश्व वर्ष और दक्षिण में हरि एवं भारतवर्ष आदि थे। इस प्रकार उसका आकार भी कमल की तरह बना हुआ था। उत्तरकुरु के अन्तर्गत वर्तमान एसियाटिक रूस के अलावा साइबेरिया का काफी भाग था। साइबेरिया का बाकी बड़ा भाग पुष्कर द्वीप में सम्मिलित था। शेष द्वीपों में प्लक्ष, शाक, क्रोञ्च, कुश, शालमली थे। वर्तमान मध्य-पूर्व (middle - east) यानी एशिया का वह भाग जिसे पश्चिम एशिया कहा जाता है शायद प्लक्ष द्वीप (Plux Continent) के अन्तर्गत था और मिस्त्र (Egypt) आज भले ही अफ्रीका का भाग हो उस समय प्लक्ष द्वीप का केन्द्र था जहाँ बाद में फरोह संस्कृति (Pharaoh Civilisation) का अभ्युदय हुआ था। इसी तरह यूनान (Greece) क्रोंच द्वीप का केन्द्र बना जो बाद में कृति (Kriti & कीर्ति) और क्रीट (Crete) नाम से जाना गया। नेहरू जी के अलावा कई इतिहासकारों ने उन लोगों को जिन्होंने यूनान प्रवास किया था यूनानी आर्य (Greek Aryans) कहा है और जो मध्य जम्बू से भारत आये उनको भारती आर्य (Indo Aryans) कहा है।

राजा प्रियव्रत के राज के उपरान्त जम्बूद्वीप के नौ उत्तराधिकारी होने के कारण यह द्वीप नौ वर्षों में विभक्त हुआ। पुष्कर द्वीप के दो ही उत्तराधिकारी होने के कारण वह दो वर्षों या गोलार्धों में, और शेष द्वीपों के सात-सात उत्तराधिकारी होने के कारण उतने ही वर्षों में विभक्त हुये। वर्ष का अर्थ है पृथ्वी अथवा समय का खण्ड, प्रभाग या भाग (part or region)। ये द्वीप और वर्ष हजारों सालों तक

प्रियब्रत और उनके वंशजों के आधिपत्य में रहे जिसका इतिहास आज भी पौराणिक साहित्य और इतिहास में सुरक्षित है भले ही भूगोल बदल गया हो या बदल जाय इतिहास नहीं बदला जा सकता कहने की बात भी नहीं अपितु स्वतः सिद्ध है कि आर्कटिक आज भी अपने पुष्कर और 'श्वेत द्वीप' नामों को सार्थक करता है।

पुराणों में द्वीपों और सागरों का जिस तरह वर्णन किया गया है उससे एक ग्लोब (Globe) का आकार भी बनता है। पौराणिक ऐतिहासिक वर्णन से भूगर्भज्ञों और वैज्ञानिकों की ये अवधारणा भी पुष्ट होती है कि पृथ्वी की गति अथवा अन्य कारणों से द्वीप, ध्रुव और सागरों के स्थानों से परिवर्तन हुआ है। पुराण-ऐतिहासिक विवरणों से लगता है कि जम्बूद्वीप (एशिया) वर्तमान अफ्रीका और यूरोप के बीच में या आस पास कहीं रहा होगा। वैज्ञानिक मानते हैं कि आज हर वर्ष 300 अरब टन बर्फ पिघल रही है। लिवरपूल विश्व विद्यालय (ब्रिटेन) के वैज्ञानिकों ने खोज की है 3000 लाख साल पहले 450 दिन का साल और 21 घण्टे का दिन होता था। उनका मानना है कि पृथ्वी के केन्द्र (core) में हो रहे परिवर्तनों की उथल-पुथल के कारण हर 6 वर्ष में दिन बढ़ रहे हैं। कितनी आश्चर्यजनक बात है ये।

भारतीय पुराणों ने न केवल जम्बूद्वीप और मध्य एसिया का बल्कि विश्व का इतिहास भी अपने अन्दर समेट कर रखा हुआ है। जिसे पाश्चात्यों को स्वीकार करने में अपच पैदा हुई और हो भी रही है। पुष्कर द्वीप में मुद्रिका के आकार का (ring shaped) मानसोत्तर पर्वत था जिससे यह द्वीप दो वृत्तों-गोलार्धों में विभक्त था और उत्तरायण-दक्षिणायन की प्रक्रिया का कारण था। सम्भवतः यही वर्तमान उत्तरी और दक्षिणी ध्रुव हैं। सम्भव है उस समय ध्रुव एक ही रहा हो और गोलार्ध दो। पुष्कर द्वीप के मध्य में सुमेरु-सोमगिरी था उससे आगे मानव क्या देवताओं के लिये भी अगम्य था। वहाँ हर वस्तु प्रकाश में विलीन हो जाती थी। पुष्कर की सीमा पर लोकालोक पर्वत अवस्थित था जिसकी एक ओर अंधेरा और दूसरी ओर प्रकाश रहता था। यही मानवीय रात और दिन के क्रम का आधार था। लोक-अलोक पर्वत की दूसरी ओर का लोक आज का अमेरिकी महाद्वीप है जो उस आदि काल में पाताल माना गया। जब लोका-लोक पर्वत के एक ओर दिन होता था तो दूसरी ओर रात, फिर दूसरी ओर दिन और एक ओर रात। यही अनवरत क्रम था।

इसी पुष्करद्वीप के मध्य में सुमेरु-सोम गिरि था। वैज्ञानिकों को भी अब ऐसा लग रहा है कि आर्कटिक समुद्र के अन्दर पर्वत होने की सम्भावना से इन्कार नहीं

किया जा सकता है। देवलोक होने के कारण इस उत्तरी ध्रुव क्षेत्र (पुष्कर में) आदि काल से छै-छै माह का दिन-रात होता है जो एक देव दिवस और देव रात्रि मानी जाती है। पुष्कर-उत्तरी ध्रुव में देव दिन (उत्तरायण) का प्रारम्भ भारतीय उत्तरायण पर्व से होता था यही इस उत्सव के पीछे का दर्शन भी है लेकिन पृथ्वी की गति परिवर्तन और उसकी ठीक-ठीक संगणना न होने के कारण इसमें अब कुछ दिनो का अन्तर आ गया है। जब उत्तरी ध्रुव में दिन होता है तब दक्षिणी ध्रुव (Antactica) में 6 माह रात्रि होती है। इसकी विपरीत स्थिति यानी दक्षिणी ध्रुव या अंटार्कटिक पर जब दिन होता है उत्तरी पर रात्रि। यही देवताओं की रात्रि है। इसे ही दक्षिणायन कहते हैं। यही दो सनातन शास्त्रीय उत्तर और दक्षिण पथ अथवा देवयान-पितृयान हैं।

आदि में विश्व सम्भवतः एक ध्रुवीय (uni-poalr) रहा होगा। एक सृजन कर्ता अथवा एक प्राकृतिक प्रक्रिया से सृजित होने के कारण यही विश्वसनीय लगता है। यह एक वैज्ञानिक चुनौती के साथ-साथ गम्भीर मंथन का विषय है। पृथ्वी का विभाजन दो गोलार्धों या ध्रुवों में आदि सम्राट प्रियव्रत के पुत्र ने किया जो स्वयं पुष्कर द्वीप का राजा था। उसके दो पुत्र थे अतः राजा ने अपना राज्य दो हिस्सों में विभाजित कर दो पुत्रों को दे दिया। ऐसा ही पौराणिक ऐतिहासिक निष्कर्ष निकलता है।

पाण्डवों का भ्रमण और सिल्करूट-एक वृत्त

जैसा कि बताया जा चुका है पाण्डवों ने करीब 5 वर्ष गन्धमादन पर जहाँ सौगन्धिक वन (वर्तमान फूलों की घाटी-valley of flower है) निवास किया था और इस अवधि के दौरान अन्य स्थानों के अलावा मध्य जम्बू (सेन्ट्रल एशिया), मेरू और उत्तरकुरु की सीमा तक भ्रमण किया। अर्जुन पहले ही इस पथ से शस्त्र संग्रह एवं शस्त्र विद्या सीखने हेतु देवताओं और इन्द्र आदि से मिलने देवलोक (आर्कटिक) जा चुके थे। इसी दौरान पांडवों ने गन्धमादन पर उनके लौटने का भी इन्तजार किया था। आर्य जन पहले ही चीन के रास्ते अलकनन्दा मार्ग का अनुसरण करते हुये यहाँ तक आ चुके थे। यही मुख्य रूप से आदि सत् पथ, सत्य पथ (सतो पन्थ) है जिसे पाश्चात्यों ने सिल्क रूट नाम दिया है। कुछ परिवर्तन के साथ पाण्डवों ने भी उपर्युक्त मार्ग से यात्रा की थी। स्वर्गारोहण के समय भी उन्होंने इस मार्ग का काफी हद तक अनुसरण किया था लेकिन उस यात्रा का आधा मार्ग अलग था। इस तरह अगर

कहा जाय तो उस समय तीन सत्य पथ स्वर्ग पथ थे और ये तीनों ही आज के मुख्य रेशम मार्ग (silk route) से जुड़े हैं। यही मुख्य सिल्क रूट कालान्तर में मिस्त्र सहित यूरोपीय-अफ्रीकी देशों के साथ व्यापार करने में चीन के बहुत काम आया। आज भी साइकल या पैदल विश्व भ्रमण करने वाले यायावर इसी मार्ग का अनुसरण करते हैं। यह कोई पाश्चात्यों या अन्य लोगों की खोज नहीं है। पाश्चात्यों ने मध्य जम्बूद्वीप को सेंट्रल एशिया नाम देकर जिस तरह एक संकेत छोड़ दिया था उसी प्रकार सिल्क रूट नाम देकर भी। चीन का संस्कृत अर्थ रेशम यानी (silk) है। इस मार्ग का अधिकांश भाग क्योंकि चीन होकर गुजरता है इसलिये पाश्चात्यों की समझ के आधार पर भी यह नाम सार्थक हो गया। उस समय चीन का मुख्य उत्पादन रेशम था। चीन में उस समय अफीम नहीं होती थी।

महाभारत वनपर्व में पाण्डवों की यात्रा का स्पष्ट वर्णन है तथा अन्वेषण करने के लिये भी काफी सामग्री है। पाण्डवों ने गन्धमादन से चीन (China) होते हुये मेरू इलावृत वर्ष एवं उत्तर कुरु वर्ष (एसियाई रूस-साइबेरिया) की राज नगरी उत्तरकुरु तक यात्रा की थी। वनपर्व (अध्याय 160)[1] में न केवल हिमालय की विशालता, विस्तार, व्यापकता और विस्तृति का वर्णन है अपितु महाशैल मेरू और उत्तर समुद्र की भी स्थिति का उल्लेख सुस्पष्टता से है;

असौसागरपर्यन्तां भूमिमावृत्यतिष्ठति,[1]
शैलराजो महराज मंदारोभि विराजते
यं प्राप्यसविताराजन्सत्येनप्रतितिष्ठति,
अस्तमपर्वतराजंनतमाहुर्मनीषिण
एतंपर्वतराजानं समुद्रम च महोदधिम,
आवसन्वरुणोराजा भूतानिपरिरक्षति
उदीचीं दीपयन्नेष दिशम तिष्ठति कीर्तिमान,
मेरु महामेरु महाभाग शिवोब्रह्मविदांगतिः
यस्मिन्ब्रह्मसदश्चौव तिष्ठते च प्रजायति---.

---

1. मेरु, मंदार, हिमालय-स्थिति एवं विस्तार

(यह शैलराज मेरु उत्तर सागर पर्यन्त, उत्तर दिशा की समस्त भूमि को आवृत कर शोभायमान है। महापर्वत मन्दार साथ में गौरवता के साथ विराजमान है। मनीषी कहते हैं कि सत्य मार्ग पर अवस्थित भुवन भास्कर, इस पर्वत राज पर अस्त होते हैं। प्राणियों कि रक्षा हेतु राजा वरुण, इस पर्वत राज मेरु और महासागर उत्तर समुद्र में निवास करते हैं। उत्तर दिशा को प्रकाशित करता हुआ यह नगराज दिशा के कीर्तिमान के रूप में अवस्थित है। ये महाभाग महामेरु स्वर्ण मेरू भी हैं, जो ब्रह्मा, विष्णु, शिव का धाम है जिसमें विराजमान होकर वो उत्पत्ति, स्थिति और प्रलय करते है। यही ब्रह्म ज्ञानियों की भी अन्तिम गति है)।

उपर्युक्त वर्णन से अल्ताई पर्वत (Altai) ही मन्दार पर्वत लगता है। महामेरु मेरू का सनातन संस्कृति मे इतना महत्व क्यों था अथवा महाभाग मेरू का भारतीय वांगमय में कितना महत्वपूर्ण स्थान था इसका ज्ञान महाभारत से मिलता है। भारत ही नहीं चीन और तिब्बत के सांस्कृतिक साहित्य में भी मेरू का महत्व स्वीकार किया गया है। सच ही कहा जाता है कि मिस्त्र देश के पिरामिड मेरू टेक्नालॉजी के आधार पर ही निर्मित हैं नकि कैलाश जैसा कुछ विशेषज्ञ मानते हैं। स्वर्णमय मेरू का दर्शन पाण्डवों ने देव धाम के अलावा 'त्रिमूर्ति' ब्रह्मा, विष्णु, शिव के धाम के रूप में भी किया। उन्हें ब्रह्मा जी के मानस पुत्रों का भी दर्शन हुआ। मेरू पर सप्त ऋषियों के अलावा अलौकिक शक्तियों का निवास था जो अपनी आभा से, जिसे Aura कहते हैं, देदीप्यमान हो रहे थे। इसी मेरू पर अवस्थित होकर सूर्य और सोम काल का विभाजन और रात्रि दिवस की रचना करते थे। वनपर्व (160/3-40)[1] में इसका चित्र इस तरह उपस्थित किया गया है;

यानाहुर्ब्रह्मणः पुत्रान्मनसान्द सप्तमान
तेषामपि महामेरुःस्थानं शिवमनामयम
अत्रैव प्रतितिष्ठन्ति पुन्श्चोदयन्तिच
सप्त देवर्षयः तात----
यत्रात्मतृप्तेरध्यास्ते देवैः सह पितामहः
अनादि निधनं देवं प्रभुं नारायणं परम
ब्रह्मणः दीप्तं तत् स्थानं विष्णोर्महात्मनः
स्वयमैव प्रभया राजन् प्रेक्ष्यम देव दानवैः

अस्तं प्राप्य सदनात्तस्य परं स्थानं प्रकाशते
देवाश्च तत्र पश्यन्ति दिव्यं तेजोमयं शिवम
अत्यकीनल ततः संध्यामतिक्रम्य दिवाकरः
उदीचीं भजते काष्ठाम स मेरुमनुवृतः
स मासं विभाजन्कालं
तथैव भगवान्सोमो नक्षत्रैः सह गच्छति
एवमेष परिक्रम्य महामेरुमतन्द्रितः
विभाजन्सर्व भूतानामायुः कर्म च भारत
अहोरात्रन्कला काष्ठा सृजत्येष सदा विभुः

उपर्युक्त यात्रा वर्णन के अलावा वन पर्व (145 / 12-15) में, उत्तरकुरु एवं उन अन्य उन वर्षों स्थानों, प्रभागों का व्यौरा है जिनका भ्रमण कर पाण्डव वदरी वन लौटे थे;

देशान्म्लेच्छगणाकीर्णान्नानारत्नाकरा भुतान,
ददृशुर्गिरिपादांश्च नानाधातुसमाचितान,
विद्याधर गणा कीर्णान्युतान्वानरकिन्नरैः,
तथा किंपुरुषैश्चौव गन्धर्वेश्च समन्ततः,
ते ब्यतीत्य बहून्देशानुत्तराश्च कुरूनपि,
ददृशुर्विविधाश्चर्यं कैलाशं पर्वतोत्तमम,
तस्याभ्याशेतुददृशुर्नरनारायणाश्रमम

वनवास के दिनों में गन्धमादन पर निवास करते हुये चीन के रास्ते पाण्डव लोग मेरू-उत्तर कुरु गये थे तब चीन कोई राष्ट्र नहीं था बल्कि रेशम की खेती करने वाली एवं अन्य किरात, तुषार, खस आदि कबीलाई जन जातियों से विभाजित क्षेत्र था। पौराणिक काल में चीन का आधाभाग केतुमाल और आधा किंपुरुष वर्ष के अन्तर्गत था। जैसे कि आगे के वर्णन से ज्ञात होगा पाण्डवों ने इन वर्षों की भी यात्रा की थी। अर्जुन पहले ही नये शस्त्रों के सम्बन्ध में देवलोक की यात्रा पर जा चुके थे और अपनी यात्रा के दौरान उन्होंने वहाँ की आदम जातियों को परास्त किया जिनमें शक्तिशाली कालिकेय, निवातकवच और पौलोम आदि थे। कैलाश के आस-पास

किरात वेषधारी भगवान शिव से भी अर्जुन का युद्ध हुआ और शिव ने प्रसन्न होकर उन्हें पाशुपतास्त्र दिया। अर्जुन के वापस आने तक पाण्डवों ने जम्बूद्वीप के कुछ वर्षों का भी भ्रमण किया। कुबेर ने उन्हें सुविधायें प्रदान की। भ्रमण के बाद पाण्डव बदरीवन लौटे जहाँ वो करीब एक माह रहे। महाभारत (वनपर्व 145/12-15) में इसका वृतांत दिया गया है।

उत्तरकुरुवर्ष का मुख्य राज नगर उत्तरकुरु नाम से जाना जाता था। वनपर्व (अ. 157) से साफ हो जाता है कि अर्जुन के लौटने के समय तक पाण्डवों को चार वर्ष हो गये थे और पाँचवां वर्ष प्रारम्भ हो रहा था जैसा कि स्पष्ट है-'तथानिवसतां तेषां पंचमं वर्षमभ्यगात'। महाभारत वनपर्व (अध्याय 174) के वर्णन से यह भी स्पष्ट होता है कि पाण्डव चीन आदि जिन स्थानों का भ्रमण करके वापस लौटे उन स्थानों पर अधिकतर तुषार, दरद, किरात आदि जातियों का निवास था। सम्भवतः वर्तमान चमोली जनपद तक यही स्थिति थी। यात्रा के उपरांत दुर्गम हिमप्रदेशों विशाल पर्वतों को पार कर पाण्डवों ने राजा सुबाहू के राज्य में पदार्पण किया जिसका वर्णन इस प्रकार है;

चीनांस्तुखारानदरदान्सदार्वान्देशान्कुणिंदस्यचभूरिरत्नान
अतीत्य दुर्गं हिमवत्प्रदेशं पुरं सुबाहोर्ददृशुर्नृवीरा

लौटने पर कुणिन्द राज्य (वर्तमान गढ़वाल) के राजा सुबाहू ने पाण्डवों का स्वागत किया। पाण्डवों द्वारा 'हिमोत्तरीया' (गंगोत्तरी) तथा यामुन पर्वत पुत्री (यमुनोत्तरी) के दर्शन की इच्छा प्रकट करने पर राजा ने उनको रथ, हाथी, घोड़े आदि की व्यवस्था की। यमुनोत्री के उद्गम को वाल्मिकी जी ने भी यामुन पर्वत ही कहा है जिसका दूसरा नाम कलिन्द है जिसके कारण यमुना का नाम कालिन्दी हुआ। अंग्रेजी के कहर ने इसे 'कलेन्ड्र ट्रैक' बना दिया। इस यात्रा की समाप्ति पर पाण्डव लोग वर्तमान उत्तराखण्ड के रवांई-जोन्सार भावर का भ्रमण करते हुये पास ही वर्तमान हिमाचल प्रदेश में सरस्वती के किनारे स्थित द्वैत वन में प्रविष्ट हुये। यही रवांई-जोन्सार क्षेत्र में पाण्डवों और भगवान कृष्ण की प्रचलित पौराणिक गाथाओं का रहस्य भी है। हिमाचल प्रदेश से इस भ्रमण के अलावा भी पाण्डवों का बहुत लम्बा और नजदीकी सम्बन्ध रहा है।

यहां दिये गये मानचित्रों से पौराणिक कल्पना को आज की स्थिति में रेखांकित करते हुये जम्बूद्वीप के मानचित्र के अलावा पाण्डवों की गन्ध मादन से मध्य जम्बूद्वीप होते हुये मेरू-उत्तरकुरु का यात्रा मार्ग तथा स्वर्गारोहण पथ को भी दर्शाया गया है। स्वर्गारोहण के समय उन्हें बहुत बड़ा रेगिस्तान (बालुकार्णव) मिला था जो आज के चीन का टकलामकान (Takla Makan desert) ही हो सकता है। वनवास के दौरान गन्धमादन (बदारीवन) से यात्रा करते हुये इस तरह के रेगिस्तान का कोई वर्णन नहीं आया है। अतः गन्धमादन रूट सम्भवतः कुछ अलग रहा होगा।

जम्बूद्वीप के मानचित्र के आधार पर पूजा की अल्पनायें, शुभ एवं देव कार्य में भद्रों का चित्रण भी किया जाता है। विद्वान ज्योतिषी कुण्डली भी इसी आधार पर बनाते हैं।

महाभारत (महाप्रास्थानिक पर्व) में पाण्डवों के स्वर्गारोहण का वर्णन है। जीवन के अन्त में हिमालय की सीमा को लांघने से पूर्व उन्होंने भारत की परिक्रमा (circumambulation) पूर्ण की थी। हस्तिनापुर से उन्होंने पूर्व की ओर प्रस्थान किया और बंगाल की खाड़ी से दक्षिण गये। दक्षिण समुद्र (Indian Ocean) से पश्चिम दिशा की परिक्रमा करते हुये द्वारका की यात्रा की। द्वारका से वो उत्तर की ओर अभिमुख हुये लेकिन हस्तिनापुर न जाकर उन्होनें हिमालय को पार किया। इस विवरण से लगता है कि द्वारका से पाण्डव वर्तमान पाकिस्तान के किनारे-किनारे जम्मू-कश्मीर और हिमांचल के बीच से हिमालय को पार कर वर्तमान तिब्बत-चीन पहुँचे। यहीं से उन्होंने आगे मेरू की ओर यात्रा की। यात्रा करते हुये उन्हें विशाल वालुकार्णव (vast desert) मिला, उसके भी आगे मेरू की ओर उनकी यात्रा जारी रही। क्योंकि इससे आगे के मार्ग पर पहले भी गन्धमादन से पाण्डव यात्रा कर चुके थे अतः महाप्रस्थानिक पर्व में उसका विवरण नहीं दिया गया। टकलामकान का रेगिस्तान आज भी चीन में है और सेंट्रल एशिया जाते हुये मार्ग में पड़ता है। इस प्रकार मेरू की ओर यात्रा करते हुये सबसे पहले द्रौपदी का देहान्तर हुआ। क्योंकि पाण्डव वृद्ध हो चुके थे, आयु बहुत अधिक हो चुकी थी अतः मेरू तक पहुँचते-पहुँचते युधिष्ठिर महाराज और श्वान को छोड़कर सबका देहान्तर हो गया। महाभारत में प्रसंग है कि युधिष्ठिर ने नरक और स्वर्ग दोनों की यात्रा की। महाभारत कालीन इस वर्णन से महाभारत की प्राचीनता का भी अन्दाजा लगाया जा सकता है।

महाप्रस्थानिक पर्व (अ 1 और 2)[1] में इसका संदर्भ इस तरह आया है;

ययुश्च पाण्ड्ववीरास्तस्ते दक्षिणामुखाः,
ततस्ते तूत्तरेणेव तीरेण लवणाम्भसः
जग्मुर्भ्ररत शार्दूल दिशं दक्षिण पश्चिमम्
ततः पुनः समावृत्ताः पश्चिंमां दिश मेव ते
ददृशुर्द्वारकां चापि सागरेण परिप्लुताम्
उदीचीं पुनरावृत्य ययुर्भ्ररत सत्तमाः
प्रादक्षिण्यं चिकीर्षन्तः पृथिव्यायेव धर्मिणः
ततस्ते नियतात्मान उदीचीं दिश मास्थिताः
ददृशुर्योग युक्ताश्च हिमवंतंमहागिरिम्
तं चापि चाप्यतिक्रमन्तस्ते ददृशुर्वालुकार्णवम्
अवैक्षन्तं महाशैलं मेरुं शिखरिणां वरम
तेषां तु गच्छतां शीघ्रं सर्वेषां योग धर्मिणां
याग्यसेनि भ्रष्ट योगा निपपात महीतले

पौराणिक इतिहास से उराल का मेरू होना तो सिद्ध होता ही है। पुरातत्त्वीय साक्ष्यों ने मानो अब इस पर मुहर ही लगा दी है। इसके अलावा ध्वनि शास्त्र (phonetics) से भी मेरू और उराल की सिद्धि होती है।

रामायण साक्ष्यः उत्तरकुरु, उत्तरसमुद्र, सोमगिरि और देवलोक

महाभारत सहित पौराणिक शास्त्रों में पुष्कर द्वीप यानी आदि देवलोक स्थित सुरगिरि सुमेरु को विभिन्न नामों से सम्बोधित किया गया है। उत्तर समुद्र में स्थित इस देवगिरि को रामायण में वाल्मीकि जी ने सोमगिरि नाम से प्रतिष्ठित किया है। उत्तरकुरु, उत्तरपथ-देवलोक और पुष्कर (आर्कटिक) के वृतांत में महाभारत और रामायण में काफी साम्यता है, जो अन्तर है उससे दोनों कालों में पृथ्वी की भौगोलिक और स्वरूपीय भिन्नता का पता चलता है। सीता जी की खोज में वानरी सेना को उत्तर दिशा की ओर प्रस्थान करने का आदेश देते हुये वानर राज ने उत्तर दिशा का जो भौगोलिक वर्णन किया है उसका विवरण किष्किन्धा काण्ड (सर्ग 43)

---

1. म० भा० (महा प्रस्थानिक पर्व)

में किया गया है। राजा सुग्रीव के वर्णन में कैलाश-मानसरोवर से आगे क्रौंचरन्ध्र, हंस द्वार की स्थिति बतलाइ गई है (ये सभी अब चीन में हैं)। उनसे आगे मैनाक पर्वत, अन्य ऋषि आश्रम, कई सरोवर तथा खुले मैदान (जो पौराणिक महाभारत काल तक रेगिस्तान बन गये थे) तथा अन्य देशों का उल्लेख है। उनको पार कर शैलोदा नाम की नदी का सन्दर्भ है। उस देश और नदी को पार कर पुण्यात्माओं के देश उत्तरकुरु के दर्शन का जिक्र है जहाँ गन्धर्व, किन्नर, सिद्ध नाग विद्याधर आदि अपनी पत्नियों के साथ रमण करते हैं। उस देश को भी पार कर महासमुद्र उत्तर सागर की स्थिति बताई गई है।' उत्तर सागर के मध्य में सुवर्णनय सोमगिरि स्थित है जिसका दर्शन देवता और पुण्यात्मा करते हैं। वहाँ सूर्य की भी गति नहीं है। उसी सोमगिरि की भास-प्रभा से पूरा स्थान प्रकाशित होता है। इसी सोमगिरि पर विश्वात्मा भगवान ब्रह्मा, शिव, विष्णु का धाम है। यहीं ब्रह्मर्षियों का निवास है। इसके आगे देवताओं की भी गति नहीं है मनुष्य की तो बात ही कहाँ। अतः राजा सुग्रीव ने वानरों को उत्तरकुरु की सीमा से ही सोमगिरि का दर्शन कर लौट आने का आदेश दिया था। उससे आगे जाने की बिल्कुल मनाही करदी थी। वाल्मीकि जी वानर राज सुग्रीव के माध्यम से कहते हैं;

तं तु देशमतिक्रम्य शैलोदा नाम निम्नगा
उत्तराः कुरवस्तत्र कृत पुण्य प्रतिश्रयाः
गंधर्वाः किन्नराः सिद्धा नागा विद्याधरास्तथा,
रमन्ते सततं तत्र नारीभिर्भास्वरप्रभा
समतिक्रम्य तं देशमुत्तर पयसां निधि,
तत्र सोमगिरिर्नाम मध्येहेममयो महान
इन्द्रलोक गता ये च ब्रह्मलोक गताश्च ये,
देवास्तम समवेक्षन्ते गिरिराजं दिवंगता
सतु देशो विसूर्योपि तस्य भासा प्रकाशते,
सूर्य लक्ष्म्याभिविज्ञेयस्तपतेव विवस्वता
भगवांस्तत्रविश्वात्माशंभुरेकादशात्मक,
ब्रह्मा वसति देवेशो ब्रह्मर्षिपरिवारित
स हि सोमगिरिर्नाम देवानामेपिदुर्गम,

तमालोक्य तत क्षिप्रमुपावर्तितुमर्हथ
न कथंचन गन्तव्यं कुरूणामुत्तरेणवः,
अन्येषामेपिभूतानां नानुक्रामति वै गतिः[1]

शैलोदा नदी को कुछ पुराणों में सलोदा और अन्य में सलोद भी कहा गया है। यह नदी इलावृत वर्ष में प्रवाहित होती थी जो आज कजाखिस्तान है। आज भी शैलोदा कजाखिस्तान में सिर्दर्या (Syrdarya) के नाम से जानी जाती है और वहाँ की मुख्य नदियों में है।

वाल्मीकि जी ने 'स तु देशो विसूर्योपि तस्य भासा प्रकाशते' कह कर जिस भास और प्रकाश का उल्लेख किया है उसे ही आज के वैज्ञानिक उत्तरी प्रभा (Northern Lights) या स्व-आभा (aurora) कहते हैं जो कि aura से अलग है। औरा (Aura) किसी का अपना वाह्य प्रभामण्डल है, जबकि Aurora अवाध प्रकाश की छटा। उत्तरी प्रकाश को वैज्ञानिक भाषा में Splendor of the Aurora Borealis कहा जाता है। ये ज्ञान वाल्मीकि जी को तब कैसे हुआ? क्या वैज्ञानिक इस पर प्रकाश डालेंगे? या ये सब भारतीय होने के कारण अथवा संस्कृत में होने के कारण झूठ है?

रामायण से प्रतीत होता है कि रामायण काल में भी आर्कटिक का जलवायु सामान्य (Temperate) था। रामायण काल में तकलामकान सम्भवतः विस्तृत मैदान था जो महाभारत काल में रेगिस्तान बन गया था। रामायण काल से पूर्व हिमयुग का एक दौर समाप्त हो चुका था लेकिन महाभारत काल में मेरू के आस पास काफी हिममय था और उत्तर कुरु के बाद गहन हिम था जिस के कारण पाण्डव उत्तरकुरु की सीमा तक भी नहीं जा सके और मेरू तक पहुँचते पहुँचते धर्मराज को छोड़कर सभी अपना पार्थिव शरीर छोड़ चुके थे। इससे पूर्व हिमालय का जो चित्रण पाण्डवों ने किया है उससे भी लगता है कि हिम से उत्तर दिशा आच्छादित थी और पृथ्वी की पूर्व और पश्चिम दिशा हिमालय से जुड़ी हुई थी जिसके कारण पृथ्वी सघन सी लगती थी।

1. रामायण (किष्कि० ४३)

जैसा कि पहले भी वर्णन किया जा चुका है पृथ्वी की उत्तर दिशा में ही नहीं पूर्व-पश्चिम और दक्षिण दिशा में भी सागर थे। उत्तर दिशा में अवस्थित गिरिराज हिमालय पूर्व और पश्चिम दोनों सागरों के मध्यस्थ थे। इसीलिये आज से 2000 वर्ष पूर्व कविकुल गुरु कालीदास ने अपने महाकाव्य कुमारसम्भव के प्रारम्भ (सर्ग-1/1) में ही एशिया नगेश हिमालय को पृथ्वी का मानदण्ड कहा केवल भारत का नहीं;

पूर्वाऽपरो तोयनिधि वगाह्य स्थितःपृथिब्यामिव मानदण्ड[1]

कालीदास जी का तात्पर्य निश्चित ही वर्तमान अटलांटिक और पैसिफिक महा सागरों से था जिन्हें तब पृथ्वी के पश्चिम और पूर्व समुद्र के रूप में जाना जाता था इसीलिये पाश्चात्यों ने सम्भवतः विश्व दार्शनिक विचारधारा को भी पूर्व (East) और पश्चिम (West) में विभाजित किया जबकि ये वर्गीकरण आर्कटिक और अन्टार्कटिक अर्थात् उत्तर और दक्षिण पथ के आधार पर उत्तर और दक्षिण होना ही शास्त्र सम्मत है।

चीन की भ्रांत धारणायें : एक सबक

पाण्डवों ने निर्वाध गति से चीन और जम्बूद्वीप के वर्षों का भ्रमण किया। जो कुछ बाधायें सम्भव थी उनका अर्जुन पहले ही निर्मूलन कर चुके थे। पौराणिक-महाभारतीय साक्ष्य चीन के कतिपय जनजातीय राजाओं का महाभारत युद्ध में भाग लेने का उल्लेख करते हैं और दुर्योधन का साथ देने का भी। चीन पर आर्य प्रभाव स्पष्ट दिखता है। निषध, माल्यवान, मैनाक, केतुमाल आदि पौराणिक पर्वत चीन के अन्दर थे और हैं। श्रृंग शब्द आज चीन में 'शेन' (Shan) हो गया है। तुंग शब्द अभी भी है। महाभारत के आधार पर अल्ताई श्रृंग (Altai Shan) सम्भवतः मन्दार या मन्दराचल प्रतीत होता है। श्वेत और नील पर्वत सम्भवतः मध्य जम्बू में थे। श्रृंग का अपभ्रंश 'शेन' हो गया है और पौराणिक पर्वतों के नाम बदल गये हैं जैसे कुनलुन शेन (Kunlun Shan), तिएन शेन (Tien Shan), Qilran Shan, Tanggula Shan, Datong Shan आदि कई अन्य पर्वत हैं जिनको शेन कहा जाता है। 'गिरि' का अपभ्रंश 'कंग्री या 'गेरी' हो गया है, जैसे Muggar Kangri, Jungngairi, Taze Kangri, Ngang Long Kangri आदि कई ऐसे नाम हैं। ये सभी पर्वत पूरे चीन में फैले हुये हैं। तुंग कहीं कहीं 'तैघ' हो गया है जैसे Altyn Tagh पर्वत माला। माउत्से तुंग को कौन नहीं जानता। तिब्बत के कई

1. कुमार सम्भव 1/1

हिस्सों पर मध्य युग में भी गढ़वाल-कुमायूं के राजाओं का अधिकार रहा। कुमायूं के प्रसिद्ध राजा बाज बहादुर, गढ़वाल के राजा मान शाह, महिपत शाह, फतेह शाह ने 16 वीं-17 वीं शताब्दी में तिब्बत के दर्पा और भोटिया राजाओं को परास्त किया, उनके राज्य के भाग का अधिग्रहण किया और कर वसूली करने के बाद वापस किया। चीन में 'कासी' आज भी 'स्वर्गारोहण' पथ पर स्थित है जो मध्य जम्बू सीमा के पास ही है। भारतीय वांगमय में काशी का स्थान स्वर्ग के ही बराबर है। चीन में आर्य गगनम नृत्य आज भी यथावत संरक्षित है अफगानिस्तान से कश्मीर तक का क्षेत्र पुरातन केसराञ्चल का अभिन्न अंग था, अगर यह क्षेत्र आक्रमणकारियों के चंगुल में फंस गया अथवा विदेशी साम्राज्यवादियों की चाल के कारण विभक्त हो भी गया तो इससे इतिहास नहीं बदल सकता। इसी तरह चीन स्वयं ही संस्कृत शब्द है जिसका अर्थ है-रेशम, अब क्या मानाजाय और क्या समझा जाय-कि पूरा चीन ही भारत का है? यही कारण है कि डर के मारे रूस की तरह चीन पुरातत्त्वीय खुदाई कराने के लिये तैयार नहीं है।

वैश्विक पैतृक एकान्वय (Ancestral unity) एवं देव-दानव संस्कृति

आधुनिक इतिहासकारों की बड़ी संख्या, जिसमें ब्रिटेन, जर्मनी, फ्रांस के अलावा भारतीय इतिहासकार डा० आर सी मजूमदार[1] व अन्य सम्मिलित हैं, मानते हैं कि मानव जाति के आदि पितरों अथवा पूर्वजों का, जो कि आर्य थे और मध्य एशिया से भारत आये थे, प्राचीन इतिहास बहुत ही गौरवशाली था और उनकी संस्कृति बहुत ही विकसित एवं उज्ज्वल थी। महामान्य तिलक ने अपनी अनुपम कृति 'The Arctic Home in the Vedas' में पूरी अधिकारिता के साथ आर्यों एवं वेदों के उदय का अन्वेषण आर्कटिक से किया है जिसे वह आर्यों का जन्म स्थान मानते हैं। डॉ. भीम राव अम्बेडकर भी तिलक जी से लगभग सहमत थे। इस विषय पर विस्तृत प्रकाश द्वितीय एवं पञ्चम प्रकरण में डाला गया है। कई पाश्चात्य इतिहासकार इस सत्य को पचा नहीं पाये। इसलिये उन्होंने मैक्स मूलर जैसे लोगों के साथ मिलकर भारतीय इतिहास को विकृत करने में कोई कसर नहीं छोड़ी. अंग्रेजी को शिक्षा का माध्यम बनवाकर 19 वीं सदी के ब्रिटिश इतिहासकार मैकाले (Macaulay) ने उन विकृतियों को भारतीय युवा रक्त में ही इंजेक्ट (inject) कर

---

1. Prof. Bloomfield, Dr. Warren, Dr. Bulher, Dr. Jacobi of Boston, Bonn University etc.

दिया। इन पाश्चात्य-यूरोपियन (Euro - Western) विकृतियों के अनुसार आर्य लोग अपने यूरोपीय पूर्वजों यूनानी, जर्मन, रोमन, रूसी यहाँ तक कि मिस्त्रियों (Egyptian) के साथ रहे और बाद में पारस (ईरान) में भी बस गये। लेकिन इस सम्बन्ध में पं. नेहरू ने इस तरह विचार व्यक्त किये हैं;[1]

'Aryans from central Asia in their wanderings spread to Greece and Europe and were known as the Greek Aryans and those who migrated towards India were known as the Indo Aryans- These civilised people looked upon the people of Europe as barbarians but these barbarians were living warlike life and preparing to swoop down the more civilized people and their kingdoms'.

नेहरू जी पुरातन यूरोप की स्थिति के बारे में कहते हैं;

'Long long ago huge glaciers came right down to Europe and climate change shifted the glaciers from central Asia towards Europe Man then did not eist there and if at all, he was more like an animal than human'.

मध्य एशिया के नगरों की खुशहाली के बारे में नेहरू जी कहते हैं;

'The climatic condition of central Asia was neither too cold nor too hot and was very pleasant-Central Asia was the place from where issued innumerable tribes, hordes of men and women, who spread out over to distant continents. This was the place, which has great and mighty cities in the past; rich and populous, comparable to the great European cities of today, cities far bigger than Calcutta or Bombay today. There were gardens and greenery everywhere, and the climate was delightfully temperate, neither too cold nor too hot'.

मध्य एशिया और उसके नगरों के पतन तथा अमेरिका के अनस्तित्व आदि के बारे में नेहरू जी कहते हैं;

---

1. पूर्वोक्त 18-20

"Now for many hundreds of years it has been a bare, inhospitable country, all most a desert. Some of the great cities of the past still lingering on and Samarqand and Bokhara, their very names bring up hosts of memories but they are ghosts of their former selves". "Nothing was known of America in those early days of which he was speaking nor did we know anything about the continent of Africa, Egypt of course excepted".

मध्यएशिया का प्रसिद्ध नगर ताशकन्द मूलतः मध्य जम्बूद्वीप का तालकेन्द्र था जिसका अर्थ है संगीत, नृत्य, गायन-वादन नाटय केन्द्र. तालकेन्द्र की तरह समरकेन्द्र (आज का समरकन्द) भी कालान्तर में बहुत वैभवशाली नगर हो गया था लेकिन करीब ईसवी पूर्व दूसरी शताब्दी से ईसा की सातवीं शताब्दी के बीच बार-बार के आक्रमणों से ये नगर पुनः ध्वस्त हो गये। आज ताशकन्द नगर उजबेकिस्तान की राजधानी है जिसे अंग्रेजी कहर ने Tashkent कर दिया है।

ताल का अन्य संस्कृत साहित्यिक अर्थ ताड़-खजूर भी है जो पुरातन काल की तरह आज भी उस स्थान के लिये उतना ही सार्थक है। इसका लाक्षणिक अर्थ है हरा-भरा, प्राकृतिक सोन्दर्य से भर पूर स्थान। ताल केन्द्र (ताशकन्द) पुरातन काल में ऐसा ही था। इस प्रकार दोनों अर्थों में यह नाम सार्थक है। मध्य यानी सेन्ट्रल एशिया अर्थात् प्राचीन मध्य जम्बूद्वीप का बोखरा वही स्थान है जिसका जिक्र रामायण (किष्किन्धा सर्ग-43) में वैखानस आया है। रामायण और पुराण इतिहास से ऐसा प्रतीत होता है कि मध्य जम्बूद्वीप में वैखानस एक प्रसिद्ध सरोवर भी था। उत्तर-खण्ड के इस पथ में मध्य जम्बू और चीन की सीमा के बीच कई आश्रम थे जिनमें एक बालखिल्य और दूसरा विशाख भी था जो आज सम्भवतः विशाक या विशक हो गये हैं।

इस प्रकार विश्लेषण करने पर विश्वास के साथ यह निष्कर्ष निकलता है या निकाला जा सकता है कि मेरू के इस तरफ (मध्य एशिया की तरफ) देव संस्कृति और दिव्य आर्य मानवों का वास था जबकि उस तरफ (यूरोप, अफ्रीका की तरफ) दैत्य-दानवों का। इस तरफ देव लोक था, उस तरफ दैत्य लोक। इन दोनों सभ्यताओं के मध्य समय-समय पर युद्ध होते रहे जो देव-दानव युद्ध और बाद में आर्य-म्लेच्छ या आर्य-अनार्य युद्ध कहलाये।

विश्व मानवीय पैतृक एकता के सम्बन्ध में इतिहासकारों के अन्य निष्कर्ष भाषाओं की सादृश्यता, शब्द ध्वनि, भाषा व्युत्पत्ति, ध्वन्यात्मक चिन्ह, रीति-रिवाज और विश्वासों के साथ-साथ बहुदेवप्रथा, मूर्ति पूजा, प्रकृति पूजा, अग्नि-सूर्य उपासना आदि के प्रमाण हैं जो आज से 2000 साल पूर्व तक समस्त विश्व में प्रचलित थे और 7वीं सदी तक आम तौर पर तो थे ही लेकिन आज भी कई देशों में उनके वंशजों द्वारा सँजो कर रखे गये हैं। इस प्रकार इतिहासकारों ने सार निकाला है कि विश्व मानव के पूर्वज किसी समय, किसी या किन्हीं स्थानों, क्षेत्रों या वस्तियों में दीर्घकाल तक घनिष्ठता से रहते रहे। यद्यपि उनके स्थानों और वस्तियों के सम्बन्ध में अनिश्चितता है, विवाद भी है और कुछ हद तक वो अननुमेय भी हैं। इतिहासकारों का यह मत भी सामान्यतः भारतीय पौराणिक इतिहास से मेल खाता है जिसकी पुष्टि सनातन वांगमय से भी होती है। स्वायम्भुव मनु की उत्पत्ति उनके पुत्र प्रियव्रत का जन्म उनका तथा उनके वंशजों द्वारा पृथ्वी के शासन का वर्णन पहले ही किया जा चुका है और आगे द्वितीय प्रकरण में और भी प्रामाणिक विस्तार के साथ किया गया है।

इस सम्बन्ध में विश्व के देशों के पौराणिक शास्त्रों एवं आख्यानों में सादृश्यता और भी चौकाने वाली है। जर्मनी के पौराणिक आख्यानों में मानव वंश के आदि पूर्वज को आदर के साथ 'Mannus' the son of God कहा जाता है जिनके तीन पुत्र थे। उन्हीं का वंशज जर्मन लोग स्वयं को मानते हैं। भारतीय पुराण शास्त्रों में भी मनु महाराज के दो पुत्र प्रियव्रत, सत्यव्रत और कुछ पुराणों में एक कुछ में दो पुत्रियाँ मानी गई हैं। इसी तरह प्राचीन रोमन पौराणिक शास्त्र (Mythology) में मेनीज (Manes) को आदि पितर (पितृ-पित्र) माना गया है जिनका स्थान देव तुल्य है। आज से 2300 वर्ष पूर्व के पारस देश में Manes को पैगंबर भी माना गया है। जैसे भारत में मनु महाराज को मनु स्मृति का प्रणेता माना जाता है उसी तरह मिस्त्र के लोग Manes महाराज को अपनी आचार संहिता का विधिदाता (Law giver) मानते हैं। यूनान में आचार विधि संहिता के प्रथम प्रणेता भी Minos माने जाते हैं, जो कहा जाता है कि यूनानी आदि सभ्यता केन्द्र क्रीट (Crete) से मिस्त्र गये थे, और यूनान के लिये विधि संहिता लेकर आये थे। यहूदी (Hebraic) लोग दशादेशों (Ten Commandments) का प्रणेता ईश्वर पुत्र (Moses) मूसा को मानते हैं। मिश्री (Egyptian) भाषा में Mos का अर्थ है 'पुत्र' जिसका व्यंजनात्मक

अर्थ है पुत्र पैदा हुआ अर्थात ईश्वर पुत्र। इस्राइली (हिब्रू) शास्त्रों के अनुसार मो (Mo) का अर्थ है 'जल' और useb का अर्थ है 'रक्षित' अर्थात बाढ़ के जल में तैरती हुई नाव से जो बचाया गया। ये कहानी लगभग भारतीय पुराण शास्त्र के सातवें यानी वर्तमान वैवश्वत मनु की कहानी से मिलती है। उपर्युक्त शेष सभी नाम मनु के सादृश्य (Similar) हैं। अरब पौराणिकता के नूह (Nuh), यहूद तथा बाइबल की (Book of Genesis) के नाऊ (Noah) और भारतीय सनातनता के वर्तमान मन्वन्तर प्रणेता वैवस्वत मनु में भी समरूपता है क्योंकि सभी जलप्लावन के समय विभिन्न प्राणियों-योनियों-वनस्पतियों आदि के बीज नाव में सुरक्षित रखने वाले पित्रों-पितरों में आदृत हैं। भारतीय सनातनता में इस कहानी का सम्बन्ध भगवान के मत्स्य अवतार (Fish incarnation) से भी है। राजर्षि वैवस्वत मनु जो विवस्वान (सूर्य) पुत्र थे अपने पूर्व जन्म में 'श्राद्ध देव' थे। बाइबल (Old Testament) में उनको सत्यवर्मन कहा गया है।

इसके अलावा अन्य नामों तथा आख्यानों में कई समरूपताये हैं। मैक्सिको (दक्षिण अमेरिकी महाद्वीप) की माया सभ्यता के माया लोग, रोमां (रम धातु अर्थक रमण करने वाले), ब्राजील (उत्तरी अमेरिका) के साम्बा नर्तक (Samba) आदि इसके कई उदाहरण हैं। इसका भी विस्तृत विवरण द्वितीय एवं पंचम प्रकरण में है। जापानी-कोरियाई लोग अपनी उत्पत्ति सूर्य से मानते हैं और स्वयं को सूर्य वंशी कहते हैं। प्लेटो का मानवीय गुणों के आधार पर स्वर्ण, रजत, कांस्य, लोह (Gold, Silver, Bronze, iron) वर्गीकरण भारतीय वर्ण व्यवस्था से मिलता है। मिश्र की फरोह (Pharaohs) संस्कृति, प्लक्ष या (Plux Continent) से उत्पन्न है। मिश्र, सम्भवतः तब प्लक्ष द्वीप का मुख्य केन्द्र था। इसी प्रकार क्रीट (Crete or Kriti) भी क्रोंच द्वीप की ही अभिव्यक्ति लगता है। सम्भव है कुशद्वीप से भी रहा हो लेकिन क्रोंच की सम्भावना ही अधिक है। क्रीट उस आदि संस्कृति का केन्द्र रहा जो कालान्तर में यूनानी सभ्यता बन गई। इसके अलावा विभिन्न भाषाओं की धार्मिक-सांस्कृतिक शब्दावली में भी कई समरुपतायें हैं जैसे इस्लाम और ईसाइयत के आमीन (Amen, Amon, 'Amun') सनातन ॐ से मिलते हैं। पूजा के दौरान सिर को वस्त्र से ढकने की परम्परा सभी संस्कृतियों में है जो पूर्वजीय एकत्व की मिसाल है। दूसरी अविश्वसनीय समता है अपने अपराधों की क्षमा माँगने और दान पुण्य करने का भारत में चातुर्मास ब्रत, ईसाइयत में लेण्ट (Lent mass - service and fast) और इस्लाम में रमजान रोजा। उतना ही महत्त्वपूर्ण है पूजा में एक श्वेत

वस्त्र धारण करना जो भारत में धोती, इस्लाम में अङ्ग वस्त्र और ईसाइयत तथा यहूद में 'Robe' है। इससे भी महत्त्व पूर्ण है यहूद सहित चारों धर्मों में माला जाप। इससे भी आश्चर्य जनक है, हिब्रू (यहूदियों) के ग्रन्थों मे 'सोमरस' का जिक्र जिसे 'मनु' के नाम से (Manna) नाम दिया गया है जिसका जिक्र बाइबल (Old Testament) में भी है। ऐसा माना गया है की पेड़ों से अर्क निकाल कर 'रब' (God) ने पलायन (Exodus) के दौरान उसे इस्रालियों को भोजन के रूप में दिया था ताकि भूख न लगे। इसी तरह जेण्ड (पारसी धर्म) और इस्लाम में नवरोजा एवं वैदिक नवग्वास मिलते जुलते ही प्रतीत होते हैं।

शब्दों की व्युत्पत्ति भी इसके उदाहरण है जैसे संस्कृत का पथ और अंग्रेजी का Path, संस्कृत का होरा शास्त्र और आंग्ल भाषा का horoscope। दुनिया के शब्दशास्त्र, भाषाशास्त्र, ध्वनि और ध्वन्यात्मकता से ये स्पष्ट अनुभूति होती है कि यूनानी, अंग्रेजी प्राचीन मिश्री, तथा अन्य एशियाई भाषाओं की मूल प्राकृत-वैदिक संस्कृत ही है। उदाहरण के लिये अग्नि और Ignis, सामवेद का साम गायन और बाइबल तथा अन्य शास्त्रों के साम (Psalm) एक ही अर्थ से व्युत्पत हैं। इसी प्रकार 'यवन' शब्द हिब्रूः (Jewish) में Yawan शब्द है। अन्य उदाहरणों में मे + रु और उर + राल शब्द की ध्वन्यात्मकता मिलती-जुलती है। पुरातन मेसोपोटेमियाँ (वर्तमान ईराक) की सुमेर सभ्यता का नामकरण भी स्वर्णिम सुमेरु की कीर्ति से ही जोड़ा गया। विश्व के आदि मानवीय सम्बन्ध एशिया मूल (Semitic) से जुड़े हैं जिनकी उत्पत्ति मध्य जम्बूद्वीप-उत्तर-खण्ड में हुई। इसका दूसरा बड़ा प्रमाण है मनु और Man शब्द यानी मानव जो निःसंदेह एक ही भाषाशास्त्र से व्युत्पन्न हैं (अर्थात मनोऽर्पत्यम् अर्थात् मनु की सन्तति). पाश्चात्य कुछ भी कहते रहें, सत्य की अपनी ही भाषा है जो छुपाये नहीं छुपती. इन सबका विवेचन आगे के प्रकरणों में है। इसीलिये पं. नेहरू नें विचार व्यक्त किया। "it appears that a common civilisation existed at this period, about 5500 years ago, from Egypt to north India and China"[1]

---

1. पूर्वोक्त (पृष्ठ XX)

जहाँ तक एशिया के देशों जैसे इण्डोनेशिया से बोर्नियो, मलेशिया, सिंगापुर, चीन, थाईलेण्ड, सारावाक और कम्बोडिया आदि की बात है वो सभी आर्य संस्कृति से आप्लावित ही नहीं थे अपितु चीन को छोड़कर बाकी सभी किसी समय उस भारतवर्ष के भाग थे जिसका भारत स्वयं सबसे बड़ा द्वीप था। आज इन देशों में रामायण ही नहीं बल्कि अभी तक प्रचलित नाम भी इसके उदाहरण हैं। इण्डोनेशिया के पचासवें दशक के राष्ट्रपति सुकर्ण से लेकर कम्बोडिया के राजा नरोत्तम सिंह नायक (जिसका अंग्रेजी विकार Narodam Sinhnouk हुआ) से थाईलैण्ड के राजा भूमिपाल (जिसका अपभ्रंश भूमिबोल हुआ) इसके सशक्त प्रमाण हैं। इसी तरह कम्बोडिया और थाइलैण्ड के मध्य विवादित प्रीत विहार भी है जिसकी स्पैलिंग बदल कर उच्चारण में विकृति की गई। आश्चर्यजनक यह भी है कि इतने ही सशक्त प्रमाण अंग्रेजी और यूनानी शब्दों के भी हैं जैसे Heptagon (सप्तभुज-कहने की आवश्यकता नहीं कि यूनानी और पारसी में स का उच्चारण ह है), Nonagon (नवभुज), Pentagon (पञ्चभुज), Pentacost (पञ्चसदी) आदि।

ये मात्र इत्तफाक नहीं है कि दुनियाँ के समस्त धर्म-दर्शनों में जीवन सृष्टि से पहले जलप्लावन या बाढ़ की कथा एवं आख्यान है। बाइबल के उत्पत्ति खण्ड (Genesis) के अध्याय 29 के विवरण के अनुसार इब्राहिम (Ibrahim) के पुत्र जैकब (Jacob), पूर्व दिशा के धरती पुत्रों के देश लेबन (Laban) गये। मूसा के उत्तराधिकारी और यहूदियों के संरक्षक 'जोशूआ' (Joshua) की पुस्तक (Old Testament) में भी प्रसंग है कि यहूदियों के पूर्वज मूलतः पूर्व से आये थे। उस समय की पृथ्वी के मानचित्र के अनुसार यह पूर्व दिशा मध्य जम्बू द्वीप-मेरु क्षेत्र ही था. जोशूआ (24/2-3) में प्रसंग है[1];

"Thus saith the Lord God of Israel, your father dwelt on the other site of the flood in old times, even Terah, the faher of Abraham, and the father of Nachor; and they served other gods. And I took your father Abraham from the other side of flood, and led him throughout all the land of Canaan, and multiplied his seed, and gave him Israel".

1. बाइबल-जीनेसिस (उत्पत्ति) अ० २६

इस प्रसंग से जहाँ बहुदेववाद की पुष्टि होती है वहीं कुछ विद्वानों ने यह भी निष्कर्ष निकाला कि इब्राहिम यानी अब्राहम और ब्रह्मा तथा मूसा (Moses) और मनु एक ही हो सकते हैं, और यह सम्भवतः केवल नामों का परिवर्तन है। तथापि यह सम्भव प्रतीत नहीं होता क्योंकि एक तो इनके जन्म के आख्यानों, दूसरा काल अवधि में बहुत अन्तर है। तीसरा जैकब (Jacob) को अपना पूर्वज मानने वाले हिब्रू (Hebrew) अथवा यहूद (Judaism) अथवा यहूदी धर्म (Jewish religion) को मानने वाले (बाइबल के वजाय Torah and the Talmud को धर्म शास्त्र मानने वाले इस्राइली एवं उनकी धार्मिक विरादरी के बाइबल को मानने वाले ईसाई धर्मावलम्बी जिन्हें इब्राहिम (Ibrahim) कहते हैं और प्राचीन धर्म शास्त्र (Old Testament) का आदि पूर्वज मानते हैं, वह इस्लाम में अब्राहम (Abraham) नाम से समादृत हैं। इन सबसे यह निष्कर्ष निकलता है कि अब्राहम अर्थात् (अ + ब्रह्म + अहम्) अर्थात् ब्रह्म के साकार रूप और मूर्ति पूजा को न मानते हुये एक निराकार की उपासना करने वाले अनुयायियों ने आर्य सनातनता से अलग होकर अपना धर्म प्रवर्तन किया। यही दर्शन सम्भवतः इब्राहिम-अब्राहम तत्व के पीछे था. इस दर्शन के मानने वाले भले ही ये कहें कि God created man out of His own image लेकिन वो आर्य दर्शन की तरह आत्मा को ब्रह्म स्वरूप अथवा ब्रह्म का अंश नहीं मानते।

यह भी प्रतीत होता है कि उस प्राचीन काल में वर्तमान मिस्त्र (मिश्र) में दोनों विचारधारायें साकार और निराकार उपासना काफी समय तक या विभिन्न रूपों में बनी रही इसीलिये उसे मिश्र देश कहा गया और इसी मिश्रित संस्कृति के प्रभाव के कारण आज के लीबिया के एक प्रसिद्ध नगर का नाम जो मिश्रता या मिश्रित रहा होगा उसका अपभ्रंश सच कहें तो अंग्रेजी का कहर 'मिश्राटा' (Misrata) हुआ और राजधानी त्रिपुरी का त्रिपोली। इन तथ्यों का विशेष विवरण प्रकरण-4 में दिया गया है।

एक तरफ पाश्चात्य पौराणिक शास्त्र इतनी स्पष्टता से यहूदियों और उनकी शाखा ईसाइयों को पूर्व से उत्पन्न हुआ सिद्ध करते हैं। दूसरी तरफ पुरातत्त्वज्ञ, जीवशास्त्री, वैज्ञानिक, इतिहासकार और भूगर्भी वर्षों से ऐसा कहते रहे हैं तथा विश्व मानवता को ये मानने के लिये वाध्य करते रहे हैं कि आदि मानव का जन्म पूर्वी अफ्रिका से हुआ और अब इन्ही विद्वानों ने नया मोड़ और उछाल लेकर ये कहना

चालू कर दिया है कि गहन अनुवंशिकी अध्ययन के उपरान्त ये माना जा सकता है कि मानव का जन्म दक्षिणी अफ्रीका से हुआ। अतः अब यह निष्कर्ष निकालने में कोई दिक्कत नहीं है कि इन लोगों के विचार तब तक बदलते रहेंगे जब तक सत्य का पता नहीं चल जाता और सत्य का पता तब तक नहीं चलेगा जब तक पृथ्वी है क्योंकि जो भी हुआ है। वह सब मानव के पृथ्वी पर जन्म लेने से पहले हुआ और तब कोई मानवीय साक्ष्य नहीं था। अतः इस किंकर्तव्यविमूढ़ता की स्थिति में पुराण इतिहास और शास्त्रीय वाङ्मय ही प्रमाण हो सकते हैं जो दृष्टा वैज्ञानिकों (Philosopher - Visionaries) द्वारा रचित हैं।

अतः अधिकांश इतिहासकारों और विद्वानों का यह दृढ़ विचार कि, आर्य जन रूस या दक्षिण और मध्य एशिया के रहने वाले थे और सम्भवतः रूस से और भी[1] उत्तर की ओर आर्कटिक के आस पास के रहने वाले थे, पुराण इतिहासीय तथा शास्त्रीय सत्य के एकदम नजदीक है। वैचारिक दृष्टि से लोकमान्य तिलक इसे पहले ही अपनी सुविख्यात कृति The Arctic Home में निश्चयात्मक रूप से साबित कर चुके हैं।

शिकागो विश्व विद्यालय के प्रोफेसर विकिस्टन (Professor- SW Wikkiston of Chicago University) ने अपनी पुस्तक 'Birth Place of Man' में भी निश्चयात्मक रूप से यह विचार व्यक्त किया है कि मानव का उदय मध्य एशिया, उत्तरी भारत या चीन के किसी हिस्से में हुआ होगा। इस तरह स्पष्ट है कि पुरातन आर्य सम्राटों के राज्य की उत्तरी सीमा वर्तमान आर्कटिक महासागर थी, जिसे स्वादूदक या शुद्धोदक सागर यानी स्वादिष्ट पीने योग्य जल वाला सागर भी कहा जाता था, जो आज की स्थिति में भी अक्षरशः सही है। लेकिन ये भी कम आश्चर्यजनक नहीं है कि इतना परिवर्तन हो जाने के बावजूद मध्य एशिया के देशों और स्थानो के नाम तुर्कों, मुस्लिमों, मुगलों ने 'स्तान' ही रखे हैं जो संस्कृत शब्द 'स्थान' का ही उपभ्रंश है जैसे कजाखिस्तान, उज़्बेकिस्तान, किर्गिस्तान, तुर्कमेनिस्तान, ताजिकिस्तान जिसकी परिणति बाद में अफगानिस्तान और पाकिस्तान के नामों में भीं हुई। साथ ही सेंट्रल एशियाई देश अजरबेजान प्राचीन मध्य जम्बू के आर्य नाम अजरबीजम् अथवा अजरवेदांगम से व्युत्पन्न लगता है। वेदों का अर्थ समझने के

1. Paradise Found or the Cradle of Human Race (Prof. Warren of Boston Univerisity)

लिये यास्क मुनि का निरुक्तशास्त्र भी अफगानिस्तान-ईरान और मध्य जम्बूद्वीप के ही मध्य में कहीं रचा गया प्रतीत होता है।

आर्य आयाम और क्रमिक व्यवस्थिति एवं व्युत्थान

आर्य शब्द की सादृश्यता जर्मन शब्द Fuhrer और अंग्रेजी शब्द Sir एवं Musierer से हो सकती है। आर्य शब्द अगर किसी जाति परक पद्धति (cultism) का वोधक या नस्लार्थक (racial) होता तो सीता, कुन्ती आदि नारियों के लिये आर्ये सम्बोधन नहीं होता जैसा कि रामायण, महाभारत में हुआ है अथवा दूसरे ग्रन्थों में भी अन्य श्रेष्ठ नारियों के लिये हुआ है। आर्य, अगर जाति परक सम्बोधन होता तो पति द्वारा पत्नी को जैसे राम द्वारा सीता को 'आर्ये सम्बोधन का कोई औचित्य नहीं था। क्रमिक विकास के सोपान में ऐसा प्रतीत होता है कि हजारों साल बाद स्वयंसिद्ध कारणों से आर्य सम्बोधन केवल बीर, योद्धा क्षत्रियों और क्षत्रिय राजाओं के लिये होने लगा और कालान्तर में यह सम्बोधन राजाओं के शौर्य और राजत्व का प्रतीक बन गया ताकि नेतृत्व और शासन के साथ-साथ समाज मे उनकी श्रेष्ठता का बोध होता रहे। यही कारण है कि भृगु संहिता, जिसे काफी लोग मनु स्मृति भी कह देते हैं, के प्रकरण 2/17-27 में आर्यावर्त, ब्रह्मावर्त और मध्यदेश का अलग-अलग नाम तथा वृतांत आया है। आवर्त का अर्थ है घिरा हुआ या आवासित, वसा हुआ अथवा भरा हुआ। ब्रह्मावर्त देश कुरुक्षेत्र, मत्स्य, पांचाल और सूरसेन सहित सरस्वती एवं दृषद्वती के मध्य मे बसा हुआ प्रखण्ड था। आर्यावर्त[1] हिमालय एवं विंध्याचल से आवृत पूर्वी और पश्चिमी समुद्र के बीच का क्षेत्र माना गया। ब्रह्मावर्त क्षेत्र ब्रह्म ज्ञानियों, कुलपतियों आचार्यों का निवास मण्डल था जबकि आर्यावर्त विजेताओं, बीरों, समरसैनिकों का वेदों में आर्य शब्द सौ से अधिक बार प्रयुक्त हुआ है लेकिन एक बार भी जाति या नस्ल अर्थ में नहीं। कालान्तर में स्पष्टतः आर्य सम्बोधन क्षत्रिय वीरों तथा राजाओं तक सीमित हो गया। वेदों से संकेत लेकर अपने शाश्वत शासन के लिये पाश्चात्यों का भारत को आर्य और द्रविड़ के आधार पर विभक्त करने का ये एक योजनाबद्ध कुचक्र था जैसे कि रंग के आधार पर उन्होंने यूरोपियों और अफ्रीकियों को बांटा। भारत के लोगों को कम से कम अब अपनी अस्मिता, गौरव और सांस्कृतिक ऋद्धि तथा आर्य पूर्वजत्व की अमूल्य निधि को समझना चाहिये, अपने समृद्ध दर्शन और ज्ञान के विज्ञान को समझना चाहिये। भारतीय युवा पीढ़ी द्वारा उन लोगों का लिखा विकृत इतिहास पढ़ा

जाना जिनका अपना कोई इतिहास नहीं रहा बेहद अफसोस और खेद की बात है। यहाँ यह स्पष्ट करना भी समुचित होगा कि प्राचीन इतिहास में राष्ट्र शब्द का प्रयोग अधिक नहीं हुआ है, देश या राज्य शब्द का ही प्रयोग ज्यादा हुआ है। देश का अर्थ है स्थान, अंचल, क्षेत्र या प्रदेश अतः देश का अर्थ राष्ट्र नहीं है।

अंग्रेजी का कहर

शिक्षा और नौकरी के माध्यम के रूप में अंग्रेजी का जो भी कहर रहा हो लेकिन सबसे बड़ा वज्रपात हमारी व्याकरण शुद्ध भाषा को अशुद्ध और विकृत करने में रहा। उच्चारण की भ्रष्टता, व्याकरणीय अशुद्धियाँ और शब्दों की अपरिपक्वता इसमें शामिल है। सबसे ज्यादा उद्वेलित करने वाला है 'अ' की जगह 'आ' का उच्चारण यथा राम को रामा, कृष्ण को कृष्णा, रामायण को रामायणा, गुप्त को गुप्ता, उत्तर को उत्तरा, गणेश को गणेशा, वेद को वेदा, कालिदास को कालिदासा, उपनिषद को उपनिषदा, हदीश (मुस्लिम आप्त विधि वचन) को हदीथ, Makka को Mecca, नबाब को Nabob, कुरान को Koran और ना जाने क्या-क्या। हिमालय को हिमालया, पंडित को पुण्डिता (Pundita), ताशकन्द को Taskent, गंगा को गेंजिज। संस्कृत भाषा में आमतौर पर कुछेक अपवादों को छोड़ कर 'आ' से अन्त होने वाले नाम शब्द स्त्रीलिंग हैं जैसे गंगा, यमुना, रमा, उमा आदि। कृष्ण को अगर कृष्णा कहें तो उसका अर्थ-होगा द्रौपदी। यही है अर्थ का अनर्थ। अथवा 'आ' से अन्त होने वाले शब्दों का अर्थ बहुवचन हो जाता है जैसे बालकाः, वेदाः, जना, मनुष्या आदि। इसी तरह कानपुर को Cawnpore, बनारस को Benaras, मथुरा को Mutra, मेरठ को meerut, देहली को Delhi। अपभ्रंश किया। एक बात और भी ध्यान देने योग्य है कि उत्तरा या दक्षिणा किसी स्त्री का नाम हो सकता है पर उत्तरा दिशा, उत्तरा-पथ या उत्तरा-खण्ड अथवा दक्षिणा पथ या दिशा नहीं हो सकता है।

तअज्जुब ये है कि इस भाषा में बाइबल को बाइबला, केथोलिक को कैथोलिका, क्राइस्ट को क्राइस्टा नहीं कहा गया। डर के मारे पैगम्बर मोहम्मद साहब के नाम को और सुन्नी शब्द को भी विकृत नहीं किया जबकि शिया को Shiite या Shi'ite कर दिया। मक्का (Makkah) को बहुत विकृत नहीं कर पाये केवल

1. भृगु संहिता (प्रकरण-१)

Mecca ही कर पाये। शैवों को Shaivite और वैष्णवों को vaishnavite कर दिया। ये जानबूझकर सांस्कृतिक आक्रमण नहीं तो क्या है? इस भाषाई भ्रष्टता ने असल और मूल नामों को इतना विकृत और विध्वंश कर दिया कि अब प्राचीन आर्य और मूल सनातन स्थानो, पर्वतों, नदियों आदि को पहचानना ही मुश्किल हो गया है। इस विकृति से भारतीय सनातन आर्य इतिहास का प्रभाव और प्रभास उड़ गया। इसके उदाहरण हैं त्रिपुरी को त्रिपोलि, मिश्राणा या मिश्रता को मिश्रता, तालकेन्द्र का ताशकेन्ट, समर केन्द्र का समरकन्द आदि। इसी प्रकार आर्याणा को ईरान, पारस को पर्थिया और फिर परसिया, सिन्धु को इन्डस, सृंग को shan, बालखिल्य या वैखानस को वोखरा, सुनामी को Tsunami, काली कथा को Calcutta, चीन को चाइना, श्री लंका को सीलोन, सिंहपुर को सिंगापोर, ब्रह्मदेश को वर्मा और न जाने क्या-क्या। यहाँ तक कि उत्कल को Orissa, केरल को Kerala, पंचाब (पंच आप यानी पंचसिन्धु) को पुंजाब (Punjab) और मुम्बई को बोम्बे, कम्बोज को कम्बोडिया, श्याम को थाईलेण्ड, बाली को बोर्नियो, स्वर्णद्वीप को सारावाक आदि। शतद्रु जहाँ सतलुज हो गई, सिन्धु कुश पर्वतमाला हिन्दुकुश हो गई और कलिन्द पर्वत कलेन्ड्र ट्रैक। यहाँ तक कि मध्य जम्बूद्वीप के तुरुष्क लोगों को टर्क (Turk) और उनके देश तुरुष्क स्थान को जो बाद में तुर्किस्तान हुआ उसे तुर्कमेनिस्तान (Turkmenistan) कर दिया। यही लोग मध्य युग में तुर्क या तुर्की कहलाते थे जो एशिया माइनर (Asia Minor) के यूरेसियन गणतन्त्र (Eurasian republic) प्राचीन आर्यतुल्य अथवा अतुल्य (अनातोली) यानी टर्की (Turkey) देश से भिन्न है।

उपनिवेशवादी, निहित स्वार्थों के गलत उच्चारणों ने इतिहास की सत्यता को ही पलट कर रख दिया। सभी मूल (Origianl) संस्कृत और आर्य नाम लष्ट-पष्ट (subvertedly pervert) हो गये। फलस्वरूप भारत अपने आर्य सनातन इतिहास की प्रमाणिकता और अवशेषों को चिन्हित करने में असमर्थ रहा और अन्ततः भूल गया। अंग्रेजों ने कई यूनानी शब्दों को भी तोड़ मरोड़ कर अपना बना लिया जिससे नामों को ढूँढना और भी असम्भव हो गया। जैसे क्षत्रप से सत्रप, पर्थिया से परसिया, इण्डिका को इण्डिया, अरिअन (Arrion) यानी आर्य को आर्यन बना दिया आदि। इसका और भी दिलचस्प वर्णन 'प्रकरण 2' में किया गया है। यहां तक कि भारत के प्राचीन संस्कृतनिष्ठ नामों जैसे अक्ष-चीन अथवा अक्ष चिन्ह (वह स्थान

जहां से चीन का अक्ष अथवा क्षितिज दिखाई देता है) को विकृत कर अक्साइचिन कर दिया।

देवासुर संग्राम-समुद्र मन्थन : एक सम्भावना

आदिकाल से उत्तर-खण्ड, उत्तरपथ और मध्य जम्बू द्वीप देवत्व से व्याप्त रहा अतः वर्तमान यूरप-अफ्रीका में रहने वाले दैत्य-दानव स्वर्ग पर अधिकार करने हेतु पहले देवताओं से युद्ध करते रहे और कालान्तर में उनके बर्बर वंशज आर्यों से। आर्य उन्हें अनार्य के अलावा दस्यु, म्लेछ भी कहते थे। मध्य युग में इनमें से कुछ को हब्सी भी कहा गया। अधिकतर देव-दानव युद्ध ऐसा लगता है कि, वर्तमान समरकन्द में लड़े गये जिसका असली नाम समरकेन्द्र था जो कालान्तर में मध्य जम्बूद्वीप का अति भव्य नगर बन गया था, लेकिन ईसा पूर्व दूसरी शताब्दी से ईसा की सातवीं शताब्दी के बीच समय-समय पर हुये बर्बर आक्रमणों से उजड़ गया। नेहरू जी का भी ऐसा ही मानना था। जिसका जिक्र उन्होंने अपनी पुस्तक 'विश्व इतिहास की झलकियों (Glimpses) में किया था, जिसका उल्लेख इस पुस्तक में पहले किया भी गया है। समरकेन्द्र क्योंकि मेरू क्षेत्र और इलावृत वर्ष का सामरिक महत्व का स्थान था अतः यहीं पर अधिकांश सुर-असुर, दैत्य-दानव, आर्य-अनार्य, आर्य-दस्यु और म्लेच्छ युद्ध हुये। अधिकतर सुर-असुर युद्ध मुख्यतः पुष्कर द्वीप आदि सतयुगी स्वर्ग, यानी वर्तमान आर्कटिक पर अधिकार करने को लेकर लड़े गये। असुर और दैत्य स्वर्ग पर अधिकार करना चाहते थे और सुर-देव उसे रोकते थे। एक ही पिता की अलग-अलग माताओं से उत्पन्न संतान होने के कारण यह अधिकार और राज्य आधिपत्य की लड़ाई थी। इसी तरह आर्य-अनार्य और बर्बर युद्ध सम्भवतः विकसित, खुशहाल, वैभवशाली मध्य जम्बूद्वीप पर अनार्यों-म्लेच्छों का अधिकार रोकने के लिये हुये। यह दो संस्कृतियों के बीच अपनी श्रेष्ठता (Supremacy) स्थापित करने सम्बन्धी युद्ध भी थे। एक तरफ देवी और राक्षसी तथा दूसरी तरफ आर्य मानवीय और अनार्य-म्लेच्छ संस्कृति के बीच के युद्ध। यही अनार्य विभिन्न नामों जैसे दस्यु बर्बर आदि कहे गये और पराजित होने के बाद दास बनाये गये। जिनसे घरेलू कार्य के अलावा खेती-बाड़ी, पशुपालन और सेवा कार्य लिया गया।

हिमयुग (Iceage) से जहाँ आर्य देश आर्कटिक सहित मध्य जम्बू, मेरू में भयंकर विनाश हुआ वहीं प्रवास के नये आयाम भी खुले। हिम पिघलन से भूमि क्षेत्र खाली होने के कारण आर्यों को विश्व के विभिन्न भागों में प्रवास करने का अवसर

मिला और खेती बाड़ी तथा पशुपालन के अवसर बढ़े। जनसंख्या बढ़ने से भी प्रवास की मजबूरिया आई। कई आर्य शाखाओं, वंशजों और उनके सेवकों ने आये दिन के युद्धों से तंग आकार पृथ्वी में इधर-उधर प्रवास किया जिसमें वर्तमान अमेरिकी क्षेत्र भी सम्मिलित है। इस विषय पर प्रकरण दो एवं पाँच में वृहद प्रकाश डाला गया है।

ग्लेशियरों के पिघलने और यूरोप की ओर खिसकने से न केवल आर्यों ने बल्कि अनार्य-म्लेच्छों-दस्युओं ने भी यूरोप-अफ्रीका से एशिया की ओर प्रवास किया जो दोनों संस्कृतियों में युद्ध का कारण बना। दैत्य-दानव सन्तति यूरोप-अफ्रीका के आदि निवासी (Aboriginals) थे। इसी तरह के युद्ध जो पूर्व काल में देवों-दानवों, सुर-असुरों के बीच लड़े गये 'देवासुर संग्राम' कहलाये जिनकी संख्या 25 से भी अधिक है। ऐसा ही एक संग्राम 'समुद्र मन्थन' (churning of Sea) के नाम से प्रसिद्ध हुआ। ये पौराणिक 'समुद्र क्षीर सागर' यानी दुग्ध समुद्र था जो क्रोंच द्वीप की मेखला था। यही क्रोंच आर्यों के समय कीर्ति और कालान्तर में क्रिटि और फिर क्रीट (Crete & Kriti) और बाद में यूनान हुआ। सम्भवतः उस आदिकाल में कोई समुद्र जम्बूद्वीप और अफ्रीका-यूरोप की सीमा के आस-पास भी था और भौतिक उथल-पुथल तथा प्राकृतिक विध्वंश एवं हिमयुग के कारण खिसक गया या उसका स्थान परिवर्तन हो गया। बड़े-बड़े स्वनाम धन्य वैज्ञानिक भी इस तरह के परिवर्तनों की बात मान रहे हैं। इस दृष्टि से आज का अटलान्टिक सागर (Atlantic Ocean) ही क्षीर सागर प्रतीत होता है। कहने की आवश्यकता नहीं कि आज तीन-तीन पैसिफिक और अटलांटिक महासागर हो गये हैं।

विश्व के पुरातन सात सागरों में चार हैं-उत्तर समुद्र (आर्कटिक), दक्षिण समुद्र (हिन्द महासागर), पूर्वी समुद्र (पैसिफिक) और पश्चिमी (अटलान्टिक)। यह भी याद रखने की बात है कि आज अटलांटिक और पैसिफिक तीन-तीन हो गये हैं। शेष तीन में दो हो सकते हैं भू मध्य सागर (Mediterranean) और अन्टार्कटिका। सातवें के सम्बन्ध में निश्चित रूप से कहना कठिन है क्योंकि यह उन वर्तमान 20-22 सागरों में से भी हो सकता है जो आज महासागर की श्रेणी में नहीं हैं। इन सब साक्ष्यों से आदि काल से अब तक पृथ्वी में हुये परिवर्तनों का अन्दाजा भी लगाया जा सकता है। आज आर्कटिक महासागर के अलावा उत्तर समुद्र (North Sea) और अंटार्कटिक महासागर के अलावा दक्षिण सागर (South sea) भी बन गये हैं।

अतः पाश्चात्यों का ये कहना कि अफ्रीका से लोगों ने भारत में प्रवास किया क्योंकि भारत के लोगों के अफ्रीकी और मंगोलियाई जीन्स (Genes) या जीविकी तत्व हैं, नितान्त बेबुनियाद है। आधुनिक वैज्ञानिक अध्ययनों ने इस अवैज्ञानिकता को ठुकरा दिया है। इसका भी विस्तार से प्रकरण दो में विवेचन किया गया है। अब पाश्चात्य विद्वान भी मानने लगे हैं कि मध्य एशिया में ही आदि मानव का जन्म हुआ और वो आर्य थे जो कालान्तर में सम्पूर्ण विश्व में फैल गये। जहाँ तक भारतीयों का मंगोलियाई जीन्स का प्रश्न भी है, ये ऐतिहासिक तथ्य परक सत्य है कि आर्य लोगों ने अपने विस्तार के प्रारम्भिक युग में जहाँ एक तरफ गंगा की सीता धारा का अनुशरण करते हुये ईरान की ओर प्रवास किया वहीं दूसरी ओर सुचक्षु (वर्तमान ह्वांग-हो) और Oxus नदी का अनुशरण करते हुये मंगोलिया-चीन में भी प्रवास किया। वर्तमान मंगोलिया वैसे भी मध्य जम्बूद्वीप के समीप था और जैसा कि पहले विचार व्यक्त किया जा चुका है मंगोलियाई अल्ताई पर्वत माला ही मन्दार पर्वत श्रैणी थी अतः स्वाभाविक है इनमें से कई लोग मध्य एशिया अथवा चीन के आर्यों के साथ समिश्रित हो गये और चीन में प्रवासित आर्य अन्य आर्यों से। इसके अलावा असली बात यह है कि आर्य जन अपनी प्रवास यात्राओं में सबसे आखिर में भारत आये और फिर यहीं के हो गये। तब तक विभिन्न देशों-क्षेत्रों के आर्यों के जीन्स का इतना समिश्रण हो गया था कि ये कहना कठिन हो गया कि कौन किस देश की आर्य जाति का है। फिर भी मंगोल या चीनी जीन्स का मतलब ये नहीं कि वह आर्य नहीं हो सकते या नहीं थे। आर्य लोग तो विश्व के चारों ओर विस्तारित हो गये थे। जर्मन, पोल्स, स्कैंडिनेवियन, आर्मेनियन सभी अपने को आर्य बताते हैं लेकिन आश्चर्यजनक बात यह है कि रूसियों ने, जो कि सचमुच में आर्य सन्तति हैं कभी भी आर्य होने का दावा नहीं किया।

आर्य भारत में सबसे बाद में क्यों आये उसका कारण भी समझना जरूरी है। भारत की आवो-हवा उस काल में काफी गरम थी और आर्य लोग शीत स्थानों मेरू-आर्कटिक-साइबेरियाई क्षेत्रों के रहने वाले थे अतः उन्होंने पहले अपने लिये शीत स्थानों को ही ढूँढा और जलवायु तथा पर्यावरणीय परिवर्तनों के साथ जैसे ही भारत के जलवायु में समशीतोष्णता आई, आर्य लोगों ने भारत में प्रवास करना प्रारम्भ किया।

पाश्चात्यों का दूसरा कथन कि भारतीय भाषायें अफ्रीकी मूल की हैं अब पूरी तरह झूठा साबित हो चुका है। पूरे अध्ययनों के आधार पर पाश्चात्य विद्वान भी इस निष्कर्ष पर पहुँचे हैं कि विश्व कि समस्त भाषाओं की मूल और उनकी जननी एक ही भाषा है और वह आर्य वैदिक प्राकृतिक संस्कृत है। शेष सभी भाषायें आपस में बहिने हैं। सच बात यह है कि 1000 साल तक परतन्त्र रहने और अंग्रेजों के दास होने के कारण पाश्चात्यों को भारतीय आर्यत्व रास नहीं आया। वो भारतीय श्रेष्ठता को पचा नहीं पाये और भारतीयों को जलील करने में लगे रहे। भारतीय आर्यत्व की सहिष्णुता, अहिंसात्मक मानवीयता, ज्ञान, परोपकार, प्रेम, करुणा और शांति दर्शन का उन्होंने गलत फायदा उठाया और भारत को गरीबी के वैधव्य में डाल कर आर्य सनातन वैदिक इतिहास को पूरी तरह दूषित एवं विकृत कर दिया। आर्य गौर वर्ण, और भारत के मूल निवासी द्रविड़ काले-यह विभेदकारी कूटनीति भी इसी का अंग थी। इससे भी बड़ी बात ये कि अंग्रेजी भाषा (English) को नौकरी और शिक्षा का माध्यम बनाकर उस विकृति के बीज शिक्षा पाठ्यक्रम के माध्यम से युवा मस्तिष्क और बाल्य रक्त में हमेशा के लिये बो दिये जो आज तक फल दे रहे हैं और अब उनकी कटाई, छंटाई, जड़ उखड़ाई उतनी ही मुश्किल हो गई है जितनी कर्मकाण्डी अंधविश्वास, भ्रष्टाचार और काले धन या संविधान बदलने की।

ऐतिहासिक विकृतियाँः आत्म निरीक्षण एवं सत्य पुनर्स्थापन

हिमालय पर्वत माला तुलनात्मक रूप से युवा श्रेणी कही जाने के वावजूद भी माना जाता है कि करीब 10 करोड़ साल से भी अधिक प्राचीन है। उस हिमीय काल में उसे पार करना किसी के लिये भी टेढ़ी खीर था। प्रारम्भ में चीन होते हुये अलकनन्दा मार्ग से कैलाश-गन्धमादन तक आर्य आये, क्योंकि चीन तक आर्य लोग बहुत पहले आ चुके थे. उस समय इस क्षेत्र में यक्ष, गन्धर्व, किन्नर आदि देव योनियों का निवास था। कालान्तर युगों में ऋषि-मुनियों ने हिमालय क्षेत्र को अपनी तपस्या स्थली बनाया और गंगा-यमुना का आश्रय लेकर आश्रम बनाये। इस विषय पर भी अगले प्रकरण में विस्तार से चर्चा की गई है।

यहाँ पर हम भारतीयों को समझने के लिये दो महत्वपूर्ण बातें हैं। अगर हिमालय सबसे युवा पर्वत श्रेणी है तो मतलब साफ है कि कोई ऐसा समय था जब हिमालय नहीं था। अगर ऐसा था तो पहली बात यह है कि भगवान शिव तब कहाँ थे? अथवा उनका भी जन्म हिमालय के बाद हुआ। यह साफतौर से पाश्चात्यों का

भारतीय सनातन शास्त्रों का अपमान और आर्य आस्थाओं के देवत्व की तौहीन करना है। यही स्थिति गंगा को लेकर भी है। पाश्चात्यों ने देश-दुनियाँ का ध्यान आर्कटिक देवलोक से गंगावतरण के सत्य से हटाने और आर्य संस्कृति की सीमितता दिखाने के उद्देश्य से गंगोदय हिमालय से माना, दिखया और प्रचारित किया। बाइबल में भी देव गंगा और उसकी चार धाराओं का वर्णन होने से भारतीय आर्यत्व की पुष्टि होने का डर भी उन्हें खाये जा रहा था। अलकनन्दा की ओर-जोकि गंगा की मेरू से प्रवाहित होने वाली चार आदि मूल धाराओं में एक थी और कालान्तर में कैलाश से जिसकी उपधारा (उत्तरी धारा) भागीरथी हुई-पाश्चात्यों ने भारतीयों का ध्यान ही नहीं जाने दिया। संस्कृत और शास्त्र लोग भूल चुके थे। जो कुछ था कर्मकाण्ड, पूजा-पाठ, कथा-वार्ता और रोजी-रोटी तथा रटन्त विद्या तक सीमित था। किसी के पास इतिहास पढ़ने, समझने की न तो बुद्धि रही, न समय, और न साहस।

इसकी सामंजस्यपूर्ण दूसरी बात समझनेलायक यह है कि आर्कटिक-मेरू की तुलना में ही हिमालय-कैलाश युवा पर्वत श्रेणी थी. पुरातन हिमयुगों में प्रकृति और भूगर्भीय आवर्तन-प्रत्यावर्तनों के कारण आर्कटिक देवलोक और मेरू-इलावृत वर्ष आदि के जलप्लावन हो जाने के बाद प्रकृति रचित हिमालय-कैलाश के उत्तुंग रम्य शिखरों में देवत्व और देवलोक का अवतरण हुआ जो आर्कटिक-मेरू की प्रतिकृति थे। अब क्योंकि चीन द्वारा इनके म्लेच्छित होने का अंदेशा है अतः भविष्य में कहाँ देवत्व अवतरण होगा भविष्य के गर्भ में ही छिपा है। केदारनाथ गन्धमादन का प्रलय हम देख चुके हैं। वह इसी का संकेत है।

कहने की आवश्यकता नहीं कि ईरान, मध्य जम्बूद्वीप के समीप होने और केन्द्र स्थान होने के कारण आर्यों की पहली पसन्द बन गया। अतः आर्य जन वहाँ बहुत पहले आ चुके थे और बड़ी संख्या में वस भी चुके थे। इसीलिये भारत में आर्यों का आगमन मुख्यतः उत्तर-पश्चिम रूट यानी ईरान अफगानिस्तान सिन्धु मार्ग से पंजाब होते हुये हुआ और सिन्धु-सरस्वती के किनारे उन्होंने अपने पहले आवास बनाये। आमतौर पर आर्यों ने अपने आवास निर्माण के लिये नदियों के रूट का ही सहारा लिया। यही कारण था कि गंगा-यमुना से पहले सरस्वती-सिन्धु तथा पंच और सप्त सिन्धु प्रसिद्ध हो गईं और सरस्वती की स्तुति वेद का अंग बन गई। बाद में गंगा भी वेद की स्तुत्य बनी लेकिन गंगा-यमुना के मैदानों की ओर आर्य लोगों

ने बाद में प्रवास किया विषेशरूप से सरस्वती के सूखने के बाद। भले ही तब आम तौर पर विशाल मैदानी क्षेत्र और शस्य श्यामल होने कारण दोनों नदियों के मैदानी क्षेत्रों में आर्यों ने अपने विशेष स्थाई निवास बनाकर बड़ी संख्या में निवसन प्रारम्भ किया। यमुना सम्भवतः पृथ्वी पर पहले अवतरित हुई थी। सूर्य पुत्री और यम की अनुजा होने के कारण काल के जन्म के साथ ही उसका अवतरण भी हो गया होगा. अलकनन्दा का उद्गम आर्यों के आदि निवास 'आर्कटिक-पुष्कर से ही हुआ लेकिन उसके बहाव मार्ग का सही-सही ज्ञान आर्यों को भारत में आने के भी बहुत समय बाद हुआ।

महान क्रान्तिकारी लोकमान्य बाल गंगाधर तिलक सम्भवतः पहले भारतीय थे जिन्होंने वैज्ञानिक और तार्किक ज्ञान के आधार पर 1903 में ही यह सिद्ध कर दिया था कि वैदिक आर्य आर्कटिक के मूल निवासी थे और ऋग्वेद कम से कम 4600 बीसी में रचा गया था अतः आर्यों का अभ्युदय उससे करीब 4000 वर्ष पहले होना चाहिये। लोकमान्य की श्रेष्ठ कृति The Arctic Home in the Vedas ने विश्व के विद्वानों सहित वैज्ञानिकों, इतिहासकारों को मानव उत्पत्ति की अपनी थियरियों पर पुनर्विचार करने के लिये वाध्य कर दिया था। लेकिन तब भारत परतन्त्र था और भारतीय अंग्रेजों के दास, अतः अंग्रेजों का ही लिखा इतिहास चलता रहा। अफसोस यही है कि स्वतंत्रता से पहले जो भारतीय शारीरिक रूप से दास थे स्वतंत्रता के बाद मानसिक रूप से गुलाम हो गये। ये माना जा सकता है कि मौलाना आजाद जो भारत के शिक्षा मन्त्री रहे उन्हें भारत के पौराणिक वैदिक आर्य इतिहास का गहन ज्ञान न रहा हो परन्तु पं० नेहरू? नेहरू जी ने अपनी पूर्वोक्त पुस्तक की प्रस्तावन में ही स्वीकार किया कि;

"I learnt a little — very little of the history of India and even, the history of India that I learnt was largely wrong or distorted and written by people who looked down upon our country".[1]

लेकिन स्वतंत्रता के बाद भारत के उन प्रधान मन्त्री जी ने जो चाहते तो तानाशाह हो सकते थे, कोई बड़ा निर्णय लेने से पहले हमेशा, अगर अमेरिका की नहीं, तो अंग्रेजों की प्रतिक्रिया को जानना जरूरी समझा, और इसी चक्कर में इस

1. Glimpses

विकृत इतिहास को नहीं बदला या बदलवा सके फलस्वरूप आज हार्वर्डियन्स (Harvardians) ने भी वैश्विक आर्थिकी और liberalisation के नाम पर भारतीयों को आर्थिक, मानसिक, शारीरिक रूप से नग्न भोगवाद के भंवर में फंसा कर गर्त में ही डाल दिया है तथा उसी आदम पशुत्व की ओर ढकेल दिया है जहाँ विदेशी शासकों के समय सैकड़ों साल पहले वो ढकेले गये थे। ये बात अब एकदम सच लग रही है कि बिना अपने सही, ऋत इतिहास के ज्ञान और बिना अपने संविधान के सामान्य ज्ञान के आत्मगौरव, आत्मसम्मान तथा सच्ची नागरिकता पनप नहीं सकती अतः देश के अन्दर समृद्ध, जागृत, वैभवात्मक रूपान्तरण (transformation) तथा सुराज-सुशासन कायाकल्प (metamorphosis) भी नहीं हो सकता ठीक वैसे ही जैसे बिना गाँधी जी की आत्मकथा The Story of my experiments with truth पढ़े कोई सच्चा काँग्रेसी नहीं हो सकता और बिना कार्ल मार्क्स की Das Capital पढ़े सच्चा वैज्ञानिक समाजवादी।

भारत के नागरिकों को देश के सही पुरातन ऋत इतिहास का ज्ञान होता तो चीन ने नहीं बल्कि भारत ने चीन के अधिकांश भागों पर अपना दावा (claim) ठोका होता जिसमें सबसे पहले होता मानसरोवर और कैलाश जो पूर्णतः सनातन आर्य भारतीय भाग रहे हैं और चीनी भाषा के शब्द भी नहीं हैं जबकि बहुबचन में 'चीनान' शब्द महाभारत में चीन के लोगों के लिये प्रयुक्त हुआ है। मानसरोवर, कैलाश ही नहीं नैषध, क्रोंचरन्ध्र-हंसद्वार आदि भी चीन में ही हैं जो आज भी भारतीय सनातन धर्म के अभिन्न पौराणिक आत्मिक भावनात्मक अंग हैं। साथ ही भारत का दावा होता 'कासी' तक के रेशम मार्ग पर जहाँ निषध, मैनाक, श्वेत, परियात्र आदि पर्वत विद्यमान हैं जिनके नाम चीन ने बदल दिये हैं। साथ ही दावा होता टकलामकान रेगिस्तान तक जिस पथ से पांडवों ने मेरू की ओर स्वर्ग की यात्रा की थी। ये सभी आज भी सनातन धर्म के अभिन्न पौराणिक अंग हैं। इसी पथ से पाण्डवों ने यात्रा-भ्रमण किया था। हुवांग हो (Huang Ho) के किनारे का भू भाग तो आर्यों का आदि निवास था ही। चीन जब चाहे जबरदस्ती भारतीय भू भागों पर उसी तरह दावा ठोकता है जैसे इग्लैण्ड कोहिनूर हीरे पर। अंग्रेजों के बाप-दादाओं की डिक्शनरी में कोहिनूर शब्द नहीं था लेकिन इंग्लैण्ड का प्रधानमन्त्री उसे अपना बताता है और वापस करने से मना करता है। यही है "जिसकी लाठी उसकी भैस"। आक्रमणकारी हमलावर मालिक बन गया। यही तो देश के अन्दर भी हो रहा है।

हरामी, बेइमान, अपराधी, भ्रष्टों ने भले, अच्छे, ईमानदार लोगों का रहना मुश्किल और दुष्कर कर दिया है। इसी इंग्लैण्ड का प्रधानमंत्री कैमरन अपने को और अपने देश को लोकतंत्र का धर्मध्वजी कहता है। कोहिनूर की तरह जिनको कैलाश-मानसरोवर का अर्थ पता नहीं, वो ही उन पर आधिपत्य जमाये हुये हैं।

भारतीय परतन्त्रता के इतिहास का शायद सबसे काला वर्ष था सन् 1833 जब अंग्रेज इतिहासी लार्ड मैकाले (Macaulay) (जिसका उच्चारण मुकोली है) ने अंग्रेजी भाषा को बाबूगिरी की भाषा के नाम पर लागू किया या करवाया और बाद में नौकरी और शिक्षा का ही माध्यम बना दिया। कालान्तर में बाबूगिरि की यही भाषा मालिक बन गई। The Clerical language of office, the script of Babugiri bossed the entire Bhartiaya psyche. इसी विन्दु से भारतीयों का अपनी मूल भाषा संस्कृत से सम्बन्ध विच्छेद होने लगा और उसी के साथ अपनी संस्कृति, विरासत, ज्ञान भण्डार, दर्शन, परम्परा, धर्म, इतिहास तथा शास्त्र ग्रन्थों से उनका स्पन्दन खत्म हो गया। आज स्थिति ये है कि 25 साल बाद आने वाली पीढ़ी पूछेगी-ये संस्कृत क्या है? इसका यहाँ क्या काम? संस्कृत की पुरातन साहित्यिक, शास्त्रीय पुस्तकें भारत मे छपनी और मिलनी मुश्किल हो जायेंगी और एकबार पुनः विदेशी ही संस्कृत की पुस्तकें और शब्दकोष छाप कर उससे अपना व्यापार और कमाई करेंगे। तब शायद देश की युवा पीढ़ी की आत्मा कांपेगी, उन्हें आघात लगेगा, उनकी आँख खुलेगी और देश में एक क्रांति का जन्म होगा शायद कायाकल्प की नई शुरुआत और नया संविधान।

अफसोस! कल तक जिनका कोई इतिहास नहीं था वो हमें इतिहास पढ़ाने लगे, हमारा इतिहास लिखने लगे। इस तरह अंग्रेजों ने भारतीय मानसिकता को अपने तादात्म्य से, आत्मिक भावनात्मकता को अपने अस्तित्व से, भारत को अपने आप से और भारतीयों को अपनी ही पहचान से अलग करने की भरसक कोशिश की ताकि अनन्त काल तक वो यहाँ राज्य कर सकें जिसमें वो काफी सफल भी हुये। इसी उद्देश्य से उन्होंने भगवान के परम भक्त, ईमान, त्याग और निष्ठा के प्रतीक विभीषण तक के चरित्र को मजाक बनाकर नीचे गिरा दिया ताकि देश के लिये त्याग करने और ईमान, निष्ठा रखने वाले हेय दृष्टि से देखें जायें। इसी प्रकार भारत के लोगों में अनेकता पैदा कर भारत की भावनात्मक एकता को विखण्डित करने का भी उन्होंने पूरा प्रयास किया ताकि उनके राज्य-शासन का विरोध न होने पाये।

पाश्चात्यों ने भारत का इतिहास विकृत करके न केवल भारत को दुनिया के सामने अपमानित करने का षड्यन्त्र रचा अपितु भारतीयों का मजाक बनाने और हंसी उड़ाने का भी योजनाबद्ध तरीका अपनाया। सिन्धु-सरस्वती सभ्यता के जो उन्होंने निष्कर्ष निकाले वो भी इसी कदाशयता के प्रमाण हैं। फिर भी तअज्जुब ये है कि भारतीय उसी इतिहास को आज तक प्रमाण मानते हुये पढ़ रहे हैं। कई भारतीय इतिहासकारों, फिल्मी डाइरेक्टरों और मखनुओं (sycophants) ने इस सम्बन्ध में अंग्रेजों के साथ सहभागिता भी निभाई। कुछ फिल्मी डाइरेक्टरों ने तो ऑस्कर (Oscar-Academy Awards) की चाहत में भारतीय परम्पराओं, मूल्यों, संस्कृति और लोगों का स्वतन्त्रता के बाद भी कई वर्षों तक मजाक उड़ाया जैसा कि आज भी दिखाई दे रहा है, क्योंकि उन्हें पता था और है कि ऐसे ऐवार्ड कैसे मिलते हैं, जबकि तब Slum Dog Millionaire भी नहीं बनी थी और आमीर खाँ की पिक्चरें बनने का तो सवाल ही नहीं था। वो जानते थे कि Oscar के लिये पाश्चात्य ऐसी ही फिल्में चाहते हैं जिनमें सरकार की नहीं देश की खिलाफत, मजाक और ऐसी की तैसी की गई हो और देश के अन्दर बैठे, देश का नमक खाने वाले अमेरिकी-ब्रिटिश मखनू और पाश्चात्य नकलची (apers) 'जै हो-जै हो' करते रहें।

पाश्चात्यों ने आदि काव्य रामायण का काल निर्धारण 900 बीसी और कुछ ने 1500-100 बीसी के बीच किया फिर भी उसे 9 वीं शताब्दी बीसी के यूनानी कवि होमर (Homer) की कृति Odyssey-Iliad की नकल बताया। दूसरी तरफ यह कितना हास्यास्पद है कि अधिकतर इतिहासकारों ने 1500-1000 बीसी के आसपास ही आर्यों के भारत आगमन का काल निर्धारण भी किया है। अतः प्रश्न उठता है कि फिर कब वेद, कब रामायण, कब उपनिषद, ब्राह्मण और आरण्यक और कब महाभारत लिखा गया और कब राम-रावण और महाभारत युद्ध हुये? ऐसा करके पाश्चात्य ये भी सिद्ध करना चाहते थे कि मोहनजोदाड़ो एवं हड़प्पा संस्कृति आर्यों से पहले की थी और अलग थी अतः आर्य प्रथम मानव नहीं थे बल्कि बाहर से आये आक्रमणकारी थे। इत्तफाक से इन महान लोगों में जानी-मानी इतिहासकार रोमिला थापर जी भी हैं। उन्होंने तो वेदों का रचना काल (composition of Vedas) को 1500-500 BC बताया है। इस सम्बन्ध में समझने योग्य बात यह भी है कि जब यह प्रमाणित हो चुका है कि हड़प्पा नाम हर (शिव) से व्युत्पन्न है लेकिन इसका उच्चारण अंग्रेजी का व्याघात है तो सिन्धु सभ्यता आर्येतर कैसे कही जा सकती है, और आर्येतर कैसे हुई?

यहाँ पर भारतीय द्रष्टा मनीषियों द्वारा परिभाषित काल के 'अणु' से ब्रह्मा के एक दिन-रात और ब्रह्मा की आयु के 100 वर्षों तक की संगणना के विस्तार में न जाकर भी इतना तो समझा जा सकता है कि जैन शास्त्रों के अनुसार भी अगर 24 तीर्थंकरों के काल की संगणना की जाय तो केवल 500 साल के अन्तर के आधार पर ही 10000 साल ईसा पूर्व से यह अवधि प्रारम्भ होगी, यानी पाश्चात्यों की गणना के विगत हिमयुग काल से। इस हिसाब से भी राम का काल कम से कम 7 हजार साल ईसापूर्व और महाभारत का 4 हजार साल ईसा पूर्व होगा। जबकि शास्त्रों के अनुसार भगवान राम का जन्म त्रेता युग के संध्यांस और महाभारत युद्ध का समय द्वापर युग के संध्यांस (wee or twilight hours) से कुछ पूर्व का है। पाश्चात्यों ने सिन्धु सभ्यता को 3500-2500 बीसी माना है और आर्यों से प्राचीन। कालान्तर में इसे सिन्धु-सरस्वती सभ्यता कहा गया। अब पाश्चात्य विद्वान-इतिहासकारों का एक बहुत बड़ा वर्ग इसे आर्य सभ्यता का ही अंग मान रहा है। जैसा कि खनक इतिहासकार कहते हैं, सिन्धु सभ्यता में शिव-बैल-घोड़े एवं लिंग-योनि के अवशेष भी मिले हैं। अगर उपर्युक्त बातें सच है तो जहाँ यह बात सच है कि लिंग-योनि (phallics - phailus) मूल वैदिक आर्य संस्कृति के अंग नहीं थे वहीं यह भी उतना ही सच है कि घोड़े उनके सामाजिक, सांस्कृतिक जीवन के अभिन्न अंग थे और कालान्तर में कृषि विकास के साथ बैल भी अभिन्न अंग बन गये थे। आर्यों के स्थायित्व के साथ कालान्तर में लिंग-योनि वैदिक कर्मकाण्ड के विकार के रूप में समाविष्ट हुआ था। अतः यह सभ्यता साफतौर पर आर्य थी अथवा आर्यों के बाद की थी। यह भी कहा गया है कि सिन्धु सभ्यता की भाषा बिल्कुल अलग है और उसकी लिपिबद्ध पहचान (Decoding - deciphering) पूरी तरह नहीं की जा सकी है, ये 'डीकोडिंग' करना पाश्चात्यों क्या, भारतीयों के लिये भी सम्भव नहीं है क्योंकि वह भाषा गान्धर्वी है यानी गन्धर्वों की भाषा, अति-मानव भाषा। भाषा की डी-कोडिंग करके जो दो नाम निकले यानी 'मोहेनजो-दाड़ो और हड़प्पा' (Mohenjo Daro and Harappa) ये भी सही नहीं लगते, क्योंकि गन्धर्वी लिपि अलग हो सकती है लेकिन शब्द, उच्चारण, और नाम वैदिक प्राकृत से बहुत भिन्न नहीं हो सकते। जबकि ये दोनों नाम अप्राकृत से लगते हैं। क्या ये भी पाश्चात्यों का कोई खेल है, ताकि आर्यों को विदेशी आक्रमणकारी सिद्ध करके अंग्रेज अपने आक्रमण और शासन को उचित ठहरा सकते। यह भी लगता है कि अंग्रेजी के कहर ने मोहनजोष या मोहनजोषिका को मोहनजो-दाड़ो और हरपन्न (यानी हर-शिव से

सम्बन्धित) नाम को हड़प्पा कर दिया और यहाँ भी भारतीयों की मजबूरी के चलते अंग्रेजों की चाल सफल हो गई। गन्धर्वों का शिव का अनुचर होने के कारण तत्सम्बन्धी नाम रखना स्वाभाविक भी है।

अगर पाश्चात्यों के हिसाब से सिन्धु-सरस्वती सभ्यता को आर्य सभ्यता से पूर्व लेकिन 3500-2500 बीसी माना जाय तो क्या आर्यों के करीब 2000-1500 साल बीसी के अन्दर गोण अवतार सहित 24 में से 23 अथवा 10 मुख्य में से 9 अवतार भी हो गये? यह एकदम असम्भव और अविश्वसनीय है, गलत और भ्रामक। भारतीय इतिहास और वैदिक आर्य सनातन संस्कृति के साथ एक घिनोना मजाक। दूसरा मजाक है सिन्धु सभ्यता को भारत में सभ्यता का प्रारम्भिक विकास मानना। पाश्चात्यों ने खुद ही सिन्धु सभ्यता को बहुत उच्च विकसित माना है, अगर ऐसा है तो, इसे सभ्यता का प्रारम्भ कैसे कहा जा सकता है? भारतीय पौराणिक एवं शास्त्रीय इतिहास बताता है कि सिन्धु सभ्यता रामायण काल से पूर्व भी थी, रामायण काल में भी थी और महाभारत काल में भी रही। लेकिन इन दो कालों के बीच यह कई बार बनी और नष्ट हुई। वही अवशेष पाश्चात्यों को भौचक्का कर गये। इस देश में रामायण काल से भी पहले बहुत विकसित cloning technology तक थी जो आज भी नहीं है। राजा पृथु, मान्धाता और जनक वंश के पूर्वज राजा मिथि आदि इसके उदाहरण हैं। उपर्युक्त उदाहरण मृत शव (corpse) से cloning के हैं जो आज भी नहीं है। तथापि महाभारत काल की टेक्नालाँजी ज्यादा बेहत्तर प्रतीत होती है। राजा शाल्व का 'शौध' विमान भी पुष्कर विमान से उत्तम था। पुष्कर से पहले राजा बलि का 'वैहायस' विमान और भी उत्तम था। महाभारत काल के अस्त्र-शस्त्र आज की इलैक्ट्रानिकी से भी ज्यादा सूक्ष्म-परिशुद्ध (precision) तथा उत्कृष्ट (sophisticated) किस्म के थे जैसे पाशुपतास्त्र, ब्रह्मास्त्र और चक्र आदि। पाश्चात्य इन सबको फूँक में उड़ा देना चाहते हैं। उनकी शर्म का कारण है उनका अपना ऐसा कोई इतिहास न होना। जिस पर गर्व कर सकें। लेकिन उन्हीं पाश्चात्यों की कही हुई बात दोहराना यहाँ उचित होगा "सत्य शक्तिशाली झूठ से" "Truth is stranger than fiction". कागज के फूलों से आज तक खुशबू नहीं आई।

शिव की मूर्तियों, लिंग-योनी की अनावृत अथवा अर्ध अनावृत मुहरों-मूर्तियों से स्पष्ट है कि सिन्धु सभ्यता यक्ष, गन्धर्व, किन्नर सभ्यता थी। महाभारत काल में

जयद्रथ सिन्धु देश का ही राजा था। उस समय भी वह बहुत विकसित थी। रामायण काल के पहले से वहाँ गन्धर्वों का राज था। अफगानिस्तान से लेकर सिन्धु तक गन्धर्व देश था[1] जिसकी राजधानी गान्धार थी। भरत जी ने अपने मामा कैकय राज की मदद से गन्धर्वों को पराजित किया। रामायण उत्तर काण्ड (सर्ग 100-101) के अनुसार एक हफ्ते तक युद्ध चला। नगर नष्ट हो गये। भरत जी ने फिर पुष्कलावत (Peshawar) तथा तक्षिला (Taxila) नगर वसाये। अतः सिन्धु सभ्यता में पाये गये अवशेष इस युद्ध के भी हो सकते हैं। अथवा महाभारत के युद्ध के हो सकते हैं। इतना तो साफ है कि सिन्धु सभ्यता सनातन वांग्मय से अलग नहीं थी भले ही वो अतिमानव यक्ष या गन्धर्व सभ्यता ही क्यों न हो क्योंकि आदि आर्य मानव स्वयं भी तुषित पुत्र (demi gods) थे और उनके वंशज महामानव आर्य सन्तान। महाभारत युद्ध में भी इन सभी योनियों का संदर्भ है।

हजार सालों की दासता, शोषण, गरीबी, मजबूरियाँ और अज्ञान नें भारतीयों को हर तरह से दरिद्र बना दिया था। उन्हें अपने आप से ही अलग कर दिया था। अपने समृद्ध अतीत से उदासीन कर दिया और अपने शासकों (masters) का 'जी हुजूर' (yes man) बना दिया। विदेशी आक्रमणकारियों ने भारतीयों को नीचा दिखाने में कोई कसर नहीं छोड़ी। उनकी निर्णय लेने की क्षमता खत्म हो गई। इसी को तिलक जी, गाँधी जी जैसे महापुरुषों ने चुनौती दी और पुनर्जागरण का अभ्युदय हुआ।

भारत में आर्य न तो आक्रमणकारी थे, न विदेशी उन सतयुगों में सब देव मय, आर्यमय था। वह अटूट आर्य कड़ी थी जो स्वाभाविक विस्तारित हो रही थी। यह अनवरत-अखण्ड पैतृक वंशजत्व (lineage) था, क्रमागत अखण्डित आर्य कुल पूर्वजत्व (ancestry) था। उस काल में लंगूरों की कोई मानव संताने नहीं थी, न हुई जो शायद लाखों साल बाद पश्चिम यानी यूरोप में हुई-बंदरों से मिलती जुलती। अतः अब हर तरह से इतिहास को संशोधित करने और दुबारा लिखने (reconstruction and re - write set right) का समय आ गया है।

पौराणिक इतिहास में कई ऐसे नाम हैं जो उत्तर-खण्ड और मध्य जम्बूद्वीप में एक से हैं या मिलते जुलते हैं जैसे बाल्खिल्य, वैखानस, ब्रह्मपुरी, क्रौंञ्च,

1. रामायण (उ० का० 100-101)

यमपुरी, इन्द्रलोक, यक्ष पुरी, कुबेर, यक्ष, गन्धर्व, किन्नर, सिद्ध, मेरू, सत्पथ (सतोपन्थ) आदि। नारायण और शिव धाम तो हैं हीं। आर्य जन प्रवास करते हुये उत्तर-खण्ड ही नहीं समस्त विश्व में आर्कटिक, मेरु और मध्य जम्बू के नामों की कई स्मृतियाँ साथ लेकर गये। इसक भी विस्तार आगे के प्रकरणों में है। लेखक के अनुसार,

When British, Europeans, Westerners abused Indians. "You bloody fool" they bowed their heads "yes my Baap", when they shouted, "You bloody dogs" Indians smiled and welcomed "no my baap, not bloody dogs but slum dogs" and when then awarded Oscar in return chanted "Jai Ho - jai Ho". They forgot their identity and sold theirselves for bread, pelf, and false displays. Therefore, time has now come to rewrite Bharatiy history and discover real identity of Bharat. Enough is enough- We have already, in the process of slavery lost ourselves, and would lose everything if this mad race for Bhogavad continues. Let Bharat remain Bharat and people Bharatiy rather than India and Indians'.

सवाल है, क्या वेदों की रचना करने वाले हमारे पूर्वज, जैसा कि पाश्चात्य कहते रहे हैं, आदम, अज्ञानी, जंगली, चरवाहे थे? अगर ऐसा था तो उन्होंने तब वेद कैसे लिखे जब यूरोप में अन्धकार था, अमेरिका, का पता नहीं था? कैसे सृष्टि, ब्रह्माण्ड, प्रकृति और विश्व रचना के एक नहीं अनेकों सिद्धांतों की रचना की? वैज्ञानिक अन्वेषणों की बात करना तो यहाँ यूरोपियों-पाश्चात्यों को पागल कर देने वाली बात होगी। अणु से परम की खोज, आत्मा से परमात्म दर्शन का ज्ञान कैसे प्राप्त किया? जड़, चेतन, सूक्ष्म शरीर से भी आगे सूक्ष्मातिसूक्ष्म मन बुद्धि अहंकार चित्त और अन्तःकरण का विज्ञान कैसे प्राप्त किया? कारण के भी कारण 'अनन्त सत्ता' (Infinity) का वोध कैसे हासिल किया? इच्छानुसार छोटे-बड़े किये जानेवाले पुष्कर, वैहायस, शौध विमानों का निर्माण कैसे किया? अदृश्य रहकर एवं अदृश्य होकर star wars कैसे लड़े? अग्निवेधी, शब्दवेधी प्रक्षेपास्त्र प्रयोग एवं संहार दोनों का ज्ञान एवं कला कहाँ से और कैसे प्राप्त की? मृत शरीर की Cloning की तकनीक का ज्ञान कैसे, कहाँ से सीखा?। अणु को कैसे परिभाषित किया और न जाने क्या क्या? क्या वो हार्वर्ड या कैम्ब्रिज से स्नातक थे? वैद्यक शास्त्र के सुश्रुत और चरक और धन्वन्तरी क्या जर्मनी के थे या फ्रांस के? वाल्मीकि को पृथ्वी के

भूगोल का ज्ञान कहाँ से और कैसे हुआ, क्या वो MIT से आये थे? पौराणिक शास्त्री जिन्होंने हजारों साल पहले से आर्कटिक-मध्य एशिया, उत्तरकुरु (रूस) का इतिहास सम्भाल कर रखा क्या वो आस्ट्रेलिया के थे? जिन्होंने प्रारम्भिक विकास के क्रम (evolution) के नौ चरणों की खोज की क्या वो डार्विन के पापा-पितर नहीं थे, जिन्होंने मानव की उत्पत्ति अथवा विकास बानर-लंगूर-वनमानुष से न बताकर देवत्व से बताया?

परमाणु, अणु और परम' की खोज भारतीय दार्शनिक वैज्ञानिकों ने कब कर दी थी, ये कहना मुश्किल है लेकिन पुराण शास्त्रों में इसका उल्लेख हजारों साल पहले हो गया था जब 'माइ बाप साइन्स' 'कहीं नहीं था'। पुराणशास्त्रों में अणु की परिभाषा बिलकुल वही है जिसे आज के तथा कथित वैज्ञानिक अपनी बताते हैं;

चरमःसद्विशेषाणामनेकोऽसंयुतःसदा,
परमाणु स विज्ञेयो नृणामैक्यभ्रमो यतः
सत एव पदार्थस्यस्वरूपावस्थितस्य यत्
अणुर्द्वोवो परमाणूर्स्यात्त्रसरेणुस्त्रयः स्मृतः[1]

(वह छोटा सा छोटा अदृश्य कण जिसको आगे विभक्त नहीं किया जा सकता है और जिसकी अपनी स्वतन्त्र सत्ता है वह परमाणु है दो परमाणुओं से एक अणु का सृजन होता है इन्हीं अणुओं का परम महान रूप यह दृश्य सृष्टि (creation) और विशाल प्रकृति है)।

विभीषण अपकीर्ति : एक दुर्भाग्यपूर्ण पाश्चात्य कटाक्ष एवं साजिश

भारत के लिये यह कितनी दुर्भाग्यपूर्ण दोगली स्थिति है और क्या कहा जाय ऐसे धर्मध्वजी स्वयम्भू धार्मिकों, ईश्वर भक्तों को? हर पर्व, संगम और संक्रान्ति पर गंगा स्नान और दशहरे पर रामलीला करने वालों को, जिन्होंने बिना सोचे समझे अंग्रेजों की कूटनीतिक चाल में फंस कर भगवान के परम भक्त, भगवान की सेवा के लिये सर्वस्व त्याग करने वाले विभीषण जैसे महान राम भक्त का ही तिरष्कार कर दिया। कैसे लोग हैं हम जो विभीषण नाम रखने से भी परहेज करते हैं। लेकिन भीम, भीष्म नाम रखने में कोई परहेज नहीं, जबकि इन सभी नामो का अर्थ वही

1. भागवत् म० पु० ३-११

है। तीनों नाम समानर्थी होते हुये भी विभीषण नाम रखने सें इतन भय क्यों? यह जानते हुये भी कि विभीषण ने सब कुछ राम के लिये, भगवान के लिये किया था, जाहिर है हमारी कथनी और करनी में बड़ा अन्तर है। सब बाहर से ईमानदारी, धर्म, नैतिकता की बात करते हैं पर सब बेईमानी, भ्रष्टाचार करना चाहते हैं, अनैतिकता, अधर्म में लिप्त रहना चाहते हैं; अन्यथा इस कहावत का क्या मतलब "घर का भेदी लंका ढाहे"? यह मुहावरा पुस्तकों में रहना ही क्यों चाहिये? विभीषण को बदनाम करने की ये भी अंग्रेजों की ही चाल थी ताकि लोग ईमानदार न रहें, देशभक्त न रहें और उनकी चाकरी करते रहें। उनकी 'नमक हरामी न करें, नमक हलाली करें। मुगलों और मुस्लिम शासकों से सीखकर उन्हीं की तरह अंग्रेजों ने इस मुहावरे को एक शस्त्र बना दिया था। नमक हलाली को महिमामण्डित करके विभीषण जैसे महा भागवत को बदनाम कर दिया, उन्हें नमक हराम साबित कर दिया, ताकि भारत के लोग जिनके अन्दर ईश्वर आस्था का रक्त वहता है विभीषण की तरह त्यागी, बलिदानी और देशभक्त होकर अंग्रेजों की जड़ ही न उखाड़ दें। धार्मिक अज्ञान और इतिहास की इस विकृति ने अंग्रेजों को आवश्यकता से अधिक इस देश में शासन करने दिया क्योंकि लोग अंग्रेजों के नमक हलाल बन गये थे। यही आज के शासकीय भ्रष्टाचार, अपराध और धर्म व्यापार जन्य अधर्म, पाप के मूल में स्थित मानसिकता भी है।

उत्तर-खण्ड, उत्तरपथ, आर्कटिक समन्वय

कैलाश-मानसरोवर-गन्धमादन तक जैसा कि पहले वर्णन किया जा चुका है, आर्य जन आदिकाल में अलकनन्दा मार्ग का अनुशरण करते हुये चीन के रास्ते आये थे। पूरा हिमालय क्षेत्र वर्तमान-हिमांचल से कश्मीर तक उत्तर खण्ड का भाग माना गया। यही कारण है कि पौराणिक इतिहास में बदरिकारण्य की तरह ही काश्मीर क्षेत्र में गन्धमादन और सौगन्धिक वन का वर्णन किया गया है। लेकिन किसी समय अफगानिस्तान के कुछ हिस्से से पाकिस्तान को लेकर काश्मीर[1] तक केशरांचल नाम से भी जाना जाता था। महाभारत साक्षी है कि पहले अर्जुन ने शस्त्रास्त्रों के लिये देवलोक की और वनवास के दिनों में शेष पाण्डवों ने बदरिवन से ही मेरू उत्तर कुरु तक की यात्रा की थी। जीवन के अन्तिम क्षणों में पाण्डवों ने

1. काश्मीर-कश्मीर एवं केसरांचल-केशरांचल सब सही हैं सब का अर्थ केसर से ही है।

सम्पूर्ण भारत की परिक्रमा करने के उपरान्त द्वारकापुरी से वर्तमान पाकिस्तान से कश्मीर में प्रवेश किया और काश्मीर-हिमांचल के बीच कहीं से हिमालय को पार कर तिब्बत-चीन में प्रवेश कर आज के सम्भवतः टकलामकान के रेगिस्तान से होते हुये मेरू (उराल) की ओर स्वर्गारोहण मार्ग का अनुशरण किया।

आदि देवलोक 'आर्कटिक-पुष्कर से देवताओं के अन्तर्ध्यान हो जाने के उपरान्त देवी-देवताओं ने नारायण के साथ गन्धमादन क्षेत्र (बदरीवन में) जो कि आर्कटिक के सादृश्य था, रम्य और अगम्य भी था, अवतरण किया। नारायण के साथ ब्रह्मा-विष्णु-महेश त्रिमूर्ति एवं अन्य सभी देवी देवताओं ने हिमालय-कैलाश क्षेत्र में निवास किया। इस काल की गणना और निर्धारण आसान नहीं है फिर भी ये कई हिमयुग (ice age) पहले की बात होगी जिन्हें पुराणशास्त्रों में कल्प कहा गया है। इसी के साथ यह क्षेत्र ऋषि-दूमुनियों की तपस्थली बन गया। हिमालय की युवा पर्वत श्रेणी होने, देव अवतरण तथा देवधाम का विस्तृत विवरण पहले किया जा चुका है।

यह भी सम्भव है कि किसी हिमयुग के दौरान (जिसे भारतीय वाङ्मय ही नहीं विश्व के सभी धर्म जलप्लावन यानी deluge-flood कहते हैं) आर्कटिक-पुष्कर स्थित देवगिरि सोमगिरि--सुमेरु समुद्र में समाहित हो गया जिसके फलस्वरूप हिमालय क्षेत्र में देवलोक और देवों का अवतरण हुआ और तब से यही देव भूमि बन गई। यही सम्भावना अधिक प्रतीत भी होती है अन्यथा विश्व के सभी धर्मों में जलप्लावन की कथा इतने जोर शोर से नहीं होती। इस ईश्वरीय खेल और प्रकृति की लीला को समझना मुश्किल है। इस सम्बन्ध में आगे भी वृहद प्रकाश डाला गया है और केदारखण्ड-गंगोत्री का वर्ष 2013 का जल प्रलय तथा भूगोल परिवर्तन इसका जीता जागता उदाहरण है।

वैज्ञानिक अन्वेषणों के आधार पर न केवल आर्कटिक सागर अपितु कुछ अन्य सागरों के नीचे भी पर्वतों के होने की पुष्टि होने के साथ आर्कटिक और अंटार्कटिक में हजारों साल से दबी वनस्पति की भी पुष्टि हो रही है जो कि खतरनाक विस्फोटक गैस बन रही है। रूस ने हाल ही में आर्कटिक में एक सरोवर ढूँढ निकाला है जिसका नाम Lake Vida रखा गया है जो मीलों तक फैला है।

सम्भवतः इसी झील से जो कमलों से आच्छादित पुष्करिणी रहा होगा, इस द्वीप का नाम 'पुष्कर' पड़ा। इसका विवरण आगे के प्रकरणों में है।

तथापि पुराणों में, विशेष रूप से पुरातनता के क्रम में द्वितीय महापुराण यानी पद्म पुराण और स्कन्द सहित शिव पुराण आदि में, जिनसे आज के उत्तराखण्ड-उत्तरांचल की व्युत्पत्ति हुई है, उत्तर-खण्ड नाम का ही सम्बोधन है, जो समीचीन तो है ही, शास्त्रीय और वैयाकरणिक भी है। पृथ्वी पर आदिदेवलोक आर्कटिक से गगांवतरण और मेरू से अलकनन्दा का कैलाश-हिमालय होते हुये भारत प्रवाह और तत्पश्चात देवत्व का आदि गंगा अलकनन्दा क्षेत्र स्थित गंधमादन पर्वत एवं वन श्रेणी में अवतरण इस समूचे भूखण्ड का मेरू (उराल-कजाकिस्तान) और उत्तरकुरु (एशियाई रूस) तक, उत्तर-खण्ड का अभिन्न भाग होना सिद्ध करता है। जैसा कि पहले भी वर्णन किया जा चुका है बाइबल में भी देवलोक से देवगंगा अवतरण और उसकी चार धाराओं का प्रसंग है। इसप्रकार भारतीय पौराणिक शास्त्रों की परिपुष्टि निष्पक्ष तौर से भारतेतर स्रोतों से भी हो जाती है। जिसमें जेण्ड अवेस्ता (पारसी शास्त्र-संस्कृति) प्रमुख है। इसका विस्तृत विवरण आगे के प्रकरणों में है।

उपर्युक्त प्रमाणों के साथ यह भी परिणति होती है कि आदि हिमीय युगों और प्रकृति के क्रमिक उद्भव चरण कालों में हिमालय सम्पूर्ण उत्तरदिशा को आर्कटिक तक परिवेष्टित किये हुये था जिसके असंदिग्ध प्रमाण उत्तरी-ध्रुव और उत्तर समुद्र यानी वर्तमान आर्कटिक सागर हैं। इसप्रकार हिमालय पूर्व और पश्चिम दोनों दिशाओं को जोड़े हुये था जो इस सत्य का सम्पादन करता है कि यह सम्पूर्ण क्षेत्र उत्तर-खण्ड माना गया।

इसके अलावा स्कन्द पुराण में वर्णन आया है कि नारायण ने मेरू शिखर को उखाड़कर गंधमादन क्षेत्र में स्थापित किया जिससे साबित होता है कि मेरू कहीं अन्यत्र था और हिमयुगी जलप्लावन के समय मेरू के जलाविलुप्त होने से पूर्व गंधमादन क्षेत्र को देवलोक की सम्भूति देने के उद्देश्य से नारायण ने मेरू शिखर को यहाँ स्थापित किया।

❐

2

आर्य संस्कृति : विश्व आयाम–पाश्चात्य विरूपण तथा सत्य मीमांसा

इण्डो–यूरोपी छलावाः इण्डो–एशियाई एवं इण्डो ईरानी आर्य सत्य

वेद–पुराणों, शास्त्रों ने जिस भारतीय सनातन और वैदिक आर्य इतिहास का संवर्धन किया, संवृद्धि दी तथा विश्व इतिहास के मूलकोष को सुरक्षित रखा उसी निधि को आधुनिक कर्मकाण्डी–पुरोहितों, गुरुओं, हाई–टेक जोगी–बाबा–जोगिनियों, ज्योतिषियों, पण्डों तथा महन्तों ने व्यापार की काल्पनिक कर्मकाण्डी अविश्वसनीय दंत कथा–कहानियों का जामा पहनाकर मिथक की कोटि में रख दिया या रखवा दिया है। तथापि सत्य की स्थिति सदैव से संदेह से परे होने के कारण हमेशा ही असत्य से ज्यादा आश्चर्यजनक रही है और रहेगी। अतः यह यथार्थ कि 'देवत्व से उत्पन्न प्रथम अर्ध देव–आर्य पुरुष' ही मानवता के आदि पितर थे' और भी अधिक अचम्भित करने वाला है, क्योंकि यह काल्पनिक नहीं, पूरी तरह सत्य अवस्थित है। दुःखद यही है कि मानव सभ्यता, दर्शन, आस्था, आध्यात्मिकता, सनातनता और संस्कृति मूलत्व के न्यासी होते हुये भी भारतीय अपने आर्य इतिहास, सनातन आयाम और विश्व बीजत्व से कतई अनभिज्ञ हैं। एक प्रकार से अन्धकार ही में हैं। जिनको है भी काफी कम जानकारी है। आर्यों के उद्‌भव के साथ मानवोत्पत्ति और मानव सभ्यता के विकास के विभिन्न आयामों का पिछले 150 वर्षों के दौरान विश्व में विस्तृत, गहन, बौद्धिक, वैज्ञानिक, दार्शनिक, भौगोलिक, भूगर्भीय, पुरातत्वीय, भाषा शास्त्रीय विवेचन तथा अन्वेषण हुआ है। तथापि 19वीं सदी के उस दासत्वकाल में भी जिस प्रथम भारतीय महापुरुष ने वेदों एवं वैदिक आर्यों के

अभ्युदय की खोज आर्कटिक से करने का साहस किया, वो थे भारत माता के स्वनामधन्य सुपुत्र लोकमान्य बाल गंगाधर तिलक, जिनके तर्कों ने वैज्ञानिकों, विचारकों, पुरातत्त्वज्ञों, भूवैज्ञानिकों, एवं इतिहासकरों में झंझावात पैदा कर दिया।

पहले तो लोकमान्य की शोध को विचारकों ने संदेह की दृष्टि से देखा पर बाद में जब बोन (Bonn जर्मनी) के विद्वान डॉ० जकोबी ने स्वतन्त्र शोध कर के लोकमान्य की तरह ही निष्कर्ष निकाले तो तुरन्त ही प्रो० ब्लूमफील्ड, एम० बर्थ, डॉ० बुलहर जैसे अन्य विद्वानो ने भी लोकमान्य के निष्कर्षों के साथ आम सहमति जताई। तत्पश्चात रायल एशियाटिक सोसाइटी की बम्बई शाखा ने तिलक जी द्वारा प्रस्तुत वैदिक फलित एवं गणित ज्योतिष के आधार पर वैदिक आर्यों का काल निर्धारण किया। एशियाटिक सोसाइटी ने भी आश्चर्यजनक रूप से तिलक जी के ही अनुमानों की पुष्टि की और वेदों की पौराणिकता को 4650 बीसी से पहले (यानी आज से करीब 7000 हजार वर्ष पूर्व) निर्धारित करना सम्भव माना। इस प्रकार उस समय वैदिक साहित्य की प्राचीनत तथा वैदिक काल की पुरातनता समुचित रूप से स्थापित हो गई। इससे दूसरी महत्वपूर्ण बात यह स्थापित हुई कि अगर वेद इतने प्राचीन हैं तो आर्यों की पुरातनता एक अविस्मरणीय काल (time immemorial) से ही सम्बद्ध होगी। अगर ईसापूर्व 4650 के आसपास वेदों का भाषा विन्यास तथा भव्यता इतनी महान थी तो आर्योदय, मानव अभ्युदय तथा सभ्यता विकास के काल की केवल कल्पना ही की जा सकती है। अपनी प्रथम कृति 'ओरियन' (Orion) अर्थात् मृग (मृगशिरा) (यूनानियों के अनुसार राहू की तरह का ग्रह), द्वारा तिलक जी पहले ही वेदों एवं आर्यों की पुरातनता स्थापित कर चुके थे।[1]

जान हापकिन्स विश्व विद्यालय (John Hopkins University) की 18वीं वर्ष गाँठ पर बोलते हुये प्रो० ब्लूमफील्ड (Prof. Bloomfield) ने तिलक जी की Orion पुस्तक का हवाला देते हुये कहा था;

'वैदिक भाषा एवं साहित्य किसी भी रूप में इतना प्रारम्भिक नहीं है कि इसे आर्यों के वास्तविक उदय के साथ जोड़ा जाय। सभी सम्भावनाओं एवं तथ्यों के उचित मूल्यांकन के उपरान्त, ये कहा जा सकता है कि, आर्यों के उदय के कई हजार साल बाद ही वेद लिखे गये होंगे'।

---

1. Orion - B.G. Tilak

इसी दौरान विद्वानों द्वारा दीर्घ काल से स्वीकृत इस आम मान्यता की, कि आर्यों की उत्पत्ति मध्य जम्बूद्वीप, वर्तमान (Central Asia) में हुई थी, की दिशा परिवर्तन करके उसे यूरपीय विशेष रूप से जर्मनी की दिशा दी जाने लगी और दे दी गई थी। यही कारण था कि हिटलर भी अपने को आर्य कहने लगा। इतिहास को यह मोड़ एशिया, विशेष रूप से भारत को अपमानित कर यूरोपियनों की श्वेत श्रेष्ठता स्थापित करने के उद्देश्य से जानबूझकर दिया गया। आर्य वैदिक दर्शन के ज्ञान के अभाव में हिटलर ने न केवल उल्टा स्वस्तिक प्रयोग किया अपितु सैन्य ध्वज पर भी उसे चिन्हित करवाया और अन्ततः अपनी पराजय और अन्त देखा। आर्यों के मध्य एशिया (मध्य जम्बू) के सिद्धान्त को Posche and Penka, जैसे जर्मन विद्वान लेखकों ने खुली चुनौती दी। बाद में इस हठ को नजर अन्दाज करते हुये विद्वानों में यह सहमति बनी कि आर्यों के मूल गृह की खोज वर्तमान मध्य एशिया (Central Asia) से और भी आगे उत्तर की ओर की जानी चाहिये। वैज्ञानिक, पुरातत्त्वज्ञ, और इतिहासकार अब आर्यों की उत्पत्ति के मध्य एशिया सिद्धान्त के अधिक पक्षधर हैं तथापि कुछ विद्वान अभी भी अन्ध महाद्वीप (अफ्रिका) से मानव उत्पत्ति के सिद्धान्त के समर्थक हैं लेकिन अफ्रिका के किस भाग से मानव उत्पत्ति हुई इस पर भी विद्वानों की राय बदलती रही। पहले वो जिसे पूर्वी अफ्रीका मानते थे अब दक्षिण अफ्रीका कहने लगे हैं। अतः इस सिद्धान्त की प्रामाणिकता स्वतः सन्देहप्रद हो गई है।

यद्यपि यह सच है कि जर्मन पुराण शास्त्र भी Mannus (भारतीय शास्त्रों के 'मनु') को मानव जाति का प्रथम पुरुष अथवा 'पितर' मानते हैं लेकिन रोमन शास्त्र के अनुसार भी Manses उनके पैतृक देव हैं। मिस्र (Egypt) के धर्म शास्त्र Manes को आचार/विधि संहिता देनेवाला आदि पुरुष मानते हैं। ये सभी नाम मनु के ही विविध आयाम हैं और सभी भारतीय पौराणिक-वैदिक वांग्मय से प्रतिविम्बित हैं। यही नहीं अपितु पारम्परिक कथायें भी सर्वत्र कई तरह से एक जैसी हैं। अरब और हिब्रू (यानि इब्रानी-यहूदी-इस्राइली) पौराणिक इतिहास की नूह और नोह से सम्बन्धित कथायें भारतीय मनु वंशावलि के वर्तमान यानी सातवें वैवश्वत मनु की कथाओं से मिलती हैं। बाइबल (Old Testament) यानि प्रथम यहूदी धर्म शास्त्र) में वैवश्वत मनु का उल्लेख 'सत्यवर्मन' किया गया है। यह पौराणिक सच है कि उनका पूर्व जन्म का नाम 'सत्यब्रत' भी था। संसार के सभी धर्मों में धार्मिक उत्सव, पूजा, इबादत के दौरान सिर ढकने की परम्परा, भारत में श्वेत धोती, इस्लाम-पारसियों

में धोती की ही तरह श्वेत अङ्ग वस्त्र, ईसाइयत-यहूद में एक ही वस्त्र से निर्मित लबादा (Robe) पहनने की परम्परा, सभी धर्मों में चातुर्मास की तरह व्रत की परम्परा, भारत में वैदिक, स्मार्त, जैन, बौद्धों में चातुर्मास ब्रत उपवास, इस्लाम में रमजान तथा ईसाईयत में चालीसा (Lent) की परम्परा एक सी है। ये सभी साक्ष्य मानव जाति की पैतृक एकता के प्रमाण हैं। ध्यान देने योग्य बात यह भी है कि स्वीकारात्मक या सहमति देने के लिए सभी मुख्य धर्मो यानी सनातन-वैदिक, इस्लाम, ईसाइयत, यहूद में, 'ॐ और आमीन' की भावनात्मक प्रवृत्ति है। ओम्-ॐ, आमीन, अमुन, अमोन (Amen, Amon, Amun) एक ही शब्दशास्त्र से उत्पन्न शब्द हैं। ये मात्र इत्तफाक नहीं है कि सभी धर्मो में माला जपने की समान धार्मिक आस्था है। ये वो सबूत हैं जो सिद्ध करते हैं कि मानव वंश का किसी समय पैतृक एकत्व था और समस्त मानव जाति का मृणाल तन्तु प्राचीन मध्य जम्बूद्वीप अर्थात् इलावृत वर्ष स्थित ब्रह्मपुरी वर्तमान मध्य एशिया और आर्यों से जुड़ा है जो ऋग्वेद की रचना से भी पूर्व, यानी कम से कम अन्तिम हिमयुग, आज से 10000 वर्ष से भी प्राचीन है।

वैज्ञानिकों का अब ये मानना है कि धरती पर जीवन बिना अन्य ग्रह से आये प्राणियों के सम्भव नहीं था जो पूरी तरह भारतीय दर्शन की मान्यताओं के अनुरूप है जिसे वह उच्च्व स्वर में गाता रहा है। यह विलम्बित वैज्ञानिक अवधारणा भी आदि सतयुग में पृथ्वी पर दैवत्व की उपस्थिति की वैदिक आस्थाओं की ही पुष्टि करती है। सनातन पौराणिक दर्शन के अनुसार मानव से पहले इस पृथ्वी पर देवों के साथ-साथ दानव, आदित्यों के साथ दैत्य, सुरों के साथ असुर, तथा अति प्राकृतिक-अति मानव योनियाँ जैसे किन्नर, यक्ष, गन्धर्व आदि संस्कृतियाँ मौजूद थीं जिसे हम देव संकृति कहते हैं। वेदों की रचना निश्चित ही उसके बाद हुई।

महाभारत सहित पौराणिक और रामायणिक इतिहास इस सत्य के असंदिग्ध प्रमाण हैं कि वर्तमान आर्कटिक द्वीप (continent) ही आदि सतयुगी 'पुष्कर द्वीप' था जो उत्तर समुद्र वर्तमान आर्कटिक सागर (महासागर) से घिरा था और प्रकृति के विकासक्रम में जीवन की उत्पत्ति के उस प्रारम्भिक सतयुग में पृथ्वी पर स्वर्ग का प्रतिरूप था। यहीं 'त्रिदेव'-ब्रह्मा विष्णु महेश के देवालय थे जो न केवल मनुष्यों बल्कि देवताओं के लिए भी असाध्य था। यह द्वीप ही अपनी शुभ्रता और प्रकाश के कारण सम्भवतः श्वेत द्वीप के नाम से भी जाना जाता था। उत्तर सागर को स्वादूदक एवं शुद्धोदक सागर भी कहा जाता है जो स्वाभाविक भी है।

प्रकृति के उस आदि अभ्युदय काल (evolutionary period) में जब पृथ्वी हिम-मय (glacial) थी, सम्भवतः ध्रुव भी एक ही था-उत्तरी ध्रुव। जैसे आज तक कोई ये नहीं बता पाया कि ब्रह्माण्ड और प्रकृति का ध्रुव कहाँ है, फिर भी दोनों चल ही रहे हैं, इसी तरह ये भी हो सकता है और माना जा सकता है कि पृथ्वी का एक ही ध्रुव रहा हो। कालान्तर में देवत्व से युक्त प्रथम दश आर्य मानवों में एक स्वायम्भुव मनु के पुत्र पृथ्वी के प्रथम अधिपति प्रियव्रत के सबसे छोटे पुत्र सवन ने पुष्कर द्वीप को दो गोलार्धों (Hemisphere) यानी उत्तर और दक्षिण में विभक्त कर उनका शासन अपने दो पुत्रों को दे दिया जिसे आज आर्कटिक (उत्तरी ध्रुव) और अन्टार्कटिका (दक्षिणी ध्रुव) कहते हैं। प्रिय व्रत जी के दश पुत्र थे जिनमें से तीन निःष्काम थे। शेष सातों में सवन सबसे छोटे थे जिन्हें राजा ने पुष्कर द्वीप का राज्य शासन और बाकी छै को शेष छै द्वीपों का शासन दे दिया था।

आर्कटिक की प्रागेतिहासिक, प्राक हिमीय, तथा हिम युग के बाद की जल-वात्य स्थिति, वातावरण और अवधि के सम्बन्ध में वैज्ञानिकों, भू-विज्ञानियों, मानव विज्ञानियों (Geologists, anthropologists) तथा इतिहासकारों के बीच काफी मतभेद रहा है। उन्नीसवीं सदी के अन्त में डॉ० क्रोल (Dr Croll ने आर्कटिक की हिमयुग अवधि को 8000 वर्ष पहले का माना है। उपर्युक्त श्रेणि के विद्वानों के ही एक वर्ग ने उत्तरी ध्रुव के अन्तर-हिमानी काल (inter-Glacial times) की जलवायु को मानवीय एवं पशु जीवन के उपयुक्त तथा नरम (normal) माना है। इन में से कई विद्वानों का स्पष्ट मानना है कि प्रागेतिहासिक हिमानी काल के दौरान ध्रुवों पर विशेषतः उत्तरी ध्रुव अर्थात आर्कटिक पर जलवायु शीतोष्ण (temperate) था जो हिम पिघलन के कारण हिम काल के उपरान्त ही असहनीय हुआ, जब तक हिम जमी हुई थी तब तक नहीं। उनके मत में आज भी टुंड्रा प्रदेश में रहने वालों, उनके कुत्तों तथा अन्य जीवों के जीवित रहने के उदाहरण दुनियां के समक्ष है।

सुविख्यात विद्वान गुफरोविच ने[1] अपनी पुस्तक में आर्यों को इण्डो आर्यन कहा है न कि इण्डो यूरोपीयन क्योंकि उनका मानना है कि आर्य जन मध्य एशिया से आये थे। अन्य प्रसिद्ध विद्वान बेन्डर (Bender) का मानना है कि आर्य लोग

---

1. Ancient History to contemporary Times-Gafurovick Gafurov

बाल्टिक देश लिथुआनिया के (जो पूर्व सोवियत संघ का हिस्सा था) रहने वाले थे जहां वो लगभग 5000 वर्षों तक रहे। लेविन (Bongard Levin) का मत है कि आर्य लोग मूलतः उराल (Ural) पर्वत के आस-पास दक्षिण-पूर्व यूरोप के रहने वाले थे। यहाँ यह समझने की बात है कि उराल पर्वत मध्य एशिया में कजाखिस्तान की सीमा से मिला हुआ है और एशिया तथा यूरोप को अलग करता है। उनकी सीमा रेखा है इसीलिए पाश्चात्यों ने उनके साथ 'इण्डो' जोड़ा।

कुछ इतिहासकारों का कहना है कि आर्य लोग आक्रमणकारी के रूप में 2000 से 1000 ई.पू. के आसपास भारत आये थे। इस पंक्ति में गोरों का 'हामी' (yesman) कथित भाषाज्ञानी फ्रेड्रिक मैक्स मूलर-जिसे कई चापलूस भारतीयों ने 'मोक्ष मूलर' भी कहा सम्मिलित था। आर्यों के बारे में ये सभी भ्रम, संस्कृत पढ़े, इसी ऋग्वेद अध्ययन ढोंगी, अंग्रेजों के क्रीत दास मैक्स मूलर के कारण उत्पन्न हुये। जैसा कि तत्कालीन स्थिति के जानकारों का मानना है, मैक्ष मूलर कई मामलों में अंग्रेजों का एजेंट था, उसका जन्म जर्मनी में हुआ था, पर वो ब्रिटेन में ही रहता था। उसको आर्यों की वास्तविकता को तोड़-मरोड़ कर प्रस्तुत करने की जिम्मेदारी दी गई थी जो उसने ब-खूबी निभाई। ब्रिटिश सरकार ने उसे आर्यों को बाहर से आये आक्रमणकारी सिद्ध करने तथा उनके यूरोपीय होने की प्राक्कल्पना को सुदृढ़ करने का कार्य सौपा था। यह खेल अंग्रेजों ने भारत पर अपने आक्रमण को उचित ठहराने तथा अपने क्रूर तन्त्र के दोहन एवं कुशासन को चिर बनाये रखने (perpetuation) के उद्देश्य से किया था।

इतिहास अन्वेषक विटजल (Witzel) का कहना है कि Indo-Iranian लोगों का निवास सम्भवतः विस्तृत उराल पर्वत संभाग के आस पास था, क्योंकि इस संस्कृति का प्रभाव पूरे ईरान से हड़प्पा तक देखा गया है। लेकिन विटजल का ये कहना सत्य नहीं है कि इस क्षेत्र में साइबेरियाई आर्य सभ्यता का सीधा असर दिखाई नहीं देता। यद्यपि उसका ये भी कहना है कि अन्वेषण और खोज के वर्तमान सोपान पर Indo-Iranian तथा Indo-Aryans के आवागमन एवं प्रवास के विवरण स्पष्ट न होने के कारण उनके समय का सही सही निर्धारण तथा अन्य चिन्हों के तार जोड़ना आसान नहीं है। उनका ये भी कहना है कि ईसा पूर्व दूसरी सहस्त्राब्दी (millennium) के मध्य में कुछ आर्य समुदायों की सीरिया और ईराक में भी एक विशिष्ट उपस्थिति देखी गई है और अन्य आर्यों की उसी समय ऋग्वेद

स्तोत्रों के रचयिता के रूप में विशाल पंजाब में भी। कुछ इतिहासकरों के मत में साइबेरियाई मैदानी सभ्यता जो आर्य नहीं अपितु तुर्कमेनिस्तान के बाहरी इलाकों तक फैली स्थानीय संस्कृति की उपज थी, जो उत्तरी ईरान और बैक्ट्रिया तक फैली थी। इतिहासकार Hiebert and Lamberg Karlovsky का कहना है कि इन्हीं स्थानो से पुरातन मेसोपोटामिया (Mesopotamia) (वर्तमान ईराक) भी सिन्धु (Indus) सभ्यता से सम्बद्ध हो गया।

ये सभी इतिहासकार आंशिक रूप से ही सही हैं। यह भी ऐतिहासिक सत्य है कि मध्य एशिया यानी तत्कालीन मध्य जम्बूद्वीप, उराल (मेरू), और वर्तमान एशियाई रूस का बड़ा हिस्सा विशेष रूप से साइबेरिया का एक भाग आर्कटिक क्षेत्र का हिस्सा था जो निःसन्देह आर्यो का मूल गृह निवास था। साइवेरियाई, उराल क्षेत्र की खुदाई से भी यह पूरी तरह प्रमाणित हो गया है, जिस पर आगे विस्तृत प्रकाश डाला गया है।

जलवायु परिवर्तन (climatic changes), हिमकोष (glacier) द्रवण के फलस्वरूप मध्य एशियाई खलिस्तानों-मरूद्यानों (oases) एवं साइबेरियाई मैंदानो में कल्पनातीत परिवर्तन आया। पाश्चात्य इतिहासकारों का बड़ा वर्ग, जिन्होंने आर्यों को घुमंतू चरवाहे जाति का कहा, ये भी मानते हैं कि यही वह समय था जब आदि इण्डो-आर्यन एवं इण्डो-इरानियन भाषाई लोगों ने बड़ी तादात में मध्य एशिया एवं साइबेरियाई मैदानो को छोड़कर वृहद ईरानी संस्कृति के क्षेत्र में प्रवेश किया। इनका यह भी कथन है कि दूसरी सहस्त्राब्दी ईसा पूर्व के प्रारम्भ में अचानक मेसोपोटामिया से सिन्धु तक, तथा बेक्ट्रीया से बहरीन, ओमान तक पूरे क्षेत्र की संस्कृति का ह्रास होना आर्यो के झुण्डों के आक्रमण का संकेत है, जबकि अन्य विद्वान इतिहासकारों का अभिमत है कि इस तरह के निष्कर्ष सही नहीं हैं क्योंकि इन क्षेत्रों की विषमागता (heterogeneity) तथा भौगोलिक अन्तर को देखते हुये यह एक पक्षीय मीमांसा है। इतिहासकार मलोरी (Mallory) ने, इण्डो-यूरोपीयन संस्कृति के विस्तार की कल्पना को आंशिक रूप से आधार मानते हुये मध्य एशिया से आये प्रवासियों द्वारा इण्डो-आर्यन Indo-Iranian भाषा को अपनाने के पीछे भी इसी सिद्धान्त का प्रतिपादन किया कि प्रवासी सभ्यता के लोग प्रथमतः स्थानीय सभ्यता में घुल-मिल जाते हैं और फिर उसी सभ्यता को आधार बनाकर उसे अपनी तरह से नया मोड़ तथा दिशा दे देते हैं। अतः मलोरी के अनुसार दक्षिण एशिया के आर्यकरण के पीछे

इसी धारा ने काम किया। मलोरी का यह सिद्धान्त वस्तुतः 1988 में ऐहरत (Ehret) द्वारा प्रतिपादित सामान्य सिद्धान्त का ही विशिष्ट स्वरूप था।

यूरोप के अधिकांश प्रारम्भिक इतिहासकार यूरोपीय पूर्वाग्रह से ग्रसित थे अतः उन्होंने अपने अर्धज्ञान के अभिमान को ही प्रदर्शित किया जिसे भारत के दासत्व से बहुत बड़ा बल मिला। जिसे यूरोपीय इतिहासकार और स्कालर आर्यकरण कहते हैं वह न तो आक्रमण था ना हीं प्रवास बल्कि मध्य जम्बूद्वीप तथा आर्कटिक क्षेत्र से आर्य मानवीय सभ्यता के विस्तार की अनवरत नैसर्गिक प्रक्रिया थी, दिव्य आर्य संस्कृति का एक स्वाभाविक बहाव था।

छठी-सातवीं शताब्दी ईसा पूर्व (BCE) के पुरातन फारसी (पारसी) अवेस्ताई मूल पाठ (यानी Zoroastrian text) अर्थात महात्मा जरुथस्त्र द्वारा रचित 'अवेस्ता' शास्त्र, में जिस क्षेत्र को आर्याणा वैभ्राज (Airiiana Vaejahi या Airianem Vaejah) कहा गया है वह काफी हद तक 'आर्य वैभ्राज' या 'आर्य वैभ्रम' की व्युत्पत्ति लगते हैं। परन्तु पाश्चात्य लेखकों ने उसका अर्थ 'आर्य विस्तार' (Aryan Expanse) किया है जबकि मूल पारसी पूर्वज (Zends) उसका अर्थ 'आर्यो का मूल निवास स्थान' (Original Homeland) करते हैं। यही वैभ्रम और वैभ्राज का भी तात्पर्य है। प्रथम दृष्ट्या जेण्ड अवेस्ताई शास्त्र 'अवेस्ता' की भाषा वैदिक प्राकृ त का ही अपभ्रंश है। इसीलिये अवेस्ता का संस्कृत और ईरानी अनुवाद कई भारतेतर इतिहासकारों ने 'अ + वेद' या अ + वेद + अस्ति से मिलता जुलता किया है यानी जो वेद नहीं है लेकिन वेद से कम भी नहीं है या वेद न होते हुये भी जो वेद की तरह है। इस विवरण से स्पष्ट है कि आर्यों का मूल स्थान ईरान नहीं कहीं अन्यत्र था। वेद की तरह ही अवेस्ता भी देव स्तुति, नैतिक और सामाजिक एवं मानव व्यवहार विधि तथा आचार संहिता का ग्रंथ है।

यहाँ यह स्पष्ट करना भी जरूरी है कि महात्मा जरुथस्त्र के काल के सम्बन्ध में तीब्र विवाद है। पाश्चात्य जो कुछ भी कहें, जरुथस्त्र धर्मावलम्बियों का निश्चित मत है कि महात्मा का जन्म 1500-1000 वर्ष ईसवी पूर्व हुआ था। पाश्चात्य इसे सातवीं सदी ईसापूर्व मानते हैं।

अवेस्ताई अध्ययन से पूर्णतः ज्ञात होता है कि ईरान आर्यो का उत्पत्ति स्थान नहीं था। आर्यजन मध्य जम्बूद्वीप (वर्तमान मध्य एशिया-Central Asia और

उराल (यानी मेरू) तथा आर्कटिक क्षेत्र से चारों ओर विसारित हुये। जनसंख्या वृद्धि के अलावा इसके कई कारण थे जैसे हिम कोशीय क्षेत्र में भूमि की कमी, हिमकोश गलन, जलप्लावन, अन्य प्राकृत-आपदायें या एक से अधिक कारणों का समुच्चय। उराल-मध्य एशिया में पौराणिक-शास्त्रीय के अलावा इतने पुरातत्त्वीय, ऐतिहासिक, भौतिक साक्ष्य बिखरे पड़े हैं कि अब इस सम्बन्ध में संदेह के लिये कोई स्थान ही नहीं रह गया है। यहां तक कि कजाखिस्तान-उजबेकिस्तान के मध्य स्थित सरोवर आज भी 'अराल' (Lake Aral) के नाम से ही प्रसिद्ध है जिसकी सम्बद्धता एवं व्युत्पत्ति स्पष्टतः अराल-आर्य-उरु आदि संस्कृत शब्दों से ही है। तकरीबन यही स्थिति अजरवेजान के साथ भी है जिसका प्राचीन नाम 'अजरवेदागम' था जिसे कालान्तर में Adurbadagan भी कहा गया। इस नाम में कितना विकार हुआ है उस पर न जाते हुये भी इसका अर्थ है-अदूर वेद आगम अर्थात वेद यहीं आसपास से आये कहीं दूर से नहीं। मध्य एशिया के देशों जैसे कजाकिस्तान, उजबेकिस्तान, किर्गिस्तान, हयस्थान (अर्मेनिया) आदि के "स्तान" शब्द संस्कृत 'स्थान' के ही पर्याय हैं। ये सभी देश अजरवेजान सहित इलावृत वर्ष के अन्तर्गत थे। यहाँ तक कि कजाखिस्तान में बहने वाली पुराण-ऐतिहासिक (रामायण एवं पुराणों में उल्लिखित) 'शैलोदा अथवा शलोद नदी' आज भी वहाँ सिरदर्या (Syrdarya) के नाम से जानी जाती है। महाभारत और पुराणों के अध्ययन से यह निष्कर्ष निकाला जा सकता है कि आज की 'कजाक' जाति के लोग पौराणिक 'कालकेय' जाति के ही वंशज हैं। अर्जुन जब देवताओं से मिलने देवलोक-पुष्कर (आर्कटिक) यात्रा पर जा रहे थे तो इन लोगों का उनसे युद्ध भी हुआ था। अन्य स्थानों में रूस के Shym Kent (सम या साम केन्द्र), यमाल, अंगार, तथा मंगोलिया की राजधानी उलान बटोर है। ऐसा प्रतीत होता है कि उलान बटोर अपने मूल नाम उलान वातर अथवा उड्डयन वातर का अंग्रेजी कहर है। इसकी व्युत्पत्ति उदान या उड़ान वातर (उच्च वातायन प्रदेश) अथवा उड्डान-बदर से भी हो सकती है जो प्राकृत संस्कृत आधारित शब्द हैं। महाभारत बन पर्व के आधार पर 'अल्ताई पर्वत' निःसन्देह "मन्दार" सिद्ध होता है, लेकिन आज के संदर्भ में 'अल' उपसर्ग से उसकी व्युत्पत्ति 'अलात' (उल्मुक/अंगारा), 'अलाब' यानी (तुम्ब्याकर), और 'अलिक' (मस्तक) से जोड़ने पर भी प्रासंगिक ही प्रतीत होती है। इसी प्रकार अल्ताई पर्वत श्रृंखला से मिली पहाड़ियों का 'सायन' नाम भी संस्कृत उद्भूत ही लगता है। यहां यह कहने की आवश्यकता नहीं कि आर्यो का प्ररम्भिक विस्तार मंगोलिया और चीन की ओर भी हुआ था। जिसका विस्तृत विवरण क्रमशः आगे आयेगा।

विशेषरुप से जेण्डशास्त्र 'अवेस्ता' में आये स्थानों तथा परसियन-फारसी के नामों का वैदिक प्राकृत से निकट्स्थ सम्बन्ध लगता है उदाहरण के लिये Arachosia आर्यकोष या आर्यकोशीय, Merw मेरु, Uruuam pouru उरुगमपुरी, Vastram वस्त्रम, Hara aitim sriram (हर या हरि इति श्रीराम), daitiiaiia दैत्य, Upa Aodaesu (उपाध्याय या उपासना या उपनिषद। इसीतरह Rahaiia asaro Airiia आर्य आश्रय रहस्य) Saina (सेना), Apaxsira (अपेक्षा या अप्सरा), Taniia (तनया) आदि। अवेस्ता में प्रयुक्त भाषा और शब्द ध्वन्यात्मक रूप से भी प्राकृत-संस्कृत ही प्रतीत होते हैं। यहां तक कि 'अवेस्ता' शब्द का एक अर्थ 'अवेक्षा' भी किया जा सकता है जिसका गूढ़ विस्तार है-दर्शन, दृष्टि एवं ध्यान। अगर तीसरी व्याख्या करें तो अविद होता है जिसका अर्थ है-अज्ञात या लुप्त ज्ञान। अवेस्ता शास्त्र की विषय वस्तु भी वैदिक दर्शन की तरह ही है। इसीलिये कई विद्वान अवेस्ता की व्युत्पत्ति 'वेद' की तरह 'विद्' धातु यानी ज्ञान से ही निकालते हैं क्योंकि अवेस्ता भी ज्ञान भरा वेद शास्त्र की तरह का ही ग्रन्थ है। अवेस्ता में वर्णित वास्तु जन्य निर्माण कार्यों और वस्तियों की औपचारिकतायें वैदिक रचनाओं से मिलती हैं जिसमें स्थानों की दिशाओं का निर्धारण पूर्व से किया गया है और पूर्व दिशा की गणना भारतीय वांगमय की तरह सबसे पहले की गई है। पाँच आर्य पुरुषों अनु, द्रह्यु, यदु, तुर्वसु, पुरु का उल्लेख भी जरथुस्त्र जी ने किया है। उन्होंने पृथ्वी के कर्षण् का भी उल्लेख किया है-कर्षण् अर्थात् हल से खींचना, जोतना। मीमांसक इसे पृथ्वी के प्रथम राजा प्रियव्रत से जोड़ते हैं जिसने हल से लकीर खींच कर पृथ्वी को सात द्वीपों में विभक्त किया था। महात्मा जरथुष्ट ने भी माना है कि सात में से एक द्वीप मध्य में था शेष उसके चारों तरफ। अवेस्ता का यह वर्णन पूरी तरह भारतीय पुराण शास्त्रों से मिलता है जिनमें जम्बूद्वीप को मध्य में और शेष को उसके चारों तरफ माना गया है। और क्या बड़ा प्रमाण हो सकता है कि जरथुष्ट्र जी के पिता का ही नाम पौरुषस्प था।

प्राचीन पारसी लोग इन सात द्वीपों में Airiianem Vaejah (आर्याणा वैभ्राज) को 'अहूर मज्द' (Ahura Mazda) यानी पारसियों के परम देव (सनातन धर्म के ब्रह्मा) द्वारा रचित 'अलौकिक आर्य देश मानते हैं, जिसे कुछ विद्वान 'best Aryan country' भी कहते हैं। कुछ इतिहासकारों विशेषकर पाश्चात्यों ने प्राचीन पारसियों द्वारा उल्लिखित 'अलौकिक आर्य देश' का अर्थ ईरान किया है जो नितान्त

गलत है। अलौकिक आर्य देश कहने का स्पष्ट अर्थ था वो स्थान जो आर्यों का आदि स्थान था अर्थात् अभ्युदय-जन्म स्थान जहाँ ईरानी पितर-पूर्वज लोग मूलतः रहते थे न कि ईरान। ये सच है कि मध्य एशिया, उराल, साईबेरियाई रूस तथा आर्कटिक क्षेत्र से प्रवास करते समय आर्यों ने ईरान को जलवायु, राजनैतिक, आर्थिक, सुविधा की दृष्टि से सबसे अधिक उपयोगी तथा केन्द्रीय स्थान पाया जहां से वो कहीं भी गमन और प्रवास कर सकते थे। लेकिन ईरान को आर्यों का उत्तरी गृह स्थान (homeland) बताना नितान्त काल्पनिक तथा आधारहीन है। सच ये है कि आर्यों के प्रवास के बाद ही ईरान में आर्य संस्कृति की स्थापना हुई और यूरोप तथा अफ्रीका में विस्तार हुआ। यह सही लगता है कि भारत में आर्यों का प्रवेश कालान्तर में सबसे बाद में हुआ।

अवेस्ता में वर्णित सात द्वीपों की तुलना अगर हम अन्य धर्मों के पौराणिक धर्म शास्त्रों से करें तो अवेस्ताई (Airiianem Vaejah का सही नाम (आर्याणा वैभ्राज) लगता है जिससे उस मूल स्थान का सही-सही निर्धारण होने में भी मदद मिलेगी। संस्कृत शब्द 'वैभ्राज' का अर्थ है (Garden of gods-देव उद्यान), बाइबल इसे Garden of Eden कहती है। इसी प्रकार Gedrosian Texts के अनुसार भी अवेस्ताई दिव्य नगर जिसे कहा गया है, सुमेरु पर्वत की तलहटी में स्थित था। ये भू क्षेत्र दक्षिण में सुवर्णा नदी (वर्तमान फरा) तथा हेल्मण्ड की घाटियों से विभक्त था तथा उत्तर में अमूदर्या (Oxus), बल्ख, मुर्ग या मरयू और मेरू (Merw, Maryu) तथा हेरत से। कुछ विचारकों ने Vaejahi शब्द के पूर्व भाग को वेद का धातुरूप माना है। कुछ ने 'विज' धातु रूप से लेकर इसका अर्थ वेग (violent current) किया है और इस नगर को जल विस्फार और 'जलप्लावन' से जोड़ा है। जल प्रवाह और सैलाव का संदर्भ आर्यों के निवास मेरू (उराल) और इलावृत वर्ष के सम्बन्ध में भी हुआ है जो आर्यों के हिम कोशीय या हिम वर्षीय क्षेत्र में निवास का व्यंजक है। अतः Airiianem Vaejahi अथवा Airianem Vaejah आर्कटिक क्षेत्र में स्वर्णिम मेरू पर्वत पर स्थित आर्यों की 'ब्रह्मपुरी' ही है जो आदि आर्यों का मूल निवास स्थान था। इसी पवित्र स्थान को Arachosia अर्थात् आर्य कोशीय या 'आर्यदेश' भी कहा गया है जिसका संदर्भ पारसी-ईरानी पौराणिक शास्त्रीय कथाओं में आया है। इसी को रूसी लोग 'अरकेम' कहते हैं।

इस तरह ईरान के पूर्वज भी दैवी पुरुष प्रथम आर्य मानव ही थे। इसके अलावा Airiianem Vaejahi का अन्य अर्थ 'आर्याणा वैभ्रम' भी किया जा सकता है जिसका अर्थ है 'आर्य वैकुण्ठ'। इतना तो स्पष्ट है कि Airiianem शब्द संस्कृत के 'आर्य' बहुवचन शब्द 'आर्याणाम्' का ही परिवर्तित रूप है जो स्थानीय परिवर्तन के साथ 'आर्याना', एरान और ईरान हुआ। इतिहासकारों ने भी इसे Aryana या Eran कहा है जो अब ईरान है और 'आर्य' धातु रूप से ही रूपान्तरित है। कुछ वर्षों पूर्व तक ही ईरान के पहलवी वंशी शाह स्वयं को 'आर्य मिहिर कहते थे'। पहलवी वंशी सम्भवतः 'पल्हव' वंशी थे जो Gedrosia के Parthian थे। पार्थियन, पल्हव आदि समुदाय पुरातन 'पोलोम जाति' के हो सकते हैं जिनकी उपस्थिति महाभारत काल में जम्बूद्वीप और मध्य जम्बू में थी जिनको अर्जुन ने परास्त किया था। यहां ये स्पष्ट करना उचित है कि पल्हव जाति से कोई भी भ्रम, भारत के सुदूर दक्षिण में तीसरी शताब्दी एडी के दौरान राज्य करने वाले पल्लव वंश से नहीं होना चाहिये।

भारतीय मत

आध्यात्मिक पुरुष, महर्षि अरविंद, महा पण्डित स्वामी दयानन्द सरस्वती, भारतविज्ञ स्वामी विवेकानन्द तथा अन्य शिक्षाविदों सहित स्वामी प्रकाशानन्द[1] जिन्होंने इस विषय पर गहन खोज की है तथा "True History of Hinduism" नामक उत्कृष्ट पुस्तक लिखी है, मानते हैं कि आर्य बाहर से नहीं आये थे और यहां के मूल निवासी थे। इन विद्वानों के अनुसार त्रेता युग के आदि में सूर्यवंशी राजा भरत और तदुपरान्त राम को आर्य पुत्र तथा सीता को आर्य पुत्री से सम्बोधित किया जाता रहा। वाल्मीकि रामायण में सीता को राम ने आर्ये तथा राम को सीता ने हे आर्य अथवा आर्य पुत्र सम्बोधन किया है। इसी प्रकार चन्द्र वंशी राजाओं का भी सम्बोधन हुआ है जिसका प्रमाण महाभारत है। ये सभी बुद्धिजीवी पुरुष आर्यों को बाहर से आया न मानकर स्वदेशी ही मानते थे। उनके अनुससर ऋग्वेद में आर्यों के बहुसंख्यक नगरों का संदर्भ है जिनकी वो रक्षा करते थे। आर्यों के सम्बन्ध में स्वदेशीय विचार रखने वाले महामान्य जनों का मत है कि ईसा से 3000-3500 वर्ष पूर्व की सिंधु सभ्यता के पहले से ही भारत को आर्यावर्त कहा जाता था। उनके

1. True History of Hinduism–Swami Prakashanand

अनुसार कई पाश्चात्य विचारकों ने संस्कृत को परवर्ती एवं इण्डो-यूरोपियन प्रजाति भाषा सिद्ध करने के लिये इसमें पाश्चात्य भाषा के शब्द ढूँढने का प्रयास किया लेकिन इसका विपरीत प्रभाव हुआ, क्योंकि उल्टे संस्कृत धातु से उद्भव शब्द ही अंग्रेजी सहित अन्य पाश्चात्य भाषाओं में मिले और पाये गये। इस तरह भाषाशास्त्र भी यूरोपियनों की मदद करने में असफल रहा। यूरोप से अर्योदय का न तो कोई चिन्ह है न सहायक साक्ष्य। श्री Stephen Knapp का बल्कि ये कहना है कि इस बात के ज्यादा ठोस प्रमाण हैं कि आर्य लोग ही भारत से वैदिक संस्कृति विश्व के अन्य भागों में ले गये और उसे फैलाया। वैदिक संस्कृति के कर्मकाण्ड, औपचारिक संस्कार, प्राकृतिक शक्तियों की उपासना, बहुदेव पद्धति, सूर्य, चन्द्र, अग्नि और मूर्ति पूजा एक समय विश्वभर में प्रचलित थे, जिनका एक समय बाद विभिन्न मत-मतान्तरों, पूजा पद्धत्तियों, विश्वासों, पंथों के आगमन तथा व्यक्तियों और समुदायों के मध्य आपसी वैमनस्य और संघर्ष के कारण क्रमशः ह्रास होता चला गया। विशेषतः बलात धर्म परिवर्तन ने अध्यात्म को ही साम्प्रदायिक रूप दे दिया और हठ धर्मिता को धर्म बना दिया। सनातन संस्कृति का वैश्विक प्रभाव उन नामों से ही परिलक्षित हो जाता है जिनको अंग्रेजी के कहर ने विकृत का दिया परन्तु वो आज भी जीवित हैं। उदाहरणार्थ मिस्त्र के (प्लक्ष) से फेहरो (Pharaoh), यूरोप के प्रसिद्ध प्राचीन देश यूनान के करीब 1500 ई.पू. के सभ्यता केन्द्र 'कीर्ति' से क्रीति (Kriti), तथा 'क्रोंच' से क्रीट (Crete), देवी (goddess) को डायना, पारस को पर्थिया और परसियां इत्यादि जो कि संस्कृत मूल के शब्द थे। इसी तरह रूस में नद्यम, ओमस्क आदि हैं।

कल तक यानी (इस्लामीकरण से पूर्व) मिस्त्र के लोग सूर्य उपासक थे, फारसी (Parthian) विशेषतः जरथुष्टी पारसी (Persian) आज भी अग्नि के उपासक हैं। मध्य एशियाई शक-कुषाण (Scythian) शिव, सूर्य, अग्नि, शक्ति, नाग के उपासक थे। तथापि भारत के इतिहास का वास्तविक विरूपण करीब 19वीं शताब्दी से प्रारम्भ हुआ और तब से 125 साल के अन्दर पूरी तरह विकृत हो गया और कर दिया गया। आज तो बदल गया है। आक्रमणकारियों ने सनातन धर्म-संस्कृति को एक किताब समझा अतः उन्होंने सबसे पहले पुस्तकालय और किताबों को अपने रोष एवं आक्रोश का निशाना बनाया। वो भूल गये कि सनातन धर्म सनातन है क्योंकि वो आत्मिक है, इसीलिये श्रुतियों-स्मृतियों में भी अक्षुण रहा है। उन्होंने उस धर्म को नष्ट करना चाहा जो वैश्विक है। इसीलिये तमाम धर्मों संस्कृतियों के नष्ट होने के

बाद भी आर्य वैदिक सनातनता आज तक समन्वयात्मक रूप से गतिशील है। किताबें जलाकर भारतीय वांग्मय (Deontology) को विनष्ट करने वाले आक्रमणकारी स्वयं विनष्ट हो गये पर आर्य सांस्कृति अपनी जगह शाश्वत रही। भारत पर सभी की क्रोधित दृष्टि खीज की वजह ये थी क्यों कि भारत सभी के पूर्वजों के इतिहास का भण्डारण था। सभी के पितर यानी आर्यों की संस्कृति का एक मात्र न्यासी और आदि कालीन धरोहर का एकमात्र उत्तराधिकारी। बाकी सभी विखण्डित हो गये। फिर भी जिसे दूसरे लोग हथियारों से नहीं कर पाये अंग्रेजों ने बिना हथियार के ही कर दिखाया। उन्होंने भारत की संस्कृति पर प्रहार किया और भारत की जड़ ही हिला कर रखा दी। इस प्रकार अंग्रेजों ने भारतीयता को, आर्यत्व को ही चुनौती दे दी जो वैश्वीकरण और उन्मुक्त अर्थव्यवस्था के बाद नगनत्व के कगार पर आ गई है। अंग्रेजी ने नौकरी, शिक्षा, और सरकारी भाषा का माध्यम बनकर इस किरदार (खेल) को बखूबी खेला।

आर्यों के भारतीय और देशज के पक्षधर मनीषियों का मानना है कि केवल आर्य शास्त्र ही संस्कृत, प्राकृत या सम्मिलित भाषा में रचित हैं। आर्य धर्म-संस्कृति मुख्यतः भारत में ही व्यवहार में हैं तथा अनुकरण की जाती है। ऋग्वेद में भी आर्य देवों जैसे इंद्र, सरस्वती, आदित्य, मित्र, पूषा, विश्वदेव आदि की ही स्तुति हैं। उनके अनुसार आर्यों के इण्डो-यूरोपियन होने की वकालत और समर्थन करने वालों ने सनातन वैदिक संस्कृति एवं सभ्यता को परवर्ती (later period का) सिद्ध करके उसे मध्य-पूर्वी यूरोपीय सभ्यता की नकल माना है जो बाइबल और ईसाइयत के करीब है। इस तरह उन इतिहासकारों ने भारतीय सनातन आर्य संस्कृति को पश्चिमी सभ्यता और संस्कृति के विकास की पगडंडी अथवा गोण विचारधारा के रूप में प्रतिपादित करने का प्रयास किया है। इण्डो-यूरोपीय विचारकों ने उत्कृष्ट वैदिक और पौराणिक आर्य विज्ञान, अणुशास्त्र, औषध विज्ञान, खगोल, ज्योतिष, गणित शास्त्र को यूनानी जामा पहनाकर मूल आर्य वैदिक विज्ञान को आदम और अविकसित करार देने का षड़यत्न किया। भारतीय विचारक मानते हैं कि जब आर्य वेद लिख चुके थे यूरोपियन जंगली अवस्था में रह रहे थे। यूरोप का उस समय कोई इतिहास ही नहीं था, संस्कृति तो बहुत दूर की बात है, इसीलिये उनकी कोई सांस्कृतिक विरासत भी नहीं रही। यही कारण है इन सबका भारत से चिढ़ने का और भौतिकवादी बनने एवं बनाने का। आर्य जब भौतिकता से ऊब गये थे तथा

भारत विश्व धर्म, वसुधैव कुटुम्बकम और अध्यात्म ज्ञान की खोज में व्यस्त था यूरोपीय तथा अन्य देश अपनी पाशविकता, बर्बरता तथा भौतिकता को बढ़ाने में लगे थे ताकि भारत में अवशेष आर्य धरोहर को परास्त कर नीचा दिखाया जा सके। एक समय के लिये हुआ भी यही। इन विद्वानों का मानना है कि 'माया सभ्यता' जिस पर पाश्चात्य इतना अभिमान करते हैं आर्य सभ्यता की ही उपज है। अतः माया सभ्यता का आर्य सभ्यता के पूर्ववर्ती होने का प्रश्न ही नहीं है। इसके अलावा सभ्यता विकास क्रम में भारत पर पश्चिम से आर्यों के आक्रमण का कहीं भी कोई चिन्ह नहीं मिलता, ना ही किसी पुरातत्त्वीय साक्ष्य से इसकी पुष्टि होती है। उन्होंने इतिहासकार व्हीलर के इस अप्रमाणित, निराधार मत का पूरी तरह खण्डन किया है कि इण्डो-यूरोपियन ने भारत के पश्चिमोत्तर भाग पर या सप्त सिन्धु प्रदेश अथवा पंजाप (पंजाब) पर आक्रमण किया और वहां बस गये। उनका तर्क है कि अगर ऋग्वेद की रचना पश्चिमोत्तर या पंजाब में हुई तो आक्रमण का उसमें जिक्र होता, लेकिन उसका कोई जिक्र क्यों नहीं है?

यहाँ पर उच्चतम न्यायालय के अवकाश प्राप्त न्यायमूर्ति मार्कण्डेय काटजू के विचार भी प्रासंगिक हैं। शिवसेना पर कटाक्ष करते हुये उन्होंने विचार व्यक्त किये:

"India is broadly a country of immigrants like US. About 92-93 percent people living in India today are not the original inhabitants of India. The original inhabitants are only the pre Dravidian tribals known as the Adivasis, Bhils, Gonds, Santhals and Todas etc."[1]

अतः जब हम यह कहते हैं कि आर्यजन आदि आर्ष मानव थे तो उसका सन्दर्भ विश्व मानव से है। अतः आर्यों के आने से पूर्व जो जन जातियां भारत में थी वो निश्चित रूप से मानवेतर योनियों/ समुदायों यक्ष, गन्धर्व, किन्नर, विद्याधर आदि की ही संतान माने जायेंगे जैसे यूरपियन-अफ्रीकी दैत्य, दानव, असुरों के। संदर्भित उद्धरण से यह भी पुष्ट होता है कि द्रविड़ लोग भी मूलतः भारत के नहीं थे और आर्यों की तरह बाहर से ही आये थे।

1. Do't Break the Country (TOI-16 Dec'12

शास्त्रीय एवं पौराणिक ऐतिहासिक प्रमाण

इतिहास के साथ खेले गये इस खेल को न भूलते हुये भारत के लोगों के लिये अब समय आ गया है विश्व के आदि शास्त्रों की धरोहर, ऐश्वर्यमय इतिहास एवं अपनी सांस्कृतिक विरासत पर विश्वास करने का। वेदों के अलावा सनातन आर्य संस्कृति की मौलिकता एवं उदय की पुष्टि महान ऐतिहासिक ग्रन्थो रामायण और महाभारत से पूरी तरह हो जाती है। पाश्चात्य एवं यूरोपीय इतिहासकारों द्वारा की गई भारतीय इतिहास की विकृति की पोल भारतीय पुराण शास्त्र जो कि वैदिक वांग्मय के भाष्य हैं-पूरी तरह खोल देते हैं। भारत की पराधीनता के दुर्भाग्य और अंग्रेजी भाषा के प्रत्यारोपण एवं संस्कृत भाषा के ह्रास ने हमें अपने आप को ही पहचानने से वंचित कर दिया। ये अब सरकार से ज्यादा शिक्षा संस्थाओं, इतिहासकारों, विचारकों एवं विद्वानों के ऊपर है कि किस तरह अपने आदि तथा विश्व के प्राचीनतम शास्त्रों के आधार पर भारत के ऋत इतिहास, नया इतिहास, प्रामाणिक इतिहास की संरचना करें, पुनर्लेखन करें और इस ओर ध्यान देकर पाश्चात्य विद्वेषित इतिहास को बदलने का प्रयास करें ताकि विश्व इतिहास भी स्वतः बदल जाय। आर्योदय, मानवोत्पत्ति, और सभ्यता के विकास की जो प्रमाणिकता पुराणों में विखरी पड़ी है वो अन्यत्र दुर्लभ है। पाश्चात्य लेखकों द्वारा लिखे गये इतिहास के पीछे चलना जूठन खाना है। उनका पचा हुआ पचाना है।

परतन्त्रता के समय भी पाश्चात्यों को चुनौती देनेवाले महा भारतीय मानव लोकमान्य बालगंगाधर तिलक, गाँधी जी और नेहरू जी आदि से सीखने का भी वक्त आ गया है। लोकमान्य की आर्कटिक आर्योदय रचना और विचारों के साथ माननीय बाबा साहब अम्बेडकर ने भी सहमति जताई है। तथापि इस पुस्तक के लेखक और लोकमान्य के निष्कर्षों में कुछ फर्क है। लेखक की सहमति पुराणों के साथ है। पुराणों से निष्कर्ष निकलता है कि आर्यों का उदय मध्य जम्बूद्वीप से हुआ था। इतिहासकारों, मानवशास्त्रियों, पुरातत्त्वज्ञों, और वैज्ञानिकों का बहुमत इस सत्य से पूरी तरह सहमत है कि मानव, मानव सभ्यता और आर्यों का अभ्युदय सेंट्रल एशिया से हुआ था। पुराणों के अनुसार आज का मध्य एशिया ही पौराणिक मध्य जम्बूद्वीप है। आज जिसे हम महाद्वीप और महासागर कहते हैं पौराणिक काल में द्वीप और सागर ही कहे जाते थे। तथापि लोकमान्य की आर्कटिक थियरी पुराणों से इस अर्थ में परिपुष्ट होती है कि आर्कटिक इस पृथ्वी पर आदि अभ्युदय कालीन देव लोक यानी स्वर्ग

था। तत्कालीन जम्बूद्वीप आज के एशिया महाद्वीप से बृहत्तर था उसमें आज के एशियाई रूस का बहुत बड़ा भाग सम्मिलित था। एशियाई रूस का लगभग आधा भाग जिसमें साइबेरिया का भी कुछ हिस्सा था 'उत्तरकुरु वर्ष' (जम्बूद्वीप के नौ वर्षों में से एक) के अन्तर्गत था। साथ ही साइबेरिया का काफी हिस्सा पुष्कर द्वीप का भाग था जिसे 'उत्तर समुद्र' आज का आर्कटिक महासागर घेरे हुये था। जम्बू द्वीप के भारत वर्ष, उत्तरकुरुवर्ष, हरिवर्ष, इलावृतवर्ष, किम्पुरूषवर्ष, भद्राश्व, केतुमाल, रम्यक और हिरण्यमय नौ वर्ष अर्थात् भाग, क्षेत्र/ प्रदेश/ संभाग/ खण्ड (Region, Circle, Parts, Division) थे जैसे कि आज भी है-मध्य एशिया या सेंट्रल एशिया, दक्षिण एशिया, दक्षिण-पूर्व एशिया, पश्चिम एशिया (West Asia), हिन्द-चीन (Indo - China) सुदूर पूर्व (Far East), भारतीय उप-महाद्वीप (Indian sub Continent) आदि। जम्बूद्वीप के मध्य में इलावृत वर्ष था, जो आज का कजाखिस्तान-उजबेकिस्तान और आस-पास के राज्य हैं। यही जम्बूद्वीप का राजधानी क्षेत्र था जिसके मध्य में सुवर्णमय महा मेरू था जो आज का 'उराल' (Ural) है।

आदि स्वर्ग आर्कटिक और गंगा अवतरण रहस्य

आर्कटिक क्षेत्र अर्थात् पुष्कर द्वीप जिसे आज वैज्ञानिक उत्तरी ध्रुव (North Pole) कहते हैं, पृथ्वी पर आदि सतयुगीन (evolutionary) स्वर्ग था जो त्रिमूर्ति ब्रह्मा विष्णु महेश एवं अन्य देवों का निवास था। इलावृत के मध्य में मेरू पर ब्रह्मपुरी तथा ब्रह्म सरोवर था जो पितामह ब्रह्मा का स्थान था। यहीं आदि मानव स्वायम्भुव मनु का जन्म हुआ। यहीं 'ऋग्वेद' की रचना हुई। इससे मिला हुआ आगे उत्तर की ओर उत्तरकुरु वर्ष था जो स्वर्ग द्वार था। पाण्डवों ने स्वर्गारोहण यात्रा यहीं के लिये की थी। ऋग्वेद की भाषा न संस्कृत है, न प्राकृत, बल्कि दोनों का मूल रूप है जिसे 'वैदिक संस्कृत' कहा जाता है' यही आदि देव भाषा थी। आर्कटिक, जैसा कि पहले वर्णन किया जा चुका है और आगे भी वर्णन किया जायेगा, बाइबल में उल्लिखित देवलोक (पेरुडिस-Paradise) था और मेरू स्थित ब्रह्म सरोवर अर्थात् देव उद्यान ही बाइबल में वर्णित गार्डन आफ ईडन (Garden of Eden)। यही सन्दर्भ जेण्ड (पारसीशास्त्र) 'अवेस्ता' में भी आये हैं।

आर्कटिक विष्णुपद से ही त्रि-पथगा गंगा प्रवाहित हुई और मेरू स्थित ब्रह्म सरोवर में स्थित हो चार धाराओं में विभक्त होकर चारों दिशाओं में बही। अलकनन्दा धारा, मेरू से दक्षिण दिशा की ओर भारत की तरफ प्रवाहित हुई और

कैलाश स्थित विन्दु सरोवर में अवस्थित हुई, जहां से त्रेता युग के प्रारम्भ में महाराजा भगीरथ की तपस्या के फलस्वरूप प्रवाहित हुई। अन्य तीन धाराओं में भद्रा, पूर्व की ओर प्रवाहित होकर पूर्वी समुद्र (आज का अरब सागर) में, सीता, उत्तर की ओर प्रवाहित होकर उत्तर समुद्र यानी आर्कटिक में, सुचक्षु पश्चिम की ओर प्रवाहित होकर पश्चिम सागर वर्तमान पैसिफिक महासागर में समाहित हुई। उस समय दिशाओं का निर्धारण मेरू को उत्तर में रखकर सूर्योदय की दिशा से किया जाता था अर्थात् पूर्व दिशा से। भारत मेरू के दक्षिण में था, आर्कटिक उत्तर में, चीन पश्चिम में और ईरान आदि पूर्व में। चारों दिशाओं के नाम से चार समुद्र थे। हिमखण्डों के गलन, हिम कोशों के नष्ट होने तथा हिम नदियों के विलुप्त होने के परिणामस्वरूप गंगा की चारों धाराओं के रूट तथा उद्गम स्थान बदलते गये। प्रतीत होता है कि सुचक्षु वर्तमान 'ओक्षस' (Oxus) तथा ह्वांग हो (Hwang Ho) में विभक्त हो गई। ध्वन्यात्मक रूप से 'ओक्षस' नाम 'सुचक्षु' से मिलता भी है। प्राकृतिक प्रकोपों, भूकम्प, समुद्री तूफानों, चक्रवातों, बबंडरों, ज्वालामुखियों के फटने के परिणामस्वरूप प्रथम और द्वितीय हिमयुग (Ice Age)[1] में सागर और समुद्रों में टूटन हो गई। एक महासागर से कई समुद्र निकल गये और अलग हो गये। प्राचीन काल में पश्चिमी समुद्र एक था जो आज का पूर्वी 'पैसिफिक' महासागर है। जैसे अन्य पैसिफिक ओशन, नार्थ समुद्र आदि आर्कटिक के टूटने से ही बने हैं उसी तरह सम्भवतः 'यलो सागर' आदि पैसिफिक के टूटने से। गंगा आदि स्वर्ग आर्कटिक स्थित विष्णु पाद से निकली, हिम नदियों, हिम पर्वतों, हिमाच्छादित चोटियों से टकराकर उत्तुंग आकाशीय तरंगों से क्षितिज को आच्छादित करती हुई मेरू और ब्रह्म सरोवर से पृथ्वी में बही। लेकिन पौराणिक वर्णन के अनुसार गंगा प्रवाहित होकर पाताल में भी गई। स्पष्टतः भारत से बहती हुई अलकनन्दा दक्षिण सागर वर्तमान हिन्दमहासागर में मिलकर Southern Ocean-से अन्टार्कटिका यानी दक्षिणी ध्रुव जिसे पाताल भी कहते हैं पहुंची। हिन्दमहासागर, 'अटलांटिक ओशन' एवं South Sea तथा अन्य सागर अंटार्कटिका के ही विखण्डन प्रतीत होते हैं। इसीलिये आज विश्व में तीन अटलांटिक तथा तीन पैसिफिक महासागर हैं। पुरातत्त्वज्ञ मानते हैं कि ईरान से लेकर साइबेरिया और चीन, तिब्बत हिमालय क्षेत्र में कई बड़े सरोवर और झीलें रही होंगी। सम्भव है विन्दु सरोवर भी ऐसा ही एक सरोवर हो। सम्भव है विन्दु सरोवर ही कालान्तर में मानसरोवर नाम से विख्यात हो गया।

पृथ्वी : पौराणिक विभाजन

पौराणिक काल में विश्व का विभाजन दो गोलार्धों की ही तरह 'उत्तर और दक्षिण' में था, पूर्व और पश्चिम में नहीं जैसा कि पाश्चात्यों ने कर दिया है। आज का आर्कटिक या उत्तरी ध्रुव 'उत्तर पथ' था जिसका सम्बन्ध उत्तरायण से था। अंटार्कटिका या दक्षिणी ध्रुव दक्षिण पथ था जिसका सम्बन्ध दक्षिणायन से था जिन्हें देव-यान, पितृ-यान भी कहते हैं। इन्हीं दो ध्रुवों में आज भी 6-6 माह का दिन और रात होता है। जब आर्कटिक (उतरी ध्रुव) में दिन होता है अंटार्कटिक (दक्षिणी ध्रुव) में रात, यही 'उत्तरायण' है। इसके विपरीत दक्षिणायन। यही क्रमशः देवताओं का दिन और रात है जो एक मानव वर्ष के बराबर है। देवताओं का समय प्रकाश वर्ष और मानव वर्ष के बीच में है जिसे देव वर्ष कहते हैं। ब्रह्माण्ड में वैज्ञानिकों ने इस तरह की अलग-अलग गतियों को सिद्ध भी कर दिया है, इसीलिये उनके समय का मानवों को पता नहीं चलता। इससे कुछ कम पितृ वर्ष की स्थिति है। पितृ दिन और रात एक पक्ष यानी 15-15 दिन के बराबर होते हैं। शुक्ल पक्ष उनका दिन और कृष्ण रात्रि होती है। उत्तरीध्रुव अर्थात् आर्कटिक पर दिन सनातन वैदिक 'उत्तरायण' उत्सव के आस-पास जनवरी में कुछ ही दिनों के हेर फेर से होता है। यह अन्तर समय की गति का पृथ्वी की गति से प्रभावित होने के कारण है। लिवरपूल विश्व विद्यालय (ब्रिटेन) के वैज्ञानिकों के 2013 में किये गये अध्ययन के अनुसार हर छह साल में दिन लम्बे हो रहे हैं जिसका कारण पृथ्वी के केन्द्र (core) में हो रहे बदलाव हैं। इस अध्ययन के अनुसार पहले भी कमी 450 दिन का वर्ष और 21 घंटे का दिन होता था। उपर्युक्त तथ्य तथा वर्णन इस सत्य के प्रमाण हैं कि आदि सतयुग में आर्कटिक पृथ्वी पर स्वर्ग था। इसी स्वर्ग के पास मेरू-इलावृत वर्ष से-जो स्वर्ग की वाह्य परीधि थी-प्रथम् मानव आर्यों का उदय हुआ। आर्कटिक-साइबेरियाई क्षेत्र से ही कैलाश-मानसरोवर में पुरातन क्रोंचरन्ध्र मार्ग से दिव्य राज हंस आते थे जिनकी प्रजाति 30 वर्ष पूर्व तक वहां आती रही। यही है देवत्व के सानिध्य में प्रकृति की समन्वयता के साथ मानवोत्पत्ति का सनातन सिद्धान्त जिसे अमेरिका सहित पाश्चात्य अब मान भी रहे हैं। उनका कहना है कि मानव की उत्पत्ति और विकास में प्राचीन परग्रहियों का हाथ है।

अंग्रेज-अंग्रेजी और यूनानियों का कहर

इस सम्बन्ध में कई स्थानों पर कहा भी जा चुका है कि जहां एक तरफ अंग्रेजों के कहर ने आर्यों एवं भारत के इतिहास को, तो दूसरी तरफ अंग्रेजी के कहर ने भारतीय सनातन आध्यात्मिक, धार्मिक, सांस्कृतिक, साहित्य की भाषा, शब्दों और नामों को ही विकृत कर दिया। इसमें जैसा कि पहले उल्लेख किया गया है ग्रीक-यूनानी भाषा का भी बड़ा हाथ रहा है। समझने की बात यह है कि पाश्चात्यों ने अपने साथ ऐसा क्यों नहीं किया। कृष्णा, रामा, रामायणा, महाभारता, वेदा, युग को युगा न जाने कितनी विकृतियाँ पैदा कर दीं, लेकिन बाइबिला, क्राइस्टा, सन्त जोना, थोमसा, और डर के मारे कुराना, हदीशा, मोहमदा नहीं किया। इसी प्रकार उत्तर पथ को उत्तरा पथ, दक्षिण पथ को दक्षिणा जिसका असर 'उत्तराखण्ड' पर भी हुआ जो पौराणिक एवं व्याकरणीय समुत्पत्ति के आधार पर उत्तर-खण्ड है। अंग्रेजों ने बनारस को Beneras, कानपुर को Cawnpore, कालीकथा अथवा कालीकाष्ठा यानी देश या प्रदेश को Calcutta, मथुरा को Mutra, पंच आप या पंचाप को Punjab, देहली को Delhi, मेरठ को Meerut, तुरुष्क को तुरुक्ष से भी Turk या Turkish, पल्हव को Pahlavi या Pehlevi किया जिसे ग्रीकों ने Parthian किया, और न जाने क्या-क्या। यही नहीं अपितु यूनानियों ने शब्दों की रचना में वर्णों यानी हिज्जों और अक्षरों को भी विकृत कर दिया। उदाहरण के लिये यज्ञ Yajna, ज्ञान Jnan, कृष्ण Krshna, कृत युग Krta Yuga, चक्र Cakra, चेदिवंश को Cedi, अमृत को Amrta, कृत वर्मा को Krat Verma, तमसा को Tames, विचित्र वीर्य को Vicitra Virya और न जाने क्या-क्या। यहां तक कि 'पुत्र' को पुत्रा और 'मन्त्र' को मंत्रा बनाकर उन्होंने उनका पुरुषत्व ही समाप्त कर दिया। गुप्त वंश को गुप्ता, मौर्य को मौर्या बना दिया। यहां ये समझने की बात है कि संस्कृत में अधिकांशतः 'आकारान्त' यानी 'आ' से समाप्त होने वाले नाम (कुछ ही अपवादों को छोड़कर) स्त्रीलिंग (Feminine gender) हैं। इसी प्रकर मथुरा के सूरसेनवंशियों को ग्रीकों ने Sourasenoi और आर्यों को Arrion और भी न जाने कितनी विकृतियां पैदा कीं। नतीजा ये हुआ कि बहुत सारे स्थानों, पर्वतों, नदियों, राजाओं, समुदायों, वंशों के नामों की जानकारी ही नहीं मिल पा रही है और वो लुप्त से हो गये हैं या उनकी खोज का श्रेय पाश्चात्यों ने ले लिया। अफसोस ये कि 12 बजे निशाचरी रात्रि से हमने नया दिन तक मान लिया और ब्रह्ममूहूर्त को ही भूल गये। यह है दासत्वजन्य पतन की सीमा ठीक वैसे ही जैसे पहली जनवरी को नया साल का प्रारम्भ मानना।

आर्य संस्कृति विस्तारः एक विहंगम

आर्यों का विस्तार गंगा की उपर्युक्त चार धाराओं से चारों दिशाओं में हुआ। इन्हीं चार धाराओं ने उनका पथ प्रदर्शन किया और इन्हीं के किनारे उन्होंने अपनी प्रथम बस्तियां बसाई। अतः यह सिद्ध है कि आर्यों का विस्तार स्वाभाविक गति से एक अवाध धारा के रूप में हुआ। इसमें कोई जातीय रंग भेद नहीं था। अतः उनका भारत पर आक्रमण करने का प्रश्न ही नहीं है और उन्हें आक्रमणकारी कहना पाश्चात्य मस्तिष्क की थोथी उपज है। सच ये है कि वो एक ही कुल, वंश, समुदाय के वंशज थे।

भाषा की दृष्टि से भी वैदिक प्राकृत प्राचीनतम भाषा है जिसको समझने के लिये सर्व प्रथम वेदांगों की आवश्यकता पड़ी उसमें भी 'निरुक्त' की, जो यास्क मुनि द्वारा रचित वैदिक शब्द कोष है। यह सम्भवतः ईरान और मध्य जम्बू (सेन्ट्रल एशिया) के बीच ही कहीं रचा गया। संस्कृत ही विश्व की एक मात्र भाषा है जिसमें तीन वचन (Numbers) अर्थात् एक वचन, द्वि वचन (Duel Number) तथा बहुवचन एवं तीन स, श, ष हैं। शेष भाषाओं में दो ही वचन एवं एक 's' या 'sh' मिला कर दो हैं। इसीलिये संस्कृत देववाणी (divine language) कही जाती है। क्योंकि यह द्वैत (Duel) ही सृष्टि (Creation) का मूल है जैसे जन्म, स्थिति, और प्रलय ये तीन उसके आधार।

महान विद्वान Dr. William F Warren ने अपनी प्रसिद्ध, विचारोत्तेजक पुस्तक 'Paradise Found-the Cradle of the Human Race at the North Pole' में, जो कि 1885 में प्रकाशित हुई थी, पौराणिक आख्यानों, लोक कथाओं, जन प्रसिद्ध एवं रहस्यमय ऐतिहासिक घटनाओं का आधुनिक वैज्ञानिक खोजों के आधार पर विश्लेषण करने का प्रयत्न किया और यह निष्कर्ष निकाला कि सम्पूर्ण मानव जाति का आदि मौलिक निवास कहीं उत्तरी ध्रुव क्षेत्र के आसपास माना जाना चाहिये। उन्होंने आधुनिक भूगोलीय ज्ञान का उपयोग करते हुये मेरू के पुराने चित्रों और आरेखणों (drawings) के आधार पर उसका मानचित्र बनाने का प्रयास भी किया लेकिन वह मानचित्र पुराणों मे उल्लिखित वर्णन और चित्रण से कुछ भिन्न है।

देवधाम और देव उद्यान (The Paradise - Garden of Eden)

जिस पैराडाइज (आनन्द धाम-वैकुण्ठ) का उल्लेख डॉ० वारेन ने किया है, उसका उल्लेख बाइबल में उस स्थान के लिये आया है जो इस्राइल से पूर्व की ओर है जहां देव नदी चार धाराओं में बहती है। निश्चित ही यह स्थान ब्रह्मपुरी है जहां से गंगा चार धाराओं में बहती है। ज्ञान पण्डित डॉ० बी आर अम्बेडकर जी ने वैदिक आर्यों के आर्कटिक निवासी सम्बन्धी तिलक जी की खोज पर एक ही शंका व्यक्त की थी कि वेदों में बार-बार घोड़ों का संदर्भ आया है, अगर हिममय आर्कटिक में घोड़ों की उपलब्धि सम्भव है तो तिलक जी की खोज सही है अन्यथा इस पर पुनर्विचार की आवश्यकता है। भले ही वैज्ञानिकों, इतिहासकारों की ये बात सही हो कि आदि काल में आर्कटिक की जल-वायु और पर्यावरण जीवन गम्य और मानव पक्षी था फिर भी अधिकांश वैज्ञानिक, ऐतिहासिक, पुरातत्त्वीय, जीवशास्त्रीय साक्ष्य तथा भारतीय पुराण-ऐतिहासिक और शास्त्रीय प्रमाण सिद्ध करते हैं कि एक सीमा के बाद आर्कटिक मानव के लिये अगम्य था इसीलिये राजा सुग्रीव ने उत्तर कुरु से आगे जाने के लिये बंदरों को माना कर दिया था। साथ ही यह भी स्पष्ट किया था कि वहाँ चीजें अदृश्य और लुप्त हो जाती थी, अतः वह स्थान मानवों की पहुंच से बाहर है। अतएव भारतीय शास्त्र भी पुरातत्त्वीयों, वैज्ञानिकों और इतिहासकारों के एक बहुत बड़े वर्ग की तरह एकमत हैं कि आर्य मानवों की उत्पत्ति मध्य एशिया में हुयी थी और आर्कटिक पृथ्वी पर आदि स्वर्ग था जहाँ देव योनि का निवास था जिन्हें पाश्चात्य आज अलीयन्स (Aliens) कह रहे हैं। लेकिन वो वास्तव में एलियन्स नहीं थे, हकीकत में पृथ्वी पर थे। वो पाश्चात्यों के लिये परग्रही हो सकते हैं, आर्यों के लिये वास्तविकता में थे। उन्हें इस पृथ्वी के बारे में आज भी सब मालूम है।

इस सत्य से इन्कार नहीं किया जा सकता कि दूसरी शताब्दी बीसी अर्थात् सक-कुषाणों के समय से 15वीं ए०डी० तक भी मध्य एशिया (मंगोलिया सहित कजाखिस्तान, उजूबेकिस्तान, किर्गिजिस्तान, अजर्वेजान) के घोड़े बहुत उच्च नस्ल के थे और आक्रमणकारियों को विजय दिलाने में उनका बहुत बड़ा योगदान था। आर्यों के विस्तार के साथ ये घोड़े ईरान-अफगानिस्तान तक फैल गये और प्रसिद्ध हो गये थे। आर्यों का इन्हीं घोड़ों के साथ पूर्व काल में चोली दामन मैत्री भाव था। इससे भी सिद्ध है कि आर्यों का मूल स्थान सेन्ट्रल एशिया था। भारतीय पुराण शास्त्रों,

बाइबल, यहूदी-मसीही धर्म आख्यानों का डॉक्टर वारेन की खोज के साथ सामंजस्य बैठाने से भी यही सिद्ध होता है कि आर्कटिक पृथ्वी पर आदि वैकुण्ठ (Paradise) था और मेरू स्थित ब्रह्मपुरी, गार्डन आफ ईडन (Garden of Eden)। मनु-शतरूपा, 'ऐडम और ईव' (Adam and Eve), आदम और हवा, केवल मानसिक पूर्वाग्रह और भाषा के अन्तर से अलग हैं। मिश्र-यूनानी शास्त्रीय अभिलेखों में वर्णित 'अटलान्टिस नगर' (Mythological city of 'Atlantis') तथा जरथुष्ट अवेस्ताई शास्त्रों (Zoroastrian) में वर्णित 'Airyana-Vaejo' (आर्याना वैभ्राज या वैकुण्ठ) भी मेरू स्थित 'ब्रह्मपुरी' या इलावृत ही है। पाश्चात्यों द्वारा Airyana Vaejo का रूपान्तर 'आर्य विस्तार' (Aryan expanse) करना यद्यपि गलत है फिर भी इसी ओर संकेत करता हैं। जेण्ड (Zend) अवेस्ताई Airyana -Vaejo को अपने मूल पुरुष आर्यों का मौलिक निवास मानते हैं जो ईश्वर-खुदा 'अहूर मज़्द' द्वारा बनाया गया अलौकिक नगर था और किसी हिमयुग के दौरान डूब गया था। फारसी के अहूर मज्य और सनातन धर्म के ब्रह्मा एक ही हैं।

गौड़ ब्राह्मण और आर्य

पंजाब, उत्तर-पश्चिम भारत के गौड़ सारस्वत ब्राह्मण भी यही मानते हैं कि उनके पूर्वज आर्य थे जो बाहर से आकर सरस्वती के किनारे बस गये थे। इसी अभिधान से उनकी सन्तति गौड़-सारस्वत ब्राह्मण कहलाई। यद्यपि ये विचारणीय है कि 'गौड़' का आर्यों से क्या सम्बन्ध था। इतिहास से यही ज्ञांत होता है कि गौड़ और बंग आधुनिक बंगाल तथा बंगला देश का पुरातन नाम था। फिर आर्यों से इसका क्या सम्बन्ध हो सकता है? इस विश्लेषण से यह परिणाम निकाला जा सकता है कि आर्य लोग गौर वर्ण थे और निश्चित ही हिमीय क्षेत्र से आये थे। यही गौरवर्ण उनकी विशेषता थी फलस्वरूप उनकी सन्तति के साथ वह उपसर्ग पहचान चिन्ह बन गया और कालान्तर में गौर (fair Complexon) से गौड़ में परिवर्तित हो गया जिसे पाश्चात्यों ने यूरोपियन पहचान बताया और आर्यों को इस गोरे रंग के बहाने से इण्डो-यूरोपियन आर्य कहा।

वेद, विज्ञान, आर्य और आर्कटिकः तिलक जी की खोज

तिलक जी के विचार में वेद जैसे उत्कृष्ट ग्रंथों की प्राचीनता 4600 वर्षों से कम नहीं आंकी जा सकती है। अगर ऐसा सिद्ध हो जाता है तो निश्चित ही आर्य

जन उससे कई सौ वर्ष पहले रहे होंगे। जैसा कि अधिकतर वैज्ञानिक मानते हैं, उत्तर ग्लेशियल काल (post glacial period) का प्रारम्भ करीब 8000 ई०पू० हुआ था तो आर्य लोगों का उदय 12000 वर्ष के बाद का नहीं हो सकता। ये सम्भव है कि प्रारम्भ में एक ही वेद 'ऋग्वेद ही रचा गया हो और बाकी वेद और ब्राह्मण ग्रन्थ तथा आरण्यक बाद की कृतियां हों। वैदिक साहित्य एक सीमा तक न केवल अबोध्य था बल्कि पूरी तरह से समझ में न आने योग्य भी। अतः अ-अनुवादनीय था। अतैव वैदिक साहित्य को समझने के लिये निरुक्त सहित 6 'वेदांगों' की आवश्यकता हुई। वैदिक भाषा जितनी सशक्त तथा विकसित थी और शब्दावली जितनी समृद्ध थी उससे अनुमान लगाया जा सकता है कि मानव की उत्पत्ति के उपरान्त उनके रचना में सहस्त्रों वर्ष लगे होंगे। यह भी सम्भव है कि 'ऋग्वेद' मध्य जम्बू की ब्रह्मपुरी में रचा गया हो और अन्य वेद बाद में ईरान, सिन्धु, सरस्वती सहित विभिन्न स्थानों में रचे गये हों जिसके कारण उनकी भाषा में भी अन्तर आया।

इस पृष्ट भूमि में आर्यों द्वारा भारत पर आक्रमण की सोच पाश्चात्य दिमाग की ही विकृति है ताकि भारतीय इतिहास को दयनीय अवस्था में खड़ा किया जा सके। इस मीमांसा से भी वही निष्कर्ष निकलता है जो डॉ० वारेन ने निकाला कि अन्तिम हिम युग से पूर्व (before the last Glacial epoch), वैदिक लोगों के पूर्वजों का स्वदेश/ स्थान, उत्तरी ध्रुव के आस पास ही था और वह एशियाई रूस के कुछ साइबेरियाई भाग को मिलाकर सेन्ट्रल एशिया/ मध्य एशिया/ मध्य जम्बूद्वीप ही था। यही पौराणिक सत्य भी है। जहां तक आर्कटिक ध्रुवीय निवास (Polar Home) का सवाल है, तिलकजी ने[1] बहुत स्पष्ट भी कह दिया था कि;

"यहां पर पुरातत्त्व, जीवाश्मिकी, भूगर्भ सम्बन्धी अभी तक हुई खोजों का संक्षिप्त उल्लेख करना आवश्यक है। मेरी बात सार रूप में संक्षिप्त ही होगी। क्योंकि मैं उन्हीं तथ्यों का उल्लेख करूंगा जो मेरे विचारों की संभाव्यता की पुष्टि पुरातत्त्वीय, तथा जीवाश्मिकी की दृष्टि से करें। इस हेतु मैंने इन सुविख्यात लेखकों की रचनाओं से अवाध रूप से उधृत किया है। जैसे Lyell, Geikie, Evans, Lubbock, Croll, Taylor तथा अन्य। मैंने Samuel Laing की पुस्तक, Human Origins तथा अन्य कृतियों से इन खोजों की अद्यतम लोक प्रिय उत्कृष्ट

1. पूर्वोक्त

टिप्पणियों का पूरी तरह उपयोग किया। यह सोच कि मनुष्य की उत्पत्ति हिमयुग के बाद (Post-glacial) हुई और ध्रुवीय क्षेत्र (Polar regions) कभी भी मानव के निवास योग्य नहीं थे, अभी भी एक वर्ग के मन में छाप छोड़े हुये है। ऐसे लोगों के लिये, जो अभी भी ये सोच रखते हैं, इस सिद्धान्त पर परिकल्पनात्मक रूप से यकीन करना कि आर्य लोग आर्कटिक ध्रुव के रहने वाले थे, कभी सम्भव नहीं है"। लोकमान्य फिर कहते हैं;

"वैदिक और परवर्ती वैदिक पाठों में अत्यधिक उत्कंठित करने वाली खगोलीय दशाओं का विवरण है। वैदिक पंचांग ग्रह-नक्षत्रों और विषुवत (equinoxes) की खगोलीय दशा तथा अंतिरिक्षीय काल गणना पर आधारित है जो कि वेदांग ज्योतिष का अंग है"।

इन सबके साथ-साथ अश्लेषा, कृत्तिका, मघा और भूमध्य पर तारापुंजों (Orion मृगशिरा) आदि का वेद एवं वेदांग ज्योतिष के आधार पर अध्ययन करने के उपरान्त लोकमान्य तिलक ने अपनी उत्कृष्ट कृति 'Arctic Home in Vedas' में ऋग्वेद का काल कम से कम 4600 ई०पू० और आर्यों का 12000 ई०पू० माना है। यजुर्वेद एवं अथर्व वेद में भी बहुत सारे अन्य तथ्यों के अलावा कृतिका में वसंत विषुवत (vernal equinox) का संदर्भ है तथा मघा, सिंह और अश्लेषा दशा का विवरण है जिसका काल 2400 बीसी से कम नहीं है इससे यह साबित होता है कि उस समय भी वैदिक संस्कृति उन्नत स्थिति में थी और उसका अति विशिष्ट खगोलशास्त्र था। स्वभावतः इन संदर्भों को पाश्चात्यों ने अनदेखा कर दिया क्योंकि ये उनकी समझ से बाहर थे। वो तो केवल वैदिक काल का निर्धारण करने की जल्दी में थे ताकि कोई भारतीय कुछ ठोस अन्वेषण करके वेदों की पुरातनता सिद्ध न कर दे और यूरपियन श्रेष्ठता पर आँच न आ जाय। इस चक्कर में वो बाइबल के इधर-उधर भटक भी नहीं सकते वे जिसमें पृथ्वी की ही उत्पत्ति 5वीं बी०सी० बताई गई है।

सतपथ ब्राह्मण जैसे वैदिक पाठों ने अपना नाम सत्य पथ अर्थात् 'सनातन' उत्तर पथ से ही लिया जिसका विवरण ऊपर दिया जा चुका है। सतपथ' तथा 'ऐतरेय ब्राह्मण' में भी खगोलीय उदाहरण हैं। इसके अलावा इनमें ग्यारह वैदिक राजाओं की सूची भी है जिसमें ऋग्वेद में आये नाम सम्मिलित हैं। इससे न केवल

अन्य वेदों की अपितु इन ब्राह्मण ग्रंथों की प्राचीनता का भी अंदाजा लगाया जा सकता है।

दुःखद स्थिति यह भी रही कि भारतीय प्रारम्भिक मध्य काल (700 एडी से 1000 एडी) के दौरान कुछ भारतीय राजाओं ने अपनी प्रभुता प्रकट करने के लिये एक तरफ पूर्वी भारत (बंगाल की खाड़ी) से वर्तमान अफगानिस्तान तक और दूसरी तरफ़ रेवा-नर्मदा के किनारे तक अपने राज्य की सीमा को उत्तर पथ नाम दिया जिसका भारत में फूट डालने के लिये अंग्रेजों ने पूरा फायदा उठाया।

लोकमान्य की अमरकृति 'The Arctic Home in Vedas' से अनिवार्यतः यह निष्कर्ष नहीं निकाला जा सकता है कि आर्कटिक आर्यों का निवास था। यह सच है कि वेदों से ही 'आर्कटिक धाम' का निष्कर्ष निकला है और आर्कटिक 'धाम' जरूर था लेकिन आर्यों का नहीं अपितु देवताओं का जिसका विस्तार रामायण, महाभारत, पुराणों में किया गया है। पूर्ववर्ती आर्य सीधे देवताओं की सन्तान थे अतः 'अर्धदेव' थे, लेकिन उत्तरवर्ती आर्य अर्धदेव आर्यों की सन्तति थे अतः 'आर्य' अथवा श्रेष्ठ मानव थे। इसलिये भी उनका निवास स्थान देवताओं के साथ होना समुचित नहीं लगता। अतैव आर्यों का निवास देवलोक परिधीय (circum polar region) ही हो सकता है। इसलिये भी ये प्रमाणित होता है कि आर्य जन मेरू-इलावृत वर्ष के निवासी थे। लोकमान्य ने भी तत्कालीन उपलब्ध वैज्ञानिक-पुरातत्त्वीय साक्ष्यों का वेदों से मिलान करते हुये केवल एक सम्भावना ही व्यक्त की थी कि वैदिक आर्यों का निवास स्थान आर्कटिक होगा। लेकिन यह निःसन्देह है कि वैदिक आर्यों का उदय वेदों से हजारों वर्ष पहले कम से कम 4-5 हजार साल पहले हो गया था। इसलिये भी आर्यों के सन्दर्भ में 'आर्कटिक होम' संदिग्ध हो गया है जो आर्यों के पितर अर्ध देव (Semi - demi gods) का आलय था। वर्तमान साक्ष्यों के आधार पर मध्य जम्बू (Central Asia) ही आर्य निवास सत्य सिद्ध होता है।

रामायण, महाभारत, पुराण जो वैदिक वागंमय तथा आर्य इतिहास के व्याख्यात्मक ग्रन्थ हैं आर्यों का आदि निवास और आर्योदय का जन्म पूरी तरह मध्य जम्बूद्वीप यानी मध्य एशिया ही प्रमाणित करते हैं। लगभग 150 वर्ष पूर्व भी अमेरिकियों को साइबेरिया तथा उसके आस पास जो मानवीय तथा पशु जीवाश्म मिले थे उनसे इस हढ़ कथन की परिपुष्टि हो जाती है।

आर्यों को घुमन्तू कबीलाई (Nomadic), चरवाहे (shepherd) और आक्रमणकारी कहने सम्बन्धी पाश्चात्य विचार अभी तक भ्रम भरे, दुविधापूर्ण होने की वजह से विवादास्पद एवं अपरिपुष्ट रहे हैं। लेकिन भारतीयों में ज्ञान विस्तार, अध्ययन, अनुसंधान की निर्बाधता एवं आजादी तथा विवेकजन्य सजगता उत्पन्न होने के फलस्वरूप उन्हें अपने गौरवशाली इतिहास, भव्य पूर्वजत्व, शालीन सांस्कृतिक विरासत, अपार ज्ञान भण्डार, वैभवपूर्ण सनातन आध्यात्म तथा मौलिक आर्यत्व का अहसास होने लगा है और वो पाश्चात्यों द्वारा विरूपित पश्चिमीय आधिपत्य अभिप्रेत भारतीय इतिहास के अवलेखन और व्याख्या को चुनौती देने लगे हैं।

भाषा लिपि प्रमाण और पाश्चात्य स्टंट

ऋग्वेद से यह तो स्पष्ट ही है कि आर्यों की लिपि प्राकृत संस्कृत थी लेकिन बोल चाल की भाषा प्राकृत-वैदिक थी जिसे देव वाणी से जाना जाता था क्योंकि यह देव प्रदत्त (celestial) थी विकसित नहीं। आर्यों का निवास मेरू-ब्रह्म पुरी भी स्वर्ग से कम नहीं था क्योंकि वह पृथ्वी पर विद्यमान वैकुण्ठ यानी आर्कटिक-पुष्कर, जहां 'देव गिरि सुमेरु' पर जन्म, स्थिति, प्रलय की त्रिमूर्ति एवं नारायण का सिंहासन था, के सानिध्य में था। सम्भव है उस समय इस आर्य भाषा को सुमेर या सुमेरू भी कहते हों। इसी भाषा का परिवर्तित रूप जेण्ड अवेस्ताई 'आर्याणा' भाषा थी जिससे यह भी कल्पना की जा सकती है कि आर्यों की भाषा का नाम 'आर्य भाषा' ही रहा हो। उस समय की अन्य मुख्य भाषायें भी इसी आर्य भाषा की उप भाषायें थी जो आज अर्मेनियाई, रूसी, पोलेण्डी ठीक वैसे ही जैसे भारतीय भाषायें संस्कृत की और नैपाली, गोरखाली, गढ़वाली-कुमांउनी, व्रज, भोजपुरी, हरयाणवी आदि हिन्दी की। कई विद्वानों जिनमें Prof Max Muller, Dr Schrader आदि सम्मिलित हैं, मानना है कि जेण्ड अवेस्ताई तथा संस्कृत भाषा के बीच जिस तरह का नजदीकी सम्बन्ध है, वही यूरोप की मुख्य जातियों की भाषा के बीच भी है। सम्बन्धित यूरोपीय भाषायें भारत के ब्रह्मणों एवं अवेस्ताइयों द्वारा बोली जाने वाली भाषा से बहुत मिलती जुलती हैं। उनके मत में इण्डो-जर्मन भाषाओं की इस सहज समीपता से आवश्यक रूप से ही यह निष्कर्ष निकलता है कि ये सभी भाषायें एक ही आदि मूल भाषा की उप भाषा और शाखायें हैं। एक मूल भाषा की अवधारणा के पीछे यह अन्तरनिहित है कि उस समय कोई आर्य भाषा अस्तित्व में थी। सम्भवतः प्राकृत ही वो भाषा थी जो पाणिनी के बाद संस्कृत कहलाई।

वैदिक संस्कृत जो आदि प्राकृत भाषा थी उसे लोग मूल भाषा न समझ लें अतः पाश्चात्यों ने उसे आदम जंगली मानव की असंस्कृत भाषा कह दिया। मध्य एशिया एवं आज के पश्चिम एशिया-ईराक, सीरिया आदि में वैदिक संस्कृत भाषा तथा नामों के प्रमाण 3500-4000 हजार वर्ष पूर्व पाये जाने के बावजूद पाश्चात्यों ने उसे वैदिक आर्य भाषा से अलग करने के लिये इण्डो-आर्यन या प्रोटो ईण्डो आर्यन कहा क्योंकि अन्ततः इसे इण्डो-यूरपियन भाषा का जामा पहनाना था और यही उनकी चाल थी। इतिहासकार रोमिला थापर[1] जी को भी बड़ा आश्चर्य है कि ईसा पूर्व 1400 में यह भाषा, जो कि हिटीट (Hittite) और मिटानी लोगों की थी, पश्चिम एशिया तक कैसे पहुँची। कारण साफ है-भारतीय इतिहासकार यूरोपियनों द्वारा लिखे जिस इतिहास की नकल कर रहे हैं उसने कभी आर्यविस्तार स्वीकार किया ही नहीं, न आर्यों को कभी आदि महा मानव माना। बल्कि उल्टे उन्हें कभी पश्चिम एशिया का इण्डो-आर्यन कहा, कभी चरवाहा कहा, कभी घुमन्तू कहा और भाषा को भी इण्डो-आर्यन और कभी आदम (proto) इण्डो-आर्यन कहा। लेकिन आदि (proto) से उनका क्या मतलब था यह कभी बताया ही नहीं। अन्ततः जब यूरोपियनों ने पाया कि लैटिन के अलावा यूनानी भाषा भी संरचना और ध्वनि दोनों से आदि वैदिक संस्कृत से मिलती है तो एक पूर्वजीय मूल की भाषा के नाम पर उन्होंने एक नई इण्डो-यूरोपियन भाषा का जाल फैलाया। पाश्चात्यों ने यह नहीं कहा कि लैटिन, यूनानी और अन्य यूरोपियन और एशियाई भाषायें मूलतः संस्कृत से ही मिलती हैं बल्कि यह प्रचार किया कि संस्कृत में यूरोपियन भाषाओं के शब्द हैं और संस्कृत के कई शब्द यूरोपियन भाषा मूल से व्युत्पन्न हैं। इस प्रकार एक इण्डो-यूरोपियन भाषा का जन्म हुआ और समस्त भाषाओं की जननी आदि अलौकिक वैदिक-प्राकृत देववाणी इण्डो-यूरोपियन हो गई। इसी 'थियरी' की लंगूरियत (aping) समस्त भारतीय पिछलगुवों, तथाकथित भाषाविदों, इतिहासकारों और अन्य ने की।

सिन्धु सभ्यता की भाषा को इसीलिये नहीं पढ़ा और अर्थ निकाला जा सका क्योंकि वह गन्धर्व देश की, जिसकी राजधानी गांधार थी, गन्धर्वी भाषा में है। यह भी संदेहास्पद है कि 'मोहनजो-दड़ो' और 'हड़प्पा' (Mohenjo-daro and Harappa) शब्द सही भी हैं या नहीं, या हम फिर इस कूटार्थ (Decoding) में

1. Early India - Origin to 1300 AD (Vedic corpus)

भी पश्चिम के झांसे में आ गये हैं क्योंकि ये शब्द संस्कृत प्राकृत तो दूर अपभ्रंश के भी नहीं लगते हैं।

महाभारतीय प्रमाण

रामायण विशेष रूप से किष्किन्धा काण्ड के अध्याय 40 से 43 तक के उद्धरण प्रमाणस्वरुप पहले ही दिये जा चुके हैं। वाल्मीकि द्वारा शैलोदा और पुराणों द्वारा जिसे सलोद या सलोदा नदी कहा गया है आज भी उसी स्थान पर यानी कजाखिस्तान में सिर्दर्या (Syrdarya) नाम से प्रसिद्ध है। बहुत सारे स्थानों और नामों के साथ हम पूर्व प्रकरण में विस्तृत रूप से उत्तर पथ का हवाला भी दे चुके हैं। वानर राज सुग्रीव ने सीता की खोज में वानरी सेना को चारों दिशाओं में भेजते समय पृथ्वी का जो वर्णन किया है वह इस काल में भी मनुष्य की सोच के बाहर है। अगर ये सब बातें झूठी थीं, या हैं, तो वाल्मीकि जी को यह ज्ञान कहां से हुआ, इतना ज्ञान कहां से हुआ, पृथ्वी के भूगोल का ज्ञान, खास तौर से उस पुरातन काल में, कहां से हुआ, जब यूरोप अमेरिका के निवासी भेड़ चराते थे, कन्द मूल, जीव जन्तु खाते थे, जंगलों में रहते थे?

एक बात फिर भी साफ है रामायण, पुराण, महाभारत और अन्य धर्मो के पौराणिक ग्रन्थों का आधुनिक विज्ञान और वैज्ञानिक खोजों के साथ तुलनात्मक अध्यन करने से साफ लगता है कि वैज्ञानिक आधे से ज्यादा खोजों की चोरी इन्हीं पौराणिक-आध्यात्मिक ग्रन्थों से या उनके आधार पर ही कर रहे हैं। दूसरी बात ये कि रामायण काल और महाभारत काल के भूगोल के अन्तर से स्पष्ट है कि दोनों के बीच कम से कम एक हिम युग (Ice age-Glacial Period) का फर्क था।

हिमालय पर्वत श्रेणि अपेक्षाकृत नवीन मानी जाती है। यहां तक कि ईरान, अफगानिस्तान को घेरे हुये सिन्धुकुश (आज हिन्दुकुश) भी और उससे मिली हुई 'कृष्णगिरि पर्वतमाला' (आज कराकोरम) भी हिमालय से प्राचीन माने गये हैं। अतः स्पष्ट हो जाता है कि आर्य जन ईरान की ओर पहले और भारत बाद में आये। भारत इस प्रकार उनका अद्यतन निकेतन और नवीनतम मातृभूमि है। अतः यूरपियनों का आर्यों को इण्डो-यूरोपियन कहना पूरी तरह गलत एवं विवेक शून्य है तथा इण्डो-एशियन कहना पूरी तरह सही है। विस्तार के इस क्रम में आर्यों ने आर्कटिक, मेरू इलावृत के देव स्थानों, तीर्थों, बस्तियों, नदियों, पर्वतों के नामों की

भारत में भी प्रतिकृति की। आज की भाषा में उनका जो भी अर्थ हो लेकिन ध्वन्यात्मक तथा व्युत्पत्ति रूप में कई नाम आज भी संस्कृत से मिलते है उदरणार्थ रूस, आर्कटिक सीमा से लगा Nariyan mar Zumlya (नर-नारायण पर्वत), Severmaya (सुवर्ण माया), Nadyam (नद्यम), खटङ्गा (Khatanga) (खट्वांग), दुदिन्का Dudinka, Omsk (ओम) Novaya (नव्य-नव्यता, नवाया), Vishak (विशख-विशाखा), यमाल आदि।

महाभारत को महाकाव्य कहें या महाइतिहास? अद्वितीय या अननुमेय। रामायण की ही तरह महाभारत एक ऐसा काव्यात्मक इतिहास है जिसे शास्त्रीय स्थान तो प्राप्त है ही पर अद्यतन होने के कारण उसकी ऐतिहासिक प्रमाणिकता अकाट्य है। उसकी साक्ष्यता को चुनौति देना भी आसान नहीं है। आर्यों के साथ साथ मेरू, जम्बूद्वीप एवं आदि कालीन देव लोक आर्कटिक के सम्बन्ध में महाभारत से अकाटय प्रमाण प्रथम प्रकरण में विस्तार से दे दिये गये हैं जिन पर संदेह करने के लिये कोई स्थान नहीं है। महाभारत के साक्ष्यों के आधार पर ये निश्चयात्मक परिकल्पना की जा सकती हैं कि महाभारत काल में जम्बूद्वीप में अधिकतर पोलोम, कालिकेय, निवातकवच, दरद, किरात, तुषार (वैदिक उच्चारण तुखार) निवास करते थे। प्रथम तीन को अर्जुन ने परास्त भी किया था। पोलोम जैसा कि पहले भी संदर्भ आया है, पल्हूवों यानी ईरान के पहलवी (Pahlevi) वंश के पूर्वज हो सकते हैं, इसके अलावा पठान आदि के भी। कालिकेय लोग भी कुषाण, शक आदि के पूर्वज तथा दरद, और किरात, मंगोलों, चीनियों के। मध्य एशिया की अधिकतर जातियों के पूर्वज उपर्युक्त कुल (Clan) के लोग ही प्रतीत होते हैं। जो महाभारत काल में भी बर्बर जनजातियाँ ही थीं।

यहाँ भी वही प्रश्न फिर उठता है, कि क्या भारतीय पुराण और पौराणिक झूठे हैं या थे? अगर हां, तो उन्होंने वही सब बातें कैसे लिखी जो आज के इतिहासकार, पुरातत्त्वज्ञ, एवं अन्य शास्त्री कह रहे हैं या आधुनिक खोजों से साक्ष्य मिल रहे हैं। दूसरा प्रश्न है क्या एक साथ सभी पौराणिक झूठे थे और सारी बातें मनगढ़ंत थी? अगर ऐसा था तो उन्हें आर्कटिक तक की इतनी बातें, इतना इतिहास कैसे और कहाँ से मालूम हुआ-हार्वर्ड से, केम्ब्रिज से, या MIT से? महाभारत के तो सभी ऐतिहासिक और भूगोलीय-भौगोलोक तथ्य आज भी उतने ही सत्य और नये प्रतीत हो रहे हैं।

पथ-अयन और द्रविड़ीय मिथ्यत्व तथा वर्ण व्यवस्था यथार्थ

दक्षिण और उत्तरी ध्रुव पर रात-दिन की विलोम प्रक्रिया एवं उत्तरायण और दक्षिणायन के बारे में पहले ही बताया जा चुका है। यही आर्कटिक रूट उत्तर पथ और अंटार्कटिक रूट दक्षिण पथ है। लगभग सभी पुराणों के अनुसार पुष्कर द्वीप का विभाजन दो हेमिस्फेयर (अर्ध वृत्त या गोलार्ध) में प्रियव्रत (पृथ्वी के प्रथम आर्य मानव सम्राट) के पुत्र जिन्हें कुछ पौराणिक 'सवन' और कुछ 'वीतिहोत्र' कहते हैं, ने अपनी चौथी अवस्था में किया था क्योंकि उनके दो ही पुत्र थे अतः एक-एक 'गोलार्ध वर्ष' का राज्य उन्होंने अपने एक-एक पुत्र को दे दिया था। इससे यह सिद्ध होने में भी कोई संदेह नहीं है कि आदि सृष्टि एक ध्रुवीय थी। यह विचार बहुत ही चुनौती पूर्ण प्रतीत हो सकता है। लेकिन एक कर्ता द्वारा निर्मित अथवा एक प्रकृति से जुड़ी पृथ्वी प्रारम्भ में निःसंदेह एक ध्रुवीय ही हो सकती है।

लगभग 2000-1000 बीसी के मध्य से जम्बूद्वीप में विभिन्न सभ्यता-संस्कृतियों के पैदा होने से आर्यों का जम्बूद्वीपीय रूप भी बदलने लगा। जैसा कि पहले उल्लेख किया गया है प्रारम्भिक मध्य काल में कई भारतीय महाराजाओं ने जिनका राज्य बंगाल की खाड़ी से वर्तमान अफगानिस्तान की सीमा तक था उसको ही 'उत्तरपथ' तथा अन्य कुछ ने नर्मदा-रेवा यानी वर्तमान मध्य प्रदेश की अन्तिम सीमा तक को 'उत्तर पथ' नाम देकर स्वयं को 'उतरपथाधिपति' 'या उत्तर पथ स्वामी घोषित किया। इनमें वर्तमान बंगाल के 'पाल वंश संस्थापक 'गोपाल' तथा उनके पुत्र भी सम्मिलित थे जिनका 'केदारखण्ड' पर भी अधिकार था। नर्मदा से आगे दक्षिण पथ माना गया। इसी को फिर अंग्रेजों ने 'दक्षिणा पथ' कहा जो नितान्त अनुचित तथा जैसा कि ऊपर बताया जा चुका है, अशास्त्रीय भी था। इतना ही नहीं बल्कि अपने शासन के दौरान भौगोलिक विभाजन में अंग्रेजों ने उसे दक्षिण का पठार (Daccan Plateau) कहकर अलग सम्बोधन ही दे दिया। इस विभाजन का लाभ उन्होंने अपनी हुकूमत को अनन्त काल तक बनाये रखने, वैमन्यस्यता फैला कर भारत को विभाजित करने, आपस में लड़वाने (divide and rule) के लिये किया। इस तरह भारत को उत्तर और दक्षिण पथ के नाम से बाँटकर उन्होंने 'द्रविड़ पत्ता' खेला और शूद्र वर्ण के पत्ते के साथ उसे जोड़कर भारत को विखण्डित करने का पूरा प्रपंच तैयार कर लिया। अपने कुत्सित उद्देश्य की प्राप्ति के लिये अंग्रेजों ने इतिहास की घिनोनेपन की सीमा तक विकृत व्याख्या की और द्रविड़ों तथा शूद्रों को भारत का

मूल निवासी बताकर पुनः आर्यों को आक्रमणकारी सिद्ध करने का भरपूर प्रयास किया। आर्यों का गौर वर्ण होना उनके लिये एक और बड़ी मोहर मिल गई। हम लोग उनकी चाल ही नहीं समझ पाये। हमारे इतिहासकार तो बिलकुल भी नहीं। गौर वर्ण आर्कटिक क्षेत्र मध्य जम्बू की आबो-हवा का असर था।

अगर आर्य, जैसा कि पाश्चात्य कहते थे, (आज स्थिति बहुत बदल गई है) यूरोपियन थे तो अंग्रेज आर्यों को आक्रमणकारी क्यों कहते रहे? क्या इसका उद्देश्य अपनी ताकत का खौफ दिखाकर भारतीयों को भयभीत करना था या आर्यों को आक्रमणकारी सिद्ध करके अपने आक्रमणकारी शासन के औचत्य को सिद्ध करना था, या दोनों थे। ये उनके निहित उद्देश्य तो थे ही लेकिन असली उद्देश्य था भारतीयों को नीचा दिखाना। वो जानते थे कि आर्य ही विश्व मानवता के पूर्वज हैं, प्रथम मानव हैं, और भारत आर्यों और आर्य संस्कृति का असली वारिस। क्योंकि आर्य धरोहर भारत के पास ही सुरक्षित और शेष है यह न केवल अंग्रेजों को अपितु पूरे यूरोप को डूब मरने की हद तक अपमान जनक लग रहा था। साम्राज्यवादी शासक होकर भी अपने को द्वितीय श्रेणी का कैसे मानें ये उन्हें गंवारा नहीं था। इसीलिये पूरे यूरोप में अपनी उच्चता, श्रेष्ठता और प्रभुत्व दिखाने, विशेष रूप से साम्राज्यवादी धाक जमाने के लिये हिटलर ने अपनी नस्ल को ही आर्य कह दिया था, भले ही स्वस्तिक उल्टा था, पर भारतवासी खुश हो गये। कई इतिहासकारों ने आर्य उत्पत्ति की जर्मन थियरी (German Theory of Aryan Origin) ही प्रस्तुत कर दी। हमारी इसी तरह की चापलूसी 1000 वर्ष की हमारी दासता का कारण बनी।

जैसा कि पहले ही सविस्तार सिद्ध किया जा चुका है, शास्त्रीय उत्तर एवं दक्षिण पथ आर्कटिक और अंटार्कटिक रूट थे। अंग्रेजों का उत्तरा और दक्षिणा पथ भारत का उत्तर-दक्षिण विभाजन था। सच ये है कि द्रविड़ और शूद्र वर्ण दोनों ही आर्यों की सन्तति तथा वंशज थे। आर्ष आर्य अगस्त्य ऋषि, दक्षिण दिशा के पुरुष तथा संरक्षक थे। भगवान परशुराम ने केरल को समुद्र से निकाला या समुद्र को जमाकर पृथ्वी बनाई जैसे आज समुद्र से जमीन पुनरप्राप्त (reclaim) की जा रही है। यह भी कहा जाता है कि उन्होंने ही श्रीफल (the pious coconut) की भी सृष्टि की थी। यह प्रचार भी कि गौर वर्ण आर्यों ने श्याम वर्ण द्रविड़ों को आक्रमण करके दक्षिण की ओर धकेला, अंग्रेजों के दिमाग की ही उपज है। रावण द्रविड़ नहीं

था जबकि दक्षिण दिशा का स्वामी था। वह ब्रह्मा जी के मानस पुत्र आदि ब्राह्मण प्रजापति पौलसत्य जी का पौत्र था। तो फिर कोन था द्रविड़? अगर रंग को वर्ण भेद का आधार माना जाय तो राम, कृष्ण, नारायण, विष्णु और काली को क्या कहा और माना जायेगा? नेहरू जी ने भी वर्ण का अर्थ रंग करके यही अनर्थ किया है।[1]

पहले पाश्चात्य ये कहते रहे कि दक्षिण एशिया, हिन्द चीन, दक्षिण चीन तथा उसके आस पास के निवासी द्रविड़ थे। उनका ये भी कहना था कि 4000 वर्ष पहले चीन में एलम और कल्दी (Elam and Chaldea) जाति की परम्पराये और लिपि पाई गई। फिर कहा कि 3000 वर्ष पूर्व सुजीयन यानी Susiana की लड़ाकू जाति के लोग एलम थे जो बबीलोन से ईरान तक फैले हुये थे। बाद में उसे आर्यों से जोड़कर यह प्रदर्शित किया कि आर्य आक्रमण के साथ यही लोग भारत की ओर भागे और जब आर्यों ने उत्तर में अपनी वस्तियाँ वसाईं तो इन्हें दक्षिण की तरफ धकेल दिया। जब कोई सफलता मिलती नहीं दिखाई दी तो इतिहास को यह कहकर विकृत करने और विभाजित करने का प्रयास कि द्रविड़ और शूद्र वर्ण के लोग भारत के मूल निवासी थे और आर्य बाहरी थे। इन पाश्चात्यों का उद्देश्य केवल आर्यों को आक्रमणकारी सिद्ध करना तथा भारत की एकता को खण्डित करना था। दुःख ये है कि हमने ऐसे इतिहास पर विश्वास भी कर लिया और दुर्भाग्य ये है कि आज भी कर रहे हैं, बिना ये सोचे कि वर्ण या रंग जलवायु की देन है, स्थान का असर है, यहां तक कि बालों का रंग, नाक नक्स भी पर्यावरण और रहन सहन से प्रभावित होते हैं। इस विषय पर आगे और प्रकाश डाला गया है। रंग के आधार पर बंगाल, उड़ीसा के लोगों को द्रविड़ क्यों नहीं कहा गया? केवल इसलिये कि वहीं से अंग्रेजी राज्य कि शुरुआत हुई थी। फिर अंग्रेजों ने 'द्रविड़' की खोज करके नये पुराण कब से लिखने प्रारम्भ किये जब कि ऋग्वेद, रामायण जैसे आदि शास्त्र एवं आदि काव्य में 'द्रविड़' का कोई जिक्र नहीं है। सच ये है कि अंग्रेज और यूरोपियनों ने भारत में फूट डालने के लिये जानबूझकर उसी रंग भेद नीति का इस्तेमाल किया जिसका वो अपने यहाँ कर रहे थे;

'Europeans and British brought their colour based or colour biased discriminations or apartheid in India to divide the country and rule the people for perpetuity'

---

1. पूर्वोक्त

सांस्कृतिक आक्रमण (cultural aggression) और रंग भेद नीति ही उनके पास बिना हथियार के हथियार थे। आखिर दक्षिण भारत में कौन था द्रविड़? तमिल भाषी, तेलगू, कन्नड़, मलयालम? तेलगू जन द्रविड़ नहीं थे, वहाँ मुख्यतः सातवाहन और आन्ध्र वंशी हैं। केरल को भगवान परशुराम ने बसाया। तमिलनाडू में भगवान राम के समय भी द्रविड़ नहीं थे। कर्नाटक पौराणिक नगरी थी। भागवत के अनुसार भक्ति का जन्म ही कर्नाटक में हुआ था। फिर अंग्रेजों को द्रविड़ कहाँ से मिले?

ये भी समझने की बात है कि वैदिक काल में वर्ण व्यवस्था सामाजिक समीकरण और स्वस्थ बौद्धिक व्यवसायात्मिक सेवा भाव (societal cohesion and intelligible rational service function) पर आधारित थी। जबकि अन्यत्र सभी समुदायों में आपसी वैमनस्यता, संघर्ष, तथा स्वार्थों के टकराव से वर्ग और श्रेणियाँ बनी थी। यूरोप में तो अमानवीय जातिवाद (racialism) के साथ हब्सियों के साथ चरम अस्पृश्यता थी। अगर पाश्चात्यों की यह बात सच मानी जाय कि द्रविड़ और शूद्र भारत के मूल निवासी थे और अस्पृश्य थे तो साम वेद में यह कैसे गेय हुवा कि सभी वर्णों यानी चारों वर्णों का उद्भव एक ही विराज् से हुआ था। वेद और शास्त्र सभी इस सत्य के अकाटय प्रमाण हैं कि चारों वर्ण आर्य वंशी थे और चारों एक ही विराट पुरुष के शरीर से उत्पन्न हुये थे। ऐतिहासिक साक्ष्य बताते हैं कि वैदिक तथा महाभारत काल तक शूद्र अस्पृश्य नहीं थे बल्कि भगवान बुद्ध से कुछ समय तक भी नहीं। सामवेद सूक्त की वैदिक ऋचायें प्रमाण हैं कि;

ब्राह्मणोस्य मुखमासीत बाहू राजन्य कृतः[1]
उरुभ्यां त्वैश्य पादो शूद्रो अजायतः

(ब्राह्मण विराट के मुख से, क्षत्रिय बाहुओं से, वैश्य उरु से, पादों से शूद्र उत्पन्न हुये)

ये बात नहीं कि केवल शूद्र (अब दलित) ही विराट के पैरों से उत्पन्न हुये थे बल्कि जिस पृथ्वी को वेदों में आर्यों ने माता (पृथ्वी मे माता द्यो मे पिता)[2] के रूप में पूजा, वह भी विराट के पैरों से ही उत्पन्न हुयी थी। इस सम्बन्ध में सामवेद सूक्त कहता है;

पदभ्यां भूमिर्दिशः श्रोत्रात्तथा लोकां अकल्पयन

1. सामवेद सूक्त (पुरुष सूक्त)
2. अथर्व वेद

क्या केवल विराट के पैरों से उत्पन्न होने के कारण कोई पृथ्वी को शूद्र कहकर जीवित रह सकता है, और अछूत मानकर खड़ा भी हो सकता है? आचार और विधि संहिता के प्रणेता मनु जी ने भी, जिनके लिये कई स्वनामधन्य अज्ञानी अपशब्दों का प्रयोग करते हैं, स्पष्ट कहा है;

"जन्मना जायते शूद्र कर्मणा द्विज उच्यते
(जन्म से सभी शूद्र हैं कर्म से ही द्विज)

स्वतः सिद्ध प्रमाणों के आधार पर आदि कालीन, वैदिक वर्ण व्यवस्था गुण-कर्म के सिद्धान्त पर आधारित थी जन्म के नहीं। महाभारत काल में युधिष्ठिर द्वारा सम्पादित अश्वमेध यज्ञों में सभी वर्णों के नागरिक भाग लेते थे। अस्पृश्यता का कोई प्रश्न ही नहीं था। इसीलिये भगवान कृष्ण गीता में कहते हैं;

चातुर वर्णम् मया सृष्टं गुण कर्म विभागशः
(मैंने ही गुण कर्म के आधार पर चार वर्णों का सृजन किया हैं)

पुराण और शास्त्रों ने ब्रह्मा के मानस पुत्र प्रजापति भृगु के पुत्र सोमपा को ब्राह्मणों का पितर, अंगिरस पुत्र हविर्भज को क्षत्रियों का, पुलसत्य पुत्र आज्यपा को वेश्यों का तथा वसिष्ठ पुत्र सुकालिन को शूद्रों का पितर आख्यात किया है। सम्भवतः वैश्य-अग्रवाल लोग जिनकी 'अग्रज' रूप में पूजा करते हैं वही 'आज्यपा' भी हो सकते हैं।

स्पष्टतः जन्म का वर्ण व्यावस्था से कोई सम्बन्ध नहीं था। रावण ब्राह्मण विश्रवा का पुत्र और प्रजापति पौलसत्य का पौत्र होते हुये भी राक्षस हो गया था। भगवान बुद्ध तथा भगवान महावीर क्रमशः शाक्य और लिच्छवी क्षत्रिय थे। उनके अनुयायी क्रमशः जाति रहित बौद्ध एवं जैन लोग वैश्य हो गये। जैन मतावलम्बियों के आदि और सनातन आठवें अवतार ऋषभ या वृषभ देव जी भी सूर्य वंशी क्षत्रिय थे। बुद्ध के अनुयायी विदेश तक फैले हुए हैं। पुराण इस तरह की कथाओं से भरे पड़े हैं जिनसे स्पष्ट होता है कि अनेक ब्राह्मण कर्मो के कारण शूद्र हो गये थे और क्षत्रिय ब्राह्मण। कई ब्राह्मण वैश्य। भागवत का नौवां स्कन्ध इन कथाओं से भरा है[1]।

---

1. मनु-स्मृति

विज्ञ, कुशल भविष्य द्रष्टा ब्राह्मण कौटिल्य ने, जैसा इतिहासकार भी मानते हैं, शूद्र माता से उत्पन्न चंद्रगुप्त मौर्य को राजा बनाया। इतिहास में ब्राह्मण और शूद्र दोनों के राजा होने के उदाहरण हैं। कम्बोडिया अब कम्पुचिया की खेमर जाति भारतीय ब्राह्मण राजा कौडिन्य और वहीं की जनजाति की शूद्र माता से उत्पन्न हैं। यह कथा पुरातन चीनी साहित्य तक में भी है। चार वर्णों में माता या पिता अलग-अलग वर्ण के होने के कारण 16 वर्ग बन गये जो कालान्तर में विभाजित होते होते जातियों में तब्दील हो गई।

अगर आर्य वर्ण व्यवस्था गुण कर्म पर आधारित नहीं होती या यूनानियों के पूर्वज भी आर्य नहीं होते तो यूनानी दार्शनिक प्लेटो (Plato) ने आज से 2400 वर्ष पूर्व यूनानी सामाजिक व्यवस्था को भी चार वर्गों-स्वर्ण, रजत, काँस्य और अयस में वर्गीकृत करने की बात न की होती, जिनमें से तीन खेलों-खिलाड़ियों की गुण आधारिता पर आज भी विश्व में प्रचलित हैं। चौथी इसलिए खत्म की गई ताकि उसकी साम्यता आर्यों से न हो। अगर यह वर्ण व्यवस्था खोखले आधारों पर खड़ी होती तो आज की 21वीं सदी के 'स्पेस-स्टार-टैक युग के अभिजात्य शिक्षित वर्ग ने स्वयं को 'साइन्टिस्टस कालोनी, प्रोफेसर्स कालोनी, इंजीनियर्स कालोनी, लायर्स कालोनी, जेजे कालोनी, डाक्टर्स कालोनी, आदि में विभक्त कर वर्ग भेद का बीजारोपण न किया होता तथा इन्हीं नामों से यूनियन-असोसिएशन बनाकर वर्ण भेद उत्पन्न न किया होता।

प्राचीन काल में वर्ण व्यवस्था के बावजूद भी एक वर्ण दूसरे से सम्बन्ध स्थापित कर सकता था। एक वर्ण की माता और दूसरे वर्णों के पिता या एक वर्ण का पिता और दूसरे वर्णों की माता होने के परिणामस्वरूप 16 वंशों की उत्पत्ति हुई लेकिन उनकी सामाजिक स्थिति बदल जाने के फलस्वरूप कालान्तर में वो जातियों में बदल गई। एक तरफ ये क्रम चलता रहा दूसरी ओर अपने प्रसिद्ध पूर्वजों, राजाओं, स्थानों, रिहायस और गांवों के नाम से भी जातियों में अविबृद्धि होने लगी।

यूरोपियन-ब्रिटिश योगदान और भारतीय आशंकायें

यूरोपीअनों और बरतानियों द्वारा भारतीय इतिहास में की गई विरूपताओं-

1. भागवत स्कन्ध ६

कुरूपताओं को तरोताजा रखने तथा स्मृतिकोष में अनवरत नवीनता देने में भारतीय विदेशियों का बड़ा योगदान रहा है। (भारतीय विदेशियों से यहां तात्पर्य उन लोगों से है जो लकीर के फकीर या नकलची (aper) रहे हैं। अंग्रेजों ने जो कुछ लिखाया-पढ़ाया उसी की भाटगिरी करते रहे, इतिहास की सत्यता, अपने अस्तित्व, भारतीय अस्मिता और आर्य सनातन इतिहास की खोज करने में कोई योगदान नहीं किया)। यूरोपियनों और-अंग्रेजों ने भारतीय इतिहास की चाहे जितनी विकृति करने की कोशिश की हो पर छुपा कुछ नहीं पाये। कई पौराणिक-मौलिक संकेत जो छूट गये थे, उनको ढूँढने, अन्वेषण करने का भी प्रयास इस पुस्तक में किया गया है। लेकिन उतना धोखा अंग्रेजों, यूरोपियनों ने हम को नहीं दिया जितना स्वाधीनता के बाद हमने स्वयं को दिया। सन् 1830 के दशक में नौकरी, बाबूगिरी, राजकाज की भाषा अंग्रेजी हो जाने के परिणाम स्वरूप संस्कृत का महत्त्व और सही मायने में दुर्दशा के कारण विलुप्त प्रायः हो जाने के फलस्वरूप शैक्षणिक संस्थानों, विश्वविद्यालयों, सरकारी महकमों, शिक्षाविदों, लोक सेवा आयोगों ने भारतीय इतिहास, पुरातन सभ्यता इतिहास, सनातन संस्कृति, सांस्कृतिक इतिहास, आर्य इतिहास, वैदिक इतिहास की सही, ऋत, शास्त्रीय खोजों को स्वीकार करने से ही इन्कार कर दिया। ब्रह्माण्ड सृष्टि और रचना के अभ्युदय की पौराणिक थियारियों को पाठ्यक्रम में स्थान देने की तो बात दूर की है। सत्य पर भी 'सेक्युलरिजम' का, उससे भी ज्यादा 'वोट की राजनीति' का पर्दा डाल दिया गया और परिणाम सामने हैं।

सबसे ज्यादा दुःखद बात ये रही कि बुद्धिजीवियों की सोच को भी 'यूरोपियन्स' द्वारा लिखे गये इतिहास ने पूरी तरह राहू ग्रस्त कर दिया अतः नई पीढ़ी की नई सोच, युवाओं का नया अन्वेषण इस तरफ आगे बढ़ा ही नहीं, वो भी कतराने लगे क्योंकि इस तरफ उनको सत्ता और शरमायेदारों का रुझान न दिखने से आर्थिक लाभ नजर नहीं आया, दूसरी उपलब्धि भी दिखाई नहीं दी अतेव मात्र समय की बर्बादी लगी। फिर भी कोई नई चेतना पुनः जागृत होगी जब इस आर्य इतिहास के अन्वेषण और सत्य की खोज का दायित्व युवा पीढ़ी लेगी। ये सच है, जैसा कि पूर्व प्रकरण में लिखा जा चुका है, स्वतंत्रता संग्राम के दौरान नेहरू जी ने यूरोपियनों द्वारा लिखे गये भारतीय इतिहास की सत्यता पर उंगली उठाई थी परन्तु स्वाधीनता के बाद प्रधानमन्त्री होते ही वो इस बात को भूल गये। स्थिति यहाँ तक आ गई कि बिना इंग्लैण्ड के सिर हिलाये (Nodding) उनका कोई काम चलता ही नहीं था क्योंकि उस समय भारत के लिये अमेरिका ना के बराबर ही था।

ब्रिटिश और यूरोपियन्स ने आर्यों की जन्म भूमि भले ही मध्य जम्बूद्वीप न लिखी हो परन्तु सेंट्रल एशिया मान और लिखकर उन्होनें संकेत छोड़ ही दिया। इसी तरह पाण्डवों के स्वर्गारोहण या उत्तर पथ यात्रा मार्ग को सतपथ ('सतो पन्थ') न कहकर 'रेशम मार्ग' अर्थात् सिल्क रूट कहकर संकेत छोड़ दिया। शास्त्रीय और व्याकरणीय सत्य ये है कि चीन का अर्थ संस्कृत में रेशम ही है। चीन के ही रास्ते अपने वनवास के दौरान पाण्डवों ने गन्धमादन बदरि वन से मेरू तक यात्रा की और जीवन के अन्त में स्वर्गारोहण के दौरान कुछ परिवर्तन के साथ बीच से इसी चीन मार्ग से महा-प्रस्थान किया। इस प्रकार दो सिल्क रूटों की उत्पत्ति हुई जो कालान्तर में चीन के यूरोप और एशिया के साथ व्यापार मार्ग बन गये। इससे भी प्राचीन रूट आदि आर्य ढूँढ चुके थे। क्योंकि उस समय चीन नाम नहीं था अतः उसे सिल्क रूट न कहकर आर्य पथ ही कहा गया जो कालान्तर में सत्य पथ (सतो पन्थ) नाम से अभिज्ञात हुआ।

सत्य पर मुहर

इस प्रकार 'मध्य जम्बूद्वीप' के आर्यों का उत्पत्ति स्थान होने, मेरू-उत्तर पथ के 'सत्पथ' होने और पुष्कर द्वीप-उत्तर समुद्र (आर्कटिक) का पृथ्वी पर आदि कालीन 'आनन्दधाम'/दिव्य लोक होने के पुख्ता साक्ष्य उपलब्ध होने से इस सम्बन्ध में कोई सन्देह नहीं रह गया है। मेरू और पुष्कर आज भी स्वनाम सार्थक हैं क्योंकि आर्कटिक आज भी कमल की तरह है। दोनों की कल्पना हिम युग को ध्यान में रखते हुये करें तो निहित गूढ़ार्थ (esoteric) रहस्य का उद्वोधन हो जाता है। पुष्कर एवं समुद्र संयुक्त रूप से श्वेत पंखुड़ियों से युक्त नील कमल के द्योतक हैं। उराल-मेरू आज भी यूरोप और एशिया का परिधि दण्ड है, तब जम्बूद्वीप या पृथ्वी का मेरुदण्ड था। रूस को खुदाई के दौरान हाल ही में वहाँ दश किलोमीटर से भी बड़ी पुष्करिणी-सरोवर मिला है जिसमें कई लक्ष्म्वर्ग शहर आ सकते हैं। सम्भवतः इसी कारण उसका अभिधेय पुष्कर द्वीप हुआ। इससे भी और अधिक साक्ष्य क्या चाहिये और हो भी क्या सकता है केवल खुदाई को छोड़कर? वैज्ञानिक खोज बता रही है कि आर्कटिक समुद्र के नीचे 30000 वर्ष पहले का बहुत कुछ दबा पड़ा है।

दुःख यह है कि दकियानूसी, अनुदार और संकुचित मानसिकता वाले कूपमण्डूक इतिहासकार भी कर्मकाण्डी पण्डे, पुजारियों, पुरोहितों, जोगी-बाबाओं की तरह आर्यों को आर्कटिक, मेरू-मध्य एशिया का मानने में तौहीन, अपमान समझने

लगे। इससे उनको अपने भारतीय होने के गौरव पर आँच आती दिखी और विदेशी होने की मुहर लगने के भय से झेंप। जबकि आर्य ग्रन्थ इस विवरण से भरे पड़े हैं। हम इस गौरव को भूल गये और इस स्वाभिमान को समझ नहीं पाये कि भारत आर्यों का आज एक मात्र उत्तराधिकारी है, आर्यत्व विरासत का एक मात्र संरक्षक और 'वैश्विक पैतृक और पितृत्व समग्रता' (unity of world ancestry) का एकमात्र मानदण्ड। भारत अथाह आर्य संस्कृति और अपार सनातन ज्ञान का एक मात्र भण्डार है। आर्य जन अलौकिक देव योनि के भौमिक संतान थे, हम उन्हीं के वंशज हैं, न कि बंदरों और लंगूरों के, कितना अफसोस है कि हम जम्बूद्वीप को मानते हैं, ब्रह्मपुरी को मानते हैं, मेरू को मानते हैं, ब्रह्म सरोवर को मानते हैं, यहाँ तक कि अपने हर धार्मिक कार्य में भारतवासी ''जम्बूद्वीपे भरत खण्डे, आर्यावर्तान्तरगते भारतवर्षे''-संकल्प की आवृत्ति करते-कराते हैं, फिर इस सत्य को स्वीकारने में क्या अपमान है कि आर्य जन जम्बूद्वीप की राजधानी के निवासी थे, वहीं पैदा हुये थे, और कई हिम युगों का सामना करने के उपरान्त सबसे बाद में भारत आये थे लेकिन इसी भूमि को उन्होंने अपनी मातृ भूमि बनाया और अपार ज्ञान सम्पदा की सृष्टि की। आर्य सम्राट ही विश्व के प्रथम आधिपति थे', ये कोई कम स्वाभिमानात्मक संतुष्टि नहीं है।

तुषित, उप देव, परग्रही (Demi gods - Aliens) : सत्य और मिथ

पहले श्री एच.जी. वैल्स (H.G. Wells) और अब पाश्चात्य वैज्ञानिक जिन परग्रहियों का अतिप्रचार कर रहे हैं वह मात्र काल्पनिक नहीं है। यह सोच कि अपर ग्रही हमारी हर गति पर सूक्ष्म यान्त्रिक नजर रख रहे हैं केवल स्वप्न संसार की बात नहीं है। अमेरिका में यह सत्य मान्य हो गया है कि इस पृथ्वी पर परग्रहियों की वजह से ही जीवन सम्भव हुआ। एक क्षण के लिये भारत की बात छोड़ दें, अब तो पाश्चात्य वैज्ञानिक भी मानने लगे हैं कि पृथ्वी पर, विशेष रूप से मानव जीवन बिना परग्रहियों के सम्भव ही नहीं था। भारतीय पौराणिक शास्त्र अनादि काल से जिस बात को कहते रहे हैं पाश्चात्य विज्ञान अब स्वीकार कर रहा है। जिन परग्रहियों या दिव्य अलौकिकों को पाश्चात्य मस्तिष्की अब 'एलिअन्स' (अन्यग्रहवासी) कह रहे हैं वो सृष्टि के आदि सतयुग में इस पृथ्वी पर मौजूद थे और उनका धाम तत्कालीन पुष्कर द्वीप (आर्कटिक) था जो पृथ्वी पर वैकुण्ठ/आनन्द लोक (Paradise) की प्रतिकृति था। अब यह प्रश्न मूर्खतापूर्ण है कि अन्य ग्रह वासी पृथ्वी से पूरी तरह

कैसे परिचित हैं और हर मानवीय क्रिया एवं गतिविधि उनके संज्ञान में कैसे है। हम पाश्चात्यों की ही बात क्यों करें, जब वेदों ने ये बात कही और पुराणों ने उसका विस्तृत प्रतिपादन किया तो भारत के बुद्धिमानों ने भी उसको तब तक मखोल ही समझा जबतक पश्चिम, यूरोप, अमेरिका की उस पर मुहर नहीं लग गई। केवल देव ही नहीं, अन्य अति प्राकृतिक शक्तियाँ जैसे किन्नर, गन्धर्व, किम्पुरुष, साध्य, यक्ष, वसु, बालखिल्य आदि भी उस समय देवों के साथ पृथ्वी पर थे, वो सभी अब अन्य ग्रह वासी हो गये हैं जिन्हें पश्चिममुखी भारतीय भी पाश्चात्यों के साथ 'एलिअन' (परग्रही-परदेशी) कह रहे हैं।

यूरोपियन्स-अमेरिकन्स के लिये एलियन्स की धारणा नई हो सकती है भारतीयों के लिये नहीं। यही एलियन्स सनातन आर्य संस्कृति के अर्ध देव या तुषित देव थे जो आर्यों के आदि जनक थे, लंगूर या बन्दर नहीं। इसीलिये सनातन वैदिक संस्कृति मानती है कि मानव जाति ही नहीं, जीव-जन्तु, प्राणी मात्र की उत्पत्ति दैवी प्रक्रिया से हुई है। काल क्रम विस्तरण (Evolution) की तरह व्युत्क्रम-अवस्तरण (Devolution) की भी एक प्रक्रिया है। देवत्व का अवस्तरण अर्ध देव (Demi gods) आर्ष आर्यों में, आर्यों से मानवों में, मानवों से आदमियों में, अब पशु वत् मानवों में, फिर राक्षसत्व में और इस प्रकार सृष्टि-अवस्थिति, अवस्तरण-क्षय-पुनर्सृष्टि का क्रम चलता रहेगा। इस अवरोहण-अवस्तरण की प्रक्रिया के फलस्वरूप देव सृष्टि अपने लोक या ग्रह-गृह में अवस्थित हो गई। परिणामस्वरूप पृथ्वी में मानव दृष्टि से अंतर्धान या तिरोहित। अतः अदृश्य हो गई। यही रहस्य है परग्रहियों का, जिन्हें स्टीफन हकिंग सहित पाश्चात्य वैज्ञानिक अब 'परग्रही' (Aliens) कह रहे हैं। स्टीफन हकिंग जी तो अभी नादान है, उन्हें भारत से बहुत कुछ सीखने के लिये आइन्स्टाइन जी की बात को हृदयंगम करना होगा कि जहाँ साइंस खत्म होता है वहीं से भारतीय सनातन शास्त्रों की शुरुआत होती है।

अंग्रेजी शब्द Man ध्वनि ही नहीं वर्णों से भी मनु (Manu) से व्युत्पन्न है न कि 'ग्रेट एप' (great Ape) से। मनु अन्य दश प्रजापतियों की तरह जिनमें मानस पुत्र भी सम्मिलित है ब्रह्मा जी के संकल्प से उत्पन्न हुये थे। आज भी कई प्राणियों, जीव-जंतुओं में बिना मैथुन के इस तरह की संन्तति उत्पन्न करने की प्रक्रिया मौजूद है। भारतीय पौराणिक शास्त्र और इतिहास इस उल्लेख से भरे पड़े हैं कि सूर्य और चंद्रवंशी राजाओं का देवलोक तथा अन्यलोकों जैसे इन्द्रलोक,

वरुणलोक, गन्धर्व लोक, यक्ष लोक आदि से न केवल सम्पर्क और संवाद था बल्कि आना जाना भी था। उनमें अपने स्वरूप को बदलने की सिद्धियां तथा मायिकता थी। उनकी गति वायु या शब्द की गति से मिलती जुलती थी। उनकी आयु सहस्त्रों मानवीय वर्षों में थी लेकिन अपनी देवीय गणना से वो बहुत कम समय पृथ्वी पर रहे। पृथ्वी पर समय द्रुत गति से व्यतीत हुआ। आइंस्टीन की विशिष्ट सापेक्षता के[1] सिद्धान्त (Einstein's theory of special relativity) से इसकी बहुत साम्यता है जो इन बातों की पुष्टि करने में सहायक है। लेकिन दिव्य योनियों की क्षमता को समझना मनुष्य-मानव की कल्पना शक्ति से बाहर की बात है। यहीं पर विज्ञान फेल हो जाता है और हो गया है। ग्रहों की दूरी के अनुसार देव योनियों की आयु में अन्तर है लेकिन सिद्धान्त एक ही है। सृजन की परिपक्वता के उपरान्त जब मानव का पतन प्रारम्भ हुआ तो दैवी शक्तियों से शनैः-शनैः उसका सम्पर्क विछिन्न हो गया। इससे एक बात ये भी साबित हुई कि सृष्टि (development) और विकास (growth) में बहुत बड़ा फर्क है। विकास जरूरी नहीं कि सृजन के लिये हो उसमें विनाश भी निहित है और होता है। डेवलपमेंट एक ही था-क्रिएशन यानी सृष्टि रचना, बाकी सब और उसके बाद सब ग्रोथ ही है। आज के विज्ञान और टेकनालजी ने ये सिद्ध ही कर दिया है। पूरा विज्ञान, स्टार टेक और विश्व के बुद्धिमानों की सामूहिक प्रज्ञा (Combined Intelligence of the World elite) भी विश्व की किसी एक समस्या का सही समाधान निकालने में सफल नहीं हुयी। अलबत्ता प्रकृति पूरी तरह से बिखर गई है, रुष्ट हो गई है। लिबरेलाइजेशन और विश्व बाजार की फिलासाफी ने देश के देश नंगे कर दिये हैं। आदमी को भारत में ही नहीं संसार में ही विश्व पोलिटिको-इकनामिक व्यवस्था ने हर तरह से नीति और नैतिकता (Ethical - Moral), आचरण, मन्थन, विवेक, और मानवीयता से भी पूरी तरह पतित कर दिया है। हम विश्व बर्बरता और मानव पशुत्व की ओर अग्रसर है। ये है विकास की देन, विज्ञान की विरासत। अगर मनुष्य और मनुष्यता ही नहीं रही तो ये सब किसके लिये? साइन्स, टेकनालाजी, भोग-व्यापार के भयंकर समर्थक अमेरिका और यूरोप का क्या हाल है? ब्रिटेन का क्या हाल हो गया है? अरब और अफ्रीकन देशों का क्या हाल है। केवल विश्व युद्ध होना बाकी है। इस स्थिति की तुलना मनुष्य से ही करें तो बात समझना आसान होगा। शिशुत्व से बृद्धत्व की ओर

1. आइन्सटीन सिद्धान्त

जाना, जिसे वह बड़ा होना मानता है, असल में उसकी अपनी मृत्यु की ओर अग्रसर होना है, फिर भी मनुष्य उसे विकास मानता है, अपना विनाश सामने देखते हुये भी। दिन ब दिन कमजोर असमर्थ होते हुये भी। यही स्थिति आज के विज्ञान और हाई-टेक की है। शायद अमेरिका की सबसे ज्यादा। इस सबका कारण है एच.आर.डी. (HRD) का सबको 'रिसोर्स' बना देना। ईश्वर-कुदरत की परम कृति ह्यूमन (human) को ही resource-संसाधन बना देना। अतः अब यह सवाल पूछने वाला भी कोई रहा नहीं कि आखिर जीवन का उद्देस्य (objective), मिशन (mission) क्या है, और क्या मकसद रह गया है, इन समस्त क्रिया कलापों का? संसार उद्देश्य हीन चल रहा है और यही इसके विनाश का कारण बनेगा और बन रहा है।

मानव ने तथाकथित विकास के इस क्रम में सबसे पहले देवत्व खोया, तदनन्तर मानवता खोई, अब मनुष्यता भी खोने के किनारे पर है। देवत्व विलुप्तता ने ही अपमानवीकरण को जन्म दिया। इस क्रमिक ह्रास का बाइबल में भी अच्छा तर्क और विवरण दिया गया है जिसका उल्लेख आगे किया गया है।

आर्योदयः मत-मतान्तर निरूपण और गौर वर्ण रहस्य

कई स्कालर्स का मानना है कि आर्य लोगों का आदि निवास पोलेण्ड में था। उनके अनुसार आर्य पूर्ण विकसित गौर वर्ण (whites) थे जिन्होंने वर्तमान पाकिस्तान और भारत पर 1800-2500 बीसीई में विजय पाई थी जब वहाँ अश्वेत द्रविड़ रहते थे। इन स्कालर्स के अनुसार बहुत समय तक आर्यों का निवास स्थान मध्य एशिया की उराल पर्वत माला और मंगोलिया के बीच माना गया था लेकिन उनका ये भी कहना है कि अनुवंशिकी-जनन विज्ञान (Genetic works) के नवीनतम अध्ययनों तथा सूक्ष्म अवयवों एवं गुण सूत्रों (organism and chromosomes) के सर्वेक्षण से आर्यों या (Aria-'आरिया' जैसा कि पोलेण्ड में कहा जाता है) जन्म पोलेण्ड और सेंट्रल यूक्रेन यानी यूरोप में सिद्ध होता है। उनका कहना है कि बहुत पहले पोलेण्ड से पोल्स या पोलिश लोगो ने सामूहिक रूप से यूक्रेन प्रवास किया था। इसीलिये अधिकांश यूक्रेन निवासियों (Ukranians) की अनुवंशिकी (genetic characteristics) पोल्स से मिलती है। इन विचारकों का कहना है कि आदि आरिया मूलतः पोलेण्ड के वासी थे और यहीं से उन्होंने सेंट्रल

एशिया प्रवास किया था। उसके बाद ही उन्होंने भारत विजय की थी। पोलेण्ड के लोगों का मानना है कि यूरोप में उनके देश के ही लोग सम-सदृशी (Homogeneous) हैं और एकमात्र स्व भूमि देशज (indigenous to own territory) हैं, अतः वो मानव जाति के आदि पूर्वज आर्य ही हैं। उनका तर्क है कि स्लेविक भाषा (Slavic languages) सभी इण्डो-यूरोपियन भाषाओं में पुरातन है तथा संस्कृत से मिलती-जुलती है अतः उपर्युक्त कथन पर संदेह करने की कोई वजह नहीं है। इसके अलावा माता अथवा पिता के कोशिकीय गुण-सूत्र अध्ययन (haploid studies or Genetics of organism of cell and chromosomes) के आधार पर उनका कहना है कि उत्तर भारत के ब्राह्मणों तथा ताजिकिस्तान के ताजिकों, उजबेकिस्तान के उज़्बेकों, उत्तरी अफगानिस्तान और पश्चिमी चीन के लोगों का कमोवेस वही हेप्लोइड ग्रुप है जो पोलेण्ड और अधिकांश यूक्रेन वासियों का है। अधिकांश ताजिक लोग आज भी आर्यों की तरह श्वेत-चिट्टे-गौर वर्ण एवं शुभ्र केशी हैं और दूसरे स्थान पर पोलेण्ड तथा यूक्रेन वासी हैं। बहुत कम स्लेविक लोगों का खास तौर से पूर्वी जर्मनी में रहने वालों का उपर्युक्त हेप्लोइड ग्रुप है। नार्वे और आइसलेण्ड में उपर्युक्त हेप्लोइड समूह के लोग और भी कम हैं। स्काटलेण्ड में आर्य, स्लेविक, और पोलेण्डी हेप्लोइड ग्रुप काफी ज्यादा है इसीलिये पोलेण्ड और स्काटलेण्ड के मध्य काफी अच्छे सम्बन्ध हैं।

लेकिन यह तर्क कि आर्य पोलेण्ड या यूरोप के थे बहुत अस्वाभाविक लगता हैं। आर्यों का देश अति शीतल आर्कटिक क्षेत्र (उराल, साइबेरिया, मध्य एशिया) होने की वजह से उनका उस सीमा तक चिट्टा गौर वर्ण होना स्वाभाविक था जिसे यूरोपियन 'श्वेत' (white) वर्ण कहते हैं। लेकिन इसका मतलब न तो ये है कि आर्य यूरोपियन थे नाहीं इससे वो यूरोपियन बन जाते हैं। जलवायु के अतिरिक्त, देव, तुषित पुत्र होने के कारण उनका सोन्दर्य एवं नीली आँखें होना भी स्वाभाविक था। जहाँ तक भाषा का प्रश्न है भाषाविदों का कहना है कि अगर 30% यूक्रेनी भाषा संस्कृत से मिलती है तो 30% रूसी भी। पोलिश भाषा का प्रतिशत इससे अधिक नहीं है। ये सम्भव है कि सेंट्रल एशिया से आर्यों के कुछ परिवार एक साथ पोलेण्ड गये हों जैसे कि वो अन्य स्थानों मे भी गये फलतः उनकी सन्तति की एक आनुवंशिक समरूपता बन गई। अर्मेनिया के लोग तो भाषा एवं प्राचीन आर्य नाम 'हय स्थान' तथा संस्कृत से 50% साम्यता के कारण स्वयं को आर्य सन्तान ही मानते हैं।

युरोपियन अभी भी इस गलतफहमी में हैं, या ऐसा कहकर अपने अहंकार की तुष्टि करना चाहते हैं कि भारत एवं अन्य एशियाई, अफ्रीकी, यूरोपीय देशों के मिलन स्थलों के आस पास पनपी आर्य सभ्यता श्वेतों, गोरों की सभ्यता है जैसे कि ऊराल क्षेत्र जो कि एशिया और यूरोप का मिलन स्थल है। लेकिन यह कथन भ्रम पैदा करने वाला है। किसी भी दशा में यह कहना कि आर्य यूरोपियन थे विश्वसनीय नहीं है। अभी तक की गई मीमांसा तथा साक्ष्यों के आधार पर समुचित विश्वसनीयता से यही सिद्ध होता है कि आर्य लोग मध्य जम्बू द्वीप (सेंट्रल एशिया) के थे और मुख्यतः प्राकृत, जलवायु संबंधी या पर्यावरणीय कारणों से ही अन्यत्र प्रवासित हुये थे। ऊपर जो वर्णन किया गया है और आगे जो तथ्य दिये जा रहे है उससे इस सत्य पर सन्देह करने की कोई गुंजाइस भी नहीं रहेगी। पाश्चात्यों के थियरियां आज के भूगोल और पृथ्वी विभाजन से उत्पन्न हैं।

अगर आर्य यूरोपियन थे तो किस कारण उन्होंने यूरोप छोड़ा और यूरोप छोड़कर भारत या सेंट्रल एशिया अथवा अन्य देशों में प्रवास किया? प्रवास करने की उनकी क्या मजबूरी थी इसका कोई औचित्य नतो दिया गया है न समझ में ही आता है। अगर इसका कारण जमीन, भोजन, बढ़ती जनसंख्या भी थी तो यूरोप जैसे इतने सुन्दर, उपजाऊ, मैदानी, तथा सहूलियत भरे क्षेत्र को छोड़कर बीहड़, भयंकर पर्वतीय क्षेत्रों को पारकर सेंट्रल एशिया और उससे भी ज्यादा अगम्य, दुरूह, सुदूर भारत में आने की आर्यों को क्या जरूरत आन पड़ी, ये बात कुछ समझ में आने योग्य नहीं है। दूसरी बात यह है कि अगर आर्य लोग आक्रमण करके भारत में आये हुये होते या यूँ कहिये आक्रमणकारी होते तो भारत उनकी विरासत, सांस्कृतिक धरोहर, परम्पराओं, भाषा, वैदिक-पौराणिक साहित्य को अपना समझकर, अपनी ही सम्पत्ति मानकर क्यों अपनाता और क्यों सुरक्षित रखता। साथ ही उन्हें अक्षुण्ण रखने के लिये भारतीयों ने अपने प्राण नहीं दिये होते। अंग्रेजों, मुगलों या अन्य आक्रमणकारियों की विरासत, धर्म ग्रन्थ, संस्कृति भारतीयों ने सुरक्षित क्यों नहीं रखी? ये कोई संयोग या इत्तेफाक नहीं था बल्कि सुनुयोजित दैवयोग था कि आर्यजन एशिया में ही एशिया-अफ्रीका-यूरोप की दहलीज पर उदित हुये थे ताकि पूरी धरती पर विस्तृत हो सकें। ये सम्भव है, जैसा कि साइन्टिस्ट मानते है कि पृथ्वी की गति और ध्रुवों (Poles) के खिसकने से पुरातन द्वीपों अब महाद्वीपों की आकृति में भी परिवर्तन होगया हो। सात सागरों से विश्व मे इतने सागर, महासागर

और जम्बूद्वीप के चार सागरों से एशिया में इतने सागर, महासागर बन जाने से इस बात की पुष्टि होती है कि प्रकृति अपना अद्‌भुत खेल खेलती रही है और आगे साइन्टिस्टों की वजह से अब बहुत भयंकर रूप से खेलेगी। इस बात की पुष्टि रामायण और महाभारत में आये भौगोलीय विवरण से भी स्पष्ट हो जाती है, जिससे प्रतीत होता है कि दोनों के बीच कम से कम एक हिमयुग का अन्तर रहा होगा। जिस तरह उस प्राचीन काल में वाल्मीकि जी ने और बाद में पुराणों ने विश्व भूगोल का वर्णन किया है उसकी तो यूरोपियन कल्पना भी नहीं कर सकते।

प्रसिद्ध विद्वान Gene D. Matlock मानते हैं कि बाइबल में उल्लिखित आनन्द-कानन एवं वैकुण्ठ-लोक (Garden of Eden & the Paradise), उत्तरी ध्रुव ही था। भारत के लोग आर्यों को अपना ही नहीं विश्व मानवता का आदि पूर्वज मानते तो हैं पर उनका आदि निवास भारत से बाहर होने की बात मानने के लिये तैयार नहीं हैं। भारतवासी पुष्कर द्वीप को भी एक बार आर्यों का निवास मानलें पर मध्य एशिया को नहीं। लेकिन यह पौराणिक सत्य है कि आर्य लोग वर्तमान सेंट्रल एशिया पौराणिक जम्बूद्वीप के निवासी थे और आर्कटिक (उत्तर समुद्र-पुष्कर) से उनका आत्मिक-दैविक सम्बन्ध था। भारत के लोग अपने को सच्ची आर्य सन्तान और सनातन वैदिक संस्कृति का सच्चा उत्तराधिकारी मानते हैं। आर्यों को बाहर का मानने, बल्कि सोचने से ही उन्हें अनावश्यक उद्विग्नता और उद्वेलन होता है कि अभी तक वो जिस परम्परा, संस्कृति, धार्मिक, आध्यात्मिक वाङ्मय और सनातन इतिहास को अंगीकृत किये हुये थे, परिरक्षण कर रहे थे, सीख रहे थे और शिक्षा दे रहे थे, वह भारत भूमि में नहीं बल्कि हजारों मील दूर उत्तर दिशा या आज के मध्य एशिया में उदित, पल्लवित-पुष्पित, तथा विकसित हुआ। शायद भारतीयों को मध्य जम्बू द्वीप स्वीकार होगा परन्तु मध्य एशिया नहीं। फिर भी यह सच है कि अधिकांश पौराणिक साहित्य, शास्त्रों का सृजन आर्यों ने भारत में ही किया था। यह सम्पूर्ण वाङ्गमय ही भारतीयों की आर्य सांस्कृतिक विरासत बनी।

यह वास्तव में आश्चर्य की ही बात है कि आदमी की मानसिक दशा आदमी को इतना अन्धा बना देती है कि वह सत्य को भी स्वीकार करने को उद्यत नहीं होता। तथापि यह भावना, मानसिकता अचानक नहीं बनी है, इसके पीछे भी कारण हैं, इतिहास है। फिर भी यह बात भारतीयों के लिये और भी आश्चर्यजनक लगेगी कि उनके पुराण शास्त्र वर्तमान सेंट्रल एशियाई देशों जो 1990 तक रूसी महासंघ

के गणतन्त्र-प्रांत थे, अर्थात् तुर्कमेनिस्तान के तुर्कों (Turkic race), उज़्बेकिस्तान के उज़्बेकों (Uzbek race), कजाखिस्तान के कजाखियों (Kazakh race) आदि का वो इतिहास सँजोये हुये हैं जिन्हें भारतीय अपना ही समझते रहे हैं, क्योंकि ये देश प्राचीन मध्य जम्बू के इलावृत वर्ष के अंग थे, अन्यथा ये देश अपना इतिहास भी भूल गये होते। अफसोस कि, यही पृष्ठ भूमि कालान्तर में सेंट्रल एशियाई कबाइलियों के भारत पर आक्रमण की भी वजह बनी। उराल, मध्य एशिया, साइबेरियाई मैदानी इलाकों आदि के उत्खननों में आर्यों एवं उनकी सभ्यता के साक्ष्य मिलने के बावजूद उसे हिन्दुओं से जोड़ा गया, जबकि हिन्दु और हिन्दुओं का आर्यों के समय तथा वैदिक काल में अस्तित्व ही नहीं था यहां तक कि पौराणिक काल में भी नहीं। किसी देश की भाषा और वहां के लोगों के उच्चारण की मजबूरी ने ही भारतीयों को 'हिन्दू' बना दिया। इसका अर्थ यह भी है कि अन्य किसी को भी अपने पूर्वजों की जानकारी नहीं है, न उनसे मतलब। हिन्दुओं को कम से कम ये तो पता है वो कोन हैं और इससे भी ज्यादा ये गर्व कि उनके ही पूर्वज समस्त मानव[1] जाति के पूर्वज हैं। एक बात फिर भी स्पष्ट है, जैसा कि मैटलॉक (Matlock) कहते हैं 'चाहे अद्वैती हों या बहुदेववादी, आस्तिक-नास्तिक, शून्यवादी, अनात्मवादी या अनीश्वरवादी, सच्ची आध्यात्मिक प्रज्ञा के क्षेत्र में ये सब अभेद है, कोई भेद नहीं, सब समान हैं। बाइबल के उत्पत्ति (Genesis) अध्याय में ईश्वर द्वारा ये कहने पर भी कि "अब मानव हम जैसा ही हो गया है"-and the Lord God said 'now that the man has become like one of us; आदमी जंगली का जंगली ही बना हुआ है और दुनियाँ के सभी लोग समान रूप से एक ही आध्यात्मिक अपराध के दोषी हैं-विचारों की कृपणता और मानसिक सोच की संकीर्णता'।

कई पाश्चात्य स्कालर्स भी आज आर्यों के प्रारम्भिक आर्कटिक निवास के सम्बन्ध में पूरी तरह आश्वस्त हैं। उनका कहना है कि विश्व के अधिकांश बड़े राष्ट्रों, धर्मों के पुरातन इतिहास में उस समय का जिक्र है जब मानवों के कई वंशज एक शीतोष्ण जलवायु में रहते थे जिसे अब उत्तरी ध्रुव कहते हैं और आज भी आर्य या एरियन (Aryan या Arian) नाम विश्व की मुख्य राष्ट्रीयताओं और धर्मों के साथ जुड़कर याद किया जाता हैं जैसे Christians, Russian, Turkmenian, Persian, Siberian, Georgian, American, European, African,

1. बाइबल

Sumerian, Arabian, Australian, Armenian आदि। सभी नामों के साथ आर्यन-अरियन या एरियन प्रत्यय किसी न किसी रूप में जुड़ा हुआ है। साथ ही प्राचीन Scythians Acadian (Canadian), Caucasian तथा Colossian के अलावा प्रथम सहस्त्राब्दी बीसी (first Millennium BC) के Phoenicians यानी ancient Semitic people भी इसके उदाहरण हैं। रूस तो उत्तर कुरु वर्ष का ही भाग था और कुरु के साथ रूसी याकूत, तूर समन्वित प्रतीत होते हैं। उड्डान वातर जो अंग्रेजी के कहर से Ulan Bator हुआ है आज भी Ulaanbaatar कहा जाता है जो साफतौर पर उड्डयन वातर अथवा उड्डीयन वातर का अपभ्रंस है। तुर्किस्तान, तुर्कमेनिस्तान आदि में प्रयुक्त 'तुर' और आज का उराल आदि भी मेरु-कुरु नाम से ध्वनित लगते हैं।

उत्तरी और दक्षिणी अमेरिका में बसे माया तथा इन्का (Inca) सभ्यता के लोग स्वयं को आर्य सभ्यता का मानते हैं। उनके अनुसार आर्य दैवी आत्मायें थी, पर भौतिक शरीर धारण किये हुये थे। उनका मानना है कि आर्यों की तरह वो भी जब तक स्वयं को अपने भौतिक शरीर से नहीं जोड़ते तब तक हजारों वर्ष जीवित रह सकते थे। इसलिये सदैव स्वस्थ और आनन्द में रहते थे।

पाश्चात्य विद्वानों का यह भी मानना है कि आर्य वेद और उनके देवता जैसे शिव, कुबेर, इन्द्र, विष्णु, ब्रह्मा का प्राकाट्य उत्तरी ध्रुव से ही हुआ था। साथ ही सनातन विशिष्टार्थक शब्दावली उत्तरायण, दक्षिणायण, उत्तर पथ-दक्षिण पथ आदि का प्रादुर्भाव भी उत्तरी ध्रुव से ही हुआ। उनके अनुसार आज भी अनगिनत आर्य नामी जातियाँ विभिन्न नाम-रूपों जैसे आरि (Ari), एरि (eri) या कुरु-मेरु के 'उर', 'उरु' आदि से सेंट्रल एशिया में रहती हैं। रूसी वैज्ञानिक भी आश्चर्य जनक रूप से यही मानते हैं कि याकूती लोग (Yakutians अर्थात Turkic people of northeastern Siberia) अर्थात सुदूर साइबेरिया में रहने वाले जिन्हें 'सक' या बुर्यत भी कहते हैं, सम्भवतः भरत या भारत से ही व्युत्पन्न हैं क्योंकि इनके रक्त में वही अंटीजन (antigen) हैं जो केवल उत्तर भारत के लोगों में ही हैं। सिन्धु सभ्यता के पुरातत्त्वीय प्रमाण तथा दक्षिण भारत के काफी लोगों के अस्थि और कपाल की माप उनको साइबेरियाई उत्पत्ति का प्रमाणित करते हैं। उनके अनुसार आर्यों का मौलिक आर्कटिक निवास वेदों में भी निश्चयात्मक रूप से दिखता है। ऋग्वेद में रूसम् तथा हरयूप जैसे वृहद आर्य सल्तनत का जिक्र है। सम्भव है

Hariyupia से ही अन्वेषकों ने सिन्धु सभ्यता के एक प्रखण्ड का नाम हड़प्पा (Harappa) किया हो। इस स्थिति में सम्भव है हड़प्पा की व्युत्पत्ति हरियूप अथवा हरिरूपीय से हुई हो। लेकिन इससे सिन्धु सभ्यता का शैव के साथ साथ वैष्णव धर्मी होना भी सिद्ध होगा। तथापि कुछ इतिहासकार हरियूपिया को पूर्वी यूरोप कहते हैं न कि हड़प्पा और कुछ हड़प्पा को हरि के बजाय हर यानी शिव से सम्बन्धित मानते हैं।

अगर हिन्दु, यहूद, अवेस्ति, ईसाई, पौराणिक कथायें सत्य हैं तो निःसन्देह उत्तरी ध्रुव ही परुडीज (Paradise वैकुण्ठ) था। कहने की आवश्यकता नहीं कि एक समय नार्थ पोल की जलवायु नरम और सुखद थी तथा वहाँ प्राणि एवं वनस्पति जीवन की बहुलता थी। आर्कटिक अन्वेषक एवं रूसी वैज्ञानिक डॉ. वलेरी डायमेन (Dr Valery Dyemen) पूरे विश्वास के साथ मानते हैं कि Hyperborean, यानी वो स्थान जो उत्तरी हवाओं का चरम श्रोत है, (Source of the north wind) अर्थात उत्तरी ध्रुव पर रहने वाले प्राणी इस पृथ्वी पर पहले रहे हैं।

रूसी लोग अगर इस पुस्तक को पढ़ सकें तो अपनी जड़ का पता लग जाने के बाद वो गीता ही नहीं भारतीय पुराण शास्त्रों का विरोध करना ही बन्द कर देंगे। बीबीसी (अप्रैल 27, 2013) के अनुसार वैज्ञानिकों को हिमयुगी वनस्पतियों के[1] अंकुरित होने के प्रमाण मिले हैं जिनसे कालातीत नये रहस्यों का उद्घाटन सम्भव है। अन्वेषक, पुरातत्त्वज्ञ, भू-विज्ञानी अभी भी आर्कटिक क्षेत्र और उसके द्वीप समूहों (archipelagos) तथा यूरेसिया (Eurasia) यानी एशिया और यूरोप के सम्मिलित सीमा क्षेत्र (जैसे उराल के आस-पास) एवं आर्कटिक सागर तथा कुछ अन्य समुद्र-नदियों-झीलों के तलों में उस सभ्यता के चिन्ह ढूँढने में लगे हैं। उन लोगों को जिन्होंने रामायण, महाभारत, पुराण नहीं पढ़े हैं ये बातें अविश्वसनीय लग सकती है, परन्तु यह सच है कि आर्य सम्बन्धी कलाकृति और शिल्प अधिकांशतः उन स्थानों में मिल रहे हैं जो रूस और साइबेरियाई क्षेत्र में हैं। कई जगह खोज की जाचुकी है और कई जगह अन्वेषकों का ध्यान गया है। उराल जैसे पर्वतीय क्षेत्र, साइबेरिया खास तौर से पश्चिमी साइबेरिया, खकासिया, याकुतिया आदि स्थानों में खोज का काम गहराई और तेजी से चल रहा है। यमाल की खुदाई से अन्वेषकों को और भी उम्मीद है।

---

1. बी० बी० सी०

सोलहवीं शताब्दी के बेल्जियन (Flemish) भूगोलज्ञ तथा मानचित्रकार (cartographer) जी मरकेटर (G. Mercator) ने उत्तरी ध्रुव परिक्षेत्र में एक द्वीप के दबे होने की आशंका व्यक्त की है जो एक द्वीप समूह सा प्रतीत होता है, और गहरी नदियों से विभाजित है। अति आश्चर्यजनक ये है कि उन्होंने उस द्वीप की भूमि के मध्य में एक पर्वत होने का भी अनुमान लगाया है। अगर ऐसा है तो पौराणिक साहित्य और इतिहास में वर्णित पुष्कर द्वीप और देवगिरि सुमेरु-सोमगिरि अर्थात् देव-त्रिदेव धाम यही हो सकता है। अधिकांश पुराण जिसे सुमेरु कहते हैं कुछेक देवगिरि भी कहते हैं। रामायण में उसे सोमगिरि कहा गया है। पुराणों के अनुसार भी आर्य लोग सुमेरु के नजदीक 'हेमाद्रि मेरू' के आस पास रहते थे। पहले उराल, आर्कटिक क्षेत्र पर अन्वेषकों का इतना ध्यान नहीं गया क्योंकि रूस में साम्यवादियों ने अन्वेषण की अनुमति नहीं दी। साथ ही ज्ञान का भी इतना प्रसार नहीं था। सबसे बड़ी बात यह है कि रुसियों को ऐसी उम्मीद ही नहीं थी कि आर्य लोगों का इस क्षेत्र में निवास हो सकता है। पुराणों पर जब भारत के ही तथाकथितों को विश्वास नहीं था तो बाहरी-विदेश के लोगों को कैसे होता। अन्वेषकों का मानना है कि मरकेटर ने 1580 में अपने किसी लेख या पत्र में एक पुरातन रेखा चित्र का जिक्र किया। उस चार्ट चित्र में आर्कटिक महासागर यानी उत्तर समुद्र के मध्य में एक द्वीप की स्थिति दिखाई गई थी जिसे हिम रहित दिखाया गया था। अगर ये सत्य है तो निश्चित ही ये पुष्कर द्वीप है और यूनानी, मिस्री, ईसाई शास्त्रों में जिसे अटलान्टिस नगर और द्वीप भी कहा गया है वह उराल-मेरू स्थित इलावृत ब्रह्म पुरी है। पुराणों और रामायण के अनुसार भी पुष्कर उत्तर समुद्र से घिरा हुआ था।

जिस गति से ये खोजें हो रही हैं उम्मीद की जाती है कि अतिशीघ्र ही हमें ध्रुवीय हिमखण्डों के नीचे दबी पुरानी सभ्यता के अवशेष दिखाई देने लगेंगे। पर्यावरणविद कहते हैं कि जिस तीव्र गति से पृथ्वी में ऊष्मा और उष्णता बढ़ रही है कुछ ही वर्षों में उत्तरी ध्रुव पिघल सकता है। माया सभ्यता ने भी 2012 तक एक बड़े विनाश की भविष्य वाणी की थी। लगता है इसमें संगणना की कोई त्रुटि हुई है। तथापि दोनों ध्रुवों में दूब की तरह की घास का उगना प्रत्यक्ष हो ही गया है। बाइबल (उत्पत्ति अध्याय-Genesis 2 : 10-4) में गार्डन ऑफ ईडन का संदर्भ इस तरह है कि खुदा ने जिस प्रथम मानव जोड़े ऐडम (आदम) और ईव को बनाया था उनका निवास गार्डन ऑफ ईडन में ही था जिसका सिंचन एक ऐसी देव नदी करती थी जो चार धाराओं में विभक्त होकर पूरी पृथ्वी में प्रवाहित हुई। इस शास्त्रीय वाक्य

से एक बात यह भी स्पष्ट होती है कि गार्डन और पैरडाइज अलग-अलग थे। गार्डन, मेरु-ब्रह्मपुरी था जहाँ गंगा ब्रह्मपुरी का सिंचन करके पृथ्वी पर चार धाराओं में प्रवाहित हुई और परूडीज आर्कटिक-पुष्कर था जहाँ से गंगा निकली थी। तात्पर्य ये भी है कि ईडन-पैराडाइज एक ही थे गार्डन अलग था बाइबल के उद्धरण से यह बात और भी स्पष्ट हो जायेगी;

'And a river went out of Eden to water the garden, and from thence it was parted, and became four heads. The name of the first is called Pison, that encompasses the whole land of Havilah, where there is gold the name of the second river is Gihon; which compasses the whole land of Ethiopia. The name of the third river is HiddeKel that goes toward the east of Assyria. And the fourth river is Euphrates that covers south-West Asia and flows in to Persian Gulf.'[1]

इसी तरह अगर ऐटलान्टिस सिटी भी पुष्कर द्वीप नहीं तो ब्रह्मपुरी ही थी। बाइबल ने उस मातृ गंगा का नाम उजागर नहीं किया जो ईडन देवलोक से बहती है तथा जिन चार धाराओं का जिक्र किया है वो पूरे विश्व को आवृत भी नहीं करती हैं जबकि गङ्गा की जिसे यूनानी गंजिज (Ganges) कहते हैं, की चारों धारायें उत्तर से दक्षिणी यानी अंटार्कटिक तक और पूर्व से पश्चिम तक आवृत करती है।

गंगा का प्रवहण विष्णु पाद देवलोक-आर्कटिक से हुआ, वह हिम मय पर्वत श्रेणियों के क्षितिज को आच्छादित करती हुई मेरु-ब्रह्मपुरी में ब्रह्म सरोवर को सिंचित करती हुई चार धाराओं में विभक्त होकर चारों दिशाओं में बही और चार दिशा समुद्रों में विसर्जित हुई। सीता (सम्भवतः प्राकृतिक परिवर्तनों के बाद कई नदियों में विभक्त होकर भी हक्रा नाम से जानी जाती है)। हकरा (Hakra) मेरु से पूर्व की ओर ईरान-अफगानिस्तान, केसरांचल को समाहित करती हुई पूर्व समुद्र में (आज अरब सागर), सुचक्षु जो प्राकृतिक परिवर्तनों से वर्तमान Oxus तथा Huang Ho में विभक्त हो गई, पश्चिम समुद्र आज के पैसिफिक में, (उस समय पीला सागर या Yellow Sea नहीं था), सीता उत्तर समुद्र आज के आर्कटिक में, और अलकनन्दा दक्षिण की ओर प्रवाहित होकर दक्षिण समुद्र हिन्दमहासागर में

1. बाइबल-उत्पत्ति (2 : 10 - 4)

समाहित होकर अन्टार्कटिक में प्रवाहित हुई। इस प्रकार गङ्गा तीनों लोकों में बहकर पाताल लोक (Hades) अर्थात अन्टार्कटिका यानी दक्षिण ध्रुव तक प्रवाहित हुई। स्पष्टतः प्रथम और द्वितीय हिम युग के दौरान सात महा समुद्रों से, जिनमें चार दिशा महा समुद्र भी सम्मिलित हैं न जाने कितने सागर और गङ्गा की उपर्युक्त चार धाराओं से न जाने कितनी अन्य धारायें निकली, कहना मुश्किल है, कितना विच्छेद हुआ ये कहना भी कठिन है। कहा जाता है कि पिछले हिमयुग से पूर्व यानी जल प्लावन काल से पूर्व के करीब साठ हजार (60000) वर्षों के अभिलेख इजिप्ट-मिश्र के पुस्तकालयों में सुरक्षित थे। यह बात 2400 वर्ष पूर्व मिस्र के पुजारी सोलन ने प्लेटो को 'अटलान्टिस' की कहानी सुनाते हुये बताई थी, क्योंकि दोनों आपस में सम्बन्धी भी थे। इसका विस्तृत विवरण अलग से आगे के प्रकरण में दिया गया है।

जलप्लावन का विवरण, कथायें और संदर्भ विश्व के सभी मुख्य धर्मशास्त्रों में है। भारत के धर्मशास्त्र इसे प्रकृति और सृष्टि की स्वाभाविक आवर्ति प्रक्रिया मानते हैं। हिमयुग के इन आवर्तनों के परिणामस्वरूप हुये विनाश ने ही आर्यों को क्रमशः अमेरिका, ईरान, मिश्र, ग्रीस, यूरोप, चीन, की ओर जाने के लिये वाध्य किया। ऐसा लगता है कि पिछले हिमयुग के बाद की तबाही ने ही उन्हें सम्भवतः भारत में नई भूमि तलाशने के लिये प्रेरित किया, क्योंकि तब तक भारत की जलवायु भी उनके रहने योग्य होगई होगी। प्रारम्भ के वर्षों में आर्य जन अत्यधिक उष्णता के कारण भूमध्य रेखा से दक्षिण की ओर के देशों जैसे भारत आने के लिये उद्यत नहीं रहे होंगे। आर्कटिक क्षेत्र का जलवायु अतीव शीत और भारत जैसे देशों का अतीव गर्म था। आर्य लोग शीत जलवायु में रहने के आदि थे। ईसा पूर्व कम से कम सातवीं-आठवीं शताब्दी के जेण्ड अवेस्ता (जरुथस्त्र शास्त्र) में भी, जिसे जरुथस्त्री वेद तुल्य ही मानते हैं, पिछले हिमयुग के प्रारंभ में ध्रुवों के अचानक जमने का सन्दर्भ है। जलप्लावन उस अवधि अथवा काल का अन्त था, जब ध्रुवों के हिमशिखर, हिमावरण तथा हिमखण्डों ने अचानक पिघल कर ध्रुवीय क्षेत्रों पर अपना भार कम किया और सर्वत्र पानी ही पानी हो गया। वेदों ने शायद इसे ही (वृत्र हन्ता) इन्द्र देव कहा। अनावृष्टि रूपी वृत्र (वृत्रासुर) का हन्ता। कहानी कुछ ऐसी है कि सूखे के स्वामी वृत्रासुर ने पृथ्वी और क्षितिज का जल ध्रुवों पर एकत्रित करके जमा कर दिया। जब हाहाकार मचा तो देवाधिपति इन्द्र ने उस जल राशि को मुक्त किया और वर्षा के भी स्वामी कहलाये। अवेस्ता में वृत्र रूपी असुर को अहरिमन यानी आहरण करने वाला असुर-शैतान कहा गया है।

मेरू के उपलब्ध रेखा चित्र यह भी बताते हैं कि हमारे पूर्वज आज की तरह पृथ्वी का भ्रमण पूर्व से पश्चिम की ओर नहीं बल्कि उत्तर ध्रुव से दक्षिण की ओर करते थे और पूर्व दिशा का निर्धारण सूर्योदय दिशा से ही होता था आज की तरह उत्तर से नहीं। ऐसा माना जाता है कि मरकेटर ने जो रेखा मानचित्र बनाया वह लगभग 4000 ईसवी पूर्व आर्यों द्वारा बनाये गये मान चित्र पर आधारित था जिससे ये पता लगता है कि आर्कटिक क्षेत्र उस समय नौ चालन (navigation) तथा पार करने लायक था। पुराण शास्त्रों में मेरू, जम्बू द्वीप और पृथ्वी का जो वर्णन है उसकी आज से तुलना करने पर कम से कम पिछले दो हिमयुगों में हुये अकाल्पनिक परिवर्तनों की झलक मिल जाती है।

अब की अद्यतन वैज्ञानिक खोज से ज्ञात होता है कि उत्तरी ध्रुव के हिम गर्भों में तथा अन्य स्थानों में पृथ्वी के अन्दर विशाल मृत जैविकता जैसे पेड़, पत्ते, सड़ी-गली घास, नष्ट पौधे तथा वनस्पति विखरी पड़ी है जो आगे के लिये एक बड़ा पर्यावरणीय खतरा बन रही है। प्रसिद्ध वैज्ञानिक के.एम. वाल्टर अँथनी (Katey M. Walter Anthony) का मानना है कि नष्ट हुई यह जैविकता, जो आर्कटिक में विद्यमान है करीब 30000 (तीस हजार) वर्ष पहले की होगी। बहुत समय से वैज्ञानिक उत्तर ध्रुव क्षेत्र (Northern Land) को वर्फ में परिवर्तित कार्बन का अपार भण्डार मान भी रहे थे जो कि नष्ट हुये पत्ते, मूल, फल-फूल के रूप में हिमीय मिट्टी में दबा पड़ा है। इन वैज्ञानिकों के अनुसार इस क्षेत्र के करीब एक तिहाई भाग की यही स्थिति है। इससे वायुमण्डल में मीथेन गैस (Methane gas) फैलने का खतरा बढ़ गया है। आखिर ये किस बात का प्रमाण है? स्पष्ट है कि आर्कटिक सहित उत्तरी ध्रुव क्षेत्र में कभी जीवन था।

भारतीय सनातन वाङ्न्मय में स्वर्णिम मेरू को सुषुम्णा नाड़ी की तरह धुरी, तन्तु, और दण्ड (axis - cord - shaft) के रूप में वैश्विक मानद्ण्ड़ होने का आदि गौरव प्राप्त है, हिमालय से भी बहुत पहले, क्योंकि मेरू हिमालय से बहुत पुराना महा पर्वत माना गया है। सम्भवतः उस हिमयुग में विश्व के उत्तर और दक्षिण ध्रुवों को मिलाने वाला। लेकिन जम्बूद्वीप के उत्तरी और दक्षिणी भागों को मिलाने वाला तो था ही क्योंकि वह जम्बूद्वीप की नासिका की तरह था। मेरू जम्बूद्वीप के मध्य में स्थित उसकी राजधानी इलावृत वर्ष के भी मध्य में था इसीलिये कहा जाता है-'मेरु के बीच में इलावृत वर्ष और इलावृत वर्ष के बीच में मेरु'-'मेरूर्नसिका

तस्य, मेरु मध्ये व्यवस्थितः'। शायद इस स्थिति से भी अंग्रेजों ने भारत को उत्तर और दक्षिण में विभाजित करने का फायदा उठाया। भारत के लोगों को मिलाये रखने की जगह भिड़ा दिया। आर्य लोगों ने पृथ्वी का विभाजन ध्रुवों एवं सूर्य गति (अयन) के अनुसार उत्तर और दक्षिण में किया था जो दो गोलार्धों के अनुरूप था, लेकिन पाश्चात्यों ने पृथ्वी की परिक्रमा को पश्चिम से पूर्व की ओर सिद्ध करके विश्व को पूर्व और पश्चिम में बाँट दिया।

जलप्लावनों के उपरान्त जब आर्यजन शनैः-शनैः ईरान, मिश्र, यूनान जैसे विभिन्न स्थानों में प्रवास करने लगे और विस्तारित होकर वसने लगे तो उन स्थानों के साथ आर्य, अरिया, इरिया, एरिया अथवा मेरु, कुरु, आर्क आदि वर्णों की सौगात, पहचान, अंश या पर्याय भी छोड़ते रहे जो आज भी विभिन्न देशों, स्थानों के नामों के प्रत्यय या उपसर्ग बने हुये हैं। यह प्रतीत ही नहीं होता अपितु निश्चित सा लगता है कि कालान्तर में आर्कटिक महाद्वीप का नामकरण भी उस क्षेत्र में आर्योदय के ही कारण हुआ। तब इन शब्दों के साथ जाति, समुदाय, धर्म, राजनीति, वोट की दुर्गन्ध नहीं जुड़ी हुई थी। बल्कि आर्य शब्द-वर्ण सभ्यता, श्रेष्ठता और उच्चता की पहचान माने जाते थे इसीलिये कई देश अब अपने को आर्य एवं आर्य सन्तान कहने या मानने में गर्व अनुभव कर रहे हैं। कुछ उदाहरणों जैसे सीरिया, अरम, अर्मेनियां-अर्मेइक, अमरीका, अरब, ईरान, अल्जीरिया, सीथिया, नाइजीरिया, अरेबिया, अरगन आदि नामों से यह कथन सिद्ध किया जासकता है। इसीतरह अन्य नाम हैं बल्गारिया, नाइजीरिया, यूरेसिया, एशिया, अन्टार्कटिक आदि। इस्लामीकरण के उपरान्त कई नाम मिटा दिये गये, कई नाम बदल दिये गये तथा ईसाइकरण के साथ अंग्रेजों के साम्राज्य में अंग्रेजी के कहर ने अधिकतर नाम विरूपित कर दिये, साथ ही कई उच्चारण विकृत हो गये। यहाँ तक कि अरमियन (Armenia) नाम भी स्पष्टतः आर्य का ही विकार है जो मूलतः हयस्थान नाम से अभिधेय था। जिसका सम्बन्ध मध्य जम्बू के सुप्रसिद्ध आर्य अश्वों से था। अरमियन लोग 11वीं से 8वीं शताब्दी ईसापूर्व (बीसीई) अरम (Aram), यानि वर्तमान सीरिया तथा मेसोपोटेमिया का कुछ हिस्सा मिलाकर बने देश में रहते थे। कहते हैं कि अरमेयिक लिपि भी आर्यन लिपि का ही रूप थी जो बहुत समृद्ध थी जिससे कई लिपियाँ विकसित हुई जो आज भी दक्षिण-पश्चिम एशिया में प्रचलित है। अर्मेनियन लिपि में 38 वर्ण (अल्फबेट) थे जबकि संस्कृत में स्वर-व्यंजन मिलाकर 39 हैं। एक का फर्क दो और तीन स, श (ष) के कारण ही है।

आर्कटिक क्षेत्र से इस तरह विभिन्न दिशाओं में विस्तार के साथ आर्य लोग अपने साथ मध्य जम्बूद्वीप, आर्कटिक उत्तरीध्रुव, साइबेरिया उत्तरकुरु, मेरु की स्मृतियां भी लेते गये और नये स्थानों पर उस तरह के प्रमुख चिन्हों का पुनर्नामकरण किया। मिस्र में मेरु की संरचना पर बने पिरामिडों को M'tu कहते हैं, साथ ही पर्वत का भी 'नाम मेरो' (Meroe) है। पिरामिडों की संरचना कैलाश आधारित मानना युक्तियुक्त प्रतीत नहीं होता। मेसोपोटेमिया (वर्तमान इराक) में सुमेरु से ही सुमेर सभ्यता का नाम करण हुआ। पेरु में 'मोरे पर्वत' (Mt Moray), इस्राइल में माउण्ट मोरिया (Mt Moriah) इसके कुछ अन्य उदाहरण हैं। ये स्मारक यह याद दिलाने के लिये थे कि मानव जाति अपने पूर्वजों के बारे में जान सके, उस इतिहास का ज्ञान ले सके, उस भावानात्मकता से जुड़ सकें कि वो कोन थे, कहाँ से आये थे। मानव जाति के आदि पितर कहाँ के निवासी थे।

आर्यों के इस तरह विभिन्न जगहों पर प्रवास करने के उपरान्त शनैः-शनैः यानी सैकड़ों वर्षों के अन्तराल में आर्कटिक, मेरू, उत्तरी ध्रुव, पुष्कर, ब्रह्मपुरी, वैकुण्ठ, आर्यवैभ्राज, ब्रह्म सरोवर तथा आर्यों की स्मृति भी उनकी सन्तति तथा विखरी जनसंख्या के मानस पटल में धुंधली होते होते लुप्त प्रायः हो गई। याद दास्त मन्द पड़ने और विलुप्त होने के साथ आगे की सन्तति नये निवाशों, निवेशों, स्थानों की भौगोलिक पृष्ठभूमि, पारस्परिक मेलजोल, मिलाप एवं संवाद (interaction) से विकसित परम्पराओं, विश्वासों, धार्मिक अनुष्ठानों, औपचारिकताओं, आचार विचारों और कर्मकाण्ड (rituals) का अनुसरण करने लगी। इन पद्धतियों पर कालान्तर में विभिन्न समयों पर अवतरित गुरुओं, धार्मिक देवदूतों, और दर्शनिकों का ऐसा प्रभाव पड़ा कि संस्कृति और धार्मिक आस्थायें बदलती चली गई, साथ ही शब्दों के उच्चारण टूटने लगे और भाषा परिवर्तन होने लगा। भाषा के अपभ्रंसित होने से नई भाषाओं का भी जन्म होने लगा। नई-नई भाषाओं का जन्म होने से मूल भाषा संस्कृत और संस्कृति बदल गई। जनसंख्या वृध्दि, प्राकृतिक आपदायें, गरीबी, भूख, लालसा, अहंकार के कारण अध्यात्म के बजाय धार्मिक सम्प्रदायों का अभ्युत्थान और उसके परिणामस्वरूप आपसी द्वेष, वैमनस्यता, आक्रमण और युद्धों ने पूरी मानवता की तस्वीर ही बदल दी। दुनियाँ का स्वरूप ही बदल गया। हर समुदाय, देश, जाति, वंश अपने को अलग अलग देखने लगा। कई समुदाय एक दूसरे के चरम विरोधी तक हो गये। विश्वास करना तो दूर आज कोई यह मानने के लिये तैयार नहीं है

कि हमारे पूर्वज एक ही थे, हम एक ही पूर्वज की सन्तान हैं, एक ही वंशानुयायी हैं, सम्पूर्ण विश्व एक ही पितृत्व से उत्पन्न है।

ईसाइयत आज भी त्रिदेव (Trinity of gods) को मानती है। अरब में भी तीन देवी महाशक्तियों की तरह Lat, Uzza, Manat हैं। त्रिदेवों में जीसस को द्वितीय पुरुष अवतार मानते हैं (the second person in the Trinity incarnate in Jesus)। सनातन वैदिक धर्म की तरह ईसाइ लोग भी 'शब्द' (Word) को ईश्वरीय वाणी मानते हुये आदर करते हैं। वेद में शब्द को अक्षर ब्रह्म कहा गया है। सनातन धर्म में वाणी की देवी की सरस्वती के रुप में स्तुति की गई है। इस्लाम में वेदों की तरह 'सोम' (चाँद) का अभिवादन-समादर किया जाता है। हिन्दू भी चांद की पूजा करते हैं। फिर भी शत्रुता, कटुता इतनी उग्र है कि धर्म को छोड़ भी दें, वैज्ञानिक तक अपने ही द्वारा विकसित 'एकल कोशिका जीव' (Single cell organism) के सिद्धान्त को मानव उद्गम एवं अनुक्रम के क्षेत्र में नहीं मानते (the hostility is so deep that the most modern of modern scientists are not prepared to accept their own scientific theory of single cell organisms in human origin)। वेदों ने इसे ईश्वरीय-दैवी प्रदत्त कहा है न कि 'बनमानुष या बन्दर' से उत्पन्न-चाहे वो कितना ही बड़ा (Great Ape) क्यों न हो। अब ये तो पूरी तरह सिद्ध हो चुका है कि मानव अपने ज्ञान-विज्ञान, अन्वेषण और तकनीक से किसी भी जीव की यहाँ तक कि मनुष्य की भी अनुकृति (Cloning) कर सकता है पर कोई जानवर-पशु स्वयं की तो दूर किसी भी जानवर या पशु की अनुकृति नहीं कर सकता फिर मनुष्य का तो सवाल ही नहीं उठता। अतः मनुष्य की उत्पत्ति अथवा विकास बंदर या वनमानुष से कतई सम्भव नहीं है।

प्रश्न ये है कि क्या यह सभी दृश्य जगत और प्रकृति क्रम विकास है या क्रम विकास केवल चुनिन्दा (selective) है यानी केवल एक काल विशेष तक सीमित था और मनुष्य पर ही लागू होता है। अगर ऐसा है तो यह सिद्धान्त तुरन्त दफनाने योग्य है। अगर ऐसा नहीं है, और यह सिद्धान्त सभी जीवों प्राणीयों पर हर काल में चरितार्थ होता है तो पिछले 6,0000000 करोड़ वर्षों में मगरमच्छ और घड़ियाल आदि (जैसा कि वैज्ञानिक स्वयं कहते हैं) विकसित होकर कुछ और बनते क्यों नहीं देखे गये या क्यों नहीं बन गये। पिछले लाखों सालों से कोई वनमानुष या बन्दर या गुरिल्ला मनुष्य क्यों नहीं बना, किसी ने ऐसा सुना तक नहीं, देखना तो दूर की बात

है-(no sensible man except the Yankees could believe that man has come out of monkey)।

सनातन वैदिक दर्शन यही मानता है कि मानव ही नहीं समस्त प्राणी जगत दैवी शक्तियों की उत्पत्ति हैं। यानी साइन्स की सोच से बाहर दूसरे ग्रहों से आये अतिमानव शक्तियों ने हमारे इस पृथ्वी ग्रह में मनुष्य एवं अन्य प्राणियों को जन्म दिया। सनातन संस्कृति उन्हें ऋषि प्रजापति, मानसपुत्र, अर्धदेव-तुषित्व का समादर देती है, जो 'प्रकाश वर्षों' से कम देव या अलौकिक-सूक्ष्म वर्षों में विचरते थे। सनातन पौराणिक संस्कृति का मानना है कि दूसरे ग्रहों में मनुष्य को छोड़कर वही योनियाँ हैं या हो सकती हैं जिनको जीवित रहने तथा कर्म कलापों के लिये पाँच (पृथ्वी, जल, अग्नि, वायु, आकाश) से कम तत्वों की आवश्यकता है। अतः आर्य वैदिक दर्शन मानता है कि यह ब्रह्माण्ड-सृष्टि अनन्त प्रतीत होते हुये भी, मनुष्य सहित जो योनियाँ और जीव जगत-प्राणी, वनस्पति आदि इस पृथ्वी पर हैं, अन्यत्र कहीं नहीं हैं। अन्य ग्रहों पर मनुष्य को छोड़कर अतिमानव योनियाँ सम्भव हैं क्योंकि वो सब भोग योनियाँ हैं इसीलिये मनुष्य ही सर्वश्रेष्ठ योनि है क्योंकि यही एकमात्र कर्म योनि है। सनातन पौराणिक इतिहास का मानना है कि वैदिक आर्य और उनसे से भी पूर्व आर्ष आर्य अर्ध देवीय (Demi gods) थे जिनसे आर्यमानवों का अभ्युदय और उनसे फिर विश्व विस्तार हुआ।

बाइबल ने अपने प्रारम्भिक 'उत्पत्ति अध्याय' (genesis)[1] में ही माना है कि आदि मानव अलौकिक थे लेकिन उन्नीसवीं सदी के अंग्रेज प्राकृत वैज्ञानिक डार्विन के 'क्रमिक विकासवाद सिद्धान्त' (theory of organic evolution and theory of evolution by natural selection)[2] का पाश्चात्य जगत पर ऐसा अन्ध प्रभाव पड़ा कि उत्पत्ति के 'दैवी दर्शन' (divine philosophical theory) को मानना तो दूर विश्वास करने के लिये भी वह तैयार नहीं था लेकिन आज स्थिति बदल गई है, विचार और अवधारणायें बदल गई हैं। तब उनका असली उद्देश्य सनातन वाङ्गमय, वैदिक दर्शन और भारतीय पौराणिक इतिहास को कूड़ा साबित करना था परन्तु अन्ततः वो फेल हो गये। सच यही है कि पाश्चात्य वैज्ञानिक विश्व के खास-खास, विशेष रूप से सनातन दर्शन की नकल करके ही अपने नये-नये सिद्धान्तों को

1. बाइबल-उत्पत्ति (Genesis)
2. Darwin-Theory of Natural Selection

दुनियाँ के समक्ष रखते रहे हैं। साइन्स वैदिक एवं धर्मशास्त्रीय इतिहास में लिखी बातों और सिद्धान्तों का परीक्षण (test) करता रहा और अपने को आगे बढ़ाता रहा।

एक बात निश्चित सी है कि हमारे आदि पूर्वजों और उनकी सभ्यता का वाह्य अन्तरिक्ष और अलौकिक जगत से बहुत नजदीकी सम्बन्ध था। अन्यथा उन्हें कैसे पता चलता कि अन्य ग्रहों में भी अति प्राकृत एवं देवी शक्तियाँ हैं जिन्हें हम देवी-देवता कहते हैं। अगर ये बातें निराधार होती तो वैज्ञानिक आज दूसरे ग्रहों में किस जीवन को ढूँढ रहे हैं। दैवी शक्तियाँ अपने में पूर्ण थीं। इसीलिये पृथ्वी पर मानव एवं अन्य जीवन सम्भव हो सका। फिर भी तथाकथित वैज्ञानिक कहे जाने वाले स्टीफन हकिंग (Stephen Hawking) जैसे लोग, अभी भी हैं, जो कहते हैं 'हमें खुदा की जरूरत नहीं' (we need no god) क्योंकि वो जानते हैं कि विज्ञान विकृति की उस सीमा पर पहुँच रहा है जहाँ से उसे वापस आना सम्भव नहीं है। विश्व के साथ जो मजाक प्राकृत विज्ञान ने किया उसको अध्यात्म विज्ञान से चुनौती मिलने वाली है अतः अपने अस्तित्व के लिये उनके पास इसके अलावा कुछ और कहने के लिये है भी नहीं। उनको 'God' (गॉड) की जरूरत नहीं है या गॉड को उनकी, ये तो दिख ही रहा है और आगे पूरी तरह दिखने वाला है। क्यों नहीं बचा पाया साइन्स अमेरिका को तबाही से, जापान को विनाश से, थाईलेण्ड को विभीषिका से, पाकिस्तान और चीन को प्रकृति के ताण्डव से यहाँ तक कि हकिंग साहब के अपने ही इंग्लैण्ड और यूरोप को प्रकृति के कहर से? भारत के लोग पाश्चात्यों की इस 'थियरी' को स्वीकार करने के लिये कभी भी तैयार नहीं थे, न हैं, न होंगे कि मनुष्य की पैदाइस लंगूर या बंदर से है, न कि दैवी शक्तियों से।

सम्भवतः डार्विन के साथ साथ 19-20 वीं सदी के तथाकथित वैज्ञानिक मोर्गन (morgan) ने भी जिसने वंशानुक्रमण (theory of heredity) का प्रतिपादन किया था, अपने राजनैतिक गुरु सामाजिक समझौता सिद्धान्त (Social contract theory) के प्रणेता फ्रांसीसी दार्शनिक रूसो (J.J. Rousseau) से प्रभावित होकर उसके राजनैतिक सिद्धान्त को मानव प्रभाव पर भी प्रयुक्त किया कि राजा अलौकिक शक्ति या पृथ्वी पर ईश्वर का प्रतिनिधि नहीं है अतः मानव भी दैवी उत्पत्ति नहीं है। इस अप्रासंगिक विषय पर यहां ज्यादा चर्चा किये वगैर इतना कहना ही पर्याप्त होगा कि दोनों बातों में जमीन-आसमान का अन्तर होते हुये भी यही सच है कि पृथ्वी के आदि राजा और राज प्रणाली दैवीय पुरुषों से ही चली थी और रूसो के

सिद्धान्त के वावजूद आज तक विश्व में राजशाही कायम है। आज से हजारों साल पहले से विश्व में प्रजातन्त्र ही था लोकतंत्र नहीं था। ये बात दूसरी है कि कभी किसी काल विशेष में जनता को कोई विशेष अधिकार दे दिये गये हों या पंचायत प्रणाली सदृश कोई सहायक व्यवस्था स्थापित कर दी गई हो, जो अपवाद स्वरूप ही थी, मात्र सुविधा के लिये, अतः अस्थाई।

डार्विन द्वारा प्रतिपादित 'वनमानुष से मानव उत्पत्ति के सिद्धान्त' के आधार पर ही पाश्चात्य विज्ञानी सनातन आर्य सिद्धान्त के विपरीत मानव सभ्यता की यात्रा को कलियुग से सतयुग की ओर बताते हैं? लेकिन परिणाम बहुत बुरा हुआ। इस थियरी ने वही पशुत्व पुनः आदमी के अन्दर पैदा कर दिया है। अनियन्त्रित वैश्विक अर्थव्यवस्था ने खुलेपन के नाम पर विकास के अन्तिम सोपान में आदमी को अब भूख, गरीबी, अभाव, नैतिक ह्रास, अमानवीयता और पतन के कगार पर तथा पूंजीपतियों की क्रूरता और संघारक प्रवृत्ति (killing instinct and cut throat) को उसी आदम युग में पहुँचा दिया है जहाँ से उसकी शायद उत्पत्ति हुई थी। इसी तरह के सिद्धान्तों पर विश्वास ने इतने सालों से बनाई गई उच्च मानवीय आदर्शों की इमारत को ध्वस्त कर नग्नत्व पर ला खड़ा कर दिया है। कोई ऐसा उदात्त, प्रशंसनीय और श्रेष्ठ उद्देश्य नहीं रह गया है जिसकी अभिलाषा की जाय। जीवन के उच्च आदर्श और मूल्य तहस नहस हो गये हैं, भोग, भौतिकता और शरीर पर पशुवत ध्यान केंद्रित हो गया है जिसने नेक और सभ्य समाज स्थापन की जड़ ही हिला दी है। ये बात अपनी जगह है कि आर्यत्व की नीव पर समुन्नत सनातन समाज की नीव लाखों सालों की समृद्धि और अस्तित्व के कारण इतनी गहरी हैं कि उसे कोई बहुत बड़ा नुकसान होने की सम्भावना नहीं है। गोया पाश्चात्य जगत को जरूर इसकी बड़ी कीमत चुकानी पड़ेगी जो वह चुका भी रहा है। अपने कर्मो के लिये जब तक यूरोप-अमेरिका प्रायश्चित करेंगे तबतक मानवता ही भयंकर विनाश के कगार पर पहुँच चुकी होगी। सनातन आर्य संस्कृति से अवगत भारत के लोगों को अपना मूल ज्ञात है, वो कोन हैं, उनकी यात्रा क्या है, जीवन उद्देश्य क्या है और कैसे उन्हें प्राप्त या पूर्ण करना है। इसी हकीकत के ज्ञान को पाश्चात्य भारत का निराशावाद कहते रहें हैं। लेकिन धर्म ने, सनातन आदर्शों ने झूठ बोलना नहीं सिखाया। पश्चिम का कहीं कोई इतिहास ऐसा नहीं है जिस पर वो गर्व कर सकें, निर्भर रह सकें, अमेरिका का तो बिल्कुल भी नहीं है। डार्विन साहब और उनके चेलों से पूछा जा सकता है कि अगर क्रमिक विकासवाद (theory of phased natural evolution) इतना सही है तो लाखों-करोड़ों सालों से अभी तक जानवरों ने मनुष्य की तरह बोलना क्यों नहीं सीखा?

जीव जगत : बीजत्व एवं उद्भव-भारतीय दार्शनिक आयाम

वेदों में आदि आर्यों को 'तुषित पुत्र' कहा गया है अतः स्पष्ट है कि आदि देव पुत्र आर्यों का जन्म वेदों की रचना से भी हजारों वर्ष पूर्व ही हुआ है। तथापि यह समझना भी जरूरी है जैसा कि, कुछ इतिहासकार मानते हैं, वैदिक युग को देवासुर अर्थात् देव-दानव, सुर-असुर युग नहीं कहा जासकता है। वह युग वेदों की रचना से भी पहले था। इसीलिये वेदों में उनका उल्लेख और संदर्भ होने के साथ-साथ बाधा मुक्त होने के उपायों और मंत्रों का पाठ है। आर्य संतान होने के कारण ही मानव में आज भी देवत्व के लक्षण (chromosomes) मौजूद हैं। आर्य जन ये भी मानते थे कि सभी प्राणियों चाहे सरीसृप हों, स्तनपायी हों, जलजन्तु हों, उभयचर हों, नभचर हों, मेरुदण्डी या अमेरूदण्डी, स्वेदज, अण्डज या जरायुज हों सबकी उत्पत्ति के पीछे ईश्वरीय या दैवी तत्व की मौजूदगी है। इसीलिये पुराण इतिहास और शास्त्रों ने मुख्य जीव प्राणियों के अलावा देव-दानव, दैत्य और अदित्यों तक की उत्पत्ति के पीछे कश्यप ऋषि एवं दक्ष पुत्रियों को 'मूल कारण' (cardinal cause) बताया है। यही कारण है कि अधिकांश मुल्कों के अपने पवित्र और राष्ट्रीय ही नहीं पैतृक और धार्मिक पशु-पक्षी भी हैं। गौर करने की बात ये है कि अमेरिका का राष्ट्रीय पक्षी गरुड़ (Eagle) है जो भारतीय वाङ्मय में विष्णु का वाहन है अतः पवित्र है। वैदिक सनातन दर्शन के अनुसार पितामह (Procreator) स्वयम्भू ब्रह्मा के स्वायम्भुव मनु के अलावा दश (10) मानस पुत्र थे। मानस पुत्र अर्थात संकल्प से उत्पन्न। उनमें से 'प्रजापति दक्ष' प्रख्यात थे जिनकी कई कन्यायें थी। उनमें से 13 का विवाह कश्यप ऋषि से हुआ था जो ब्रह्मा के आदि मानस पुत्रों में से एक प्रजापति मरीचि के पुत्र थे। ये सभी ऋषि-मुनि और देव गण देव वर्षों (divine years) में रहते थे जो मानव वर्षों से बिलकुल अलग थे। जैसा कि कहा भी जा चुका है एक देव दिन एक मानव वर्ष के बराबर है। आज वैज्ञानिक समस्त जीव जगत में जिस सर्व मान्य आदि अतिसूक्ष्म अवयवी (organism की खोज कर रहे हैं वह यही कश्यप जी और दक्ष पुत्रियाँ हैं। विज्ञान जिसकी खोज में अंधेरे में लाठी चला रहा है वह सर्व मान्य वंशजी और अवयवी (common descent and creator for all organisms) यही देव रक्त है। देव वर्षों के कारण उनकी आयु

का हजारों मानव वर्षों में आकलयन किया गया है जिसे आगे 'अटलांटिस ईडन-ब्रह्मपुरी' अध्याय में और भी विस्तार से बताया गया है। इसीलिये वैदिक आर्य न केवल इन्द्र अर्थात् वर्षा की ही पूजा करते थे क्योंकि वह प्राण संचारक थे अतः राजा थे, अपितु द्रष्टा ऋषियों, प्रकृति शक्तियों एवं अलौकिकों जैसे अग्नि, मित्र, वरुण, सूर्य, सोम, चन्द्र, उषा, पूषा, (पूखा), मरुत, द्यो, पृथ्वी, अर्यमा, पर्जन्य, आदित्य, अदिति, देव, देवता, धाता, प्रजापति, यम, आदि की भी स्तुति करते थे क्योंकि यही देवी शक्तियाँ विभिन्न 'तुषित रूपों' में प्राणियों की उत्पत्ति, स्थिति, अन्त के कारण थे। सबसे बड़ी बात ये कि भारत ही नहीं कोरिया, जापान सहित दुनियाँ के कई देशों के लोग आज भी अपने को सूर्य (Solar) या चंद्र (Lunar) वंशी कहते हैं। इस बीजत्व मूल का एक बड़ा प्रमाण यह भी है कि विश्व की समस्त धर्म संस्कृतियों में, चाहे ईसाइयत हो, जेण्ड आर्य, यहूदी या यूनानी या पौराणिक मिस्त्री अथवा सनातन वैदिक, एक ऐसे पुरुष का उल्लेख है, भले ही हम उसे नूह-नाऊ, यिम-यम कहें या वैवश्वत मनु, जिसने प्रलयकाल में सभी जीवों, वनस्पतियों के बीज सुरक्षित रखे थे।

आर्य आक्रमण सिद्धान्तः सत्य-मिथ विश्लेषण

प्रसिद्ध ज्योतिषी एवं उत्कृष्ट कृति 'Gods, Sages and Kings: Vedic Secrets of Ancient Civilisation' के लेखक डेविड फ्राउले (David Frawley)[1] के अनुसार पाश्चात्यों द्वारा प्राचीन भारतीय इतिहास की व्याख्या के साथ आर्य आक्रमण का अध्याय जोड़ना उस प्राचीन इतिहास का अवमूल्यन करना था। इस अध्याय को जोड़कर पाश्चात्यों ने एक और घिनोना तीर चलाया जिसके अनुसार करीब 1500-1000 बीसी के आस पास सेंट्रल एशिया की गौर वर्ण इण्डो-यूरोपियन यायावर जन जाति ने भारत पर आक्रमण किया और विजय प्राप्त की। इस आक्रमण और जीत के फलस्वरूप उस जाति ने भारत में विकसित एक प्राचीन कृष्ण वर्ण द्रविड़ सभ्यता को उखाड़ फेंका लेकिन साथ ही उस सभ्यता की अधिकांश वो चीजें सीखी जो बाद में हिन्दु धर्म का आधार बनी। उनके अनुसार यही आक्रमणकारी आर्य कहलाये। इस प्रकार कलम की एक ही नोक से पाश्चात्यों ने आर्यों की अपकीर्ति के साथ-साथ भारत विभाजन के बीज बो दिये और आर्यों को इण्डो यूरोपियन कह कर आगे के लिये अपनी धाक और जड़ भी जमा दी। इसके साथ ही उच्चारण की मजबूरी से निकले अरबी-फारसी के हिन्दु शब्द से आर्य

और सनातन संस्कृति को हिन्दु संस्कृति और धर्म का भी जामा पहना कर भारत वासियों को भी हिन्दु बना दिया ताकि हजारों साल की आदि प्राचीन आर्य-सनातन संस्कृति के साथ भारत की पहचान समाप्त हो जाय। आर्यों से पूर्व की तथाकथित सभ्यता से इन छूदमवेशी इण्डो-यूरोपियन इतिहासकारों का तात्पर्य उस सभ्यता से था जो सिन्धु घाटी में पाई गई और जिसे पाश्चात्य एक अलग प्राचीन सभ्यता मान कर आर्यों और भारत की तौहीन करने पर तुले थे। फ्रले (Frawley) महोदय का मानना है कि सम्भवतः पाश्चात्य छद्मियों ने वैदिक आर्यों के शास्त्रों में उल्लिखित अन्धकार और प्रकाश के अनवरत युद्ध को उसी वर्ण की दो जातियों काली और गोरी से जोड़ दिया था।

इन्हीं इतिहासकारों ने विशेषतः भारत और उसकी प्रचुर प्राचीन सांस्कृतिक सभ्यता को अवमानित करने और आर्यों को यूरोपियन प्रदर्षित करने के लिये 'आर्य आक्रमण की 'थियरी' को रचा। इससे भी ज्यादा एक गंदा खेल ये खेला कि एक तरफ आर्यों को असभ्य लुटेरा साबित करने की कोशिश की, दूसरी तरफ उनके रचित आदि शास्त्रों को आदिम युग की अपरिष्कृत रचना करार देने का प्रचार किया। इस क्षेत्र में पाश्चात्यों का सबसे बड़ा सहायक मैक्स मूलर था जिसको कलानतर में कई मखनू भारतीयों ने 'मोक्ष मूलर' तक कह दिया अर्थात् मोक्ष का मूल देने वाला यानी मोक्ष का रास्ता बताने वाला। यह सच है कि अब अधिकांश यूरोपीय विद्वानों ने बल्कि 100 साल पहले भी लोकमान्य के जीवन काल में ही, इस थियरी का खण्डन कर दिया था क्योंकि आर्य आक्रमण की बात भारत के पूरे इतिहास उत्तर-दक्षिण कहीं से भी सिद्ध नहीं होती न मेल खाती है।

इस पुस्तक में जहाँ पूरे इतिहास की मीमांसा करने का प्रयास किया गया है वहीं अन्वेषण के लिये कतिपय नये अध्याय भी नई पीढ़ी को धरोहर के रूप में देने का प्रयास किया गया है। इस पुस्तक में आदि मानवोद्भव, आर्योदय, वैश्विक पितृत्व, सभ्यता विकास, पृथ्वी एवं परग्रहियों की उपस्थिति आदि से सम्बन्धित सभी पुख्ते शास्त्रीय प्रमाणों के अलावा विश्वसनीय ऐतिहासिक, भू-गर्भीय, पुरातत्त्वीय, मानव विज्ञानी साक्ष्य एवं विश्लेषण दिये गये हैं जो अन्य विद्वानों खास तौर से शोधकर्ताओं के लिये पथ प्रदर्शक हो सकते हैं।

---

1. David Frawley - Gods, Sages and Kings

सिन्धु सभ्यता को आर्य पूर्व बताने के पीछे 19वीं सदी में पनप रही यूरोपियन विचारधारा तथा उनकी संस्कृति से जुड़ा माहौल भी था। इसलिये वो मैक्स मूलर की बात को हि दोहराते रहे कि आर्य 1500 बीसी के आस पास भारत में आक्रमणकारी के रूप में आये थे और सिन्धु सभ्यता आर्यों से पहले अस्तित्व में थी। संस्कृत खासतौर से ऋग्वेद पढ़ा मैक्समूलर हिन्दुओं के दिल में राज कर बैठा। अपने देश में वेदों को महिलाओं तथा दलितों एवं संस्कृत भाषा द्विजों के अतिरिक्त अन्य को निषिद्ध करने वाले हिन्दु भी (लेकिन आर्य सनातनी नहीं) मैक्स मूलर की ऋग्वेद पर की गई विकृत व्याख्या से गद-गद हो उठे। ये वही व्यापारी गुरु, स्वामी, बाबा, जोगिनियाँ, पण्डे-पुरोहित कर्मकण्डी थे जिन्होंने अपने ही देश में हनुमान जी की मूर्ति को महिलाओं तथा सामान्य जन के छूने से भी वंचित किया हुआ था परन्तु ओबामा जी की जेब में हनुमान जी की आधा इंच मूर्ति की खबर मिलते ही मानवाकार मूर्ति उन्हें भेज दी। जबकि न तो इन्होंने उस मूर्ति को देखा और न सत्यता की पुष्टि की। अमेरिका में रहने वाले भारतीयों की डेमोक्रेटिकों की वोट खींचने की ये बहुत बड़ी चाल थी। उन्होने भारतीयों की उसी प्राचीन भावनात्मक कमजोरी का फायदा उठाया और सफल रहे। यही दोहरा चरित्र रहा है पहले भी भारतीय अभिजात्य वर्ग का, ठीक आज के नेता, बाबा, गुरु, स्वामिनियों, महंतों की तरह।

इतना ही नहीं, मैक्स मूलर का वेदों एवं वैदिक संस्कृति का काल निर्धारण पूरी तरह अनुमान और अटकलों पर आधारित है। मैक्समूलर ने आर्यों और वेदों का जो काल निर्धारण किया वह अन्य ईसाइ अनुयायियों की तरह बाइबल की उस 'काल अनुक्रमणिका' (chronology) के आधार पर है जिसके अनुसार जलप्लावन 2500 बीसी में हुआ और विश्व सृजन 400 बीसी पहले जो बिलकुल ही हास्यास्पद है और सभी पाश्चात्य थियरियों को एक सिरे से ध्वस्त कर देती हैं। वैसे भी सृष्टि सृजन के सम्बन्ध में बाइबल से यह स्पष्ट नहीं होता कि पृथ्वी पहले बनी या आकाश। प्रथम दृष्टष्या तो ऐसा ही लगता है कि आकाश से पहले पृथ्वी बनी जो कि नितान्त असम्भव है। फिर भी उपर्युक्त दो तिथियों के बीच लटक और लटका कर पाश्चात्यों को आर्यों के हमले की अवधि 1500 बीसी से पहले ले जाने का औचित्य ही प्रतीत नहीं हुआ। इसके अलावा अन्य बड़ा कारण ये भी था कि इन स्वनामधन्य यूरोपी इतिहास खोजियों के अनुसार लोह (iron) की खोज और प्रयोग क्योंकि 1500 बीसी के बाद हुआ और वेदों में 'अयस' यानि लोहे का सन्दर्भ आया

है अतः वैदिक सभ्यता 1500 बीसी के बाद की ही हो सकती है उससे पूर्व की नहीं। यह सारहीन निर्मूल तर्क वैदिक आर्यों को उन असभ्य बनवासी वंशजों में मानता है जिनको लोहे का ज्ञान ही नहीं था। यद्यपि यह तर्क यहीं समाप्त किये जाने योग्य है फिर भी शंका समाधान हेतु यह समझना जरूरी है कि वैदिक साहित्य में अयस को धातु अर्थ में प्रयुक्त किया गया है केवल लोहे के अर्थ में नहीं। क्योंकि आर्यों को सुवर्ण, रजत, लोह आदि अन्य खनिजों का भी ज्ञान था जिन्हें सामूहिक जातिवाचक नाम धातु अर्थात् अयस्क दिया गया। इसप्रकार अयस का प्रयोग धातु के रूप में हुआ है केवल लोहे के लिये नहीं। कहते हैं अन्य यूरोपियन लैटिन भाषाओं में आज भी लोहे (Iron) का प्रयोग ताँबा (copper), काँसा (bronze), कच्ची धातु (ore) आदि के लिये किया जाता है। आर्य साहित्य में अयस के विभिन्न रंगों जैसे रक्तिम, श्याम आदि का भी सन्दर्भ है जिससे पूरी तरह स्पष्ट होता है कि अयस का सामान्य धातु बोधक (generic) नाम से प्रयोग किया गया है। इसके अलावा सबसे बड़ा प्रमाण ये है कि अगर आर्यों को सुवर्ण का ज्ञान था तो स्पष्ट है कि आर्य सभ्यता बहुत प्राचीन थी क्योंकि लोहा बहुत बाद का ज्ञान है। फिर जिसे सुवर्ण का ज्ञान हो उसे अयस् का ज्ञान न हो ऐसा होना सम्भव ही नहीं है क्योंकि चरवाहे घुड़सवारों को वैसे भी अपने रथों-घोड़ों के लिये लोहे की बहुत जरूरत रही होगी। अतः अयस्-लोह का ज्ञान न होने की बात पूरी तरह हास्यास्पद है।

केवल वैदिक ही नहीं, उनके विरोधी भी निर्माण कार्य में अयस का प्रयोग करते थे। अतः वैदिक संस्कृति को ही लोह युग के बाद का बताना और उसी लोहे का उपयोग करने वाली विरोधी सभ्यता को उसका पूर्ववर्ती बताना यूरोपियन्स की सरासर बेईमानी थी। ब्रिटेन के साथ मिलकर यूरोपियन्स ने भारतीयों की दासता का भरपूर फायदा उठाया और भारतीयता का मजाक उड़ाया। वैदिक साहित्य से भी कहीं ये संकेत नहीं मिलता है कि वह सभ्यता लोह युग की थी। सच ये है कि आर्यों को वर्तमान यूरोप और अफ्रीका की ओर से आने वाले यूरोपियन बर्बरों, क्रूर, जाहिलों, आदिम, जंगली, मांस भक्षी जातियों के साथ उसी तरह कई संग्राम करने पड़े जैसे देवताओं को असुरों और दैत्यों से करने पड़े जिसमें अयस का बहुतायद प्रयोग स्वाभाविक है। यह भी सम्भावना व्यक्त की जाती है कि देवासुर संग्राम 'वाच्य' इन्हीं युद्धों के प्रतिबिम्ब हों।

मैक्समूलर ने वेदों और उपनिषदों की रचना 200 साल की अवधि के अन्दर ही बताई है। भाग्यवश उसने यह नहीं कहा कि बुद्ध जी या महाबीर जी के बाद इनकी रचना हुई। भारत में ऐसे कई इनाम प्राप्त प्रवक्ता और अध्यापक हैं जिन्होंने गीता की रचना भगवान बुद्ध के बाद बताई है। मैक्समूलर ने कम से कम ये तो माना कि वेदों उपनिषदों की रचना 500-600 बीसीई में हुई यानी व्याकरणीय (Grammarian) पाणिनी के समय या कुछ पूर्व। कितना हास्यास्पद है ये अध्ययन, कितना छिछोला ज्ञान। जबकि अधिकांश पाश्चात्य विद्वानों ने तिलक जी के साथ सहमति जताई है कि वेदों की भाषा पाणिनि की शास्त्रीय संस्कृत से अलग होने, शब्दावली, रूप, शैली तथा एक ही वेद के विभिन्न मण्डलों और सूक्तों की भाषा में इतना अन्तर होने से स्पष्ट है कि उनकी मूल रचना 4600 ईसवी पूर्व की गई थी। इसीलिये उनको समझने के लिये छै वेदांगों की आवश्यकता पड़ी खास तौर से यास्क मुनि, कृत निरुक्त (etymology) की। स्वाभाविक ही आर्य जन उससे हजारों वर्ष पहले रहे होंगे। मैक्समूलर का अनुमान और आकलन बचकाना होने के कारण विवेकहीन है और आर्यों की तौहीन के साथ-साथ मानवोदय की पृष्ठभूमि और सभ्यता के इतिहास पर भी लांछन है।

मैक्समूलर सदृश कई पाश्चात्य पण्डितों एवं ईसाइ धर्म प्रचारकों ने बाइबल से प्रभावित होकर वेदों के प्रति कठोर उपेक्षापूर्ण भाव रखा जिनको कि वो सेंट्रल एशिया-मध्य एशिया की जन जातियों द्वारा रचित आदिकालीन गँवारू रचना मानकर तौहीन करते थे। इसीलिये वो मानते थे कि वेदों को सिन्धु घाटी सभ्यता की तरह भद्र नागरीय सांस्कृतिक अवस्थान नहीं मिला। मैक्समूलर की तरह ही पुरातत्त्वीय इतिहासकार ह्वीलर का भी भारतीय इतिहास को विकृत करने में बहुत बड़ा हाथ है। तब उपर्युक्त धारणायें इन सबके ऋग्वेद की उन्नत संस्कृति की अवहेलना करके उसकी व्याख्या संदिग्धपूर्ण तरीके से करने के कारण पैदा हुई। पुरातत्त्वीय सर्वेक्षक ह्वीलर जैसे लोग इस गफलत में थे कि सिन्धु सभ्यता का बाहरी आक्रमण द्वारा विनाश का उन्हें सबूत मिल गया था क्योंकि उनका सोचना था कि द्वितीय सहस्त्राब्दी (second millennium) बीसी के दौरान मध्य-पूर्व (Middle East) पर कई इण्डो-यूरोपियन हमले हुये जिसके परिणामस्वरूप हिटीट (Hittites) तथा कसीट (Kassites) लोगों ने मसोपोटेमिया (वर्तमान इराक) को जीता और करीब 2000-1200 बीसी के दौरान उस पर कई शदियों शासन किया। अतः भारत पर आर्यों का हमला इण्डो-यूरोपियन्स के इसी संचरण का स्वरूप रहा होगा। इनके मत

में वैदिक सभ्यता उन असभ्य यायावरों की संस्कृति थी जो मध्य एशिया से अपने रथों, घोड़ों, अयस शस्त्रों (Iron Weapons) के साथ आये और अति विकसित सिन्धु नागरीय सभ्यता को अपनी विशिष्ट समरनीति से कुचल दिया। यहाँ यह भी समझने की बात है कि इतिहासकार व्हीलर ने लोहे को आर्यों से सम्बद्ध किया है।

कल तक यही खनक (excavators) कहते रहे कि सिन्धु घाटी में कोई घोड़ा, रथ, धातु, लोहा नहीं मिला जिन्हें वो असभ्य आर्य लोग अपने साथ लाये थे लेकिन बाद के खननों में कहा गया कि वहाँ घोड़े पाये गये। आश्चर्यजनक ये है कि सिन्धु सभ्यता के अलावा, बाद में किये गये खननों में सिन्धु पूर्व सभ्यताओं में भी घोड़ों के साक्ष्य पाये गये। ऋग्वेद में ही कई बार सम्भवतः 70-90 बार घोड़ों का जिक्र आया है। घोड़ों का उपयोग सम्पूर्ण पौराणिक भारतीय इतिहास के क्षितिज को घेरे हुये है। चक्र (wheel), चक्र तिल्ली (spoke of wheel) के साक्ष्य भी इस बात के प्रमाण हैं कि रथों का उपयोग सिन्धु सभ्यता से बहुत पहले हो चुका था। अतः लोहे का भी।

प्रश्न ये है कि सेंट्रल एशिया से महा भयंकर पर्वत मालाओं के बीच से बीहड़ रास्तों को रथ द्वारा पार करके आर्य लोग भारत पर आक्रमण करने कैसे आये? दूसरा ये कि आज तक कोई यूरोपियन ये नहीं बता पाया कि ये आक्रमणकारी इण्डो-यूरोपियन या मध्य एशियाई किस जाति-वंश-कबीले के थे जैसा कि बाकी सभी हमलों, सभ्यताओं, खननों-अवशेषों आदि के इतिहास एवं खोज के सम्बन्ध में पाश्चात्यों ने बताया है। आर्यों के सम्बन्ध में उन्हें मात्र इण्डो-यूरोपियन कह कर पाश्चात्य मौन क्यों रह गये? स्पष्ट है पाश्चात्य आर्य सभ्यता के बारे में भली भाँति अवगत थे और उसे अपमानित करके तुच्छ प्रमाणित करना चाहते थे ताकि यूरोपियन, पाश्चात्यों विशेष कर बर्तानवियों की तूती बोलती रहे। यही है रहस्य भारत पर आर्य आक्रमण थियरी का, उसे पाठ्यक्रम का अङ्ग बनाकर लोकसेवा आयोगों की परीक्षाओं में सम्मिलित करने और इतिहास का भाग बनाने का, ताकि इस विषय में भारतीयों की पीढ़ी दर पीढ़ी मानसिक शून्यता और मस्तिष्कीय जड़ता (brain washed and mental paralysis) से ग्रसित रहे, दुर्भाग्यवश वह स्थिति आज भी है क्योंकि उसको आज तक न तो चुनौती दी गई और न प्रश्न चिन्ह लगाया गया, उसे छोड़ने की तो बात ही क्या है? ठीक उसी तरह जैसे कर्मकाण्ड ज्योतिष-पुरोहिताई, नेता भ्रष्टाचार बाबा, गुरू, जोगी आदि।

जैसा कि पहले ही विस्तृत रूप से बताया जा चुका है, भारतीय पौराणिक शास्त्रीय इतिहास के अनुसार 'आर्योदय' मध्य जम्बूद्वीप वर्तमान मध्य एशिया में ही हुआ था और उनका आर्कटिक पैरडाइज स्थित देवों के साथ अद्भुत अन्योन्याश्रय सम्बन्ध (symbiotic relationship) था। भारतीय पौराणिक इतिहास में आर्यों का आक्रमणकारी के रूप में उल्लेख तो दूर, कहीं संकेत भी नहीं हुआ है। क्योंकि अगर आर्य आक्रमणकारी होते तो भारत में उनको भारतीय वाङ्मय के प्रणेता और मानव जाति के आदिपूर्वज के रूप में पूजा नहीं जाता। उनकी धरोहर को इस तरह सुरक्षित ही नहीं रखा जाता।

यह भी सच बात है कि आर्यों को जन जाति का बताने वाले पाश्चात्य स्वयं ही अपने जाल में फंसे हुए हैं। झूठ के पैर नहीं होते या यूँ कहना चाहिये झूठ अपनी पकड़ के संकेत छोड़ देता है। जिन आर्यों को ऐसे पाश्चात्य इतिहासकारों ने जन जाति का लेकिन साथ ही रथ का उपयोग करने वाला बताया है क्या वो असभ्य, घुमन्तू (nomad), चरवाहे हो सकते हैं? शायद यूरोपियन भूल गये कि किसी भी अन्य गृह में पेट्रोल, डीजल, तेल, ईंधन की गाड़ी नहीं चलती। तत्कालीन समाज में रथ और घोड़ों का महत्व आज की वोल्सवेगन, (Volks wagen) रोल्स रौयस (Rolls Royce) कारों से सहस्त्र गुना अधिक था क्योंकि उनका सम्बन्ध देवताओं से था जो रथ का उपयोग करते थे भले ही वो शब्द की, वायु की, मन की गति से चलते हों एवं सौर या मन्त्र या अन्य ऊर्जा से चलते हों। इसलिये उनका उपयोग पुरातन काल में भी मैदानी भूमि से उत्पन्न अति विकसित नागरीय सभ्यता ने ही किया होगा। आर्यों द्वारा रथ से आर्याणा (ईरान), गांधार (अफगानिस्तान) सिन्धु-सौवीर के मरुस्थलों, पर्वतों को पार करके भारत पर आक्रमण करने का प्रश्न ही नहीं होता। इस तरह युरोपियन्स का वैदिक आर्यों के बारे में ज्ञान पूरी तरह अज्ञानता तथा घृणात्मक भावना पर आधारित था जिसे भारतीयों ने अपनी दासता की वाध्यता से स्वीकार किया, उससे भी ज्यादा दण्ड के भय से।

पुरातत्त्वीय खुदाई ने अब यह प्रमाणित कर दिया है, और जैसा पहले भी बताया जा चुका है, सिधु सभ्यता की तबाही किसी बाहरी आक्रमण से नहीं अपितु आन्तरिक कारणों से हुई जैसे प्रकृति प्रकोप, सूखा, भूकम्प, विदेशियों के साथ युद्ध, विशेष रूप से सैलाव, ज्वार, जलमग्नता (inundation - flood - deluge) आदि, जिसमें बवंडर, साइक्लोन (हिमीय चक्रवात) आदि भी सम्मिलित हैं। द्वारिका क्षेत्र इसका जीता जागता उदाहरण है जिसे यूरोपी सदा नकारते रहे लेकिन जिसके

अवशेष साक्ष्य अब यूरोपियों और यूनानियों ने स्वयं अपनी आँख से देख लिया है। सिन्धु सभ्यता के बहुत पहले ही जनसंख्या वृद्धि, हिमखंड, हिम नदियों के द्रवण और बर्बरों से युद्ध जीतने के साथ आर्यों का विस्तार भी चारों ओर होने लगा जिसने लगातार बढ़ती नगरीय सभ्यता को जन्म दिया।

व्हीलर जैसे खनक खोजियों ने मुख्यतः सिन्धु सभ्यता में प्रचलित धर्म का विश्लेषण कर के यह निष्कर्ष निकाला कि सिन्धु सभ्यता में पाये गये लिङ्ग-योनि, बैल के चिन्हों से सिन्धु सभ्यता शैव धर्मी प्रमाणित होती है जो वैदिक आर्यों से अलग थी। पाश्चात्यों ने इसी सिद्धान्त को अपने प्रचार का माध्यम बनाया। लेकिन यह भी असत्य है क्योंकि प्रथम वेद ऋग्वेद में रुद्र और यजमान की स्तुति में कई सूक्त हैं। रुद्र भी शिव तत्व ही है जिसे प्रलय का देव या अन्तक कहा गया है। वेदों में उसीकी स्तुति की गई है। स्पष्टतः अलग शैव दर्शन आर्यों के बहुत बाद की अनुकृति है। यजमान भी पाँच रुद्र रूपों में एक माना गया है जो शैव दर्शन ने बाद में शिव के अष्ट स्वरूपों में सम्मिलित कर दिया था। शैव दर्शन जो शिव को आदि और अंतक दोनों मानता है, वेदों की रचना के बहुत समय बाद समृद्ध हुआ। तथापि शैव दर्शन कभी भी अवैदिक नहीं था।

सिन्धु सभ्यता जैसा कि कहा जा चुका है, गन्धर्व सभ्यता थी जिसे समझना पाश्चात्यों के बश की बात नहीं है। यह सभ्यता आर्य सभ्यता की ही अङ्ग थी लेकिन वैदिक दर्शन में आर्यों ने लिंग-योनि को महत्व नहीं दिया जो कि मुख्यतः गन्धर्व, यक्ष, किन्नर आदि सभ्यताओं का हिस्सा थी परन्तु आर्यो ने रुद्र रूप में शिव की स्तुति की है। सिन्धु सभ्यता के खनक (excavators) जहाँ सनातन वैदिक संस्कृति के प्रति दुर्भावना से भरे थे वहीं उससे उतने ही अनविज्ञ भी थे। सिन्धु सभ्यता में ही कई वैदिक प्रथायें, रीति-रिवाज मौजूद थे जो केवल एक संयोग नहीं हो सकते। शैव दर्शन भी परवर्ती वैदिक काल की उत्पत्ति है जिसे उत्तर वैदिक काल भी कहते हैं। स्पष्टतः वैदिक आर्य संस्कृति सिन्धु सभ्यता से पूर्व वर्ती थी। माना कि सिन्धु घाटी सभ्यता अलग थी तो अब गुजरात के खननों से प्राप्त 2500 वर्ष पूर्व के प्राचीन पुरातत्त्वीय साक्ष्यों से दोनों सभ्यताओं के अलग अलग समुदाय और भाषा साक्ष्य के वावजूद वंशजीय-जातीय (ethnic) सम्बन्धों की नजदीकी के प्रमाण कैसे मिले जो आज भी भरातीय समुदाय के आर्य रक्त से मेल खाता है।

भारत पर इण्डो-आर्यन आक्रमण का कोई जातीय या नस्लीय उदाहरण मौजूद नहीं है, बल्कि एक ही कुल, वंशजों और समुदाय की निरन्तरता और अविछिन्नता से ही सम्पूर्ण पौराणिक इतिहास ओत प्रोत है। यह भी समझ लेना जरूरी है कि अवशेषों का न तो एक अर्थ लगाया जा सकता है और न उनकी एक ही व्याख्या की जा सकती है। जैसे अवशेषों की खोज करना और उनसे निष्कर्ष निकालना अलग अलग बात है उसी प्रकार अवशेषों को ढूँढना और उनकी व्याख्या करना अलग-अलग कलायें हैं।

जहाँ तक आर्यों का भारत पर आक्रमण का प्रश्न है अभी तक के पुरातत्त्वीय तथ्यों (data) से यह कतई साबित नहीं होता कि ऐसा आक्रमण कभी हुआ था। वेदों में भी इसका कोई जिक्र नहीं है कि वैदिक भाषी लोग आक्रमणकारी थे या उन्होंने भारत पर आक्रमण किया था। यह थियरी पाश्चात्यों के भारत में आने के बाद की उत्पत्ति है। आर्य सभ्यता सर्वमान्य उद्दात्त दैवी सभ्यता थी। यह स्वाभाविक ही है कि आर्यों के विभिन्न स्थानों में प्रवास के साथ दानव, दैत्य मूल के समुदायों और सभ्यताओं-जो कि मुख्यतः यूरोप में थे और किन्नरों, यक्षों, किंपुरुषों आदि समुदायों-जोकि मुख्यतः दक्षिण पूर्व एशिया में थे एवं मानवों से पहले उत्पन्न हुये थे, के साथ मिश्रण तथा स्थानीय भौगोलिक जलवायु एवं पर्यावर्णिक परिवर्तनों के प्रभाव से शनैः-शनैः कई जैविक, शारीरिक परिवर्तन उत्पन्न हुये, साथ ही कई सांस्कृतिक परिवर्तनों ने भी जन्म लिया।

इण्डो आर्यन आक्रमण का सिद्धान्त 18-19 वीं शताब्दी के यूरोप में विद्यमान वैचारिक मानसिक दशा से उत्पन्न एक सैद्धान्तिक (academic) विचार था जिसे सत्य सिद्ध करने के लिये इण्डो यूरोपियन भाषा के आँकड़ों का भी सहारा लिया गया और इन सबका उपयोग पुरातत्त्वीय और मानव शास्त्रीय विवेचना के लिये किया गया ताकि आक्रमण को सत्य सिद्ध किया जा सके और यूरोपीय प्रभुत्व स्थापित किया जा सके। पाश्चात्यों ने वैदिक साहित्य की व्याख्या भी इसी मान्यता पर की और तदुपरान्त पुरातत्त्वीय साक्ष्यों की भी और इस प्रकार एक दूसरे की सहायता से दोनों को सही सिद्ध करने का प्रयास किया। ये कुछ नहीं बल्कि एक ही बात की विभिन्न रूपों-शब्दों में पुनरुक्ति करके (tautologically) असत्य को सत्य में बदलने की चाल थी। एक पाश्चात्य विद्वान कलिन रेन्फ्रू (Colin Renfrew)[1] ने यूनान में इण्डो-युरोपियन (वास्तव में एशियाई-आर्य) की उपस्थिति का समय 6000

1. The Myths of Aryan Invasion of India (Colin was a historian, indologists Vedanta Scholar)

बीसी बताया है और इसी आधार पर भारत में आर्यों के आगमन के समय का निर्धारण 6000 बीसी भी किया है।

पाश्चात्य इतिहासकार व्हीलर ने भी सप्त सिन्धु क्षेत्र यानी पाकिस्तान-पञ्जाब और आस पास के क्षेत्र पर आर्यों के आक्रमण का जो वर्णन किया है वह वैदिक साहित्य से सिद्ध नहीं होता। वैदिक साहित्य से बल्कि यह प्रमाणित होता है कि आर्य लोग वहाँ अपने विस्तार के क्रम में आये थे और तथा कथित दस्यु, आदि दैत्य-दानव जाति की सन्तति थे जो आर्यों से पराजित हुये थे। यही लोग दास और म्लेच्छ भी कहलाये।

सिन्धु सभ्यता पर अगर गौर किया जाय तो ये सझना मुश्किल है कि उसमें आखिर आर्य इतर (non Aryan) क्या है। इसलिये रेन्फ्रू महोदय की इस बात में तथ्य है कि सिन्धु घाटी सभ्यता अपने से पहले भी आर्य सभ्यता थी। इतिहासकारों की यह ऐतिहासिक मान्यता है कि प्रारम्भिक इण्डो-संस्कृत भाषा छठी सहस्त्राब्दि बीसी (sixth millennium BC) में ईरानी क्षेत्र में प्रचलित थी। यह तथ्य आर्यो के मध्य एशियाई उदय के सिद्धान्त से पूरी तरह सुसंगत है। इस तरह आर्य संस्कृति का सिन्धु सभ्यता के साथ-साथ आस पास के क्षेत्रों की सभ्यता से तथाकथित आदि नव पाषाण काल (Neolithic age) से ही अविच्छिन्न सम्बन्ध था। अतः आर्य आक्रमण की पाश्चात्य थियरी का चारों ओर से ध्वस्त किया जाना अब आवश्यक हो गया है। इस विषय में खोज की भी कुछ और जरूरत है। तथापि प्रथम दृष्ट्या सिन्धु सभ्यता यजुर्वेद कालीन ही प्रतीत होती है क्योंकि यह मुख्यतः उसी से मिलती है जिससे सिद्ध होता है कि सिन्धु सभ्यता से पूर्व आर्य संस्कृति भारत में थी। ईरान की संस्कृति युज यानी यजुर्वेद कालीन मानी जासकती है।

वेद, सिंधु-सरस्वती और आर्य विस्तार मीमांसा

पाश्चात्य इतिहासकार, सिंधु सभ्यता को केवल सिन्धु नदी की नहीं अपितु सिन्धु घाटी सभ्यता मानते हैं अर्थात् सिन्धु-सरस्वती सभ्यता। इन पाश्चात्यों के साथ साथ कुछ भारतीय इतिहासकारों का ये भी मानना है कि सरस्वती नदी के सूख जाने के परिणामस्वरूप यह सभ्यता समाप्त हो गई और आर्यों के आक्रमण यानी 1500

बीसी से पहले सरस्वती नदी का अस्तित्व समाप्त हो गया था। यह नितान्त अज्ञानता पूर्ण कथन है। सिन्धु नदी के साथ-साथ सरस्वती नदी के आस-पास सभ्यता का विकास होना ही ये सिद्ध करता है कि इस सभ्यता का विकास आर्यों के आने के बाद हुआ क्योंकि सरस्वती वैदिक नदी के रूप में सबसे ज्यादा स्तुत्य रही अतः उसके आर्यों के आने से पूर्व सूखने का कोई प्रश्न ही नहीं है और न था। इस सभ्यता का अन्त महाभारत युद्ध के दौरान या रामायण काल में हुआ प्रतीत होता है। अगर, जैसा कि ये इतिहासकार कहते हैं, इस सभ्यता का अन्त सरस्वती के सूखने से हुआ तो निश्चित ही यह सभ्यता महाभारत काल के बाद समाप्त हुई। सरस्वती नदी के अस्तित्व के सम्बन्ध में महाभारत, पुराणों के साक्ष्य इतने सुस्पष्ट और खुले हैं कि इस सम्बन्ध में किसी सन्देह के लिये कोई स्थान ही नहीं है कि सरस्वती नदी महाभारत काल में विद्यमान थी और वेद व्यास ने अपनी सभी रचनाओं का शोधन सरस्वती के किनारे ही किया था। पाण्डवों और सरस्वती का चोली-दामन सम्बन्ध था। यहाँ एक प्रश्न उठना स्वाभाविक है, अगर वेदों खास तौर से ऋग्वेद की रचना मेरु-ब्रह्मपुरी (इलावृतवर्ष) में हुई और तब तक आर्य लोग भारत में नहीं आये थे तो वेदों में सरस्वती का संदर्भ कैसे आया। सरस्वती नाम विस्तार सनातन भारतीय शास्त्रों में नदी के अतिरिक्त वाग्देवी प्रकरण के रूप में भी है। जहाँ तक ऋग्वेद में सरस्वती और उसकी सहायक-दृष्द्वती नदी के संदर्भ की बात है भारत आगमन के उपरान्त आर्यों ने उनका समावेश वेदों में किया होगा क्योंकि सरस्वती के किनारे ही उन्होनें अपने प्रथम निवास स्थान बनाये थे और रचनाऐं की थी। ज्ञान की खोज से जुड़ी होने के कारण ही उसका नामकरण सरस्वती हुआ। अतः यह नदी उनके लिए अति पवित्र हो गई थी। दूसरी बात ये भी हो सकती है कि वेद व्यास जी ने वेदों का संहिताकरण विस्तार करते समय इन दो नदियों का समावेश किया हो क्योंकि दोनों ही उनकी आत्मीय बन गई थी और तदनुसार सनातन धर्म की भी। सारस्वत ब्राह्मणों की परम्पराओं से भी लगता है कि आर्यों ने भारत प्रवेश के समय अपने प्रथम निवास उत्तर पश्चिम में सरस्वती के किनारे ही बनाये जिससे कालान्तर में सारस्वत ब्राह्मणों की सृष्टि हुई। इसलिये भी सरस्वती को पूज्य, स्तुत्य स्थान देने के उद्देश्य से वेद व्यास जी ने उसे ऋग्वेद में ही समाहित किया हो। इस संगणना के अनुसार सरस्वती की मरुस्थलीय लुप्तता महाभारत काल के भी काफी समय बाद 1500-1000 बीसी के आस-पास सम्भव है।

अगर सिन्धु सभ्यता सिन्धु और सरस्वती की मिश्रित सभ्यता थी तो सिन्धु सभ्यता में वर्णित हड़प्पा नामक स्थान निश्चित ही सरस्वती के किनारे नहीं था और मोहन्जो-दाड़ो के होने का तो प्रश्न ही नहीं। पाकिस्तान-पंजाब सीमा से लगे कुछ अन्य स्थान जैसे गनेरीवाला, कालीबंगा (Kalibangan), राखीगढ़ी आदि सरस्वती के तटीय प्रदेश हो सकते हैं। जैसा कि इतिहासकारों के एक समूह का मानना है, सरस्वती और उसकी सहायक दृषद्वती के सूखने के फलस्वरूप सिंन्धु घाटी सभ्यता समाप्त हुई थी तो निश्चित ही सिन्धु घाटी सभ्यता आर्यों के बाद की है क्योंकि सरस्वती नदी निःसंदेह द्वापर युग के अवसान तक थी। अतः सिन्धु सभ्यता कोई भिन्न सभ्यता नहीं थी और निश्चित ही आर्य पूर्ववर्ती नहीं थी। सिन्धु सभ्यता अन्य नगरीय सभ्यताओं में से एक थी। यह तो सिद्ध ही है कि सरस्वती मुक्त रूप से बहती थी और सिन्धु नदी में नहीं बल्कि पश्चिम समुद्र में समाहित होती थी।

ईरान-आर्य संस्कृति केन्द्रः कुछ अज्ञात पृष्ठ

यह स्पष्टतः प्रतीत होता है कि अपने मूल स्थान मध्य एशिया से आर्य जन सर्व प्रथम अपने पड़ोस स्थान वर्तमान ईरान की ओर आये और तदुपरान्त चीन की ओर भी गये क्योंकि ये दोनों ही गङ्गा की दो धाराओं सीता और सुचक्षु के मार्ग थे। ईरान से ही आर्यों के एक वर्ग ने ईराक की ओर प्रस्थान किया और सुमेरु सभ्यता की स्थापना की जिसे अंग्रेजों और यूनानियों ने जानबूझकर सुमेर सभ्यता के नाम से प्रचलित किया। इस सभ्यता का उद्‌भव आर्कटिक स्थित 'देव गिरि सुमेरु' से जुड़ा है। इसी क्रम में आर्य लोग आगे सीरिया, टर्की और मिस्र (मिस्त्र-Egypt) की ओर गये। आर्य लोग ईरान से सीधे गये या सुमेर सभ्यता यानी इराक से गये कहना कठिन है परन्तु ये ज्यादा सम्भव है कि उन्हों ने मिस्त्र से ही यूरोप की ओर प्रस्थान किया और सबसे पहले उन्होंने यूनान (Greece) को और फिर रोम को निवास स्थान बनाया। क्योंकि मिस्र से यूनान प्रवास अधिक आसान था। यही कारण है कि मिस्र की सभ्यता यूनान से अधिक पुरातन मानी गई है। यही नहीं बल्कि तब मिस्त्र और यूनान के आपसी सम्बन्ध भी गहन थे। ऐसा भी प्रतीत होता है कि दोनों देशों के विद्वानों का आना जाना भी था। मेरु (उराल)-उत्तर कुरु (रूस) के बाद ईरान आर्यों को विश्व विस्तार का दूसरा महत्वपूर्ण केन्द्रीय स्थान मिल गया था। भारत में आर्य काफी बाद में आये। सीधे इलावृत-ब्रह्मपुरी से आये या ईरान से इस पर भी मतभेद हैं। यूरोपियन उन्हें इण्डो-ईरानियन (Indo-Iranian) भी कहते हैं।

भारतीय पौराणिक इतिहास तथा शास्त्रों से यही प्रमाणित होता है कि आर्य मध्य जम्बू से सीधे भारत आये। तब तक उन्हें पृथ्वी और उसकी स्थिति का भी काफी ज्ञान हो चुका था और पथ भी प्रसस्त हो गया था। सभी अनुभवों के बाद आर्यजन अन्त में बड़ी संख्या में भारत आये। सनातन वैदिक संस्कृति का अभी तक भारत में अक्षुण बने रहने का यही कारण है। अथर्ववेद की रचना सम्भवतः अन्य शास्त्रों के साथ भारत में ही हुई।

ईसापूर्व लगभग 9वीं शताब्दी में ईरान के सम्राट साइरस (Cyrus) से बहुत पहले मिस्र की सभ्यता से भी पहले ईरान ही आर्य संस्कृति का केन्द्र था। जैसा कहा भी जा चुका है अफ्रीका एवं यूरोप में विस्तार के लिये ईरान और मध्य एशिया आर्यों के दो बहुत महत्व पूर्ण केंद्रीय स्थान थे। समुद्री मार्ग द्वारा वर्तमान अटलांटिक समुद्र पार कर रूस से अमेरिका जाना भी आसान था। इसके अलावा आर्कटिक क्षेत्र में होने के कारण रूस से यूरोप के कई देशों और अमेरिका जाना भी सम्भव था। ईरान भी इतिहास में कई नामों से जाना जाता रहा है लेकिन उसका पुरातन नाम आर्याणा था। ईरान नाम की व्युत्पत्ति के पीछे भी यही इतिहास है। आर्याणा का अपभ्रंश ऐरान (Eran) भी हुआ जो आज ईरान नाम से जाना जाता है। जैसे-जैसे आर्य लोग अलग होते गये, दूर बसते गये उनके सम्बन्ध एक दूसरे से टूटते गये और स्थानीयता से जुडते गये। इसप्रकार विभिन्न स्थानों पर नई-नई संस्कृतियों ने जन्म लिया, साथ ही भाषा ने भी। ज्यादातर आर्य-संस्कृत नामों के अपभ्रंश और विकृति के पीछे अंग्रेज और अंग्रेजी का कहर है।

इस क्षेत्र में ईरान की प्रभुता और श्रेठता को देखकर कालान्तर में यूनानी उनसे द्वेष रखने लगे। सुमेर सभ्यता जो कालान्तर में मसोपोटेमियाँ हुई आज का ईराक है जो उस समय बहुत शान्ति प्रिय देश रहा होगा ऐसा प्रतीत होता है। समय बीतने पर यूनानी लोग इरानी लोगों से उलझने लगे और क्षेत्रीय स्वामित्व के लिये द्वन्द्व छेड़ते रहे। यूनानी लोग ईरान को पर्थिया भी कहते थे और वहाँ के लोगों को पर्थियन (Parthian), जो बाद में परसिया (Persia) (पारस) और कालान्तर में फारस हुआ। पर्थिया को पर्सिया बनाने का काम अंग्रेजी ने किया। भारत ने उसे पारस कहा। पारस शब्द सनातन आर्यों की भाषा संस्कृत के करीब था। यूनानियों ने आर्याणा (ईरान) पर सिकन्दर से पहले भी कई आक्रमण किये जिनका वर्णन प्रसिद्ध प्राचीन इतिहासकार हिरोडटस (Herodotus) ने अपनी पुस्तक में किया है।

यूनानी राजा सिकन्दर (Greek Emperor Alexander) ने ईरान के रास्ते भारत के उत्तर पश्चिम भाग पर करीब ३२०-३२५ बीसी में आक्रमण किया और करीब ७५ साल तक यूनानियों ने इस इलाके पर शासन किया। सिन्धु नदी को युनानियों ने ही हिन्दोस (Hindos) कहा। कालान्तर में मध्य एशियाई लड़ाके बर्बरों, तुर्कों तथा अरबों ने इस नाम को आगे बढ़ाया क्योंकि यूनानी की ही तरह अरबी-फारसी में भी 'स' का उच्चारण 'ह' था। इस प्रकार सिन्धु का उच्चारण हिन्दु और भारत का नाम हिन्दोस्तान या हिन्दुस्तान हुआ। यद्यपि भारत के लोगों को वो लोग हिन्दु कहने लगे लेकिन दुर्भाग्यवश संस्कृति भी हिन्दु नाम से ही जानी जाने लगी। अंग्रेजों ने अपनी उच्चता और प्रभुता दिखाने के लिये कालान्तर में हिण्डोस (Hindos यानि सिन्धु) नदी को इन्डस (Indus) किया परन्तु भारतीयों और उनकी सनातन संकृति का नाम हिन्दु ही प्रचलित किया। ऐसा करना उन सबके हित में था क्योंकि उनका उद्देश्य भारत की आर्यत्व पहचान खत्म करना था। उन्हें किसी तरह भारत के वैश्विक आर्य पितृत्व को खत्म कराकर विश्व मनोभाव (Payche) के अन्दर भारत को एक अलग संस्कृति दिखाना था। भाग्यवश उन्हें मन की मुराद के अनुरूप यूनानी-फारसी 'हिन्दु' शब्द नाम स्वतः मिल गया। लेकिन ये सब परिवर्तन बहुत बाद में मध्यकाल के हैं। एक भाषा के उच्चारण ने एक राष्ट्र की पहचान बदल दी।

ईरान के राजा, जो बाद में अरबी-फारसी में भले ही 'शाह' कहलाये, स्वयं को 'आर्य मिहिर' ही कहते-लिखते रहे। आर्य मिहिर का शाब्दिक अर्थ है आर्य भास्कर या आर्य आदित्य यानी आर्य श्रेष्ठ आर्यों में सूर्य। ये विक्रमादित्य की तरह की ही उपाधि है यानि सूर्य की तरह यशस्वी-पराक्रमी। ईरान के आखिरी शाह यद्यपि पत्नी की वजह से भ्रष्ट हो गये थे लेकिन उनकी खिलाफत ज्यादा इस वजह से भी हुई कि ईरान के वर्तमान रूढ़िवादी उन्हें पहलवी वंश का होने की वजह से आर्य सन्तति मानते थे। ग्रीकों (यूनानियों) के २३०० साल से पूर्व आक्रमण के कारण भारत के लोग इन्हें 'यवन' और म्लेच्छ कहने लगे अर्थात् विदेशी (Non-Aryan)। संस्कृत साहित्य के कविकुल गुरु कालिदास ने २००० वर्ष पूर्व अपने महां काव्य रघुवंश में[1] ईरान को पारस और ईरानियों को यवन-यवनी ही कहा है। दिग्विजय करते हुये राजा रघु जब पारस पहुँचे तो कालिदास लिखते हैं 'यवनी मुख पद्मानां

1. रघुवंश (4/60-61)

सेहे मधुमदं न स'। भारतीय पौराणिक इतिहास में ईरानियों को पारसीक भी प्रयुक्त हुआ है। लगता है सिकंदर के आक्रमण के बाद ही अभारतीयों को यवन, म्लेच्छ, आदि नामों से सम्बोधित किया जाने लगा। तथापि मिस्र के लोगों के लिये ऐसा कोई सम्बोधन भारतीय पौराणिकता में नहीं आया है। जैसा कि आगे वर्णन आयेगा मिस्र का कई वर्षों तक आर्य संस्कृति से गहरा सम्बन्ध बना रहा। यह ध्यान देने योग्य है कि यवन (Yawan) शब्द हिब्रू (Hebrew) यानी इस्राइली-यहूदियों (Jews) की भाषा में भी है जिससे आर्य विस्तार का अन्दाजा लगता है। लेकिन महाभारत में भी कालयवन नाम के राजा का नाम आया है। प्राचीन इतिहासकार डा। जेपी मित्तल[1] यवनों को आदि चंद्रवंशी राजा ययाति के पुत्र द्रुह्यु (Druhyu) का वंशज मानते हैं।

ईरानी विद्वान रेजा मोरादी गियासाबादी (Reza Moradi Ghiasabadi) के अनुसार इतिहास के अधिकतर स्त्रोत ईरान के लोगों को आर्य सन्तान मानते है जो सम्भवतः सुदूर उत्तर की ओर से (यानि आर्कटिक क्षेत्र से) दक्षिण की ओर बढ़ते हुये कई स्थानीय मूल निवासियों को जीतते हुये और सभ्यताओं का विलय करते हुये ईरान आये। कहने का तात्पर्य है वर्तमान उराल-साइबेरियाई-आर्कटिक क्षेत्र से आर्य जन मेरु के दक्षिण की ओर यानी वर्तमान ईरान, ईराक, अफगानिस्तान आदि की ओर आये। लेकिन रेजा साहब के अनुसार आर्यों के निवास स्थान अथवा मातृ भूमि का असंदिग्ध रूप से कोई भू भागीय निश्चित साक्ष्य न होने के कारण इस अटकल की विश्वसनीयता पर भी प्रश्न चिन्ह लग जाता है। उनके अनुसार इतिहासकार आर्यों के इस महांप्रवास (exodus) का समय अंदाज से 3000-5000 वर्ष पूर्व (3000-1000 बीसी) लगाते हैं जब आर्य लोगों ने यूरोप के उत्तर से पश्चिम और मध्य-पूर्वी एशिया, बाल्टिक समुद्र (Baltic Sea) यानी रूस और मध्य एशिया के उत्तरी मैदान, कौकेसिया (Caucasia) अर्थात् काला समुद्र और कैस्पियन सागर के बीच का क्षेत्र जिसे एशिया और यूरोप की पारम्परिक सीमा माना गया है के अलावा साइबेरिया तथा उत्तरी ध्रुव तक का क्षेत्र अपने अधीन समाहित कर लिया था, लेकिन इस ऐतिहासिक कदम के लिये दिये गये कारण न तो स्पष्ट है, न मजबूत और न ही युक्ति युक्त, न विश्वसनीय।

1. History of Ancient India - Vol. 1

जनाब गियासाबादी के अनुसार इस तरह का मानव प्रवास या सभ्यता का प्रवासन उत्तम जीवन दशाओं की प्राप्ति के लिये ही होता है जिसमें अच्छी जल-वायु, जल उपलब्धि, उपजाऊ भूमि सम्मिलित है। उनका कहना है कि उस समय इन दृष्टियों से ईरान का ऊँचा समतल भूमि क्षेत्र ही मानव रिहायस के लिये उपयुक्त था अतः आर्यों के इस महाप्रवास की दिशा उल्टी होगी यानी आर्यजन अन्यत्र से ईरान नहीं, बल्कि ईरान से अन्यत्र दुनिया में फैले होंगे। लेकिन जनाब रेजा साहब अपने ही तर्क में फँसे नजर आते हैं क्योंकि यहाँ उल्टा एक सवाल खड़ा हो जाता है। अच्छी जलवायु, उपजाऊ भूमि, पानी की उपलब्धता तथा स्वास्थ्यवर्धक प्राकृतिक पर्यावरण को छोड़कर कोई भी अन्यत्र क्यों जाना चाहेगा। अतः यह कथन ही सही लगता है, जैसा कि वैज्ञानिकों, अन्वेषकों, भूवैज्ञानिकों, मानव विज्ञानियों ने माना है कि आर्कटिक क्षेत्र का जल वायु समशीतोष्ण होते हुये भी बहुत हिमीय था अतः अनिश्चित एवं अननुमेय (unpredictable) था। मध्य एशिया, उराल, साइबेरिया, उत्तर कुरु आदि आर्य निवास, उत्तरीय हवाओं, ध्रुवीय परिवर्तनों, आर्कटिकीय बवंडरों से बहुत अधिक प्रभावित होते रहे। इतना ही नहीं अपितु हिमयुग तो उनके लिये विषाद मय बन गये थे। उन हिम युगों में बढ़ती जन संख्या के लिये आवास तथा कृषि दोनों के लिये भूमि प्राप्त करना, उपजाऊ भूमि प्राप्त करना और साथ ही जल वायु का आंकलन करना बड़ी समस्या थी। प्रश्न ये है कि हिम युग के उपरान्त ईरान में रहने वाले आदि लोग कोन थे? कुछ लोगों को ये बताना कठिन हो सकता है परन्तु आर्याणा, एरान, पर्थियन (Parthian), सीथिया (Scythia), सरमातीया आदि जितने भी नाम वर्तमान ईरान के अतीत से सम्बन्धित हैं, यहाँ तक कि परसिया, जो कि यूनानी नाम पर्थिया की विकृति है, सभी की व्युत्पत्ति आर्य-आरिया (Arya - Ariya) शब्द से ही है। अफगानिस्तान के अलग होने से भूगोल में तो परिवर्तन आया ही इतिहास का भी रूप परिवर्तन हो गया। एक समय की खूबसूरत नगरी बल्हिका (बल्ख (Balkh या बलख) जिसे यूनानी बैक्ट्रिया (Bactria) कहते थे। आरिया प्रत्त्यय की ही प्रतिध्वनि है। बल्हि देश अथवा बाल्हीक महाभारत काल से दशवीं शताब्दी तक तो था ही। अफगानिस्तान का प्राचीन 'अर्जन ताल' महाभारत के अर्जुन के नाम से ही प्रचलित हो सकता है।

यह बात सही है कि मध्य जम्बू से बाहर आर्यों को व्यवस्थित रूप से निवास करने के लिये भौतिक बनावट, जलवायु एवं स्वास्थ्य की दृष्टि से ईरान से बेहत्तर

कोई स्थान नहीं हो सकता था। मध्य एशिया से जुड़ा होने तथा मध्य एशिया की ही तरह अन्य द्वीपों में निर्गमन का यह केंद्रीय स्थान भी था। पुराणशास्त्रों की तरह ही जलप्लावन की शाश्वत कथा बन्दाहिस्न (Bundahisn) सहित अन्य पहलवी शास्त्रों (Pahalvi-Pahlavi scriptures) में भी व्याख्यात है जिसके अनुसार तिस्तर (Tishtar) यानी मेह देव ने अतिवृष्टि करके सभी समुद्रों में ऊफान पैदा कर दिया फलस्वरूप पृथ्वी तलातल हो गई और सूखने पर पृथ्वी सात भागों में बंट गई। कुछ पहलवी आख्यानों में मालकुश (मालक्षेत्र-माल का संस्कृत में अर्थ है गोचर भूमि, ऊँचे विशाल क्षेत्र), मालकुश मेनक (यानि मेनाक या मेकल के खुले क्षेत्र) महरक उषा (महत्तर या महत्, उषा), क्षरात (क्षरण), इरिद, एरिद (यानि इरिण-रेगिस्तान), विशख (विशाख-विशिख) जैसे कई शब्द संस्कृत भाषा शास्त्रीय ही हैं।

हिब्रू-इस्राइली पितर नूह (Noah) की कथा जिनका आख्यान बाइबल (Old Testament) के उत्पत्ति अध्याय (Genesis) में आया है और जिन्होंने सैलाव के समय मानव, वनस्पति, जीव-जन्तु के बीज सुरक्षित रखे थे भारतीय पौराणिक कथाओं से मेल खाती हैं। इसी तरह प्राचीन पारसी जोरोस्ट्रियन शास्त्रों के साथ-साथ पहलवी आख्यानों में उल्लेखित भयंकर दानव की कथा जिसने महा विनाशक वृष्टि, हिमपात द्वारा पृथ्वी को जलमग्न कर दिया था, सनातन वैदिक वृत्र (वृत्रासुर) और इन्द्र की कथा से मिलती है। ईसवी पूर्व कम-से-कम 8 सौ साल के जरूथस्त्री दर्शन शास्त्रों के अनुसार अहूरमज्द (Ahuramazda) यानी पारसी शास्त्रों के ब्रह्मा[1] ने जमशीद (Jamshid) (वंदीदाद के अनुसार-यिम) को पहले ही मानव सहित समस्त पशु, कीट, पतंग, पक्षी, वनस्पति वस्तुओं, प्राणीयों आदि के युगल बीज का सुरक्षित भण्डारण करने के लिये सचेत कर दिया था। उपर्युक्त सभी आख्यान भारतीय पुराण शास्त्रों के वर्तमान अर्थात् सप्तम मनु वैवश्वत मनु की कथाओं से ही मिलते हैं। इन कथाओं को एक प्रकरण के रूप में देखें तो प्रतीत होता है कि चौदह मनुओं में हर मनु का जन्म एक हिम युग (Ice age) से जुड़ा है। देव वर्षों में संगणना करने पर हिमयुग के परावर्तन (Cycle) की अवधि वही निकलती है जैसा कि आधुनिक वैज्ञानिक संगणना कर रहे हैं यानी दस-बारह हजार साल ये

---

1. जरथुष्ट्र जी के पिता का नाम पोरूषस्प था

सब कथायें आपस में कैसे मिल रही हैं? इनके पीछे क्या रहस्य है? यही नहीं बल्कि स्वीकारात्मक उक्ति के लिये ओम और आमीन भी। ये सभी वैश्विक आर्य पूर्वजत्व सिद्ध करते हैं।

ईरान के कई स्कालर आर्यों को ईरान का मूल निवासी मानते हैं। उनका कहना है कि ईरान की जीवन उपयुक्त दशायें ये बतलाती हैं कि आर्य आदि काल से यहीं रहते थे। सभ्यता के अवशेषों का भण्डार भी यही प्रमाणित करता है क्योंकि इस तरह के निवास स्थान आस-पास कहीं नहीं मिले हैं। लेकिन इस तर्क पर विश्वास करना सम्भव नहीं क्योंकि ऐतिहासिक रूप से यह सच नहीं है। उराल, साइबेरिया, रूस, आर्कटिक एवं मध्य एशियाई इतिहास के साथ मानव विज्ञानी, भू गर्भीय खोज तथा मिस्र, यूनान, भारत के पौराणिक शास्त्र तथा बाइबल के पाठों के अध्ययन के बाद इस सत्य पर कोई सन्देह नहीं रह जाता कि आर्कटिक क्षेत्र विशेष रूप से मध्य एशिया ही आर्यों का आदि स्थान था। यहाँ तक कि अवेस्ताई, जरुथ्रुष्ट्री शास्त्रों का गहन अध्ययन भी इसीकी पुष्टि करता है। आर्यों के आर्कटिक क्षेत्र-मध्य एशिया के होने की गुत्थी इसलिये ज्यादा उलझी क्योंकि वैज्ञानिकों के अलावा दूसरे लोगों ने भी पृथ्वी पर कभी स्वर्ग और अलौकिक शक्तियों (divinity) की उपस्थिति पर विश्वास नहीं किया, गोया अब वही लोग एलिअन (Aliens) की बात करने लगे हैं। आर्कटिक और मध्य जम्बू द्वीप का यही अन्तर्भाव कई पाश्चात्यों एवं आधुनिकों की समझ में नहीं आ रहा है। आर्कटिक ही देवों, अलौकिक शक्तियों के विग्रहों और देव दूतों का धाम था जबकि मध्य जम्बूद्वीप (मध्य-एशिया) उनके आर्य मानव, अर्धदेव और आर्य पुत्रों का। इस पुस्तक में इसी लुप्त ज्ञान को प्रकाशित करने की कोशिश की गई है।

यह सच हो सकता है, जैसा ऊपर कहा भी जा चुका है कि, मध्य एशिया से प्रवासित होते समय आर्यों ने ईरान को अपना प्रथम निवास बनाया इसीलिये पाश्चात्यों ने आर्यों तथा भाषा दोनों को इण्डो-ईरानियन भी कहा है। कालिदास ने पहली शताब्दी एडी में वहाँ के उच्च नस्ल के घोड़ों का रघुवंश में भी जिक्र किया है जो निश्चित ही मध्य एशिया से आर्य लोग ही अपने साथ लाये थे। शानदार उच्च नस्ल के घोड़ों से मध्य एशिया में आर्यों का चोली-दामन का सम्बन्ध था जो कि मध्य युग में भारत पर बर्बरों के आक्रमण करने के काम आये।

वैश्विक पूर्वजीय एकत्व की जड़ ढूँढने में विद्वानों ने कुछ पैतृक बीजों की

समानता निकाली है, जैसे ब्रह्मा-अब्राहम, मनु-मोजेज और आदि महिषी सतरूपा-सराह। यह आर्य भाव तथा पूर्वजीय सहजता इन सभी सभ्यताओं में कहीं न कहीं परिलक्षित हो जाती है। चार हजार बीसी में सुमेर सभ्यता के प्रथम राजा 'उर नमू' (Ur Nammu) का नाम 'ओम नमः' या ॐ नमाय की ही प्रयुक्ति लगता है।

कहा जाता है कि सुमेर लोगों के जल प्लावन एवं महाभयंकर बवन्डर के संबन्ध में कुछ अलग विचार थे जिसे बाद में बेबीलोनियन तथा मसोपोटेमियन लोगों नें अपनी संस्कृति का अंग बना लिया और उसके उपरान्त इसे बाइबल (Old Testament) में सम्मिलित किया गया। निश्चित ही मूल आख्यान हर सभ्यता के साथ बदलता गया। सुमेरु से सम्बन्धित होने के कारण सम्भव है सुमेर सभ्यता का मूल आख्यान पाठ सत्यता के नजदीक रहा हो।

उन हिम युगों में आर्य लोग भूमि एवं आवास की खोज में समय समय पर नये नये स्थान ढूँढते रहे। करीब 30000 वर्ष पूर्व वो आर्कटिक क्षेत्र और रूस होते हुये अलास्का तथा वर्तमान अटलान्टिक पार कर अमेरिका गये। आर्कटिक में जिन अवशेषों की सम्भावना है वो भी 30000 वर्ष पुराने अनुमानित किये जा रहे हैं। यह भी सम्भव है कि कई क्षेत्रों में उस समय नौकायन इतना कठिन न रहा हो। वैज्ञानिक भी मानते हैं कि प्राचीन काल में कभी आर्कटिक नौकायन के उपयुक्त था।

इस सम्भावना से भी इन्कार नहीं किया जा सकता है कि ईरान प्रवास के उपरान्त या साथ-साथ आर्यों ने चीन में गङ्गा की धारा हवाङ्ग हो (Hwang Ho) के किनारे किनारे वस्तियाँ बसाईं और कृषि के साथ-साथ रेशम का उत्पादन किया जिससे उस देश का नाम चीन पड़ा। ऐसा भी अंदाजा लगाया गया है कि सेंट्रल एशिया (मध्य जम्बू) से पहला व्यक्ति समूह 20-25 हजार साल पहले उत्तर अमेरिका पहुँचा होगा। यह भी सम्भव है कि बर्बरों, आदम और जन जातियों के बार बार आक्रमण से तंग आकर ये सभ्य श्रेष्ठ सनातन मानव मध्य जम्बू से अन्यत्र प्रवास करने का प्रयास करते रहे। यह जरूरी नहीं कि जनसंख्या ही आर्यों के प्रवास का एकमात्र कारण हो। कुछ लोग भूमि और निवास की खोज तथा कुछ अन्य बार बार के आक्रमणों से तंग आकर शान्ति की खोज में भी गये होंगे। लेकिन आकस्मिक प्राकृतिक विपदायें तथा सामयिक (recurrent) हिमयुगीय आवृत्ति जन्य पर्यावरणीय अनिश्चितता उसका बहुत बड़ा कारण थीं। यही पूर्वजीय तन्तु थे कि न केवल भारत और चीन के बीच अपितु मिस्र, यूनान, पारस और भारत के मध्य, कालक्षेप के

बावजूद काफी समय तक वाणिज्य सम्बन्ध बने रहे। इसी तरह से मसिडोन जो अब मसूडोनिया-यूनान (Macedonia and Greece) है, के राजा फिलिप के पुत्र सिकंदर (Alexander of Macedon) को भारत के ज्ञान-अध्यात्म भण्डार, वैभव, धन सम्पत्ति, और खुशहाली के बारे में ज्ञात था और आज से करीब 2330 वर्ष पहले उसने उस पूर्वजीय एकता को खत्म कर भारत पर आक्रमण कर दिया। चीन और भारत के बीच अति प्राचीन सम्बन्ध थे, जैसा कि महाभारत के संदर्भों से ज्ञात होता है, चीन के जन जातीय किरात तथा पर्वतीय राजाओं ने महाभारत युद्ध में भाग भी लिया था। पाण्डवों का स्वर्गारोहण मार्ग चीन से ही था। यही बाद में रेशम मार्ग (Silk route) कहलाया जो चीन का मिस्र तथा यूनान एवं यूरोप के अन्य देशों के साथ व्यापार का महत्वपूर्ण मार्ग बना। नवीं शताब्दी के मध्य तक भारत चीन सम्बन्ध बहुत अच्छे थे।

इस्लामीकरण के उपरान्त मजहबी अंधता के फलस्वरूप मिस्र आदि अरब देशों से भारत के पुराने सम्बन्ध खत्म होते गये। मध्य एशियाई-मध्य पूर्वी आतंकियों, बर्बरों, विपन्नों, असभ्यों (Nomads) को भी भारत की इस प्राचीन सम्पदा, सम्पन्नता, ज्ञान और वैभव का पता था अतः उन्होंने भारत पर लगातार आक्रमण करने प्रारम्भ कर दिये। समस्त प्राचीन पूर्वजीय तन्तु इसीके साथ ध्वस्त होते गये। तथापि भारतीय पुराण शास्त्रों ने मध्य एशिया की आर्य संस्कृति और इतिहास अपने अंदर सँजो कर रखा था। अपनी असलियत पता लगने का भय भी इन काबाइलियों की भारत के प्रति प्रबल नापसन्दगी, ईर्ष्या, द्वेष का कारण थी। आर्यों के वही उच्च नस्ल के घोड़े अन्ततः भारत पर आक्रमण के लिये उन कबाइलियों के काम आये। मध्य एशिया का असली और मूल प्राचीन इतिहास जो उन्हें अन्यथा ज्ञात न हो पाता भारतीय पुराण-इतिहास में आज भी सुरक्षित है।

अपने अज्ञान और मजहबी अंधता के कारण इन असभ्य जन जातीय कबाइलियों ने न केवल भारत की सम्पदा को लूटा, अनाचार किया, दुराचार किया और भारत को रोंदा अपितु हिन्दुत्व (Hinduism) को एक किताबी मजहब समझकर, किसी एक किताब के अन्दर बन्द मानकर हजारों किताबें तथा कई पुस्तकालय जलाकर खाक कर दिये। वो उस इतिहास को ही मिटा देना चाहते थे जो भारतीय पुराण-इतिहास में सुरक्षित है। उन्हें ये पता ही नहीं था कि आर्य संस्कृति हिन्दु या हिन्दुत्व नहीं सनातन वैदिक है, यह कोई मजहब नहीं, धर्म है,

वैश्विक और मानवीय। ये किसी किताब में या किताब से उदित नहीं अपितु श्रुति, स्मृति से विश्रुत है अतः श्रुति, स्मृति में सुरक्षित भी रह सकती है। इसे इबादत के लिये किसी स्थान की नहीं 'आत्मा' की ही जरूरत होती है, अन्तर्मुखी होने की जरूरत। फिर भी कहना न होगा कि भारत पर बिना शस्त्र के असली आक्रमण करने में अगर कोई सफल रहा तो वह अंग्रेज और यूरोपीय थे। अंग्रेजों ने भाषा और संस्कृति को समाप्त कर भारतीयता की जड़ ही समाप्त करा दी। संस्कृत के समाप्त होते ही संस्कृति प्रभावित होने लगी और आर्यत्व एकता खत्म होती गई। सब अपने को पृथक मानने लगे। वोट की राजनीति ने तो वज्रपात ही कर दिया। आज यह सब अंग्रेजों के सांस्कृतिक आक्रमण से भी घृणास्पद हो गया है। अब भारत में अनेकता में एकता नहीं, एकता में अनेकता हो गई है, अनेक राष्ट्रीयता।

वर्तमान में जब आमतौर पर सभी इतिहासकार, पुरातत्त्वज्ञ, भूगर्भ विज्ञानी[1], और वैज्ञानिक ये मानने लगे हैं कि किसी समय पृथ्वी के सभी द्वीप एक दूसरे से जुड़े हुये थे और कई सागरों की उत्पत्ति पृथ्वी के अन्दर-बाहर आये उथल-पुथलों अथवा हिमयुगी टूट-फूट के कारण हुई तो भारतीय पुराण-इतिहास में उल्लिखित पृथ्वी के प्राचीन स्वरूप, आकार, स्थिति के वर्णन पर सहज यकीन हो जाता है।

आर्याणा (प्राचीन ईरान)-प्राकृत संस्कृत और आर्य रहस्य

प्राचीन ईरानी सभ्यता और भाषा विन्यास की आर्य समरूपता के आधार पर ही पाश्चात्य इतिहासकारों ने आर्यों को भारतीय ईरानी (Indo-Iranian) कहा। लेकिन जैसा कि साक्ष्यों के आधार पर इस पुस्तक में विस्तृत वर्णन किया गया है आर्यों का मूल निवास ईरान नहीं, बल्कि कहीं और ही था और अपनी प्रवास यात्रा के दौरान आर्यजन ईरान आये थे। यद्यपि यह काल निर्धारण विवादास्पद है तथापि आज से करीब 3000 वर्ष पहले जैसा कि जेण्ड लोग मानते है अर्थात् गौतम और महावीर जी से भी 500 साल पहले की जरथुस्त्र (Zarathustra) दर्शन (Zoroastrianism) के संस्थापक महात्मा जरथुस्त्र की रचनायें इसकी स्वयं सिद्ध प्रमाण है अतः इसमें सन्देह के लिये कोई स्थान ही नहीं रह जाता।

महात्मा जरथुस्त्र रचित अवेस्ताशास्त्र में उल्लखित Airyanam Vaejahi का

1. Chronicles (ibid)

संस्कृत अर्थ ही 'आर्याणा या आर्याणाम वैभ्राजम' है यानी आर्यों का दिव्य उद्यान जिसे बाइबल में Garden of Eden कहा गया है। इसका फारसी तर्जुमा 'आर्यों का मूल निवास' किया गया है। इसे 'आर्याणा वैजह' भी कहा जाता है जिसका संस्कृत अर्थ है 'आर्यण्णाम्' या आर्याणा वैभ्रम्' अर्थात आर्यों का वैकुण्ठ। ईरान में अरब प्रभाव और इस्लामिक अभ्युदय 1300 साल ही पुराना है। उससे पहले ईरान की भाषा आर्य प्राकृत और वैदिक प्राकृत संस्कृत से मिलती जुलती थी। ईरान शब्द की व्युत्पत्ति ही आर्य-आर्याणा से हुई है। अपने मूल निवास (जम्बूद्वीप के इलावृत वर्ष यानी वर्तमान कजाकिस्तान, तुर्कमेनिस्तान, उजबेकिस्तान स्थित ब्रह्मपुरी-ब्रह्म सरोवर) से आर्य जनों ने ईरान, ईराक (सुमेर), यूनान (Greece), इटली, जर्मनी, फ्रान्स, स्केण्डिनेविया (Scandinavia) अर्थात उत्तरी यूरप के देश स्वीडन, नार्वे, आइसलेण्ड, फिनलेण्ड आदि तथा इंगलेण्ड, स्काटलेण्ड, आयरलेण्ड प्रभृति देशों में प्रवासन और कालान्तर में भारत में निवसन किया।

ईरान के प्राचीन आर्य Mazdayasni Zarathushtris कहे जाते हैं यानी महात्मा जरथुस्त्र (जराथुस्त्र) द्वारा अवेस्ता धर्म ग्रन्थ में उल्लिखित ईश्वर अहूर अथवा उहूर मज्द (Ahura Mazda) के उपासक। ईरान की प्राचीन भाषा को अवेस्ताई या अवेस्तन ही कहा गया है (जो बाद में फारसी कहलाई)। अवेस्ता का विग्रह है अ + वेद + अस्ति यानी जो वेद नहीं है परन्तु प्रकारान्त से वेद से कम भी नहीं है। लैटिन तथा अवेस्ता शास्त्र में प्रयुक्त अवेस्ताई (वेदों में प्रयुक्त वैदिक संस्कृत की तरह) तथा फारसी एवं यूरोपी भाषायें मूल रूप से प्राकृत वैदिक संस्कृत से ही विन्यस्त है। फारसी का बरादर भी संस्कृत के भ्राता और अंग्रेजी के 'ब्रदर से मिलता है। इसी तरह मादर, मदर, मात, माता आदि हैं जिनका विवरण इस पुस्तक के प्रकरण-5 के अलावा कई जगह दिया गया है। ईरान में निवास करने वाले आर्य जन महात्मा जरथुस्त्र तक मज्दयासनी (Mazdayasni) कहे जाते थे जो वैदिक मध्यान्दिनी आदि की ही तरह एक शाखा थी। अहूर' इस ब्रह्म शब्द की भी कई व्याख्यायें सम्भव हैं यथा 'अह' यानी स्तुति अथवा स्थाणु। अहत् यानी अक्षत् अथवा अनाहत या अहरणीय यानी अविचल, अननुनेय अहुत् अर्थात् विशुद्ध जो वैदिक दर्शन अथवा महायज्ञों का विषय है। इसके अलावा 'अहीन' यानी अक्षुण्ण, पूर्णत्व। एवं आहुति तथा आह्वान और आहवनीय आदि पवित्र अर्थ में भी इस नाम को लिया जा सकता है। मज्द' का अर्थ है मज्जन यानी अवगाहन, विशुद्धि अथवा वैर्य या परमवीर्य अर्थात् जो अपौरुषेय है। इसी तरह जरथुष्ट जी के अभिधान का

अर्थ है पूर्ण परिपक्व, विवेकी पूर्ण विकसित।

दूसरी ओर देखें तो अवेस्ता का अर्थ संस्कृत अवेक्षा भी सही है जिसका मतलब है अवेक्षणीय यानी-दृष्टव्य अथवा अव्यक्त दर्शन। जरथुस्त्र दर्शन का प्राचीनतम शास्त्र Vendidad है जिसका अर्थ वंदनीय अथवा वंदना और वंदनम् के अलावा बन्दि या वंदी अथवा बन्ध या बन्धित होगा। दद् अर्थात् बन्धन से मुक्ति देनेवाला। दोनों अर्थ समुचित प्रतीत होते हैं। इस शास्त्र को 'Vi-daevo-dat' भी कहा जाता है अर्थात् विदेव या अदेव एवं दत् या दत्त अथवा दद् यानी दुष्टता, अपवित्रता यानी देव विहीनता या पाप शमन हेतु प्रदत्त विधि अथवा उपशमन शास्त्र। इस धर्म शास्त्र के प्रथम फरगद (Fargad) यानी फलकम् अर्थात् अध्याय या खण्ड अथवा प्रगत, प्रगम, प्रगमन में ही आर्यों के स्वर्ण युग का वर्णन करते हुये जरा और मृत्यु हारी यमक्षेम (Yima Kshaeta) अर्थात् यमराज या यमदेवता की स्तुति है। यम-क्षेम का अर्थ योग-क्षेम भी सम्भव है।

पुराकालीन पारसीक देश के आर्य लोग अहूरमज्द को भारतीय शास्त्रों के अविकारी ब्रह्मा की तरह मानते थे जिन्होंने आदि सतयुगी सृष्टि का सृजन किया था। उस स्वर्ण युग में रोग, जरा, मृत्यु नहीं थे। जरथुष्ट (जराथुष्ट) शास्त्र में पुराणों की तरह सृष्टि और क्रमिक ह्रास का भी वर्णन किया गया है। पारस के आर्य शास्त्र में पुराणों की तरह गाय, बैल, घोड़ा, पक्षी प्रभृति को आदि सृष्टि का प्रथम पुनीत प्राणी माना गया है। आदि ज्ञानी मानव (Gayo Maretan) पार्थिव होते हुये भी जरा, व्याधि, भूख, प्यास से मुक्त था। उसके बाद अहरिमन यानी आहत, आहर या आहरण करने वाले शैतान (satan - Devil) अर्थात् सनातन भारतीय आख्यानों के महापातकी कलियुग अथवा अधर्म का प्रवेश हुआ और पाप, अनाचार, दुराचार, कदाचार, दुष्टता आदि का प्रकोप बढ़ता गया। ईरानी आर्य शास्त्रों का भी भारतीय दर्शन के अनुसार मानना है कि ये दुष्टतायें मौलिक न होने और वाह्य आरोपित होने के कारण विनष्ट हो जायेंगी और विश्व का अग्नि द्वारा पवित्रीकरण होने के उपरान्त सतयुग की पुनर्स्थापना होगी। यह उल्लेख जर्मन पुराणशास्त्रों में भी पाया जाता है। अग्नि द्वारा पवित्रीकरण का सम्बन्ध भारतीय पुराण शास्त्रों की तरह सूर्य की प्रचण्डता, अनावृष्टि, धरती की तपन और जलन तथा पुनरवृष्टि और पुनरसृष्टि से है जिसे आज के वैज्ञानिक earth warming और तद् जन्य तबाही के रूप में

स्वीकार कर रहे हैं।

जॉन यारकर महोदय ने अपने संग्रह Proto-Aryan Civilisation and[1] Mysteries में इस किंवदंती का भी उल्लेख किया है कि जरुथस्त्र धर्म में पुरोहिताई व्यवस्था यूनानी महाकवि होमर (ईसापूर्व 900 वर्ष) से भी 5000 साल पहले से प्रचलित थी। तत्कालीन पुरोहितों ने जेण्ड अवेस्ता के तीन पाठों का (ऋग्वेद, यजुर्वेद, साम की तरह) प्रस्तुतिकरण भी किया था। पहला पाठ धर्म, नैतिकता से सम्बन्धित था, दूसरा राजन्य और सैन्य बल से तथा तीसरा वैज्ञानिकता से। जरुथष्ट दर्शन में सांख्य शास्त्र की तरह सृष्टि एवं प्रकृति के द्वैत (Duality) का निरूपण किया गया है जैसे अन्धकार और प्रकाश, शीत और ऊष्मा, अच्छाई और बुराई आदि और इस क्रम में अन्ततः अच्छाई और प्रकाश की जीत निरूपित की गई है, जो प्रकृति का मूल स्वभाव है।

सुमेर-बबीलोनिया (Babylonia) या मीसूपुटेमीया (Mesopotamia) सभ्यता यानी वर्तमान इराक में जिसे 'रबू' कहा गया और हिब्रू (यहूदी) में 'रब' लेकिन अलग अलग मतावलम्बी पुरोहितों ने उसे रब्बी, रब्बन और रब्बोनी कहा जो संस्कृत 'रभस' का प्रतिरूप है जिसका संस्कृत अर्थ है परम या प्रचण्ड शक्तिशाली। आश्चर्यजनक लेकिन सच है कि जेण्ड शास्त्र में अहूरमज्द के 'मज्द' का अर्थ है-अहमि यत् अहमि (Ahmi yat Ahmi यानी I am that I am) जो कि वेदोपनिषदिक ही है यानी-अहं तत् अहं-सोहं अर्थात् 'अहं ब्रह्म', 'शिवोऽहम्'। इसके साथ ही यह भी अति अविश्वसनीय-सा लगता है कि ईराक-ईरान-अरब में फैले कल्दी (Chaldean) लोग इसी सत्य को 'आही अशुर आही' (Ahea, Ashur, Ahe) और अकेडीयन (Akkadian) लोग 'अही अश्र अही' (Ahih Ashra Ahih) उच्चारित करते थे। यहाँ पुनः यह स्पष्ट कर दें कि 'आही अशुर आही' को ईरान (फारसी) में 'आही अहूर आही' पढ़ा जायेगा। कारण कि 'स' को 'ह' का उच्चारण होगा। वेदों की तरह जेण्ड अवेस्ता और महात्मा जरुथस्त्र के काल का ठीक-ठीक निर्धारण काफी विवादास्पद है। तथापि इस इतिहास से वैदिक आर्यों की एक झलक मिलती है। जॉन यारकर महोदय ने कुछ पौराणिक महापुरुषों के सन्दर्भ से यह भी उल्लेख किया है कि आदि जोरोस्टर (Zoroaster) की दीक्षा ट्रोजन युद्ध से भी 5000 साल पहले

1. John Yorker

हुई थी। यानी 10000 साल से भी अधिक पहले। ईरान की प्राचीन प्राकृत भाषा में अहं को अहमि और 'तत्' को 'यत' लिखा गया है। इससे भाषा विकास का भी अंदाजा लगता है।

अवेस्ता शास्त्र में भारतीय शास्त्रों की तरह पृथ्वी पर ही स्वर्ग पुनः स्थापित होने की भविष्यवाणी की गई है। अवेस्ता में स्वर्ग की इस परिकल्पना को Pairi Daize कहा गया है जिसे बाइबल में paradise और सनातन शास्त्रों में पारलौकिक, पारमार्थिक, पार्मेष्ठ्यम् कहा गया है। इस वर्णन से भी यह प्रमाणित होता है कि वैदिक प्राकृत संस्कृत सब भाषाओं की मूल है।

जेण्ड गाथाओं का भी प्राचीन पारसीक देश में अद्भुत सङ्कलन है जो अवेस्ता के अन्तर्गत समाविष्ट है। इनकी 17 गाथाओं या सूक्तों में करीब 238 ऋचायें हैं। इन गाथाओं का यस्न काव्य में पुनरसंचयन् किया गया। यस्न का अर्थ यशस् यानी विश्रुत अथवा यसु यानी प्रयास अथवा यष्टि अर्थात् शाखा या स्तम्भ भी लिया जा सकता है। यस्न एक प्रकार से सामवेदीय पुरुष सूक्त की तरह है जिसका पर्व या धार्मिक उत्सवों के समय पाठ किया जाता है, गायन नहीं किया जाता। वेदों की कुछ ऋचाओं की तरह इनकी रचना त्रिष्टुभ-जगती छंदों में की गई है। इन गाथाओं को पाँच अध्यायों में विभक्त किया गया है यथा ;

1. अहुनावैति (Ahunavaiti) गाथा–यह 'अहुना वैर्य' (Ahuna Vairy) को समर्पित गाथा है। यहाँ वैर्य का अर्थ वैराज, विराज या विराट है। यह उस ब्रह्म के आह्वान की गाथा यानी स्तुति है जैसे कि सामवेद का 'पुरुष सूक्त'। वैर्य का अर्थ परम शक्तिशाली या अपौरुषेय भी किया जा सकता है जो पारसिक में आहूरमज्द के लिये प्रयुक्त हुआ है। वैति का अर्थ संस्कृत शब्द 'वत्' की तरह है जैसे भगवत्, भास्वत या सादृश्य अर्थ में आत्मवत् आदि। अहुन यानी अहीन अर्थात् पूर्ण, अक्षुण्ण या अहंत यानी अक्षत आदि।

2. अष्टावैति (Ushtavaiti)–गाथा इसका फारसी तर्जुमा अभीष्ट प्राप्ति से है यानि (Having Happiness)। अतः अष्ट का अर्थ आठ से नहीं है अपितु इष्ट या इष्टि से है अर्थात् अभिलाषा कामना पूर्ति। आवैति' का अर्थ आवर्ति या आवृत्ति यानी बार-बार होना या करना है।

3. स्पेन्टा मैन्यु (Spenta Mainyu) गाथा–इसका अर्थ फारसी में 'ईश्वर कृपा' (Bounteous Spirit) किया गया है। अतः स्पेन्टा का अर्थ स्फुट या स्फुटन (यानी bounty या प्रचुर) किया जा सकता है और मैन्यु का मान्य या मान्या।

4. बोहू क्षत्र (Vohu Khshathra) गाथा–गाथा यानी गायन-स्तुति इसका अर्थ है बहु क्षत्रिय गायन जिसका स्वभावतः मतलब है-सुराज या सुशासन। अंग्रेजी में इसका अर्थ किया गया है (good governance)। अतः इसका संस्कृत अर्थ होगा बहु यानी भूयिष्ठ या पुष्कल-क्षत्रम् यानी राजन्य और अधिराज्य या प्रभुता अर्थात् क्षत्रियत्व के प्रताप की प्रचुर गाथा, अत्यन्त प्रशंसा।

5. वहिष्टो इष्टि (Vahishto Ishti) गाथा–इसका पारसीक अर्थ अंग्रेजी में है (Best Beloved) यानी परम प्रिय। वहिष्ठो वास्तव में संस्कृत भूयिष्ठ शब्द का ही पर्याय है जिसके अन्य अर्थ बहुल, बहुली या बहुशः हैं। अतः इसका अर्थ हुआ परम इष्ट की अतीव स्तुति।

यस्न में संकलित गाथाओं का क्रम अवेस्ता से कुछ बदल गया है लेकिन उसके सात अध्याय 35-41, अवेस्ताई गाथाओं के समान ही प्राचीन हैं जिन्हें हप्ताङ्गेति (Haptanghaiti) कहा गया है जो संस्कृत शब्द सप्ताङ्गति का अपभ्रंश है जिसका अर्थ है सात अङ्ग। फारसी में 'स-श' का उच्चारण 'ह' है इसीलिये सिन्धु को हिन्दु और सरस्वती को हुरावती कहा गया। ऐसा वेद में भी है तथा गुरुमुखी में भी। वेद में 'ष' को 'ख' और 'य' को 'ज' उच्चारित किया जाता है। गुरुमुखी में 'इ' 'ई' नहीं है अतः हरि को हर, मन्दिर को मन्दर कहा जाता है। इसी तरह अस्पताल को हस्पताल आदि।

यही आदि वैदिक प्राकृत आर्य भाषा मध्य जम्बूद्वीप-रुस और ईरान होते हुये विश्व के विभिन्न भागों में अपने-अपने प्ररूपों में विस्तृत-प्रवर्तित और परिवर्तित हुई और सिन्धु-सरस्वती-हड़प्पा होते हुये भारत आई।

आर्य तथा माया, इन्का, अजटेक, रोमां (जिप्सी) आदि संस्कृतियाँ

इस विषय पर इस पुस्तक के अन्य प्रकरणों में भी विभिन्न तरह से प्रकाश डाला गया है। यहाँ यह उल्लेख करना समुचित है कि अमेरिका की 'माया सभ्यता' (Mayan Civilisation) के लोग अपने को आर्यों से सम्बन्धित मानते रहे हैं।

इसका अमरीकन उच्चारण मायू है। रोमां (Gypsy) लोग अभी भी अपने को भारत से प्रवासित बतलाते हैं। सम्भव है माया लोग दृष्टि भ्रम, जादू-टोना (Illusions), ओझागिरि के ज्ञाता रहे हों। रोमां-जिप्सी भी उन्हीं की तरह मध्य एशिया से ही अन्य देशों में गये। इन्का और अजटेक एक ही वंश परम्परा से अलग हुये लगते हैं। ये दोनों आर्य-आरिया से ही अंकुरित शब्द हैं। ये चारों समुदाय किसी न किसी रूप में इंद्रजाल और रहस्यों के साधक थे लेकिन कैसे अलग हुये, कहना मुश्किल है। माया, इन्का, अजटेक लोग कैसे उत्तरी अमेरिका और दक्षिणी अमेरिका में विस्तारित हुये ये अतीत के गर्भ में छिपा है फिर भी यह कहा जा सकता है कि इनका विस्तार मध्य एशिया और रूस के रास्ते ही हुआ। रोमां लोग आज सर्वत्र फैले हुये हैं लेकिन मुख्यतः यूरप में ही हैं। रोमां मूल रूप से पोलेण्ड में वस गये थे और अभी भी अपने को मूलतः भारत का बताते हैं। ये लोग आज दर दर घूम रहे हैं, भीख माँग रहे हैं खास तौर से फ्रान्स और ब्रिटेन में। जैसा कि बताया जा चुका है पोलेण्ड के लोग स्वयं को आदि आर्य सन्तान मानते हैं। उनकी भाषा संस्कृत से काफी मिलती जुलती है। सम्भव है इन्का (Inca or Inka) लोग इन्दिरा सभ्यता के उपासक रहे हों। इन्दिरा यानी लक्ष्मी, ऐश्वर्य, आनन्द, आमोद-प्रमोद। माया और इन्का दोनों ही अमेरिकी महाद्वीपों के मूल निवासियों में माने जाते हैं। इतिहासकारों के एक वर्ग का मानना है कि सम्भवतः यही लोग आज से 30000 साल पूर्व अमेरिका में आये थे। ये भी सम्भव है कि माया, इन्का, अजटेक लोग आर्यों के कर्मचारी रहे हों, शिल्पी, नर्तक, गायक (Singer-Dancer) आदि हों। सम्भव है Inca नाम यूनानियों ने दिया हो जैसे भारत का नाम India या करीब 2350 वर्ष पूर्व मौर्य साम्राज्य के दौरान आये यूनानी यात्री मैगस्थनीज की पुस्तक का नाम भारत से संबंधित होने के कारण 'इण्डिका' दिया गया। सूर्य और चन्द्र से सभ्यताओं-वंशों का सम्बन्ध होने के कारण 'इन्का' एक शक्तिशाली सभ्यता होने के कारण 'इन' सूर्य से सम्बद्ध मानी जा सकती है।

पाश्चात्यों ने इन सभी तथ्यों एवं साक्ष्यों को नजरअंदाज किया है। आर्यों को आक्रमणकारी साबित करने के लिये उन्होंने भारतीय पौराणिक इतिहास और साक्ष्यों को तोड़-मरोड़ कर प्रस्तुत करने का एक ऐसा ढंग बना दिया था जो 'यूरोपियन सुपीरिअरिटी' तथा भारतीय आदमता की थियरी' से मेल खाये। जबकि वेदों और पुराणों में जिस तरह से द्वीपों और समुद्रों का सन्दर्भ आया है, विशेष रूप से पृथ्वी के सात सागरों और जम्बूद्वीप के चार समुद्रों से घिरे होने के साथ ही उत्तर में उत्तर

समुद्र (आर्कटिक) का, उससे यही सिद्ध होता है कि आर्य सभ्यता का साम्राज्य समुद्रों तक फैला हुआ था।

यूरेपियन जन्टलमेन ग्रिफिथ (Griffith) महोदय द्वारा ऋग्वेद के रूपान्तरण में यह कहना बहुत ही हास्यास्पद है कि वेदों में समुद्र का जो सन्दर्भ आया है वह वास्तव में महासागर (Ocean) नहीं है। ग्रिफिथ महोदय शायद ये भूल गये कि पृथ्वी के आदि या प्रारम्भिक काल में केवल सात ही समुद्र थे जिन्हें सागर कहा गया है। उस समय बड़े और छोटे समुद्रों का प्रश्न ही नहीं था इसलिये महासागरों का भी प्रश्न नहीं था। अतः वैदिक और पुराण काल में भी सभी समुद्रों का सम्बोधन सागर या समुद्र ही किया गया है। आर्यों ने वरुणदेवता की स्तुति की है, उन्हें समुद्रों, जल का स्वामी और अपना तुषित माना है। स्वायम्भुव मनु के पुत्र प्रियव्रत पृथ्वी के आदि सम्राट थे लेकिन उनके बाद भी कितनी ही पीढियों तक आर्यों का विभिन्न द्वीपों पर शासन चलता रहा। पृथ्वी का उस आदि काल में क्या रूप, विन्यास था ये पाश्चात्यों की समझ के बाहर की बात है लेकिन जिस तरह का वर्णन पुराणों में आया है उससे पृथ्वी का ढाँचा आज के ग्लोब की ही तरह प्रतीत होता है। उपर्यक्त तथ्यों के आधार पर भी पाश्चात्यों की यह थियरी कि आर्य आक्रमणकारी थे ध्वस्त हो जाती है।

मध्य जम्बूद्वीप (सेन्ट्रल एशिया) एवं आर्य मानव तथा भारत

पुराण-इतिहास से यह स्पष्ट हो जाता है कि वर्तमान सेन्ट्रल एशियाई क्षेत्र (कजाखिस्तान, उज़्बेकिस्तान, तुर्कमेनिस्तान, किरगिजस्तान और ताजिकिस्तान) का सम्मिलित रूप पौराणिक काल में इलावृत वर्ष था जो जम्बूद्वीप का हृदय स्थान था। उस समय के जम्बू द्वीप के रेखा चित्र के अनुसार इलावृत वर्ष जम्बूद्वीप के मध्य में था और स्वर्णिम मेरु (आज का उराल) इलावृत के मध्य में। अब यह कजाकिस्तान (Kazakhstan) और उसके आस पास का क्षेत्र है। उस समय यह मुख्य राजधानी क्षेत्र था क्योंकि इसी स्वर्णिम मेरु के मध्य में ब्रह्मपुरी और ब्रह्मसरोवर था। इसी क्षेत्र में अब आर्यों के अवशेष मिल रहे हैं। आर्योदय से पूर्व यह क्षेत्र देव-दानव युद्ध भूमि रहा था जो मध्य में होने के कारण कालान्तर में आर्यों-बर्बरों का युद्ध क्षेत्र बना। यह बहुत ही विकसित क्षेत्र था। इसी क्षेत्र में तालकेन्द्र आज का तासकन्द (अंग्रेजी में Taskent) अवस्थित था जो संगीत, नृत्य, कला, नाट्य-अभिनय का केन्द्र था। सरोवरों, उपवनों और वृक्षों से भरपूर था। दिव्य

देवों के समय, आर्योदय के पूर्व समरकेन्द्र आज का समरकन्द भी देव-दानवों के बीच युद्ध का केन्द्र इसलिये था क्योंकि वह स्वर्ग द्वार था। दानव-दैत्य समर में देवों-सुरों को पराजित कर स्वर्ग द्वार हथियाना चाहते थे ताकि स्वर्ग यानि वर्तमान आर्कटिक और तत्कालीन पुष्कर पर अधिकार किया जा सकता। आर्योदय के बाद यही स्थिति आर्यों एवं आदम बर्बरों के बीच बनी रही। आर्य लोगों में जो युद्धहस्त वीर क्षत्रिय थे, सम्भवतः कालान्तर में पाश्चात्यों द्वारा कसीट (Kassites) कहे गये जो कि वैदिक देवों-इन्द्र, सूर्य, मित्र, अग्नि, मरुत की पूजा करते थे। कुछ लोगों का कहना है कि इन्हीं में से एक समूह 1600-1200 बीसी के आसपास बबीलोनिया-मसोपोटेमिया प्रवास कर गया और सुमेर सभ्यता की स्थापना की। यूरोपियन्स ने इस सभ्यता को सुमेरु न कहकर जानबूझकर सुमेर कहा ताकि उनका सम्बन्ध आर्यों से न जोड़ा जा सके। अविश्वसनीय पर सच है कि मध्य-पूर्व के हिट्टीट, मिट्टानी (Hittites and Mittanis) लोग भी स्वयं को आर्यों का वंशज कहते थे। कहते हैं इन लोगों ने वैदिक देवों इन्द्र, मित्र, वरुण को साक्ष्य मानकर 200 बीसी के करीब संस्कृत में एक समझौता हस्ताक्षरित किया था जिससे उस क्षेत्र में वैदिक संस्कृति के प्रचुर प्रचलन की पुष्टि होती है।

सिंधु सभ्यता की जिस भाषा को पाश्चात्यों ने अलग लिपि मान कर अवैदिक कहा है वह अतिप्राकृतिक प्राणियों यानी गन्धर्वों की लिपि है। विदेशी नहीं। सिन्धु सभ्यता की अपरवर्ती लिपि से ये संकेत मिलते हैं कि पूर्व वर्ती लिपि ब्राह्मी लिपि से मिलती है और दोनों लिपियों का आंगिक (organic) विकास हुआ। नवीन शृंखलाओं के प्रतिमान अब साफ तौर पर सेन्ट्रल एशिया, रूस, अर्मेनिया, पोलेण्ड आदि यूरोपीय देशों में भाषाओं का इण्डो-संस्कृत आधार प्रमाणित कर रहे हैं न कि अफ्रीकी।

अब समय आ गया है कि भाषा की पुरातन पाश्चात्य प्रतिपादित इण्डो-यूरोपियन या यूरो-अफ्रीकन धारणा को चुनौती दी जाय और इण्डो-संस्कृत विधा की स्थापना की जाय। आर्यों के बारे में फैलाये गये सभी यूरोपीय भ्रमों का मूल ईर्ष्या है और उसका कारण था आर्यों का सबसे बाद में भारत आना। आमतौर पर वैज्ञानिक एवं भूगर्भज्ञ कहते हैं कि हिमालय सबसे युवा पर्वत शृंखला है इसलिये आर्य यहाँ बाद में आये फिर भी हिमालय पर्वत शृंखला चाहे कितनी ही युवा क्यों न हो ऐसा अनुमान है कि ये डेढ़ करोड़ वर्ष के करीब पुरानी है और आर्यों के समय अस्तित्व

में थी। वैसे भी प्रकृति के क्रमिक विकास की प्रक्रिया में मानव की उत्पत्ति से पहले पर्वतों का विकास हो चुका था। सच ये है कि हिमालय पर्वत शृंखला तुलनात्मक रूप से ऊँची है अतः इसे आसानी से पार करना सम्भव नहीं था। ऐसा प्रतीत होता है कि आर्य लोग मेरु से अलकनन्दा मार्ग का अनुसरण करते हुये आज के चीन के रास्ते कैलाश-मानसरोवर-गन्धमादन-बदरिकारण्य पहुँच चुके थे। ऐसा भी लगता है कि यह क्षेत्र उन्हें आर्कटिक, मेरु से मिलता जुलता प्रतीत हुआ। उन्हें शायद यह दैवी संकेत मिल चुका होगा या भविष्यवाणी हो चुकी थी कि त्रिदेवों (Trinity of gods) का दैवी शक्तियों के साथ पुष्कर (आर्कटिक)-मेरु-ब्रह्मपुरी से अन्तर्धान होने पर कैलाश-गन्धमादन क्षेत्र में अवतरण होगा और यही क्षेत्र देव धाम बनेगा। इसका एक मुख्य कारण शायद यह भी था कि यहाँ देव गंगा की धारा अलकनन्दा उत्तर समुद्र की तरह पूरे क्षेत्र को आवेष्टित करती थी। अतः बदरी नारायण भारत का आदि धाम बना। तथापि न तो इस क्षेत्र में और न इससे आगे उस हिम युग में रिहायस सम्भव थी। अतः आर्य इस रास्ते से आगे न बढ़कर उत्तर-पश्चिम से ही भारत में आये। ईरान तक वो पहले ही आ चुके थे। भारत आर्यों का अन्तिम प्रवास था। यह भूमि उन्हें 'सस्य श्यामल' लगी। अतः यहीं उन्होंने ब्रह्मपुरी, पुष्कर, स्वर्ग द्वार, उत्तरपथ, नारायण धाम, और आर्कटिक, मेरु के विभिन्न देव स्थानों की प्रतिकृति (replica) स्थापित की।

यहाँ पर यह कहना भी उपयुक्त होगा कि हिमालय के बारे में यूरोपियन्स की अवधारणा बहुत संकुचित रही है और ऐसा उन्होंने जानबूझकर किया। पाश्चात्यों ने हिमालय को आर्कटिक सहित विश्व की सम्पूर्ण उत्तर दिशा से समेट कर कैलाश-हिमालय और भारत चीन नेपाल तक सीमित कर दिया तथा स्वर्ग को तिब्बत तक। इसके कारणों की विस्तृत चर्चा अन्यत्र की गई है। तथापि ये कहा जा सकता है कि क्योंकि पाश्चात्यों को हिमालय का सही अर्थ समझ में नहीं आया अतः वो हिमालय की सही स्थिति का निर्धारण नहीं कर पाये लेकिन उनकी सबसे बड़ी कदाशयता अपनी श्रेष्ठता स्थापित करने के लिये परतंत्र भारत के मौलिक आर्यत्व से विश्व का ध्यान हटाना तथा वैदिक पौराणिकता एवं विश्व आर्य पितृत्व का मूलोच्छेदन करना था ताकि दुनियांभर में यूरोपीय सुप्रिमेसी स्वीकार हो।

ईरान में पहले से ही स्थिर हो जाने के बाद आर्यों को भारत आना आसान हो गया और उत्तर-पश्चिम से ही आर्यों ने भारत में प्रवेश किया। आज के

पाकिस्तान, पंजाब को उन्होंने अपना आवास बनाया। सिन्धु उनके लिये नदी नहीं बल्कि उत्तर समुद्र का पर्याय बन गई थी। रामायण के अनुसार सिन्धु गंगा की सात धाराओं में एक महा नदी थी (सिंधुश्चैव महानदी) जो ठीक भी है क्योंकि वो विशाल तो थी ही उसमें इतनी नदियाँ मिलती थी कि उसका आकार समुद्र की ही तरह प्रतीत होता था। इसके अलावा सप्त सिंधु में सिन्धु नहीं थी जिससे प्रतीत होता है कि सिंधु के दोनों ही अर्थ नदी और समुद्र सार्थक थे। सप्त सिंधुओं यानी सात नदियों का सिंधु यानी समुद्र में विलय होता था। ये कहना विसंगत नहीं होगा कि मेरु से गंगा की जो सीता नामक धारा केसराञ्चल होते हुये वर्तमान पश्चिम समुद्र (तत्कालीन पूर्वी समुद्र) में प्रवाहित हुई थी वह कालान्तर में सिन्धु के साथ ही मिली हो। वर्तमान पंच नद यानी वितस्ता, शतद्रु, विपाशा, इरावती, चन्द्र भागा (झेलम, सतलज, व्यास, रावी, चिनाव) सिन्धु में समाहित होती थीं। ये पांच नदी जिनके मूल नाम ही स्त्रि लिङ्ग में हैं, स्त्रीलिंग से कैसे पंच नद (पुल्लिंग) कहलाये इस पर प्रकाश डालना सम्भव नहीं है। कालान्तर में आर्य लोगों ने पवित्र नादियों से अपना सम्बन्ध जोड़ा। कुरुक्षेत्र में सरस्वती और दिल्ली-मथुरा में जमुना। आर्यों का आगे का विस्तार मुख्यतः गंगा और यमुना के बीच विशाल मैदानी क्षेत्र में हुआ परन्तु इतिहास से ये भी संकेत मिलते हैं कि राजस्थान और हिमाचल प्रदेश में भी आर्यों का विस्तार हुआ। राजस्थान में पुष्कर की स्थापना और हिमाचल सरस्वती का उद्‌गम होना इसके साक्ष्य हैं। सरस्वती का स्थान वेदों के साथ-साथ कालान्तर में वेद व्यास जी से संबन्धित होने के कारण अति पवित्र होगया। समय बीतने पर आर्यों के मूल निवासों के वैदिक नामकरण हुये अर्थात् ब्रह्मावर्त और आर्यावर्त। ब्रह्मावर्त ब्राह्मण वर्ण के लिये, आर्यावर्त क्षत्रियों के लिये। शेषभूमि अन्य वर्णों के आर्यों के लिए छोड़ दी गई।

हाल ही में गंगा किनारे उत्तर प्रदेश के उन्नाव जनपद से बुन्देलखण्ड क्षेत्र तक फैले सिन्धु सभ्यता से भी पूर्ववर्ती अर्थात् 3500 ईसापूर्व से भी पहले के तथा अभी तक के प्राचीनतम आवासीय अवशेष मिले हैं जिनका निर्माण चौकोर और आयताकार है। बावड़ियाँ और यज्ञ शालायें भी बनाई गई हैं जिनसे उनका आर्य अवशेष होना सिद्ध होता है।

यह भी सम्भव है कि उस पुरातन काल में अजमेर स्थित पुष्कर का आकार पुष्कर द्वीप या कमल से मिलता हो और कोई बड़ी या पवित्र नदी भी पुष्कर

(वर्तमान अजमेर) से बहती हो अथवा वर्तमान ब्रह्म सरोवर की आकृति और बनावट मेरु स्थित ब्रह्म सरोवर की तरह हो। आर्यों ने निश्चित ही मेरू, जम्बू और पुष्करद्वीप के यथा सम्भव प्रतिमान और प्रतिकृतियाँ भारत के विभिन्न स्थानों में स्थापित किये। अत्तराखंड में सत्पथ या उत्तर पथ के लिये 'सतोपन्थ' नाम का प्रचालन भी इसका एक उदाहरण है। इसी मार्ग का अनुसरण पाण्डवों ने किया था। जिसे पाश्चात्यों ने सिल्क रूट नाम दिया। मध्य जम्बूद्वीप के लिये सेन्ट्रल एशिया की तरह बरगलाने के उद्देश्य से दिया गया यह नामकरण अपनी जगह सही है क्योंकि यह रास्ता चीन होकर ही जाता है और चीन का अर्थ संस्कृत में रेशम (सिल्क) है।

उन हिमयुगों का अनुमान लगाना तथाकथित विज्ञान के लिये भी सम्भव नहीं है। जब आधुनिक विज्ञान अपनी शैशव अवस्था में था और पाश्चात्य सभ्यता नाम की कोई चीज थी ही नहीं, वेदों और पुराणों ने अणु से परमाणु और 'परम' की व्याख्या तथा सृष्टि की आयु की संगणना भी कर दी थी।

वैज्ञानिकों के अनुसार ब्रह्माण्ड की उत्पत्ति करीब 14 अरब वर्ष पूर्व हुई। भारतीय पौराणिक वाङ्मय के अनुसार सृष्टि रचना यानी ब्रह्माण्ड (cosmos) सृष्टि के साथ ही ब्रह्मा प्रजापति की उत्पत्ति हुई। उसके बाद प्रकृत परिवर्धन एवं विस्तार हुआ। ब्रह्मा की आयु अभी करीब 51 वर्ष है जिसकी संगणना निम्न प्रकार की गई है। इस सूत्रात्मक संगणना के अनुसार ब्रह्मा की 51 वर्ष की आयु के पूर्व ब्रह्माण्ड की रचना हुई और अभी प्रलय के लिये ब्रह्मा की आयु के शेष 51 वर्ष के बराबर की अवधि बाकी है। इस फार्मूले से ब्रह्माण्ड की पूरी आयु का अनुमान लगाया जा सकता है और वैज्ञानिकों की संगणना से तुलना भी की जा सकती है जो बहुत ज्यादा अलग नहीं है;

एक मानव वर्ष (human year) = एक दैवीय दिन (day of gods)
365 मानव वर्ष = एक देवीय वर्ष (divine year)
एक देव रात्रि = 6 माह दक्षिणायन
एक देव दिन = 6 माह उत्तरायण
एक पितृ दिन = 15 मानव दिन-रात (शुक्ल पक्ष)
एक पितृ निशा = 15 दिन (कृष्ण पक्ष)
एक चतुर्युगी (सतयुग, त्रेता, द्वापर, कलियुग) = 43,20000 वर्ष
1000 चतुर्युगी (4000 युग) = ब्रह्मा का एक दिन

1000 चतुर्युगी = ब्रह्मा की एक रात्रि
कल्प = ब्रह्मा के रात्रि-दिवस अथवा
14 मनुवों की आयु

उपर्युक्त संगणना के अनुसार ब्रह्माण्ड की रचना 14 अरब वर्षों से भी पहले हुई थी और प्रकृति का क्रमिक विकास नौ चरणों में हुआ था। अन्तिम नौवें चरण में मानव की उत्पत्ति 'ब्रह्मा जी' की मानस रचना अथवा स्वयं को स्त्री-पुरुष दो भागों में विभक्त कर स्वायंभुव 'मनु और सतरुपा' से हुई थी। प्रथम आर्य मानव अर्ध देव (Demi Gods) थे, जो मानव वंश के आदि पूर्वज थे। उन्हीं की सन्तान आदि आर्य मानव थे। क्रमिक ह्रास के साथ मनुष्य जाति आर्य मानव से मानव और मानव से मनुष्य और अब मनुष्य से पशुत्व की ओर अग्रसर हैं। इस प्रकार हम मानव उत्पत्ति और सभ्यता के विकास का अनुमान लगा सकते हैं। इस तथ्य की पुष्टि 'बाइबल' ने भी की है जिसका वर्णन आगे किया गया है।

भारतीय पौराणिकता विनाश के सिद्धान्त पर विश्वास नहीं करती बल्कि लय (Coalescence) के सिद्धान्त को मानती है। लय का सिद्धान्त है, नीचे (Bottom) से सभी तत्वों का अपने मूल तत्वों में क्रमिक विलय यानी क्रम से स्थूल तत्वों का सूक्ष्म में, सूक्ष्म का अति सूक्ष्म में और अन्ततः सबका मूल प्रकृति (Gross Nature) में विलय होना। मूल अथवा अव्यक्त प्रकृति ईश्वर की स्वकीया प्रकृति होने के कारण अन्ततः उसी सृजक (Creator) अथवा अनन्त तत्व (Infinity) में विलय हो जाती है। इसको यूँ समझना चाहिये जैसे फल का विलय फूल में, फूल का पत्तों में, पत्तों का टहनियों में, टहनियों का तने में, तने का जड़ में और जड़ का बीज में। इसके ठीक विपरीत सृष्टि रचना ऊपर से यानी मूल प्रकृति से नीचे की तरफ उसी क्रम से होती है जिस क्रम से तत्वों का विलय हुआ था। इसीलिये उपनिषद, गीता एवं अन्य शास्त्रों में इसे "ऊर्ध्व मूलमधः शाख" कहा गया है यानी जिसकी जड़ ऊपर है और शाखायें नीचे की ओर। यह एक प्रकार से वाइण्डिग और रीवाइडिंग (Winding-Rewinding) की तरह का प्रासेस या प्रक्रिया है। इस प्रकार अभी संसार या इस पृथ्वी के विलय का समय नहीं है क्योंकि अभी करीब 400000 मानव वर्ष से अधिक कलियुग के ही बाकी हैं। समय-समय पर प्राकृतिक उथल-पुथल, विभीषिकायें और तज्जन्य विपत्ति तथा कहर का नग्न ताण्डव अलग बात है।

अन्य इतिहासकारों की तरह हारवर्ड विश्व विद्यालय के प्रो० माइकल विजल (Michael Witzel) भी आर्यों को इण्डो-आर्यन या एशियो-आर्यन के बजाय इण्डो-यूरोपियन ही कहते हैं। इन लोगों का ऐसा कहना स्वाभाविक है। पहला इसलिये कि दासता के कारण भारत के लोगों की मूकता और ब्रिटेन को भारत का इतिहास विकृत करने का पूरा मौका। दूसरा यूरोपियों का अपनी श्रेष्ठता प्रदर्शित करने की जिद के कारण आर्यों को इण्डो-यूरोपियन कहकर आक्रमणकारी सिद्ध करना। तीसरा ये कि पुरातत्त्वीय, मानव विज्ञानी, भू गर्भीय आदि साक्ष्यों की कमी और भारतीयों का अपने पुराण-इतिहास एवं शास्त्रों से अनभिज्ञता। प्रो० माइकल का कहना उचित है कि अब आर्यों के मूल निवास सम्बन्धी विवाद को करीब 200 वर्ष हो चुके हैं और ठोस वैज्ञानिक सबूतों की भरमार भी हो चुकी है तथा भारतीय विद्वान अपने इतिहास और पूर्वजों की ही नहीं वैश्विक पैतृक एकान्वय की पौराणिकता को भी समझने लगे हैं। उनके अन्दर अपने को पहचानने की एक जागृति पैदा हो चुकी है। अतः इस विवाद को विराम मिलना ही चाहिये।

इसके बावजूद भारतीयों से (जो अभी भी मानसिक दासता की जंजीरों से जकड़े हैं) ज्यादा अब पाश्चात्य इतिहासकार और विद्वान ही 'आर्य आक्रमण थियरी' (Aryan Invasion Theory) का प्रतिरोध और विरोध कर रहे हैं और आर्यों को इण्डो-यूरोपियन मानने से इन्कार कर रहे हैं। उन्होंने इस सम्बन्ध में बहुत अधिक खोज की है जो पाश्चात्य दम्भ को झूठ भी सिद्ध करता है।

पाश्चात्य अनृत निर्मूलन और भारतीयत्व स्थापन

आर्यों एवं विश्व मानव के उदय के संबंध में अपने शास्त्रीय पुराण, इतिहास का अध्ययन, मनन, स्वीकरण देश में एक नव ऐतिहासिक-सांस्कृतिक, आत्मिक क्रान्ति की शृंखला पैदा कर सकता है जैसे आइन्स्टीनियन और न्यूटिनियन सिद्धांतों ने विज्ञान के क्षेत्र में अथवा लैपटॉप, कम्प्यूटर, मोबाइल ने सूचना एवं तकनीकी क्षेत्र में किया। इसकी अब जरूरत भी है। हम कौन हैं कहाँ से आये इसका आध्यात्मिक ज्ञान तो पूछने वाले छदिमयों तक को नहीं है, परन्तु इसका ऐतिहासिक ज्ञान तो पुस्तकें पढ़ने, खोज करने और गहन पैठ से हो सकता है। इस पुस्तक के पठन से उपर्युक्त आध्यात्मिक प्रश्न का ऐतिहासिक उत्तर मिल सकता है। ब्रितानी और जर्मन चाल के कारण संस्कृत भाषा के तिरस्कृत हो जाने के कारण तिरोहित हो जाने से

और 1000 साल के दासत्व के फलस्वरूप भारतीयों के अन्दर आत्मगौरव, स्वाभिमान, आत्मसम्मान की भावना ही समाप्त हो गई तथा उनका अपनी अस्मिता से ही सम्पर्क टूट गया। तथापि कहते हैं-सत्य, कल्पनाओं से अधिक आश्चर्यजनक होता है-पाश्चात्यों का भी ऐसा ही कहना है। क्योंकि हमारा ऐतिहासिक वाङ्गमय आश्चर्य की सीमा तक सत्य है इसीलिये सबको अविश्वसनीय लगता है। आज वही सत्यता पिछले हिमयुगों की वनस्पति के रूप में पुनः अंकुरित हो रही है जिससे नये रहस्यों का उद्घाटन हो सकेगा। अंग्रेजी में यूरपियनों की यह कहा्वत (Truth is stranger than fiction) से जानी जाती है।

आर्यजन पृथ्वी के आदि मानव थे और विश्व मानवता के आदि पूर्वज (Common Ancestors of the world) तथा ऋग्वेद विश्व का आदि दार्शनिक-आध्यात्मिक बीज ग्रन्थ एवं भारत उस आदि-प्राचीन विरासत का न्यासी। वैदिक साहित्य एवं शास्त्र सहस्त्राब्दियों के ज्ञान, विज्ञान, शिक्षा, अध्ययन, सिद्धान्त और अन्वेषण के प्रामाणिक कीर्तिमान हैं। शास्त्रीय-वैज्ञानिक-ऐतिहासिक मीमांसा से यह प्रमाणित हो जाता है कि आर्यजन मध्य जम्बूद्वीप के सनातन आर्ष वैदिक पुरुष थे जिनके आर्कटिक अर्थात् पुष्कर देवलोक से अलौकिक तन्तु जुड़े हुये थे। विश्व विस्तार की प्रकृया के अन्तिम चरण में आर्यों का भारत में पदार्पण हुआ। भारत को उन्होंने अपना स्थाई निवास बनाया और वेदों में परिवर्धन, संयोजन, अविवृद्धि के साथ शास्त्रों का व्यापक गहन विस्तरण किया। वैदिक वाङ्गमय से भी पाश्चात्यों की इस विकृति का पर्दाफास हो जाता है कि आर्य आक्रमणकारी थे और द्रविड़ लोग भारत के मूल निवासी जिन्हें आर्यों ने दक्षिण की ओर ढकेल दिया था। यह भी समझने की बात है कि कई पाश्चात्य इतिहासकार मानते हैं कि द्रविड़ सम्भवतः कोई जाति नहीं थी-बल्कि जैसा कि अंग्रेज और यूरोपी भी कहते रहे हैं-दक्षिण एशिया, हिन्द चीन (Indo China), दक्षिण चीन के 'दरद' थे। भारतीयों को आपस में भिड़ाने के लिये यूरपियनों ने उन्हें द्रविड़ नाम दिया। भारत में जो लोग आज अंग्रेजों की बदौलत द्रविड़ कहे जा रहे हैं वो वास्तव में दक्षिणात्य थे जो मूलतः आर्य सन्तति ही हैं।

रंग को अगर पैमाना माना जाता है तो बंगाल के लोगों को क्या कहा जायेगा। बंगलादेशियों को क्या कहा जायेगा। जहाँ तक अनार्य की बात है किरात, कीकट, अंग और मागधों को भी अनार्य कहा गया है। अतः ऋषि अगस्त्य और भगवान परशुराम की दक्षिणात्य सन्तति को अनार्य कहने की हिमाकत भी कोन कर सकता है?

भारत को उत्तराधिकार में प्राप्त वैदिक आर्य सनातन इतिहास की व्याख्या करने में पाश्चात्य इतने पूर्वाग्रही क्यों हो गये थे इसका कारण निश्चित ही उनका अपने को शिक्षित समझने का घमण्ड, गोरी चमड़ी का गरुर, शासक होने का दम्भ था। अतः स्वयं को अपनी ही भारतीय प्रजा से कम या नीचे समझना उनको अपनी भारी बेईज्जती लगी। साथ ही इसके राजनैतिक-आर्थिक-सामाजिक पहलू भी थे यानी भारत को उत्तर-दक्षिण, आर्य-द्रविड़ में विभाजित कर सामाजिक तनाव पैदा किये रहना। लोगों को विभाजित रख कर गोरों का दीर्घ काल तक शासन करने का यह एक कुचक्र था। आर्यों को यूरपीय आक्रमणकारी बताकर बरतानियों को अपने पूर्वजों का अनुसरण करते हुये भारत पर उसी तरह आक्रमण और शासन करने का बहाना मिल गया। साथ ही वैदिक संस्कृति को पाश्चात्य संस्कृति की अपरवर्ती तथा आर्य सभ्यता को पाश्चात्य सभ्यता, धर्म एवं विकास की नकल सिद्ध करना आसान हो गया। भारतीय ज्ञान-विज्ञान, दर्शन, तकनीक को ग्रीक-यूनानी आवरण में प्रस्तुत कर उन्हें वैदिक संस्कृति की तौहीन करने का पूरा अवसर मिल गया।

इन विकृतियों से गोरों और पाश्चात्यों ने न केवल वेदों की साख को सन्देह के घेरे में डालने का षड्यंत्र रचा अपितु बुध-महावीर से भी वर्षों पूर्व कृष्ण, राम, मानधाता, पृथु, इक्ष्वाकू, पुरुरवा, वैवस्वत एवं अन्य राजाओं की लम्बी वंशावली के इतिहास को भी निराधार साबित करने और नकारने की उन्होंने भूमिका तैयार कर दी। महाभारत को महाग्रन्थ क्या 'महाकाव्य' (Epic) तक तथा महाभारत के युद्ध को युगान्तकारी न मानकर एक कवि द्वारा आपसी या स्थानीय झगड़े को अतिशयोक्तिपूर्ण काव्यता दिया जाना बताकर उसके महत्व को मिट्टी में मिलाने का प्रयास किया। पाश्चात्यों ने अधिकांश भारतीय आर्य पम्पराओं का मखौल तो उड़ाया ही साथ ही वैदिक एवं प्राचीन ऐतिहासिक, सांस्कृतिक, दार्शनिक, आध्यात्मिक साहित्य को भी जोगी, बाबाओं का स्वप्न चित्र बताकर हवा में उड़ा दिया और ऋषि-महर्षियों को कल्पना में रहने वाला बताकर किनारे कर दिया। यहाँ तक कि भारतीय महाग्रन्थ आदि महाकाव्य रामायण को भी 9वीं शताब्दी बीसी के यूनानी कवि होमर की कृति इलियड और ओडिसी (Iliad and the Odyssey) की अनुकृति और नकल बताने में उन्हें एक पल नहीं लगा।

इन सब कुचक्रों से अंग्रेजों के उद्देश्य पूरे हो गये। वो पाश्चात्य प्रभुत्व और पश्चिमी सभ्यता तथा धर्म की श्रेष्ठता स्थापित करने में सफल हो गये। भारतीयों को

यह महसूस होने लगा कि उनकी संस्कृति, धर्म, सभ्यता और ज्ञान का वह स्थान नहीं है जिसका गायन उनके पूर्वजों, ऋषि-मुनियों, महर्षियों ने किया था। उनके अन्दर हीन भावना घर करने लगी और वो अपनी ही धर्म-संस्कृति से लज्जा महसूस करने लगे। उनके मष्तिष्क में यह बात बैठ गई कि उनकी संस्कृति न तो ऐतिहासिक है न वैज्ञानिक। इस बात के प्रसार ने कि सभ्यता का विकास पहले मध्यपूर्व में हुआ, फिर यूरोप में आकर वह चारों ओर फैली, अतः भारतीय सभ्यता विश्व सांस्कृतिक विकास और सभ्यता का मात्र बाहरी आवरण और गोण रूप है, भारतीय युवकों की बुद्धि को और भी कुण्ठाग्रस्त कर दिया। गोरों-यूरोपियों ने मानव सभ्यता का प्रथम विकास मध्य जम्बू से न बताकर कभी मध्यपूर्व और कभी सेन्ट्रल एशिया से बताकर आर्य संस्कृति की नीव ही काटने की कोशिश की।

इस तरह का पाश्चात्य प्रचार न तो ऐतिहासिक इमानदारी था न बौद्धिक न्याय बल्कि राजनैतिक साम्राज्यवाद के साथ-साथ उस सांस्कृतिक साम्राज्यवाद के आक्रमण की पृष्ठभूमि था जिसने आज तक भारत को ग्रसित किया हुआ है। पाश्चात्य इतिहासकारों, पुरातत्त्वज्ञों, अन्वेषकों ने अपने शोधों तथा उनकी व्याख्या के क्षेत्र में वही विरूपण किया जो ब्रिटिश आर्मी ने शियासी तौर पर किया यानि-भारत को अपमानित करो, फूट डालो, जीत हासिल करो और राज करो। पाश्चात्य विचारधारा ऐतिहासिक और तथ्य आधारित कम राजनीति प्रेरित मजहबी (Politico-religious) दुर्भावनाओं से अधिक उत्प्रेरित थी। ये उनका भारत के प्रति इरादतन विद्वेष था।

विडम्बना ये रही कि भारत के भी कुछेक ही इतिहासकारों, विद्वानों, मनीषियों और शिक्षाविदों ने पाश्चात्यों के उपर्युक्त विरूपण को चुनौती देने का साहस किया। ये सही है कि उन्नीसवीं सदी के प्रारम्भ में ही लोकमान्य तिलक ने इस पाश्चात्य विचारधारा को खुली चुनौती दे दी थी। आधुनिक काल में कुरुक्षेत्र विश्वविद्यालय के सेवानिवृत प्रो0 संकालिया ने इस वेस्टर्न थियरी को ललकारने का प्रयास किया लेकिन ये सब आवाजें नक्कारखाने में तूती की आवाज की तरह लुप्त हो गईं। स्वतंत्रता संग्राम के दौरान नेहरू जी ने इन विकृतियों को अनुभव किया था लेकिन सत्ता में आते ही वो भी भूल गये। उन्हें हर चीज में पाश्चात्य सहमति की जरूरत पड़ने लगी। यद्यपि नेहरू जी ही इतिहास की इन विकृतियों को दूर करने में सक्षम थे लेकिन उन्होंने जानबूझकर शिक्षा विभाग अपने पास नहीं रखा। अब इस इतिहास

को बदलना उतना ही मुश्किल है जितना वर्तमान व्यक्तितात्म संविधान और पौरोहित्य मिश्रित ज्योतिष-कर्मकाण्ड को या गुरु व्यास विकृत धर्म को भले ही फिर घुटन हो, ह्रास हो या पतन।

अफसोस यही है कि भारतीयों ने भी अपनी वैदिक संस्कृति और आर्ष आर्य साहित्य की व्याख्या विदेशियों के हाथ सोंप दी। आज भी संस्कृत पण्डितों सहित कई पाश्चात्य मानसिक भारतीय मैक्स मूलर (Max Muller) की ऋग्वेदीय व्याख्या को प्रामाणिक मानते हैं। संस्क़ृत के विद्वान और पंडितों के इतिहास में भी उसका नाम है। संस्कृत के ही कुछ चाटुकारों ने उसे मोक्स + मूलर तक कह दिया। इसीतरह ग्रिफिथ (Griffith), विल्सन (H H Wilson), मोनियर विलियम्ज (Monier Williams) की वैदिक व्याख्यायें भी कई भारतीयों के लिये 'वेद वाक्य' ही हो गये। प्रश्न सिर्फ इतना है कि क्या पाश्चात्य मानसिकता और अतिविशिष्ट यूरोपीय सभ्य समाज भारतीय विद्वानों द्वारा व्याख्यायित या टीका कृत अथवा भाष्य कृत बाइबल को भी मानेगा? अगर ये बात होती तो धर्म परिवर्तन (Conversions) का मिशनरी आन्दोलन क्यों चला होता। सनातन आर्य संस्कृति ने कभी ऐसा नहीं किया न किसी तरह के धर्म परिवर्तन पर विश्वास किया क्योंकि उनका विश्वास था कि धर्म एक ही है उसका परिवर्तन नहीं हो सकता न उसे परिवर्तित किया जा सकता है। मजहब परिवर्तन भले ही हो सकता हो-धर्म सनातन है शाश्वत है। पाश्चात्यों ने आर्यों को आक्रमणकारी और दूसरी संस्कृतियों को आर्य संस्कृति में मिलाने वाला बताकर एकतरह से कुप्रचार करके अपने मजहब परिवर्तन (conversion) के मिशनरी इतिहास को उचित ठहराने की ही भूमिका बनाई।

प्रसिद्ध खगोल शास्त्री, डेविड फ्राले (David Frawley) जैसे विद्वानों का कहना है कि आधुनिक शैक्षिक पाश्चात्य जगत धार्मिक-सांस्कृतिक आलोचनाओं और सामाजिक भेद-भाव के प्रति अति संवेदनशील हो गया है। तथापि अगर भारतीय विद्वान चुपचाप पाश्चात्य व्याख्याओं को मानते हैं और भारतीय लोग उनका अनुशीलन करते हैं तो सब कुछ ऐसे ही चलता रहेगा, कुछ नहीं बदलेगा। इसके लिये भारतीय समाज स्वयं के अलावा किसी अन्य पर दोषारोपण नहीं कर सकता। यह कोई हल्का फुल्का मामला नहीं है। किसी संस्कृति की ऐतिहासिक रूप से कैसे व्याख्या की गई और उसे विश्व के सामने कैसे प्रस्तुत किया गया यह बहुत महत्वपूर्ण विषय है। बुद्धिजीवी उसे किस सामाजिक और बौद्धिक परिप्रेक्ष्य में लेते

हैं यह भी अति जटिल प्रश्न है। अपनी ही संस्कृति की गलत, विकृत, विद्वेषित व्याख्या को सहन करना तथा पूर्वाग्रही कुप्रचार को बिना चुनौती दिये बर्दाश्त करना न तो सहनशीलता है न अहिंसा-यह सिर्फ और सिर्फ स्वयं को धोखा देना तथा स्व-वंचना है, एक तौहीनी समर्पण। सच ये है कि यूरोपी साम्राज्यवादी भारतीय बौद्धिकता से घबड़ा गये थे। अतः उनका एकमात्र उद्देश्य था भारत को जलील करना, भारतीयों का सर कुचलना। वैदिक विज्ञान और गणित तथा रामायणिक-महाभारतीय अन्वेषण उनको चुनौती बन गये थे। जब ज्ञान से भारत को परास्त करना उनके लिये असम्भव हो गया तो राजनैतिक रूप से दास बनाने, आर्थिक रूप से पंगु कर देने तथा सांस्कृतिक रूप से आक्रमण करने के अलावा उनके पास अन्य कोई चारा ही नहीं रह गया था।

आर्य आनुवंशिकी-(Genetic) अध्ययन

यूरोपियन और बर्तानी गोरे, भारत के लोगों में खिंचाव पैदा करके, देश को विभाजित कर अनन्त काल तक राज्य करने के उद्देश्य से रंग भेद नीति लेकर भारतीय उप महाद्वीप में आये थे। भारतीयों एवं इण्डो-आर्यों की वंशावली निर्धारण करने के लिये विदेशी, यूरोपियनों ने मानव संरचना विज्ञान की 'अन्थ्रपोमिट्री' (Anthropometry) जैसी अवैज्ञानिक अथवा अर्ध वैज्ञानिक अध्ययन प्रणाली का प्रयोग किया जिसके द्वारा शरीर एवं उसके विभिन्न अवयवों जैसे नाक, आँख की लम्बाई, चौड़ाई, नाटापन, क्षमता नापकर अथवा फ्रेनलजी (Phrenology) अस्थि संरचना एवं कपाल की धारण शक्ति के अध्ययन को आधार मानकर यह निष्कर्ष निकाला कि गोरे लोग (whites) वंशानुगत रूप से अन्य लोगों से अधिक प्रखर, बुद्धिमान तथा क्षमतावान हैं। इनमें भी जर्मन लोगों का अहंकार विश्व पर शासन करने हेतु स्वयं को शुद्ध आर्य मानता रहा।

उन्नीसवीं सदी के अन्त में ब्रिटिश औपनिवेशिक अधिकारी एच एच रिसले (H.H. Risley) ने लगभग तीन दर्जन समुदायों की 2000 से भी अधिक जातियों का अध्ययन किया जिसमें इण्डो-आर्य, द्रविड़-आर्य, (Dravido - Aryans), सीथिओ-द्रविडियन (Scythio - Dravidian), तुर्की-ईरानी, (Turkish - Iranians) एवं मंगोलियाई आदि सम्मिलित थे। इस अध्ययन के बाद भारत में मानव विज्ञान का बहुत ही अवैज्ञानिक विकास प्रारम्भ हुआ। इसी क्रम में श्री बी० एस० गुहा ने मोहनजो-दड़ो के कंकालों का अध्ययन कर अपनी रिपोर्ट प्रस्तुत की थी जो ब्रिटिश

योजना के मुताबिक ही थी। इसके अनुसार मोहनजो-दड़ो के सभी, अतः स्वाभाविक ही हड़प्पा के भी सभी, लोग मंगोलियाई, अल्पाइन यानि आल्प्स पर्वतीय, एवं भूमध्य सागरीय अनार्य जाति के लोग थे, आर्य नहीं थे। इसके बाद तो तूफान आगया। भारत के सभी पाठ्यक्रम, किताबें इस जहर से भर दिये गये कि आर्य आक्रमणकारी और विदेशी थे। फलस्वरूप बरतानियों को भारत पर सांस्कृतिक हमला करने की खुली छूट मिल गई।

ये उसी तरह के अध्ययन थे जैसा कि 1960 तक कुछ अंग्रेजी और मिशनरी स्कूल कराते या करते थे। बच्चों के कोमल मन पर ये प्रभाव डालने के लिये कि यूरोपीय देवता श्रेष्ठ हैं, अपने देवों की मूर्ति लकड़ी की बनाकर और सनातन देव मूर्तियों को पत्थर या लोहे की बनाकर पानी में डुबो देते थे। लकड़ी की मूर्ति तैरने लगती थी जिससे बच्चों के मन पर यह प्रभाव पड़ जाता था कि पाश्चात्य लोग सही कहते हैं, उन्हीं के देव वास्तव में सत्य हैं और सनातन देव मिथ और मनगढ़ंत इसलिये पाश्चात्यों की ही सब ऐतिहासिक बातें भी सही है।

तथापि समुदाय, जाति, वंश निर्धारण की यह विद्या द्वितीय विश्व युद्ध के दौरान समाप्तप्रायः हो गई। मानव विज्ञानी इन अवैज्ञानिक विधाओं की भ्रांतियाँ समझ गये। इस दौरान अधिक वैज्ञानिक और मान्य 'जैविक मानव विज्ञानी तकनीक' (Biological anthropology techniques) विकसित हो गईं। इस तकनीक का न तो नाक, कान, आँख की लम्बाई, चौड़ाई से सम्बन्ध था न शरीर की बनावट और तगड़े पन से, न रंग से। इस तकनीक से किसी समुदाय या जनसंख्या के क्रमिक विकास की खोज उनकी अस्तित्व की अवधि, सामान्य लक्षण, वन्धुत्व सम्बन्ध, अथवा सजातीयता और प्रचलित क्षेत्रीय अनुवंशिकी अर्थात् (evolution & existence of a particular population, common signs of continuity, possible kinship and genetics around) पर आधारित थी।

प्रसिद्ध मानव विज्ञानी कैनेथ कनेडी (Kenneth Kennedy), ब्रायन हेमफिल (Brian Hemphill) आदि ने भारतीय सन्दर्भ में आर्यों से सम्बंधित विवाद का अध्ययन किया। उन्हें भी 4500-800 BC की अवधि के दौरान जनसंख्या की किसी अवरुद्धता (demographic discontinuity) का कोई सबूत नहीं मिला, साथ ही इस अवधि के दौरान कोई भारी विघटनकारी बाहरी हमला भी प्रमाणित नहीं

हुआ।

बीसवीं सदी के उत्तरार्ध में विकसित सशक्त जीन-जनन विज्ञान तथा कोशिका संचित रसायन अनुवंशिकी जनन अध्ययन (Genetics and DNA) प्रणाली की खोज ने पूर्व में किये गये अध्ययनों को ही पलट कर रख दिया है और पैतृक एवं पूर्वजीय जैविकी (ancestral biology) की पुनर्रचना करने में भी मदद की। भारतीय आबादी के तब से अब कई अनुवंशिकी अध्ययन किये जा चुके हैं और सभी एक दूसरे से अलग पाये गये। भारतीय जैविक अनुवंशिकी का निर्धारण मात्र एक-दो दर्जन नमूनों के अध्ययन के आधार पर करना जैसा कि विगत में पाश्चात्य करते-कराते रहे हैं, न केवल भ्रामक था बल्कि बेतुका भी। भारतीय भू-भाग न केवल विविधताओं से भरा है अपितु अनेक जटिलताओं से परिपूर्ण सामाजिक संरचना भी है। पूर्ववर्ती अध्ययनों ने विभिन्न भाषाई समुदायों को भाषा के आधार पर ही अलग-अलग वंशजीय संज्ञा दे दी और अलग जाति-समुदाय का भी मान लिया। पिछले कुछ वर्षों में भारत एवं विदेश के विश्वविद्यालयों ने जीवविज्ञान के अंतर्राष्ट्रीय विशेषज्ञों की टीम द्वारा आर्यों के सम्बन्ध में आधा दर्जन से भी अधिक अध्ययन करवाये। इन अध्ययनों से भी सेन्ट्रल एशिया से भारत में आर्यों के सामूहिक निर्गमन की पुष्टि नहीं होती और न किसी आर्य आक्रमण के प्रमाण ही मिलते हैं। इन अध्ययनों से भारत और पश्चिमी यूरेसियाई (यूरोप एवं एशियाई सीमा क्षेत्र जैसे उराल, साइबेरियाई क्षेत्र आदि की) आबादी के बीच गहरे सम्बन्धों के संकेत मिलते है। साथ ही यहीं से मानवों का पहली बार अफ्रीका प्रवास भी प्रतिविम्बित होता है। इन अध्ययनों से यह निष्कर्ष निकला कि 66% आवृत्ति के साथ भारतीयों में डीएनए हेप्लो ग्रुप 'एम' (DNA haplo group "M") आम लक्षण है, जबकि सेन्ट्रल एशियाईयों में 40% है और यूरपियों में मात्र 0.6% इस अध्ययन से एक बात साफ होती है कि आर्यजन काकेसियन (Caucasians) यानी काला सागर और कैपसियन सागर (Black Sea and the Caspian Sea) के मध्य फैली काकेसस (Caucasus) पर्वत माला क्षेत्र के लोग नहीं थे। इस तरह आर्योदय एवं आदि मानव सभ्यता की 'इण्डो-यूरपियन थियरी' (यूरोप से उत्पत्ति की विचारधारा) भारतीय अनुवंशिकी से मेल न खाने के कारण फेल हो जाती है।

उपर्युक्त अध्ययन अति आश्चर्यजनक ढंग से यह भी सिद्ध करते हैं कि

भारतीय मातृत्व जीन (maternal gene) मानव विकास के अपने प्रारम्भ से ही आमतौर पर स्वदेशीय (autochthonous) यानी जन्म स्थानीय अर्थात् एशिया देशी ही रहे हैं। कहने का तात्पर्य ये है कि भारतीय मातृत्व जीन आदि हिमकाल (Pleistocene period) अर्थात उत्तरी गोलार्ध में पिछले 20000000 से 11000 वर्षों के मध्य अति हिमचलन (glaciation) काल से उसी मूल स्थान की रही हैं जहाँ से उनकी उत्पत्ति हुई थी। अतः पूरी तरह से यही सिद्ध होता है कि वैदिक आर्य जन मध्य जम्बूद्वीपी थे। हर साक्ष्य आर्यों के आर्कटिक क्षेत्रीय (Circumpolar) यानी सेन्ट्रल एशियाई होना ही प्रमाणित करता है।

इन अध्ययनों में इस बात पर भी सहमति है कि यूरोप की विविध वंशावली और मानव जाति के पूर्वजों की सामूहिक जीन निधि (common gene pool) भारत में ही विद्यमान हैं। इन अध्ययनों ने सिंधु सभ्यता या सिन्धु-सरस्वती सभ्यता के द्रविड़ीय मूल को भी नकार दिया है। इन अध्ययनों का मानना है कि द्रविड़ों की उत्पत्ति भी उप-महाद्वीपीय ही है बाहरी नहीं, बल्कि सशक्त साक्ष्य यही सिद्ध करते हैं कि सिन्धु घाटी सभ्यता और द्रविड़ों का बीज आर्य ही है अन्य कोई नहीं।

जीवोदय, एकान्वय एवं सार्वत्रिक पितृत्वः वैज्ञानिक अध्ययन साक्ष्य (Common Origin of Species and Common Ancestry : A Scientific Study)

वैज्ञानिकों के अनुसार 'जीव विज्ञान' की इस प्रारम्भिक विकासशील अवधारणा को मानने के सुदृढ़ आधार मौजूद है कि इस पृथ्वी पर सभी, सूक्ष्म से सूक्ष्मतर प्राणियों की भी समान वंशावली (common descent) है अतः सभी का पैतृक एकान्वय (common ancestry) है। यह भी सच है कि वैज्ञानिकों के एक वर्ग ने डार्विन (Charles Darwin) की क्रमिक विकास और प्राकृतिक चयन की थियरी (Theory of Evolution by Natural Selection) से सम्भवतः यह हास्यास्पद, बेतुके, अवैचारिक निष्कर्ष निकाले कि मनुष्य बंदर-बन मानुष (Apes - monkey) के वंशज हैं। जबकि सच ये है कि डार्विन ने प्राणियों की उत्पत्ति प्रक्रिया (Process of the Origin of Species) में जीवों की समान वंशवली (universal common descent) की सम्भावनाओं का प्रतिपादन मात्र किया था। उसके अनुसार जीवों में जीवन की समान भव्यता (grandeur) तथा ऊर्जा से यह अन्तर्निहित लगता है कि जीवों ने या तो कुछ योनियों में या एक योनि में पहले जन्म लिया हुआ है। यह

विचार एवं सिद्धान्त सनातन दर्शन के ही अनुरूप है। यह सर्वमान्य है कि सनातन वैदिक दर्शन आदि काल से ही 8400000 योनियों में जीवों के भ्रमण पर विश्वास रखता है। यह सम्भव है कि विज्ञान के अनुसार इससे अधिक योनियाँ (forms of species) हों शायद करोड़ से भी ज्यादा। कितनी विलुप्त हो रही हैं और हो गई हैं पता नहीं। फिर भी सवाल है वो योनियाँ कहाँ गईं। यह भी विवाद का विषय हो सकता है कि specie या form किसे कहेंगे। उदाहरण के लिये मछली या पक्षी सैकड़ों हजारों किस्म की हैं, बंदरों की दो सौ से भी अधिक जाति-प्रजातियाँ हैं। क्या हरेक किस्म (form) को अलग योनि (specie) माना जायेगा या एक। तथापि यह भारतीय सनातनता की ही हिम्मत थी कि उसने उस युग में भी-जिसे पाश्चात्य असभ्य-गंवार (nomad) युग कहते हैं-जीवों की इतनी योनियों (forms of species) की खोज करली थी। सनातन वैदिक वाङ्गमय (Epistemolog) 'ब्रह्मा' को सबका आदि पुरुष (Procreator) मानता है और स्वायम्भुव मनु को मानवों का प्रथम पितर (Patriarch) अथवा विराट्-विराड् या विराज। वैज्ञानिक लोग सृष्टि रचना 14 अरब वर्ष पूर्व मानते हैं। उनके अनुसार समकालिक अवयवियों (living organisms) के अन्तिम सार्वत्रिक पूर्वज (last universal common Ancestor) अथवा नवीनतम सर्वव्यापी पितर (universal ancestor) के आज से भी लगभग 4 अरब साल पहले की मौजूदगी लगती है। वैज्ञानिकों की यह अवधारणात्मक संगणना भी सनातन वाङ्मय के काफी नजदीक है। सनातन वाङ्मय प्रकृति और जीवों का क्रमिक विकास 9 सोपानों (phases) में मानता है। सभी वनस्पतियों के बाद जीव-जन्तुओं और तत्पश्चात मनुष्य की उत्पत्ति मानी गई है। इस प्रकार वैज्ञानिकों की जीवों के सार्वत्रिक पितर (universal common ancestor) की उपस्थिति का आंकलन 4 (चार) अरब वर्ष पूर्व करना भारतीय पौराणिक संगणना के काफी समीप प्रतीत होता है। स्वायम्भुव मनु को, जोकि प्रथम मनु थे, मिलाकर अभी तक 6 (छः) मनु हो चुके हैं। हम वर्तमान सातवें मन्वन्तर में हैं। हर मन्वन्तर का काल करीब 71 करोड़ वर्ष है। इस प्रकार छः मनुओं का काल करीब 4.26 अरब वर्ष आता है जो कि मनुष्यों की उत्पत्ति का काल है। सामान्यतः अन्य मुख्य-मुख्य जीवों का उत्पत्ति काल इससे पूर्व विभिन्न चरणों में माना गया है। भारतीय वाङ्मय एवं दर्शन यह भी मानता है कि सृष्टि (creation), लय (coalescence) एवं पुनर्रचना एक प्राकृतिक प्रक्रिया है जो अपनी गति से उसी तरह चलती रहती है जैसे जीवों की उत्पत्ति-जन्म, स्थिति, मृत्यु, विलुप्ति (extinction)

आदि। अन्तर इतना है कि हरेक की अपनी-अपनी आयु है, अरबों, हजारों, सैकड़ों वर्षों अथवा महिनों दिनों, घण्टों में।

उन वैज्ञानिकों की संख्या भी कम नहीं है जो डार्विन से इत्तफाक नहीं रखते। कई वैज्ञानिकों ने डार्विन की कड़ी आलोचना की है। डार्विन से पूर्व भी वैज्ञानिकों ने मानव और जीवों की उत्पत्ति के सिद्धान्तों की खोज की थी। अधिकांश वैज्ञानिक डार्विन जैसों के सिद्धान्तों से सहमत नहीं रहे हैं। डार्विन[1] (1809-1882) के सिद्धान्तों का प्रचार-प्रसार करने के पीछे भी पाश्चात्यों का उद्देश्य सनातन वैदिक दर्शन द्वारा प्रतिपादित मानवोदय के सिद्धान्तों की मखौल उड़ाकर भारतीयों को नीचा दिखाना ही था। अंग्रेज चारों तरफ से आर्य संस्कृति पर आक्रमण करके वैज्ञानिक क्षेत्र में उसे पूरी तरह अपमानित करने पर आमादा थे। अंग्रेज विषेशरूप से और पाश्चात्य आमतौर पर इस बात को भली भाँति जानते थे कि आर्य जन इण्डो-यूरोपीय नहीं थे बल्कि इण्डो-आर्य अथवा एशियो-आर्य ही थे। आज भूगोल बदलजाने से यह आर्य सत्य उसी तरह नहीं बदल सकता जैसे भारतीयों का हजार साल तक दास रहना। यह सोचने की बात है कि अगर आर्य इण्डो यूरोपियन होते तो पाश्चात्य लोग उनकी संस्कृति का इतना अपमान क्यों करते? उनका इतना मखौल क्यों उड़ाते। जानबूझकर कदम-कदम उन्हें हेय क्यों सिद्ध करते?

पियरे ल्यूइस (Pierre Louis Moreau) जैसे अठारहवीं सदी के वैज्ञानिकों ने अपने कई शोध लेखों में यह महत्वपूर्ण सम्भावना व्यक्त की है कि सभी जीवों का कोई एक ही पूर्वज रहा होगा। यह स्वतः सिद्ध है और स्टीफन हकिंग जैसे लोगों के अहंकार पर एक चोट। इस सवाल के साथ ईश्वर सिद्धि अन्तर्निहित है। भारतीय वाङ्मय (Deonto) निश्चित रुप से मानता है कि सृष्टि-प्रकृति-जीव और प्राणियों की रचना के पीछे एक रचनाकार है जो पूर्वजों का भी पूर्वज है-आदि पूर्वज। जब कोई नहीं था-समय-काल से पहले वही था। सच कहा जाय तो डार्विन के सिद्धान्त से भी यही निष्कर्ष निकलता है। इन वैज्ञानिकों ने अपने शोध के दौरान जीवों में अचानक-अव्यवस्थित परिवर्तन (random variation) भी पाया, साथ ही प्राकृतिक सहज वरण (natural selection) का भी अनुभव किया। लेकिन आमतौर से

1. Darwin (1809-82) British Natural Scientist

उनमें अनुवंशिक एकता पाई गई। इसका अर्थ साफ है-सत्य कोई नहीं जान सका है, सत्यता से कोई वाकिफ भी नहीं है। न हो सकता है। क्योंकि सब कुछ हमसे पहले हुआ और अधिकतर हमारे बाद हमारी अनुपस्थिति में ही होगा। अतः जिन जीवों को हम आज देख रहे हैं वो उन जीवों का बहुत छोटा सा हिस्सा है जिनको प्रकृति ने बनाया था अथवा बनायेगी। लेकिन यह बात समझना भी जरूरी है कि अगर जीवों में अचानक अव्यवस्थित परिवर्तन अथवा प्राकृतिक सहज वरण (random diversion or natural selection) सम्भव है तो कुछ जीव-जन्तुओं में प्रजनन इन्द्रिय क्यों नहीं है? अधिकांश जीवों में मादायें हैं लेकिन कुछ जीवों में नर जीव बच्चों अण्डों को क्यों सेते (hatch) हैं। ऐसा क्यों और कैसे है कि कुछ जीव अपने को ब्रह्मा जी की तरह नर और मादा (अर्धनारीश्वर रूप) में विभक्त कर सन्तति के लिये संसर्ग करते हैं जबकि दूसरे नहीं। क्या कारण है कि कुछ जीव बिना नर की सहायता के अपनी अनुकृति (cloning) कर लेते हैं दूसरे नहीं। सच ये है कि ईश्वर ने अपने ही अस्तित्व, ज्ञान और अनुभूति के लिये वैज्ञानिकों को इतने साक्ष्य इस पृथ्वी पर छोड़ दिये हैं कि ईश्वर-अल्लाह (God Almighty) की सर्व शक्तिमत्ता पर कहीं कोई सन्देह न रहे। अगर साधारण जीव जन्तुओं को उसने इतनी असाधारण शक्ति दी है तो वैज्ञानिक उसकी अनन्तता का अन्दाजा भी नहीं लगा सकते कि वह कैसे अकेले ही सृष्टि-लय-प्रलय-पुनर्सृष्टि को मैनिज (manage) कर सकता है।

दुर्भाग्यवश वैज्ञानिकों में ईश्वर को अनुभूत करने की भक्ति मय निष्ठा नहीं है अपितु अहंकार है। किसी तरह 'वो' मिल जाय ताकि उससे सृष्टि-ब्रह्माण्ड रचना का तरीका पूछ सकें-जान सकें और दूसरे ब्रह्माण्ड की रचना कर सकें। वैज्ञानिकों ने ईश्वर की खामियों को ठीक करने के चक्कर में प्रकृति को ही विकृत, कुरूप और अप्राकृतिक बना दिया है। फलस्वरूप प्रकृति भी जीव-जगत के अन्त का संकेत देने लगी है जिसकी शुरुआत हर तरह से अमेरिका और यूरप से ही होगी और हो गई है। भले ही बाद में फिर चीन और भारत से हो।

प्रसिद्ध जर्मन आदर्शवादी दार्शनिक 'केन्ट'[1] (Immanuel Kant-1714-1804) ने अपनी प्रसिद्ध कृति Critique of Judgment में पशु जीवन के

1. Immanuel Kent - Critique of Judgement

अध्ययन के आधार पर समान उत्पत्ति एवं समान जनकत्व (common origination and common parentage) सम्बन्धी अन्तर्निहित निष्कर्ष निकाले हैं। भारतीय पुराण शास्त्रों के अनुसार ब्रह्मा के मानस पुत्रों में एक ऋषि मरीचि के पुत्र कश्यप का सृष्टि कार्य में बहुत बड़ा योग दान है। ब्रह्मा जी के एक अन्य मानस पुत्र प्रजापति दक्ष की 13 कन्याओं का विवाह ब्रह्मा जी के पोते कश्यप मुनि (यानी ब्रह्मा जी के मानस पुत्र मरीचि के पुत्र) से हुआ। इन कन्याओं एवं उनकी संतति की सन्तान दैत्य, दानव, आदित्य आदि तो हैं हीं, समस्त जलचर, नभचर, सरीसृप, भूचर, स्तनपाई आदि जीवों के बीज की उत्पत्ति में कश्यप ऋषि और दक्ष प्रजापति की कन्याओं एवं उनकी संतति का ही मूल बीज है। इसलिये प्रजापति या मानस पुत्र न होते हुये भी कश्यप ऋषि का स्थान प्रजापति से कम नहीं है। वैज्ञानिक जिस common parentage or common ancestry को समस्त पशु जगत में ढूँढ रहे हैं उसका उत्तर सनातन पौराणिक शास्त्रों में है। यही कश्यप एवं दक्ष पुत्रियाँ इस पशु जगत के मूल पितर एवं आदि पूर्वज हैं। अगर ऐसा न हुआ होता यानी जीवों का समान पितृत्व (Common parentage) या समान पूर्वजत्व (common ancestry) नहीं होती तो एक ही जाति-प्रजाति और मूल के जीवों-पशुओं आदि के शावक-बच्चे कई तरह से बहुत ही भिन्न होते चाहे फिर वो उष्ण रक्ती (warm blooded) हों या शीत रक्ती (cold blooded) जीव।

डार्विन[1] ने भी अपनी कृति The Origin of Species में यह विचार व्यक्त किया है कि समस्त शरीर धारी जीवों की एक ही वंशावली और एक ही पूर्वज सम्भव है। इस अनुरूपता से एक निष्कर्ष निकाला जा सकता है, जैसा कि डार्विन ने भी कहा है, कि इस धरती पर आदि काल से रहने वाले समस्त जैविक प्राणी एक ही उस आदि प्राणी के वंशज हैं जिसने सबसे पहले पृथ्वी पर साँस ली होगी। डार्विन के ये विचार कि-इस जीवन की भव्यता और अन्य शक्तियों का संचरण-अवतरण सर्वप्रथम कुछ या एक पूर्वज में ही हुआ होगा-सनातन वैदिक दर्शन से मिलता है। डार्विन के सिद्धान्त में कहीं भी ऐसा नहीं है जिससे यह निष्कर्ष निकलता हो या यह निष्कर्ष निकाला जा सके कि मनुष्य के पूर्वज महा वन-मानुष (great apes) थे। सच ये है कि बाद के वैज्ञानिकों ने इस थियरी को आवश्यकता से अधिक और

1. Darwin - origin of species

अवांच्छित आयाम दिये। ऐसा करने के पीछे भी इन वैज्ञानिकों का उद्देश्य सनातन संस्कृति द्वारा प्रतिपादित मानव उत्पत्ति के अलौकिक-दैवी सिद्धान्त की हिकारत करना था।

वैज्ञानिक यह मान रहे हैं कि समस्त ज्ञात जीव जगत मौलिक रूप से आम तौर पर एक ही जीव रसायन प्रणाली (biochemical organisation) और अनुवंशिकी विवरण (genetic) पर आधारित हैं जोकि डीएनए (D.N.A. अर्थात् deoxyribonucleic acid desoxyribonucleic acid) में लुप्त हो कर आरएनए (R.N.A. यानी ribonucleic Acid) में संग्रहित हो जाते हैं और पुनः विभिन्न ऊर्जा श्रोतों एवं प्रोटीन्स में परिवर्तित हो जाते हैं। ये विविरण सभी ज्ञात जीवधारियों अर्थात् बेक्टीरिया (जीवाणु) से मानव तक, करीब करीब समान रूप से पाये जाते हैं। जीव विज्ञानी इस आम समानता को वैश्विक पूर्वजीय अनुवंशिक एकान्वय (universal common descent) का एक निश्चित और बड़ा साक्ष्य मानते हैं। जीवों में जो थोड़े बहुत भेद हैं या विभिन्नतायें अनुमानित की गई एवं सम्भावित वैकल्पिक परिकल्पनाओं का सांख्यिकी अध्ययन किया गया तो निष्कर्ष यही निकला कि जीव धारियों की common descent तथा universal ancestry है। सभी विभिन्नतायें प्रकृति के भौतिक रासायनिक नियमों, जलवायु, पर्यावरण, अनुकूलन की गति और क्षमता (adaptation) आदि से उत्पन्न हैं। तथापि ये सभी विभिन्नतायें एक ही तरफ अभिमुख लगती हैं, जैसा कि ऊपर कहा गया है-एक अनुवंशिकी और समान पितृत्व (common ancestry and common descent)। अतः कितना ही महान (great) ऐप क्यों न हो, यह 'ऐप-वनमानुष या बन्दर जीवों का पूर्वज नहीं हो सकता। पक्षियों, कुत्तों यहाँ तक कि साग-भाजी पर भी जो प्रयोग किये गये उनसे भी समान पूर्वजत्व और समान नस्ल (common ancestry or common breed) के ही निष्कर्ष निकले। उनकी लम्बाई, चौड़ाई, गोलाई, रंग और चोंच की बनावट सम्बन्धी भेद (पतली, लम्बी, मोटी, छोटी) आदि बाह्य कारणों से उत्पन्न पाये गये जिसमें जल वायु एवं पर्यावरणीय अनुकूलन तथा बदलाव सम्मिलित हैं।

यहाँ इस बात का उल्लेख करना आवश्यक है कि मूर्धन्य इतिहासकार रोमिला

---

1. Ibid - chronology and Vedic Corpus

जी थापर[1] ने मैक्समूलर के पदचिन्हों पर चलकर अपनी रचना, जिसका प्रथम प्रकाशन अमेरिका से ही हुआ, और वहाँ के इतिहासकारों द्वारा संस्तुत भी हुई, वेदों का लेखन-रचना एवं संकलन (composition and compilation) काल 1500-500 ईसा पूर्व ही बताया है। इतिहासकार रोमिला जी ने हड़प्पा सभ्यता के साथ उत्तर हड़प्पा सभ्यता (later Harappan) का भी जिक्र किया है जिनकी अवधि 2600-1700 ईसा पूर्व बताई है। यही नहीं वेदों की रचना चरवाहों (pastoralists) द्वारा बताई है। भारतीयों को यह समझने का समय आ गया है और अब समझना भी चाहिये कि वेद जैसे अनुपम ग्रंथ अगर चरवाहों द्वारा लिखे गये तो आर्यों की समुन्नति और वैभव किस शिखर पर और सभ्यता का विकास किस चरमोत्कर्ष पर होगा।

विद्वान इतिहासकारों ने यह भी माना कि हंगसी (Hungsi) जैसे कई स्थल ईसा पूर्व 3000-1000 के पाये गये। साथ ही स्वीकार किया कि ईरान से इराक आदि क्षेत्रों-देशों में आर्यभाषा संस्कृत का प्रभाव था। यहाँ तक कि पश्चिम एशिया (west Asia) में 4000 साल पहले का एक समझौता भी पाया गया जो संस्कृत में था। अन्य पुख्ता ये प्रमाण भी मिले हैं कि पश्चिम एशिया और अरब दुनिया के लोग भी उस युग में सूर्य, मेरु आदि की पूजा करते थे। अतः अब यह और भी मन्थन, मनन और विचार करने की बात है कि भारतीयों में फिर इतना भय क्यों? इतनी हीन भावना क्यों, विरोधाभास क्यों? इस्लाम के बावजूद अरब मुल्कों में आज भी संस्कृत निष्ठ नाम हैं। इण्डोनेशिया, कम्बोडिया, थाइलैण्ड, मलेशिया, सिंहापुर की बात ही क्या।

❐

3

स्मृतिपरस्थ मानव सभ्यता एवं भाषा संस्कृति
(Human Civilisation beyond Memory)

पुरातत्त्वीय साक्ष्य और खोज

मानव विज्ञान, मानव शास्त्र, पुरातत्त्व विज्ञान, इतिहास, और प्राकृतिक विज्ञान के समक्ष आर्यों का अभ्युदय, उनका विस्तार और भारतीय उपमहाद्वीप में आगमन एक ऐसी पहेली है जिसका पूरी तरह समाधान कभी सम्भव नहीं है। जैसा कि हम पहले भी बता चुके हैं इन विभिन्न क्षेत्रों के कुछ विद्वानों के एक वर्ग के अनुसार आर्य जन इण्डो-यूरोपियन भाषाई, खानावदोष जन जाति के घुड़सवार थे जो यूरेसिया अर्थात यूरोप और एशिया के रूसी-साइबेरियाई सीमा क्षेत्र के निर्जल-सूखे मैदानी क्षेत्रों में रहते थे। इनके अनुसार 1500-2000 बीसी के आस पास आर्यों ने सिन्धु घाटी की प्राचीन नगरीय सभ्यता पर आक्रमण किया और उस संस्कृति को नष्ट कर दिया। यह सिन्धु घाटी सभ्यता सिन्धु और सरस्वती की सम्मिलित सभ्यता का नाम था जिसकी अपनी लिपि, भाषा, और उन्नत कृषि थी जो घुड़सवार कबाइलियों से श्रेष्ठ थी। इस तथा कथित आक्रमण के करीब 1200 वर्ष बाद ही यानी 5वीं, 7वीं शताब्दी बीसी के आसपास इस आर्य सन्तति ने अपने शास्त्रीय साहित्य ग्रन्थ वेदों की हस्तलिपि (manuscript) की रचना की। इन विद्वानों का अभिमत पूरी तरह हास्यास्पद और निष्कर्ष पूर्णतः अविवेकपूर्ण ही हैं। इस वर्ग के लेखकों की बात मानें तो वेदों की रचना भगवान महावीर और बुद्ध के समय या

उसके आसपास हुई, या यों भी कह सकते हैं जब चीन में दार्शनिक कन्फ्यूशियस थे। एक प्रकार से फारस के जेण्ड संत जरथुष्टजी के बाद, जबकि जरूथुष्ट अवेस्ता शास्त्र प्रमाणित रूप से वेदों के बाद की रचना है और एक प्रकार से वेदों की ही अनुकृति है। समझने लायक बात यह भी है कि जिन्हें इस वर्ग के महाविद्वान एक तरफ आर्य कह रहे हैं, दूसरी तरफ खानाबदोष (Nomad) और चरवाहा (shepherd) भी कह रहे हैं। साथ ही साइबेरियाई इलाका जो पूरी तरह बर्फ से भरा है सूखा कैसे हो गया। तब वह क्षेत्र रिहायसी था और बरफ नहीं थी।

जर्मन अवधारणा-आर्य और द्रविड़

अधिकतर लोगों का मानना है कि हिटलर ने आर्यों को इण्डो यूरोपियन जाति की श्रेष्ठ नस्ल सिद्ध करने के लिये जी० कोसिना (G. Kossinna 1858-1931) जैसे विद्वानों के विचारों को गूँथ कर इस औचित्य को प्रचारित किया कि आर्य लोग शासकीय, संभ्रान्त, श्रीमन्त जाति के नार्डिक वंशी (Nordic master race) थे, जो शारीरिक बनावट, शक्ति, रूप-रंग में जर्मन-स्कन्डिनेवियाई (German Scandinavian) थे और जर्मनों के आदि पूर्वज (direct ancestors) भी लम्बे-चौड़े शरीर और विशाल मस्तिष्क के थे। ये नोर्स (Norse -Nordic) जाति के लड़ाकू बीर लोग दक्षिण-एशिया के काले मूल द्रविड़ आदिवासियों से भिन्न थे।

जैसा कि पहले भी कहा जा चुका है, दूसरा बड़ा वर्ग उन विद्वानों का है जो इस कथन को नहीं मानते कि आर्य एक नस्लीय जाति थी जिसने रूसी, साइबेरियाई ऊसर मैदानों से भारत पर आक्रमण किया अथवा सिन्धु सभ्यता को नष्ट किया। ये लोग यह भी मानने के लिये तैयार नहीं हैं कि आर्यजन कद-काठी, रूप-रंग में नोर्डिक थे। इस विचार से इस वर्ग के विद्वान कतई सहमत नहीं हैं कि आर्य जन जर्मनों के पूर्वज थे। इस वर्ग के विद्वानों का स्पष्ट मानना है कि आज भी जर्मन लोग आर्य तो दूर उतने जर्मन रक्तिन (Germanic) भी नहीं हैं जितना वो स्वयं को सोचते हैं। जर्मन लोगों में मुश्किल से 20% आर्य हेप्लाइड (haploid - यानी कोशिका जीव अवयव हैं जिनके एक ही सजीव गुण सूत्र-cell or organism having single set of chromosomes) हों, उसमें भी पितृत्व पक्ष के जर्मनिक जीन (genes) यानी DNA एवं अनुवंशिकी इकाई (unit of heredity) 4% ही है, शेष मातृत्व पक्ष के हैं। इस वर्ग का मानना है कि आम तौर पर जर्मन इतिहास

साम्राज्यवादी रहा है अतः जर्मन लोग दासों को निम्न जाति का और अपने को उच्च आर्य नस्ल का समझते रहे हैं। जबकि सच ये है कि जर्मनी एक मिश्रित देश है जिसमें स्लवोनिक (Slavonic) या स्लाव लोग (पूर्वी यूरप एवं एशियाई रूस के स्लवोनिक भाषाई लोग) तथा कुछ जर्मनिक तथा अन्य सल्ट्स (या Kelts यानी यूरोपियन जिन्होंने रोमन साम्राज्य से पहले ब्रिटेन और स्पेन पर राज किया था) सम्मिलित हैं।

इन सभी गलतफहमियों का कारण जर्मन मूल का ब्रिटिश भाषाविद मैक्ष मूलर ही था। उन्नीसवीं सदी के दौरान बहुत सी यूरोपीय साम्राज्यवादी मिशनरियों (imperialist missionaries) ने प्राचीन विजयों की खोज के साथ-साथ भविष्य की विजयों तथा धर्म परिवर्तन की सम्भावनाओं का पता लगाने के लिये विश्व भ्रमण किया। इस खोज यात्रा के दौरान उन्हें भारतीय उप महाद्वीप में छान बीन करने का काफी क्षेत्र मिला। इन खोजियों में फ्रेंच मिशनरी अब्बे ड्यूबो (Abbe Dubois 1770-1848) भी था। उसने भारतीय संस्कृति पर एक हस्तलिपि तैयार की जो विद्वानों के एक वर्ग के अनुसार विचित्र रूप से असामान्य थी। उसने ईसाई पुराण शास्त्र (Old Testament) के नूह या नोह (Noah) और जलाप्लावन की कहानी को भारतीय पुराणो की वैवस्वत मनु और जल सैलाव की कहानी से मिलाने तथा उसके अनुरूप ढालने की कोशिश की। यद्यपि कहानी ठीक जमी नहीं फिर भी उसने भारतीय पौराणिक साहित्य और सभ्यता के इतिहास का कुछ रुपान्तरण भी यूरोपीय धर्मशास्त्रीय पौराणिकता के अनुरूप कर डाला जिसका उन्नीसवीं सदी के अन्त में ब्रिटिश ईस्ट इण्डिया कम्पनी ने अंग्रेजी अनुवाद करवाया और उसकी प्रस्तावना तत्कालीन पुरातत्त्वज्ञ भाषा शास्त्री मैक्ष मूलर से लिखवाई जिसने वेदों की पाण्डुलिपि को आधार न बनाकर आर्यों के भारत पर आक्रमण के बेबुनियाद सिद्धान्त को उसका आधार बनाया। तब से भारत पर आर्यों के आक्रमण की थियरी को पश्चिमी मान्यता मिल गई और उस पर यूरोपियनों की सील लग गई।

विद्वानों ने प्राचीनतम संस्कृत भाषा जिसमें वेदों की रचना की गई है तथा लैटिन आधारित भाषाओं फ्रेंच, इटैलियन, जर्मन तथा रूसी में काफी समानता पाई लेकिन जब 20वीं सदी की पहली चौथाई में सिन्धु घाटी सभ्यता की पहली खुदाई मोहनजो-दड़ो में समाप्त हुई तो इतिहासकारों को यह अति विकसित सभ्यता महसूस हुई जिसका वैदिक पाण्डुलिपि में कोई जिक्र नहीं था। इस वर्ग के

इतिहासकार-विद्वानों को यह तथ्य आर्यों के भारत पर आक्रमण तथा पुरानी सभ्यता नष्ट करके एक नई महान सभ्यता स्थापित करने के पक्ष में बहुत बड़ा साक्ष्य मिल गया था।

उपर्युक्त तर्कों में स्वतः बहुत खामियाँ हैं। पहला यह कि वैदिक रचनाओं में इस तरह के किसी भी आक्रमण का जिक्र नहीं है। कोई भी विजयी पक्ष अपनी इतनी बड़ी विजय का जिक्र न करे यह सम्भव नहीं है। स्पष्टतः सिंधु-सरस्वती बाद की सभ्यता है। दूसरा यह कि संस्कृत के वैदिक शब्द आर्य का किसी जाति नस्ल वंश से कोई सम्बन्ध नहीं है, न इसका प्रयोग किसी संकीर्ण अर्थ में किया गया है। आर्य सम्बोधन का वैदिक पौराणिक प्रयोग पूज्य, भद्र, श्रद्धेय, तात, महान, श्रेष्ठ, सम्मानीय (sir - mosieur - Herr), सभ्य अर्थ में हुआ है। क्योंकि आर्य जन प्रथम सभ्य आदि मानव और तुषित पुत्र (descendants of demi gods) थे अतः नारी के लिये आर्या अथवा आर्ये का प्रयोग भी हुआ है। इसी के साथ आर्ष शब्द की भी व्युत्पत्ति हुई है जिसका अर्थ है ऋषि, आप्त पुरुष, लब्ध पुरुष। अगर आर्य शब्द किसी जाति नस्ल से सम्बन्धित होता तो उसके इतने विभिन्न प्रयोग नहीं होते और महिलाओं के लिये आर्या अथवा आर्ये सम्बोधन कतई नहीं होता। अद्यतन पुरातत्त्वीय साक्ष्य बताते हैं कि सिन्धु सभ्यता का अन्त दुर्भिक्ष, गम्भीर सूखा, विनाशकारी बाढ़ अथवा अन्य प्राकृतिक तबाही से हुआ। आधुनिक साक्ष्यों ने यह भी सिद्ध कर दिया है कि सिन्धु सभ्यता के साथ सरस्वती सभ्यता का भी अस्तित्व था। सरस्वती का वर्णन वेदों में अति श्रद्धा से किया गया है। सरस्वती आर्यों के लिए अति पवित्र नदी थी। स्पष्टतः वेदों में सिन्धु से अधिक सरस्वती मंत्रोच्चारण एवं स्तुति की गई है। कारण था सरस्वती-सिन्धु सभ्यता का एक ही होना। अतः यूरपियनों का ये कहना कि वेदों में सिन्धु सभ्यता का जिक्र नहीं है इसलिए वह आर्य सभ्यता से पुरातन एवं अन्य सभ्यता थी, निराधार है, बुद्धिभ्रम है। सरस्वती का महत्व इसलिये भी आर्यों के हृदय में था क्योंकि भारत में पदार्पण करते समय आर्य जन सर्व प्रथम सरस्वती के किनारे ही बसे थे। तत्पश्चात उन्होंने सिन्धु के किनारे बसना प्रारम्भ किया। अतः सरस्वती सभ्यता को प्राथमिकता प्राप्त हुई और सिन्धु गौण हो गई। अगर पाश्चात्यों के कथन को सही माने तो यह एक आर्य समूह की दूसरे आर्य समूह पर आक्रमण करने की बात होगी जो पाश्चात्यों का पागलपन ही कहा जायेगा, क्योंकि ऐसा नतो सम्भव था, न हुआ था। किसी दूसरी जाति या संस्कृति के लोगों

के आक्रमण का तो इस संबन्ध में कोई साक्ष्य कभी मिला ही नहीं। बीसवीं सदी में क्योंकि भूगोल बदल गया सरस्वती सूख गई अतः पाश्चात्यों ने उसे सिन्धु के नाम से सिंधु सभ्यता कहा।

रामायण-महाभारत के अध्ययन से तो स्पष्ट होता है कि सिन्धु-सरस्वती नदी क्षेत्र में कई राज्य बने और बिगड़े। रामायण काल में वहाँ गन्धर्व देश था जिसकी राजधानी गान्धार थी। जिसको भरत जी और उनके पुत्रों ने नष्ट किया था और नया नगर बसाया था। यह क्षेत्र कभी गन्धर्व देश और कभी गान्धार देश के नाम से प्रसिद्ध था जिसकी राजधानी कभी गन्धार, कभी पुष्कलावती और तक्षशिला रही। सिंधु से जुड़ा प्रदेश सिन्धु-सौवीर राज्य के नाम से भी प्रसिद्ध रहा। इन राज्यों में तब समय-समय पर आज के पाकिस्तान का एक हिस्सा तथा अफगानिस्तान का बड़ा हिस्सा सम्मिलित रहा। महाभारत काल में गान्धार देश की राजधानी गन्धार नगरी हो गई थी। यूनानी इसे Gandarai और वहाँ के निवासियों को Gandarites कहते थे। महाभारत काल में जयद्रथ भी सिन्धु-सौवीर नरेश के नाम से प्रसिद्ध था। यह नगर नेस्त नाबूत हो गया था। इसका वर्णन पहले ही किया जा चुका है। सिन्धु सभ्यता में जो लिपि पाई गई वह गन्धर्वी थी जिसको बोधगम्य (decipher - decode) करना किसी के बश का नहीं है। पाश्चात्य भले ही उसका कुछ भी अन्दाज या अर्थ लगायें और भारतीय उनका कितना ही अन्धानुकरण करें असत्य कभी सत्य में नहीं बदल सकता। इसे द्रविड़ लिपि बताकर भी पाश्चात्यों की भारतीयों को लड़ाने की बहुत बड़ी चाल थी। पुराणों में इस क्षेत्र का केसरांचल उल्लेख भी हुआ है।

औपनिवेशिक मानसिकता से उत्पन्न और नाजी दुष्प्रचार से विरूपित आर्य आक्रमण थियरी का अब वैदिक रचनाओं के अलावा भाषाई अध्ययनों एवं पुरातत्त्वीय खुदाई से प्राप्त भौतिक साक्ष्यों के आधार पर वैज्ञानिकों, पुरातत्त्वज्ञों और इतिहासकारों के हाथों तेजी से पुनर्मूल्यांकन हो रहा है। नई थियरी और मूल्यांकन के अनुसार सिन्धु सभ्यता अपनी प्राचीनता के वावजूद आर्य सभ्यता से कम जटिल है। आर्य संस्कृति आदि सभ्यता होने के कारण मानव स्मृति से परे (time immemorial) है।

इतिहासकारों का एक बड़ा समूह तथा पुरातत्त्वज्ञ जब ये कहते हैं कि सेन्ट्रल एशिया-रूस होते हुये प्रथम मानव 20000 वर्ष पूर्व अलास्का होते हुये उत्तरी

अमेरिका पहुँचा तो इण्डो-आर्यन 2000-1700 बीसी पूर्व के ही कैसे हो सकते हैं? ये हमें बार-बार याद दिलाने की आवश्यकता नहीं है कि सेंट्रल एशिया ही प्राचीन मध्य जम्बूद्वीप था जो आर्यों का आदि निवास था। जो मानव समूह 20000 साल पहले सेंट्रल एशिया से उत्तरी अमेरिका गया वह निश्चित ही आर्य अथवा आर्यों से सम्बन्धित था। यही कारण है कि अमेरिका में भारत से सम्बन्धित बहुत ज्यादा प्राचीन जाति नाम मौजूद हैं जैसे आर्य मूलक अरवाक (Arawaks यानी दक्षिण अमेरिकी आदि भारतीय भाषाई), कैचवू (Quechua- Inca यानी पेरु में रहने वाले भारतीय रक्त के लोग), मायु (माया Maya यानी युकुटान, बुलीज, ग्वोटमालु (ग्वाटामाला) में रहने वाले मूल भारतीय रक्त के अमेरिकी), नावाटल (Nahuatl यानी मध्य मैक्सिको में रहने वाले आदि भारतीय समुदाय) एवं इरुकौय (Iroquois यानि लड़ाकू जाति के उत्तर अमेरिकी भारतीय मूल के लोग अथवा उत्तर अमेरिकी मूल भारतीय भाषा परिवार) आदि आज भी रहस्य ही तो हैं। ये लोग कब और कहाँ से अमेरिकी महाद्वीपों में आये और बस गये ये सब रहस्य ही है। ध्यान देने योग्य बात यहाँ ये है कि अंग्रेजी के कहर ने 'माया' का उच्चारण भी 'मायु' कर दिया और सभी समुदायों को भारतीय कहा आर्य नहीं जबकि सत्य यही है कि ये आदि अथवा मूल लोग आर्य अथवा आर्य रक्त से सम्बन्धित थे जिन्होंने मध्य एशिया से प्रवास किया था और उनकी भाषा प्राकृत अथवा वैदिक प्राकृत से मिलती जुलती थी।

हिन्दोस-हिन्दु-हिन्दुस्तान

इतिहासकारों ने पूर्व पाषाण काल (Eolithic age) यानि मानव संस्कृति के आदि अस्तित्व को 20,00000 वर्ष प्राचीन माना है। उत्तर पाषाण काल (Palaeolithic age) को 7,50,000 वर्ष पूर्व से पिछले हिम युग यानी 10,000 बीसी तक माना है। यह काल विस्तार हास्यास्पद तो है ही अविश्वसनीय भी है। फिर भी पाश्चात्य इतिहासकारों का इस पृथ्वी पर आदि मानव की उपस्थिति बीस लाख वर्ष पूर्व मानना, चीन द्वारा रेशम की खोज 7000 बीसी पूर्व मानना, उत्तरी अमेरिका में प्रथम मानव का पदार्पण बीस हजार वर्ष पूर्व मानना लेकिन आर्यों का भारत आगमन अधिक से अधिक 2000 बीसी पूर्व, वेदों की रचना 500 ईसा पूर्व, रामायण की रचना 1500 से 900 बीसी पूर्व, सरस्वती नदी का सूखना ईसा पूर्व 1500 मानना तथा महाभारत की रचना 3000-5000 वर्ष पूर्व मानना भारतीयों

और आर्य संस्कृति तथा सनातन वाङ्गमय के साथ कितना बड़ा मजाक और मखौल है। पाश्चात्यों के पूर्वाग्रह की ये अन्तिम सीमा है।

यह भी सच है कि अब यूरोपियों-पाश्चात्यों ने ही भारतीयों से ज्यादा इतिहास का त्रुटि शोधन और अपनी गलतियों का सुधार करना प्रारम्भ कर दिया है। वो आर्य लोगों को मानव वंश का प्रथम पूर्वज (first common ancestors of the world humanity) और संस्कृत को सब भाषाओं का मूल (प्रथम आदि भाषा) मानने लगे हैं।

यहाँ यह उल्लेख आवश्यक है, और जैसा इतिहास बताता भी है तथा सही बताता है कि यूनानियों ने ही सर्वप्रथम अपनी भाषा के अनुरूप सिन्धु नदी का उच्चारण हिन्दोस नदी (Hindos river) किया था अंग्रेजों ने अपनी साम्राज्यवादी श्रेष्ठता (Colonial Superiority) दिखाने के लिये इस नाम को 'इन्डस' (Indus) कर दिया। इस हिन्दोस शब्द को अरबी और मध्य एशियाई तुर्किस्तानियों, कबाइली आक्रमणकारियों के साथ-साथ इस्लामी फार्सियों ने अपने उच्चारण के अनुसार हिन्दु किया क्योंकि अरबी-फारसी में भी यूनानी भाषा (Greek) की तरह 'स' 'श' का उच्चारण 'ह' ही है। ईरान पर यूनानी आक्रमण और दबदबा इतिहास सिद्ध है। इस तरह भारत को प्रथमतः यूनानियों ने हिन्दोस्तान कहा जो बाद में अरबी-फारसी के प्रचलन से हिन्दुस्तान हुआ। स्तान शब्द प्राचीन मध्य जम्बू द्वीप यानी वर्तमान सेन्ट्रल एशिया में ही विशेष रूप से प्रचलित है जो कि संस्कृत शब्द 'स्थान' का ही बिगड़ा रूप है और भाषाई एकता तथा आर्यत्व की पुष्टि करता है। मध्य एशिया के बहुत सारे देशों के नाम जो पहले रूस गण राज्य के अंग भी थे 'स्तान' प्रत्यय के साथ ही समाप्त होते हैं जैसे कजाकिस्तान, उजूबेकिस्तान, ताजिकिस्तान, हयस्थान (आर्मेनिया) आदि। इसी तरह अब अफगानिस्तान, पाकिस्तान भी हैं। यूनानियों के अलावा अन्य अरब कबाइली आक्रमणकारी भी 'सरस्वती' नदी को 'हराहुवती' (Harahuvati) कहते थे। इस तरह सिन्धु सरस्वती से 'हिन्दु' की व्युत्पत्ति हुई। दुर्भाग्य ये हुआ कि भारतवासियों और सनातन धर्म का नाम भी हिन्दु ही हो गया और इसी व्युत्पत्ति से भाषा का नाम हिन्दी। अंग्रेजों ने मौके का फायदा उठाकर हिन्दु और आर्य को दो अलग-अलग भागों में विभक्त कर दिया। हिन्दु शब्द की जड़ मजबूत करने के पीछे अंग्रेजों का उद्देश्य धार्मिक उन्माद पैदा करना और आर्यत्व का लोप करना था जिसमें वो सफल भी रहे। अंग्रेज जानते थे कि आर्य लोग ही,

जिनकी धरोहर भारत के पास है, अमेरिका, ब्रिटेन, स्काटलेण्ड सहित समस्त विश्व में विस्तारित हुये थे और यही अंग्रेजों, यूरपियनों की सबसे बड़ी चुभन थी। अतः वो इस धरोहर को नेस्तनाबूत करने पर तुले हुये थे। लेकिन धरोहर इतनी समृद्ध थी कि सब नेस्तनाबूत हो गये और धरोहर बनी ही नहीं रही बल्कि समृद्ध होती चली गई। तथापि किसी देश की वर्णमाला ने एक महान देश और उसकी संस्कृति की पहचान ही बदल दी।

यह रहस्य भी समझने योग्य है कि भाषाओं के उपर्युक्त उच्चारण वैदिक ही है। वेदों में भी ष का उच्चारण ख है जिसका अनुशरण गुरुमुखी (पंजाबी) में भी किया गया है। वेदों की तरह गुरुमुखी में भी पुरुष का उच्चारण पुरुख है, जैसे विराट पुरुख की तरह अकाल पुरुख। इसी तरह वेदों में 'य' का उच्चारण 'ज' है जैसे यज्ञ को जग्य, यद् को जद्, योग को जोग आदि। यूनानी और अरबी में ही नहीं अपने ही देश में कई भाषाओं जैसे बंगला, असमी, उड़िया में इसी तरह के वैदिक उच्चारण हैं जैसे जादव (यादव) जोगेश्वर (योगेश्वर)। इसी तरह गुरुमुखी में 'इ' का उच्चारण नहीं है जैसे मन्दिर को मंदर, हरि को हर और हरि मन्दिर को हर मन्दर, होली मेला को होला मेला और अस्पताल को हस्पताल आदि। इस प्रकार यूनानी, ईरानी, अर्मेनियाई, रूसी और अंग्रेजी आदि भाषाओं पर वैदिक भाषा का प्रभाव स्पष्ट झलकता है जो पुनः उस एकत्व की पुष्टि करता है जिसकी तलाश में वैज्ञानिक, इतिहासकार, भाषाविद आदि आज भी अपने विभिन्न नाम-रूपों में भटक रहे हैं।

यूनानी उच्चारण में आर्यों को Arrions, शूद्रों को Shudrakai, राजा शिबी को Siboi, मथुरा के सूरसेनियों को Sourasenoi कहा गया है। प्राचीन काल में यूनान और अरब देशों के साथ व्यापार के गुजरात स्थित प्रसिद्ध बन्दरगाह भड़ौच को Barygeza, और क्षत्रपों को Satrap कहा गया है। इसीतरह अरबी लोग शैलेन्द्र वंश के प्रसिद्ध राज्य श्रीविजय को Sri Buza कहते थे। जिस 'कामचक्र' स्थान को यूनानियों ने 'Kamtchatka' किया था, अंग्रेज और अंग्रेजी के कहर ने सब उलट-पलट कर कोरिया Korea कर दिया, शैवों को Shaivites, वैष्णवों को vaishnvites कर दिया। यहाँ तक कि इस्लामी धर्म ग्रन्थ हदीश को Hadith, शिया को Shiites या Shiite Muslim, मुगल को Mogul- Moghul और न जाने कितनी अनगिनत विकृतियाँ पैदा कर दीं। सनातन तथा संस्कृत के शब्दों,

स्थानों, व्यक्तियों के नामों की कई विकृतियाँ इस पुस्तक में अन्य स्थानों पर भी गिनाई गई हैं।

आर्यन शब्द ही स्वयं में संस्कृत शब्द 'आर्य' का विकृत रूप है। पाश्चात्य इतिहासकार ये कहने में कतई नहीं हिचकिचाते कि 18वीं शताब्दी तक सबसे प्राचीन ज्ञात इण्डो-यूरोपियन भाषाओं में इण्डो-ईरानियन पूर्वजों की ही भाषा थी। अतः स्पष्ट है कि आर्य नाम न केवल इण्डो-ईरानियन लोगों तक ही सीमित था अपितु इण्डो-यूरोपियन अर्थात् यूनानी, लैटिन, जर्मन, रसियन आदि सभी उसमें सम्मिलित थे। यह भी भली भाँति जानने योग्य है कि अर्मेनियन भाषा (यानी अर्मेनिया, अजरवेजान-मध्य एशिया के कुछ भागों में बोली जाने वाली भाषा) में 38 वर्ण (Alphabets) हैं। संस्कृत में 39 वर्ण हैं। यह एक का फर्क स, श, ष, की वजह से है संस्कृत में तीन 'स' हैं, दूसरी भाषाओं में दो या एक ही है। यही मूल फर्क है। इस भाषाई समूह में बाल्ट्स (बाल्टिक समुद्री देश तथा स्लाव भाषाई) एवं सल्ट्स सम्मिलित हैं। ऐसा माना जाता है कि ये सभी भाषायें एक ही मूल भाषा 'आदि इण्डो यूरोपियन' (Proto - Indo - European) से उपजी हैं जो प्राचीन लोगों द्वारा बोली जाती थी जिन्हें मध्य कालीन यूरोपीय आर्य कहते थे और जिसकी व्युत्पत्ति ऋग्वेद से हुई है।

कुछ समय पूर्व प्रसिद्ध पत्रकार एवं सम्पादक एडवर्ड एफ ब्रिएंट (Edward F Bryant) एवं लौरी पैटन (Laurie L Patton) ने १३ विद्वान इतिहास लेखकों की प्रस्तुति का संयोजन (Moderation) किया था। इन लेखकों में भारतीय विद्वान सर्व श्री बीबी लाल, एस काक, एस जी तेलागिरी, स्व० एस एस मिश्रा आदि सहित सर्व श्री JM Kenoyer. JG Schaeffer तथा अन्य विद्वान थे। इस लेखन का विषय आर्यों से सम्बन्धित मुख्य यह विवाद था कि क्या इण्डो-आर्य भाषा बाहर से भारत में आई अथवा इण्डो-यूरोपियन भाषा भारत से बाहर गई। सभी विद्वान लेखकों ने चार श्रोतों का उपयोग किया यथा पुरातत्त्वीय, भाषाई, मानव शास्त्रीय तथा ऐतिहासिक। इसके बावजूद भी कि भारतीय लेखकों ने वैदिक आर्य सिद्धांत अर्थात् भारतीय सनातन पक्ष को मजबूती से नहीं रखा, सम्बन्धित लेखक आपस में बराबर विभाजित पाये गये और आम राय से यह निष्कर्ष निकल कर आया कि सभी भाषायें आनुवंशिक रूप से जुड़ी हुई (genetically related) हैं, जिनकी उत्पत्ति एक मूल भाषा से खोजी जा सकती है जो आदि इण्डो आर्यन भाषा है और भारत में मध्य एशिया (Central Asia) से आई।

अगर आदि आर्य वैदिक संस्कृत भाषा इण्डो-यूरोपियन होती तो संस्कृत में ही तीन वचन (Numbers) एक वचन, द्विवचन (duel number), बहुवचन, और तीन स, श, ष, क्यों होते जो कि अन्य यूरपीय भाषाओं में नहीं है। यह द्वि वचन ही उस आदि सृष्टि के द्वैत को प्रतिविम्बित करता है जो उसका मूल है, उसकी वास्तविकता और उसका रहस्य है। इसीलिये संस्कृत को देववाणी कहा गया, आर्य भाषा कहा गया। यह द्वैत और 'द्वि' ही जन्म से मृत्यु तक हर प्राणी मात्र के साथ जुड़ा है। इस द्वि वचन की उत्पत्ति सृष्टि (creation) के साथ हुई अतः यह प्राणि मात्र के साथ जुड़ा हुआ है। यह उसी भाषा का कमाल हो सकता है जो आदि भाषा हो। स्त्री-पुरुष के साथ समान क्रिया (verb) प्रयोग यूरोपीय भाषाओं ने संस्कृत से ही अंगीकर किया। साथ ही प्रथम, द्वितीय, तृतीय पुरुष (Ist, IInd, IIIrd person) की पद्धति को संस्कृत से ही लिया। यही स्थिति कारकों की संख्या (Cases) आदि के साथ भी है। स्पष्टतः वैदिक संस्कृत और प्राकृत ही वह मूल भाषा थी जिससे विश्व की सभी भाषाओं का जन्म हुआ।

वैदिक आर्य महामानव थे उन्होंने अपने बारे में कोई वर्णन नहीं किया। जो कुछ भी हमें आज उनके बारे में ज्ञात है वह ऋग्वेद एवं अन्य संहिताओं के माध्यम से ही है। पौराणिक इतिहास, रामायण-महाभारत और पुराणों ने इस ज्ञान के स्पष्टीकरण तथा विस्तार में बहुत बड़ा काम किया और योग दान दिया। जिसकी पुष्टि अब पुरातत्त्वज्ञ एवं भूगर्भज्ञ कर रहे हैं। सारांश यह है कि आर्यों का मूल निवास मध्य जम्बू द्वीप था। जम्बू द्वीप वर्तमान एशिया महाद्वीप से काफी बड़ा था जिसमें वर्तमान एशियाटिक रूस और साइबेरिया का भाग भी सम्मिलित था जो उस समय उत्तरकुरु वर्ष के अन्तर्गत था जो कि स्वर्ग अर्थात् आर्कटिक-पुष्कर का द्वार था।

रूस, साइबेरिया, उराल खुदाईः पुरातत्त्वीय साक्ष्य और मेरु रहस्य

यह बात विद्वानों ने सही कही है कि जब लोकगीत, किंवदन्तियाँ, परम्परायें, लोककथायें खामोश होजाती हैं, यहाँ तक कि इतिहास पर भी सन्देह होने लगता है तो पुरातत्त्वीय, भूगर्भीय खोजें ऊँचे स्वर से प्राचीन सत्यता का गायन करने लगते हैं। अविश्वसनीय किन्तु सच है कि, पिछले 20-25 साल के अन्दर रूस, साइबेरियाई मैदानी क्षेत्रों तथा उराल और कजाखिस्तान के आस पास के क्षेत्रों में कई खुदाइयाँ की जा चुकी हैं। रूसी पुरातत्त्वज्ञों ने 1980 के दशक से कुछ यूरोपीय पुरातत्त्वीय

खनकों की सहायता से कई प्राचीन और अज्ञात आवासों और नगरीय निर्माणों की खुदाई की जिनको पाश्चात्यों ने प्राचीन आदि आर्यों की केवल 4000 वर्ष पहले की सभ्यता बताया है। यूरोपियनों की जिस टीम को रूसी सरकार ने खुदाई करने की अनुमति दी थी उसको खुदाई के दौरान कजाखिस्तान से लगे रूस के दक्षिण साइबेरियाई ऊसर मैदानी क्षेत्रों में चक्राकार आवासीय निर्माणों के 20 अवशेष मिले जिसे खनन करने वाली इस टीम ने यूरप में पाश्चात्य सभ्यता के प्रारम्भ की अवधि का बताया है। साथ ही कुछ विशेषज्ञों ने इसे 4000 वर्ष पूर्व कांस्य युग (Bronze Age) का अर्थात् पाषाण काल और धातु-लोह युग के बीच (between the Stone and Iron Ages) का लेकिन आदि आर्य जाति निर्मित बताया है जिनका स्वस्तिक चिन्ह कालान्तर में जर्मन नाजियों ने अपना लिया था। टेलीविजन कार्यक्रमों के इतिहास विशेषज्ञ और खनन टीम के मुख्य सदस्य बटनी ह्यूज (Bettany Hues) का कहना है कि सम्बन्धित आर्यन अवशेष हेरो (Heroes) के समकालीन प्राचीन यूनानी निर्माणों के तुल्य थे उनसे किसी तरह कम नहीं। ध्यान देने की बात यह भी है कि इतना साक्ष्य मिलने के बावजूद पाश्चात्य लोग आर्यों को वह 'आदि श्रेय' देने के लिये तैयार नहीं रहे जो सही था और किसी न किसी से उनकी तुलना करके आर्यों को च्युत करते रहे। यही उनका ऐतिहासिक कमीनापन था।

अलेक्ष स्पार्की (Alex Sparkey) ने अरकेम घाटी (Arkaim Valley) की उराल (Ural) क्षेत्र में की गई खुदाई का विस्तृत वर्णन किया है। यहाँ यह बताना उपयुक्त होगा कि अरकेम घाटी रूस की उराल पर्वत माला के पूर्वी ढलानों के समीप बसी एक मैदानी वन क्षेत्र है जो नीची पर्वत चोटियों से घिरा है। यहाँ विभिन्न युगों के कई पुरातत्त्वीय स्मारक एवं ऐतिहासिक महत्व के अवशेष मिले हैं। यह घाटी अपनी प्राचीन वास्तु शिल्प एवं भवन निर्माण कला श्रृंखलाओं (architectural complexes) के लिये अद्वितीय है तथा नगरों की धरती भी कही जाती है। पुरातत्त्वज्ञों की राय में ये संरचनायें वहाँ रहने वाले पुरातन आर्यों के कस्बों, बस्तियों, महलों अट्टालिकाओं, मन्दिरों, वेधशालाओं के भाग रहे होंगे। इन स्थानों में अपनी किस्म के अन्य बहुत से विनिर्माण मिले हैं। ऐसा विश्वास किया जाता है कि कांस्य युग में, इस क्षेत्र में प्राचीन जन जातियों की आबादी भी थी। इस घाटी ने कई अलग अलग संस्कृतियों की विशिष्ट पहचान सुरक्षित रखी हुई है। रूसी भाषा में 'अरकेम' का भावार्थ वही है जो भारतीय पौराणिकता में 'भुवः' का है। स्पार्की के अनुसार अर्केम नाम के 'अर्क' का अर्थ रूसी भाषा में 'आकाश' है, संस्कृत में

इसका अर्थ सूर्य भी है और प्रकाश भी। 'ऐम' का अर्थ रूसी में धरती है। इस प्रकार अर्केम का अर्थ है अर्कमण्डल यानी धरती और स्वर्ग का मिलन स्थान है। इसका रूसी अर्थ विस्तार उस द्वार से है जिसके माध्यम से मनुष्य अपनी अन्तरात्मा के साथ समरसता पूर्वक रह कर शान्ति और आनन्द की दुनियाँ में प्रवेश करता है। कहा जाता है कि जो लोग अर्केम की यात्रा करते हैं, वो प्रारम्भ में भूल ही जाते हैं कि कहाँ पर पृथ्वी समाप्त होती है और कहाँ से स्वर्ग की शुरुआत होती है। अर्केम को सत्य की खोज का मार्ग जान लेने के बाद लोगों की आस्था डिगती नहीं है। अर्केम उन्हें आज भी वह स्थान प्रतीत होता है जो दो वास्तविकताओं, दो सत्यताओं का मार्ग दर्शन कराता है, जहाँ पृथ्वी एक अलौकिक दुनियाँ से मिलती है और किसी अज्ञात शक्ति की झलक दिखती है। यही अर्केम भारतीय पुराण शास्त्रों के मेरु का एक भाग है, स्वर्ग के वाह्य क्षेत्र 'उत्तरकुरु वर्ष' का अभिन्न अङ्ग और स्वर्ग द्वार का समीपस्थ प्रवेश विन्दु। यहीं आये थे युधिष्ठिर महाराज अपनी स्वर्ग यात्रा के दौरान। बाकी पाण्डव सम्भवतः मार्ग में ही मेरु से पूर्व इहलीला समाप्त कर चुके थे। यही उराल पर्वत था प्राचीन 'मेरू' और वर्तमान आर्कटिक महा सागर क्षेत्र था स्वर्ग अर्थात् पुष्कर द्वीप को घेरे हुये प्राचीन उत्तर समुद्र। सम्भवतः अरकेम नगर ही उत्तर कुरु वर्ष का मुख्य उत्तर कुरु नगर है।

इतिहासकारों की बहुत बड़ी संख्या यह भी मानती है कि दक्षिण उराल क्षेत्र में स्थित दीवारों से घिरी जो बीस से अधिक आवासीय श्रृंखला पाई गई उसके साथ कई शमशान क्षेत्र (necropolises) भी पाये गये जो कांस्य युग के अर्थात तृतीय सहस्त्राब्दी से द्वितीय सहस्त्राब्दी (millennium) ईसा पूर्व के प्रतीत होते हैं। इस क्षेत्र का विस्तार करीब 300 कि०मी० है जो कैस्पियन समुद्र और आर्कटिक समुद्र की ओर बहनेवाली नदियों से विभाजित है। यहाँ दीवाल की बाड़ से सुरक्षित जो आवासीय श्रृंखला पाई गई वह पुरातत्त्वज्ञों के अनुसार गोलाकार, अण्डाकार, चौकोर और समकोणीय आकृति के हैं, जैसा कि आर्य लोग बनाया करते थे।

सजीव अनुष्ठानिक, कर्मकाण्डिक मण्डप और धार्मिक संस्कारीय स्थान आदि सभ्यता के उन प्रारम्भिक वर्षों, भौगोलिक स्थानों तथा पौराणिक रचनाओं से मिलते हैं जिनका वर्णन प्राचीन ऋग्वेदिक एवं अवेस्ताई शास्त्रों में हुआ है। इनसे निःसन्देह यह निष्कर्ष निकलता है कि नगरों की यह भूमि आर्यों की पारम्परिक विख्यात भूभागों से सम्बन्धित थी। ऐसा भी निश्चित सा लगता है कि यूनानी-मिश्री और

बाइब्लिकल 'सिटी आफ अटलान्टिस' और जरथुष्टी 'आर्याणा वजेह' अथवा आर्याणा वजेही' इसी क्षेत्र के आस पास थे। पुरातत्त्वियों को इस नगरीय विस्तार का राजधानी क्षेत्र भी अरकेम ही प्रतीत हुआ। साथ ही समकालीन यानी कांस्य युग के यूनानी नगरीय सभ्यता के केंद्र क्रीट (Crete) और मीसीनी (Mycenae) एवं मसोपोटेमिया (वर्तमान ईराक) की प्रारम्भिक सुमेरु अर्थात सुमेर सभ्यता से मिलता जुलता लगा। पुरातत्त्वियों के अनुसार अरकेम काल की सभ्यता सिन्धु सभ्यता से मिलती जुलती है और होमर (850 ईसा पूर्व यूनानी कवि तथा ईलियड़ Iliad और ओडिसी Odyssey का रचयिता) द्वारा वर्णित ट्रोजन युद्ध क्षेत्र 'ट्राय' नगर (Troy) से भी 400-500 साल प्राचीन लगता है। ये बड़ी आश्चर्य जनक बात है कि पुराणों में भी इलावृत वर्ष को जम्बूद्वीप का राजधानी क्षेत्र कहा गया है जो जम्बू द्वीप के मध्य में था और उसके मध्य में मेरु था जिसे आज उराल कहते हैं। अरकेम उसी का हिस्सा है। यहीं से आर्य जन एक तरफ आर्याणा (ईरान), सुमेर (ईराक), मिस्र, और यूनान गये थे और दूसरी तरफ चीन की ओर। यहीं से वो उत्तरी अमेरिका गये थे। यह कांस्य युग की आदि नगरीय सभ्यता मानी जा रही है। इतिहासकारों और पुरातत्त्वीय विशेषज्ञों में अरकेम की खुदाई से प्राप्त अवशेषों को लेकर मत वैभिन्य भी है। इनके एक वर्ग का मानना है कि अर्केम में परिरक्षित ऐतिहासिक स्मारकों में अद्भुत तथा विस्तृत रूसी-साइबेरियाई मैदानी वानिकी दृश्यावली (unique steppe-forest landscapes) के अलावा कई पुरातत्त्वीय स्मारक ऐसे हैं जो पाषाण युग से लेकर पिछली जन जातियों द्वारा प्रयुक्त दो या चार पहियों के हाथ के ठेले तक विकसित थी। इस मतवैभिन्य के आधार पर यह निश्चित ही कहा जासकता है कि सृष्टि सृजन के सम्बन्ध में कहना जितना दुष्कर है, आर्योदय और मानव सभ्यता के सम्बन्ध में भी उतना ही असम्भव।

इतिहासकारों, पुरातत्त्वज्ञों, भूगर्भ वैज्ञानिकों का विश्वास है कि पेलीओजोविक युग (Paleozoic era यानि 30-55 करोड़ वर्ष पूर्व) के मध्य में कार्बोनिफेरस (Carboniferous) काल के दौरान (30-35 करोड़ वर्ष पहले) जब पेड़-पौधे एवं विशेष रूप से बिना रीढ़ के पशु-प्राणी (invertebrates) पैदा हुये इस क्षेत्र में एक ज्वालामुखी पर्वत श्रेणी थी जो एक उष्ण सागर में परिवर्तित हो गई और कालान्तर में मीसोजोविक युग (Mesozoic era अर्थात 6 करोड़ से 25 करोड़ वर्ष पूर्व) सरीसृप जैसे मगरमच्छ, डाइनोसौर काल के दौरान यह पर्वतीय देश नष्ट हो गया और मैदानी क्षेत्र में तब्दील हो गया। अब यह एक घाटी है जो भव्य-शानदार, सुन्दर

पहाड़ियों से घिरी हुई है तथा रोमांचक वनों से आच्छादित है। समय की उपर्युक्त संगणना पौराणिक संगणना से मेल खाती है जब यहाँ आदि सत युग में मेरु के मध्य में ब्रह्मपुरी अवस्थित थी और देव योनि के अन्तर्धान के साथ वह जलमग्न हो गई। इलावृत वर्ष का यही भाग सिटी आफ अटलान्टिस एवं 'आर्याणा वजेह था। अथवा उत्तर कुरु नगर था।

ईरानी विद्वानों ने भी ईरान के आसपास ऐसे सागर और झील होने की बात मानी है जो प्राकृतिक तबाही के फलस्वरूप या तो सूख गये अथवा उनका स्थान परिवर्तन होगया। अरकेम आज भी कहा जाता है कि उतना ही विमुग्धकारी है, जितना तब रहा होगा। यहाँ मानव और प्रकृति उसीतरह समरसता में सौहार्द पूर्वक रहते हैं। अरकेम म्यूजियम (संग्रहालय) में आज विभिन्न युगों के 70 पुरातत्त्वीय स्मारक हैं जो पाषाण काल से मध्य युग तक के हैं, जिनमें मन्दिर और वैधशालायें तक है।

अरकेम क्षेत्र में जो वृत्ताकार, अण्डाकार, समकोणीय, चौकोर निर्माण मिले हैं वो केवल ज्यामितिक भौतिक रूप रेखायें नहीं है अपितु ब्रह्माण्ड और अन्य देव लोकों की आर्यों की जो कल्पनायें थी उनका प्रतिरूप (Model) हैं। यू एस एस आर का साम्यवादी, निरंकुश, दमनकारी, क्रूर शासन धर्म को अफीम की संज्ञा देने के बावजूद ईसाइयत और इस्लाम के प्रभाव को रोक नहीं पाया। आज का रूस प्राचीन आर्य संस्कृति का आदि पोषक रहा है अतः यह सोचना कि वहाँ गीता सहित किसी अन्य भारतीय शास्त्र पर प्रतिबन्ध लगेगा समुचित प्रतीत नहीं होता। रूस के लोग भाषा, इतिहास और भूगोल से आर्य ही हैं।

यह आर्य क्षेत्र ही यूरेसिया है यानी यूरप और एशिया की सीमा-पूर्वी और पश्चिमी संस्कृतियों का मिलन स्थान। अतः एक दिन पश्चिमी नग्न, भौतिकवादी संस्कृति को पूर्व के ज्ञान, विवेक और अध्यात्म से एकीकृत होकर पुनः विश्व एकत्व, समरसता और भ्रातृत्व को कायम करना होगा जो आर्यों का सनातन समत्व दर्शन था और आज 'वसुधैव कुटुम्बकम्' से जाना जाता है, ग्लोबेलाइजेशन से नहीं।

स्वस्तिक

विदेशियों को छोड़ भी दें, आम भारतीयों को भी जिन्होंने पुराणों, महाभारत, रामायण का अध्ययन नहीं किया है, इस खुदाई में पाये गये अवशेषों, स्मारकों,

निर्माणों आदि पर यकीन करना या यकीन होना असम्भव है। सन् 1975 के आसपास से खुदाई कार्य प्रारम्भ हुआ लेकिन रूस में साम्यवाद समाप्त होने के उपरान्त सर्वेक्षण, फोटोग्राफी और खुदाई के कानूनों में ढील के बाद 1991 से इन खुदाइयों में काफी गति आई। ये अविश्वसनीय खुदाई क्षेत्र इतने दूर-दराज इलाकों में थे कि 25 साल पहले तक अज्ञात रहे क्योंकि कोई भी इन इलाकों में इतनी विकसित सभ्यता के अस्तित्व का अन्दाजा नहीं लगा सकता था। फिर भी भारतीय पौराणिक इतिहास ने हजारों साल पहले से इन कथाओं, आख्यानों को संजोकर रखा है। खुदाई के दौरान न केवल आवासीय निर्माण मिले अपितु औजार, रथ, कलात्मक बर्तन आदि भी मिले। अचम्भित करने वाली बात ये है कि अधिकांश कलाकृतियों पर स्वस्तिक चिन्ह की नक्कासी पाई गई जिसके चारों कोने मंगल, विजय, सौभाग्य और शाश्वत-चिद् जीवन के प्रतीक एवं द्योतक थे। यही स्वस्तिक चिन्ह स्वयं को आर्य वंशी (Aryan Race) बताने वाले जर्मन नाजियों ने उल्टे रूप में अपनाया और अपने विनाश को निमंत्रण दिया। इसके अलावा खुदाई स्थलों पर आर्य अभिलेखों के साथ उनमें वर्णित अश्वमेध के घोड़े उनके स्वामियों के साथ गड़े हुये पाये गये।

निष्पक्ष इतिहासकारों ने अब यह पहचान भी कर ली है कि आर्यों की आदि प्राकृत संस्कृत भाषा ही अधिकांश यूरोपीय भाषाओं की अग्रदूत थी। किंग्स कालेज लंदन की शोध सदस्य सुश्री ह्यूज (Ms Hughes) का कहना है कि, प्राचीन भारतीय शास्त्रों एवं मंत्रों में अश्व मेध का जो वर्णन है, वह इन अवशेषों से सौ फीसदी मेल खाते हैं। कोई नहीं जानता आर्कटिक क्षेत्र के हिम पर्वतों, हिम नदियों के नीचे विशेषतः कजाखिस्तान, साइबेरिया, एशियाई रूस, कैस्पियन सागर के आसपास, अराल झील के नीचे या आसपास तथा उराल क्षेत्र की धरती के नीचे क्या-क्या दबा पड़ा है।

रूस देश ने अभी आर्क्टिक द्वीप में जिस Lake Vida की खोज की है वही आदि पुष्कर द्वीप की कमल पुष्करणी यानी पुष्कर झील लगती है जिससे उसका नाम पुष्कर द्वीप सार्थक हुआ। यह सत्य पाश्चात्यों की समझ में आये या ना आये लेकिन पाश्चात्य प्रभावित भारतीय इतिहासकारों की समझ में तो आना मुश्किल है। अलबत्ता आम लोगों की समझ में आने में कोई कठिनाई नहीं है।

आर्य एवं नस्लीय घोड़े : सामाजिक, आर्थिक, धार्मिक महत्व

ऋग्वेद में घोड़ों का सन्दर्भ बार-बार आया है। लोकमान्य तिलक की कृति Arctic Home in Vedas की रचना के वर्षों बाद मनीषी विद्वान डॉ० बी. आर. अम्बेडकर ने तिलक जी के विचारों से सहमत होते हुये भी सन्देह जताया था कि अगर आर्यों का निवास आर्कटिक माना जाय तो हिमीय आर्कटिक क्षेत्र में घोड़े कैसे सम्भव हुये होंगे जबकि वेदों में 80 से अधिक बार घोड़ों का सन्दर्भ आया है। अगर यह सम्भव है तो तिलक जी की रचना पर उंगली नहीं उठाई जा सकती अन्यथा इस पर पुनर्विचार करने की जरूरत है। यद्यपि ये भी सच है, जैसा वैज्ञानिक भी मान रहे हैं और अब साक्ष्य मिल रहे हैं कि हजारों वर्ष पूर्व, प्रथम या द्वितीय हिम युग के समय आर्कटिक का जलवायु सामान्य, शीतोष्ण और मानवीय निवासन के अनुकूल (temperate) था इसलिये घोड़ों की सम्भावना भी हो सकती है लेकिन पौराणिक और इतिहास शास्त्र तथा पुरातत्त्वीय साक्ष्य इस बात को सिद्ध नहीं करते कि आर्कटिक आर्यों की निवास स्थली थी। इन सब शास्त्रों के आधार पर मध्य जम्बू द्वीप (सेंट्रल एशिया) ही आर्यों का आदि स्थान और पुष्कर द्वीप वर्तमान आर्कटिक पृथ्वी पर आदि सतयुगी देवलोक (Paradise) सिद्ध होता है। मध्य जम्बूद्वीप के घोड़े उस युग में ही नहीं अपितु कुछ शताब्दियों पूर्व तक बहुत उच्च नस्ल के माने जाते थे जिनका उपयोग इस्लामीकरण के बाद कबाइलियों, बर्बरों-अरबों-तुर्कों ने 9वीं शताब्दी ए०डी० से भारत पर आक्रमण के लिये किया। आर्यों के साथ ये घोड़े ईरान, अफगानिस्तान तक फैल गये थे और आठवीं शताब्दी एडी से कबाइली आक्रमणकारियों के साथ यही घोड़े पाकिस्तान, सिन्ध भारत तक फैल गये थे। कालिदास ने दो हजार वर्ष पूर्व अपने महाकाव्य रघुवंश में रघु महाराज की दिग्विजय का वर्णन करते हुये ईरानी घोड़ों की उच्च नस्ल का भी जिक्र किया है। रूस साइबेरिया, उराल क्षेत्र की खुदाई से घोड़ों का रहस्य पूरी तरह प्रमाणित हो गया है। क्योंकि भारत के उत्तर-पश्चिम में पहले ही यूनानी यवन शासन चौथी शताब्दी बी०सी० के प्रारम्भ में स्थापित हो चुका था अतः कालिदास ने ईरान के लोगों के लिए भी 'यवन' शब्द का ही सम्बोधन किया है जो कि आमतौर पर हर विदेशी के लिये प्रयुक्त होने लगा था यानी हर अभारतीय के लिये जैसे Pagan और काफिर भारतीयों के लिये। मध्य एशियाई आक्रमणकारियों की विजय के पीछे सशक्त घुड़सवार सेना का बहुत बड़ा हाथ था। साथ ही रथों का भी। रूस की खुदाई में

प्राप्त अश्वमेधिक अनुष्ठानों ने साबित कर दिया है कि मध्य जम्बूद्वीप में घोड़ों की कमी नहीं थी।

कुछ पाश्चात्य खनकों ने खुदाई में प्राप्त घोड़ों, बकरियों तथा अन्य पशुओं की अस्थियों तथा उन पर काटने के निशानों के अलावा घोड़ों के साज समान के साथ मनुष्यों के दफन के आधार पर यह निष्कर्ष निकाला है कि आर्य लोग घोड़े के मांसाहारी थे जो कतई निराधार और असत्य है। वेदों से भी यह बात कतई सिद्ध नहीं होती। पाश्चात्यों का पूर्वाग्रह इसी से साबित होता है कि घोड़ों के अलावा बकरे, भेड़ों, हिरण, मृग आदि की अस्थियाँ मिलने के बावजूद उन्होंने आर्यों पर घोड़े का मांस खाने का आरोप लगाया। ये सच है कि घोड़े की बलि देना भी अश्वमेध अनुष्ठान का अन्तिम कर्मकाण्ड माना गया है क्योंकि यह क्षत्रियत्व अथवा युद्ध में योद्धाओं के वीरत्व का प्रतीक था। घोड़ों के साज सामान के साथ मनुष्यों के शव मिलना ये सिद्ध करता है कि या तो उनकी मृत्यु युद्ध भूमि में हुई या युद्ध के लिये जाते हुये मार्ग में हुई अथवा परिवार के साथ प्रवास यात्रा के समय हिमस्खलन या भूस्खलन से हुई। मृत घोड़ों के साथ मानव शव का मिलना कतई इस बात को सिद्ध नहीं करता और न कर सकता है कि मृत व्यक्ति घोड़े का मांस खाने वाला था। अवश्वमेघ, गो-मेघ में 'मेघ' का पाश्चात्यों ने यही घृणित अर्थ किया है जिसके पीछे उनकी छिपी मनोकामना साफ थी।

घोड़े आर्यों के लिये बहुत ही महत्वपूर्ण पशु थे। घोड़े बीहड़, पर्वतीय, दुर्गम, सँकरे मार्गों पर सवारी के अति अद्‌भुत साधन थे। युद्ध क्षेत्र में अद्वितीय सहायक और शक्ति में बेजोड़। न थकने वाला स्वामिभक्त प्राणी। यही कारण है कि आज के अन्तरिक्ष युग, वैज्ञानिक एवं हाइ-टेक युग में भी हम अश्व शक्ति (Horse power) को ही माप का साधन बनाये हुये हैं। घोड़े देवताओं की भी सवारी थे। घोड़ा पालतू पशु के साथ-साथ सामान लादने-ढोने के काम भी आता है। पहचानने की शक्ति और स्वामीभक्ति घोड़े में अद्‌भुत होती है जो अपने स्वामी के लिये प्राण त्याग कर सकता है। पौराणिक भारत की अक्षोहिणी सेना के घुड़ सवार और रथ अभिन्न अंग थे। आधुनिक सेना में भी घुड़सवार सेना (Cavalry) का अपना ही स्थान है। वह गौरव और वैभव का भी प्रतीक है। रथ और बग्घी का राजा-महाराजाओं के लिये अपना एक विशिष्ठ स्थान था और है।

कितना बड़ा दुर्भाग्य

प्रारम्भ में यह खुदाई 20-25 स्थानों पर हुई। धीरे-धीरे इसका विस्तार अरकेम, उराल से कजाखिस्तान, वोल्गा नदी से साइबेरिया के सीमान्त तथा मंगोलिया के पास येनिसी नदी (Yenisei River), पामीर की ऊँची घाटियों एवं तियेन शेन पर्वत रेंज (Tien Shan) तक 200 स्थानों में फैल गया। इन खुदाइयों से उस समय के घुड़सवार आर्यों तथा सेन्ट्रल एशिया (मध्य जम्बूद्वीप) के विस्तृत मैदानी इलाकों से उनके सम्पर्क का भी पता चलता है। उस समय का एक बहुत बड़ा साक्ष्य घोड़ों के द्वारा खींचे जाने वाले रथ तथा दक्षिणी उराल की तीन मंजिली वृत्ताकार अर्केम नगरी है जो करीब 2000 ईसा पूर्व 'यमनाया' संस्कृति की बताई जाती है। यह त्रिपुर नगर चक्राकार भव्य इमारत के साथ आयताकार बाड़ से घिरा है। यमनाया शब्द संस्कृत मूल का ही लगता है और रूस में कई नामों से जुड़ा है जैसे यमनाया जेमल्या आदि। कहा जाता है कि 'यमनाया' यमलत्व यानी दो यानी जोड़े से बना है अर्थात चन्द्रवंशी राजा 'आयु और ययाति', जिनका जिक्र वेदों में भी आया है। ययाति राजा नहुष के पुत्र थे। नहुष आयु के। ये राजा, चंद्रवंश की तीसरी-चौथी पीढ़ी के थे। आयु, पुरुरवा के पुत्र थे, पुरुरवा सोम अथवा चन्द्र पुत्र बुध्द के।

अर्केम (Arkaim) में समारोह केन्द्र भी पाये गये जिनकी क्षमता 1000 से 2000 लोगों तक की थी जो उस समय की जनसंख्या के अनुरूप लगते हैं। वहाँ धातु का उपयोग पाया गया जिसमें कहते हैं लोह भी था। पुरातत्त्वज्ञों के अनुसार इन अवशेषों की विलक्षणता यह थी कि उत्तर वोल्गा नदी स्थल पर एक मानव कंकाल ऐसा पाया गया जिसका सिर घोड़े के सिर से बदला गया था। कई विद्वान इसे ऋग्वेदिक दधीचि का मानते हैं जिन्होंने वृत्र वध के लिये अपनी अस्थि दे दी थी। साइबेरियाई मैदानी खुदाई के निर्माणों के मध्य में मन्दिरों के अवशेष भी पाये गये।

उराल के पूर्व में इसिम (Isim) और टोबल (Tobol) नदी के आस पास मूर्त रूप से प्रारम्भिक आर्य संस्कृति और आस्थाओं की झलक मिली है जो पुराणों, महाभारत और रामायण से भी संगति रखती है। आज इन उत्खननों को 22 वर्ष से भी अधिक होने लगे हैं परन्तु भारत के मानस पटल पर इसका कोई असर नहीं

है। जबकि सिन्धु सभ्यता की खुदाई ने इतना तहलका मचा दिया था कि भारत में वही एकमात्र इतिहास माना जाने लगा था। भारतीय इन साक्ष्यों से निःस्पृह एवं संवेदना शून्य हैं जैसे कि कुछ हुआ ही नहीं। विश्व और यूरोपीय इतिहास में इनकी गूँज न होना समझ में आता है परन्तु भारत में ऐसा क्यों? क्योंकि यहां सब हड़पने और सपोड़ने में व्यस्त हैं। भारत के इतिहास में न तो इनका जिक्र हुआ न इनको जोड़ा गया, जैसे कि इन साक्ष्यों, प्रमाणों, खोजों से हमारा कोई वास्ता ही नहीं है। जबकि सच माना जाय तो ये हमारी अस्मिता से जुड़े हैं। हमारे वास्तविक, आदि (Primordial) इतिहास से जुड़े हैं। लेकिन ठीक ही है जहाँ 70% फीसद लोग भूखे, नंगे, गरीब, बीमार हों और 90% फीसद भ्रष्ट के साथ-साथ अज्ञानी हों वहाँ इतिहास का यही इतिहास होगा, यही दुर्भाग्य होगा, यही गति होगी। अपना मूल, अपना वजूद भूल जाने के कारण जिस एकता को हम अनेकता में ढूँढते थे (Unity in Diversity) वह एकता (Unity) ही अनेक हो गई है। अनेक भाषा, अनेक जाति, अनेक वर्ग, खान-पान-आहार-व्यवहार, पहनावा थे ही, अनेक-अनेक धर्म, सम्प्रदाय-पंथ और विश्वास यहाँ तक कि कानून की भाषा विदेशी, आफिस-कोर्ट, शिक्षा की भाषा विदेशी, विदेशियों का लिखा इतिहास, विदेशी भाषा बोलने का साहिबियाना और अहंकार, सब ने मिलकर अनेक राष्ट्रीयता पैदा कर दी है। जब विदेशियों के लिखे विकृत इतिहास को पढ़कर पीढ़ियाँ बड़ी होंगी, भाषा ही अपनी नहीं होगी तो संवाद क्या होगा? अगर संवाद ही नहीं तो व्यवस्था परिवर्तन, कायाकल्प, नवीकरण-पुनर्स्थापन (Renewal) नैतिकता, मनोबल, नेतृत्व खाक होगा?

आज अगर भारत की मूलभूत एकता बनी हुई है, जो भी है, जितनी है, अगर है तो वह केवल एक संस्कृत भाषा, अध्यात्म दर्शन, अध्यात्म पुस्तकें, तीर्थ स्थानों, वही देवी-देवता, ईश्वर-भगवान, पूजा, मन्दिर, शंख, धूप-दीप, घण्टी, गीता, रामायण, उपनिषद्, स्मृतियां, महाभारत, पौराणिक कथाओं आदि से ही है, जिसे पाश्चात्य और विदेशी आक्रमणकारी समस्त कोशिशों के बावजूद खत्म नहीं कर पाये क्योंकि ये हिन्दू नहीं आर्य सनातन हैं।

भाषा उद्‌भव और आर्य संस्कृत

अधिकांश लेखक, विद्वान और शोधकर्ता तथा अन्वेषक अब यह मान रहे हैं कि भारत, ईरान, और यूरप के अधिकतर देशों में जो इण्डो-यूरोपियन भाषा बोली

जाती है उनका भी एक ही श्रोत (common Ancestral source) है। यूरोप की कई भाषाओं के तुलनात्मक अध्ययन से इस कथन की पुष्टि हो जाती है। इस्लामीकरण-अरबीकरण के पूर्व मध्य एशिया की भाषाओं की यही स्थिति थी। प्रो० दुर्गा प्रसाद शास्त्री ने[1] रूस में अपनी व्याख्यान माला के दौरान रूसी और संस्कृत भाषा का तुलनात्मक अध्ययन किया तो उन्हें भाषाओं के बीच जबरदस्त समता लगी। उनका कहना है कि रूसी और संस्कृत आपस में अन्य सब भाषाओं से ज्यादा मिलती हैं। रूसी शब्द द्वेस्ति, तृदत्सत, चेतायर संस्कृत के द्वि, द्विशत, तृ, त्रिदश, चत्वार, चतुर्थ आदि से मिलता है। अन्य रूसी शब्द 'तो' का अर्थ संस्कृत में 'तद्' है अर्थात् वह, रुसी शब्द 'दोम' का अर्थ है द्वार यानी डेरा अथवा घर जो अंग्रेजी में 'होम' हो गया। एतत् का अर्थ दोनों भाषाओं में एक ही है यानी 'यह'। वह पुरातन आर्य भाषा भौगोलिक स्वराघातों तथा स्थानीय उच्चारणात्मक परिवर्तनों के साथ आज भी विश्व में आमतौर पर परिरक्षित है। रूसी शब्द 'स्यून' भी संस्कृत शब्द सूनु यानी पुत्र से मिलता है जबकि रूसी 'मय' संस्कृत 'मदीय' से। रूसी शब्द 'स्नोखा' संस्कृत के स्नुषा जिसको 'स्नुखा' उच्चारण भी किया जाता है यानी पुत्रवधू अर्थ का ही प्रतिपादक है। रूसी 'एस्त' संस्कृत के अस्ति और रूसी 'एस्तेसत्वो' संस्कृत के 'अस्तिस्त्व' अर्थक ही हैं। यूनानी 'सत्रप' (अर्थात् क्षत्रप) शब्द क्षत्रिय अथवा क्षत्रज से ही व्युत्पन्न है। हिब्रू का 'यवन' (Yawan) संस्कृत का भी शब्द है। कोरियाई और अरबी आदि के शादी-व्याह, मृत्यु सम्बन्धी कर्मकाण्डिक संस्कारों की स्वर शैली संस्कृत स्लोकों की कर्मकाण्डिक स्वर शैली से मिलती है। मदरसों में अरबी भाषाई शास्त्रों को कण्ठस्थ करने की शैली गुरुकुलों या संस्कृत विद्यालयों में संस्कृत शास्त्रों को कण्ठाग्र करने की ही तरह ही है। शरीर को हिला-हिला कर उच्च स्वर में पठन और गायन करना।

उपर्युक्त के अलावा भी ऐसे अन्य कई रूसी शब्द हैं जिनका अर्थ रूस में भले ही कुछ भी हो परन्तु स्वर और ध्वनि में संस्कृत और उससे प्रजनित भाषाई शब्द लगते हैं। उसमें नगरों, नदियों, पर्वतों आदि के नाम भी सम्मिलित हैं। उदाहरणार्थ Krasnodar Krai कृष्णोदरकाय, Khakassia खकासिया या खसिया, Abinsk अबिंस्क, Achinsk अचिन्स्क, Adygeysk आदिज्ञेयश, Agryz अग्रज,

1. Russian similar to Sanskrit

Akhtubinsk अष्ट विंश, Narayana Mar नारायन मर, Alagir अलघु-अलगर्द, अलागीर, Alatir अलात, अलातीर Amursk अमरस्क, Anadyr अनादर, Anapa अनाप-अनपा, Andreapol आन्द्रपुर, Angarsk अंग रक्ष, Aniva अनीव, Apatity अपातिकी, Aprelevka अप्रलेभ्य, Argun अर्जुन-अगुण, Artyom आर्तिओम, Asha, Astrakhan अस्त्र खण्ड, Kaliningrad कालिनिन गढ़, Grad-गढ़, Balakhna बलखना-बालखण्ड, Balashikha बालशिखा, Balashov बालशिव, Chita, Danilov दानलोभ, Danikov दानकोष, Digora, Dudinka, Gornyak गोम्यक, Isilkul (ऋषिकुल या इषिकुल), Kamyshin कामिक्षी, Kanash, Karabash कारावास, Kartaly कर्तली, Kashin, Kasli, Khanty-Mansiysk खण्ड मानसिकी, Kirishi कृषि, Krasnogorsk कृष्णगोरक्ष्य, Krasnokamsk कृष्णकामोक्ष, Krasnouralsk कृष्णनोरलक्ष्य, Krasnovishersk कृष्णो भिषेक, Krasnoye Selo कृष्णेय शैल, Krasny Kut कृष्ण कूट, Kumertau कुमारीतो, Kusa, Kushv कुश्य, Lobnya लावण्य, Magadan, Malaya Vishera मलय वसेरा, Nadym नद्यम, Nartkala नृत्य कला, Navoloki नव लोकि, Neman नमन, Novosil नवसील, Omsk ओमस्क-ओमश्री, Osinniki औशिनिकी, Rudnya रुदन्य, Shali शाली, Sudogda सुदोग्धा, Susuman सुसुमन, Tara तारा, Tayga त्याग या तेग, Tula तुला, Valday वलदेव, Vyazniki व्याजनिकी, Zeya जय-जेय, Yasny यशनि या यश्नि, Vytegra वितेग्र, Vyksa भक्ष्य, तनया (पुत्री), बमौल (एक स्थान का नाम) आदि। इसी तरह मंगोलिया की राजधानी Ulaanbataar नाम संस्कृत शब्द उदान वातर या उड्डयन वातर आदि से ही व्युत्पन्न लगता है। अलावा इसके मंगोलियाई Udan Ude और Chita भी क्रमशः संस्कृत उदान उदय तथा चित-चिता आदि से सम्बन्धित लगते हैं। अरब मुल्कों में भी कई स्थानों-व्यक्तियों के नाम अभी भी संस्कृत निष्ठ हैं जैसे त्रिपोली, ब्राहिमी, बसिन्दवा आदि।

लिथुआनिया गणतन्त्र (Lithuania -बाल्टिक समुद्र का उत्तर-पूर्वी यूरोपीय देश) की भाषा लिथुयानी (Lithuanian) के बारे में कहा जाता है कि वह रूसी से भी ज्यादा संस्कृत के नजदीक है। इन सब साक्ष्यों से ये सत्य अनावृत होता है कि आर्यों ने प्रथमतः इलावृत वर्ष वर्तमान कजाखिस्तान-उज्बेकिस्तान, तुर्कमेनिस्तान, अजर्बेजान एवं उत्तरकुरु वर्ष (वर्तमान एशियाटिक रूस) से यूरोप तथा विश्व के अन्य भागों में प्रवास किया और पश्चात् ईरान से। मात्र गौर वर्ण होने से ही आर्य

जन यूरोपीय नहीं कहे जा सकते। गौर वर्ण उनकी भौगोलिक परिस्थिति जन्य और जल वायु प्रभावित परिणाम था। आर्यों का मूल स्थान आर्कटिक क्षेत्र में अवस्थित होने के कारण उनका स्वेत-गौर रंग का होना स्वाभाविक था। आर्य भाषा, वैदिक संस्कृत का जन्म आर्कटिक-मध्य जम्बूद्वीप में ही हुआ था। आर्यों की प्रारम्भ में नीली आँखें होना उनके तुषित पुत्र होने की निशानी थी। कालान्तर में भूरि-नीली आँखें पैतृक एवं पर्यावर्णिक मिश्रण से होने लगी। आज की भौगोलिक स्थिति और विभाजन से रूस-उराल का यूरप का हिस्सा बन जाने से आर्य और उनकी भाषा इण्डो-यूरपियन नहीं बन जाते। अतः जो इतिहासकार आर्यों को भारत पर आक्रमण करने वाला और यूरोपीय मूल का बताते हैं उन्हें एक बार फिर इतिहास पढ़ने की जरूरत है।

अंग्रेजी में भी कई शब्द हैं जिनकी व्युत्पत्ति प्रारम्भिक प्राकृतिक आर्य संस्कृत से हुई। उदाहरण के लिये Son (संस्कृत सूनु-सुत), Sun - Solar (सूर्य-सौर), path (पथ), mom -mother (माता-माँ), paternal -patron (पिता-पैतृक), Sister (स्वसा), Amon or amen (ऊँ), man (मानव-मानुष), horoscope (होराशास्त्र), barbarian, (बर्बर)। दूसरे कई शब्द हैं जैसे cruel (क्रूर), demon (दैत्य), Moolah or money (मूल्य), kale (kaldar), brother (भ्राता), Saint (संत), birch (भूर्ज), palanquin (पालकी), Manuscript (मनुस्मृति-मूलप्रति), cowry or cowries (कौड़ी), shell (शंख), Astrakhan (अष्ट्र खण्ड), Union (यूनि), youth (यूथ), your (युष्मद) आदि। सत्रप शब्द जिसे अंग्रेजी ने भी अपनाया वस्तुतः क्षत्रिय-क्षत्रप का ही अपभ्रंश है जिसका उच्चारण क्षत्रप और अर्थ क्षत्रिय सामन्त तथा व्युत्पत्ति क्षत्रज से है।

स्थानीय तथा भौगोलिक परिवर्तनों के अलावा समिश्रण के कारण शब्दों और भाषा में विकृतियाँ आना स्वाभाविक था। उदाहरण के लिये 'गिरि' यानी पर्वत को ही लें। कांगों देश (Congo) का प्रसिद्ध ज्वाला मुखी पर्वत न्यामुरा गिरि (Nyamura Giri) है जिसे अंग्रेजों ने Nyamuragira कर दिया और गिरा का भी उच्चारण 'जिरा' (Jira) कर दिया। चीनियों ने अपने यहाँ गिरि शब्द को 'ग्री' (Gri) अथवा 'कंग्री' में बदल दिया। चीन में तुंग शब्द जैसे माओत्से तुंग में 'तुंग' इसी अर्थ यानी पर्वत शिखर या चोटी का द्योतक है। सभी संस्कृतियों में 12 राशियाँ और नव ग्रह ही हैं जैसे वैदिक-आर्य ज्योतिष में हैं। नव ग्रह तथा कुण्डली की बनावट और आधार जम्बूद्वीप के नव वर्ष आधारित ही लगते हैं।

वैदिक संस्कृत की तरह जिसमें य शब्द को ष लिखा जाता है और जिसका उच्चारण ज होता है जैसे योग को जोग, यज्ञ को जग्य आदि, इसी तरह हिब्रू (यहूदी-इस्राइली) भाषा में भी य और ज है अर्थात् Y और J है। जैसे ईश्वर को Johev या Yohve अथवा Johvey या Yohveh (जेहोवा-यहोवा) कहा जाता है। अक्षरों में भी इसे YH-VH या JH-VH आदि से व्यक्त किया जाता है। इसीतरह मंगोलियाई भाषा के अन्य शब्द भी हैं-Gokturk जो संस्कृत धातुमूलक शब्द गोत्रिक या गैरिक अथवा गैरेय से व्युत्पन्न है जिसका अर्थ है पहाड़ से आये हुये। इसीतरह चीन और अन्य स्थानों के Uyghur लोग हैं। यह उद् धातु रूपक शब्द से प्रस्फुटित है जिसका अर्थ स्थान वियोजन, पार्थक्य (separation), अथवा ऊँचाई पर रहनेवाले आदि के साथ-साथ निर्वासित-निर्वसन (exiled) आदि भी है। इसीलिये मंगोलिया से चीन में आये हुये इन लोगों को Uyghur यानी निर्वासित, बेघर (migrant) माना और कहा जाता है।

नेहरू जी ने Glimpses of World History[1] में सही कहा है 'आर्य लोग जब अपनी सभ्यता के शिखर की ओर पहुँच रहे थे उस समय यूरोपियन जंगली और बर्बर थे'। अगर ये बात है तो आर्य लोग यूरोपियन कैसे हो सकते हैं? दूसरा सत्य ये है कि आर्य लोग एशिया की भूमि में पैदा हुये थे अतः यूरोपियन कतई नहीं हो सकते। यूरोपियन्स ने अपने अहंकार की तुष्टि और श्रेष्ठता का प्रदर्शन करने के लिये ही आर्यों का वर्णन 'आद्य यूरोपियन्स' (proto European) के रूप में किया और उन्हें जन्म से जर्मन-नोर्स-नॉर्डिक-स्केण्डिनेवियन बताया जिनकी भाषा प्राग्-ऐतिहासिक 'इण्डो-यूरोपियन' श्रेणी की थी। यह इतना सफेद झूठ था कि अन्ततः काला पड़ गया। पिछले कई वर्षों से पाश्चात्य-यूरोपियन इतिहासकार और मानवशास्त्री मानव की उत्पत्ति अन्ध महाद्वीप यानी अफ्रीका से बताते रहे हैं, कभी पूर्वी-अफ्रीका, कभी दक्षिण-अफ्रीका। इसीतरह प्रथम मानव भाषा को भी 'प्रोटो अफ्रिकन' कहते रहे हैं। अब वह इण्डो-यूरपियन कैसे हो गई? सच ये है कि सत्य को छुपाने के लिये अंग्रेज गोरे और यूरोपियन सन्देह और अनिश्चितता के समुद्र में ही गोते खाते रहे हैं। सच क्या है-यह उन्हें पता नहीं, हो भी नहीं सकता। परन्तु इस सत्य में कोई सन्देह नहीं कि आदि मानव जो कि आर्य थे मध्य जम्बूद्वीप यानी सेन्ट्रल-एशिया में ही जन्मे थे अतः उन्हें 'इण्डो-आर्यन' कहना ही सच है अथवा 'इण्डो-एशियन' कहा जा सकता है।

---

1. विश्व इतिहास की झलकियां - नेहरू

4

स्मृतिपरस्थ मानव सभ्यता
हिम वर्ष, जलप्लावन और पुनर्–अभ्युदय

ब्रह्मपुरी–अटलान्टिस–ईडन–आर्याणा वेजो
(Glacial Age, Deluge-Atlantis-Eden-Airyana Vaejo-Brahm puri)

स्मरणातीत (Time immemorial) आर्य मानव यात्राः एक बिम्ब

अब हम उस आर्य इतिहास को समझने की कोशिश करेंगे जो आर्य मानवों की लाखों साल की ऐतिहासिक यात्रा से जुड़ी है और स्मृति से परे होने के कारण भारतीयों तक को ज्ञात नहीं है, एशियाइयों की तो बात ही क्या। यह इतिहास पाश्चात्यों के तो अनुमान से भी परे है क्योंकि वो समझते हुये भी कभी समझने की कोशिश नहीं करेंगे। इस इतिहास को समझने के लिये थोड़ा ध्यान देना होगा और हर चीज 'हस्तामलकवत' (हाथ में गुठली की तरह) स्पष्ट होने लगेगी। हमें यह भी ज्ञात होने लगेगा कि ऐतिहासिक सत्य को हमसे कितना छुपाया गया और पाश्चात्यों ने जानबूझकर भारतीय इतिहास को अतैव साम्यानुरूपता से (analogically) विश्व इतिहास को कितना विकृत किया। यह सब उनकी केवल भारतीयों को जलील करने की चाल थी।

मिस्त्री, यूनानी, बाइबलीय किंवदन्तियों के अनुसार अटलान्टिस एक द्वीपीय नगर था। पाश्चात्य मानते हैं कि अटलान्टिक महासागर से जुड़ा होने या पास होने के कारण इसका नाम सम्भवतः अटलान्टिस पड़ा होगा। प्लेटो (428-347 बीसी,

एथेंस का दार्शनिक, सुकरात का शिष्य अरस्तू का गुरु), के अनुसार एक महा विनाशक भूकम्प में यह नगर विलुप्त हो गया। अटलान्टिस के बारे में मिथ भी उतने ही सशक्त तथा रहस्यमय हैं जितने कि विश्वास। आश्चर्यजनक ये है कि अटलान्टिस की उत्पत्ति और संज्ञान का रहस्य यूनानी कथाओं में नहीं बल्कि मिस्र (Egypt) की कथाओं में है जो बाद में बाइबल में भी जुड़ गईं। कहने की आवश्यकता नहीं कि सभी भूगर्भज्ञ, मानव विज्ञानी, इतिहासकार, वैज्ञानिक अब ये मानने लगे हैं कि प्रारम्भ में सभी महाद्वीप आपस में मिले हुये थे और सागर-महासागर भी सीमित संख्या में थे। प्राकृतिक प्रलयों, भूकम्पों, ज्वालामुखियों के विस्फोटों या सुनामी जैसी घटनाओं से सागरों में जबरदस्त टूट-फूट हुई और उनकी संख्या बढ़ती गई। सागरों के साथ-साथ महाद्वीपों-द्वीपों के आकार प्रकार भी बनते-बिगड़ते गये और उनके स्थानों में परिवर्तन के साथ ध्रुव भी खिसक गये। यही स्थिति अटलान्टिक महा सागर के साथ भी हुई। आज दुनिया में तीन प्रशान्त और तीन अटलान्टिक महासागर होगये हैं। उत्तर अटलान्टिक महासागर आर्कटिक से मिला हुआ है और अफ्रीका यानी मिश्र तथा यूरप अर्थात यूनान को भी एक तरफ से आवृत किये हुये है। एक तरह से अटलान्टिक रूस को भी स्पर्श करता है। अतः ये कहा जा सकता है कि उस आदि या प्रारम्भिक काल में यह आर्कटिक अर्थात पुष्कर द्वीप और उत्तर समुद्र का ही भाग था जैसे कि आज का नार्दर्न सी (Northern Sea) जो स्पष्टतः आर्कटिक के विखण्डन से ही उत्पन्न हुआ लगता है।

उपर्युक्त थियरी भारतीय सनातन विज्ञान के अन्वेषणों के अनुसार ही है जो तत्कालीन हिमीय पृथ्वी का चित्र उपस्थित करती है। स्कालरों का मानना है कि पिछले दो हिम युगों, पहला 2,50,000 से 3,50,000 वर्ष पूर्व और दूसरा 1,0000 से 2,0000 वर्ष पूर्व के दौरान अटलान्टिस दो बार बना और डूबा। माना जाता है कि अटलान्टिस का आकार शंख या मोती की तरह था और क्षेत्र करीब मिस्र या यूनान अथवा स्पेन के बराबर था। सनातन पौराणिकता के अनुसार भी मेरु कमल कर्णिका की तरह था। भूगर्भज्ञों, इतिहासकारों के एक वर्ग का मानना है कि पिछले तीस-चालीस लाख सालों के दौरान अटलान्टिस कई बार डूबा और प्रकट हुआ। भौगोलिक परिवर्तनों की इन सच्चाइयों का वैज्ञानिक मान्यताओं एवं यूरोपीय पौराणिक विश्वासों का भारतीय पौराणिक वाङ्मय से सामंजस्य करने पर, जैसा कि आगे सविस्तार वर्णन किया गया है, यह सिद्ध होता है कि अटलान्टिस जम्बूद्वीप का इलावृत नगर ही था जिसके मध्य में मेरु स्थित था और मेरु पर ब्रह्मपुरी स्थित थी।

यह मान्यता है कि मिश्र के लोग अटलान्टिस को अटन या अटलन (Aten and Atlen) भी कहते थे जो यहूदी यानि हिब्रू भाषा में ईडन (Eden) का समानार्थक है। तात्पर्य ये है कि अटलान्टिस के साथ गार्डन आफ ईडन की खोज भी जुड़ी है। अटलान्टिस का आख्यान अन्य देशों की पौराणिक कथाओं में भी जल सैलाव (Floods) के सन्दर्भ में आया है। बाइबल के अनुसार यहूदी लोग ईस्राइल में मूलतः मिस्र से ही आये थे अतः ईडन की कथा भी वहीं से साथ लेकर आये थे। इन आख्यानों की कुछ मान्यताओं के अनुसार गार्डन आफ ईडन (Garden of Eden यानी देवोद्यान) ही विलुप्त आनन्द लोक या वैकुण्ठ अर्थात् देवलोक (Paradise) है जबकि दूसरों के अनुसार दोनों बिलकुल भिन्न हैं। कलाकृतियों के कनाडाई इतिहासकार Charles Moffat ने इस विषय पर गहन गोता लगाया है। मोफट का कहना है कि प्लुटोनिक कहानियों के अनुसार जो कि प्लेटो के दादा सोलन (Solon) ने उसे सुनाई थी, अटलान्टिस करीब 1650 साल पहले नष्ट हो गया था। सोलन ने 560 बीसी में मिस्र की यात्रा की थी और उसे वहाँ सईस (Sais) के पुरोहितों (Priests) से यह किस्सा मालूम हुआ था जिनको कि यह ज्ञान मिश्र की पुरातन रचनाओं से इन शब्दों में प्राप्त हुआ।

'In those far-away days that Ocean could be navigated, as there was an island outside the channel which your countrymen tell me you call the 'pillars of Heracles'. This island was larger than Libya and Asia together, and from it seafarers, in those times, could make their way to the others, and thence to the whole opposite continent, which encircles the true outer Ocean. (The waters within the channel just mentioned are manifestly a basin with a narrow entrance; what lies beyond it is the real Ocean, and it is land enclosing that Ocean which should rightly be called a Continent'. भारतीय पुराण शास्त्रों में द्वीपों को इसी अर्थ में लिया गया है। यानी हरेक द्वीप को एक समुद्र घेरे हुये था।

उपर्युक्त वर्णन में अटलांटिस द्वीप का आकार लीबिया और एशिया के संयुक्त आकार से भी बड़ा बताया गया है जो अविश्वसनीय रूप से सन्देह उत्पन्न करता है। यह भी सोचने की बात है कि यहाँ एशिया और लीबिया का हजारों साल पहले का वर्णन है अतः उन्हें किस अर्थ और रूप में लिया गया है यह स्पष्ट नहीं है।

भारतीय पुराणों में भी द्वीपों का वर्णन इतना ही वृहद् किया गया है। इस अर्थ में अटलान्टिस का आकार और भाव इलावृत से ही होगा।

उपर्युक्त हिमयुगों की गणना देव वर्षों में करें तो उनकी अवधि भारतीय पौराणिक शास्त्रों में वर्णित युगों के बराबर मानी जा सकती है जब धरती पर प्रलयंकारी (cataclysmic) बदलाव आये। अतः यह बात असत्य और अतिशयोक्तिपूर्ण नहीं होगी अगर यह माना जाय कि प्राचीन काल में उत्तरी अटलांटिक, उत्तरी पैसिफिक तथा वर्तमान नार्थ सी (North Sea) आर्कटिक में ही समाहित थे और कालान्तर में आर्कटिक महासागर से अलग हुये। प्राचीन युग की किसी कालावधि में देवयोनि (demi - semi gods) के अन्तर्धान होने के समय या किसी भयंकर विनाश के कारण इलावृत नगर और ब्रह्मपुरी दोनों ब्रह्म सरोवर में विलुप्त होगये। सम्भव है ब्रह्मसरोवर किसी सागर से जुड़ी झील हो या स्वयं सागराकार हो अथवा तीनों यानी ब्रह्म पुरी, ब्रह्म सरोवर और इलावृत नगर हिम नदियों अथवा जलप्लावन के कारण सागर में समाहित हो गये या जल जले की झील में विलुप्त हो गये। यह भी संभावना हो सकती है कि किसी हिमयुगी प्रलय के परिणामस्वरूप आये भयंकर उफान के कारण इलावृत नगर, ब्रह्म पुरी और ब्रह्म सरोवर (Lake Brahm) समीपस्थ कैस्पियन सागरीय झील (Caspian Sea Lake) अथवा अराल झील (Lake Aral) जैसी किसी झील में विलुप्त हो गये या बह गये। यह भी हो सकता है कि इलावृत नगर के आस पास कोई सागर हो जैसे आज का अराल सागर (Aral Se) जिसकी व्युत्पत्ति भी आर्य, अराल, उरु शब्दों से लगती है। इसी परिवर्तन के फलस्वरूप सम्भवतः गङ्गा की चार धाराओं के प्रवाह मार्ग तथा मूल स्रोत में भी परिवर्तन हो गया। यह कोई इत्तफाक नहीं है कि संसार के अधिकांश बड़े धर्मों में विनाशकारी बाढ़ (Deluge) अथवा जल प्रलय (Submergence) का वर्णन है। बाइबल के पाठों में भी इसका पुराण शास्त्रों की तरह मिलता जुलता वर्णन है। बाइबल के उत्पत्ति खण्ड (Genesis) के अध्याय 29 में प्रसंग है कि;

'Abraham's son, Jacob went to Laban in the land of sons of the East- In the book of Joshua] the Patriarchs of the people of Israel are, said to have originally come from the East.

इसी तरह Book of Joshua (24, 2-3) में संदर्भ आया है कि;

"Thus saith the lord god of Israel, your farther dwelt on the other site of the flood in old times, even Terah, the faher of Abraham, and the father of Nachor; and they served other gods. And I took your father Abraham from the other side of flood, and led him throughout all the land of Canaan, and multiplied his seed, and gave him Isaac". About Eden the Paradise and Garden the Bible says;

The lord God planted a Garden eastward in Eden and there he put the man whom he had formed. "A River went out of Eden to water the garden; and from thence it was parted, and became in to four heads" Genesis (2, 8, 10)'.[1]

उपर्युक्त अनुच्छेदों में ब्रह्म सरोवर (यानी गार्डन आफ ईडन) और आनन्द लोक-वैकुण्ठ धाम (यानी Paradise) का स्पष्टतः अलग अलग वर्णन है। ईडन यानी आर्कटिक स्वर्ग से प्रवाहित होने वाली देव नदी जो गार्डन यानी ब्रह्म सरोवर से चार धाराओं में विभक्त होकर चार दिशाओं में प्रवाहित हुई, कोई अन्य नदी नहीं बल्कि गंगा ही थी जो स्वर्ग यानी आर्कटिक-पुष्कर से प्रकट होकर हिमीय पर्वतीय उत्तुंग क्षितिज से बहती हुई मेरु स्थित ब्रह्म सरोवर में अवस्थित होकर उसे सिंचित करती हुई चार धाराओं में विभक्त हुई और मेरु से चार दिशाओं में प्रवाहित हुई जिनके नाम हैं अलक नन्दा (दक्षिण), सीता (पूर्व), सुचक्षु (पश्चिम), और भद्रा (उत्तर) की ओर प्रवाहित हुईं। सृजनकर्त्ता स्वयम्भू ब्रह्मा 'पितामह' ने जिस आदि महा मानव को ब्रह्मपुरी में अवस्थित किया था वह उनके मानस पुत्र विराज् (या विराड) स्वायम्भुव मनु और संकल्प रचित पुत्री सतरुपा थी। यही बाइबलीय गार्डन आर्यों का ब्रह्म सरोवर है जो बाइब्लिकल आदि पूर्वज 'ऐडम और ईव' की स्थली थी।

प्लेटो ने यह भी कहा कि जलमग्न होने से पहले अटलान्टिस पर 'दश' राजाओं ने राज्य किया था। मिस्र के पौराणिक आख्यानों के अनुसार प्रारम्भ में ये 'दश राजा' ही देव राज (Demi god Kings) थे जो मूलतः दूसरे देशों के राजा थे और उन्हें सम्भवतः 'औरिटियन' (Auriteans) कहा जाता था लेकिन सही-सही नामोच्चारण बताना मुश्किल था क्योंकि मिश्र की चित्रलिपि (hieroglyphs) से यह

1. Old Testament (Genesis)

उच्चारण अनुमान पर आधारित था। स्पष्टतः यह नाम आर्यन-आरिया से सम्बंधित है। जैसा कि पहले बताया जा चुका है, वेदों में भी पृथ्वी के 'दश' प्रारम्भिक राजाओं के नाम आये हैं। इसके अलावा पृथ्वी के प्रथम सार्वभौम सम्राट और मनु के पुत्र प्रियव्रत के भी दश ही पुत्र थे जिनमें से सात पुत्र सात द्वीपों के अधिपति हुये। उपर्युक्त वर्णन से किसी सन्देह के लिये स्थान नहीं रह जाता कि इलावृत वर्ष स्थित इलावृत नगर ही अटलान्टिस सिटी था। यद्यपि आदि यूनानी और मिश्र निवासी जैसा कि बताया भी जा चुका है, आर्य ही थे, तथापि धीरे-धीरे अपनी-अपनी संस्कृतियाँ स्थापित करने के उपरान्त कालान्तर में आर्य उनके लिये परदेशी राजा ही हो गये। यह भी सम्भव है कि ब्रह्मपुरी का अन्त देवों के अन्तर्धान के साथ किसी दैवी घटना के उपरान्त हुआ हो। इसके अलावा औरिटियन तथा आर्यन एवं इलावृत और अटलान्टिस एक दूसरे से ध्वन्यात्मक रूप से (Phonetically) जुड़े प्रतीत होते हैं।

प्लेटो से 600 साल पहले यानी 11वीं सदी बीसी में अफ्रो-एशियाई यानी सिमिटिक (Semitic) अथवा फनीशन (Phoenicians) लोग भी इन राजाओं को अलीटियन (Aleteans) ही कहते थे जो 'आरियन' या आर्यन' का ही उपभ्रंश है। यूनानी, मिस्री, नोर्स, नॉर्डिक (जर्मन-स्कैंडिवियन), मसोपोटेमियाँ के पौराणिक शास्त्रों में इन दश राजाओं का सन्दर्भ विभिन्न नामों से आया है और उन सभी में काफी समानता है। यही नहीं बल्कि 1850 बीसी पूर्व उनके उत्तराधिकारियों के भी नाम आये हैं। कुछ मिस्री ग्रन्थों में अटलांटिस और उसकी चक्राकार राजधानी का नक्शा भी है। वो नक्शे आर्य विश्वासों के आधार पर ही बनाये गये हैं अर्थात् सूर्य उदय की ओर पूर्व मानकर, न कि उत्तर को आधार मानकर जैसा कि कालान्तर में किया जाने लगा। ये सभी विश्वास मानते हैं कि इन राजाओं के वंशजों ने करीब 36,500 वर्षों तक राज किया था।

उपर्युक्त वर्णन से आदि आर्यों के काल निर्धारण के अलावा भारतीय पुराण शास्त्रों के इस महत्वपूर्ण प्रमाण की पुष्टि होती है कि उस समय मानचित्र सूर्योदय की दिशा यानी पूर्व को आधार मानकर बनाये जाते थे, न कि उत्तर को। उपर्युक्त वर्णन से यह भी सिद्ध होता है कि अटलांटिस एक चक्राकार नगर था। कहने की आवश्यकता नहीं कि जैसा नाम से ही प्रकट है इलावृत नगर भी वृत्ताकार ही था और जम्बूद्वीप की-जो कि वर्तमान एशिया से काफी बड़ा था-राजधानी था। उपर्युक्त दिशा निर्धारण के आधार पर ही गङ्गा की चार धाराओं, सागरों और पर्वतों की स्थितियों

का भी निर्धारण किया गया है। अतः अलकनन्दा के मेरु के दक्षिण की ओर भारत में, भद्रा का उत्तर यानी आर्कटिक की ओर, सीता पूर्व यानी केसरांचल की ओर और सुचक्षु का पश्चिम यानी चीन की ओर प्रवाह होना माना गया है। ऐसा लगता है कि हिम युगों और हिम नदियों (ग्लेशियरों) के पिघलने के अलावा प्राकृतिक परिवर्तनों के कारण द्वीपों में भारी परिवर्तन हुआ फलस्वरूप गंगा की चार धाराओं ने भी अपना उद्गम और पथ बदला। सुचक्षु जो सम्भवतः ओक्षस (Oxus) ही है दो भागों में बंट गई, एक आज ओक्षस है, दूसरी ह्वांग हो।

उपर्युक्त सभी संस्कृतियों में इन आदि दश राजाओं और उनके वंशजों को देव योनि उत्पन्न (demi-gods) माना गया है। जिनका राज्य पिता (Ptah) से प्रारम्भ हुआ। मिस्री पौराणिक शास्त्रीय मान्यताओं में पिता को देवस्वरूप माना गया है जिसने संसार की रचना की तथा जो देवों एवं मानवों का आदि पिता है। यूनानी इन राजाओं को देवताओं की तरह पूजते हैं। लेकिन सभी ये मानते हैं कि पहली कुछ पीढ़ी के राजाओं ने मिश्र पर राज्य नहीं किया था बल्कि वो बाहरी देशों के राजा थे और मिस्र उनका उपनिवेश था अथवा जीता हुआ क्षेत्र था। उपर्युक्त आख्यानों का भारतीय पौराणिकता से पूरी तरह सामंजस्य स्थापित होता है। इन सभी संस्कृतियों में पिता (Ptah) का सन्दर्भ पितामह ब्रह्मा से ही है जिन्होने सृष्टि रचना की और जो देव योनियों, प्रजापतियों, सप्तऋषियों आदि के पिता तथा दानव, दैत्य, मानव योनियों पितामह थे। समस्त परिस्थितिजन्य साक्ष्य से यह भी प्रमाणित होता है कि आर्य लोग काफी समय बाद ईरान के रास्ते मिस्र गये और बाद में यूनान (Greece)। आर्य वंशावली और नामों में कालान्तर में यूनानी और अंग्रेजी के कहर के कारण काफी ध्वन्यात्मक एवं काल सम्बन्धी तथा ऐतिहासिक एवं भाषाई विकृतियाँ आगई जिनके कई उदाहरण दिये जा चुके हैं। कुछ अन्य उदाहरण हैं असुर से असीरिया (Assyria), नवीनचन्द्र से (Nebuchadnezzar II ईसा पूर्व छठी-सातवीं शताब्दी में मसोपोटेमिया के कल्दी सल्तनत का राजा), आर्य शब्द से अरम (Aram) अर (Ar), आर्क (ark), अरुमेयिक (Aramaic) भाषा और उर्णि (Aranea) यानी मकड़ी), एहरु (Ara -तारा समूह) अरांन (Arawn सेल्ट लोगों का इष्टदेव), अरौजिया (Araujia -लता) आदि।

यूनानी कथाओं तथा प्लेटो के अनुसार अटलांटिक लोग (Atlanteans) प्रारम्भ में कुलीन, संभ्रांत, तथा शालीन थे। लेकिन देवत्व की अदृश्यता और समय

की गति के साथ आर्य मानवीय गुणों के ह्रास के कारण कालान्तर में लोलुप, भोगी, भौतिकवादी और लड़ाकू किस्म के हो गये। यूनान के क्रीट Crete या क्रोञ्च द्वीप में पिता-पुत्र के मध्य सत्ता के लिये युद्ध होने लगे। प्लेटो ने एक और भी रहस्यमय उद्घाटन किया कि अटलांटिक नगर के लोग शक्ल-सूरत और दिखने में देवताओं की तरह थे। उन्होंने नगर के पर्वत पर अपने पुत्रों के लिये महल बनवाये हुये थे जिनमें सबसे बड़े का नाम ऐटलस था जिसके कारण उस नगर का नाम एटलांटिस या अटलांटिस पड़ा। बाद में सम्भवतः यह नाम ही ग्लोब का पर्याय ऐटलस हो गया। इस प्रकार यह भी स्पष्ट होता है कि अटलांटिस नाम अटलांटिक सागर के कारण नहीं बल्कि एटलस राजा के नाम से पड़ा। अतः जहाँ अटलांटियन (Atlantean) एक तरफ आर्यन या आरिया का अपभ्रंश है वहीं कई महत्वपूर्ण साक्ष्य भी इस तथ्य के साथ जुड़कर निकलकर आये हैं। पहला यह कि यही आर्यों का मूल देश था। ऐटलांटिस या ऐटलस नाम स्वयं में इलावृत का बिगड़ा रूप है। राजा इलावृत भी प्रियव्रत के वंशज नाभि और मेरु देवी के नौ पुत्रों में एक थे जो इलावृत वर्ष के शासक थे। नगर के जिस पर्वत पर प्लेटो ने भवनों के निर्माण का उल्लेख किया है वह पर्वत मेरु (उराल) ही था जो वर्तमान खुदाइयों से पूरी तरह प्रमाणित हो गया है। आर्य परम्परा के अनुसार जैसा कि पुराणों से सिद्ध होता है सभी द्वीपों और उनके वर्षों के नाम तथा उनसे कालान्तर में उपजे नये राज्यों या देशों के नाम राजाओं अथवा उनके शासक पुत्रों के नाम से प्रचलित होते रहे।

जरुथस्त्री शास्त्र अवेस्ता से भी यही आर्यों का वैभ्रम (Airyana Vaejo) यानी वैकुण्ठ अथवा वैभ्राज (गार्डन-या देव उद्यान) अर्थात् ईश्वर आहूरमज़्द की पुरी प्रतीत होता है।

इतिहासकार और मानवशास्त्रियों (Anthropologists) के अनुसार प्राग् ऐतिहासिक अथवा पाषाण युगी (Paleolithic) मानव लगभग 35,000 बीसी में हुये। जिन्हें Cro-Magnon अथवा Homo Sapien अर्थात द्विपाद (bipedal - biped) मानव जाति कहा गया जो अपने उपकरण बना सकते थे और बुद्धि का प्रयोग कर सकते थे तथा जिनकी अपनी भाषा थी। लेकिन पाश्चात्यों ने अपने झूठे अहंकार की तुष्टि के लिये इतिहास को पूरी तरह तोड़-मरोड़ कर और अपनी सुप्रिमेसी जताने के लिये उन्हें न केवल अफ्रीकी और यूरोपियन मूल का बताया बल्कि 'प्राक् अटलांटिस' (paleo - atlantics) भी बताया। लेकिन धर्म शास्त्रियों, दार्शनिकों,

पौराणिक इतिहासकारों ने एटलांटिस का समय 10,000 बीसी बताया है जिससे आधुनिक सभ्य मानव जाति की संगणना की जाती है। इतिहासकारों, भूगर्भ विज्ञानियों एवं विद्वानों का ये भी मानना है कि अन्तिम हिमयुग का समय दश हजार वर्ष ई0 पू0 था जब अनगिनत भूकम्पों के फलस्वरूप कई जीव योनियां विलुप्त हो गई। धरातलीय चुम्बकत्व क्रियाओं-प्रति क्रियाओं की उथल-पुथल के परिणामस्वरूप ध्रुव (Poles) भी अपने स्थान से हिल गये अथवा खिसक गये। हिम नदियों एवं हिम भण्डारों के पिघलने से भारी जल प्रलय हो गया। एटलांटिस के डूबने की सम्भावना देखकर इसी दौरान एटलांटिस निवासियों ने यूरप-अफ्रीका की ओर प्रयाण किया। अतः आदि द्विपाद मानव जाति के लोग मूलतः यूरोपी-अफ्रीकी नहीं थे अपितु ऐटलांटिस नगर से गये थे यानी मूलतः मध्य जम्बूद्वीपी अथवा मध्य एशियाई (central Asia के निवासी) थे।

प्रसिद्ध पर्सिअन वैज्ञानिक अबू बिरूनी (Abu R Birooni), ने भी अपनी कृतियों में उन प्राचीन समुद्रों का जिक्र किया है जो अब नहीं हैं। उसने मिस्र के मैदानी क्षेत्र में भी समुद्र का उल्लेख किया है जिसका जिक्र 5वीं सदी बीसी के प्रसिद्ध यूनानी इतिहासकार हिरोडटस (Herodotus) ने भी किया था। बिरूनी के अनुसार वो समुद्र इतना विशाल था कि न केवल नाइल (नील) नदी में बल्कि पिरामिड क्षेत्र की वर्तमान शुष्क भूमि में भी मेमफिस (Memphis) शहर जाने के लिये जहाज चलते थे। ईरान के आख्यान एवं कथायेँ भी इस बात की पुष्टि करते हैं कि ईरान के पठारी तथा मरुस्थलीय मध्य शुष्क भाग में समुद्र एवं झीलें थी और कई टापू तथा बंदरगाह थे। ईरान के इतिहासज्ञ ये निश्चय नहीं कर पा रहे हैं कि मेरु से पूर्व यानी ईरान की ओर बहने वाली गंगा की 'सीता' नामक धारा आज भी मौजूद है या नहीं अथवा किसी अन्य नदी या झील में विसर्जित हो गई है अथवा सूख गई है या किसी अन्य नाम से जानी जा रही है। कुछ लोग इसे भद्रा धारा कहते हैं जो पुराण सम्मत नहीं है। सभी पुराणों में इसे सीता धारा कहा गया है। ये तथ्य केदार खण्ड, बदरी क्षेत्र, (उत्तराखण्ड में वर्ष 2013 में हुए प्रलय तथा झीलों के बनने-बिगड़ने से प्रमाणित होते हैं।

भिस्त्र का पौराणिक इतिहास भारतीय पुराणों की ही तरह जीवों-प्राणियों के विकास क्रम के प्रारम्भ में पृथ्वी पर देवत्व की उपस्थिति मानता है जिन्हें पाश्चात्य आज परग्रही (Aliens) कह रहे हैं। परन्तु मिश्र के धर्मशास्त्री, इतिहासकार,

दार्शनिक, विद्वान, 10000 वर्ष ई०पू० के जलप्लव (deluge) के बाद पृथ्वी से देवत्व की भी विलुप्ति मानते हैं लेकिन भारतीय पुराण शास्त्र समय-समय पर विशेषतः महाभारत काल तक पृथ्वी पर देवत्व की उपस्थिति मानते और विश्वास करते रहे हैं। भूगर्भीय सर्वेक्षणों से ज्ञात होता है कि समुद्र और नदियों में उस महा जलप्लावन से 14 फीट गहरी कीचड़ और मिट्टी की पर्त जमीं हुई है। विद्वानों के एक वर्ग का कहना है कि दक्षिण अमेरिकी महाद्वीप के बोलिविया देश (Bolivia) में भी समुद्र तल से 12500 फीट की ऊँचाई पर एक नगर मिला है जिसका काल निर्धारण 15000 बीसी किया गया है। नगर से लगा बन्दरगाह कई नक्कासीदार पत्थरों से बना है जिनका वजन आम तौर पर 100 टन से 200 टन है और सबसे भारी पत्थर का वजन 400 टन से भी अधिक है। लेकिन तअज्जुब कि द्वारकापुरी के सम्बन्ध में पाश्चात्यों-अंग्रेजों ने इस बात को नहीं माना। यही उनकी नीचता थी। फिर भी आश्वर्यजनक बात ये है कि मन्दिरों में जिन देवताओं की बड़ी मूर्तियाँ मिली हैं उनकी कल्पना और प्रतिपाद्य विषय भारत, मिश्र और यूनान से मिलते जुलते हैं। तथापि प्राचीन पत्थरों की कार्बन तिथि निर्धारण (Carbon dating) में बहुत अन्तर पाया गया जिसका कारण विद्वानों ने 10000-15000 बीसी की अवधि के दौरान उस क्षेत्र में आये ज्वालामुखियों को बताया है।

इन अवशेषों के मन्दिरों में जो मूर्तियाँ हैं उनको देवताओं के रूप में ही पूजा जाता रहा। कुछ विद्वानों ने इस नगर की तुलना एटलांटिस सिटी से की है। लेकिन खुदाई में प्राप्त साक्ष्य तथा ऐतिहासिक तथ्यात्मक ज्ञान से ऐसा सिद्ध नहीं होता। इस खोज से दो बातें सिद्ध होती है। एक ये कि, पृथ्वी पर मानव जीवन कब प्रारम्भ हुआ इसका ठीक-ठीक निर्धारण करना किसी को भी सम्भव नहीं है, ठीक-ठीक पता तो कभी किसी को हो ही नहीं सकता। इस विषय में हर ज्ञान शाखा के दक्ष और तथाकथित विशेषज्ञ (Professionals) हवा में अन्दाज से लट्ठ चलाकर रोटी सेक रहे हैं। दूसरा ये कि, अगर बोलिविया में प्राप्त अवशेषों का काल निर्धारण सही भी मान लिया जाय तो ये आश्चर्यजनक है कि आर्य जन उत्तरी अमेरिका ही नहीं बल्कि वर्तमान दक्षिण अमेरिकी महाद्वीप में भी पहुँच चुके थे। कैसे पहुँचे ये समझना कठिन हो सकता है पर असम्भव नहीं। समुद्र के रास्ते सम्भावना ज्यादा है। तथपि द्वीपों-महाद्वीपों की उस समय जो बनावट और आकार था उससे स्थलीय मार्ग की सम्भावना से भी इंकार नहीं किया जा सकता।

भारतीय पुराण शास्त्रों में युगों के अलावा कल्पों का भी वर्णन है। जिन हिम युगों (Ice Ages) का वैज्ञानिक, भूगर्भ विज्ञानी और इतिहासकार उल्लेख कर रहे हैं वो सभी भारतीय पुराण शास्त्रों के ही अनुकूल हैं। आज आर्कटिक में ही नहीं बल्कि अन्टार्कटिक में भी वैज्ञानिकों को दबी हुई, लुप्त दुनियाँ का पता लगा है जिसे आर्य जन उत्तर-पथ और दक्षिण-पथ कहते थे। पहला देवलोक मार्ग दूसरा पितृलोक। उन हिम युगों में भूमि कम होने के कारण आबादी बढ़ने के साथ आर्यों ने भूमि की खोज में मध्य जम्बूद्वीप से समस्त पृथ्वी का भ्रमण किया और रिहायस बसाई।

इस्लामीकरण के बाद की अवधि से हट कर अगर हम निष्पक्ष मन्थन करें तो असंदिग्ध रूप से अटलांटिस का सम्बन्ध आर्यों से ही है। सभी प्राचीन जोरोस्ट्रियन शास्त्र (ancient Zoroastrian scriptures) 'आर्याणाम वैजाही' (Airyanem Vaejahi) अथवा Airyanem Vaejah का उल्लेख करते हैं जो उनके पूर्वजों का आदि गृह स्थान था, जहाँ से मूलतः आर्य जन ईरान आये थे और जो बाइबल में उल्लिखित अटलांटिस की तरह लुप्त हो गया था। जेण्ड अवेस्ताइयों (zend Avestians) के अनुसार अपने इसी मूल निवास स्थान से आर्य लोग ईरान, मिस्र, यूनान, भारत, इटली, जर्मनी, स्केण्डिनेविया, स्काटलेण्ड, आयरलेण्ड, अमेरिका आदि स्थानों में गये। जहाँ तक भाषा का प्रश्न है अवेस्तन (Avestan) अर्थात् ईरान की प्राचीन आर्य भाषा, लेटिन (Latin), जर्मन, रूसी, पोलेण्डी (Polish), अर्मेनियाई और अन्य भाषायें प्राचीन आर्य संस्कृत से ही व्युत्पन्न हैं अतः एक मायने में उसकी बेटियाँ हैं।

पुरातन जरुथस्त्री (फारसी-पारसी) मुख्य शास्त्रों में एक शास्त्र ग्रन्थ आज भी Vendidad नाम से जाना जाता है जो वन्दनीय या वन्दना का अपभ्रंश प्रतीत होता है। इसका असली नाम 'Vi-daevo-dat' है जिसका प्राकृतिक वैदिक अपभ्रंश अर्थ वैदिक या देव प्रदत्त भी किया जा सकता है लेकिन इसका गूढ़ार्थ देव वियोजन प्रदत्त सही लगता है जिसका अर्थ है देवत्व लुप्त के बाद अवशेष ज्ञान। यह ग्रन्थ पापाचार-दुराचार-अनाचार, अधर्म-अनैतिकता आदि मुक्ति, नियमन संहिता या आदेश के रूप में है। इसके पहले अध्याय (फरगड-Fargad) अर्थात् प्रकट या फलागम में आर्यों के स्वर्ण युग और उनके अधिराज मृत्यु और वृद्धत्व विनाशक यम क्षेम (Yima Kshaeta) का वर्णन किया गया है जिसकी तुलना कई लोग वेदों में आये यमराज से करते हैं। सम्भव है यह यम क्षेप का अपभ्रंश हो जिसका लक्षणात्मक

अर्थ योग-क्षेम है। अन्य विद्वान इनको ययाति और उनके ज्येष्ठ पुत्र यदु से जोड़ते हैं लेकिन उचित होगा अगर इसे ययाति और उसके कनिष्ठ पुत्र पुरु से जोड़ा जाय जिसने अपने पिता का वृद्धत्व लेकर अपना यौवन उन्हें दे दिया था और अन्ततः ययाति ने यौवन लौटाकर पुरु को अपना उत्तराधिकारी बना दिया था। ये आदि चंद्रवंशी राजा मानव वंश के आदि पूर्वजों में से थे जिनका उल्लेख वेदों में आया है। जरुथुष्टी मानते हैं कि कालान्तर में हिमयुगी स्फोटन के जल प्रलय से आर्यों का आदि निवास नष्ट और जल प्लावित हो गया जिसके कारण उन्हें यत्र-तत्र प्रवास करना पड़ा।

लोकमान्य तिलक ने आर्यों के मूल आवास का पता लगाने के लिये वेदों के साथ साथ Vendidad का भी अध्ययन किया था। विद्वानों में संत जरुथस्त्र के काल निर्धारण के सम्बन्ध में मत वैभिन्य है जिसका विस्तार 700 बीसी से 1500 बीसी तक है परन्तु अधिकांश पाश्चात्य उनको 7वीं बीसी के आस पास का ही मानते हैं यानी बुद्ध और महावीर जी से भी पहले का। जहाँ तक भगवान अहूरमज्द-जिन्हें यूनानी Prophet कहते हैं-के काल का प्रश्न है, पारस यानी ईरान के 5वीं शताब्दी बीसी के राजा साइरस (Cyrus) के समकालीन यूनानी इतिहासकारों ने यह निर्धारण 8000 बीसी किया है। तथापि आदि आर्य मानवों का काल पहले हिम युग 20000 बीसी से भी पहले का प्रतीत होता है। तिलक जी के अनुसार Vendidad (वेदान्त या वन्दना) ईरान के प्राचीनतम ग्रंथों में एक है जिसमें आर्यों के स्त्रोत, आधार और गृह निवास का भी वर्णन किया गया है। बाइबल यानी ईसाइयत और हिब्रू के परुडीस (Paradise) और अवेस्ता के Pairi Daize (स्वर्ग) में ध्वन्यात्मक और अर्थात्मक समानता है लेकिन दोनों का वैदिक सनातन शब्दावली परलोक, पारलौकिक अथवा परम के साथ-साथ पृथ्वी के आदि सतयुगी स्वर्ग पुष्कर से भी व्युत्पत्यात्मक सम्बन्ध है। जेण्ड अवेस्ताइयों के अनुसार आहूरमज्द वेदों-शास्त्रों में वर्णित पितामह ब्रह्मा के समान थे। इसी प्रकार जेण्ड धर्मियों के आदि मानव Gayo Maretan आर्यों के स्वायम्भुव मनु और ईसाइयों के ऐडम तुल्य हैं। बाइबल (ईसाइयत) में उल्लिखित Garden of Eden तथा अवेस्ता में उल्लिखित Garodaman भी एक उद्गम से जुड़े हुये हैं। ऐसा भी प्रतीत होता है कि जरुथस्त्री शास्त्र Vendidad में वर्णित एवं परिकल्पित स्वर्ण युग वैदिक आर्यों का आदि काल था जिसे भारत में सतयुग कहा गया है।

ईरानियों के प्राचीन राजा स्वयं को आर्य कहने में गर्व महसूस करते थे। उनकी प्रस्तर लिखित राजाज्ञाओं (फरमान) पर गर्व से यह लिखा हुआ पाया गया "मैं आर्य हूँ" "आर्य पुत्र हूँ"। उपर्युक्त वर्णन से जाहिर तौर पर यह निष्कर्ष निकलता है कि Airyanem Vaejahi Brahmpuri तथा Atlantis एक ही स्थान या नगर के पर्याय थे जो मेरु पर अवस्थित थे और द्वितीय हिम युग के समय यानि करीब 15000-12000 बी सी में जलप्लावित हो गये।

अवेस्ता (Avesta) शास्त्र को भी लोग कई तरह से उच्चारित करते हैं। इसे जेण्डा अवेस्ता भी कहा जाता है क्योकि यह जेण्ड भाषा में लिखी गई है जो आर्याणा यानी (वर्तमान ईरान) की प्राचीन भाषा थी। अंग्रेजी के कहर ने या पाश्चात्यों ने जानबूझकर 'आर्याणा' को ईरान (Eran) विकृत किया जिससे आज ईरान बना। जेण्ड भाषा भी वैदिक प्राकृत का अपभ्रंश ही है। कुछ लोग इसे अविस्ता (Avista) भी कहते हैं। भारतीय वाङ्मय की ही तरह, जोरस्ट्रियन (Zoroastrian) धर्म दर्शन में 'कमल' पुष्प आध्यात्मिकता का प्रतीक है। भारतीय वाङ्मय भी कमल को जलप्लावन की स्थिति में भौतिक सृष्टि का मूल यानी आदिकरण मानता है जो नारायण की नाभि से उत्पन्न हुआ और उसमें अव्यक्त ब्रह्मा जी प्रकट हुये। जेण्ड दर्शन के अनुसार क्योंकि कमल की जड़ पृथ्वी में, उसका मेरु अथवा दण्ड पानी के अन्दर और पुष्प सूर्य की ओर क्षितिज अभिमुख रहता है अतः वह तीनों लोकों का प्रतीक होने के अलावा अनन्त आत्मिक पवित्रता और वैश्विक शान्ति का भी प्रतीक है। साथ ही भौतिकता का भी।

अवेस्ता शास्त्र का प्रादुर्भाव वैदिक दर्शन से ही हुआ है। अवेस्ता शब्द की समुत्पत्ति वैदिक प्राकृत अपभ्रंश से ही है और यह वैदिक दर्शन की तरह ही ज्ञान एवं आचार संहिता है। अवेस्ता का अर्थ ही है 'अवेक्षा' और अवेक्षणीय' यानी गूढ़ दर्शन, सम्यक ज्ञान दृष्टि। अवेस्ता की व्याख्या इस तरह भी की जा सकती है "जो वेद नहीं है लेकिन उसी तरह स्तवनीय है"।

जेण्ड धर्म के प्रवर्तक सन्त जरूथुष्ट भी किसी रूप में ही सही पर 'त्रिमूर्ति' (Trinity) को मानते थे। उनके अनुसार अहूरमजूद (यानी जेण्ड धर्मावलम्बियों के ब्रह्मा) उस त्रिमूर्ति के मध्य हैं और उनकी एक तरफ अनाहत और दूसरी तरफ मित्र सुशोभित हैं। इसीलिये अनाहत को अक्षत और नाद भी कहा जाता है जिसका अर्थ है अक्षत, अव्यक्त, आत्मिक शब्द अथवा शब्द ब्रह्मा। मित्र वैदिक तुषित यानी

मित्रावरुण नाम के उपदेव हैं। आहूर या अहूर का अर्थ आहूत यानी आह्वान, आहुति और पवित्र अग्नि से भी लिया जा सकता है जिसका प्राचीन आर्य ईरान में बहुत ही पुनीत, पावन स्थान था जो यज्ञाग्नि की ही तरह आह्वानीय मानी गई। इसीलिये अपनी पुस्तक The Life of Mohammad-Prophet of Allah[1] के प्रथम अध्याय के अन्त में ही मोहमद साहब के जन्म के समय सकुन-अपसकुनों का उल्लेख करते हुये Sliman Ben Ibrahim और Etienne Dinet लिखे हैं;

"A violent earth quake made the palace of Chosroes the great tramble and shattered 14 of its towers, the secret fire kept alive for more than a 1000 years went out inspite of the exertion of the Persian worshippers ....." यानी पारस-आर्याना की पवित्र अग्नि बुझ गई।

पुरातन ईरान की धार्मिक गाथायें (Gathas) भी, जिनका उल्लेख पहले विस्तार से किया जा चुका है, संस्कृत वैदिक ऋचाओं की ही तरह सारगर्भित हैं। वैदिक ऋचाओं की तरह इनका भी पाठ किया जाता है, गाया नहीं जाता। इन गाथाओं के करीब 17 मण्डल हैं जिनमें लगभग 225 से अधिक ऋचायें या श्लोक हैं। गाथाओं के सात अध्याय गद्य में हैं। इन गाथाओं में जिन शब्दों और जिस तरह की भाषा और नामों का उल्लेख हुआ है उससे प्राचीन ईरान की भाषा का वैदिक प्राकृत एवं आर्य सम्बन्ध स्पष्ट प्रकट होते हैं।

भारतीय पुराणों की तरह प्राचीन पारसी पौराणिक आख्यानों में भी सूर्यपथ (path of the sun) अर्थात् अयन का सन्दर्भ है। उस युग में ईरान में भी दिशाओं का निर्धारण पूर्व से पश्चिम की ओर किया जाता था न कि उत्तर से दक्षिण की ओर। पारसी पौराणिकता विश्वास करती है कि हिम-युग के बाद भी करीब 3500-4000 वर्ष पूर्व भयंकर दुर्भिक्ष, सूखा और अकाल पड़ा था। कई नदियों की सतह नीची हो गई, कई छोटी नदियाँ सूख गई। पानी का धरातल गिर गया। कई छोटी झीलें सूख गई। पानी की कमी अन्न की कमी में परिवर्तित हो गई। लोगों के सामने जीवन और जीने का सवाल आगया। अतः लोग अन्यत्र नई बस्ती ढूँढने लगे। प्रकृति भी नष्ट प्रायः हो गई अतः लोग आपस में लड़ने लगे, युद्ध हुये और पलायन के साथ विनाश। फलस्वरूप ईरान की भूमि में बहुत बड़ा सांस्कृतिक परिवर्तन आया। केदार

1. Sliman Ibrahim and Dinet - The life of Mohammad

खण्ड में प्रकृति ने भगवान कालदेव, 'शिव' को भी नहीं बख्शा। ऐसा ही प्रकृति-प्रकृया के रूप में होता रहा है।

अटलांटिसः पौराणिक आख्यान, मन्थन और निष्कर्ष

यूरोपियनों ने भारतीय पुराण शास्त्रों में उल्लिखित समुद्र मन्थन का सन्दर्भ लेते हुये यह कल्पना की है कि देव-दानव युद्ध के फलस्वरूप एक द्वीप ही नष्ट हो गया था। इसीतरह का उल्लेख यूनानी कथाओं में देव-टाइटन युद्ध के रूप में भी है। यूरोपियन्स कल्पना करते है कि इन युद्धों में जिस द्वीप के नष्ट होने का सन्दर्भ है वह अटलांटिस ही हो सकता है। भारतीय पुराणों में क्षीर सागर के मन्थन की प्रसिद्ध कथा आई है। क्षीर सागर यानी (Milky Ocean) श्वेत अथवा शाक द्वीप को आवृत्त किये हुये था। पुराणों या अन्य भारतीय शास्त्रों में कहीं भी मन्थन के उपरान्त उस द्वीप के नष्ट होने का उल्लेख नहीं है। इस कथा से ये लक्षणात्मक निष्कर्ष निकाला जासकता है कि कालकूट विष और मन्थन के कारण पानी बह जाने तथा रत्नों के निकल जाने से समुद्र सूख गया होगा अतः द्वीप भी नष्ट हो गया। पर यह सम्भावना लगती नहीं है क्योंकि ब्रह्मपुरी या अटलांटिस का श्वेत द्वीप से कोई वास्ता नहीं था। यूरोपियन इतिहासकार, पुराणों एवं महाभारत में उल्लिखित त्रिपुर विमान का भी हवाला देते हैं जिसे भगवान शिव ने आकाश में ही नष्ट कर दिया था। उनका कहना है कि त्रिपुर भी तीन दैत्यों की राजधानी था और चक्राकार था, जो नष्ट होने पर समुद्र में डूब गया था, लेकिन यहाँ आकाशीय त्रिपुर का भौमिक अटलांटिस से कोई मेल नहीं बैठता है।

यह बात सच है कि पुराण-इतिहास में मेरु और सागर के आस-पास देव-दानव युद्धों की बहुत-सी कथायें आईं हैं। स्वर्ग (आर्कटिक) पर दैत्य-दानवों का अधिकार रोकने के लिये देवों का उनसे समय-समय पर युद्ध हुआ। सम्भव है इन युद्धों के कारण इलावृत नगर और उसके आसपास के स्थल नष्ट हो गये हों जो कालान्तर में हिमयुग की अवधि के दौरान अथवा ग्लेशियरों के पिघलने से जल प्लावित हो गये। मध्य जम्बूद्वीप का वह मुख्य स्थल जहाँ अधिकतर ये युद्ध लड़े गये आज समरकन्द के नाम से जाना जाता है जो पुरातन 'समर केन्द्र' का ही अपभ्रंस है। लेकिन लोकमान्य सहित कई इतिहासकारों ने समरकन्द को सुगुदा-सोग्दियाना उल्लेख भी किया है।

भूगर्भज्ञों (Geologists) का एक वर्ग ये भी मानता है कि पिछले 30,00000 लाख सालों में अटलांटिस कई बार डूबा और प्रकट हुआ लेकिन यह आवृत्ति 10,000 बीसी के बाद नहीं हुई। उनका ये भी मानना है कि मध्य एटलांटिक रिज (Ridge) क्योंकि विश्व का सबसे अधिक सक्रिय अंतर्जलीय ज्वालामुखी क्षेत्र है अतः सम्भव है अटलांटिस का अन्त इसी ज्वालामुखी से हुआ हो।

कहा जाता है कि डॉ० किरचर (Kircher) महोदय ने 1665 में एटलांटिक सागर में अटलांटिस का मानचित्रीय अध्ययन किया था। पुनः 1948 में डॉ० एविंग (Dr Ewing) ने भी, जो स्वयं एक प्रोफेसर थे, यह अध्ययन किया लेकिन वह अटलांटिस कथा पर विश्वास नहीं करते थे फिर भी उन्होंने एक सामुद्रिक अध्ययन अभियान का नेतृत्व किया था। कहते हैं उन्होंने एटलांटिक महासागर के उस तलीय क्षेत्र की यथा सम्भव मैपिंग (Mapping) की जहाँ अटलांटिस के होने की कथा प्रचलित थी। उनकी खोज में पता चला कि समुद्र तल में उसी आकार प्रकार के पर्वतीय क्षेत्र तथा तट हैं जिनका मानचित्रीय चित्रांकन किरचर महोदय पहले कर चुके थे। डॉ० एविंग ने जैसा कि कहा जाता है, बिना पूर्वाग्रह और दिखावे के, लेकिन सतर्कता पूर्वक ये माना कि अटलांटिस सम्भवतः एक द्वीप के रूप में रहा होगा। इसप्रकार इतिहास से साफ होता है कि अटलांटिस नगर का वर्तमान अटलांटिक सागर से कोई सम्बन्ध नहीं था क्योंकि उसका नामकरण अटलस नामक राजा या राजकुमार के नाम से हुआ था जो हर दृष्टि से जैसा कि वर्णन किया जा चुका है जम्बूद्वीप का इलावृत नगर ही था।

यह भी कहा जाता है कि 20 वीं सदी के महान वैज्ञानिक आइन्स्टीन (Albert Einstein) ने भी-जिन्हें भारत और गांधी जी के प्रति बहुत श्रद्धा थी और जिन्हें भारत के केरल राज्य स्थित त्रावणकोर विश्व विद्यालय ने 1937 में 6000 = 00 प्रति माह के वेतन पर, (जो आज 6 लाख रुपये से भी अधिक है), उपकुलपति पद का प्रस्ताव किया था, 1950 में एटलांटिस की खोज करने का कार्य हाथ में लिया था लेकिन 1955 में उनका देहान्तर हो जाने के परिणामस्वरूप यह कार्य पूरा न हो सका।

इससे पूर्व 1949 के अभियान में भी उन बालुकामय तटों का काल निर्धारण किया गया। प्राचीन तट 2,25,000-3,25,000 वर्ष पुराने पाये गये जबकि नये किस्म के 20000-10000 वर्ष पुराने। इससे यह निष्कर्ष निकाला गया कि पूर्व काल

में अटलांटिस कम से कम दो हिम युगों के दौरान दो बार डूबा और उठा। देव वर्षों के अनुसार अगर यह काल गणना की जाय तो आर्यों का काल निर्धारण उपर्युक्त अवधि के आस पास ही आयेगा।

कुछ इतिहासकारों, विद्वानों ने प्रागैतिहासिक चक्राकार पत्थर के बने घेरों या बाड़ों (henges) से यह सम्भावना जताई है कि आधुनिक कही जाने वाली मानव जाति (Homosapiens or Cro-Magnon) का अस्तित्व मोरक्को से ब्रिटेन-आयरलेण्ड और उनसे मिले हुये उत्तर एटलांटिक के द्वीपों में था। इस तरह के स्थान फ्रांस में बास्क (Basque) के समीप की गुफाओं में भी पाये गये।

बास्क के लोगों के मूल के बारे में बहुत ज्ञात नहीं है। बास्क भाषा के बारे में भी कहा जाता है कि इसका किसी अन्य भाषा से मेल नहीं है। भाषा विद और पुरातत्त्वज्ञ इस बारे में एक मत प्रतीत होते हैं कि बास्क एक स्वाभाविक नैसर्गिक भाषा है जो आधुनिक मानव की भाषा (Cro-Magnon language) से ही निकली है।

इस समस्त इतिहास से ऐसी सम्भावना लगती है-जैसा कि आकस्मिक महाविनाश सिद्धान्त पर विश्वास करने वाले (Catastrophists) एवं यथा क्रम सिद्धान्त पर विश्वास करने वाले (Uniformitarians) तथा सोपानिक क्रमिक विकास पर विश्वास करने वाले (Gradualists) भी मानते हैं-सम्भवतः अनन्त काल से प्रकृति में हो रहे परिवर्तनों को क्रमिक विकास बर्दाश्त नहीं कर पाया और ये सभ्यतायें आकस्मिक प्रकृति प्रकोप से विनष्ट हो गईं। इस मान्यता से इस बात की ही पुष्टि होती है कि प्रारम्भिक देव संस्कृति और तत्पश्चात तुषित संस्कृति एवं अन्त में अतिमानव सनातन संस्कृतियों का पृथ्वी से विलुप्त होने की एक सहज नैसर्गिक प्रकृया थी ताकि इसे मानवीय संस्कृति के विकास के लिये ही मुक्त रखा जाय।

इस विवरण और इतिहास से महत्वपूर्ण बात ये साबित होती है कि जिस प्रकार देवों, आदित्यों के साथ-साथ दैत्यों-दानवों की उत्पत्ति हुई थी और कालान्तर में आर्य मानव जाति देव सन्तति के रूप में जन्मी उसी तरह यूरप-अफ्रीका में दैत्य-दानव पुत्रों ने बर्बरों-असभ्य, जंगलियों के रूप में जन्म लिया जो मूलतः मांसाहारी और हिंसक थे। इतना ही नहीं, जैसा कि वैज्ञानिक भी मान रहे हैं, इन प्रलयंकारी प्राकृतिक प्रकोपों के फलस्वरूप 20000-10000 बीसी पहले-जब उत्तरी गोलार्ध (northern hemisphere) चलायमान हिमराशि (glaciation) से भरा था

जिसे मानवोदय काल यानी प्लीस्टसीन (Pleistocene) युग कहा जाता है-कई जीव, पशु योनियां (species) भी विनष्ट हो गई, जिनकी संख्या 200 से भी अधिक आंकी गई है। इसका प्रमाण रूस, साइबेरिया आदि अन्य स्थानों में पाये गये पशुओं के जमे हुये मृत शरीरों के अवशेष हैं। इन परिवर्तनों के साथ उस समय के ज्ञान, संस्कृति, और तकनीकी खोजों का भी अन्त हो गया। ऐसा विश्वास किया जाता है कि 14000 साल पहले उन मानवों के पास ज्यादा समुन्नत टेक्नॉलजी थी। इस प्रकार अगर आधुनिक मानव का अभ्युदय 30000 वर्ष पूर्व माना जाय तो उस तकनीकी विकास की स्थिति में आने में हमें करीब 20000 साल लगेंगे। रामायण, महाभारत काल में जो शस्त्र समूह (weaponry) था, आग्नेयास्त्र थे, शब्दभेदी अस्त्र थे क्या वो सब झूठ थे? पाश्चात्यों की नजर में हाँ, पर क्या पाश्चात्य ब्रह्मास्त्र की परिकल्पना कर सकते हैं या वो भी झूठ था? क्या आज का विज्ञान और वैज्ञानिक, (विज्ञानी नहीं) पुष्पक विमान की कल्पना कर सकते हैं? अगर नहीं तो वैहायस और सौध विमान की केवल कल्पना करने के लिये ही उन्हें तीन बार जन्म लेना होगा क्योंकि यह ऐलिअन टैकनालजी (Alien technology) थी, तुषित टैक्नालजी, जिनके वंशज आर्य लोग थे।

एक बात और आर्यों के बारे में पाश्चात्यों ने अभी तक जानबूझकर असत्य बखान किया है। इन ऐतिहासिक तथ्यों, प्रमाणों और वर्णनों से साफ हो गया है कि आर्य जन ही पृथ्वी पर आदि सभ्य मानव थे, महामानव, सकुलोत्पन्न, भद्र, कुलीन–अतः आदरणीय, सम्मानीय, श्रीमान इसके विपरीत अन्य समूह जो उस समय आज के यूरोप-अफ्रीका में थे असभ्य, दस्यु, आदम-बर्बर, सम्भवतः म्लेछ थे।

यूनान (Greece) भी प्राचीन काल में (5000-4000 बीसी) के आसपास तक, क्रोंच द्वीप का हिस्सा था जो समय की गति के साथ यानी करीब 2500-2000 बीसी पूर्व स्थानीय परिवर्तनों, शब्दध्वनि, उच्चारणों के साथ कीर्ति (Kriti) और क्रीट (Crete) हो गया और वहाँ के राजा भी प्राचीन द्वीपों के नामों की तरह द्वीप के नाम से ही जाने जाने लगे जैसे Cronus, Cronos आदि।

पृथ्वी और क्रमिक दिव्य–देवत्व ह्रास : सनातन एवं पाश्चात्य दर्शन

बाइबल के उत्पत्ति अध्याय (Genesis 6:1-2,4) में भी भारतीय पुराण शास्त्रों के अनुसार ही देवत्व के क्रमिक ह्रास का उल्लेख है। जब पृथ्वी पर मनुष्य

बढ़ने लगे तो जनसंख्या भी गुणांक (multiplier) में बढ़ने लगी। उन मानवों की पुत्रियां उत्पन्न हुई। उस समय जो दैवी और अति मानव पुरुष (Demi gods) थे उन्होने मानव पुत्रियों से विवाह किया और सन्तति उत्पन्न की जो बहुत बलवान, लम्बे-चौड़े तथा तगड़े पुरुष थे। उनमें कई अपने पुरुखों की तरह ही महापुरुष, वीर और नायक हुये। काल की गति के साथ देवत्व का लोप हुआ और मानवों के अन्दर दुष्टता, अनैतिकता, दुराचार, कदाचार, क्रूरता, भोग, लोलुपता और भौतिकता आने लगी। फलस्वरूप दैवी प्रकोप से जलप्लावन हुआ और वह युग नष्ट हो गया। देवत्व पृथ्वी से अदृश्य हो गया। भारतीय पुराण शास्त्र भी उपर्युक्त विवरण की पुष्टि ही करते हैं। उपर्युक्त विवरण से यह भी स्पष्ट होता है कि युग परिवर्तन किस तरह होते रहे हैं साथ ही भारतीय पुराण शास्त्रों की इस बात की भी पुष्टि होती है कि प्रारम्भ में सतयुग था जो क्रमिक ह्रास से कलियुग की ओर अग्रसर हुआ और आज हमारे समक्ष है। इस प्रकार मानव के भविष्य का भी अंत स्पष्ट दिखाई देरहा है। पुराण-इतिहास और शास्त्रों में विनाश से पूर्व अन्ततः जिस तपन की भविष्यवाणी की गई है वह 11-12 सूर्यों के एक साथ उदित होने के बराबर होगी। यही बात तो आज के वैज्ञानिक भी कह रहे हैं और सिद्ध होती दिखाई भी दे रही है।

विज्ञान आज जिसे उन्नति, प्रगति (Growth -Progress) कह रहा है वह विकास (Development) नहीं है। विकास कभी भी विलोमात्मक, प्रतिलोमात्मक, विपरीतात्मक नहीं होता, हमेशा रचनात्मक, सकारात्मक, सृजनात्मक (Positive) ही होता है। जबकि उन्नति, प्रगति (Growth-Progress) विलोमात्मक, प्रतिलोमात्मक, विपरीतात्मक (negative-reversive-regressive) हो सकती है, होती है और अनन्त काल से होती रही है। यही क्रम भी है। सृष्टि रचना ही एकमात्र विकास (Development) था, बाकी सब Growth-Progress है। आज का विज्ञान और टेक्नॉलाजी उसी Negative Evolution की ओर अग्रसर हैं। यही "मनुष्य रूपेण मृगाश्चरन्ति" यानी मनुष्य की पशुत्व की ओर यात्रा है। पौराणिक भविष्य वाणियों की घोर कलियुगी और गीता के 'अभ्युत्थानमधर्मस्य' की स्थिति के लक्षण यही हैं। यह संकेत है कि किस तरह देवत्व की परिवृत्ति आर्षत्व में, आर्षत्व की आर्यत्व में, आर्यत्व की मानवत्व में, मानवत्व की मनुष्यत्व में और मनुष्यत्व का ह्रास आदमी में और फिर क्षय पशुत्व में, तथा अन्ततः लय युगान्त में होता है। नैसर्गिक 'प्रासेस' की यह प्रक्रिया भी दीवालों पर लिखी दिखाई दे रही है।

पुराण शास्त्र एवं आर्य काल निर्धारण

महाभारत सहित पुराण शास्त्रों ने-जो कि वैदिक वांगमय के विस्तार तथा गूढ़ार्थों के प्रतिपादक भी हैं-मानव समय के अतिरिक्त पितरों तथा देवताओं के काल की भी गणना की है। पित्रों का समय मानव समय से दीर्घ तथा देवताओं का पित्रों से दीर्घ है परन्तु यह प्रकाश वर्ष से अलग है। जिस तरह अन्तरिक्ष में अलग-अलग ग्रह-नक्षत्रों की अलग-अलग गति और आयु है उसी तरह अलग-अलग लोकों में रहने वाले, विचरण करने वाले प्राणियों-योनियों की भी अलग-अलग गति (pace) और अवधि यानी आयु है। देव काल (godly time) गणना देव वर्षों में की गई है जिसके अनुसार चार युगों की अवधि 12000 वर्ष है जो मानवीय 43,20000 वर्ष हैं। युग स्वयं ही काल एवं ब्रह्माण्ड की आयु का माप है। तीन युग यानी सत् या कृत, त्रेता और द्वापर बीत गये हैं। देव काल गणना के अनुसार 12000 वर्षों की संगणना इस प्रकार है-सत् युग-अवधि 4000 वर्ष, संध्या और संध्यान्स (Transitition at the beginning and end of the yuga) के 400-400 वर्ष जोड़ने पर 4800 वर्ष। त्रेता-3000 वर्ष और 600 कुल 3600 वर्ष। द्वापर 2000 और 400 यानी 2400 वर्ष। कलियुग 1000 और 200 अर्थात् 1200 वर्ष। हिमयुग की अवधि भी करीब 12000 वर्षों के आस-पास आँकी गई है जो देव वर्षों की चतुर्युगी के समतुल्य है। क्योंकि आदि आर्य जन देवपुत्र-तुषित पुत्र थे अतः उनकी आयु की संगणना देव वर्षों में सम्भव और यथोचित प्रतीत होती है। अब जैसा कि वैज्ञानिकों, पुरातत्त्वज्ञों, इतिहासकारों, भूगर्भियों, मानव विज्ञानियों ने भी अंदाज लगाये हैं और निष्पक्ष ऐतिहासिक एवं पुरातत्त्वीय खोजें प्रदर्शित भी कर रही हैं कि इतने पुरातन मानव इतिहास का सही-सही आंकलन करना वैज्ञानिकों, पुरातत्त्वज्ञों, इतिहासकारों, भूगर्भियों, मानव विज्ञानियों के लिये कतई असम्भव है। अतः यह अंदाज लगा सकना कि इस पृथ्वी में कब देवी-देवता, तुषित एवं दिव्य, अलौकिक योनियाँ हुई अथवा थीं, कभी सम्भव नहीं है। यही स्थिति देव तुल्य आर्ष मानवों (Demi gods) और अर्ध-देव (Semi gods) आदि आर्यों के काल निर्धारण पर भी चरितार्थ होती है जो कई हिमीय युगों से कई हिमीय युगों तक पृथ्वी पर थे। यह निर्धारण वैसा ही है जैसे किसी तारे या नक्षत्र की 500 प्रकाश वर्ष की दूरी और अब वैज्ञानिकों द्वारा कई तारों-नक्षत्रों की हजारों-लाखों प्रकाश वर्षों की दूरी का आकलन, जो हमें ब्रह्माण्ड की उत्पत्ति के समय तक ही पहुँचा देता है। यही पाश्चात्य

वैज्ञानिकों की मृग मरीचिका है जिसमें उन्होंने सब को घेर रख्खा है। पाश्चात्यों की सबसे बड़ी दिक्कत इस बात को मानने में है कि भारत कैसे आर्य संस्कृति और विश्व पितृत्व का न्यासी (trustee) और परिरक्षक बन गया। यह मान-सम्मान भारत जैसे गरीब, पिछड़े, हजार साल तक दास रहे मुल्क को कैसे मिल गया। एशियाटिक रूस, साइबेरिया और मध्य एशिया को भी, जो आदि आर्य संस्कृति के मूल पोषक रहे हैं, यह स्थान नहीं मिल सका। उनकी सभ्यता संस्कृति मिस्त्र और यूनान से प्राचीन होते हुये भी हिम खण्डों, हिम नदियों की बर्फ में दब कर रह गई जो तब उजागर हुई जब समय निकल चुका, क्योंकि तबतक पाश्चात्य पूरे सनातन आर्य इतिहास को ही दूषित कर चुके थे। सबकुछ एक तरफ रखते हुये भी आर्यत्व को स्वीकार करने में शायद ईसाइयत रूस की पहली इस्लाम दूसरी और तत्पश्चात् साम्यवाद तीसरी सबसे बड़ी समस्या रही।

अगर आर्य संकल्पना यूरोपियन या इण्डो यूरोपियन अर्थात् पाश्चात्य है तो वाल्मिकि जी ने विश्व भूगोल का यानी स्थानों, नदियों, पर्वतों और सागरों का उस काल में इतना विस्तृत और सटीक वर्णन कैसे किया जब यूरोपियन और पाश्चात्य भूगोल और इतिहास शब्द लिखना तक नहीं जानते थे ? अगर मेरू, गङ्गावतरण, उत्तर कुरु, उत्तर समुद्र-पुष्कर द्वीप, उत्तर-दक्षिण पथ और उत्तरायण-दक्षिणायन, मध्य जम्बूद्वीप मात्र परिकल्पनायें हैं तो सेन्ट्रल एशिया, सिल्क रूट, अलीयन्स (Aliens) और उत्तरी-दक्षिणी ध्रुवपर छः-छः माह के रात-दिन का व्यतिक्रम कैसे सच है? क्या पुराण शास्त्र, महाभारत, रामायण इतिहास सब असत्य हैं। अगर ऐसा है तो आज उराल, साइबेरियाई क्षेत्र में वही पुरातत्त्वीय अवशेष क्यों मिल रहे हैं। पाण्डवों और अर्जुन ने उस मार्ग से ही उत्तरकुरु-रूस का भ्रमण तथा उसी पथ से स्वर्ग की यात्रा क्यों की? या यह सब कुछ मखौल में लिखा गया है? अगर यह बात भी मान लें तो वैदिक जन, पौराणिक लोग और वाल्मीकि जी-व्यास जी का ज्ञान रूस-उत्तरी ध्रुव तक कैसे पहुंच गया ? अगर नहीं, तो उन्होंने मेरु सहित उत्तरी ध्रुव और उत्तर-पथ एवं उन स्थानों, नदियों, पर्वतों यहाँ तक कि समुद्रों का वर्णन कैसे किया जो आज प्रमाणित हो गये हैं और होते जा रहे हैं?

इतिहास का पुनर्मूल्यांकन

स्वामी दयानन्द सरस्वती, महर्षि अरविन्द, स्वामी विवेकानन्द, गोवलकर जी एवं सावरकर जी प्रभृति भारतीय विद्वान मानते हैं कि आर्य मूलतः भारत के ही थे, बाहर से नहीं आये थे। इनमें से कुछ के अनुसार आर्य सम्भवतः भारतीय उपमहाद्वीप के उत्तर-पश्चिम भाग के आदि निवासी (proto inhabitants) थे। लेकिन लोकमान्य तिलक की खोज के साथ आधुनिक इतिहास और वर्तमान विज्ञान भारतीय पौराणिक इतिहास के इस तथ्य की पुष्टि ही नहीं करते अपितु सत्य को प्रमाणित करते हैं कि आर्यजन आज के मध्य एशिया यानी प्राचीन मध्य जम्बूद्वीप के आदि निवासी थे। पिछले कुछ वर्षों से विद्वानों की मुख्यधारा के साथ-साथ इतिहासकारों, पुरातत्त्वज्ञों, जीवाश्मियों (Paleontologists-Fossilists) और भूगर्भज्ञों का झुकाव आर्यों को निःसंकोच मध्य एशियाई मानने की ओर है जिन्हें पाश्चात्य आज की भौगोलिकता के कारण इण्डो-यूरपियन और भाषा को भी तदनुरूप इण्डो-यूरोपियन परिवार की कहते हैं। पिछले 25-30 वर्षों से पश्चिम यानी यूरोप के विद्वानों का एक बड़ा वर्ग मुश्तैदी से आर्यों को भारतीय मूल का (proto Indian) मानने की वकालत कर रहा है। ये लोग मानते हैं कि भारत ही आर्यों का मूल देश (Proto-homeland) था। उनका तर्क प्राचीनतम आर्य शास्त्र ऋग्वेद की व्याख्या पर आधारित है जिसे विचारकों का यह वर्ग तीसरी सहस्त्राब्दि (3rd millennium) ईसा पूर्व का मानता है। इस वर्ग के अनुसार अफगानिस्तान की घग्गर-हक्रा (Ghaggar - Hakra) नदी ही सरस्वती नदी है अतः सिन्धु सभ्यता (हड़प्पा, मोहन्जो-दड़ो) आर्य सभ्यता ही थी कोई अन्य नहीं। ये लोग भारत पर आर्यों के आक्रमण की बात को पूरी तरह नकारते हैं। प्रसिद्ध खगोलशास्त्री डेविड फ्रले (David Frawley) का कहना है कि दुनिया की समस्त भाषाओं का जन्म संस्कृत से और सभ्यताओं का भारत से हुआ है। लेकिन जवाहर लाल नेहरू विश्वविद्यालय के नेशनल सैन्टर ऑफ अप्लाईड ह्यूमन जेनेटिक्स द्वारा किये गये अध्ययन से इस तर्क की पुष्टि नहीं होती। यह अध्ययन आनुवंशिकी जनन विज्ञान विशेषज्ञों (geneticists) की एक टीम ने किया था। आर्यों को भारत का मूल निवासी मानने वालों में खगोलशास्त्री डेविड फ्रेल प्रमुख दिवेशी हैं। इस वर्ग के विचारकों का तर्क है कि भाषाई दृष्टि से भी आर्य सभ्यता इण्डो-आर्यन थी। इनका मानना है कि वर्तमान इण्डो यूरोपीय भाषाई लोग करीब 1000 ई०पू० के आसपास

भारत से चले गये थे लेकिन ये अवधि 1600 बीसी के बाद की सम्भव नहीं है अर्थात् ईरान में यजू संस्कृति आने से पूर्व ये लोग भारत से चले गये थे। सच यह है कि यह यज संस्कृति और कोई नहीं यजुर्वेदीय यज्ञ पुरुष संस्कृति थी यानी आह्वानीय अग्नि पूजा जिसका पहले वर्णन किया जा चुका है। अतः यज का अर्थ है यजन-हवन।

इस बात को भी साफ करना यहाँ जरूरी है कि जिन लोगों ने 'हिन्दु' को सनातन आर्य वैदिक धर्म का पर्याय माना है और मानने पर आमादा हैं, उन्होंने इतिहास को उसीतरह तोड़ा-मरोड़ा है जिसतरह पाश्चात्यों ने। इन लोगों को एक बार फिर सनातन इतिहास खासतौर से वैदिक-पौराणिक इतिहास पढ़ने की जरूरत है। प्रागैतिहासिक-पाषाण काल से आर्यों तक और सातवीं शताब्दी एडी में हर्ष वर्धन तक केवल भारत और भारती थे। हिन्दू-हिन्दी-हिन्दुस्तान नहीं, आठवीं शताब्दी में आचार्य शंकर तक भी नहीं। अफसोस! हमारे संविधान के मूल अधिकार अध्याय में 'हिन्दु' ही लिखा गया।

भारत देश (भारतवर्ष) नाम दुष्यंत पुत्र भरत से नहीं है जो कि चंद्रवंशी कुरुओं का पूर्वज था। दुष्यन्त पुत्र भरत के नाम से भारत (जैसे हे भारत!) सम्बोधन केवल कुरु वंशियों अर्थात् कौरव-पाण्डवों तक ही सीमित रहा अन्य किसी भी क्षत्रिय के लिये प्रयुक्त नहीं हुआ। भारतवर्ष का 'भारत' नाम पौराणिक चौबीस अवतारों में आठवें देव अवतार ऋषभ देव-(जिन्हें जैन (जिन) दर्शन अपना आदि पुरुष वृषभ देव मानता है)-के पुत्र राजा भरत के नाम से ही सही लगता है जैसा कि अधिकांश पुराणों से पुष्ट होता है।

इण्डो-यूरोपियन थियरी के पक्षधरों का कहना हैं कि आर्य लोग भारत में ईरान की मूल यज संस्कृति (Yaz culture) के जन्म के बाद आये। यज का सम्बन्ध सम्भवतः ययाति, यम अथवा यजुर्वेद से है। इस सम्बन्ध में जो भी तर्क दिये जायें इसमें कोई सन्देह नहीं कि ये सभी आर्यों से ही सम्बन्धित हैं। इस तथ्य में भी कोई सन्देह नहीं कि आर्य लोग ईरान पहले आये और ईरान होकर ही बाद में भारत आये। पाश्चात्य लोग किसी भी तरह भारत और आम तौर पर एशिया को महत्व नहीं देना चाहते थे अतः उन्होंने उराल, साईबेरिया और एशियाटिक रूस तथा

आर्कटिक क्षेत्र को आज के आधार पर यूरोप का हिस्सा मानकर आर्यों को इण्डो-यूरोपियन संज्ञा दी और तदनुसार केवल इतिहास लिखा ही नहीं दुनिया को भी पढ़वाया। दुर्भाग्य ये कि, दुनियां के साथ भारत के लोगों ने भी his masters voice (एच एम वी) की तरह उस विकृति और नकल को बिना कुछ सोच-विचार के आत्मसात किया और कर रहे हैं।

आर्य भारत में बाहर से आये-इस सिद्धान्त के प्रतिपादकों का मानना है कि आज से करीब 3500 वर्ष पहले (1500 बीसी के आसपास) इण्डो-यूरोपियन्स का भारत में भारी अन्तर्वहन (influx) हुआ। उनका ये भी कहना है कि अभी तक किये गये अधिकतर जनन अध्ययन भारत के विभिन्न समुदायों और जन जातियों में आनुवंशिक भेद (genetic differences) प्रदर्शित करते हैं। ये लोग 2009 में प्रकाशित उस अध्ययन के निष्कर्षों का भी हवाला देते हैं जो काफी हद तक ये साबित करते हैं कि उत्तर भारतीय लोगों में पाये गये पैतृक जीविका कोशिकी तत्व (genes) में मध्य एशियाई 'Y'-वंशावली के कोशिकीय गुणसूत्र (chromosomal lineages) सम्मिलित हैं जो कि इण्डो-यूरोपियन भाषाई हैं। अतः यह साबित होता है कि ये लोग प्रवासी इण्डो यूरोपियन्स के वंशज हैं। 2009 में किये गये दूसरे अध्ययन से ये संकेत मिले कि भारत की जनसंख्या इण्डो यूरोपियन भाषाई तथा द्रविड़ भाष।इयों का सम्मिश्रण है। यह सम्मिश्रण इनके अनुसार 3500-1200 ई. पू। के बीच हुआ था। इण्डो-यूरोपियन भाषा को ये लोग संस्कृत तथा यूरोपीय भाषाओं का भी पूर्वज मानते हैं। पाश्चात्य इतिहासकार और विचारक जिसे इण्डो-यूरोपियन भाषा कहते हैं वह वही भाषा है जो आदि आर्यों द्वारा मध्य एशिया सहित मेरु-उराल (यूरोप-एशिया सीमांत क्षेत्र) क्षेत्र में बोली जाती थी और जो पाणिनि की संस्कृत से हजारों साल पहले वैदिक प्राकृत भाषा स्वरूप में थी।

जहाँ तक आर्यत्व निर्धारण हेतु आनुवंशिकी एवं पैतृक जीविका कोशिकी अध्ययन की संगति और पुष्टि (validation) का सवाल है, बारहवीं शताब्दी के आसपास और उसके बाद किये गये किसी भी अध्ययन द्वारा इसकी पुष्टि विसंगत ही होगी क्योंकि तब तक विभिन्न, जाति-समुदायों, वंश, कुलों का रक्त समिश्रण इतना हो गया कि आर्यत्व शुद्धता निर्धारण सम्भव ही नहीं था। तथापि 18-19वीं शताब्दी में तो बिल्कुल भी नहीं। जिसे पाश्चात्यों ने आधार बनाया था।

इसे भारत और भारतीयों का दुर्भाग्य ही कहा जायेगा कि यही महान आर्य सभ्यता और उसका मानवीय आदर्श आर्य दर्शन कालान्तर में उनके लिये अभिशाप बन गया। पहले इन्हीं मध्य एशियाई कबाइलियों-जन जातियों ने और फिर यूरोपियन गोरों ने भारतीयों को पराजित कर अपना दास बनाया। भारतीय अपने प्रति, अपने मूल के प्रति, अपनी अस्मिता और संस्कृति के प्रति उदासीन हो गये। संस्कृत भाषा को घूमग्रस्त कर भारतीय मानसिकता और सनातन भाव को अपने सांस्कृतिक आक्रमण से आच्छादित करने की अंग्रेजों की चाल कारगर साबित हुई। भारतीय भूल गये वो कोन हैं। फिर आर्य कौन थे-यह भाव आने का प्रश्न ही कहाँ था। अब यह भाव आने की सम्भावना बहुत दूर चली गई है। पहले अंग्रेजों ने, अब अमेरिका ने हमें पूरीतरह भारतीय से इण्डियन बना दिया है। आगे पथभ्रष्टी, विकृत, कामुक, लैंगिक (porn -incest) यौन-भोग की गर्त साफ दिख रही है। भारतीय धरोहर एवं आर्य वैभव का ज्ञान जिस संस्कृत से हमें होना था और होता, वही भुला दी गई और हम भूल भी गये। पच्चीस साल बाद शायद संस्कृत व्याकरण और शब्द-कोष हमें यूरप से ही मंगवाने पड़ेंगे। क्योंकि इस स्थिति में वो समय दूर नहीं जब आने वाली पीढ़ी कहेगी-पूछेगी "डैड! ये संस्कृत क्या है?"- What is this Sanskrit, why do we need it, why and what for it is in India? यही पाश्चात्य चाहते भी थे। जो वो चाहते थे वही हो गया। चीन से आखिर ये सब क्यों डरे रहते हैं-यहाँ तक कि भारतीय भी? चीन के आज आगे होने का कारण यही है, और वह आगे हो भी गया है-भारत की जनसंख्या से कहीं अधिक जनसंख्या के बावजूद।

जिस देश के मुठ्ठीभर लोगों ने ही अपना संविधान पढ़ा हो उनसे इतिहास पढ़ने की उम्मीद करना तारे तोड़ने की कल्पना करना है। लेकिन जब तक लोग विशेषकर युवा पीढ़ी अपने इतिहास और संविधान को धर्म-शास्त्रों से अधिक महत्व नहीं देते उनके अन्दर अपने सत्व का, अपने अस्तित्व का भाव उत्पन्न होना कठिन है और जब तक अन्तःकरण में स्वगौरव का भाव जाग्रत नहीं होता, आत्मानुभूति असम्भव है। इसीलिये देश के शासनतन्त्र का कोई रुपान्तरण (metamorphosis) और राष्ट्र के अन्दर कोई व्यवस्था परिवर्तन (Transformation) सम्भव नहीं है। यह समझना जरूरी है कि इतिहास और संविधान कोई कोर्स के विषय मात्र नहीं बल्कि हमारी अस्मिता हैं, हमारे गौरव, हमारी पहचान और धरोहर हैं। अपने मौलिक इतिहास के प्रति अरुचि और मूल के प्रति उपेक्षा भाव का सबसे बड़ा कारण यह है कि भारत में इंग्लैण्ड, अमेरिका और कनाडा जैसे देशों की भाँति बहु-संस्कृति

सम्मिश्रण नहीं बल्कि बहु बाद (Multi - Ism) है जो विभिन्न अभिशापों के रूप में फूटा है यथा बहु राष्ट्रवाद, बहु भाषावाद, बहु जातिवाद, बहु क्षेत्रवाद, बहु पंथवाद, बहु धर्मवाद जिसने अनेकता में एकता नहीं बल्कि एकता में अनेकता पैदा कर दी है। नेताओं, न्यायपालकों, सरकारी नौकरों और पूंजीपतियों का सामन्ती व्यवहार कोढ़ में खाज साबित हुआ है। इसीलिये भ्रष्टाचार ने सबको रोंद रखा है, उसकी सभी सीमायें टूट गई हैं, जिसके लिये सबसे ज्यादा जिम्मेदार भारत के लोग स्वयं और साथ ही विधि-न्याय व्यवस्था है।

पाश्चात्य भोगवाद, अनियन्त्रित अर्थव्यवस्था और खुलेपन (Liberalisation) के नाम पर नग्नत्व (Nudity), व्यभिचार, पापाचार, दुराचार, अनाचार (Incestism) तथा विषय, विलासिता की गर्हित हवस (Hedonistic-epicurianism) के साथ भयंकर शोषण लेकर आ गया है। सरकारी आँकड़ों को-जो कभी भी सही नहीं थे अतः आज भी नहीं हैं-सही मानते हुये भी आम आदमी की-जो भारत की आबादी का 60% यानी 125 करोड़ जनसंख्या का 70 करोड़ है-हालत आज भी वही है जो तब थी जब प्रतिव्यक्ति आय 1000 थी, जबकि आज सरकारी आँकड़े प्रतिव्यक्ति आय 30000 रुपये से अधिक बता रहे हैं। उस आम आदमी की सेहत पर आज भी इकनामिक ग्रोथ का कोई असर नहीं हुआ क्योंकि उसके लिये 30000 की कीमत आज वही है जो 1000 की कीमत तब थी। यद्यपि प्रतिव्यक्ति और राष्ट्रीय आय की संगणना का तरीका जो पाश्चात्य अर्थशास्त्रियों ने भारतीयों को सिखाया वह उनके पागलपन की इंतिहा थी लेकिन भारतीय अर्थशास्त्रियों के नकलची दिमाग के दिवालियापन की तो यह चरम सीमा है।

भारतीय पौराणिक इतिहास इस सत्य का प्रमाण है कि आर्य मानव मध्य जम्बूद्वीपी थे जिसमें आज यूरप का भी एक हिस्सा समाहित है। अतः आर्यों ने भारत पर आक्रमण नहीं अपितु अविरल विस्तार की प्रक्रिया में उसकी सस्य श्यामलता के कारण अपना स्थायी-शाश्वत निवास बनाया। ईरान प्राचीन काल में आर्य संस्कृति का ही अङ्ग था। जहाँ तक जर्मनी और जर्मनों का सवाल है हिटलर अपने अहंकार में यह मानता था कि उत्तरी यूरोप के नार्डिक (जर्मन-स्कॆंडिनेवियन) लोग ही आर्यों की तरह गौरवर्ण, हृष्ट-पुष्ट और लम्बे-चौड़े थे तथा उनके पास ही आर्यों की तरह असाधारण क्षमता थी। अतैव वो ही आर्यों के वंशज कहाने योग्य थे जो नई सभ्यता का सृजन कर सकते थे। लेकिन विद्वानों को उनके आर्य होने का ऐसा कोई भी सबूत

नहीं मिला। कहा जाता है कि जर्मनी भी धरती के नीचे दबी दौलत के भण्डार से अपने अतीत की खोज में लगा है। वहाँ की सरकार ने 20 के आसपास खुदाई परियोजनाओं को स्वीकृति दी है। प्राचीन पत्थर और मृत्तिकाशिल्पों का विश्लेषण और परीक्षण किया जा रहा है। जर्मनी अपने इतिहास की पुनर्रचना में लगा है और पूर्वजों के जीवन की यह जानकारी हासिल कर रहा है कि क्या हिटलर की बात सत्य थी कि उनके पूर्वज आर्य थे। लेकिन अभी तक कुछ भी हाथ नहीं लगा।

यूरोपियनों, अंग्रेजों ने भारतीय आर्यत्व को कभी अंगीकार नहीं किया। जबकि भारतीय पौराणिक सनातन इतिहास आर्यों को मध्य जम्बूद्वीपी मानते हुये भी अपना पूर्वज मानता है। यह कितने बड़े गर्व की बात है कि उस इतिहास को भारतीय शास्त्र आज तक सजोकर रखे हुये हैं लेकिन यूरोपियनों ने अहंकार के कारण हीनता से डूब मरने की वजह से इस ऐतिहासिक आर्य सत्य को कभी स्वीकार नहीं किया। उन्होने भारतीयों को नीचा दिखाने के लिये एशिया में ईरानी संस्कृति एवं चीनी सभ्यता को वरीयता दी, अफ्रीका में मिश्री और यूरप में यूनानी को। लेकिन मात्र भूगोल बदल जाने से इतिहास कभी नहीं। हाँ यह सच लगता है कि आर्य जन पर्यावरणिक-पार्थिव कारणों से सम्भवतः भारत में अपने विस्तार के अन्तिम चरण में आये।

मेरू-अर्थत्व एवं सार्थकत्व तथा विश्व विस्तीर्ण आर्य स्मृतियाँ

मैरू केवल एक नाम नहीं था बल्कि एक सम्पूर्ण ऐतिहासिक, भौतिक, आध्यात्मिक दर्शन का प्रतीक था। शरीर में जैसे सुषुम्णा (Spinal cord)। मेरू नाम के पीछे कई रहस्य हो सकते हैं। मेरु जम्बूद्वीप के मध्य में होने के कारण उसकी सुषुम्णा तो था ही प्राचीन हिमीय पृथ्वी की भौगोलिकता के कारण उसका मेरु दण्ड भी था और आज भी एशिया-यूरोप के बीच सीमा रेखा रूपी दण्ड की तरह अवस्थित है जो दोनों को आर्कटिक-उत्तरी ध्रुवक्षेत्र से जोड़ता है। आर्यों के लिये मेरु का आध्यात्मिक महत्व था। मेरु जम्बूद्वीप के नौ वर्षों (regions-divisions) के मध्य में कमल कर्णिका-कोश (pericarp) की तरह था और नौ वर्ष उसकी पंखुड़ियाँ (petals)। यह दिशा निर्धारक था। चारों दिशायें मेरु की स्थिति से ही निर्धारित होती थी। तत्कालीन जम्बूद्वीप वर्तमान एशिया से वृहत्तर था क्योंकि उसमें साइबेरिया का कुछ भाग और एशियाटिक रूस सम्मिलित था। आज जबकि एशिया आकार में छोटा है फिर भी आठ क्षेत्रों में विभक्त है यानी मध्य एशिया, दक्षिण एशिया, दक्षिण-पूर्व

एशिया, पश्चिम एशिया, पूर्वी एशिया, सुदूरपूर्व, इण्डो-चाइना और भारतीय उप-महाद्वीप। जैसा कि वैज्ञानिक भी आज मान रहे हैं, उस आदि प्रारम्भिक काल में भी पुराणों के अनुसार पृथ्वी सात द्वीपों में विभक्त थी और हरेक द्वीप एक समुद्र से घिरा था तथा सभी द्वीप एक दूसरे से जुड़े थे जिससे पृथ्वी का आकार आज के ग्लोब की ही तरह बनता है। भारतीय पुराणों से यह भी लगता है कि मेरु उस हिमीय पृथ्वी की दो धुरियों अथवा उत्तर-दक्षिण अयनों को मिलाने वाला कूपक दण्ड (shaft) था, जब शायद एक ही ध्रुव रहा होगा। पौराणिक इतिहास के इन सब साक्ष्यों से अविश्वसनीय लेकिन सही तौर पर यह अन्दाजा लगाया जा सकता है कि पृथ्वी में और इस धरती पर कितने कल्पनातीत परिवर्तन हुये होंगे।

आर्य लोगों ने मध्य एशिया से जहाँ-जहाँ, जिस-जिस स्थान में प्रवास किया और निवास स्थान बनाया वहाँ वहाँ मेरू, आर्कटिक और मध्य जम्बू के कई स्थानों और नामों की यादें बनाये रखने के लिये स्मृति चिन्ह साथ लेकर गये तथा कई प्रतिकृतियाँ भी बनाई। आज भी ऐसे कई नाम हैं जिनके साथ आर्यन या आरिया-आर्क जैसे शब्द उपसर्ग अथवा प्रत्यय (prefix या suffix) के रूप में लगे हैं या ध्वनि प्रकट करते हैं अथवा अनुभूति देते है। जैसे अरावाक (Arawaks-अमेरिकन इण्डियन भाषाई लोग), कैरिबियन, इरुकोय (Iroquois उत्तर अमरीकी भारतीय भाषाई)। कई अन्य शब्द हैं जैसे आरा (Aara), अरम (Aram), अर (Ar), अर्क (ark), अरक (Arak -arrack), आर्क (arch -are), एरिया (area), औरा (aura - auror), ईस्राइल (Yisrael -Israel), आर्कियोलजी (archeology), आर्मी (army), ऐरा Era आदि अनेकों शब्द हैं जिन्होंने मानव सभ्यता को प्रभावित किया जिससे लगता है कि जल प्लावन से पहले की दुनिया आर्यों की थी। आर्कटिक शब्द तक जैसे कि पहले बताया जा चुका है, आर्य से ही व्युत्पन्न लगता है।

जम्बूद्वीप से वर्तमान जम्मू-कश्मीर प्रांत के जम्मू को नहीं लिया जाना चाहिये। यद्यपि यह सम्भव है कि उसी तरह का पर्वतीय क्षेत्र होने के कारण आर्यों के आने के बाद इस क्षेत्र का जम्बू नामकरण किया गया हो जिसका अपभ्रंश जम्मू हुआ। लेकिन यह पूरी तरह एक अंदाज है।

❐

5

इतिहास का पहला पृष्ठ

आर्य आयाम : विश्व इतिहासकारों के मतों की समीक्षा और निष्कर्ष

ऐसा माना जाता है कि यूरोप जब आदि पाषाण-पाषाण काल (early stages of the Stone age or Stone age) में था, मिस्त्र में ईसा से 6000 वर्ष पूर्व उच्च कोटि की सभ्यता पनप गई थी। यूनान तब अयस काल (Iron age) में पहुँच गया था और इटली कांस्य युग में था। इससे यह साबित होता है कि सभ्यता का विकास कहीं तेजी से और कहीं धीमे-धीमे हुआ जबकि अन्यत्र मध्यम गति से। यह विकास इस तथ्य का द्योतक है कि आर्यजन जैसे-जैसे, जहाँ गये वहाँ उसी अवधि से विकास होना प्रारम्भ हुआ। साइबेरिया में मिले जीवाष्म (fossils) भी इसके प्रमाण हैं कि आर्य मानवोदय आर्कटिक क्षेत्र और मध्य जम्बूद्वीप से हुआ। इतिहासकारों ने पाषाण, कांस्य और लोह तीन काल सभ्यता विकास के तीन चरणों के रूप में माने हैं लेकिन जिस तुषित देव-आर्ष आर्य काल की बात हम यहाँ कर रहे हैं वह ऐतिहासिक काल से पूर्व की स्थिति है। चौथा अन्तिम (Quaternary) काल ही इतिहासकारों ने सभ्य मनुष्य का माना है। पाषाण युगों में हिम युगों के संयोजन से निश्चित ही जल वायु की भिन्नता के साथ भूमि और जल का वितरण और स्थिति भी अलग अलग रही होंगी। कहा जाता है कि भू-वैज्ञानिक पृथ्वी सम्बन्धी ज्ञान को उस चरण से आगे बढ़ाते हैं जहाँ पुरातत्त्वज्ञ और इतिहासकार उसे छोड़ देते है। यही काल आर्य मानव के उदय का, आदि सतयुग और देवों के साथ अर्धदेवों का इस पृथ्वी में उपस्थिति रहस्य का काल है।

लगभग अन्नीसवीं शताब्दी के मध्य से बीसवीं शताब्दी के मध्य तक पाश्चात्यों ने भारत के सनातन आर्य इतिहस के साथ जो मजाक किया उससे विश्व मानव इतिहास भी बदल गया। पाश्चात्यों की तो अपनी दुर्भावना थी ही, क्योंकि ज्ञान होते हुये भी उन्होंने जानबूझकर विश्व इतिहास, खास तौर से अपना इतिहास बदलने के उद्देश्य से आर्य इतिहास के साथ भारत के ही ऋत इतिहास को बदल दिया। बात केवल यहीं समाप्त नहीं होती, आश्चर्य तब और भी अधिक होता है जब हम पाते हैं कि भारत के परम्परावादियों और आधुनिक इतिहासकारों ने भी इतिहास वहीं से प्रारम्भ किया जहाँ से आज की स्थिति में उन्हें मानव जीवन का अस्तित्व सुलभ और सम्भव लगा। दुर्भाग्य से वैदिक भौगोलिक इतिहास (Vedic Geo - History) अथवा आर्य ऐतिहासिक भूगोल (Arya Historical Geo) किसी की समझ में ही नहीं आया। भारत के पौराणिकों (Mythologists), पौराणिक इतिहास (Epistemology) एवं वैदिक वांगमय (Deontology) ने उस सम्पदा को काफी हद तक सुरक्षित रखा जिसे पाश्चात्य एवं उनके क्रीत दासों अथवा यूरोपीय संस्कृति ग्रस्तों ने मिथ (Myth) अथवा अवैज्ञानिक-अप्रमाणित (unscientific) अंधविश्वास कह कर मखौल में उड़ाया। पाश्चात्यों का उद्देश्य तो वैदिक सनातन भारतीयता को 'हिन्दु' कहकर हवा में उड़ाना ही था, परन्तु भारतीय चाटुकारों ने उपाधि, धन-पद के लालच में इतिहास का और भी सत्यानाश किया? कई फिल्मी डाइरेक्टर तो स्वतन्त्रता के बाद भी ऐसा ही करते-कराते रहे।

किसी भी देश का आदि पुरातन इतिहास ढूँढ़ें, तो एक ऐसा काल उसमें पाया जाता है जो परम्परा, मिथ, आख्यानों (legends) और धरोहर के रूप में रहा है जिसे हम श्रुति-स्मृति (heard-remembered) कहते है। अतः समय के साथ उनके स्वरूप में भी परिवर्तन हुआ, काफी ज्ञान लुप्त भी हो गया, कुछ किंवदंतियों के रूप में जीवित रहा। अतः स्मृति परे काल के इतिहास में विकारिता और विस्मृतियाँ आना स्वाभाविक था। इस प्रकार देखें तो मिस्त्र में जो आधुनिक साक्ष्य मिले उनके अनुसार मिस्त्र का पौराणिक इतिहास 6000 से 4000 बीसी और यूनान का 2000 से 1500 बीसी के आसपास से माना गया। यह केवल ऐतिहासिक काल की बात है। ऐतिहासिक मानव, उसकी उत्पत्ति और संस्कृति-सभ्यता की कहानी कयासों, अनुमानों, किंवदंतियों, आख्यानों के साथ मुख्यतः उन्नीसवीं-बीसवीं शताब्दी की वैज्ञानिक, ऐतिहासिक, पुरातत्त्वीय (Archeological), मानवशास्त्रीय (Anthropological) और भूगर्भीय खोजों के पाश्चात्य प्रमाणों पर आधारित की

गई हैं जिनको जोड़कर आदिमानव इतिहास और मानव के उदय तथा विकास के साथ जुड़ी किंवदंतियों, आख्यानों, परम्पराओं के साथ सामंजस्य एवं तर्क संगतता (Rationality) स्थापित करने का प्रयास किया गया है।

प्रो॰ मैक्स मूलर[1] के अनुसार निष्पक्ष विद्वानों की राय में इनमें से कोई भी प्रणाली इस इतिहास की व्यख्या करने में संतोषप्रद नहीं साबित हुई-"it was felt by all unprejudiced scholars that none of these systems of interpretation was in the least satisfactory"। लेकिन मैक्स मूलर ने यह भी स्पष्ट किया है कि आदि पौराणिक इतिहास की खोज की पहली प्रेरणा और पुरातन मानव संस्कृति की समस्याओं के समाधान को गति प्राचीन भाषाओं की खोज के साथ सापेक्षिक मानवीय भाषा विज्ञान (comparative philology) से मिली जिसमें भारतीय पावन शास्त्रों का बहुत बड़ा योग है जिसने नई दुनिया की खोज की ही तरह इस आदि खोज को सम्भव बना दिया। मैक्समूलर एक ऐसा व्यक्ति था जो कभी भारत नहीं आया और ऋग्वेद पढ़कर ही भारत का सारा इतिहास विकृत कर गया। फिर भी भारतीय चाटुकार पण्डितों ने उसे 'मोक्ष मूलर' कहा यानी मोक्ष का मूल देने या मंत्र बतानेवाला अथवा पथप्रदर्शक (मोक्ष + मूल + र)।

प्राचीन जरथुष्ट्री (जेण्ड यानी पारसी) शास्त्रों के साथ वैदिक शास्त्रों और जेण्ड भाषा के साथ वैदिक प्राकृत संस्कृत भाषा का सम्बन्ध स्थापित करने के साथ यूरोप के विभिन्न समुदायों-जातियों की भाषाओं के आपसी सम्बन्धों के अध्ययन से प्राचीन इतिहास के बारे में अब तक की अवधारणा आमूल बदल जाती है। इस अध्ययन और सामंजस्य ने इस क्षेत्र में क्रान्ति सी कर दी है। मैक्स मूलर के अनुसार यूरप के प्राचीन-आधुनिक देशों की भाषाओं का वैदिक भाषा और जेण्ड से बहुत नजदीकी सम्बन्ध स्थापित होता है, जिससे सिद्ध होता है कि सभी भाषाओं के मूल में एक ही भाषा थी और सभी एक ही मूल भाषा से उत्पन्न हैं, जो कि आर्यों की भाषा थी। विशेष बात यह है कि पिछले साठ-सत्तर वर्षों में पाश्चात्यों के वैदिक संस्कृति के सनातनत्व और आर्य वैश्विकता तथा प्राचीन इतिहास को स्वीकार करने सम्बन्धी विचारों में जो मूलभूत परिवर्तन हुआ है वह भारत और भारतीयों में नहीं हुआ क्योंकि भारत में 'राजनैतिक मजहब तटस्था' (Secularism) के बजाय 'धर्म

1. Contribution to the Science of Mythology

निरपेक्षता' (religionlessness) और अनेक राष्ट्रीयताओं की एकता के नाम पर ऐसा होने ही नहीं दिया गया, फलस्वरूप आत्मगौरव न रहने से न तो राजनीति रही, न धर्मनिरपेक्षता, न राष्ट्रीय एकता, न राष्ट्रीयता। अफसोस अब धर्म भी नहीं रहा। हमने अपने ही ऊपर विश्वास करने से इन्कार कर दिया। विदेशियों खासतौर से यूरोपियनों के इशारों पर हम अपने ही पूर्वजों-पौराणिकों का मखौल उड़ाने से नहीं हिच-किचाये। फलस्वरूप भारतीयता भी संविधान और कानून की तरह नाम के लिये रह गई और नतीजा सामने है।

मैक्स मूलर के अलावा Dr. Schrader ने भी आदि आर्य संस्कृति के साथ-साथ सापेक्षिक भाषा शास्त्र (comparative philology) के अध्ययन से निकाले निष्कर्षों की विस्तृत ज्ञानमय व्यख्या की है। कभी जो ज्ञान पौराणिकों (Mythologists), इतिहासकारों और ऐतिहासिक भाषाविदों (philologist) तक सीमित था वह पिछले करीब सौ साल के वैज्ञानिक, पुरातत्त्वीय, भूगर्भीय और मानवशास्त्रीय खोजों के कारण प्राक ऐतिहासिक काल से भी पीछे उस आदि काल का ज्ञान कराने में सफल हुआ है जहाँ प्राक ऐतिहासिक (Prehistoric) काल भी नया लगता है। इसके फलस्वरूप वैदिक साहित्य, जिसकी व्याख्या पुराण इतिहास ने की है, सत्य सिद्ध हुआ। पूर्व में पाश्चात्य अहंकारियों और उनके चापलूसों ने वैदिक वांगमय की जो व्याख्या सृष्टि उदय और प्रलय तक सीमित की हुई थी उसे पाश्चात्य वैदिक विद्वानों ने ही काफी हद तक संशोधित, परिवर्धित और विस्तृत कर दिया। इसके साथ ही इस अवधारणा में भी परिवर्तन आया कि वेदों की रचना आर्यों के अपनी अन्य शाखाओं से अलग होने के उपरान्त खास तौर से उनके भारत आने पर हुई थी। इस ज्ञानोदय के साथ वेदों में उल्लिखित 'वैदिक गृह' को सेन्ट्रल एशिया से और भी उत्तर की ओर आर्कटिक में ढूँढा गया और वैश्विक आर्य पितृत्व (Aryan Ancestry of the world) को स्वीकार किया जाने लगा। विश्व मानव की Common ancestry अथवा ancestrl unity of the world को मान्यता मिलने लगी। ये बड़े क्रान्तिकारी बदलाव थे। खनन-खुदाई में प्राप्त सैकड़ों पाषाण, कांस्य, अयस (iron) उपकरणों के उपलब्ध होने के कारण iron bronze और stone age के अनुक्रम (chronological order) में भी बदलाव आया।[1]

1. Ancient India - Dr. R.C. Majumdar

प्रश्न है, क्या कभी इस धरती पर रिक्तता रही होगी, अगर थी तो कब? अतः ज्ञान में सबसे बड़ा बदलाव आया प्राक् ऐतिहासिक के भी आदि ऐतिहासिक काल यानी आज से बीस लाख साल पहले (Quaternary era) के हिम युगों (Glacial period) के अस्तित्व के सिद्ध होने से जिसने मानव के स्मृति परस्थ पुरातन (time immemorial antiquity) अस्तित्व को ही प्रमाणित नहीं किया अपितु यह भी सिद्ध कर दिया कि मानव जीवन उससे भी पहले के सतयुगों (यानी Tertiary periods) में आज से 50-60 लाख वर्ष पहले भी मौजूद था, जब पृथ्वी की भौगोलिक स्थिति आज से बिलकुल भिन्न, मानव बुद्धि के कल्पनातीत थी, यानी अविश्वासनीयता की हद तक भिन्न थी। वह मानव युग था या देव-दानव, सुर-असुर, दैत्य-आदित्य युग उसे पाश्चात्य नहीं समझ पाये, न समझ पायेंगे। यह समझना भारतीय वैज्ञानिकों-भारतीय इतिहासकारों का काम था जो उन्होंने अपनी रोटी-नौकरी के चक्कर में कभी नहीं निभाया। अतः हम अपने आत्मगौरव और अमूल्य सम्पदा से वंचित रहते रहे और विदेशियों के भौतिक, मानसिक, सांस्कृतिक आक्रमण के समक्ष समर्पण करते चले गये। परम वैज्ञानिक ज्ञान भण्डार होने के बावजूद इतिहास के साथ विज्ञान के क्षेत्र में भी भारतीय उनके पिछलग्गू हो गये। आदि आर्य वैदिक सनातन धर्म ही पृथ्वी पर एक मात्र धर्म था जो सम्पूर्ण जीवन दर्शन का आधार था। उसका कोई प्रतिद्वन्दी नहीं था। आज उसके विरोध में सम्प्रदाय खड़े हो गये हैं। जो न धर्म हैं, न दर्शन।

इस ज्ञान खोज के साथ नव पाषाण और पूर्व पाषाण काल के विभिन्न स्तरों में मानव ही नहीं पशुओं-जीव-जन्तुओं के विभिन्न देशों में जो अवशेष मिले उनसे मानव इतिहास के साथ उन देशो की स्थिति पर भी नया प्रकाश पड़ा और पौराणिक मिथों, परम्पराओं, आख्यानों का नये-नये परीक्षित (tested) सत्यों और अन्वेषणों से सामंजस्य हुआ। फिर भी Posche और Penka जैसे जर्मन लेखकों ने आर्यों के मूल निवास के एशियाई सिद्धान्त को खुली चुनौती दे दी और आर्योदय के जर्मन सिद्धान्त का प्रतिपादन किया जो यूरोप यानी पश्चिम के देशों में आमतौर पर मान्य भी हो गया। भारतीय उसे स्वीकार करने के लिये विवश थे। आर्य जर्मन सिद्धांतियों का कहना था कि लम्बे सिर और बड़ी खोपड़ी वाले जर्मनों के पूर्वज ही सही मायनों में आर्य थे। साथ ही Chavee एवं M Mortillet जैसे फ्रांसीसी लेखक यह साबित करने पर भी तुले थे कि आदि आर्य छोटी खोपड़ी के लोग थे, जिनके वास्तविक

ही प्राचीन यूनान के क्रीट प्रदेश के नगर राज्यों जैसे काँस्य युगीन मीसीनी (Mycenae) नगर राज्य और उनके समकालीन युग के है। प्राप्त अवशेषों से पुरातत्वज्ञ इन नगरीय आवासों का आर्यों से सम्बन्धित होने की पुष्टि करते हैं जो वास्तव में यूरप सहित अधिकांश एशिया में फैली सभ्यता के अवशेष है। उनकी भाषा के जो विशिष्ट उदाहरण मिले हैं उन से भी यही प्रमाणित होता है कि वह अंग्रेजी सहित आधुनिक इण्डो-यूरोपियन भाषाओं की जननी है। इन अवशेषों में घुमावदार सड़कों से आवासीय स्थान अलग-अलग हिस्सों में बंटे पाये गये हैं जिनके चारों ओर खाइयाँ तथा मध्य में चौकोर मण्डल बने पाये गये जिनमें करीब 2000 लोगों के रहने का अनुमान है जैसा कि यूनान के नगर राज्यों में था।

श्री के जे शर्मा का कहना सही है कि विभिन्न धर्म विश्वासों के आक्रमणकारियों के आने के साथ पिछले 2000 वर्षों में भारत का ऋत इतिहास ही नष्ट हो गया। India's real history has been destroyed in the last 2000 years with the advent of invaders coming from different faiths।

श्री के०जे० शर्मा ने Stephen Knapp का हवाला देते हुआ लिखा है कि इस बात के भी काफी सबूत हैं कि सम्भवतः आर्यों ने भारत से ही विश्व के विभिन्न भागों में वैदिक संस्कृति का विस्तार किया।

श्री के जे शर्मा ने[1] अपने लेख में इतिहासकार वेन्डर (Bender) का हवाला दिया है जिनके अनुसार आर्य लोग वाल्टिक समुद्री देश लिथुआनिया (Lithuania) के निवासी थे जहाँ 5000 वर्षों तक रहने के बाद वो अन्यत्र विस्तारित हुये। जबकि इतिहासकार लेविन (Bongard Levin) के अनुसार आर्य लोग दक्षिण-पूर्व यूरोप यानी नीपर नदी (Dnieper) और उराल पर्वत के मध्य क्षेत्र से आये जिसमें रूस के अलावा उक्रेन भी सम्मिलित है। श्री शर्मा के अनुसार जो तथाकथित भाषाविद संस्कृत भाषा में पाश्चात्य भाषा के मिलते जुलते शब्द ढूँढ कर आर्यों को यूरोप का होने का प्रमाणित करने का प्रयास करते हैं वह हास्यास्पद है, क्योंकि स्थिति इसके विपरीत ही है, यानी अधिक प्रमाण और सम्भावनायें मूल आर्य संस्कृत यानी वैदिक भाषा से ही पाश्चात्य और अन्य भाषाओं के विकास का होना सिद्ध होता है।

---

1. Origin of Aryans

प्रसिद्ध रूसी इतिहासकार गफूरोव-गफूरोव (Gafurov Gafurov) ने जिनका पूरा नाम Bobodzhan Gafurovich Gafurovich है अपनी पुस्तक में लिखा है कि इण्डो-आर्य मध्य एशिया (सेंट्रल एशिया) से ही भारत आये या अन्यत्र विस्तारित हुये।[1]

इतिहासकारों का एक वर्ग मानता है कि आर्य लोग 1700-1200 बीसी के बीच भारत आये थे। जर्मन मूल के ब्रिटेन वासी लेखक फ्रैड्रिक मैक्स मूलर जिनका वर्णन पहले कई बार किया जा चुका है-के सम्बन्ध में अभिलेखीय (recorded) प्रमाण है कि भारतीय शास्त्रों खासतौर से वेदों से ही आर्यों को आक्रमणकारी प्रचारित करने और यूरप से आया इण्डो-यूरोपियन सिद्ध करने के लिये अंग्रेज उन्हें भुगतान किया करते थे। इस तरह का एक सिद्धान्त प्रस्तुत करने के लिये मैक्स मूलर को 7500 पोण्ड का भुगतान किया गया था।

स्वामी प्रकाशा नन्द जी ने तो गहन खोज करके अपनी पुस्तक में युगों और वर्षों के अनुसार प्राचीन आर्य राजाओं के राज्य काल और कुल वंश क्रम का विस्तार पूर्वक विवरण दिया है और सिद्ध करने की कोशिश की है कि आर्य लोग मूलतः भारतीय थे लेकिन लेखक के मत में यह वैदिक-पौराणिक सत्य से परे है।

हिटीट (Hittite) भाषा यानी 2000-1200 बीसी में अनातोली (Anatolia सम्भवतः यह नाम अतुल्य अथवा आर्यतुल्य का अपभ्रंश है-यानी वर्तमान ईराक, टर्की, सीरियाई क्षेत्र में बोली जाने वाली भाषा) में आर्यों को Ara कहा जाता था जिसका अर्थ था एक विशिष्ट वर्ग या अपने समुदाय अथवा समकक्ष जाति का सदस्य। इसी समुदाय की भाषा में उन्हें Arus भी कहा जाता था इसका मतलब भी वही था-एक ही समुदाय के नागरिक। ये दोनों शब्द 'आर्य' शब्द से ही ब्युत्पन्न प्रतीत होते है। अरुष का अर्थ संस्कृत में दीप्तिमान, सभ्य-आर्ष भी लिया जा सकता है।

रहस्यवादी विचारधारा (Arcane School) के विश्लेषक इतिहासकार जोन यार्कर[1] आर्यों को यूरोपियन विशेष रूप से उत्तरी स्काटलेण्ड के पर्वतीय मूल का

1. Proto Aryan civilization and Mysteries

निवासी मानते हैं जिनका विस्तार उत्तर भारत सहित तिब्बत ईरान और यूरोप के अन्य भागों में हुआ।

"A high state of civilisation was developed in the highlands of Europe and extended to other centers in Northern India which included Tibet. The Indian Vedas assign the centre of their culture to the Himalayan source of the Ganges, "the abode of the Gods." The Persian Avesta seems to point to the northern plateau of Pamir. We have no certain information in regard to the departure of colonies from their parent home, but no doubt the causes were various. The continuous increase of population would, of itself, make it a necessity. The Zend Avesta attributes their departure from their original home to climatic changes: Ahriman, the evil spirit, who is mentioned both in the Avesta and the Vedas, introduced cold".

जोन यार्कर का मानना है कि आदि काल में एक ही भाषा-बोली थी और वह 'तुरानी' थी जो छोटे कद-काठी के श्याम वर्ण के लम्बे सिर वाले द्रविड़ीय जैसे समुदाय के लोगों की बोली थी।

"Philogists seem to be fast arriving at the view that when the whole earth was of "one language and of one speech" it was a primitive monosyllabic or Turanian tongue. The word Turanian is most indefinite, for it is taken to include the small, dark, long-headed Dravidian race of India, which penetrated Britain before the Aryan Celt and of which the Basques of Spain are a survival; the long-headed white race of Scandinavian hunters; and the white, broad-headed Mongoloid, whom we chiefly term Proto-Aryan, as an early branch of the Aryan race; a race which in prehistoric times spread from Lapland to Babylon, and from India to Egypt and Europe."

यहाँ द्रविड़ का एक अलग ही उल्लेख है जिन्हें लम्बा सिर वाला बताया गया है जबकि जर्मन अपने को बड़े और लम्बे सिर वाले आर्यों की संतान मानते थे। द्रविडों के बारे में इतिहासकारों ने भिन्न-भिन्न मत ही प्रकट नहीं किये हैं बल्कि अलग-अलग तरह से वर्णन भी किया है जिसका उल्लेख इस पुस्तक में कई जगह किया जा चुका है। एक मत के अनुसार द्रविड़ लोग ईलूमीट (Elamites) यानी

ईसापूर्व 3000 बेबीलॉन के ईलम (एलम) प्रदेश की लड़ाकू जाति थी। यही उल्लेख प्रसिद्ध ऐतिहासिक इतिबृत्त 'A Comprehensive Chronicle of World History' में भी है।[1]

उपर्युक्त वर्णन से भी यह बात प्रमाणित होती है कि आर्यों से पूर्व दैत्य-दानव वंश की सन्तति यूरोप-अफ्रीका में विद्यमान थी। यही दैत्य-दानव उन देवी देवताओं के समकालीन थे जिनका आपस में युद्ध होता था और जो देवासुर संग्राम कहलाये। जैसे देव योनियों, तुषितों से आर्यों की उत्पत्ति हुई उसी प्रकार इन दैत्य, दानवों से हब्सी किस्म की बर्बर दस्यु, दास, म्लेछ कही जाने वाली जाति का जन्म हुआ जिनका आर्यों से उसी तरह युद्ध चलता रहा जैसे देव-असुरों के संग्राम। आर्य इन्हें अनार्य, दस्यु और म्लेछ कहते थे। फ्रांसीसी इतिहासकार Monsieur Lenormant आर्यों का उदय उराल पर्वतमाला क्षेत्र की फिनिक भाषी यानी फिनलेण्ड और एस्टोनिया की जाति से मानते है। जोन यार्कर[1] के अनुसार आर्यों की भाषा यूग्रिक (Hungary and northwestern Siberia) और अल्तेइक (Asia and southeastern Europe) मूल की है जो हंगरी के अलावा उत्तर-पश्चिम साइबेरियाई जाति समुदाय की भाषा भी है। उनके अनुसार-

"Anthropological evidence is as conclusive as the language of the Ugric - Altaic origin of the Aryan race. It may have taken tens of thousands of years for the development of the proto - Aryan into the Indo-Iranian tongue, Zend, Sanskrit, Pashtu, Baluchea, as well as the Aryo - European languages, including Greek, Latin, Slavonic, Lettish and Teutonic- From it also sprang, at an earlier period, the Celtic of Europe, and from it, by a probable mixture with a black or Hamitic speech, the Semitic tongues spoken in Assyria, Phoenicia, Arabia and Palestine".

"It would seem from what can be gathered that we owe advanced building in stone and brick to this race, and the assimilation of their so-called Turanian speech is indicated by this, that, traces the remotely connected Proto - Median and Akkadian of Babylon to the Ugric - Altaic family of languages, traces the

---

1. (The rise of civilization and culture-versions-1-0) Frank P. King

Aryan to the same Finnic race of the Ural mountains. Even with the comparatively slight knowledge which we possess of the ancient Turanian and proto-Aryan speeches it may be taken for granted that a race which had founded a language which embraced certain roots equally found in Teutonic, Greek, Celtic, Semitic, and Sanskrit, and their cognate dialects, before separating into colonies, and which embraced terms in art, agriculture, jurisprudence, family life, religion, etc., had even then made progress in geometry, in the building of temples and houses, and architecture generally".

उपर्युक्त वर्णन से आदि सृष्टि का एक ध्रुवीय होने का भी अंदाजा लगाया जा सकता है। साथ ही यह बात स्पष्टतः प्रमाणित होती है कि आर्य जन उराल-एशियाटिक-रूस-कजाकिस्तान-साइबेरिया क्षेत्र के मूल निवासी थे और विश्व की समस्त भाषायें एक ही भाषा से प्रस्फुटित हुई। भारतीय पुराण-इतिहास से उराल पर्वत का नगराज स्वर्णिम महा मेरु होना सिद्ध होता है।

सोवियत विद्वान डॉ० लारिसा (Dr Larisa Dadkhudoeva)[1] के अनुसार तजाकी यानी तजाकिस्तान के लोग आर्यों के वंशज है। तजाकिस्तान (सम्भवतः तालस्थान का अपभ्रंश है) जो आज मध्य एशिया का गणतन्त्र है जो कजाकिस्तान, उजबेकिस्तान, अजरबेजान, तुर्कमेनिस्तान आदि की तरह 1925 से 1991 तक सोवियत रूस का सोवियत यानी प्रांत था। "The people of Tajikistan are descendants of the ancient Aryan tribes, the ancestors of the Iranian nation. The mountains divide the territory of the Republic into three main parts Northern, Central and Southern. They had different historical developments in the ancient times. Each of these historical countries stretched far beyond the modern borders of Tajikistan. The people of this region being Zoroastrians they worshiped the God Ahura Mazda. After the Arabs invasion of Iran and Central Asia in 7th and 8th century Zoroastrianism was almost ousted by Islam".

1. The 3700 year connection between Avestia and Tajakistan.

आमतौर पर इतिहासकार महात्मा जरथुष्ट का काल ईसापूर्व सातवीं सताब्दी मानते हैं लेकिन डॉ० लारिसा के अनुसार जरथुष्ट ईसापूर्व द्वितीय सहस्त्राब्दि में थे यानी आज से लगभग 3500 वर्ष पूर्व। वो कहती हैं :

"The majority of scholars tend to the opinion, that Zoroaster lived around the end of the first and beginning of the second millennium BCE, somewhere in the Eastern lands, inhabited by the Aryan tribes. The Aryans like their relative ancient Indians - Indo-Aryan. were nomads at that time-cattle breeders. They slowly were turning to agriculture, and pastured the cattle on the vast steppe from northern coast of the Black sea to Altai and Central Asia, from the Ural Mountains in the north to the Iranian plateau in the south."

डॉ० लारिसा ने बहुत ही विस्मयकारी प्रकटीकरण (revelations) किये है। उनके अनुसार महात्मा जरथुष्ट ने बेक्ट्रिया (बाल्खिल्य या वैखानस जैसे किसी प्राचीन नाम का अपभ्रंश) के राजा 'कवि विस्तपा' के राज्य में निवास किया और राजा की पत्नी हुतोसा के साथ-साथ उनके सम्बन्धी भी महात्मा जरथुष्ट के शिष्य हो गये थे। वो कहती हैं;

"According to the early legend, Zarathushtra was not adopted in his homeland and after many years of wandering he found a shelter in the court of Kavi-Vishtaspa, King of Bactria. The wife of Vishtaspa, queen Hutaosa, his relatives and his court, were the first who adopted the new faith".

जरथुष्ट जी के पिता सहित उपर्युक्त सभी संस्कृतनिष्ठ नामों से उस समय के आर्य विस्तार और भाषा के मूल का पता चलता है। बहुत ही सुरुचिपूर्ण खोज के साथ डॉ० लारिसा मध्य एशिया से आर्यों का सम्बन्ध स्थापित करते हुये अवेस्ता धर्मशास्त्र का वर्णन करती हैं कि किस तरह प्राचीन आर्यों के बहुदेव उपासना के वैदिक विश्वासों से अलग जरथुष्ट ने 'एको ब्रह्म' के मार्ग का प्रचलन किया जिसके फलस्वरूप ईरानी आर्यों का एक अलग समुदाय बन गया। डॉ० लारिसा कहती हैं; "Avesta is an important or the main source of Zarathushtrianism in the epoch of the formation of the first statehood in Central Asia. The ancient parts of Avesta describe the life of Eastern Iranian tribes during the first millennium BCE.

Zarathushtra reformed the ancient beliefs, which divided Aryan and Indo-Iranian tribes that use to live together and composed an integral entity (calling them selves Aryans). His innovation was that he declared the single God Ahura Mazda, which is the creator of the goodness and kindness in the world, including all other deities".

"The main aim of the religious reform by Zarathushtra was the creation of the monotheistic religion to replace the polytheism, which existed among the Iranian people before his prophetic activity started- According to his studies, Ahura Mazda was the single God, creator of all beings. Those, who worshiped many gods, he thought, respected evil. By advocating monotheism Zarathushtra was looking forward to create a strong centralised state, strengthened by the common ideology and culture".

अवेस्ता धर्मशास्त्र में पुराणों की तरह का ही वर्णन आया है जिसके अनुसार अहूरमज्द (Ahura Mazda) यानी जेण्ड-पारसी धर्मशास्त्री मान्यता के अनुसार (ब्रह्म) ने सात देशों का निर्माण किया पुराणों में इन्हें द्वीप कहा गया है। अवेस्ता में जिसे वाहदी और कालान्तर इतिहास में बैक्ट्रिया कहा गया है सम्भवतः वही पुराण-इतिहास के 'इलावृत वर्ष' अर्थात् मध्य जम्बूद्वीप में स्थित 'बल्हिका' था। इलावृत स्थित महागिरि मेरू से ही जम्बूद्वीप में सूर्योदय भासित होता था। लारिसा कहती हैं ;

"The names, used in Avesta and identified (Sogd, Bactria, Merv), comprised the geographical territories, inhabited by the Iranian tribes. It tells that Ahuramazda set up seven countries. The second country he created was Gav. where Sogdians live. The fourth of the best places are countries I have set up, Ahura Mazda; it is Bahdi (Bactria), beautiful with the lifted banners".

"Bactria is the biggest ancient Central Asian country. Many events, important not only for Central Asia but for the world history, are related to it. Tajik nation was formed in Bactria and neighbouring countries, with ancient Bactrians being its integral part. Bactria, like India, has always been recognised by ancient Greece and Rome as the powerful and fantastically rich country, located in the far part of the inhabited world "where the Sun rises".

The ancient world has regarded Bactria as most remote country in the east for a long time, and that is why many ancient authors, indicating the most eastern borders of the known civilizations, mentioned Bactria and India".

यही वह पूर्व है जिसका जिक्र बाइबल में आया है जहाँ से इस्राइलियों (प्रकारान्त से ईसाइयों के भी) आदि पूर्वज आये थे और जहाँ से देव नदी चार धाराओं में प्रवाहित हुई थी। हजारों साल पहले पृथ्वी के उस इतिहास भूगोल को आज समझना उतना ही मुश्किल है जैसे ये विश्वास करना कि आज से हजारों साल बाद आर्कटिक-उत्तरी ध्रुव पुनः एक नया महाद्वीप बन जायेगा। उत्तरी और दक्षिणी अमेरिका मिलकर कैरिबीयन (Caribbean Sea) तथा आर्कटिक सागर को बन्द कर एशिया के साथ मिल जायेंगे। प्रकृति और धरती की भू गर्भीय गति विधियों के फलस्वरूप जमीन लगातार खिसकती रही है। लिवरपूल यूनिवर्सिटी (इंग्लैण्ड) के वैज्ञानिकों का कहना है कि पृथ्वी की इसी सतत परिवर्तन के कारण कभी 450 दिनों का वर्ष होता था। पृथ्वी की इसी गति के कारण अनन्त काल से पृथ्वी के द्वीप-सागर-महाद्वीप एक दूसरे के करीब आते और दूर होते रहते है। प्राचीन काल की तरह अमेरिका और एशिया पुनः मिल जायेंगे। इसी तरह वैज्ञानिकों के अनुसार नये-नये ग्रह-नक्षत्रों की व्युत्पत्ति-सृजन और लय होता रहता है। लगातार फैलते हुये अन्तरिक्ष की गतिविधियों के कारण पृथ्वी पर लगातार अकल्पनीय परिवर्तन होते रहे हैं और होते रहेंगे। वैज्ञानिक और अन्वेषक बताते हैं कि हर साल आज ३०० अरब टन बर्फ पिघल रही है। अतः भविष्य का अंदाजा लगाया जा सकता है। भारत में ही राजस्थान में बाढ़ और शीतलहर, उत्तराखण्ड में खेंचू (hand pump), मुम्बई में शीत और अलाव, गंगोत्री एवं पिंडारी ग्लेशियरों का उत्पाट और आर्कटिक तथा अंटार्कटिकीय हिमनदियों का क्रमिक क्षरण, यूरप-अमेरिका, चीन, जापान आदि देशों सहित विश्व में प्रकृति का कहर तथा अकल्पनीय बदलाव यहाँ तक कि आर्कटिक-अंटार्कटिक में घास का उगना आदि इसके कई उदाहरण है। जॉर्डन (अरब) में ठंड का प्रकोप इसका ताजा उदाहरण है।

खगोल शास्त्रियों ने सूर्य से 15-20 गुना बड़े दो ब्लैक होलों की भी अब खोज की है जो 12 अरब साल पुराने तारा पुंज में से है। इससे अंदाजा लगाया जा सकता है कि ये परिवर्तन कब से हो रहे है। जिस तरह ये ब्लैक होल हर दिन कई तारों यहाँ तक कि प्रकाश को भी निगल जाते हैं उसी तरह पृथ्वी के अन्दर और

बाहर भी अनगिनत अप्रत्याशित अविश्वसनीय परिवर्तन हो रहे है। इसीलिये अब इतिहासकार यह मानने लगे हैं कि आस्ट्रेलिया में मूलतः आज से 4000 वर्ष पूर्व भारत से ही पहली बार लोग आये थे। जबकि सच यह है कि वो लोग आर्य थे जिन्होंने मध्य जम्बूद्वीप से वहाँ प्रवास किया था फिर भी आष्ट्रेलिया में भारतीयों पर आक्रमण हो रहे हैं।

अवेस्ता शास्त्र, प्राचीन ईरान और मध्य एशिया की भाषा और इतिहास में जो शब्द मिलते हैं वो प्राकृत संस्कृत के काफी नजदीक हैं और मिलते-जुलते हैं जिसका उदाहरण डॉ० लारिसा का निम्न वर्णनन भी है;

"According to legend, the founder of Balh, Bactr was Luhrasp (Arvataspa), the father of Vishtaspa. Zarathushtra lived during the reign of Vishtaspa. He became the conveyor of the new religion, paving the way for it by adopting it. In trying to spread the religion Vishtaspa conquered new territories and set up the powerful state of Bactri".

उपर्युक्त वर्णन में आए नाम 'बल्ह और बैक्ट्रिया' सम्भवतः पुरातन वैखानस, वाह्लि या वाह्लीक और बल्हिका भी हो सकते है। स्थानों के ये प्राकृत-संस्कृत नाम भी मनुष्यों के नामों जैसे लुहरस्प, अर्वतस्प और विशतस्प की तरह समय के साथ विरूपित हो गये।

इतिहासकारों के अनुसार मध्य एशिया में भी आदि जरथुष्टी धर्म दर्शन सिद्धांत और धर्म स्थान पाये गये हैं खासतौर से ताजिकिस्तान सहित अन्य जगहों धर्मस्थानों में सुरक्षित धार्मिक कृत्य हेतु अग्नि पाई गई जिसे Teguzak यानि 'तेजस्वत' या तैजस' कहा जाता है यही सनातन आर्य धर्म में वर्णित हवनाग्नि का स्वरूप है। सम्भव है इसीसे तजाकिस्तान नाम की व्युत्पत्ति हुई हो। इसके लिये अलग यज्ञ शालायें या अग्नि मंदिर थे। अग्नि जरथुष्टी धार्मिक कार्यों में पावन कर्म सम्पादन करती थी। अन्वेषकों को ताजिकिस्तान में भी अग्निपूजा के प्रमाण ईसवी पूर्व 13 से 9वीं शताब्दी के काँस्य युग के स्मारकों से मिले है। यहाँ 'गार्हपत्य' सहित तीन तरह की अग्नियों का सन्दर्भ आया है जिससे स्पष्टतः वैदिक आर्यों के अस्तित्व की सिद्धि होती है। डॉ० लारिसा कहती हैं;

"The first signs of worshipping fire in Tajik Badakhshan were seen in the bronze epoch monuments, related to the burying custom, dated the 13 - 9th centuries BCE. Here are discovered two types of fire) so called Þalive fire" in the open and its colas as its substitute. In the Gorno and Badakhshan Autonomous Oblast in Tajikistan there are three temples of fire. Here in Pathur estate, domestic sanctuaries are also discovered. In it the location of fire is isolated from the premises for prayers".

कालान्तर में ईरान में वैदिक आर्य पद्धति के विश्वासों के अनुसार बहु देव पूजा स्थापित हुई, मूर्तियां स्थापित हुईं विशेरुप से अग्नि के साथ साथ अतिमानव प्राकृतिक शक्तियों की पूजा होने लगी जिन पर यूनानी प्रभाव भी कम नहीं था। आठवीं शताब्दी में इस्लाम की स्थापना के साथ ये सब समाप्त हो गया डॉ० लारिसा कहती हैं;

"But later many ancient Iranian gods, rejected by Zarathushtra were included both in the text of Avesta, and into the pantheon of gods. Their statues were constructed in the temples and they were worshipped. The worshipping of gods, personifying the natural forces was promoted. In Sogd and Bactria by the time of spread of Islam, along with the temples of fire there existed the temples to other gods with their statues. In the middle of 8 ACE the domestic altars of fire were spoiled and abolished in the houses, as well as the portraits and images of Zoroaster and people that suggests the conversion of the citizens to Islam".

स्वर्ण का महत्व आर्य एवं अवेस्ताई इरानियों में बराबर था। स्वर्ण वास्तव में दोनों मान्यताओं के लिए प्रकाश, तेजस्विता, कांति और भास का प्रतीक था इसीलिये ब्रह्म को वैदिक साहित्य में 'हिरण्य गर्भ' कहा गया। आदि फारसी धर्म विश्वासों के अनुसार भगवान अहूरमज्द (Ahura Mazda) ने आदि में कान्तिमय निर्मल अण्डाकार स्वर्णमय आकास का ही सृजन किया था जिसमें अनन्त ज्योति थी। ईरानी विश्वासों के अनुसार मित्र देव भी सूर्य के समान ही स्वर्णिम प्रकाश से प्रकाशमान थे। आदि जेण्ड-ईरानी (पारसी) भाषा में 'स' वर्ण का उच्चारण न होने के कारण स्वर्ण को 'खर्ण' कहा जाता है जैसे सिन्धु को हिन्दु। ऐसा वेदों में भी है, वेदों में 'ष' वर्ण को 'ख' और 'य' को ज उच्चारित किया जाता है। यही स्थिति गुरुमुखी

में इ-ई के साथ है। इण्डो-ईरानी में 'स' वर्ण का उच्चारण न होने के कारण स्वर्ण को 'खर्ण' (Khvarna) कहा जाता था जिसका अर्थ भग और वैभव निधि से है जिसने महात्मा जरथुस्त्र के अन्दर प्रवेश किया था। होम देवी यानी हवन देवी (हेमन्) यानी स्वर्णवत् अग्नि रूप और कान्तिमय होने के कारण, स्वर्ण रूप ही मानी गई। अधिकतर देवी-देवता प्रकाशमान और तेजस्वी ही माने गये। कई पशु रूप और अशरीरी देव शक्तियों जैसे जनन शक्ति के स्वामी 'अनाहित' (संस्कृत अनाहत) को स्वर्णिम आकृति के साथ सनातन कामदेव की भाँति चेतन रूप में स्थापित किया गया।

अवेस्ताई (पारसी-ईरानी) जेण्ड आर्य भी ग्रन्थ रचना 'ईश्वर का नाम लेकर' (in the name of God) से ही प्रारम्भ करते थे जैसे कि आर्य सनातन धर्मावलम्बी ऊँ या ईश्वर अथवा ईष्ट के नाम की स्तुति से करते हैं। इसी परम्परा का बाद में अरब-इस्लामी सुलेखकों ने भी अनुशरण किया। ईष्ट को जरथुष्टी गाथाओं में 'ईष्टी' कहा गया है। संस्कृति सम्पन्न होने के कारण तासकंद (जेंमदज प्राचीन तालकेन्द्र) सहित मध्य एशिया (मध्य जम्बूद्वीप) में ऐतिहासिक-साहित्यिक ग्रंथों और शास्त्र रचनाओं को आध्यात्मिक-श्रेष्ठ स्थान दिया जाता था। इन रचनाओं में प्राचीन काल के समाज की सभ्यता-संस्कृति, धर्म-परम्परा, साहित्य-आचरण-सिद्धान्त, इतिहास-राजाओं की वंशावली आदि के बारे में विस्तृत जानकारी दी गई। सूर्य और अग्नि की पूजा मध्य एशिया के अलावा अधिकतर देशों में प्रचलित थी। इण्डो-ईरानी एवं मध्य एशियाई परम्पराओं में प्राचीन काल से ही सूर्य स्तुति और उपासना के कई पवित्र मन्त्रों की रचना हुई।

समरकन्द (प्राचीन समर केन्द्र)-जिसे अवेस्ताई भाषा के आधार पर लोकमान्य तिलक ने सुगुद और दूसरों ने सोगदियाना (Suguda- Sogdiana) भी कहा है-के पास 'पंच केन्द्र' (आज का Penjikent) गुप्त कालीन चित्रकारी के अलावा ईरानी-भारतीय शिल्प कला का भी प्रतिमान है जहाँ सभी धर्म विश्वास प्रतिविम्बित होते है। वहाँ महात्मा बुद्ध के अलावा, मित्र, जरथुष्ट, ईसा और भारतीय पौराणिक देवी-देवताओं की मूर्तियाँ हैं जिनकी पूर्ण सादृश्यता पास के नगरों जैसे प्राचीन 'शक्तिस्थान' (वर्तमान Shakhristan), 'तुखारिस्थान यानी तुषारिस्थान' (वर्तमान Tokharistan) में पाई गई। इसी प्रकार अन्य देश जैसे तुर्कमेनिस्तान, तजाकिस्तान आदि तुषार जाति से ही सम्बन्धित प्रतीत होते है। हयस्थान (वर्तमान Hayastan)

जोकि अब रूस के पास एशियाई देश अर्मेनिया (Armenia) है, निःसन्देह पौराणिक आर्य कालीन उच्च्व नस्लीय घोड़ों का केन्द्र था। ईसा पूर्व आठवीं शताब्दी के प्रारम्भ में यहाँ का शासक देवास्तिक (Devashtich) था। यह नाम स्वतः ही आर्य संस्कृति का प्रमाण है। ईसवी की आठवीं शताब्दी के प्रारम्भ में अरबों ने इस भू-भाग को जीत लिया। यह भूमि खलीफाओं के अधीन हो गई। यद्यपि उनका विरोध हुआ और सन् 722 में उनके खिलाफ बगावत भी हुई फिर भी लोगों को अन्ततः वहाँ से प्रवास करना ही पड़ा। डॉ० लारिसा लिखती हैं कि इस्लाम के आने के साथ ही यज्ञाग्नि और गार्हपत्य अग्नि बुझ गई।

"There were rich and diverse divinities, pantheons, including not only the worship of fire, but also that of water, rivers and related to it gods and nymphs. The Greek god Zeus and Apollo were the common images for the local citizens. Mainly, they were included in the sculpture compositions of clay and stone, often coloured"

"After this events fire temples were not reconstructed and in the place where the Devashtich palace was located in its citadel a shelter was constructed for Arab soldiers. In the middle of 8th CE the domestic altars of fire were spoiled and abolished in the houses, as well as the portraits and images of Zoroaster and people that suggest the conversion of the citizens to Islam"।

इसी तरह का उल्लेख Birth of Muhammad the Prophet of Islam के विद्वान लेखकों ने भी किया है।

हार्वर्ड विश्व विद्यालय के विद्वान प्रोफेसर माइकल (Michael Witzel) ने ठीक ही कहा है कि आर्यों के मूल निवास की खोज ने दो सौ साल से भी अधिक का समय ले लिया है और मोटे तौर पर इस खोज से आर्योदय के सम्बन्ध में तीन तरह की विचारधारायें सामने आई है। पहला, जो उत्तर-पश्चिम भारत से ऋग्वैदिक आर्यों की मूल भारतीयता को मानते हैं जैसे महर्षि अरविन्द, गुरुगोवलकर, प्रकाशानन्द जी, विवेकानन्द जी और दयानन्द जी आदि। दूसरा, जो आर्योदय के भारत से बाहर का मानते हुये उन्हें आदि (proto) इण्डो-यूरोपियन कहते है। तीसरा, जिनमें दार्शनिक विद्वान डेविड फ्रले (David Frawley) जैसे लोग हैं जो

भारत से ही समस्त भाषा और सभ्यता का उद्भव और विस्तार मानते है। श्री माइकल कहते हैं;[1]

1. आर्यों का देश और जन्म भूमि (Homelands) अध्याय में प्रोफेसर माइकल ने उल्लेख किया है कि जो स्थिति भारतीय आर्यों के सम्बन्ध में है वही भारतीय-इरानियों (इण्डो-इरानियनों) के सम्बन्ध में भी है जो स्वयं को आर्य कहते है। उनके अनुसार इसके लिये हमें और भी आगे कुछ दूर स्थान तक जाना होगा विशेष रूप से उराल पर्वत की ओर लेकिन इसको समझने से पहले इरानियों के पौराणिक देश "आर्याणा वैजाह" (Airiianem Vaejah) अर्थात् आर्यों का वैभ्रम अथवा वैभ्राज की चर्चा करना भी आवश्यक है;

'The same applies, mutatis mutandis, to the homeland of the Indo-Iranians, or Arya as they call themselves. For this, we will have to look a little bit further afield, first of all, to the Urals. The main part however, will be concerned with the supposed "mythical homeland" of the Iranians'.

2. उराल के आर्य (Ural Aryans) शीर्षक में प्रोफेसर माइकल कहते हैं कि यद्यपि बीस वर्ष पूर्व ही रूस के पुरातत्वज्ञों को ऊराल पर्वत माला के पूर्व में पश्चिमी साइबेरियाई मैदानों की 'इसिम और तोबोल' नदी क्षेत्र में आर्यों की आदि भौतिक संस्कृति और विश्वाशों के साक्ष्य मिल गये थे जिनका ज्ञान पश्चिम के लोगों को है लेकिन इण्डो-इरानी अध्ययनों और पाठ्यक्रम में इनका अभी भी अभाव होने के कारण आगे बढ़ने से पहले इन प्रमाणों की याद दिलाना जरूरी है;

'For, it is on the W. Siberian plains just east of the Ural Mountains, on the Rivers Išim and Tobol, that Russian archaeologists have found already some 20 years ago what might amount to some of the earliest attested traces of Aryan material culture and even of Aryan belief. This is not altogether unknown in the west but as it has found so little resonance in Indo-Iranian studies, that some of the evidence may be repeated briefly'.

---

1. The Home of the Aryans

इस तरह के तीस (30) स्थल रूस में प्राप्त हुये थे जिन्हें 'अरकेम घाटी संस्कृति' (Arkaim culture) के नाम से जाना जाता है जो कि कजाकिस्तान से लेकर येनीसी (Yenisei) नदी की मंगोलयाई सीमा और पामीर घाटी तथा तियेनशेन पर्वत माला तक विस्तृत है लेकिन अब तक वहाँ करीब 250 स्थल मिल चुके हैं जहाँ छोटे धनुषाकार, त्रि-वृत्ताकार नगर समूहों में रहने की व्यवस्था और घोड़ों द्वारा चालित रथ मिले है। इन लोगों का मध्य एशिया (centra Asia) से सम्बन्ध भी प्रमाणित होता है। यह सभ्यता ईसा पूर्व 2200-2100 शताब्दी से 1700-1600 ईसापूर्व की है जो यूक्रेनी और दक्षिण रूसी यमनाया संस्कृति (Yamnaya culture) से मिलती है जिसको निश्चित प्रमाण न होने पर भी इण्डो-ईरानियन संस्कृति का प्रतिरूप माना जा सकता है। सम्भवतः इण्डो-ईरानियन संस्कृति भी इसका एक छोटा सा ही हिस्सा होगा, लेकिन इन अवशेषों से प्राप्त संस्कृति, ऋग्वेद के वर्णन से मिलती है। जरुथष्टी शास्त्रों में जो 'यिम' नाम से सम्बोधित है वही सम्भवतः यमनाया संस्कृति का मूल पुरुष है जिन्हें हम मृत्यु देव 'यम कहते' है। कुछ लोग इस नाम को चंद्रवंशी आदि पितर ययाति के पुत्र यदु से जोड़ते है। अरकेम की तुलना 'पौराणिक त्रिपुर' से करते हुये श्री माइकल कहते हैं;

"A real 'Tripur', Arkaim, was discovered in 1987". "The settlements (70 × 120m) consist of frame houses, slightly sunk into ground (which reminds of Rigvedic Kula1 "hollow family" (if this indeed be the etymology), with traces of copper (ayas) production. Apart from the development of the chariot, the culture shows links with Eastern Europe both in pottery and bronze artifacts".

अन्य इतिहासकारों की ही तरह लेकिन कुछ विस्तार से अश्ववमेध के घोड़ों के प्राप्त अवशेषों, घोड़ों के मुँह में डाली जाने वाली लगाम, रथों और बैलों द्वारा खिंची जाने वाली छोटी गाड़ी नुमा रथों का विवरण देते हुये श्री माइकल कहते हैं;

"Horse sacrifices have been made both inside and on top of the burial chamber. The graves also contain some light chariots with wheels up to 1 m in diameter and up to 10 spokes. These chariots still are very narrow in width, pointing to their origin from, by necessity narrow, oxen-drawn wagons (anas1). Horse bits made of bone have also been found".

उत्तरी वोल्गा नदी क्षेत्र में प्राप्त सबसे ज्यादा आश्चर्यजनक अवशेष की तुलना दधीचि ऋषि के अवशेष से की गई है जिनका सिर इन्द्र ने काट दिया था और पुनः घोड़े के सिर से प्रतिस्थापित किया गया था। जिसका संदर्भ ऋग्वेद में आया है और प्रकारान्त से पुराणों में। इसका विवरण देते हुये प्रो० माइकल कहते हैं;

"Most tellingly, perhaps, on the site of N. Volga steppe, a unique burial has been found. It contains a human skeleton whose head has been replaced by a horse head; a human head lies near his feet, along with a bone pipe, and a cow's head is placed near his knees. This looks like an archaeological illustration of the Rigvedic myth of Dadhyanc, whose head was cut off by Indra and replaced by that of a horse. The bone pipe reminds, as the excavator has noted, of the RV sentence referring to the playing of pipes in Yama's realm, the world of the ancestors".

अन्वेषक इतिहासकार मलोरी (Mallory) और अन्थनी (Anthony) ने वर्ष 1998 में, तथा शिश्लिना (Shishlina) और हीवर्ट (Hiebert) ने रूस-साईबेरियाई मैदानी क्षेत्र में फैली इस सभ्यता के बारे अपने विचार कुछ अलग तरह से व्यक्त किये है। उनके अनुसार पूर्वी यूरोप और पश्चिमी मध्य एशिया यानी वर्तमान कजाकिस्तान और उससे लगे पड़ोसी क्षेत्र की काँस्य युगीन सभ्यता की रूस और बोल्गा-साइबेरियाई क्षेत्र में प्राप्त हुई सभ्यता से जो भिन्नता है वह भारतीय-यूरोपी (इण्डो-यूरोपियन) या भारतीय-ईरानियों (इण्डो-ईरानियन) के प्रवास से सम्बन्धित नहीं बल्कि स्वतः विकसित है क्योंकि अब भाषाविद इण्डो-आर्यन भाषा के विस्तार में किसी भी आक्रमण के सिद्धान्त को नहीं मान रहे है। दूसरी बात यह है कि यह केवल इण्डो-ईरानी भाषा के विस्तार का ही प्रश्न नहीं है बल्कि एक सम्पूर्ण संस्कृति के उदय का भी प्रश्न है जो केवल भौतिक विकास तक ही सीमित नहीं थी अपितु आध्यात्मिक संस्कृति भी थी और ईसा पूर्व करीब दूसरी सहस्त्राब्दी (second millennium) यानी आज से करीब 4000 वर्ष पूर्व मौजूद थी।

इसके साथ ही कृषि सम्बन्धी जो साक्ष्य वहाँ मिले हैं एवं दक्षिण उराल में मिली इन्द्र झील (जो आज सम्भवतः उराल झील है) आदि के अस्तित्व प्रमाणों के आधार पर पुरातत्वज्ञ इतिहासकार मलोरी कहते हैं;

"While the ultimate "home" of the speakers of Indo - Iranian thus seems to have been in or near the Greater Ural region, and while their trail up to the Bactria - Margiana Archaeological Complex (BMAC) is clear enough, it is lost precisely there, as only BMAC impact is found all across Greater Iran and up to Harappa, but not direct steppe influence. At the present stage of research, neither the exact time frame, nor the exact trail, nor the details of the various movements of the speakers of Indo-Iranian and Indo-Aryan are clear. We can only state that some of them suddenly appear as a substrates in the Mitanni realm of northern Syria and Iraq (middle of the second millennium BCE) and others as authors of the hymns of the Rigveda in the Greater Panjab (at about the same time)".

यहाँ यह उल्लेख आवश्यक है कि प्रसिद्ध ऐतिहासिक इतिवृत्त यानी घटनाक्रम पुस्तक 'A Comprehensive Chronicle of World History[1] में भी उल्लिखित है कि कजाकिस्तान, उक्रेन तथा साइबेरियाई क्षेत्रों में 6000 वर्ष पुराने पालतू घोड़ों के अवशेष मिले है।

उपर्युक्त अवशेषों की खोज से पहले, कई पाश्चात्य इतिहासकारों और पुरातत्वज्ञों ने, आर्यों के बारे में अपने-अपने निष्कर्ष निकाले जो आम तौर पर तौहीनी थे। जिनमें आर्यों को आक्रमणकारी, चरवाहे (Nomad), लुटेरे-घुड़सवार, असभ्य-आदम आदि सम्बोधन किया गया। उपर्युक्त खुदाई में प्राप्त अवशेषों के बारे में भी कुछ इतिहासकारों और अन्वेषकों का यही मानना है कि यह सभ्यता इण्डो-यूरपियन थी, न कि इण्डो-आर्यन या इण्डो ईरानियन। सवाल यह है कि जब प्रमाणतः वहाँ ऋग्वेदीय साक्ष्य पाये गये तो यह सभ्यता Indo - European सभ्यता कैसे हुई? बात साफ है-क्योंकि आधुनिक समय में वह क्षेत्र यूरोप में है अतः पाश्चात्य-यूरोपियन उसे Indo –European कह कर अपने श्रेष्ठ होने के अहं की तुष्टि कर रहे है। सच तो यही है कि आर्य लोगों के मध्य जम्बूद्वीप से ईरान-ईराक-सीरिया-टर्की-मिस्त्र-यूनान-रोम (यानी यूरोप) प्रवास के वावजूद इस क्षेत्र में संस्कृति के आदान-प्रदान का क्रम बना रहा और चीन तथा मंगोलिया की तरफ कम हो गया। ऋग्वेद का 'दास' ईरान और अवेस्ता में दाह, लेटिन में दाही, और यूनानी में दाई अपभ्रंश हुआ जो उराल क्षेत्र में आज भी 'तास' है। साथ ही उष्ट्र, खर, बिज (बीज), भांग, कण, भिषज, पुर आदि शब्दों के कुछ विकृत रूप

अन्य भाषाओं में आज भी पाये जाते है। दस्यु आज भी यूनान में दाऊलोस है। जरुथष्टी शास्त्रों में उल्लिखित आर्यों के आदि निवास Airianem Vaejah के सम्बन्ध में इन विद्वानों का कहना है कि;

"Among the various countries known to Old Persian and Avestan texts, it is Airianem Vaejah that has captured the imagination of scholars most. Many regard it as the "mythical homeland"14 of the Aryans and have placed it anywhere from Choresmia on the Aral Lake in N. Uzbekistan to the equally unlikely 'Adurbadagan' (Azerbaijan), or to southern or northwestern Afghanistan".

लेखक की राय में इस तरह के नाम जैसे अजरवेद (आज का अजरबेजान) भी वैदिक-संस्कृत शब्द 'अजर वेदम' अथवा 'अदृश्य वेदम्' से मिलता है और कहीं न कहीं आर्यों एवं देव संस्कृति से जुड़ा लगता है जो विकृत होते-होते आज 'अजर्वेजान' होगया है।

एशिया-यूरोप को विभाजित करने वाला उराल पर्वत यानी पौराणिक मेरु के आस पास का क्षेत्र आर्यों और उनके पूर्वज आर्ष आर्यों अर्थात् तुषितों की मुख्य प्रभव एवं जन्मोदय भूमि होने के कारण ही पाश्चात्यों ने आर्यों को इण्डो-यूरोपियन कहा क्योंकि उराल यूरोप में ही अवस्थित माना गया है लेकिन आज भी दोनों द्वीपों को विभक्त करता है। इसीलिये पूरे यूरप से लेकर भारत की भाषाओं को (तमिल, तेलगु, मलयालम, कन्नड़ को छोड़कर) पाश्चात्यों ने इण्डो-यूरोपियन मूल की भाषा कहा है क्योंकि पाश्चात्यों के अनुसार उनका उदय उराल क्षेत्र से हुआ है। तमिल, तेलगु, मलयालम, कन्नड़ को उन्होंने अफ्रीकी मूल का बताया है। इन चार भाषाओं को फिनिश (फिनलेण्ड) की भाषा की तरह यूरप से जुड़ी होने बावजूद इण्डो-यूरोपियन परिवार की भाषा से अलग बताया गया है। दक्षिण की इन चार भाषाओं को भी पश्चातय इतिहासकार, पुरात्तत्वज्ञ और वैज्ञानिक फिन्नो-यूग्रिक परिवार (Finno-Ugric family) का मानते हैं जबकि तमिल में ऋग्वेद मूल के शब्द पाये जाते हैं जिनका विस्तार हिब्रू-लेटिन-यूनानी आदि भाषाओं तक में है। तमिल को छोड़कर शेष तीन भाषाओं में संस्कृत के शब्दों की बहुलता है।

यहाँ यह कहने की आवश्यकता नहीं है कि ईलम (Elam एलम) समुदाय के इतिहास के बारे में इतिहासकारों में बहुत बड़ा मतवैभिन्य है। उनके अलग-अलग

मतों के अनुसार आज से 3000-4000 वर्ष पूर्व ईराक, सीरिया तथा दक्षिण एशिया, हिन्द-चीन (Indo-China) और चीन में इस समुदाय की उपस्थिति का इतिहास पाया गया है। यहाँ यह प्रश्न भी उठता है कि क्या इसी 'एलम' शब्द से तमिल एलम की व्युत्पत्ति हुई है? इस सब के बावजूद भी अफ्रीका से इन भाषाओं का सम्बन्ध कहीं से भी सिद्ध नहीं होता। प्रसिद्ध इतिवृत्त ग्रन्थ 'A Comprehensive Chronicle of World History'[1] के अनुसार दश हजार ईसा वर्ष पूर्व हिमयुग की समाप्ति पर जब मानव जगह-जगह नाव, समुद्र, नदियों से या पैदल यूरप में प्रवास और निवास कर रहे थे उसी समय द्रविड़ों का उनसे सम्पर्क हुआ। साथ ही उपर्युक्त इतिवृत्त में यह भी उल्लेख किया गया है कि ईसापूर्व 6000-2000 के आसपास द्रविड़ भाषा का प्रसार ईराक, पारस (ईरान) से भारत में हुआ। इसी के साथ इस इतिवृत्त में यह भी कहा गया है कि 4000 ईसावर्ष पूर्व इसी तरह की भाषा सुमेरिया में बोली जाती थी।

तथापि यह भी सच है कि दक्षिणात्यों की ही तरह दक्षिण की भाषाओं के मूल और उदय के बारे में निश्चित रूप से यह कहने में इतिहासकार असफल रहे हैं कि ये बाहर से आई हुई भाषायें हैं या उत्तर-पश्चिम भारत मूल की हैं अथवा सिंधुघाटी सभ्यता से सम्बन्धित हैं कोई भी निश्चित रूप से कुछ नहीं कह पाया। फिर भी एक विचार धारा जिसका काफी जोर है, वह यह है कि सिंधु घाटी में यह भाषा विद्यमान थी और आज भी पाकिस्तान के एक भाग में 7-8 लाख लोगों द्वारा 'ब्राहूई' भाषा (Brahui) के रूप में बोली जाती है। इस प्रकार यह कहा जा सकता है कि दक्षिण भारत की भाषा उत्तर-पश्चिम भारत से ही प्रवासित हुई है लेकिन उसका मूल केंद्र सेन्ट्रल एशिया था।

'एनसक्लोपीडिया ब्रिटेनिका' (Encyclopædia Britannica) के अनुसार भी दक्षिण की तथाकथित द्रविड़ीय भाषाओं का सम्बन्ध उराल की भाषाओं से ही स्थापित होता है। इसी मूल आर्य भाषा को जो कि 10000 से 6000 वर्ष पूर्व उराल (मेरू) पर्वत माला क्षेत्र में बोली जाती थी। पाश्चात्य इतिहासकार और उनके अनुयायी फिनो-उग्रिक भाषा कहते हैं और उसके उदाहरण भी देते है। लेकिन इसमें भी कोई सन्देह नहीं है कि यही क्षेत्र आर्यों का आदि निवास था। फिनलेण्ड की भाषा में शत् का अर्थ वही है जो संस्कृत में शतम् (सौ) का है। फिनलेण्ड (Finnish-बाल्टिक सागरीय देश) की भाषा को स्वोमी (Suomi) भी कहते हैं जो मूलतः संस्कृत से

उत्पन्न शब्द लगता है जिसके कई रूप-अर्थ किये जा सकते है। अन्य कुछ उदाहरण इस प्रकार हैं :

मलयालम	फिनिश भाषा	अंग्रेजी
वट्टि	वटि	Basket
पू (पुष्प)	पू	flower
मूसारि	मूरारि	Mason
ई	ई	no
तूलि	तूलि	blow - wind
कुड़ी (कूडि)	कोटि	house

(दक्षिणात्यों के बदरि-केदार का पुजारी होने और कालान्तर में उत्तराखंड के कुछ इलाकों में स्थाई रूप से निवास करने के कारण मकान के लिये कूड़ी शब्द भी प्रचलित है)

विद्वान लेखक गोपीनाथन का भी विचार है कि अगर उराल पर्वत शृंखला के मूल निवासी आदि यूरालिक भाषा बोलते थे तो निश्चित ही वह भाषा किसी भी इण्डो-यूरोपियन भाषा से पुरानी थी। यह भाषा सात हजार से दश हजार वर्ष पुरानी थी।

"If the original inhabitants of Ural Mountains spoke a Proto-Uralic language, then it is older than any modern Indo - European language prevalent in Europe today (7,000 to 10,000 years). Migration from Ural Mountains happened towards North and Northern part of today's Russia".

"The circumstances of the advent of Dravidian speakers in India are shrouded in mystery. There are vague linguistic and cultural ties with the Urals and with the Mediterranean area".

सच यह है कि जिसे आज पाश्चात्य जगत के लेखक, इतिहासकार, पुरातत्त्वज्ञ अपनी श्रेष्ठता दिखाने और भारतीयों को नीचा दिखाने के लिये उरालिक भाषा (इण्डो-यूरोपीयन) कहते हैं वह वही आदि आर्य भाषा है जो वैदिक-प्राकृत संस्कृत

थी। भारत की दासता और भारतीयों की मजबूरी का फायदा उठाकर अंग्रेजों और यूरपियनों ने जानबूझकर यह कनफ्यूजन पैदा किया जिसे तब कोई चुनौती नहीं दी जा सकी।

प्राचीन भारतीय इतिहास के प्रसिद्ध इतिहासकार श्री जे॰पी॰ मित्तल[1] ने अपनी प्रसिद्ध पुस्तक History of Ancient India from 7300 BC to 4250 BC में भारत के पुरातन इतिहास का विश्लेषण किया है। श्री मित्तल 'वैदिक युग' का अस्तित्व 'सत युग' से पूर्व मानते हैं जिसे वह 'देव-दानव अथवा देवासुर' युग कहते है। सत्पथ ब्राह्मण, महाभारत, मत्स्य पुराण तथा अन्य शास्त्रों के आधार पर श्री मित्तल ने निष्कर्ष निकाला कि ईसा पूर्व करीब 6000 वर्ष पहले हिम युग यानी जलप्लावन हुआ जिसके उपरान्त इस मन्वन्तर के प्रवर्तक वैवश्वत मनु ने पहली बार उत्तर के मैदानी क्षेत्र अयोध्या में निवसन किया और बस्ती बसाना प्रारम्भ किया। उनके इक्ष्वाकू, शर्याती आदि कई पुत्र थे। शर्याती के नाम से ही सरयू का नामकरण किया गया।

वैज्ञानिक अनुसन्धानों पर आधारित प्रसिद्ध पुस्तक The Chronicle of the World[2] के विवरण के अनुसार उत्तरी ध्रुव और दक्षिणी ध्रुव यानी आर्कटिक और अन्टार्कटिक में विगत हिमयुग के बाद जमी गहन हिम नदियाँ और भारी हिम खण्ड पिघलने लगे। इंगलेण्ड जो कि भूमि मार्ग से शेष यूरोप के साथ जुड़ा था अलग-थलग पड़ गया। उसी दौरान एशिया के यायावरों, आखेटकों ने अलास्का के सँकरे भूमि मार्ग से उत्तरी अमेरिका में प्रवेश किया और कालोनियां बसाई। पृथ्वी के गरम हो जाने के उपरान्त यह भूमि सेतु टूट गया और अमेरिका का एशिया से विच्छेदन हो गया। उपर्युक्त पुस्तक के अनुसार तब महाद्वीपों और सागरों-(अब महा सागरों) के स्वरूप में भारी बदलाव आया। साथ ही दुनियाँ के बहुत सारे उपजाऊ तटीय क्षेत्र नष्ट हो गये, जन संख्या नष्ट हो गई और बेघर हो गई। पलायन और प्रवास की गति तेज हो गई। तब सबसे भयंकर भूमि विनाश एशिया में हुआ जहां एक पूरा ही द्वीप जलमग्न हो गया केवल पर्वत चोटियाँ और ज्वालामुखी रह गये

1. वैदिक युग एवं देव-दानव युग पढ़ें: Chronology of India in the Purans Dr. K.L. Jain
2. D.K. Publishers USA

जिनकी वजह से आस्ट्रेलिया तक टापुओं के कई पुंज निर्मित हुये। सम्भवतः डूबने वाले द्वीप 'पुष्कर और उससे जुड़ा जम्बू द्वीप' का 'इलावृत वर्ष' था जिसमें मेरु स्थित था। इन्हीं के आसपास या इन्हीं का भाग सम्भवतः 'अटलांटिस' भी था जो डूब गया था, जिसका सन्दर्भ बाइबल में आया है। पृथ्वी की भू-गोलीय स्थिति तब आज से एकदम अलग थी।

उसी दौरान आर्यमूल के कई समुदायों ने अलास्का से अमरीका प्रवास किया जिन्हे आज भारतीय मूल का (Indo - Americans) या red Indian कहा जा रहा है। वास्तव में ये लोग मध्य जम्बूद्वीप (सेन्ट्रल एशिया) से ही अमरेरीका गये थे। इनमें कुछ प्रमुख समुदाय हैं-शास्ता, (Shasta यानी A member of the Indian people of northern California and southern Oregon) इसी नाम का एक पर्वत भी है, दूसरा है पुनोटीयन (Penutian यानी North American Indian people speaking Penutian language), तीसरा है प्रसिद्ध मायू (Maya - Mayan यानी माया-American Indian people of Yucatan and Belize and Guatemala। माया समुदाय के बारे में कहा जाता है outstanding in architecture, pottery and astronomy। इसके अलावा Mayar s had a system of writing an accurate calendar), चौथा है केचवू (Quechua - Kechuan यानी South American Indians), पाँचवाँ है अजटेक (Uto - Aztecan è Aztec यानी family of American Indian languages या नावाटल लोग (Nahuatl people यानी various Indian peoples of central Mexico), छठा तथा सातवाँ (आज भी आर्य नामों के प्रतिनिधि) अरुवाक (Arawaks यानी Amerindians living in northeastern South America) और अयमारा (Ayamara यानी people and language of South America) आदि है। यहाँ तक कि कुसान (Kusan) लोगों को भी उत्तरी अमेरिका का भारतीय (North American Indian people of Oregon) बताया जाता है। इस पर आगे के प्रकरणों में भी प्रकाश डाला गया है।

प्रसिद्ध इतिवृत्त A Cpmprehensive Chronicle[1] में विगत हिमयुग (last ice age) का समय 1,16,0000-10000 दियागया है तथा 18000 BC इस युग

---

1. Ibid - Page 9 to 12, 14, 15

का शीतलतम काल बताया गया है। इस संग्रह के अनुसार हिम परतें कहीं-कहीं दो किलोमीटर तक मोटी थीं लेकिन सर्वत्र समुद्रतल 400 फीट तक नीचे आ गये। सहारा का रेगिस्तान नम और ठंडा था। पृथ्वी पर लंबे-तगड़े लोग रहते थे जिनकी बुद्धि और मस्तिष्क क्षमता ज्यादा थी। ये लोग आमतौर पर एशिया-यूरप में थे और अंटार्कटिक को छोड़कर सभी द्वीपों में बस गये थे। यही आज के मानव के आदि पूर्वज थे जो दक्षिण-पूर्व एशिया में व्यवस्थित रूप से रहते थे। ईसा पूर्व करीब 81000 के आसपास बर्फ की चादरें उत्तरी गोलार्ध से दक्षिण की ओर खिसकती गई। माना जाता है कि अमरीकनों के आदि पूर्वज ईसापूर्व करीब 66000-50000 में दक्षिण-पूर्व एशिया से ही समुद्री मार्ग से आये थे। यही लोग न्यूगिनी, आस्ट्रेलिया, फिलिपींस, इण्डोनेशिया आदि स्थानों में गये। पिछले हिमयुग के समय बाली, जावा, सुमात्रा, बोर्नियो आदि शुष्क हो गये थे।

इसी दौरान सौ फीट व्यास (diameter) की करीब 60000 टन की एक उल्का (meteoroid) 45000 किलोमीटर प्रतिघण्टा की रफ्तार से पृथ्वी पर गिरि जिससे अमेरिका में बहुत नुक्सान हुआ। इस संग्रह के अनुसार ईसापूर्व 41000-12000 के आसपास महा आखेटक और चरवाहे मंगोलियाई मैदानों, नीपर नदी घाटी, पश्चिमी रूस, पूर्वी बेलारूस, उक्रेन, कालासागर, यूरेशिया (ऊराल), बीकल झील (Baikal Lake) के क्षेत्र में रहते थे। साफतौर पर यह आर्यों का ही विवरण है।

ईसा पूर्व 13000-8000 अथवा 31000-11000 के आसपास एक भूमि पुल साइबेरिया (रूस) और अलास्का के बीच बन गया था जो समुद्रतल के घट जाने से बना। इसी दौरान भारतीय उपमहद्वीप में निषाद लोग रहने लगे जो मुण्डा भाषा बोलते थे। यहाँ पर भी यह सवाल उठता है कि क्या यही लोग कालान्तर में द्रविड़ तो नहीं कहे गये?

नाइल (नील नदी) एक मरु उद्यान हो गई थी जो हरी पट्टी की तरह लगती थी। कुछ इतिहासकार निश्चय पूर्वक मानते हैं कि ईसापूर्व 19400 में एशियाई लोग ही हिमयुगी भूमि पुल से अमेरिका पहुँचे थे। अब यही बात 4000 वर्ष पूर्व आर्यों के आस्ट्रेलिया गमन के सम्बन्ध में भी कही जा रही है।

इस ऐतिहासिक इतिवृत्त में नौ से भी अधिक हिमयुगों का अनुमान लगाया गया है जिन्होंने यूरेशिया और अमेरिका को आच्छादित किया हुआ था। जैसे-जैसे बर्फ की परतें पिघलती गई बेरिंग सागर ने (Bering Sea) साइबेरिया और अलास्का को अलग कर दिया। ब्रिटिश टापू यूरपीय महाद्वीप से अलग हो गये। बाल्टिक तथा उत्तरी सागर (North Sea) उदित होगये। समुद्र और महासागर बढ़ने और जलप्लावित होने लगे। एशिया के द्वीप अलग हो गये। उनकी समुद्री जल सीमा जलमग्न होगई। ईसापूर्व करीब 12000-10000 के आसपास बर्फ पिघल गई। यही जलप्लावन का आखिरी काल था। ईसापूर्व 10000 वर्ष के आसपास हिमयुग की समाप्ति हुई और विश्व में नई और पुरानी दुनियाँ का उदय हुआ।

यहाँ यह उल्लेख करना जरूरी है कि The Chronicle of the World में वर्णन आया है कि देवों और असुरों ने अपना विस्तार तिब्बत के उत्तर और दक्षिण की ओर किया। उत्तर में उन्होंने अपना शासन ईराक तक स्थापित करते हुये अपना प्रभाव यरूशलम (येरूसलेम) वर्तमान इस्राइल से भूमध्य तथा टिग्रिस नदी तक फैलाया। इन स्थानों के निवासी अपनी स्थानीय भाषा बोलते थे लेकिन शासकों की भाषा संस्कृत थी। वो रथों का प्रयोग करते थे और वरुण तथा इन्द्र की पूजा करते थे। उस समय पूरी अरब दुनियाँ में मूर्ति पूजा प्रचलित थी यहाँ तक कि मक्का ही में 360 मूर्तियां थी;

“The Devas and the Asuras spread out in the north and south of Tibet. In north they established their rule up to Iraq extending their influence as far away as Jerusalem to Alalakh on the coast of Mediterranean and to the Arrapkha on the lower Zab, a tributary of the Tigris. Most of their people spoke local language but their ruler's language was Sanskrit. They fought in war chariots. They worshipped Varuna and Indra. Before the onslaught of Islam in 6th century AD the Arabs were idolaters. They worshipped many gods and plants. In Mecca alone there were 360 idols. They even worshipped trees, stones and wind like Hindus”.

उपर्युक्त वर्णन से इस बात में कोई संदेह नहीं रह जाता है कि पाश्चात्यों ने जानबूझकर वैदिक सनातन सभ्यता और संस्कृति को तिब्बत तक सीमित रखने की कोशिश की लेकिन वैदिक संस्कृति और सभ्यता के विस्तार के सत्य को छुपाने में

समर्थ नहीं हो पाये। सत्य यही है कि वैदिक संस्कृति का उदय आर्कटिक क्षेत्र से हुआ था। जिसे पाश्चात्य बरगलाने के उद्देश्य से तिब्बत कहते हैं वह आर्कटिक था। इसीलिये उस हिम युग में भी संस्कृति का इतना विश्व विस्तार सम्भव हो सका। सबसे बड़ा सच यह है कि यही देवी, देवता मानव जाति के आदि पूर्वज हैं न कि बंदर या लंगूर। स्टीफन हाकिन्ग (Stephen William Hawking) जैसे पाश्चात्य भौतिकी आज जिन्हें परग्रही (Aliens) कह रहे हैं, उन्हीं तुषितों, देवी-देवताओं की संताने आर्य मानव थे जिनकी संतान विश्व मानव है।

श्री मित्तल के साथ कई इतिहासकारों जैसे डॉ० के एल जैन[1] आदि का मत मिलता है जिसके अनुसार देवासुर युग ही वैदिक युग था। भारतीय देवी देवताओं को आर्य या आर्ष मानव कहा जाता था और दैत्य दानव तथा यक्षों को राक्षस अथवा असुर माना जाता था। आर्य मानवों ने 6000 बीसी के उपरान्त भारत के उत्तर और दक्षिण दोनों ओर अपने राज्य की स्थापना की। लेकिन उसके छः-आठ सौ वर्षों के बाद राक्षसों ने दक्षिण पर अधिकार कर लिया। सुकेतु, सम्बर, मय, सुन्द, इलविल और रावण आदि दक्षिण के शासक और राजा रहे। सुसैण, बाली, सुग्रीव आदि वहां के स्थानीय राजा थे। सम्पाति भी एक स्थानीय राजा ही रहे होंगे। आर्यावर्त (यानि वर्तमान भारतवर्ष का उत्तर मण्डल) के लोग देवों-सुरों के साथ हो गये थे और दक्षिण मण्डल के लोग अपने शासक दानवों-राक्षसों के साथ। राक्षसों को शासन करना इसलिये सुलभ हुआ कि प्रारम्भ में उन्हें आदि पुरुष ब्रह्मा जी ने जल यानी समुद्र की रक्षा के लिये रक्षक रूप में नियुक्त किया था लेकिन बाद में उन्होंने वहाँ का आधिपत्य ही ले लिया। इस तरह देवों-दैत्यों और सुरों-असुरों के बीच बराबर युद्ध स्थिति बनी रहने के कारण ही लोगों में यह गलत फहमी पैदा हुई कि दक्षिण और उत्तर के बीच संघर्ष होता रहा। सत्यता यह लगती है कि जनता और लोगों के बीच कोई वैमनस्यता नहीं थी जो संघर्ष था वह केवल उनके शासकों के बीच था। इसीलिये रावण को मारने में भगवान राम सफल हुये क्योंकि जनता सुराज-सुशासन चाहती थी। दक्षिण मण्डल में देवों का राज्य स्थापित होने के साथ राक्षस समाप्त होते गये और देव संस्कृति लंका-सिंघल द्वीप तक छा गई। देवों की विजय के कारण ब्राह्मणों-ज्ञानियों ने असुरों, दानवों का विस्तृत इतिहास नहीं लिखा

---

1. Ibid पूर्वोक्त

केवल उतना ही लिखा जितना संघर्ष और युद्ध से सम्बन्धित था। यही कारण है कि उत्तर में दक्षिण के इतिहास की अधिक प्रसिद्धि और प्रचलन नहीं हुआ। यह भी सम्भव है कि कालान्तर में दैत्य-दानवों का अपभ्रंश ही 'द्रविड़' हो गया हो। ऐसा माना जाता है कि दक्षिण पर दैत्य-दानवों के शासन से पहले ही ईसा पूर्व करीब 5500 के आसपास अगस्त्य जी ने उत्तर से दक्षिण गमन किया था। इस पुस्तक में द्रविड़ीय आयाम पर पहले ही कई तरह से प्रकाश डाला जा चुका है।

यहाँ यह बात भी स्पष्ट करना समुचित है कि वह सनातन वैदिक युग था, तब 'हिन्दु' नहीं थे। यह कहना कतई युक्ति संगत नहीं है कि सनातन भारतीय देवी-देवता मानव कहे जाते थे। सच यह है कि दिव्य योनियाँ देवी-देवता और तुषित ही थी उनकी सन्तान आर्य-आर्ष मानव हुये जो समस्त विश्व के आदि पूर्वज है।

देवासुर संग्राम का मुख्य कारण स्वर्ग पर आधिपत्य करना था। देव-दानव, सुर-असुर, आदित्य-दैत्य सभी एक ही पिता कश्यप ऋषि की अलग अलग पत्नियों से उत्पन्न सन्तति यानी सौतेले भाई थे। दिति के दैत्य, अदिति के आदित्य, दनु के दानव आदि। एक प्रकार से यह महाभारत की ही तरह अधिकारों की लड़ाई थी।

काल यवन और उसके समुदाय का महाभारत कालीन होना और कृष्ण विरोधी चरित्र प्रसिद्ध है। इतिहासकार मानते हैं कि उससे भी पूर्व चन्द्र वंशी राजा ययाति के पुत्र द्रुह्यु के वंशज अपने पूर्वज ययाति के नाम से यवन कहे गये। इन लोगों का शासन मोहनजो-दड़ो में था। विदेशी आक्रमण्कारी होने के कारण ही यूनानियों को यवन कहा गया। यवन शब्द हिब्रू (इस्राइली) में भी है। ईरानी आर्यों की जिस यमुनाया संस्कृति का उल्लेख इतिहासकार करते हैं शायद उसके मूल में 'ययाति' या यम ही है जो यवन संस्कृति कहलाई और कालान्तर में यवन सम्बोधन विदेशी आक्रमणकारियों के लिये होने लगा।

कुछ इतिहासकारों के अनुसार ईसापूर्व 3100 के आसपास श्रीकृष्ण के तिरोभाव के बाद ही गुजरात से लेकर आज के पाकिस्तान में जबरदस्त भूकम्प आया जिसके कारण द्वारका और हड़प्पा-मोहनजो-दाड़ो आदि डूब या दब गये। सिन्धु घाटी सभ्यता का अस्तित्व द्वापर युग में सिद्ध होता है लेकिन द्वारका के साथ उसका ध्वंश या लुप्त होना सम्भव और युक्तियुक्त प्रतीत नहीं होता क्योंकि अधिकांश इतिहासकारों ने सिन्धु सभ्यता को 3500-2500 बीसी के मध्य का बताया है

जबकि प्रसिद्ध इतिहासज्ञ विद्वान रोमिला थापर[1] ईसापूर्व 2600-1700 का मानती है। हड़प्पा-मोहनजो-दड़ो आज पाकिस्तान में है। वर्तमान रावि नदी के तट पर स्थित हड़प्पा सम्भवतः महाभारत कालीन वाह्लीक राज्य की राजधानी था। इस सभ्यता का गन्धर्व सम्बन्धी होना भी प्रमाणित होता है। कालान्तर में यह क्षेत्र गन्धर्व देश से प्रसिद्ध हुआ। ऐसा माना जाता है कि बलूचिस्तान में सिंधु नदी के तट पर स्थित मोहनजो-दड़ो, चंद्रवंशी राजा ययाति के पुत्र द्रह्यु और उसके वंशज यवनों की राजधानी था। इतिहासकार डॉ। राधाकुमुद मुकर्जी हड़प्पा-मोहनजो-दड़ों सभ्यता को 3250-2750 बीसी का मानते है। रेडियो कार्बन डेटिंग के आधार पर टाटा संस्थान ने इसे 3000 बीसी पूर्व का माना है। पुरातत्त्व के महा निदेशक सर जोन मार्शल का मानना था की यह सभ्यता 5000 वर्ष पुरानी यानी ईसवी पूर्व तीसरी सहस्त्राब्दि की है। यानी तब भगवान श्री कृष्ण थे और द्वारिका भी थी। आमतौर पर 2750 ईसवीपूर्व पर सहमति है। वर्ष 2002 में खम्भात की खाड़ी में मिले तथा अन्य अवशेषों के आधार पर यह निष्कर्ष निकालना सम्भव हुआ कि भारत में सभ्यता का प्रारम्भ हड़प्पा मोहनजो-दड़ो से भी बहुत पहले ईसापूर्व 6000 में हो गया था। सिन्धु घाटी सभ्यता के बारे में इस पुस्तक में पहले ही बहुत विस्तार से लिखा जा चुका है।

कई भारतीय इतिहासकार, विद्वान, अन्वेषक, लेखक सिन्धु घाटी सभ्यता को करीब 5000 वर्ष प्रचीन एवं मिस्त्र के पिरामिड, सुमेर सभ्यता (मैसुपुटेमिया Mesopotamia-बबूलोनिया Babylonia वर्तमान ईराक) तथा चीन के शेंग राजवंश का समकालीन मानते है। इसे एक अनोखी रहस्यमय भव्य सभ्यता माना गया है जिसकी भाषा की डिकोडिंग (decoding रहस्योद्घाटन) आज तक नहीं की जासकी। उसके राज, कुल, वंश का सही-सही निर्धारण आज तक नहीं किया जा सका। धर्म के बारे में भी अनुमान ही लगाया जा सका है। पाश्चात्यों (अंग्रेजों-यूरोपियनों) ने जो कहा वही हमने वेद वाक्य मान लिया। कहते हैं सिन्धु सभ्यता 1000 से भी ज्यादा नगरों में विस्तृत और सैकड़ों मील (अब कि०मी०) में फैली हुई थी जो सुनियोजित निर्माण कला पर आधारित थी जिससे उस समय की सभ्यता का भी अंदाजा लगाया जा सकता है। अतः पाश्चात्यों ने भारतीयों की अवहेलना और हेयता सिद्ध करने के लिये उसे आर्येतर बताया यानी भारत भूमि से उत्पन्न न होकर मानो

---

1. Early India (Harappan age)

विदेशियों ने आक्रमण करके उस सभ्यता को बसाया हो। कुछ ही विद्वान ऐसे हैं जो मानते हैं और सही मानते हैं कि 1500-1200 बीसी के आसपास प्राकृतिक विनाश अथवा भौमिक-भौतिक विध्वंशों-परिवर्तनों के कारण सरस्वती नदी के दब जाने, लुप्त हो जाने के साथ ही सिंधु नदी में कल्पनातीत परिवर्तन आने के कारण यह सभ्यता खत्म होगई। फलस्वरूप उन लोगों ने पंजाब (तत्कालीन पंचाप = पंच + आपः या पंच + अपः अथवा अप् = पंचाप) से बड़ी संख्या में गंगा-जमुना के मैदानी इलाकों में अपना विस्तार किया और वहां व्यवस्थित हुये।

यहाँ मगर सोचने, मनन और मन्थन करने की बात ये है कि एक तरफ इतिहासकार 3200 बीसी यानी आज से करीब 5200 सौ साल पहले महाभारत होने की बात करते हैं साथ ही 3100 बीसी के आसपास द्वारका के जलप्लावन और श्रीकृष्ण के तिरोधान की बात करते हैं, तो फिर सिन्धु सभ्यता भारतेतर यानी विदेशी कैसे हो गई और हो सकती है जब कि उसका काल 3500-2500 बीसी माना गया है। यह तो वही बात हुई जैसे यह कह देना कि वेदों की रचना गङ्गा-यमुना के दोआब में हुई जबकि ऋग्वेद की रचना निश्चित ही आर्यों के मूल स्थान आर्कटिक क्षेत्र-मेरु में हुई। सामवेद और यजुर्वेद ईरान सहित सिन्धु-सरस्वती के मध्य क्षेत्र में रचे गये प्रतीत होते है। युज संस्कृति का प्रभाव ईरान पर भी दृष्टिगोचर होता है। अथर्व वेद और शेष वैदिक वांगमय का सम्बन्ध गंगा-यमुना के मध्य व्यवस्थित आर्य जनों से जोड़ा जा सकता है। मैक्स मूलर ने तो ब्रिटिश प्रभाव में आकर वेदों को महात्मा बुद्ध के बाद रचा बता दिया। उसी संस्कृति के पोषक कई लेखक इतिहासकार आज भी इतिहास को विकृत करने से नहीं चूक रहे है। यहाँ तक कि स्वनामधन्य इतिहासकार रोमिला थापर[1] ने वेदों की रचना (Composition of Vedas) इन्हीं पदचिन्हों पर चलकर 1500-500 बीसी बताया है।

कई लोगों का मानना है कि वर्तमान अन्तर्राष्ट्रीय अंक (numerals-1 से 9) ईसापूर्व तीसरी शताब्दी में विकसित ब्राह्मी भाषा-लिपि की देन है जो अरब से यूरप गई। जबकि दूसरों का कहना है कि अंक प्रणाली चीन की देन है। तीसरा मत है कि मिस्त्र की देन है। तथापि ब्राह्मी का मतलब ही है सरस्वती यानी वैखरी

1. Ibid-composition of Vedas

(शुद्ध-स्पष्ट भाषा) जो प्राकृत संस्कृत की ही एक उपभाषा थी। प्राकृत संस्कृत पाँचवीं शताब्दी बीसी के आसपास पाणिनि जी द्वारा सुसंशोधित एवं तत्पश्चात् कात्यायन एवं पतंजलि जी द्वारा सुविकसित की गई थी। तथापि समाज में आम लोग विभिन्न रूपों में प्राकृत का प्रयोग करते रहे और ईसा की चौथी-पाँचवीं शती तक साहित्यिक तथा धार्मिक रचनायें विशेषतः जिन (जैन दर्शन) की प्राकृत में रची गई।

शास्त्रीय एवं वैज्ञानिक विश्लेषणः लोकमान्य की चुनौती

लोकमान्य तिलक ने आर्यों और आर्य तुषितों-आर्ष देवों के मूल स्थान की आश्चर्यजनक और अद्भुत खोज की है। भारतमाता का यही एक लाल था जो पहली बार संस्कृति-सभ्यता के अभ्युदय की इतनी गहराई में गया और विश्व के समक्ष भारतीय चुनौती का डंके के साथ आगाज किया। वो भी तब, जब भारत परतंत्र था। लोकमान्य ने वेदों, ब्राह्मण संहिताओं और पौराणिक भारतीय ग्रन्थों के साथ-साथ ईरान के प्राचीन मुख्य शास्त्रों 'अवेस्ता' और Vendidad के फर्गत (Fargards) यानी अध्यायों के गहन अध्ययन के अलावा अन्य मुल्कों की आर्य परम्परा तथा मान्यताओं की सामंजस्यता के आधार पर गहन खोज की और निष्कर्ष निकाले। ये खोजें चौंका देने वाली हैं, जो आर्य इतिहास के साथ-साथ भारतीय गौरव और प्रभुत्व के खजाने को खोलती है। इस तरह के कुछ तथ्यों का संक्षिप्त विवरण इस पुस्तक में दिया जा चुका है। लोकमान्य ने कई वैज्ञानिकों, इतिहासकारों, भाष्यकारों, लेखकों, विद्वानों की कृतियों का संश्लेषण और विश्लेषण कर यह सिद्ध किया कि वेदों से ही नहीं अपितु प्राचीन ईरानी शास्त्रों और संसार के अन्य देशों की स्थापित परम्पराओं और मान्यताओं से आर्यों अथवा वेद रचयिताओं का आर्कटिक अथवा आर्कटिक क्षेत्रीय निवास (Circum - Polar Home) सिद्ध होता है। वेदों एवं ब्राह्मण संहिताओं पर आधारित गणित ज्योतिषीय संगणना के आधार पर भी लोकमान्य ने उपर्युक्त निष्कर्ष निकाले।

ईसापूर्व पाँचवीं शताब्दी के प्रसिद्ध यूनानी इतिहासकार हिरोडटस (Herodotus जिसे पाश्चात्य लोग इतिहास का जनक भी कहते हैं) के समय भी यह प्रचलित था कि प्राचीन काल में ऐसे लोग थे जो छः माह सोते थे और यह बात लोगों को विश्वसनीय लगती थी। यह भी माना जाता था कि इससे भी सैकड़ों साल पहले से ही देवी-देवताओं के रात-दिन की बात प्रचलित थी। इस सत्य की पुष्टि ईसापूर्व कम

से कम सातवीं-आठवीं शताब्दी के ईरानी जेण्ड (Zoroastrian या जरुथष्टी यानी पारसी) पवित्र धर्म ग्रन्थों 'अवेस्ता' (Zend Avesta) एवं वंदिदद के अध्याय (Vendidad, Fargard II) से होती है। वंदीदद में उल्लेख है कि-'ते च आयरा मन्यन्ते यत यरे' (वो आर्य जो वर्ष को दिन मानते थे)। यह तथ्य लोकमान्य के अनुसार 'तैत्तिरीय ब्राह्मण' (Taittiriya Brahmana) तथा वेदों से मेल खाता है और वेदों में उल्लिखित ध्रुवीय आवास को प्रमाणित करता है।

विद्वानों के एक वर्ग के अनुसार जेण्ड धर्म ग्रन्थ 'अवेस्ता' और 'वंदिदद' की भाषा-लिपि पुरातन हयस्थान (Hayastan) वर्तमान एशियाई देश अर्मेनिया (Armenia) की भाषा लिपि से मिलती है। अर्मेनियाई स्वयं को आर्य मानते हैं और अपनी भाषा को पचास प्रतिशत वैदिक संस्कृत से मिलती जुलती मानते हैं। 'अवेस्ता' शब्द भी संस्कृत के 'अवेक्षा' का रूपान्तर है, जिसका अर्थ है ज्ञान, ज्ञानयोग्य, वेद न होते हुये भी वेदों की तरह द्रष्टा प्रदत्त ज्ञान अथवा दर्शन, अवेक्षणीय, आदरणीय आदि। इसी तरह 'वंदीदद' की व्युत्पत्ति संस्कृत शब्द 'वन' (वनुते, वनोति) अर्थात् पूजा, सम्मान करना अथवा वंद् (वंदते, वंदित) अर्थात् प्रणाम करने योग्य, श्रद्धा-समादरणीय, नमस्कार के योग्य और इनसे मिलते शब्द वंदनम्, वंदनीय अर्थात् प्रणाम, स्तुति, अर्चना योग्य आदि से ही है। वंदिदद को जेण्ड वेदान्त ही समझना चाहिये। वंदीदद के फर्गर्ड की व्युत्पत्ति भी संस्कृत फकक्-फक्किका अर्थात् क्रमशः या क्रम से, चरणों में (in phases), (काण्ड, स्कन्ध-अध्याय) आदि से मानी जासकती है। ये सब प्राकृतिक वैदिक शब्द जैसे हैं।

वंदीदद के द्वितीय फर्गत में अहूरमज्द और मानव जाति के प्रथम राजा यिम के मध्य हुये संवाद का भी विवरण है-(यिम नाम मनु या यम अथवा ययाति-यदु में से किसी एक के उद्देश्य से प्रयुक्त हुआ लगता है)। कुछ लोग इसे वैदिक ययाति मानते हैं जो युक्ति संगत नहीं लगता)। उहूर (अहूर) मज्द (Ahura Mazda -जरुथष्टी धर्मशास्त्र के अनुसार ईश्वर-ब्रह्म) राजा यिम (Yima) को भयंकर शीत और धरती के बर्फ की मोटी परत से ढक जाने की भविष्यवाणी करते हुये चेतावनी देते हैं कि यह समस्त जीव-जन्तुओं के विनाश का कारण होगा। अतः ईश्वर मज्द राजा यिम को बाड़-बाड़ा (सुरक्षित घेरा) बनाने और उसमे समस्त वनस्पति तथा जीव-जंतुओं के बीज सुरक्षित रखने की सलाह देते है। ईरानी (पारसी) विश्वासों के अनुसार माना जाता है कि यह संवाद 'आर्याणा वैजो' (Airyana Vaejo) यानी

आर्यों का वैभ्रम (देवलोक) अथवा वैभ्राज (देवोद्यान) में हुआ। ईरानी (जेण्ड-पारसी लोग भी) 'आर्याणा वैजो' को अपने पूर्वजों का मूल निवास (the original home of the Iranians) मानते है। यिम के इस प्रश्न के जबाब में कि उस बाड़े में प्रकाश कहाँ से आयेगा, भगवान अहूर ने जबाब दिया कि पृथ्वी पर सृजित और असृजित दोनों प्रकाश हैं, इस स्थान पर सूर्य, चन्द्र, तारे साल में एक ही बार उदित और अस्त होते हैं तथा वर्ष एक दिन की तरह प्रतीत होता है'। इसी असृजित प्रकाश को आज के वैज्ञानिक 'उत्तरी प्रकाश' (Splendors of the Aurora Borealis या Northern Lights) कहते हैं जिसे वाल्मीकि जी ने (रामायण-किष्कन्धा काण्ड) में 'भास' कहा है जिसका वर्णन पहले ही किया जा चुका है। उन्नीसवीं-बीसवीं सदी के विद्वान स्पीगल (Spiegel) और Darmesteter ने अपनी कृतियों में इस की व्यख्या भी की है। ईरानी जेण्ड शास्त्र, ऋग्वेद में आई कई ध्रुवीय विशिष्टताओं एवं 'तैत्तिरीय ब्राह्मण' के ध्रुवीय वर्ष के वर्णन की पुष्टि करते हैं क्योंकि छः माह प्रकाश और छः माह अन्धकार अर्थात् एक मानव वर्ष का एक दिन केवल उत्तरी ध्रुव (आर्कटिक) पर ही सम्भव था अन्यत्र नहीं। इसी को 'देव' दिवस कहा गया। इस विवरण से भी वेदों के आर्कटिक क्षेत्र में रचित होने की पुष्टि होती है। इस प्रकार ईरानी शास्त्रीय वर्णन से जहाँ यह सिद्ध होता है कि 'आर्याणा वैजो' एवं 'बाड़ा' उत्तरी ध्रुव के आसपास अथवा ध्रुवक्षेत्र (Circum - Polar regions) में थे, वहीं यह भी प्रमाणित होता है कि वेद और भारतीय पौराणिक शास्त्रीय वर्णन ज्योतिषीय दृष्टि से भी सत्य है। दोनों ही आर्य शाखाओं (अर्थात् ईरानी और सनातनी) में आया एक ही तरह का वर्णन मात्र कोरी कल्पना या स्वप्न रूपक नहीं हो सकता।

तैत्तिरीय ब्राह्मण ने जिस देव और पितृ यान की बात की है वही देवों-आदित्यों के दिन-रात है। पारसी शास्त्रों में भी देव यान (path of the Gods) का उल्लेख है। अहूर मज्द द्वारा निर्मित सूर्य-चन्द्र पथ (यान या अयन) का उल्लेख 'फर्वर्दिन यश्त' (Farvardin Yasht)-56-57 में आया है जिसका अनुसरण फ्रवासी (प्रवासी यानी परलोकवासी पितर) भी करते हैं जो पौराणिक उत्तरायण-दक्षिणायण से मिलता है। देवयान-उत्तरायण का मतलब था सूर्य की अन्धकासुर से मुक्ति। छः माह तक यह वैदिक असुर (ईरानी शास्त्रों के अनुसार Daevas) सूर्य को संत्रस्त रखता था। ये विशेषतायें उस स्थान की ही हो सकती हैं जो ईरानी-आर्यों का आदि स्वर्ग या गृह स्थान था अर्थात् आर्कटिक या आर्कटिक क्षेत्र और पौराणिक शास्त्रों के अनुसार पुष्कर द्वीप-उत्तर समुद्र एवं उससे मिला हिमीय पृथ्वी का मेरु क्षेत्र।

यही नहीं बल्कि ईरानी शास्त्र भी सनातन विश्वासों की तरह पितृयान (दक्षिणायन) के समय मृत्यु को अशुभ मानते थे। महाभारत में भी भीष्म पितामह ने अपनी मृत्यु को इसी वजह से रोके रखा था। पारसी शास्त्र Vendidad के Fargards V और VIII में भी ग्रीष्म के उपरान्त शीत ऋतु में मृत्यु का प्रश्न आया जिसका उत्तर देते हुये अहूर मज्द कहते हैं कि इस स्थिति में हर घर में 'कटा' (Kata यानी ditch संस्कृत कटः खाई) बनाकर शव को तब तक उस में रख देना चाहिये जब तक चिड़ियाँ चहकने न लग जांय, वनस्पति न उग जाय और धरती का पानी न सूख जाय। यही ऋग्वेद की उषा है। यहाँ रात्रि का अर्थ शीत (शिशिर) ऋतु के पितृयान के अन्धकार से ही है। आज भी अर्थान्तर से जरुथष्टी मतावलम्बियों में शव को धूप में खुला रखने के बाद पक्षियों को समर्पित करने की परम्परा है। लोकमान्य तिलक[1] कहते हैं;

"I have referred to them here to show the complete correspondence between the Hindu and the Parsi scriptures regarding the day and the night of the Gods, and their unmistakable Polar characteristics indicating the existence of an early home within the Arctic Circle. The same traditions are also found in the literature of other branches of the Aryan race, besides the Hindus and the Parsis".

तिलक जी ने अपनी खोज के प्रमाण में डॉ० वारेन द्वारा उद्धृत इसी तरह की कई यूनानी परम्पराओं (Greek traditions) का हवाला दिया है। कहा जाता है कि ईसा पूर्व नौवीं शताब्दी के यूनानी महा कवि होमर (Homer) ने अपने महाकाव्य इलियड और ओडसी में भी कई बार दो तरह के दिनो का जिक्र किया है। देवताओं के सम्बन्ध से यह दिन वर्ष पर्यन्त का है अन्य के लिये चौबीस घण्टे का है। नार्वे, जर्मनी और Scandinavian देशों के पौराणिक विश्वासों (Norse mythology) में भी देव काल का उल्लेख है जिसे ओडिन और ऐसीर (Odin - Aesir) का राज्य कहा गया है जिनका अन्त पुनरागमन के लिये होता है। ओडिन' को नोर्स दर्शन में मुख्य देव माना गया है और Aesir को स्वर्ग (असगाड Asgard) के निवासी देवों में माना गया है जो ईश्वर के ही अंश है। सम्भवतः

1. पूर्वोक्त chapt. XI

'आर्कटिक को ही 'असगाड' माना जाता था। यह देव राज्य उन्हीं छै माह का संकेत है जब दिन रहता था और देव राज्य का पुनर उद्भव छः माह की रात्रि की समाप्ति के बाद दिन होने पर होता था। लोकमान्य बाल गंगाधर तिलक कहते हैं;

"Traditions about a day and a night of six months are found not only in the Vedic and the Iranian, but also in the Greek and the Norse literature. It seems to have been an idea traditionally inherited by all the branches of the Aryan race, and, as it is distinctly Polar in character, it is alone enough to establish the existence of an Arctic home. But fortunately for us our edifice need not be erected on this solitary pillar, as there is, ample evidence in the Vedic literature which supports the Arctic theory by satisfying almost all the Polar and Circum-Polar tests"

प्रत्यक्ष एवं पारिस्थितिक वैदिक-शास्त्रीय प्रमाणों के साथ पारसी शास्त्र 'अवेस्ता' में आर्यों के मूल आर्कटिक निवास के कई महत्वपूर्ण प्रमाण हैं जहाँ से आर्यजनों ने ईरान, सुमेर और सिन्धु आदि की ओर परिवास किया। इस प्रकार पुरातन अवेस्ताई-ईरानी शास्त्र 'वैदिक आर्कटिक निवास' (Arctic Home in Vedas) के निष्पक्ष प्रमाण है। वेदों की तरह अवेस्ता भी आर्य मूल की ही शाखा है जो ईरानी-जेण्ड पारसियों के लिये उतना ही पवित्र है। अवेस्ता शास्त्र, अवैदिकों, नास्तिकों और आर्य विरोधियों के लिये सीधा जबाब है। भारत से बाहर के देश में रचे गये परंतु वेदों के पूरक शास्त्र के रूप में भी इन्हें सशक्त प्रमाण माना जा सकता है। जहाँ वेदों से पारिस्थितिक रूप से आर्यों के मूल निवास का प्रमाण मिलता है वहीं पुराणों से स्पष्ट लेकिन अवेस्ता से प्रत्यक्ष प्रमाण मिलता है। अतः लोकमान्य अपनी कृति के (Chapt XI - The Avestic Evidence) में कहते हैं;

"While there are a number of passages in the Vedic literature, which speak of long dawns, continuous darkness, or a sacrificial session of ten months, we have no text or legend which directly refers to the home in the far north or to the cause or causes which forced the ancient Aryans to abandon their primeval home and migrate southwards. But fortunately for us, the Avesta, though not generally as well preserved as the Vedas, contains a passage which supplies the omission in a remarkable way- Avestic legends and traditions quoted in the foregoing chapters show that a day and a night of six months each were known to the ancestors of the Iranians, the forefathers of the worshippers of Mazda". लोकमान्य पुनः उल्लेख करते हैं;

"The stoppage of the flow of waters, and of the movement of the sun in winter, as described, in the Farvardin Yasht, all these traditions have their counterparts in the Vedic literature. But the Avestic tradition regarding the original home in the far north and its destruction by snow and ice stands by itself, though in the light of the Vedic evidence discussed in the previous chapters, we can now clearly show that it has historical basis and that it preserves for us a distinct reminiscence, howsoever fragmentary, of the ancient Aryan home. This tradition is contained in the first two Fargards or chapters of the Vendidad or the law book of the Mazdayasnians" i.e. the followers of Ahur Mazd (or Ahura Mazda).

आश्चर्यजनक रूप से World web में Ahura को Hindu Diety भी कहा गया है। सम्भवतः इस नाम-अभिधान की व्युत्पत्ति "आहवनीय" (आ + हु + अनीयर) अथवा 'आहवनम्' आदि से हुई है। तथापि जिन शास्त्रीय उल्लेखों को प्रचीन काल में ईरानी आर्य पारम्परिक मिथ समझते थे उन्हीं फरगर्ड (अध्यायों) की ओर जेण्ड अवेस्ताइयों का आधुनिक काल में गम्भीर रूप से ध्यान गया और उन्होंने न केवल उन स्थानों की खोज करने का प्रयत्न किया अपितु उनकी पहचान करने और निष्कर्ष निकालने की भी कोशिश की।

वेदों, ब्राह्मण संहिताओं के साथ-साथ अपनी खोज और तत्कालीन वैज्ञानिक अध्ययनों के उपरान्त लोकमान्य के साथ समकालीन वैज्ञानिक एवं पुरातत्त्वज्ञ (contemporary Scientists - Archaeologists) इस निष्कर्ष पर पहुँचे कि आर्य सभ्यता का उदय प्राचीनतम वैदिक काल से भी हजारों वर्ष पूर्व हुआ होगा। अगर जलप्लावन ईसा पूर्व 10000-8000 वर्ष माना जा रहा है तो आर्योदय निश्चित ही ईसापूर्व 7000-6000 वर्ष के लगभग माना जायेगा। यद्यपि कुछ भारतीय पुरातन इतिहास लेखक1 वैदिक काल को 'देवासुर' युग भी मानते है। तात्पर्य यह है कि इस प्रकार वेदों के रचना काल को उत्तर वैदिक काल भी माना जायेगा।[1]

---

1. देवासुर युग (वैदिक काल) आर्य काल (उत्तर वैदिक युग)

लोकमान्य की खोज से भी यही बात प्रमाणित होती है कि आर्कटिक निवास आर्यों का नहीं वैदिक देवों का लोक-आवास था। यह बात पौराणिक इतिहास बार-बार कहता है। इस सम्बन्ध में लोकमान्य का उद्धरण द्रष्टव्य है;

"There are many passages in the Rig -Veda, which, though hitherto looked upon as obscure and unintelligible, do, when interpreted in the light of recent scientific researches, plainly disclose the Polar attributes of the Vedic deities, or the traces of an ancient Arctic calendar; while the Avesta expressly tells us that the happy land of Airyana Vaêjo, or the Aryan Paradise, was located in a region where the sun shone but once a year, and that it was destroyed by the invasion of snow and ice, which rendered its climate inclement and necessitated a migration southward".

वेद-पुरणों के साथ-साथ ईरानी आर्य शास्त्र Vendidad के अध्याय (Fargards I और II) के सरल और स्पष्ट उल्लेखों से यह पुष्टि होती है, जिनको कि आधुनिक भूगर्भीय खोजों ने प्रमाणित भी किया है, कि आदि आर्य देव निवास उत्तर ध्रुवीय और अन्तर हिम युगी (inter - Glacial) थे। यह भी सच है कि प्रारम्भ में फारसी-ईरानी जेण्ड अवेस्ताई आर्य भी इस सत्य को नजरअंदाज करते रहे क्योंकि यह बात समझ में आने वाली नहीं थी कि उत्तरी ध्रुव पर इतना सुहावना मौसम और आनन्द लोक कैसे हो सकता है। लेकिन आधुनिक भूगर्भीय विज्ञान ने इस गुत्थी को सुलझाकर यह सिद्ध कर दिया है कि अन्तर-हिमयुगों (इंटर-ग्लेशिअल पीरिएड) में उत्तरी ध्रुव(पौराणिक पुष्कर द्वीप) का मौसम सम-शीतोष्ण (Temperate) और नरम (Mild) था अतः जीवन के उपयुक्त था। शायद ये साक्ष्य भारत और विश्व इतिहास के पुनर्लेखन और संशोधन के लिये काफी है।

ऐसा नहीं है कि वैदिक आर्कटिक गृह सिद्धांत केवल धर्म-दर्शन तक ही सीमित था। कई वैज्ञानिकों ने भी इस सत्य को जानने का प्रयास किया और माना कि मानव जीवन के उदय की सम्भावना आर्कटिक क्षेत्र से ही लगती है। बोस्टन विश्वविद्यालय (अमेरिका के Massachusetts प्रान्त की राजधानी) के प्रधान डॉ० वारेन[1] ने 1893 में ही अपनी पुस्तक (Paradise Found or the Cradle of the

1. Paradise Found - Dr. Warren

Human Race at the North Pole) में इस तथ्य पर जोर दे दिया था। पुराणों से आदि आर्य निवास मध्य एशिया-सेंट्रल एशिया (तत्कालीन मध्य जम्बूद्वीप) सिद्ध होता है जबकि आर्कटिक-पुष्कर पुराणों के अनुसार देवालय-सुर धाम सिद्ध होता है जो तर्कसंगत भी है। लेकिन अपनी अहंमन्यता (Superiority) दिखाने के चक्कर में जर्मन--स्कैंडिनेवियन-यूरपियनो (German - Scandinavian - Europeons) ने तथ्यों को विकृत करके अपने देशों से आर्यों की उत्पत्ति और स्वयं को आर्य बताने का झूठा जाल फैलाया जिसे स्वीकार करना परतंत्र भारतीयों की मजबूरी थी। सच यह है कि आर्कटिक देवालय अथवा वैदिक ध्रुवीय निवास पिछले जलप्लावन (हिमयुग) से भी हजारों साल पहले से था। लेकिन यह बात भी उतनी ही सच है कि 2000 साल के दौरान आपसी लड़ाइयों तथा लगभग 1000 साल की दासता के कारण हम आर्यों की उत्पत्ति और मानव जाति का आदि पूर्वज होने एवं 'आर्कटिक होम' के आदि वैदिक एवं पुराणों द्वारा व्याख्यायित सिद्धान्त को समझ ही नहीं पाये अतः समझाने में भी सफल नहीं हुये। लेकिन अब वैज्ञानिक, पुरातत्त्वीय, भूगर्भीय और ऐतिहासिक खोजों ने इस पर अप्रतिम प्रकाश डाला है। साथ ही विचारणीय ये है कि अगर यह बात सच नहीं थी तो वैदिकों-पौराणिकों के साथ अवेस्ताई जनों को ये सब बातें कैसे ज्ञात हुई? दुर्भाग्य यह भी रहा कि महान भाषा संस्कृत पूजा-पाठ, तिलक-जनेऊ-ज्योतिष तक सीमित होकर रह गई।

यहाँ यह समझ लेना और स्पष्ट करना भी जरूरी है कि कई इतिहासकार जेण्ड यानी जरुथस्त्री शास्त्र 'अवेस्ता' और 'वंदिदाद' की भाषा 'पहलवी' मानते हैं जिसे 'पेहलवी' भी कहा जाता है। वैसे भाषा के अलावा पहलवी एक जाति समुदाय भी है। इस वंश के लोग ईरान के राजा रहे हैं जो स्वयं को आर्य कहते थे। सम्भवतः ये महाभारत कालीन मध्य जम्बूद्वीप के 'पोलोम' वंशी लोग हैं जिनको देवलोक की यात्रा के दौरान अर्जुन ने पराजित किया था। अन्य विद्वानों के अनुसार पहलवी (Pahlevi - Pahlavi - Pehlevi) भाषा ईसापूर्व नौवीं शताब्दी की समृद्ध अर्मेनियाई (Aramaic) लिपि यानी दक्षिण-पश्चिम एशियाई देश अर्मेनिया (Armenia) की लिपि और वर्णमाला की ही उप-भाषा या शाखा है। जैसा कि कहा जा चुका है अर्मेनियाई लोग आज भी अपने को आर्य कहते हैं और यह मानते हैं कि उनकी भाषा पचास फीसदी वैदिक संस्कृत से मिलती है। पुरातन काल में इस देश का नाम 'हयस्थान' था। इस नाम से भी आर्यों का अश्व सम्बन्ध और उच्च श्रेणी के घोड़ों

की नस्ल का अनुमान लगाया जासकता है। वर्ष 1991 तक आर्मेनिया रूसी संघ का राज्य था।

ईरानी देवासुर संग्राम रूपक

जरुथष्टी शास्त्र वंदीदद (Vendidad) के पहले दो अध्यायों (Fargards) में अहूरमज़्द (ब्रह्म देव) रचित सोलह सृष्टियों का उल्लेख है जिन्हें आर्य सनातन के मय दानव की तरह दुष्ट असुर 'अंग्रमैन्यु' (Angra Mainyu) ने अपवित्र और नष्ट कर दिया तथा अपनी अलग सोलह सृष्टियों की रचना की। मन्यु' का संस्कृत अर्थ है-क्रोध, कोप, विपद, व्यथा आदि। अतः 'अंग्र मन्यु' का अर्थ 'अमंगल्य' अतैव दानव-दैत्य भी किया जा सकता है। इसप्रकार यह नाम मय दानव नाम का अपभ्रंश भी हो सकता है। मज्द देव निर्मित हर पवित्र रचना को विनाशक दैत्य अंग्रमन्यु ने न केवल अपवित्र किया बल्कि उजाड़ कर विरोध में अपनी नई सृष्टि रचना भी की। ये उदाहरण उन्हीं देवासुर संग्रामों के रूपक हैं जिनका वर्णन पुराणों में है।

वन्दीदद (अ० 1, 2) का स्पीगल (Spiegel) और डर्मेस्टेटर (Darmesteter) आदि ने जो ट्रांसलेशन किया है उसके आधार पर भगवान अहूर मज्द और ऋषि जरथुष्ट (Zarathustra) के मध्य हुये संवाद से यह प्रतीत होता है कि आर्यों का स्वर्ग पहले से उत्तरी ध्रुव पर मौजूद था। संवाद का एक अंश इस प्रकार है।

"Ahura Mazda spake to the holy Zarathustra: 'I formed into an agreeable region which before was nowhere habitable. Had I not done this, all living things would have poured forth after Airyana Vaejo".

अनुवाद के दूसरे रुपान्तरण अर्थात् वंदिदद (Vendidad अध्याय 3, 4) से स्पष्ट होता है कि आर्याणा/एर्याना वैभ्राज (Airyana Vaejo) ईश्वर निर्मित लोक था जोकि संवाद के इस अंश से स्पष्ट है-"I, Ahura Mazda, created as the first best region, Airyana Vaejo, of the good creation". कई लेखकों ने अपने अनुवाद में Vaejo का अर्थ 'बीज' यानी मूल किया है जिसका अर्थ भी वही होगा यानी आर्यों का मूल निवास अथवा आर्योदय का आदि स्थान।

'वन्दीदद' और 'अवेस्ता' शास्त्र में, ऊपर उद्धृत शब्दों के अलावा कई अन्य प्राकृत और संस्कृत शब्द हैं जैसे गौ (Gau), अर्थात् समतल या गोचर भूमि जिसके

बारे में अहूरमज्द ने कहा कि मेरी दूसरी उत्तम सृष्टि Gau है जो सुग्धा या सुगुधा (Sughdha) के समतल क्षेत्र है। सुग्धा का अर्थ लेखकों ने अपने-अपने अनुवादों में Suguda या Sogdiana और समरकन्द किया है। यही समरकन्द प्राचीन समरकेन्द्र है जो इलावृत वर्ष यानी मध्य जम्बू का भाग था जहाँ मेरु स्थित था जो आज का उराल है। अहूर मज्द द्वारा रचित तीसरा श्रेष्ठ क्षेत्र महान एवं पवित्र मेरु था। ऋषि जरथुष्ट से ईश्वर मज्द, कहते हैं-"I, created as the third best region, Mouru the mighty, the holy" (Vendidad 6)। इस प्रकार 'मेरू' की स्थिति सेन्ट्रल एशिया (मध्य जम्बू द्वीप) में सिद्ध होती है जो Sughdha यानी समर केन्द्र (वर्तमान समरकंद) से पास ही था जो कि वर्तमान उराल सिद्ध होता है जिसे सनातन शास्त्रों में भी महान महा मेरु कहा गया है। जेण्ड भाषा में कई संस्कृत शब्दों के उल्टे अर्थ हैं जैसे देवा (Daevas), जिसका अर्थ दैत्य (Demon) है। कई शब्दों के अर्थ स्पीगल, डर्मेस्टेटर आदि जैसे पाश्चात्य-यूरपियन अनुवादकों ने जानबूझकर भी आर्य-वैदिक, पुराण और संस्कृत से भिन्न किये हैं। उनका उद्देश्य आर्य सनातन इतिहास को विकृत करना ही था। उदाहरणार्थ Airyana Vaejo का अर्थ Iran Vaejo और भयंकर शीत (Severe winter) भी किया है। मेरु-स्वर्णिम महामेरु (Mouru) का Margu, Margiana, Merv और Sinful Lust भी किया है। इसीप्रकार Sughda का Samarkand के अलावा Sogdiana एवं Cattle wasp तथा fly अर्थ किया है।

इसी संवाद के आगे अहूर मज्द पुनः ऋषि जरथुष्ट से कहते हैं "I created as the fourth best region, the fortunate Bakhdhi, with the lofty banner". बख्धी-बखधी सम्भवतः वैखानस था जिसका अनुवादकों ने Bactria और ants beast अर्थ भी किया है। वो आगे कहते हैं-I created as the fifth best region Nisaya, जो शायद निषाद-निषाध क्षेत्र था जो आज के रूस का 'नोवाया' हो सकता है। इसका अर्थ अनुवादकों ने 'अविश्वास' भी किया है। इसी तरह I created as the sixth best region Haroyu हरोयु शायद हयस्तान (हयस्थान) (Hayastan) वर्तमान अर्मेनिया (Armenia) ही है जो 1991 तक रूस का एक प्रान्त था। यह प्राचीन सभ्यता का वह देश है जिसकी भाषा आज भी पचास फीसदी संस्कृत से मिलती है और जो अपने को आर्य कहते है। हरोयु का उच्चारण 'सरयू या सरोयु' भी किया जा सकता है क्योंकि यूनान और ईरान की भाषा में 'स' का उच्चारण 'ह' है जैसे सिन्धु से हिन्दु और सरस्वती को हुरावती

आदि। अनुवादकों ने इसका अपभ्रंश Haraiva basin of Hari river एवं Mosquito तथा Poverty किया है। हरेवा को प्रकारान्तर से हड़प्पा भी माना जा सकता है। अगली रचना के बारे में ब्रह्म देव कहते हैं-I created as the seventh best region Vaekereta, where Dujak is situated. वैकेरता (Vaekereta) 'बलख'-बाल्हीक हो सकता है और दूजक (Dujak) दुषाद क्षेत्र या रूस का 'दुदिन्का' हो सकता है। आगे भगवान मज्द कहते हैं-I created as the eighth best region, Urva, full of pastures. उर्व शब्द संस्कृत 'उर्वी' का अपभ्रंश है जिसका अर्थ है (विस्तृत मैदानी या उर्वरा-उपजाऊ क्षेत्र)। अनुवादकों ने इसको काबुल के आसपास का क्षेत्र बताया है और इसका अर्थ बुरा, दम्भी भी किया गया है। अहूर मज्द फिर कहते हैं I created as the ninth best region Khnenta in Vehrkana. यह 'Khnenta' नाम सम्भवतः 'क्षेमन्त' या 'हेमन्त' और Vehrkana वैखानस या विशक हो सकता है, विशक आज भी एशियाई रूस में है लेकिन इसका कान्धार (Kandahar) के साथ-साथ 'अप्राकृत पाप' अर्थ भी किया गया है।

उपर्युक्त संवाद के आगे का अंश अतिरोचक है जिसमें अहूर मज्द कहते हैं-I created as the tenth best region, the fortunate Harahvaiti. अर्थात् मेरी दशवीं उत्तम सृष्टि भाग्यशालिनी हराहवती है। सरस्वती का यूनानी और फारसी उच्चारण 'हराहवती' है क्योंकि उनकी वर्णमाला में 'स-श' नहीं है। इससे यह भी सिद्ध होता है कि सरस्वती नाम मध्य जम्बू (सेंट्रल एशिया) से ही आर्यों के साथ अतिपवित्र रूप से सम्बद्ध था। अहूर मज्द फिर कहते हैं-I created as the eleventh best region, Haetumant the rich and shining. हेतुमन्त का तात्पर्य 'हिमवन्त' और हेमन्त भी हो सकता है। आगे है-I created as the twelfth best region, Ragha with three fortresses. पुनः है-I created as the thirteenth best region, Chakhra the strong-चक्र Khorasan के पास एक नगर बतया गया है। फिर है-I created as the fourteenth best region] Varena with four corners to which was born Thraetaona who slew Azi Dahaka. वरेणा सम्भवतः वरुण या वरुणा है। दहक शब्द दहन और दहर भी सम्भव है। अंग्रेजी के 'आ' के कहर के साथ अंग्रेजी उच्चारण ने वैदिक सनातन शब्दों और उनके अर्थों को विकृत ही नहीं किया अपितु ऐतिहासिक नामों की खोज को दुरूह बना दिया है। आज़ि दहक से यहां 'आदि दहक' ही सही लगता है।

ईश्वर मज्द आश्चर्यजनक रूप से आगे कहते हैं-I created as the fifteenth best country, Hapta Hendu. यानी मेरी पंद्रहवीं सर्वोत्तम सृष्टि हप्तहिन्दु अर्थात् सप्तसिन्धु है। अन्त में है-I created as the sixteenth and best the people who live without a head on the floods of Rangha.

उपर्युक्त संवाद में आये अधिकतर शब्द किसी न किसी रूप में संस्कृत, प्राकृत अथवा वैदिक संस्कृत-प्राकृत से मिलते-जुलते है। ये बातें और यह इतिहास अविश्वसनीयता की हद तक उतना ही आश्चर्यजनक और अचम्भित करने वाला है जितना आर्कटिक-अंटार्कटिक में आज घास का उगना। खासतौर से सप्त सिंधु और सरस्वती नामों का उल्लेख।

उपर्युक्त संवाद के अन्त में सोलहवीं सृष्टि की रचना में 'रंघा' नाम गंगा अथवा उसकी भद्रा धारा का अपभ्रंश प्रतीत होता है। इतिहासकार Haug ने रंघा (Rangha) का अनुवाद नदी किनारे-समुद्र किनारे (on the seashore) किया है जबकि स्पीगल ने Caspian Sea किया है। तथापि (on the floods of Rangha) से 'भद्रा नदी' अथवा गङ्गा के किनारे आशय ही निकाला जा सकता है क्योंकि दोनों का सम्बन्ध मेरु से है। मेरु से चार धाराओं में प्रवाहित होने वाली गंगा की एक धारा भद्रा भी थी। जेण्ड अवेस्ताई व्याख्याकार मानते हैं कि अहूर देव रचित 16 में से 10 क्षेत्रों की आज भी पहचान सम्भव है।

अवेस्ताई व्याख्याकारों में इस बात पर कुछ अलग-अलग मत हैं कि Airyana Vaejo पहला देव रचित 'आनन्द गृह' था अथवा ईरानी आर्यों (Iranian Aryans) का मूल निवास था। व्याख्याकारों ने Vaejo का अर्थ 'बीज' भी किया गया है और इस अर्थ में यह माना जासकता है कि अहूर देव रचित मूल अलौकिक लोक पहले से विद्यमान था और 'आर्याणा वेजो' में कालान्तर में आर्यों का जन्मोदय हुआ। वंदीदद शास्त्र के अध्यायों से इस बात का संकेत नहीं मिलता है कि जलप्लावन के उपरान्त आर्यजनों ने अहूर निर्मित उपर्युक्त सभी 16 क्षेत्रों में प्रवास किया था या नहीं। लेकिन इन विवरणों से पुराणों की तरह आदि कालीन देवी और आसुरी सृष्टि का साक्ष्य तो मिलता ही है। साथ ही देवासुर संग्राम का भी।

प्रो० डर्मेस्टेटर (Prof Darmesteter) ने अनुमान लगाया है कि अहूर देव निर्मित 16 सृष्टियों की सीमा का प्रारम्भ Vanguhi Daitya नदी पर स्थित 'एर्याना

बीजो' (Airyana Vaejo) से हुआ और उनका अन्त देव-दानवों के क्षेत्रों की सीमा विभाजक Rangha नदी से हुआ। दोनों ही देव नदियां थी जो स्वर्ग से अवतरित हुई मानी गई-एक पूर्व और दूसरी पश्चिम की ओर बहती थी, अतः इन 16 क्षेत्रों की सीमा-परिधि भी इन दोनों नदियों से ही सीमित मानी जा सकती है। इस प्रकार यह ज्यादा सम्भव है कि एक तरफ दैत्य-दानव रहते हों जो आज का यूरोप और अफ्रीका है और दूसरी ओर देव-आदित्य जो जम्बू द्वीप-उत्तर पथ-पुष्कर द्वीप यानी वर्तमान एशियाई रूस सहित एशिया था। यह भी माना जा सकता है कि Vanguhi Daitya नदी देव गंगा की भद्रा धारा हो और Rangha स्वयं गंगा हो।

स्पीगल (Spiegel) के विचार में 'एर्याना (आर्याणा) बीजो' ईरान के सुदूर पूर्व (in the farthest east) में था। बनसन (Bunsen) और Haug के विचार में आर्याणा वीजो सुदूर उत्तर में ईरानी आर्यों का मूल निवास था (original home of the Iranians in the far north)। इन इतिहासकारों के विचार में उपर्युक्त जिन 16 देशों का उल्लेख ईरानी शास्त्रों में किया गया है उनमें आर्यों ने आर्याणा बीजो छोड़ने के बाद प्रवास और निवास किया था। लोकमान्य ने Airyana Vaejo को far north यानी आर्कटिक में ही माना है। इन सब साक्ष्यों का पुराण इतिहास के साथ संहति बैठाये जाने पर लेखक के विचार में Vanguhi Daitya ही आर्कटिक देवलोक से प्रवाहित होने वाली 'देव गंगा' थी और रंघा उसकी 'भद्रा' धारा। इस प्रकार आर्याणा वीजो का तत्कालीन हिमीय पृथ्वी के आर्कटिक क्षेत्र में स्थित 'मेरु' (उराल) पर होना भी तर्कसंगत लगता है।

तथापि यहाँ यह बताना समुचित है कि Vendidad के अध्यायों में Airyana Vaejo के साथ Vanghui का नदी के रूप में जिक्र नहीं है। मूल पाठ में Airyana Vaejo Vanghuyao daityayo है लेकिन यह अति शंकास्पद है कि दैत्य का अर्थ नदी से है। उपर्युक्त वाक्य का अर्थ स्पीगल, Darmesteter और हेग ने अपने अनुसार अलग-अलग किया है। जेण्ड शास्त्रीय व्याख्या (Commentary) ग्रन्थ The Bundahish (XX-7 और 13) में Veh (Vanguhi) और Daitik (Daitya) दो अलग नदियों का नाम लिखा हुआ है और दोनों की स्थिति Airyana Vaejo में ही प्रतीत होती है। यही दो नहीं बल्कि Rangha (गंगा) नदी का स्रोत जिसे कुछ व्याख्याकार Arag (आर्कटिक) भी कहते हैं, Airyana Vaejo ही प्रतीत होता है। इसके अलावा Bundahish (VII-15) से संकेत मिलता है कि

Drag नदी का स्रोत भी वहीं Airyana Vaejo में ही था। इन चारों नदियों की तुलना आर्कटिक देवलोक से प्रवाहित होकर मेरु में अवस्थित होने वाली गङ्गा की चार धाराओं सीता, भद्रा, सुचक्षु, अलकनन्दा से की जा सकती है जो धरती की चारों दिशाओं में प्रवाहित हुई थी। देव नदी की चार धाराओं का उल्लेख बाइबल में भी है जिनके नाम हैं-Pison, Gihon, Hiddekel, Euphrates. अतः ईरानी जेण्ड शास्त्रों में Airyana अथवा Airyanem आदि सभी नाम 'आर्याणा' अथवा 'आर्याणाम्' का अपभ्रंश ही है।

यही नहीं Darmesteter जैसे लेखकों ने रंघा या Arag को रस नामक वैदिक देव नदी[1] माना है (ऋग्वेद-X-76/6), जो ईरान के पश्चिम की ओर बहती थी। कुछ विद्वनों का मानना है कि कैस्पियन सागर भी कभी ईरान की एक नदी था। प्रकृति के अविश्वसनीय परिवर्तनों ने उसे झील बना दिया। लेकिन वेद में 'रस' नदी के अलावा 'क्रुमू', कुभा और गोमती का भी प्रसंग है जो सिंधु नदी की शाखायें थी। अतः वैदिक देव नदी 'रस' का सिन्धु की धारा होना सम्भव है जैसा कि अहूर देव निर्मित सृष्टि क्रम से प्रतीत होता है। तथापि जिस तरह से जेण्ड शास्त्रों में आर्याणा वैजो क्षेत्र में 48 नदियों के प्रवाहित होने का उल्लेख आया है उससे यह भूमि क्षेत्र 'एशियाई रूस-साइवेरिया-उराल-सेन्ट्रल एशिया ही प्रतीत होता है जो पुराण इतिहास सम्मत है। लेखक के अनुसार जेण्ड शास्त्रों का Varuna या Varena का आशय वरुणालय यानी उत्तरी समुद्र (आर्कटिक सागर) के लिये माना जाना चाहिये जैसा कि पांडवों ने भी अपनी वनवास काल की यात्रा[1] के दौरान किया जिसका उल्लेख पहले किया जा चुका है।

लोकमान्य का मानना है कि अवेस्ता में आर्याणा वैजो की जलवायु सम्बन्धी कई ऐसी विशेषताओं का वर्णन है जो आर्कटिक से मिलती है। इससे आर्यों के आदिगृह तथा Vendidad (first Fargard) में वर्णित अहूर मज्द की सर्वोत्तम सुखद रचना की भी पुष्टि होती है जिसे क्रोध-कोप-कष्ट-आपदा के दैत्य अंग्र मन्यु ने प्रदूषित और बर्बाद कर दिया था जिस के कारण आबो-हवा में अचानक तीव्र परिवर्तन हुये-कभी 10 माह की शीत, कभी 6 माह की। कभी 2 माह की उष्णता कभी 4 माह की जो आर्कटिक क्षेत्र के आदि काल में हिमीय होने के कारण सम्भव

1. ऋग्वेद-X-76/6

था अतः Airyana Vaejo को अंदाज से ईरान के सुदूर पूर्व की सीमा अथवा ईरान के सुदूर पूर्व में बताना नितान्त हास्यास्पद है। लोकमान्य का मानना था कि उनके अपने समय से 50 वर्ष पूर्व तक आर्कटिक सम्बन्धी ये सोच-विचार न केवल अविश्वसनीय अपितु हास्यास्पद लगते थे लेकिन;

"Happily the recent discoveries in Geology and Archaeology have not only removed this difficulty by establishing] on scientific grounds, the existence of a warm and genial climate near the North Pole in interglacial times, but have proved that the Polar regions were invaded, at least twice, by glaciation which destroyed their genial climate".

जेण्ड शास्त्रीय वर्णन कि 'It was Angra Mainyu who altered this genial climate by means of glaciation and rendered it unbearable to man' वैदिक वृत्र (वृत्रासुर) और इन्द्र द्वारा उसके वध से मेल खाता है अतः तुलनीय है। वृत्र ने भी पानी का भण्डारण हिम के रूप में कर दिया और वर्षा रोक दी थी। इन्द्र ने उसका वध किया। हिम पानी में परिवर्तित हुआ और वर्षा हुई जिससे जलप्लावन हुआ। यही आज की वैज्ञानिक भाषा में Ice Age and glaciation and deluge कहलाता है। पुराणों ने इस कथा को अपने-अपने हिसाब से रोचक बनाया है जो किसी न किसी रूप में विश्व परम्पराओं से मेल खाती है।

उपर्युक्त वर्णन का विश्लेषण करने से आमतौर पर ध्रुवीय जलवायु में इतना भारी अचानक बदलाव अप्रत्याशित प्रतीत होता है। तथापि वहाँ मानवीय छै-छै माह के बराबर दिन-रात आज भी होते हैं यही देवताओं के दिन-रात थे। उपर्युक्त वर्णित अप्रत्याशित परिवर्तन भी केवल ध्रुव क्षेत्र (Circum and Polar Region) में ही सम्भव थे अतः सत्य यही लगता है कि आर्कटिक ध्रुवआदि देव लोक (Primordial Vedic Home of gods and goddessas) था और आर्कटिक क्षेत्र (Circum and Polar regions) यानी उराल-साइबेरिया-मध्य जम्बू (Central Asia) उस हिम युग में आदि आर्य गृह था। वैज्ञानिकों के ही अनुसार पिछले 5000 सालों में दुनिया से हजारों योनियाँ (species) और सैकड़ों भाषा-बोलियां (dialects)

1. महा भा० (व० पर्व)

विलुप्त हो गई हैं अतः उपर्युक्त परिवर्तनों से आश्चर्य की कोई बात नहीं है। केवल पिछले पचास वर्षों में ही पर्यावरण सहित इन्सानों के अलावा, दुनिया और प्रकृति में जो परिवर्तन दिखाई दे रहे हैं और जिस तरह परिवर्तन हो रहे हैं उनसे उपर्युक्त परिवर्तनों की स्वतः पुष्टि हो जाती है। अतः इसमें विस्मय की सी कोई बात नहीं है। केदारनाथ सहित उत्तराखण्ड में जो प्रलय हो रही है, अगर इसी तरह का शासन रहा और इस भूभाग को केंद्रीय प्रशासित अथवा यूनियन टेरिटरी नहीं बनाया गया तो वहाँ के निवासियों और तीर्थ यात्रियों को बहुत बड़े दुर्भाग्य के लिये तैयार रहना होगा। इसी तरह का जलप्लावन-प्रलय आर्कटिक देवलोक एवं आर्कटिक क्षेत्र मध्यजम्बू द्वीप में भी हुआ होगा। जब भगवान ने स्वयं को भी नहीं बख्शा केदारनाथ की तरह।

जैसा कि Vendidad के फर्गर्ड (पहले खण्ड) से ज्ञात होता है, भगवान अहूर मज्द ने आर्याणा वैभ्राज (Airyana Vaejo) के राजा यिम को-जो आर्याणा वैजो में विश्रुत (श्रुतो आर्याणा वेजो- Sruto Airyana Vaejo) थे, स्वयं ईश्वर मज्द से ही नियम-विधि ग्रहण करने का आदेश दिया था जिसके लिये यिम ने अपने को अक्षम मानते हुये मना कर दिया। अतः ईश्वर मज्द ने यम को अपने लोगों को सुखी रखने और उनकी संख्या बढ़ाने के उपाय करने का आदेश दिया। तब यम ने रुग्णता और मृत्यु को दूर रखकर जनसंख्या वृद्धि के साथ आदि-मूल गृह की सीमा भी तीन गुनी बढ़ा दी। इस वर्णन से भी उसी आदि आदित्य-दैत्य, सुर-असुर सतयुग की पुष्टि होती है। (स्त्रुतो शब्द संस्कृत 'श्रुत' शब्द ही है जिसका अर्थ विश्रुत (famous) होना है। इससे मनु द्वारा मानव सृष्टि के विस्तार का भी संकेत मिलता है।

फर्गर्ड के द्वितीय खण्ड से यह भी प्रकट होता है कि भगवान अहूर ने देवताओं और सब के संरक्षक यिम के साथ सभा की। इसी सभा में श्री अहूर ने यिम को आने वाली जलप्लावन विपदा की चेतावनी दी और विनाश की भविष्यवाणी की तथा एक बाड़ा (Bara) यानी प्रकोष्ठ (घेरा) बनाकर सभी जीवों, पशुओं, वनस्पतियों के बीज सुरक्षित रखने का आदेश दिया। (बाड़ या बाड़ा शब्द संस्कृत के 'वारः' शब्द का पर्याय है जिसका अर्थ आवरण enclosure) है। फर्गर्ड से यह भी पता चलता है कि उस बाड़े-प्रकोष्ठ में सूर्य-चन्द्रमा तारे वर्ष में एक ही बार प्रकट होते थे और वह वर्ष एक दिन के बराबर प्रतीत होता था। जलप्रलय विपदा

का यह वर्णन वर्तमान मन्वन्तर के मनु यानी वैवस्वत मनु की पौराणिक कहानी और मत्स्य अवतार (Fish incarnation) के वर्णन से मेल खाता है जिसका पहला पुरातन वर्णन सम्भवतः 'सतपथ ब्राह्मण' में है और लगभग उसी तरह अथर्ववेद संहिता में भी वर्णित है जो अलग-अलग परिवर्तनों के साथ महाभारत (बन पर्व) एवं भागवत सहित कई अन्य पुराणों में भी आया है। साथ ही बाइबल सहित हिब्रू-इस्लाम आदि अन्य सभी संस्कृतियों में है।

सत्पथ में यह कथा इस प्रकार है-प्रातः कालीन स्नानादि कार्य के लिये लाये गये जल के साथ मनु के हाथ एक मछली लगी। मछली ने मनु से रक्षा की कामना की, साथ ही 'निर्वोध औघ' (सर्व नाशक जलप्लावन) से मनु की रक्षा करने का भी वायदा किया। जलप्लावन के अतिरिक्त इस घटना के अन्य विवरण जैसे यह घटना किस तरह, कहाँ, कब हुई नहीं दिया गया है। मनु ने पहले मछली एक बर्तन में रखी, उसका आकार जैसे-जैसे बढ़ा उसे तालाब में और अन्त में समुद्र में डाल दिया। मछली ने मनु को प्रलयंकारी बाढ़ की चेतावनी दी और नाव बनाने का आदेश दिया। जलप्लावन होने पर मनु नाव में बैठे, उसका पाश (रस्सी) मछली के सींगों से बांधा और द्रुत गति से तैरते हुये दूर 'उत्तर गिरि' (उत्तरं गिरिम) पहुँचे। मछली ने मनु को नाव एक पेड़ से बाँधने के लिये कहा ताकि नाव उफान घटने के साथ धीरे-धीरे पृथ्वी पर उतर जाय। जलप्लावन में मनु ही जीवित रह पाये थे। संतानोत्पत्ति की कामना से उन्होने पाक यज्ञ द्वारा दूध, दही, मख्खन की जल में आहुति दी जिसके फलस्वरूप ईड़ा नाम की सुन्दरी उत्पन्न हुई जिससे मनु की मानव प्रजाति हुई।

अधिकतर व्याख्यकारों ने उत्तर गिरि का संकुचित अर्थ कर भारतीय उपमहाद्वीप स्थित हिमालय पर्वत तक सीमित किया है जो पाश्चात्यों की देन है। यहाँ यह समझना आवश्यक है कि आदि हिमयुगों में हिमालय का विस्तार सम्पूर्ण उत्तर दिशा में था और वह आर्कटिक तक की सीमा को आच्छादित किये हुये था। इस प्रकार पूर्व-पश्चिम दिशा जुड़ी हुई थी जिसके माध्यम से सम्पूर्ण विश्व ही जुड़ा हुआ था। जेण्ड शास्त्रों में आये जलप्लावन के स्पष्ट वर्णन के साथ भारतीय वांगमय के वर्णन का अध्ययन करने से यही निष्कर्ष निकलता है कि उत्तर गिरि कोई अन्य नहीं बल्कि कैलाश से आर्कटिक तक फैला हिमालय ही था। महाभारत से भी इसकी पुष्टि होती है जिसका वर्णन पाण्डवों की यात्रा के अंतर्गत किया जा चुका है। साथ ही आर्कटिक

(आर्क) शब्द की व्युत्पत्ति भी आर्य शब्द से ही हुई प्रतीत होती है। जलप्लावन का महाविनाश कोई स्थानीय या क्षेत्रीय घटना नहीं थी, न हो सकती थी। इस कहानी में हिमगिरि के साथ सागर का भी संदर्भ है अतः यह सागर पौराणिक उत्तर समुद्र ही है जिसे आज आर्कटिक सागर कहते है। यह भी समझने की बात है कि यह घटना हिम से नहीं जल से जुड़ी है अतः यह ध्रुवीय न होकर आर्कटिक क्षेत्रीय ही हो सकती है और वहाँ से सुरक्षा के लिये मनु जी को आर्कटिक से लगे हिमालय क्षेत्र की ओर आना पड़ा। यह कथा क्योंकि किसी न किसी रूप में विश्व की हर संस्कृति में है अतः इसका आर्कटिक क्षेत्रीय होना ही विश्वसनीय है। इस तरह के आदिकालीन हिमयुगों (Glacial epochs) तथा जलप्लावन (inundation and deluge) की घटनाओं का असंदिग्ध पुष्टिकरण वैज्ञानिक-भूगर्भीय प्रमाणों से भी हो गया है। अतः संदेह की कोई गुंजाइश भी नहीं है। पिछले पांच सालों से विश्व में और तीन साल से भारत में जो कुछ हो रहा है तथा 1913 में जो हुआ उससे आने वाले जलप्लावन का भी भयंकर संकेत मिल रहा है।

राजर्षि मनु विवस्वत (विवस्वान) यानी सूर्य पुत्र होने के कारण 'वैवस्वत (वैवस्वान) भी कहे जाते है। महाराज यम भी सूर्य पुत्र होने के कारण वैवस्वत कहे जाते है। ऋग्वेद में भी उपर्युक्त उल्लेख है। ईरानी शास्त्रों में यिम को Vivanghat का पुत्र कहा गया है जो स्पष्टतः विवस्वत का पर्याय है। मनु महाराज अपने पूर्व जन्म में 'श्राद्ध देव' और फिर सत्यव्रत हुये। बाइबल (Old Testament) में उनको सत्यवर्मन् कहा गया है। अगर हम पाश्चात्यों की ये बात मानकर चलें कि Airyana Vaejo वह जगह थी जहाँ से Vanguhi और Rangha नदी बहती थी तो इन दोनों नदियों को भद्रा और गंगा समझना चाहिये तथा आर्याणा वैजो को मेरु स्थित ब्रह्म पुरी यानी उराल-अरकेम। पुराणों के अनुसार भद्रा नदी गङ्गा की चार धाराओं में से एक है। गङ्गा पृथ्वी स्थित आदि सतयुगी देवलोक आर्कटिक से विष्णुपाद से श्रोतस् होकर ब्रह्मपुरी के ब्रह्म सरोवर में प्रवाहित हुई और चार धाराओं यथा सीता, सुचक्षु, भद्रा, अलकनन्दा में विभक्त होकर पृथ्वी की चार दिशाओं में प्रवाहित हुई। यद्यपि ईरान की ओर बहने वाली धारा सीता थी। भद्रा रूस-साइबेरिया की ओर प्रवाहित हुई थी।

जेण्ड शास्त्रों से यह तथ्य स्पष्ट हो जाता है कि Airyana Vaejo देव निर्मित प्रथम आनन्द लोक था। असुर राज अंग्र मन्यु (सम्भवतः मय दानव) के आक्रमण

से वहाँ दूषण फैला और अति शीत-हिम-शिशिर का प्रकोप हुआ। लोकमान्य के शब्दों में इतिहासकार Bunsen का कहना उचित है कि;

"Airyana Vaejo was originally a perfect country and had a very mild climate, until the hostile deity created a powerful serpent and snow, so that only two months of summer remained while winter prevailed during ten-sudden change in the climate of the original home, a change that converted the paradise into a kind of ice and bound land with long and severe winters".

तात्पर्य यह हुआ कि अंग्र मन्यु दैत्य के आक्रमण से पूर्व Airyana Vaejo की स्थिति सुहावनी-संतुलित यानी climatically genial थी जिसमें एक तरफ दो माह की अल्पकालिक लेकिन घोर अन्धकारमय शीत थी तो दूसरी तरफ वसन्त मिलाकर दश माह का दीर्घ कालीन ग्रीष्म था जो वैज्ञानिक रूप से आज सिद्ध भी हो चुका है। इन परिवर्तनों से आज की मानव जाति को भी सीखने की जरूरत आ गई है।

इसी कारण लोकमान्य का मानना है कि पौराणिक इण्डो-यूरोपियन वर्ष दश माह का था और जेण्ड अनुयायी ग्रीष्म को हमा कहते थे जो उपनिषैदिक संस्कृत शब्द समाः का पर्याय है जिसका अर्थ वर्ष है (जो दश माह का था)। ऐसा प्रतीत होता है कि वैदिक भाषा की तरह जिसमें 'ष' का उच्चारण 'ख' और 'य' का 'ज' होता है, जेण्ड आर्य भाषा में 'स' का उच्चारण 'ह' भी आदि काल से ही है जिसका अनुकरण यूनानी आर्यों ने भी किया। इस प्रकार के परिवर्तनों के चलते मौसम बाद में सात माह के ग्रीष्म और पाँच माह के शीत में परिवर्तित हुआ। इस पूरे विवरण को सामंजस्यपूर्वक पढ़ने से यही निष्कर्ष निकलता है कि वेदों में वर्णित ध्रुवीय गृह जिसे लोकमान्य आर्कटिक होम इन वेदास (Arctic Home in Vedas) कहते हैं, देव लोक था और आर्कटिक क्षेत्र अर्थात् उराल-साइबेरिया-सेंट्रल एशिया आदि आर्यों का मूल निवास था जो पुराण सम्मत है तथा आर्कटिक के मौसम से आज भी उतना ही प्रभावित है। यह समझना भी जरूरी है कि लोकमान्य ने Arctic Home in Vedas कहा है। उन्होंने 'आर्य आर्कटिक होम इन वेदास' (Aryan Arctic Home in Vedas) की तर्कना नहीं की है, अतः Arctic Home in Vedas की सत्यता पर कोई तर्क, कुतर्क, वितर्क हो ही नहीं सकता। आर्कटिक होम एक सत्यता थी और वह इस धरती पर ही आदि देव लोक था जहाँ से भौमिक

जीवन (Earthly life) का सृजन-विकास (Evolution) हुआ। लोकमान्य ने सार रूप में इसका इस तरह निरूपण किया है;[1]

"We have thus two different statements regarding the climatic conditions of the Airyana Vaejo before it was invaded by Angra Mainyu. One that there were ten months of summer and two of winter, the reverse of the conditions introduced by Angra Mainyu; and second there were seven summer months and five winter months therein. It is supposed that the two statements are contradictory and contradictory they undoubtedly are so long as we do not possess the true key to their interpretation. They are inconsistent if we make the Airyana Vaejo the easternmost boundary of the ancient Iran; but if the paradise is placed in the circumpolar regions in the far north the inconsistency at once disappears for then we can have seven months summer and ten months summer at the same time in the different parts of the original home of the Iranians".

For in the twentieth paragraph of the same chapter twelve months and four seasons are enumerated and the season of winter is there said to comprise only of the last three months of the year viz-Din Vohuman and Spendarmad- I have shown elsewhere that the order of months in the ancient Iranian calendar was different from the one given in the Bundahish- But whatever the order may be] the fact of the prevalence of seven months summer and five months winter in the Airyana Vaejo seems to have been traditionally preserved in these passages; and the old Zend commentators on the Vendidad appear to have incorporated it into the original text by way of] what may be called a marginal note in their anxiety to preserve an old tradition.

We have seen in the discussion of the Vedic evidence that the legend of Aditi indicates seven months summer or sun&shine and the legend of the Dashagvas a sacrificial session or a period of sun&shine of ten months. It has also been pointed out that between the North Pole and the Arctic Circle the sun is above the horizon

---

1. Arctic Home

for any period longer than seven and less than twelve months according to the latitude of the place. The two Avestic traditions stated above must therefore be taken to represent the Arctic climatic conditions prevailing in the ancient home in the far north. If the custom is so interpreted it will imply that a year of nine months and ten days was once prevalent in some part of the Aryan home a conclusion well in keeping with the ancient Roman year of ten months.

But apart from this suggestion there is a striking coincidence between the Vedic and the Avestic tradition in this respect. According to the Bundahish (XXX, 20) the year is divided into four seasons of three months each Farvardin Ardavahisht and Horvadad constituting the season of the spring; Tîr Amerôdad and Shatvairo the summer; Mitro Avan and Ataro the autumn; and Din Vohuman and Spendarmad the winter. The fortieth day of Sharad or autumn would therefore represent the tenth day (Aban) of Avan; and the Vedic statement discussed in the ninth chapter that Indras fight with Shambara commenced Þon the fortieth day of Sharad agrees well (only with a difference of ten days) with the statement in the Bundahish that the winter in the Airyana Vaejo commenced with the month of Avan the second month in Autumn. We have thus a very close resemblance between the Vedic and the Avestic tradition about the end of summer in the original Arctic home; and the corresponding Roman and Greek traditions.

We have so far discussed the passage in the first Fargard which describes the climate of the Airyana Vaejo. The passage even when taken by itself is quite intelligible on the Arctic theory; but in ascertaining the original climate of the Airyana Vaejo we supposed that it was the reverse of the one introduced by the invasion of Angra Mainyu. The second Fargard of the Vendidad which is similar in character to the first contain however a passage which does away with the necessity of such assumption by giving us a graphic description of the actual advent of ice and snow which ruined the ancient Iranian Paradise. This Fargard is really a supplement to the first and contains a more detailed account of the Airyana Vaejo and a description of the paradisiacal life enjoyed there before Angra Mainyu afflicted it with the plague of winter and snow. This is evident from the fact that the coming of the severe winter is foretold in this Fargard and Yima is warned to prepare against it; while in the first Fargard the happy land is described as actually ruined by Angra Mainyus invasion.

The explanation would still fail to account why the inhabitants of Yima's Vara in the Airyana Vaejo regarded a year as a single day a description which is true only at the North Pole. All attempts to locate the primitive Airyana Vaejo in a region other than the circumpolar country must therefore be abandoned. The names of mythical rivers and countries may have been transferred in later times to real terrestrial rivers and provinces; but if we were to settle the position of the primitive rivers or countries by a reference to these new names we can as well locate the Airyana Vaejo between the Himalaya and the Vindhya mountains in India] for in later Sanskrit literature the land lying between these two mountains is called the Aryavarta or the abode of the Aryans. The mistake committed by Darmesteter and Spiegel is of the same kind. Instead of determining the position of the Airyana Vaêjo from the fact that a winter of ten months is said to have been introduced therein by Angra Mainyu] and that a year seemed only as a day to the inhabitants thereof they have tried to guess it from the uncertain data furnished by the names of rivers in Iran] though they were aware of the fact that these names were originally the names of mythical rivers and were attached to the real rivers in Iran only in later times when a branch of the Aryan race went over to and settled in that country- Naturally enough this introduced greater confusion into the account of the Airyana Vaejo instead of elucidating it and scholars tried to get out of it by supposing that the whole account is either mythical or is at best a confused reminiscence of the ancient Iranian home. The recent scientific discoveries have however proved the correctness of the Avestic traditions] and in the light thrown upon the subject by the new materials there is no course left but to reject the erroneous speculations of those Zend scholars that make the Airyana Vaejo the eastern oundary of ancient Iran. But the most important part of the second Fargard is the warning conveyed by

Ahura Mazda to Yima that fatal winters were going to fall on the land ruled over by the latter and the description of glaciation by which the happy land was to be destroyed. The warning is in the form of a prophecy] but any one who reads the two Fargards carefully can see that the passage really gives us a description of the glacial epoch witnessed by the ancestors of the Iranians.

It is no longer a matter of inference that the original genial climate of the Airyana Vaejo was rendered inclement by the invasion of winter and snow afterwards introduced into the land- The above passage says so in distinct terms and the description is so graphic that we cannot regard it as mythical or imaginary. Add to it the fact that the recent geological discoveries have established the existence of at least two glacial periods the last of which closed and the post and Glacial period commenced according to American geologists not later than about 8000 B.C. When the Avestic traditions regarding the destruction of the primeval Arctic home by glaciation is thus found to be in complete harmony with the latest geological researches there is no reason except prejudice why we should not regard the Avestic account as a correct reminiscence of an old real historical fact. The author of the Fargards in question cannot be supposed to have given us by imagination such a graphic account of a phenomenon] "which is brought to light or discovered by the scientists only during the last forty or fifty years".

तिलक जी की गहन खोज से जहाँ पाश्चात्यों द्वारा लिखे भारतीय और विश्व इतिहास की विकृतियों की पोल खुली और आदि देव लोक और आर्योदय भूमि की सत्यता स्थापित हुई वहीं भारतीयों की आँख खोलने एवं आत्मगौरव के साथ इतिहास के पुनर्लेखन, संशोधन एवं पुनर्नवीकरण के आयाम भी खुले। इसलिये लोकमान्य कहते हैं;

"It only proves how the ancient records howsoever express and distinct they may be are apt to be misunderstood and misinterpreted owing to our imperfect knowledge of the climatic or other conditions or surroundings amongst which the ancestors of our race lived in remote ages. But for such a misunderstanding it was not difficult to perceive that the Airyana Vaejo] or the original home of the Aryan race] was situated near the North Pole and that the evidence preserved in the first two Fargards of the Vendidad is especially important for our purpose. The Dawn-Hymns in the Rig & Veda (उषा स्रोत) supply us with the evidence of a long continuous dawn of thirty days in the ancient home] and there are passages in the Vedas which speak of a long continuous night of six months or of shorter duration and a year of seven or ten months- It can also be shown that several Vedic myths and deities bear an unmistakable stamp of their Arctic origin."

लोकमान्य बहुत स्पष्ट रूप से कहते हैं[1]

"But as stated before in the whole Vedic literature there is no passage which will enable us to determine the time when the Polar Regions were inhabited] or to ascertain the reason why they were abandoned. For that purpose we drew upon geology which has recently established the fact that the climate of the Circum Polar Regions which is now so cold as to render the land unsuited for human habitation was mild and genial before the last Glacial and period.

It followed therefore that if the Vedic evidence pointed to an Arctic home the forefathers of the Aryan race must have lived therein not after but before the last Glacial Epoch. But the traditions preserved in the Avesta dispense with the necessity of relying on geology for this purpose. We have now direct traditional evidence to show (1) that the Airyana Vaejo had originally a good climate] but Angra Mainyu converted it into a winter of ten and a summer of two months (2) that the Airyana Vaejo was so situated that the inhabitants of Yima's Vara therein regarded the year only as a day and saw the sun rise only once a year] (3) that the happy land was rendered uninhabitable by the advent of a Glacial epoch which destroyed all life therein."

इसका अर्थ यह भी कदापि नहीं है कि जेण्ड दर्शन शास्त्र 'अवेस्ता' और 'वन्दीदाद' के 'फर्गर्ड' में लिखी हर बात अब ऐतिहासिक रूप से मौलिक ही रह गई हो। प्रारम्भ में ये दर्शन भारतीय आर्य शास्त्रों की ही तरह जिन्हें श्रुति-स्मृति कहा

गया मौखिक रूप से सुने और स्मरण रखे जाते थे तथा इन्हें पारम्परिक रूप से ही सुरक्षित रखा जाता था। अतः उपनिषदों-पुराणों की तरह उनका भी वृद्धि-विस्तार हुआ होगा। सम्भव है कुछ बातें बाद में जुड़ी हों। उत्तर कालिक पारसी दर्शन साहित्य में Airyana Vaejo और अहूर मज्द निर्मित सोलह लोक भी सनातन पौराणिक शास्त्रों के पुष्कर देव लोक, सुमेरु, स्वर्णिम मेरु-महामेरु, ब्रह्मपुरी और बाइबल के अटलांटिस की तरह काल्पनिक ही समझे गये लेकिन लोकमान्य तिलक जरुथस्त्री ईरानी आर्य शास्त्रों के महत्व पर प्रकाश डालते हुये कहते हैं[1]

"But for all that we cannot deny that in the account of the Airyana Vaejo in the first two Fargards of the Vendidad we have a real historical reminiscence of the Arctic cradle of the Iranian or the Aryan races and that the Fargard gives us a description of the countries through which the Indo and Iranians had to pass before they settled in the Hapta Hendu (सप्त सिन्धु) or on the floods of Rangha (गंगा किनारे लेखक का अनुवाद) at the beginning of the post and Glacial period."

जिस गंगा किनारे का यहाँ हमने उल्लेख किया है वह उत्तर प्रदेश का दोआब नहीं है बल्कि गंगा की वो चार धारायें हैं जो मेरु स्थित ब्रह्म पुरी-ब्रह्म सरोवर से पृथ्वी की चारों दिशाओं में प्रवाहित हुई और जिनके मार्ग से आर्य जन पृथ्वी में चहुँ ओर विस्तृत हुये। उसी क्रम में सीता धारा का अनुशरण करते हुये आर्य जन ईरान होते हुये भारत आये और अलकनन्दा धारा का अनुशरण करते हुये चीन के रास्ते गन्धमादन-बदरीवन-कैलाश-मानसरोवर पहुँचे।

यहाँ यह स्पष्ट करना अति आवश्यक है कि संस्कृत के अति उत्साही वाचकों, कर्मकण्डियों, लेखकों ने पुराणों को (पूरणात् पुराणम्) कहकर वेदों के तुरन्त बाद की रचना और वेदों का ही विस्तार बताया है। कइयों ने तो ब्रह्मा द्वारा ही प्रतिपादित बता दिया है। लेकिन सत्य यही है कि सभी पुराणों का आधार महाभारत है और किसी भी पुराण को वेद व्यास जी ने नहीं लिखा। पहला कारण यह कि, महाभारत के बाद किसी भी पुराण की आवश्यकता नहीं थी, अगर ऐसा भी था तो एक ही

---

1. पूर्वोक्त

पुराण काफी था, 36 की क्या आवश्यकता थी? सबसे बड़ी बात यह है कि परस्पर विपरीत पुराण जैसे भागवत और शिव पुराण एक ही व्यक्ति द्वारा नहीं लिखा जा सकता। इससे भी बड़ी ब.त यह कि कोई भी चार पुराण एक सी बात नहीं करते यहाँ तक कि मुख्य घटनाओं में भी जमीन-आसमान का फर्क है-चाहे सृष्टि (Creation and Evolution) हो या समुद्र मन्थन अथवा नरसिंह द्वारा हिरण्यकश्यप वध या राम द्वारा शिव लिंग स्थापना अथवा सूर्य-चन्द्र वंशावली अथवा अन्य बातें। यह बात सही है कि महाभारत के अलावा पुराणों ने अपने-अपने हिसाब से वेदों की घटनाओं-प्रसंगों का धार्मिक-आध्यात्मिक विस्तार किया। भगवान महावीर और बुद्ध से पहले पुराण किस स्थिति में थे यह कहना जितना कठिन है उतना ही यह कहना सम्भव है कि पुराणों का लेखन और विस्तार मुख्यतया महात्मा बुद्ध के बाद ही हुआ यानी ईसा पूर्व छठी शताब्दी के बाद। उससे पूर्व पुराण सूत-मागध कथाओं के रूप में परम्परागत ही चलते आ रहे थे अतः उनको कालान्तर में पौरोहित्य वर्ग के लिये अपने-अपने ढंग से विस्तृत करना आसान हो गया। पुराण का निरुक्त के अनुसार सही अर्थ है 'पुरा नवम्'। प्राचीन होते हुए भी जो नवीन प्रतीत होता है।

जहाँ तक जेण्ड (जरुथष्टी) ईरानी आर्य शास्त्र 'अवेस्ता' का प्रश्न है वह निश्चित ही पुराणों से बहुत प्राचीन आर्य शास्त्र है। अवेस्ता और 'वंदीदद' वैदिक संस्कृत की ही तरह प्राकृत भाषा में लिखे गये हैं अतः उच्चारण की कठिनाई प्रतीत होती है। उनमें प्रयुक्त कई संस्कृत और तत्सम शब्दों का हम पहले उल्लेख कर चुके हैं। मित्रावरुण के अर्थ में प्रयुक्त मित्र के अलावा शरद ऋतु के माह के नाम से 'मित्रो' (Mitro), शीत ऋतु के माह के नाम से 'वोहुमान' यानी बहुमान्य (Vohuman) नाम उसी के द्योतक है। इस तरह के उच्चारण बंगला, उड़िया, असमी में भी है। यहाँ तक कि तिष्य नक्षत्र का भी नाम है जिसको 'तिष्त्रय' (Tishtrya) कहा गया है, ज्योतिष में 'पुष्य' भी कहते है।

आश्चर्यजनक रूप से लोकमान्य के अनुसार "The tradition preserved in the two Fargards of the Vendidad is older than that in the Shatapatha".

उत्तर कुरु (रूस) और मेरु (उराल) : रहस्यतम साक्ष्य

उत्तरकुरु के बारे में इस पुस्तक में पहले भी बहुत लिखा जा चुका है। उत्तरकुरु

कहाँ है इस सत्य को कोई नहीं समझ पाया। पाश्चात्यों का जो भी हाल हो भारत के आधुनिक इतिहासकारों का तो हाल ही अच्छा नहीं है। कुछ ने नैपाल, कुछ ने उत्तराखण्ड अन्य ने तिब्बत बताया। आश्चर्यजनक है कि लोकमान्य तिलक भी इस स्थान की पहचान नहीं कर पाये। अविश्वसनीय किन्तु सत्य ये है कि उत्तरकुरू आधुनिक एशियाई रूस (Asiatic Russia) है। उत्तरकुरू वर्ष जम्बू द्वीप के नौ वर्षों (Regions) में से एक था जिसका मुख्य नगर सम्भवतः उत्तरकुरू ही था। यह क्षेत्र देव लोक (पुष्कर-उत्तर समुद्र-आर्कटिक) के मार्ग में होने के कारण उत्तर पथ से भी जाना जाता था। इलावृत वर्ष अर्थात् मेरु-ब्रह्मपुरी यानी वर्तमान उराल के आस-पास से उत्तरकुरु की सीमा प्रारम्भ होती थी।

विद्वान लेखक म्यौर (Muir)1 ने अपनी प्रसिद्ध रचना (Original Sanskrit[1] Texts (Vol. II & IIIrd Ed pp/ 322-329) में इसे उत्तरी आवास (Nothern Home) कहा है। भारतीय सनातन पौराणिक साहित्य को उद्धृत करते हुये म्यौर ने लिखा है कि 'उत्तरीगृह' की स्मृतियाँ उनमें सुरक्षित है। ऋग्वेद (I-64, 14, II-33,[2], V-54, 15, VI-48, 8) से "शतं हिमाः" का अर्थ सौ शीत (hundred winters) तथा "शरदः शतम्" ऋग्वेद (II-27, 10, VII-66, 16) से सौ शरद ऋतु (hundred autumns) अर्थ निकाल कर ईरानी आर्य शास्त्रों के साथ इनका सामंजस्य करते हुये म्यौर ने यह सिद्ध करने की कोशिश की है कि आर्य जनों ने अपने अति हिमीय आवासों से कालान्तर में सुहावने शीतोष्ण स्थानों में प्रवास किया। जैसा पहले भी स्पष्ट किया जा चुका है 'हिमाः' शब्द संस्कृत 'समाः' शब्द के लिये भी प्रयुक्त हुआ है जिसका अर्थ है वर्ष, जैसे 'जिजीविषेत शतं[3] समाः (सौ वर्ष जीने की इच्छा करे-ईशोपनिषद)। ईरानी-यूनानी में 'स' का 'ह' उच्चारण होने के कारण यह स्थिति उत्पन्न हुई है यानी समा (वर्ष) को हिमा कहा गया।

म्यौर साहब ने ('ऐतरेय ब्राह्मण' (VIII-14) से भी उद्धरण दिया है जिसमें सन्दर्भ है कि हिमवत-हिमालय से आगे 'उत्तरकुरु वर्ष' में रहने वाले लोग अलौकिक रूप से पवित्र थे। उसे ब्रह्म स्थान (Vairajyam यानी वैराज-ब्रह्मा विराज-विराट से सम्बन्धित) बताया गया है। पुनः 'ऐतरेय ब्राह्मण' (VIII-23) से म्यौर साहब यह

1. Muir - Original Sanskrit Texts
2. ऋग्वेद
3. ईशोपनिषद-मंत्र 2

भी सिद्ध करते हैं कि उत्तरकुरु देवभूमि होने के कारण भौमिक-पार्थिवों के लिये अजेय था और लौकिकों की वहाँ पहुँच नहीं थी। इस वर्णन से उस हिम युग में हिमालय के विस्तार का पता चलता है। रामायण (किष्किन्धा), महाभारत[1] (सभा एवं आरण्यक पर्व) और पुराणों में उत्तरकुरु का वर्णन काफी आया है और आमतौर पर वहां के निवासियों को समादरार्थ पूज्यभाव से बहुबचन में यानी उत्तरकुरुवः भी प्रयुक्त किया गया है। महाभारत (सभापर्व अ० 28) में अर्जुन स्वयं उत्तरकुरु को अजेय बताते है। ईसा की दूसरी शताब्दी के मिस्त्र देश के अलिगजेन्ड्रीयाई खगोल शास्त्री टोलोमी (Ptolemy) ने "उत्तरकुरु" अपने अर्धज्ञान से सामान्य समृद्ध क्षेत्र बताया है जहाँ एक पर्वत और Ottorocorra यानि उत्तरकुरु नगर था। जिस पर्वत का जिक्र टोलोमी ने किया है वही मेरु है, जो मिस्र देश में भी आदिकाल से प्रसिद्ध था और जिसके आधार पर पिरामिड बनाये गये। सम्भवतः Ottorocorra ही उत्तरकुरु वर्ष और उसका उत्तरकुरु नगर था। लसन (Lassen) जैसे विद्वानों का मानना है कि यूनानी यात्री और लेखक मैगस्थनीज ने (Megasthenes जो मौर्य काल में भारत भी आया था) उत्तरकुरु के लोगों को हाइपरबोरीयन (Hyperboreans) कहा है जो ठंडी उत्तरी हवाओं के मूल श्रोत से कुछ दूर गरम प्रदेशों में रहते थे। स्पष्टतः इससे मैगस्थनीज का संकेत आर्कटिक-उत्तरी ध्रुव की ठंडी हवाओं से दूर वर्तमान रूस के तुलनात्मक रूप से समशीतोष्ण प्रदेश उत्तरकुरु से ही है। पुराण शास्त्र भी इस स्थान के वर्णन से भरे पड़े है। पुराणों में उत्तरकुरु को पुण्यात्माओं, सत्पुरुषों की निःष्पाप भोगभूमि बताया गया है।

तथापि विद्वान इतिहासकार Muir ने साङ्ख्यायन (कौशीतकी ब्राह्मण) (VII-6) के उद्धरण से निष्कर्ष निकाला कि उदीची दिशा (northern region यानी उत्तर कुरु वर्ष) से पथ्य स्वाती यानी 'वाग्देवी' परिचित थी अतः वहाँ के निवासियों की वाणी विशुद्ध थी। पथ्य का अर्थ है (उपयुक्त, उचित, कल्याणकारी, योग्य)। म्यौर के अनुसार इससे उत्तरदिशा-आर्कटिक क्षेत्र के साथ आर्यों के आदिकालीन सम्बन्ध प्रमाणित होते है। पुराणों में उत्तरकुरु के निवासियों को दैवी भी कहा गया है। लोकमान्य ने उचित ही कहा है कि मात्र वैदिक साक्ष्यों से ही आर्कटिक का आदि वैदिक निवास होना सिद्ध नहीं होता बल्कि इसकी निःसंदेह पूर्ण पुष्टि भारत से बाहर के जेण्ड शास्त्रों से होती है। लोकमान्य कहते हैं;

"It is upon the Vedic passages and legends examined in the previous chapters and the Avestic evidence discussed above that we mainly rely for establishing the existence of the primeval Aryan home in the Arctic regions; and when both these are taken together we get direct traditional testimony for holding that the original home of the Aryan races was situated near the North Pole and not in Central Asia that was destroyed by the advent of the Glacial epoch and that the Indo and Iranians who were compelled to leave the country migrated southwards and passing through several provinces of Central Asia eventually settled in the valleys of the Oxus the Indus the Kubha and the Rasa from which region we see them again migrating the Indians to the east and the Persians to the west at the early dawn of the later traditional history."

उपर्युक्त वर्णन में the Oxus से सुचक्षु, the Indus से सिन्धु, the Kubha से भद्रा, the Rasa से सीता अर्थात् गंगा की चार धाराओं का भी संकेत मिलता है। इस प्रकार पौराणिक साक्ष्य असंदिग्ध रूप से आर्यों का मध्य जम्बूद्वीप (वर्तमान सेंट्रल एशिया) का होना सिद्ध करते है।

मेरु : एक विम्ब

महाभारत सहित पुराणों में मेरु का जो वर्णन है उससे वहाँ का जलवायु समशीतोष्ण (Temperate) और संतुलित सिद्ध होता है जो निवास के उपयुक्त था। अतः वहाँ आदिकालीन आर्य निवास सम्भव थे। पुराणों में मेरु पर सूर्य के रोज अस्त होने का वर्णन है न कि वर्ष में एक बार। पुराणों में मेरु को देवधाम और देव निवास भी कहा गया है। महाभारत (वन पर्व) के अनुसार पाण्डव लोग वनवास के समय गन्धमादन से उत्तरकुरु की सीमा तक भ्रमण पर गये थे और वहीं उत्तरकुरु की सीमा पर उन्हें मेरु-महामेरु के दर्शन हुये। मेरु को कई विद्वानों, ज्योतिषियों ने स्थानिक (locational) उत्तर ध्रुव माना है जो कि प्रकारान्त से ही सही है वास्तविक नहीं। यह गलतफहमी सूर्य सिद्धान्त से विशेषतः (प्रकरण 12-67) के कारण उत्पन्न हुई जिसमें देवगणों के मेरु पर सूर्य को अपनी अर्ध परिक्रमा पूरी करने के उपरान्त एक बार उदित होते देखने का प्रसंग है। मेरु पर जम्बूद्वीप से सूर्यास्त होता दिखाई देता था और फिर सूर्य यूरप की ओर हो जाता था। यह एशिया और यूरोप का मध्य दण्ड (Shaft) होने के साथ-साथ हिम युगों में आर्कटिक से जुड़ा हुआ था। मेरु

पर सूर्योदय और अस्त का विस्तृत वर्णन पहले किया जा चुका है। महाभारत (वन पर्व-अ० 163-164) में अर्जुन की मेरु यात्रा के वर्णन में भी स्पष्ट है कि स्वर्णिम महा मेरु पर सूर्य-चन्द्रमा और तारे प्रतिदिन बायें से दाँयें प्रदक्षिणा करते है।

सूर्य की वसन्त से शरद तक की (Vernal to the autumnal equinox) अवधि को, देव दिन माना जाता है, जब सूर्य उत्तरी ध्रुव पर दिखाई देता है। इसी तरह देव रात्रि शरद से वसन्त तक-जब सूर्य की गति दक्षिणोन्मुख होती है-मानी जाती है। मनु महाराज ने भी (मनुस्मृति) में समय विभाजन का करीब इसी तरह वर्णन किया है। उन्होंने एक मानव वर्ष को एक देव दिन-रात्रि के बराबर कहा है और इसी आधार पर युग, कल्प आदि की गणना की है। यह परम्परा वैदिक और उत्तर वैदिक काल से सनातन चली आ रही है जो बहुत ही सूक्ष्म निरीक्षण और गहन अध्ययन पर आधारित है। तथापि पुराणों में इसका विस्तृत विवेचन है। लोकमान्य तिलक कहते हैं;

"If the ancestors of the human race ever lived at the North Pole so must have their Gods; and I shall show in a subsequent chapter that the Vedic deities are as a matter of fact clothed with attributes which are distinctly Polar in origin- It makes] therefore] no difference for our purpose if a striking feature of the primitive home is traditionally preserved and remembered as a characteristic of the Gods or of the apotheosised ancestors of the race".

विश्व संस्कृति और परम्पराओं की समरूपता

(Mythological Comparisons Similarities)

भाषा सहित विश्व संस्कृति-सभ्यताओं की तुलनात्मकता पर पहले भी काफी प्रकाश डाला जा चुका है। जलप्लावन की कथा और आख्यान अन्य आर्य संस्कृतियों में भी पाये जाते हैं जो मात्र इत्तफाक नहीं है। ग्रोटे[1] ने अपनी रचना (History of Greece Vol. and I, Chapt 5) में इस कथा का यूनानी वर्णन किया है जो मनु जी की कथा से मिलता है। पृथ्वी पर अधर्म का अभ्युत्थान हो जाने के कारण यह जलप्लावन जिऊस (Zeus-यूनानी धर्म दर्शन के ईश्वर, रोमन लोगों के जूपिटर Jupiter) ने किया था। अति वृष्टि से पूरा यूनान जलाप्लवित होगया था। ड्यूकेलन (Deukalion) के पिता Prometheus ने उसे पहले ही बाढ़ की चेतावनी दे दी

थी और नाव (ark) बनाने के लिये कहा था। नौ दिनों तक जल में भटकते हुये ड्यूकेलन अन्ततः एक पहाड़ी की चोटी पर उतरा क्योंकि बाकी पहाड़ भी डूबे हुये थे। जिऊस (Zeus) ने देवदूत हरमीज (Hermes) को-जो रोमन संस्कृति में मर्करि-बुध (Mercury है)-ड्यूकेलन के पास इच्छित बरदान माँगने के लिये भेजा। ड्यूकेलन ने एकाकीपन में एक साथी की कामना की। उसे पत्नी मिली और Zeus के आदेशानुसार दोनों ने पत्थरों का संग्रह किया जो उसी हिसाब से स्त्री-पुरुष बने। न केवल यूनानी ऐतिहासिक परम्पराओं में अपितु यूनानी दार्शनिक अरस्तू (Aristotle 384-322 BC) ने भी-जो प्लेटो का शिष्य और सिकंदर का गुरु था-इस कथा को असंदिग्ध रूप से माना है।

इसी तरह की कथा यहूदी परम्पराओं में भी है और इसी तरह की नाव (Arch या boat) पहले नाऊ (नूह हिब्रू-इस्राइली पितर) ने भी प्रलयंकारी जलप्लावन के समय बनाई थी जिसमें वह चालीस दिन-रात अपने परिवार, जीव-प्राणियों तथा वानस्पतिक बीजों आदि के साथ सुरक्षित रहा। यह कथा बाइबल के उत्पत्ति अध्याय (Book of Genesis) में आई है।

यूरप के आर्य जाति कुलों जैसे लैटवियाई (Latvia and Latvian), बाल्टिक सागर के राज्यों, पूर्वी यूरप और एशियाई रूस के स्लाव भाषी (Slavonic) लोगों, यूनानी और सैल्ट (यूरप में ईसा पूर्व आये Kelt) लोगों ने आर्यों के पुरातन विश्वासों तथा परम्पराओं को अपने प्राचीन पंचांगों में सुरक्षित रखा। उत्तरी ध्रुव (Arctic) की आवोहवा परिवर्तन के साथ दश माह के दिन के अनुसार प्राचीन रोमन वर्ष कभी दश माह का भी था। प्राचीन सेल्टिक वर्ष अक्तूबर के अन्त में शीत और अन्धकार की सूचना देने के साथ समाप्त होता था। सैल्ट-कैल्ट (Celt and Kelt) लोग-जिनका रोमन राज्य से पूर्व स्पेन और ब्रिटेन पर भी अधिकार था-देवी के नौ रूप मानते थे। नोर्स लोग वर्षा और कृषि के देवता की नौ गतियाँ (paces) मानते थे। नार्वे, आइस लेण्ड सहित जर्मन-स्केन्डिनेवियन (Germanic and Scandinavian, Norse and Nordic) लोग प्राचीन यूनानी कलेन्डर का अनुशरण

---

1. History of Greece Vol. I - 5

करते थे जिसमें आर्कटिक की जलवायु परिवर्तन के अनुसार छै माह की ग्रीष्म और छै माह की शिशिर ऋतु मानी जाती थी। वर्ष को दो भागों में बाँटने का प्रचलन प्राचीन काल से ही था। वेदों के नवगवास (Navagavas) की तरह अवेस्ता में नवाजा था जिसे (Vifra Navaza) भी कहते थे जिसका रूप आज नवरोजा भी कहा जा सकता है।

उषा, अन्धकार और प्रकाश की संघर्ष गाथायें स्लाव लोगों के अलावा स्वोमी (Suomi फिनलेण्ड) तथा टूटोनिक (Teutonic जर्मन स्केन्डिनेवियन और ब्रिटिश) परम्पराओं में भी थीं जो मानव के पूर्वजों का आदि वैदिक आर्कटिक गृह अथवा आर्कटिक क्षेत्र उराल, साइबेरिया, वोल्गा, कजाकिस्तान के निवास का प्रमाण है। इस कारण भी आर्यो को यूरोपियनों ने इण्डो-यूरोपियन कहा। यह इतिहास पिछले हिम युग से भी बहुत पहले का है जब मेरु यानी मध्य जम्बूद्वीप, उराल-साइबेरिया और सुमेरु यानी आर्कटिक तक का क्षेत्र हिममय क्षेत्र था।

उषा का वर्णन और सम्बोधन ऋग्वेद में देवी के रूप में लेकिन बहुवचन में हुआ है। ऋग्वेद में सम्भवतः तीस उषा भगिनिकाओं (बहनों) के समूह का वर्णन आया है जो काल अन्तराल के साथ प्रलय और सृजन की आवृत्ति एवं अन्धकार के आवर्तन (periodic recurrence) का प्रतीक हो गयी। ऋग्वेद में उषा को देव-दुहिता (दिवो-दुहिता) कहा गया है। लेटविया (Lettish) पौराणिक प्रथाओं में भी उषा को 'दीवो-दुक्ते' कहा गया है जिसका अर्थ भी देव-दुहिता से मिलता जुलता है जो देव पुत्री अथवा द्यो पुत्री भी हो सकता है। यूनान में भी उषा को देवी के रूप में माना जाता है जिसका नाम 'ईओस' (Eos) है। रोमन आख्यानों में उषा देवी को प्रभा या प्रभास (Aurora) कहते हैं। रोमन और यूनानी पौराणिक कथाओं में भी सूर्य को वेदों की तरह देव रूप में ही माना गया है। रोमन आख्यानों में सूर्य देव को सोल (Sol) और यूनान में हीलीयस (Helios) कहते है। सेल्टिक विश्वासों (Celtic mythology) में भी यही स्थिति है। यूनानी वर्ष कभी तीन सौ पचास रात-दिन का माना जाता था। रोमन परम्पराओं में दिसम्बर का महिना वर्ष का अन्तिम दसवां महिना माना जाता था। प्रसिद्ध यूनानी जीवन चरित[1] लेखक (biographer) और प्रसिद्ध कृति 'Parallel Lives' के रचयिता प्लूटार्च (Plutarch 46-120 AD) के अनुसार मार्च जो कि वर्ष का प्रथम माह था कालान्तर में तीसरे

1. Plutarch 46-120 AD

क्रम पर रख दिया गया। उसके अनुसार रोम के निर्माता रोम्यूलस (Romulus) ने जिस जनवरी माह को साल का इग्यारहवां और फरवरी को अन्तिम बारहवां माह किया था उसे न्यूमा ने पहला और दूसरा माह बना दिया और साल को बारह माह का कर दिया। इसके अलावा इन्द्र और वृत्र अथवा इन्द्र और शम्बर के युद्ध की तरह की कथायें भी अन्य विश्व संस्कृतियों में है।

प्रो० राइस (Prof. Rhys) ने तुलनात्मक अध्ययन के उपरान्त निष्कर्ष निकाला कि पुरातन नोर्स, सेल्टिक और यूनानी कलेन्डर तथा वर्ष भी पूर्व में आर्य जाति में ही रहा होगा "a year which was common to Celts with Greeks is not unlikely to have once been common to them with some or all other branches of the Aryan family". इससे यह प्रमाणित होता है कि यूरप के प्राचीन आर्य वंशज छः माह के दिन और छै माह की रात्रि के बारे में भली भाँति परिचित थे। डॉ० श्रेडर Dr. Schrader ने पुष्टि की है कि पुरातन काल में सर्वत्र ही वर्ष के दो यानि छः-छः माह के विभाजन सामने आये है। ऋग्वेद में इस रात्रि-दिवस को क्षपा भी कहा गया है। भाषा विज्ञान (linguistics) और निरुक्त अथवा शब्द व्युत्पत्ति विज्ञान (etymology) से भी वैश्विक आर्य पितृत्व सिद्ध होता है। वर्ष के दो भागों के लिये प्रयुक्त वैदिक शब्दावली हेमन्त और वसन्त की तरह विभिन्न संस्कृतियों में प्रयुक्त समा, हमा और उससे मिलता-जुलता शब्द झंझा भी यही सिद्ध करता है। ट्यूटोनिक (जर्मन-स्कैंडिवियन) के समर (summer), स्प्रिंग (spring) के अलावा जेण्ड शब्दावली में जिमा (zima) और हमा, वर्तमान अर्मेनिया (प्राचीन हयस्थान) में amarn और jmern, सेल्टिक नाम 'गम' (gam) और सम (sam) भी वैदिक 'समा-हमा' से वैसे ही मिलते हैं जैसे summer तथा zima)। ये अपभ्रंश अभी भी मूलतः वैश्विक पूर्वजीय एकत्व स्थापित करने वाले आर्यत्व के द्योतक है।

अवेस्ता में उल्लिखित वफ्र नब्जा (Vafra Navza) का-जो स्पीगल Spiegel के अनुसार विफ्र नवजा Vifra Navaza है-सन्दर्भ ऋग्वेद (VI-22, 2) के नवगवास और सप्त विफ्र तथा अश्विनियों से मिलता है जिन्हें ऋग्वेद (V-74, 7) में विप्र वहसा कहा गया है। इसी तरह ऋग्वेदीय नवगवास, दशग्वास विश्व के प्राचीन अन्य आर्य कुलों में प्रचलित षण्मास, नव मास और दश मास के वर्ष की

ओर संकेत करता है। यह भी माना जाता है कि प्राचीन लेटिन देवों (Latin gods) की संख्या भी नौ थी जिन्हें Novam कहा जाता था जो संस्कृत नवम का ही रूप है। इसी तरह nonagon (नवभुज), pentagon (पंचभुज), Pentecost (पंचाशती) आदि अन्य उदाहरण है। इसी तरह सूर्य के प्रकाश की अन्धकार पर विजय की गाथायें यूरोप एवं अन्य आर्य प्रजातियों में प्रचलित हैं जो आदि आर्कटिक अथवा आर्कटिक क्षेत्रीय वैदिक गृह के प्रमाण है। प्लूटार्च के अनुसार फ्रीजीया (Phrygia-प्रचीन पश्चिम-मध्य एशियाई देश, जो अब नहीं है) के निवासी पौराणिक विष्णु के अनुरूप ही अपने देवता को मानते थे जो हेमन्त (winter) में शयन करते थे और वसन्त (summer) में देवोत्थान होता था। कुछ एशियो-यूरपियन आर्य समुदायों में देवताओं को Draupnir (यानी ध्रुवीय) कहा गया है। तथापि यूरोपियनों ने बड़ी चालाकी से आधुनिक अनुसंधानों की आड़ में आर्यो को यूरप विशेषरूप से उत्तरी जर्मनी, स्केण्डिनेविया और दक्षिणी स्वीडन का सिद्ध करने की पूरी कोशिश की जो आज तक विवादास्पद ही बना हुआ है और रहेगा क्योंकि वह सच नहीं है। यह माना जा सकता है कि अपने विस्तार के दौरान आर्य जन स्वीडन एवं फिनलेण्ड जैसे स्थानों में संगठित हुये। मध्य स्वीडन के मैदानी नगर 'उपशल्य' (Uppsala) के कई टीलों के अन्दर दबे हुये अति प्राचीन अवशेष इसके प्रमाण है। उपशल्य नाम स्पष्टतः संस्कृत शब्द प्रतीत होता है जिसका अर्थ ही नगरांचल है।

आज से सौ वर्ष से भी बहुत पहले एक फ्रांसीसी पण्डित (Savant) ने कहा था कि सम्पूर्ण मानव जाति का ही उदय उत्तरी ध्रुव सागर (Polar Sea) के तट से हुआ। तब पूरा उत्तरी गोलार्ध अति उष्ण था। यही पोलर समुद्र पौराणिक पुष्कर द्वीप स्थित उत्तर सागर अथवा उत्तर समुद्र और आज का आर्कटिक है। इस सम्बन्ध में Prof. Rhys के अलावा प्रसिद्ध वैज्ञानिक Dr. Warren ने अपनी सुपरिचित पुस्तक 'Paradise Found] the Cradle of the Human Race at the North Pole' में विस्तार से प्रकाश डाला है।

मनुष्य की सोच और पाश्चात्यों की बुद्धि से बाहर, वैदिक वांगमय के अनुसार उन प्रारम्भिक (evolutionary) सतयुगों एवं हिम युगों से पहले (pre Glacial epochs) में आर्यो के पितृकुल अर्थात् देव-आदित्य उत्तर ध्रुवीय एवं ध्रुव क्षेत्रीय तुषित थे। हिम एवं जलप्लावन तथा प्रायः इनके भावी भयों से आर्य जनों ने अन्यत्र

प्रवास किया और पूरे विश्व में विस्तारित हुये। अवेस्ताई पुष्टि तथा तुलनात्मक संस्कृति अध्ययन से यह आज प्रमाणित हो रहा है।

निरुक्तकार (Etymologists), भाषा शास्त्री (Philologists) और भाषा विज्ञानीयों (linguists) ने शब्दों और भाषा की मूल धातु के अन्वेषण के आधार पर निष्कर्ष निकाला कि यूरपीय भाषायें अंग्रेजी, रूसी, डच (हालेण्ड-The Netherlnds की भाषा), स्पेनिश, यूनानी आदि कितनी भी अलग क्यों न लगती हों उनकी वैदिक भाषा के साथ मौलिक (proto) समानता और एकत्व है। संस्कृत का मातृ-मातृक-माता-मातर-मातरि शब्द ही जर्मनी में Mutter और अंग्रेजी में Mother, रूसी में मात (Mat), फारसी में मादर (Madar) और लेटिन में मातरि (Materi) है। माँ-माता शब्द पूरे यूरप में मम-मोम Mum and Mom and Ma and Mummy, Mama and Momma, Mommy बन गया है। भाषा के इस प्रसारण को अधिकांश यूरपियन भाषा शास्त्री 8000-10000 वर्ष प्रचीन मानते हैं लेकिन एक तपका इसे 4000-5000 साल पुराना मानता है जो सही है तथापि सभी यूरोपियन आज भी आर्यों को चरवाहे (Pastoralists and shepherds) कहते हैं और इस में एक मत भी है। यह बात दूसरी है कि कुछेक बुद्धिजीवी पाश्चात्य उन्हें रथी चरवाहे (Chariot driving Pastoralists) भी कहते हैं और साथ ही उन्हें इण्डो-यूरोपियन कहकर अपने को उनका वंशज भी बताते है। कितना बड़ा दोगलापन है ये? इस बात पर अब यूरपियन एक मत प्रतीत होते हैं कि उनके पूर्वज आर्य जन पूर्वी रूस और साइबेरियाई विस्तृत मैदानी क्षेत्रों (Steppes) तथा यूरप और एशिया के मध्यवर्ती काला सागर (Black Sea) के आसपास के क्षेत्र के निवासी थे जिन्होंने यूरोप और एशिया को अपने अधीनस्थ किया था। इसीलिये पाश्चात्य आर्यों को Indo-European और आक्रमणकारी कहते हैं।

आकलेण्ड (Auckland and Newzealand) विश्वविद्यालय के आधुनिक खोजियों ने भाषा का विकास प्राचीन Anatolia (यानी Asia Minor वर्तमान टर्की अर्थात् Eurasian republic of Turkey) से माना है लेकिन यह न तो तर्कसंगत है न ऐतिहासिक सत्य। यह प्रमाण आधारित तथ्य भी नहीं है। आर्यों का मूल अथवा जन्म स्थान Anatolia (अतुल्य या आर्यतुल्य देश-प्रदेश) होना कहीं से भी सिद्ध नहीं होता है, न हो सकता है क्योंकि 'आर्यतुल्य' नाम ही स्वतः इसको सिद्ध करता

है। यह बात जरूर है कि अपने विस्तार-प्रवास के दौरान आर्यजन आर्याणा (ईरान) होते हुये देवनिवास सुमेरु से अपनी संस्कृति लेकर सुमेर (वर्तमान ईराक) में बसते हुये सीरिया तथा वर्तमान टर्की के रास्ते मिस्त्र, फिर यूनान (Greece) और रोम सहित यूरप के अन्य देशों में गये थे। अतः अनातोलिया किसी आर्य सम्बन्धी नाम जैसे 'आर्यतुल्य, अनुतुल्य अथवा अतुल्य' का ही अपभ्रंश प्रतीत होता है।

आज इस बात से कतई इनकार नहीं किया जा सकता कि यूरोप में आर्यों की तरह की इतनी प्राचीन किसी अन्य संस्कृति या सांस्कृतिक विरासत अथवा सभ्यता का कोई हवाला, प्रमाण या संदर्भ ही नहीं मिलता है।

❒

6

इतिहास का अन्तिम पृष्ठ

मिस्त्र (Egypt) : आदि आर्य सभ्यता और अन्य वैश्विक साक्ष्य-रहस्य

यह बात मौलिक (natural) लगती है कि सृष्टि के प्रारम्भ में मूल मानवीय शुक्र बीज की तरह भाषा भी एक ही रही होगी चाहे वो वाणी की हो या संकेतों की। रहस्यवाद पद्धति (Arcane Schools) के गवेषणात्मक विचारक जॉन यारकर (John Yarker) ने अपने शोध 'Proto-Aryan Civilization and Mysteries' में उल्लेख किया है कि वाक मीमांसक (philologists) भी अब उपर्युक्त नतीजे पर पहुँच रहे है। फर्क केवल इतना है कि इस आदि भाषा को भाषाविदों का एक वर्ग आर्य भाषा या देव वाणी अथवा प्राकृत न कहकर तुरानी (Turanian) भी कह रहा है। यद्यपि तुरानी भाषा को भाषाविद परिभाषित नहीं कर पा रहे हैं पर उनका मानना है कि तुरानी भाषा आर्यों से भी पहले नाटे कद, काले वर्ण, बड़े सिर वाले भारत के द्रविड़ों की तरह के लोगों की भाषा थी जो आर्यों से पूर्व इंगलेण्ड तक पहुँच गये थे जिनकी एक शाखा स्पेन की बास्क (Basques) जाति के रूप में आज भी मौजूद है।

उपर्युक्त तर्क समझ में आने योग्य नहीं है क्योंकि इसका कोई ठोस आधार नहीं है। इसके अलावा द्रविड़ों के सम्बन्ध में अब तक इतनी थियरियाँ प्रतिपादित की जा चुकी हैं जितनी सृष्टि के सम्बन्ध में भी नहीं की गई। अतः अब वो सब

झूठी लगने लगी हैं। इतना ही नहीं बल्कि अब इस निष्कर्ष में कोई संदेह नहीं रह गया है कि आर्यजन इस पृथ्वी पर पहली मानव सृष्टि थी भले ही अतिमानव योनियाँ जैसे दैत्य, दानव, गन्धर्व, किन्नर, असुर आदि उनसे भी पहले विद्यमान रहे हों। इस बात में भी कोई सन्देह नहीं रह गया है कि आर्यो की जन्मभूमि मध्य जम्बूद्वीप थी और मानव की उत्पत्ति वहीं से हुई थी। जिसे आज पाश्चात्य-यूरोपियन तुरानी (Turanian) कहते हैं वह तुरुष्क है जो आज का तुर्कमेनिस्तान और आठवीं-नौवीं शदी का तुर्किस्तान था। इसी तुरुष्क और आज के कजाकिस्तान, उज़्बेकिस्तान आदि का एकीकृत रूप प्राचीन 'इलावृतवर्ष' यानी मध्य जम्बू था। अतः आज जिसे अर्ध ज्ञानी भाषाविद तुरानी भाषा बतला रहे हैं वह वास्तव में आदि आर्य प्राकृत भाषा का ही एक रूप था जिसे तुरुष्क प्राकृत कहा जा सकता है। ये सभी वैदिक प्राकृत से विकसित हुई जैसे जेण्ड। यह भी सम्भव है, जैसा कि जॉन यारकर ने स्वयं ही कहा है कि इस भाषा का उदय उराल पर्वत माला (सनातन मेरू) के आसपास हुआ हो, क्योंकि आर्यो का मूल देश यही था। यह सच है कि मूल आर्य प्राकृत भाषा को जेण्ड अवेस्ताई-ईरानी भाषा, सुमेर (Assyrian), लैटिन (Latin), यूनानी, जर्मन-स्केन्डीनेवियन (Teutonic), यहूदी, अरबी, पोस्तू, अफ्रीकी (Semitic and Hamitic) यहाँ तक कि संस्कृत भाषा बनने में हजारों वर्ष लग गये। इन भाषाओं के समुच्चय से स्पष्ट होता है कि विभिन्न समूहों, कुल-वंशों, आवासों में विभक्त होने से पहले इन भाषाओं के मूल में कोई एक मानव जाति ही थी और वो आर्य थे। यह समानता केवल भाषा तक ही सीमित नहीं थी अपितु परम्पराओं, विश्वासों, देवी, देवता और प्राकृतिक शक्तियों की पूजा, मन्दिर एवं अन्य निर्माणों, जीवन मूल्यों, कला, नीति-नियमों, कृषि पद्धति, गणित आदि सभी में विस्तरित थी। यह भी सम्भव है कि तुरानी और जेण्ड सहोदर भाषायें और एक ही जाति की हों अथवा एक दूसरे की उप भाषा हो। तुरानी-ईरानी और आर्य एक ही मूल के होने के साथ-साथ ध्वन्यात्मक (phonetically) रूप से भी समान है।

यार्कर के अलावा भारत के बाहर के कई विद्वानों का कहना है कि भारत के वेद और लोग अपनी सभ्यता का केन्द्र हिमालय के गंगा क्षेत्र को मानते हैं जो कि देव भूमि कही गई है। जबकि फारसी अवेस्ताई सम्भवतः पामीर के पठार से सभ्यता का विकास मानते हैं। इन्हीं विद्वानों का जिसमें यार्कर भी शामिल हैं, कहना है कि, कभी यूरोप के पर्वतीय क्षेत्रों (यूरेसिया) से लेकर तिब्बत और उत्तरभारत तक एक

उच्च सभ्यता अस्तित्व में थी। जन जनसंख्या बढ़ने के अलावा भयंकर सूखा, अनावृष्टि और तत्पश्चात जलाप्लाव (deluge) के कारण उन आदि मानवों को अन्यत्र प्रवास करने की मजबूरी हुई। वेदों में इसे वृत्र (वृत्रासुर) और अवेस्ता में (अहिरमन यानी अभिमान Ahriman) और दूसरे शब्दों में शैतान-असुर कहा गया है। आजीविका, पशुपालन और कृषि की मजबूरी ने इन मानवों को यूरोप की ओर बढ़ने और प्रवास करने के लिये मजबूर किया।

ये सभी इतिहासकार और विद्वान लेखक भूल गये कि आदिकाल में हिमालय आज के तिब्बत तक नहीं अपितु आर्कटिक तक विस्तृत था और गंगा का मूल स्त्रोत आर्कटिक ही था। गङ्गा मध्य जम्बू-मेरु से चार धाराओं में पृथ्वी की चारों दिशाओं में प्रवाहित हुई थी। अतः गंगा को वर्तमान हिमालय की भौगोलिक सीमा तक सीमित करना हास्यास्पद है। ये धारायें केवल बाइबल से ही नहीं अपितु जेण्ड-अवेस्ताई शास्त्रों में भी सिद्ध होती हैं।

यह भ्रम संस्कृत के अज्ञान और भारत के प्रति पाश्चात्य कदाशयता से उत्पन्न हुआ है। भारतीय पौराणिक शास्त्र और अवेस्ता एक ही बात कहते हैं, यहाँ तक की बाइबल से भी वही पुष्टि होती है। अवेस्ता के अध्ययन से आर्यों का मूल निवास पामीर कहीं से भी सिद्ध नहीं होता। आर्य जन उत्तर समुद्र-उत्तरी ध्रुव यानी आर्कटिक क्षेत्र के मेरु वर्तमान मध्य एशिया-उराल-साइबेरिया से सम्बद्ध थे। गंगावतरण सहित इसका विवरण पहले दिया जा चुका है। यह सही है कि सूखा-दुर्भिक्ष, हिमशिलाओं-हिमनदियों के पिघलने और समय-समय पर बाढ़ से उत्पन्न विनाश तथा प्राकृतिक आपदाओं के फलस्वरूप आर्यों को जीवन के दो मुख्य आधारों यथा पशुपालन और कृषि पर निर्भरता के कारण यूरोप की ओर प्रवास करना पड़ा। यारकर ने अपने शोध में जिस अफ्रीकी (Semitic) Tchandala जाति का उल्लेख किया है वह त्रि-चाण्डाल का अपभ्रंश प्रतीत होता है जैसे मिस्त्र में पितामह को Ptah प्रचलित हुआ। त्रि-चांडाल में दैत्य, दानव, राक्षस सम्मिलित थे जो आर्य मानवों की उत्पत्ति से पहले अस्तित्व में थे और उनके देवों, सुरों, आदित्यों से युद्ध होते रहे।

कहना मुश्किल है लेकिन विश्वास करना असम्भव यूरोप के विद्वानों का मानना है कि लिखित इतिहास (recorded history) केवल ईसापूर्व 4000 वर्ष पुरानी ही है। उससे पहले सब कुछ श्रुति-स्मृति आधारित था। ये बात केवल

भारतीय शास्त्रों पर ही चरितार्थ नहीं होती अपितु यहूदी शास्त्र (Torah और Talmud) पर भी लागू होती है। इस इतिहास अभिलेखन को कुछ विद्वानों ने प्रकाशावतरण (manifestation of light) भी कहा है। लेकिन आज भी मिश्र आदि देशों में उपलब्ध कई शिला लेख, पत्थर-हड्डियों पर खुदी आकृति, चित्रकारी अपठनीय बनी हुई है।

उपर्युक्त कथन यूरोप के इतिहास पर जरूर लागू होता है। वेदों विशेष रूप से ऋग्वेद की रचना से इसका कोई सम्बन्ध नहीं हो सकता है। प्लेटो के ही अनुसार सुईस (मिस्र) के पुजारियों के अनुसार वहां के पुस्तकालयों में 60000 (साठ हजार) साल पुराना इतिहास सुरक्षित था। आज के यूरोप में यूनान के अलावा आर्य लोग कहीं स्थिर नहीं रह सके और काफी लम्बे समय तक खानावदोश बने रहे अतः वहां वो वेद, अवेस्ता आदि की तरह अथवा मिस्र, सुमेर (बबीलोनिया, मेसुपुटेमिया), यूनान की तरह विश्व को कोई महाग्रन्थ, भाष्य या विख्यात शास्त्र अथवा रचना नहीं दे पाये। यह हीनता यूरोपियों को ताजिन्दगी कचोटती रही अतः वो ईसापूर्व नौवीं शताब्दी में यूनानी महाकवि होमर (Homer) द्वारा रचित महाकाव्यों-इलीयड (Iliad) और ओडिसी (Odyssey) का ही गाना गाते रहे। इस स्थिति में भारत को आर्यों का उत्तराधिकारी मानना उनसे कभी बर्दाश्त ही नहीं हुआ और वो आर्यों को इण्डो-यूरोपी-इण्डो-ईरानी कहते रहे, लेकिन इण्डो-आर्यन अथवा एशियो-आर्यन कभी नहीं कहा और एक झूठ के लिये पूरा इतिहास ही विकृत कर डाला। सच यही था और है कि आर्य एशियो-आर्यन (Asio-Arya) थे, इण्डो-यूरोपी नहीं। भारतीय पौराणिक इतिहास सहित अन्य अधिकांश साक्ष्यों के आधार पर इतिहासकारों, विद्वानों आदि के वृहत्तम वर्ग का मानना है कि आर्यों की जन्मभूमि उराल और उसके आस पास के क्षेत्र से सम्बन्धित है। उराल क्योंकि आज यूरोप और एशिया की विभाजन रेखा है यानी यूरोप की सीमा वहीं से प्रारम्भ होती है अतः उन्हें इण्डो-यूरोपी मूल का कहा गया और कहा जाने लगा। Geography के साथ पाश्चात्यों ने इतिहास ही बदल दिया।

काल निर्धारण का कोई ठोस प्रमाण न होने पर भी इतिहासकारों का एक वर्ग यह भी मानता है कि प्रागैतिहासिक काल से तुरानियों तथा आदि आर्यों में तीन तरह की पूजा पद्धति या पुरोहिताई थी। इसी कारण दूर-दूर तक विखरे विश्व मानव समुदाय में तीन तरह के धार्मिक विश्वासों ने जन्म लिया। उदाहरण के लिये

फिनलेण्ड में तीन तरह की मायाजाल या सम्मोहन पद्धतियाँ आज भी प्रचलित हैं जो Tietajat, Asaajat, Laulajat के नाम से जानी जाती है। इसी तरह बबीलोन (Babylon) में भी Khartumim, Chakamim तथा Asaphim हैं जो भारत की पद्धतियों Najo, Deoni या Mati और Bhagat से मिलती हैं जिसे वो आर्यों से भी पहले से विद्यमान मानते है। पारस के पाँचवीं शताब्दी बीसी के राजा सीरस (Cyrus I) के समय ये पद्धतियाँ Harbed] Mobed, Destur-Mobed के नाम से जानी जाती थी। अतः इसी आधार पर श्री जेम्स फर्ग्यूसन (James Ferguson, FRS) ने भी अपनी खोज में वृक्ष और साँप पूजक तुरानियों को भारत में आर्यों के आक्रमण से भी पहले आने वाली जाति बताया है और प्रमाण दिया है कि यूनान में भी आर्यों के आक्रमण से पूर्व इन्हीं लक्षणों से युक्त जाति मौजूद थी।

माननीय फर्ग्यूसन के जबाब में पहले हम ये स्पष्ट कर दें कि जिन तीन पूजा या पुरोहित पद्धतियों और धर्म विश्वासों का ऊपर वर्णन किया गया है वह आर्य दर्शन आधारित सत्, रज् या रजस् और तम् लक्षणों और गुण-धर्मों पर आधारित है। फिनलेण्ड के उदाहरण से ही यह बात पूरी तरह स्पष्ट हो जाती है। फिनलेण्ड में जिन्हें Tietajat कहा गया है वह सत् आधारित तैजस है। जिसे Asaajat कहा गया है वह असत् यानि रजस् है तथा जिसे Laulajat कहा कहा गया है वह लीला यानी अज्ञान जन्य तमस् अर्थात् ऐन्द्रजालिक मायावी भ्रम (illusion) है। यही सात्विक, राजसिक, तामसिक तीन तरह की पूजा पद्धति आर्यकाल से प्रचलित थी। जॉन यारकर महोदय ने जिन Deoni, Mati और Bhagat पद्धति का उल्लेख किया है वह पूरी तरह आर्य शब्द है। भगत पद्धति लगभग पूरे भारत में प्रचलित है अतः उसका अर्थ करने की जरूरत प्रतीत नहीं होती। जहाँ तक Deoni या Mati का संबंध है इन शब्दों की उत्पत्ति देव-देवी और माति से हुई है। देव-देवी का भी अर्थ बताने की आवश्यकता नहीं है। माति का अर्थ है शब्दजाल और पूर्वाभास यानी चिन्तन से सम्मोहित करना। ऐसा प्रतीत होता है कि अन्य यूरोपियों की तरह माननीय फर्ग्यूसन भी आर्यों को आक्रमणकारी सिद्ध करने पर तुले हुये थे इसलिये निष्पक्ष विचार नहीं रख पाये। इसके अलावा उन्होंने यूनान में आर्यों से पहले दक्षिण भारतीय जाति की तरह की जाति का उल्लेख किया है जो कि सम्भव है क्योंकि यूनान सहित यूरोप एवं अफ्रीका में मानवोदय से पहले दैत्य, दानव जातियाँ या योनियाँ मौजूद थीं जिनका आर्यों से संघर्ष चलता रहा। क्योंकि वो बर्बर

आक्रमणकारी थे अतः आर्यों ने उन्हें दस्यु कहा और जीतकर दास बनाया। उनकी बर्बरता, असभ्यता तथा बाहरी होने के कारण उन्हें म्लेच्छ माना।

अरस्तू और प्लेटो का भी मानना है कि पौरोहित्य के तीन तरीके मिस्र (मिश्र-Egypt) की स्थापना से भी पहले के है। इन तीन पद्धतियों का दूसरा रूप ब्रह्मा-विष्णु-महेश है। ये सही है कि सभी धर्म विश्वासों ने सृष्टिकर्ता को एक ही माना है। वेदों में ब्रह्म, इस्लाम में अल्लाह, यूनान में Zeus, रोम में Jupiter, जर्मनी-स्केण्डिनेविया (Teutonic) देशों में Tiu, ईसाइयत में God, यहूदी में रब आदि उसके ही सम्बोधन हैं। लेकिन उस एक सत्ता की अभिव्यक्ति उत्पत्ति-स्थिति और संहार अथवा प्रलय के आधार पर तीन तरह से की गई। उसी सत्ता से समयानुकूल विशेष उद्देश्यों के निष्पादन हेतु अनेकानेक देवी-देवता, उपदेव (demi-gods) एवं देवदूतों आदि की उत्पत्ति-अवतार माने गये। आर्य मानवों से पूर्व दैत्य, दानव, गन्धर्व, यक्ष, किम्पुरुष आदि अति मानव योनियों की उत्पत्ति भी प्रजापिता-प्रजापति एवं देवी-देवताओं तथा ऋषि, मुनियों आदि से ही मानी गई है। देवत्व के साथ अदेव एवं अतिमानव योनियाँ भी इस पृथ्वी पर थी जिनकी अपनी संस्कृति थी। यह सत् और असत् (negative and positive) प्रकाश और अंधकार की अभिन्नता के साथ संघर्ष का प्रमाण है।

आर्यों से पूर्व निर्माण कला और धार्मिक अनुष्ठानों में वास्तुकला, शकुन, अपशकुन, शुभ-अशुभ वास्तु चिन्ह, मूर्ति, विग्रह एवं अन्य प्रतीक भी इन विभिन्न आदि कालीन अतिमानव योनियों एवं उनके वंशजों में प्रचलित थे। यूरोप एवं अफ्रिका के इन आदि दैत्य दानवों की कलात्मक एवं चित्रात्मक लिपि (cuneiform) उनके वंशजों जैसे एलम (Elam) तथा कल्दी (Chaldea) जातियों में आवृत हुई और मिस्र, चीन आदि देशों तक विस्तारित हुई। आज चीन के अलावा जापान आदि देशों में यह लिपि प्रचलित है। इन प्रमाणों से इन जातियों की मौलिक एकता का भी ज्ञान होता है।

रूस में उराल-साइबेरिया तथा अन्य क्षेत्रों की खुदाई में आर्यों के वर्गाकार (square) निर्माणों के साथ-साथ निर्माण कला में पृथ्वी तथा ब्रह्माण्ड के स्वरूप को वास्तु प्रतीक के रूप में प्रयुक्त किया पाया गया है। यही स्थिति आवासीय एवं मन्दिर निर्माण तथा परकोटों और हवन कुण्डों की रचना में भी पाई गई। अतः यही प्रतीत होता है कि आदि आर्य सभ्यता के विस्तार के साथ ही इस कला का ईरान, ईराक,

मिश्र, यूनान, चीन एवं अन्य स्थानों में विस्तार हुआ। मिश्र के पिरामिडों का निर्माण आर्यो के आदि स्थान मेरु पर ही आधारित है। प्राचीन चीन का कुछ भाग और जापान आदि क्षेत्र जम्बूद्वीप के किंपुरुष वर्ष के अन्तर्गत थे इसलिये सम्भव है उनकी चित्रात्मक लिपि किम्पुरुष आदि जातियों से अनुक्रमित हुई हो। इतना निश्चित प्रतीत होता है कि अर्य विस्तार के साथ और तदुपरान्त सभ्यताओं के साथ-साथ भाषाओं का भी गहन समिश्रण हुअ। और उनका आज अलग-अलग काल निर्धारण और पहचान करना अति कठिन हो गया है। यह एक मन्थनीय तथ्य है कि आर्यो के निर्माण जहाँ आयताकार, वृत्ताकार और वर्गाकार हैं वहीं अकेडियन (Akkadian बबिलोन), मउरी (Maori यानी न्यूजीलेण्ड) और विशेष रूप से मिश्र के विनिर्माण भी षटभुजाकार-त्रिकोणीय (cubic या three dimensional and triangular) है। पिरामिड इसी विनिर्माण पद्धति पर आधारित हैं जो खासतौर से मेरु आधारित वास्तु है। ऐसा सम्भव प्रतीत होता है कि वास्तु की उत्पत्ति ही मेरु और पुरातन जम्बूद्वीप के नववर्षो से विनिर्मित आकृति और आर्य विनिर्माण के आधार पर हुई।

आज के इतिहासकार कितनी भी वैज्ञानिकता का दावा करें, खुदाई और ठोस प्रमाणों की बात करें फिर भी उनका अनुसंधान, संग्रह और इतिहास लेखन सम्भावना आधारित ही माना जायेगा। कारण स्पष्ट है, जिस इतिहास को लिखने या खोजने का दावा इतिहासकार कर रहे हैं वह उस काल का है जिसमें वो स्वयं तो नहीं थे, उनसे पहले की भी कई पीढ़ियाँ नहीं थी। आर्य वैदिक सनातन शास्त्रों के अलावा भारतीय पौराणिक इतिहास-रामायण, महाभारत, पुराणों ने मानव इतिहास की निष्पक्ष गवेषणा की है। वो चाहते तो बदरीनाथ या कैलाश-हिमालय और तिब्बत को ही स्वर्ग निरूपित कर सकते थे लेकिन उन्होंने ऐसा नहीं किया। बाल्मीकि से वेदव्यास तक और रामायण से महाभारत तक, तथा पुराणों ने उत्तरी ध्रुव और उत्तर समुद्र से आवृत्त पुष्कर द्वीप को ही स्वर्ग बताया है। इसी तरह भारतीय पुराण इतिहास ने मध्य जम्बूद्वीप (यानी मध्य अथवा सेन्ट्रल एशिया) के इलावृत वर्ष के मध्य में स्वर्णिम मेरु पर ब्रह्मपुरी और ब्रह्म सरोवर की स्थिति बताई है जिसे वो चाहते तो राजस्थान स्थित पुष्कर या कैलाश का मानसरोवर बता सकते थे। सत्य का साक्षात्कार यहाँ तक कराया गया है कि पाण्डवों का स्वर्गारोहण मार्ग चीन होते हुए मध्य जम्बूद्वीप ही निरूपित किया गया है। इसी इलावृत वर्ष को पुराणों ने आर्यो का मूल निवास माना है जो आज पूरी तरह सिद्ध हो गया है और होता भी जा रहा है। यहीं मेरु स्थित ब्रह्म पुरी एवं ब्रह्म सरोवर (Garden of Eden) में स्वर्ग (यानी

Paradise) अर्थात पुष्कर द्वीप वर्तमान आर्कटिक से आर्योदय से भी पहले गंगावतरण हुआ था तब पृथ्वी पर देवी, देवता, दैत्य, दानव आदि अति-मानव योनियों का ही अस्तित्व था। यह कोई 5 या 10 अथवा 20 हजार साल पहले की यह बात नहीं है अपितु कई सहस्त्राब्दियों (millenniums) पहले की बात है जब पृथ्वी में भूमि क्षेत्र सीमित था क्योंकि वह आधे से भी ज्यादा हिममय (glacial) थी। अगर भारतीय ऋषि और दार्शनिक इतने अज्ञानी-असभ्य थे तो उन्हें इतिहास, भूगोल का इतना गहन-विस्तृत ज्ञान कहाँ से और कैसे हुआ। उनका इसमें क्या स्वार्थ था?

ऐतिहासिक और परिस्थितिजन्य साक्ष्य यही बताते हैं कि आर्यजन भारत में अपने विस्तार के अन्तिम चरण में आये। इसीलिये उनकी धरोहर अक्षुण्ण रह पाई और उसकी प्रवृद्धि भी हुई जबकि अन्यत्र आक्रमणकारियों, बर्बरों ने प्रारम्भिक मध्य काल में ही उसे नष्ट कर दिया। भारत में भी विदेशियों-आक्रमणकारियों ने उसे नष्ट करने के सभी उपाय किये लेकिन समुद्र की गहराई में सभी डूब गये क्योंकि सनातनता मात्र कोई एक पुस्तक या लाइब्रेरी नहीं थी। श्रुति और स्मृति में भी अक्षुण्ण थी।

विद्वानों ने विश्व मानव की पैतृक एकता स्थापित करने के प्रमाण के रूप में अकेडीयन (राजवंश) शब्द-नाम को भी वैदिक-प्राकृत शब्द का अपभ्रंश माना है और उसकी व्युत्पत्ति संस्कृत 'अक' 'अर' एवं 'अक्ष' से जोड़ने की कोशिश की है। इस राजवंश के ही एक प्रारम्भिक राजा का नाम पतेशी (Pateshi) था उसको भी इसी तरह प्राकृत शब्दों से जोड़ने की कोशिश की गई। इसी प्रकार पारस देशीय अष्टकोणीय विनिर्माण को स्वर्ग के स्वरूप से जोड़ा गया है जो भारतीय दर्शन में भी ईश्वर की अष्ट प्रकृति के रूप में वर्णित है। इसी तरह बबीलोन के संस्थापक निमरोद (Nimrod) को मंगोल तरतार (Tartar) रक्त का बताया गया है जो तुषार का ही अपभ्रंश प्रतीत होता है जिन्हें कालान्तर में ततार भी कहा जाने लगा। तुषार जाति का अभिधेय हिम देशीय ठण्डे क्षेत्रों के रहने वालों से ही है। उत्तर आर्य कालीन यही तुषार जाति रूस के ततारिस्थान से मंगोलिया एवं चीन, तिब्बत और भारत के उत्तराखण्ड तक विस्तृत थी। स्पष्टतः तुरुष्क यानी वर्तमान तुर्कमेनिस्तान क्षेत्र में मूलतः तुषार लोग ही रहते थे।

कालान्तर में आर्य सभ्यता का यूनान से यूरोप के अलावा विश्व के बहुत बड़े भाग में विस्तार हुआ जिसका कारण यूनानी आक्रमण थे। विद्वान डॉ० पेट्री (Dr. Petrie) के अनुसार यूनान में आने से पहले करीब 2500 वर्ष ईसापूर्व, यूनानी लोग, स्वेच्छा अथवा दास के रूप में मिश्र (Egypt) में रहते थे। आर्यों के आक्रमण से मिस्र में उथल-पुथल हो गई थी। यूनान प्रवास से पहले यूनानी मिस्र में आर्यों के दास थे। आर्यों के 26 राजाओं और सात पुरोहितों ने वहाँ राज्य किया। बाद में मिश्र की सहायता से ही यूनानियों को अलग राज्य दिया गया और उनके देश की पुनर्स्थापना की गई। ये राजा और पुरोहित भी जैसा आगे वर्णन किया गया है वैदिक राजा और पुरोहित ही थे। कहने की आवश्यकता नहीं कि मिस्र के बाद ही यूनान में आर्य विस्तार हुआ था।

प्राचीन काल में आर्यों द्वारा ही नहीं अपितु ईरान, मिश्र सहित अन्य सभी देशों में अग्नि और सूर्य की उपासना की जाती थी। सूर्य को स्वर्ग लोक का स्वरूप माना जाता था। ऐसा माना जाता है कि अकेडीयन (Akkadian) लोगों ने 12 राशियों के प्रतीक चक्रों से सूर्य की गति के 12 महाग्रंथों की भी रचना की थी। वो लोग सूर्य को Isdhubhar नाम से सम्बोधित करते थे जो ईश्वर का ही स्थानीय अपभ्रंश उच्चारण है।

इन सभी संस्कृतियों में सात और नौ का बड़ा धार्मिक महत्व था जैसा कि आर्य धर्म में था। सात दरवाजे, सात मंजिले भवन, सात दीवालें या परीधियाँ एवं सात रंगों का प्रयोग। भारतीय वास्तु एवं पुराणों में सात मंजिले भवनो को ही विमान कहा गया है। पिरामिडो में भी सात द्वारों से आवृत केन्द्र स्थान बनाया जाता था। सम्भवतः इस शुभ शकुन को सप्तर्षियों, सूर्य के सात रंग के घोड़ों, सात द्वीपों और सागरों से जोड़कर देखा गया था। प्रो० रॉलिन्सन (Professor George Rawlinson)[1] ने अपनी रचना "Seven Great Monarchies" में इसका वर्णन किया है। मनुष्य शरीर की बनावट और उसके नौ द्वारों पर ही मन्दिरों का विनिर्माण था जो वास्तु आधारित है। जम्बूद्वीप के नव वर्षों की आकृति के आधार पर भी वास्तु विस्तार और जन्म कुण्डली निर्धारण हुआ।

---

1. Seven Great Monarchies-Prof Rawlinson

अकेडीयन लोगों का मानना था कि ईश्वर ने धरती पर सभी निष्पत्तियाँ एक पवित्र शब्द से पूरी की जिसे कुछ इतिहासकारों ने omnific यानी ॐ (ओम्) से सम्बन्धित माना है जिसका महत्व बाद में भुला दिया गया लेकिन मिस्र के पुरोहितों ने उस ज्ञान को स्वीकार करते हुये उस नाम को पवित्र गुह्य बताया। यहूदियों ने उस ईश्वरीय नाम की शक्ति को यहवा (Yahvah & Yihvah) कहा जिसे अशुद्ध रूप से जेहोवा (Jehovah) भी कहा जाता है। ये सभी नाम यव् या जव् और वैदिक यज्ञपुरुष से उत्पन्न प्रतीत होते है। इसीतरह असीरिया (Assyria) भी असुर शब्द से ही व्युत्पन्न लगता है जो पारसी सम्बन्ध से अहुत भी कहा गया। दूसरे शब्दों में यह भी अर्थ लगा सकते हैं कि "जो बहुत असुर नहीं है"। कहते हैं कि ईसापूर्व 19वीं शताब्दी में राजा सम्सी ने असुर नामक स्थान पर अनु के नाम से एक मन्दिर बनाया। यह अनु सम्भवतः चंद्र वंशी पुरुरवा-ययाति के वंशज प्रसिद्ध राजा अनु-द्रह्यु ही है। उसने इश्तर (Ishter) के मन्दिर का भी पुनर्निर्माण करवाया। इश्तर से तात्पर्य यहाँ ईश्वर ही हो सकता है। ईसापूर्व पाँचवीं शताब्दी के पारस के राजा सीरस (Cyrus) को असीरिया में अपने पूर्वज असुर (अहुत) बनि पाल (Assur-bani-pal) का पता चला और राजा नरम सिन (Naram-Sin) द्वारा करीब 1000 वर्ष ईसा पूर्व बनाये गये मन्दिर की जानकारी मिली। यह राजा नरम सिन कोई और नहीं नरसिंह या नरसिम्हा अथवा नृसिंह ही था।

इतिहासकार यहाँ तक मान रहे हैं कि कम्बोडिया के नगाँव वाट (Nagon-Wat अर्थात् नौगांव या नव गांव वाट)[1], फिलस्तीन और बबीलोन के डगाओं देव (Dagon), तथा अमेरिका की माया सभ्यता सहित दूसरे देशों के भी लोग उसी धर्म, जाति-सभ्यता से सम्बद्ध हैं जिन्होंने एशिया के पिरामिडाकार पगोडा, मिस्र के पिरामिड और ऐलोरा की मूर्ति कला को जीवन्त बनाया।

मिस्र की सभ्यता सबसे ज्यादा सम्मिश्र होने के कारण जटिल है इसीलिये उसे मिश्र कहा गया। ऐसा माना जाता है कि यहाँ की आदि कालीन जनसंख्या धर्म और भाषा से बबीलोन की अकड्ड जाति से जुड़ी थी तथा अन्य काप्टिक (Coptic) यानी ईसाई चर्च से जुड़ी जनसंख्या का चीन और काल्डीनी भाषा से जुड़ाव था। यह

1. वाट शब्द संस्कृत के वाटः-वाटी का पर्याय है यानी बड़ा भू भाग या भवन भूखण्ड अथवा आवृत्त भू-भाग

सबसे महत्वपूर्ण तथ्य है कि मिस्र के प्रथम राजा मनेस के समय सभी धर्म समान थे। उस प्राचीन काल में नाइल (नील) नदी पर बसे मिस्र के प्राचीन नगर मेमफिस में सात देवताओं को अनेक उप देवताओं के साथ पार्थिव अण्ड से ब्रह्माण्ड के रचयिता पिता (Ptah) की सेवा में दिखाया गया है जो कि सनतान आर्य संकृति के सप्तर्षि तथा पितामह ब्रह्मा से ही मिलता है। मनेस भी सम्भवतः मनु की ही प्रतिकृति हैं। सप्तर्षि भी ब्रह्मा के ही मानस पुत्र है। इसके अलावा कल्दी (Chaldea) संस्कृति में जिसे असारी (Asari अर्थात ईश्वर) कहा गया है, मिस्र में उसे हेसेरी या ओसिरी (Heseri या Osiris) कहा गया है जो वास्तव में 'ओमश्री' या ऊँ श्री है अथवा ईश्वर का ही प्रत्यर्थ है। इजिप्ट का सही नाम मिस्र ही है और होना चाहिये लेकिन आज यह क्यों मिस्र हो गया कहना मुश्किल है।

सुमेर और सनातन आर्य संस्कृति की तरह मिस्र में भी नये फेहरो (Pharaoh) राजा को राज्यारोहण के समय दीक्षित (initiation) करने की प्रथा थी। राजमिस्त्रियों-शिल्पकारों द्वारा वृत्त के मध्य में विन्दु, त्रिकोण अथवा ऊँ या अ उ म (point within a circle, the triangle, the tau, and triple-tau) चिह्नित करने की पवित्र परम्परा थी। ऊँ (Amen, Amon, Amun) को ईश्वर का रूप माना जाता था। हर जिले में अपने त्रि देव थे। प्रकृति को मातृवत माना जाता था। पिरामिड और निर्माण कला को देखकर स्पष्ट हो जाता है कि ज्यामिति, खगोलशास्त्र, वास्तु और राज मिस्री कला बहुत विकसित थी। मन्दिरों, पिरामिडों तथा भवनों के उत्तर और दक्षिण पथ पार्थिव-लौकिक और अलौकिक देव पथ के द्योतक थे जो कि आर्य दर्शन के अंग थे।

मिश्र पर श्री विलियम ओक्सले के अनुसंधान से ज्ञात होता है कि वहाँ के धार्मिक प्रतीकों में सूर्य की गति के साथ विभिन्न राशियों में परिवर्तन होता था। इस तरह कभी सांड कभी मेढ़ा कभी सिंह प्रतीक बन जाता था। बारह उपदेवता माने जाते थे जिन्हें पौराणिक दर्शन में 12 आदित्य कहा गया है। ईसा से 3000 वर्ष पहले सूर्य मन्दिर का निर्माण हुआ था। ईसा से करीब 1500 वर्ष पूर्व रेखमरा में चट्टानों की शिलाओं को काटकर मन्दिरों (rockcut) का निर्माण किया गया। उसके कुछ सौ वर्षों बाद ही भूलभुलैया (Labyrinth) बनाया गया। मिस्र के भारत और चीन के साथ 1500 बीसी से ही अच्छे व्यापारिक सम्बन्ध थे।

पुरुष प्रधान काल (patriarchical times) यानी 7000-2500 बीसी के मध्य में इजिप्ट का वैभव अपने चरमोत्कर्ष पर था। शिल्पियों और वास्तुविदों का बहुत सम्मान था। ईसापूर्व 2500-1600 सदी में मध्य एशिया में आये उफान, प्रलय और विप्लव के कारण दैत्य-दानव वंशी जन जातियों-बर्बरों ने मिस्र पर आक्रमण किया। वो आर्य धर्म-दर्शन विरोधी थे लेकिन कुछ समय बाद उन्हें पराजित किया गया। कुछ इतिहासकारों का मानना है कि ये आक्रमणकारी आज की हिब्रू या यूरप की बर्बर जाति से सम्बन्धित थे। पुनः आर्य धर्म में विश्वास करने वाली जातियों का अधिकार हुआ। देवी-देवताओं के नाम भी बदल गये। सूर्य मुख्य देवता हो गये। पूजा पद्धति में भी परिवर्तन हो गया और एक उच्च विकसित संस्कृति की स्थापना हुई लेकिन एक समय विश्व भ्रातृत्व का वैभवशाली और सुसंस्कृत देश मिश्र कालान्तर में इतिहास के गर्त में गिर गया। कालचक्र की विडम्बना और दुर्भाग्य की गति यही है।

अन्य विश्व सभ्यतायें एवं संस्कृतियाँ : एक नजर

पर्म विश्वविद्यालय (रूस) की प्राफेसर डॉ० स्वेतलाना कामनेवा (Dr Svetlana Kameneva)[1] ने अपने शोध Enigmatic relationship of Ancient Ural Culture and Sassanid dynasty में विस्तार से उल्लेख किया है कि यूरेसिया की प्राचीन जातियों में पशु शैली कला का एक समान प्रचलन था। पशु शैली से तात्पर्य धातु पर पशु, पक्षी और मानवीय आकृति बनाना है। उराल पर्वत शृंखला तथा वोल्गा एवं कामा नदियों के मध्य खुदाई से यह रहस्य प्रकाश में आया। यह शैली प्रथम सहस्त्राब्दि (millennium) बीसी के आसपास से प्रचलित थी और पर्म शैली के नाम से जानी जाती थी। पर्म शब्द संस्कृत के परम शब्द का ही अपभ्रंश प्रतीत होता है जिसका अर्थ है उच्चतम, सर्वोत्तम, श्रेष्ठतम। उत्तरी पर्म क्षेत्र एवं अन्य स्थानों से ईरानी एवं मध्य एशियाई शैली की कई तश्तरियाँ भी मिली। ये साक्ष्य स्पष्ट रूप से आर्याणा यानी ईरान और मध्य जम्बूद्वीप यानी सेन्ट्रल एशिया के बीच आर्यों के प्रथम विस्तार एवं मेरू, ब्रह्मपुरी अर्थात् उराल क्षेत्र से कला संस्कृति और सभ्यता के उदय का प्रमाण है।

---

1. Dr. Svetlana (पशु शैली)

कुछ इतिहासकारों और पुरात्त्वज्ञों का कहना है कि रूस के अन्य किसी भी भाग में कला कृति से सजी इस तरह की चाँदी की ईरानी तश्तरियाँ नहीं मिली लेकिन ये तश्तरियाँ पाँचवीं-छठी शताब्दी एडी की प्रतीत होती हैं और आर्य कालीन नहीं है। इस स्थिति में इन तश्तरियों के मध्य एशिया एवं रूस में पाये जाने के पीछे दो ही कारण हो सकते हैं-पहला यह कि सम्भव है अरब आक्रमण के दौरान कई जरथुस्त्र धर्मावलम्बी ईरानी आर्य सातवीं-आठवीं शताब्दी में ईरान छोड़कर अपने साज-सामान के साथ आश्रय और शरण हेतु अपने आदि निवास इलावृत वर्ष यानी आर्याणा वैजाही अर्थात् उराल की ओर आये। दूसरा यह कि प्रारम्भ में अरब आक्रमणकारी ईरान को लूटकर मध्य एशिया की ओर बढ़े और यहाँ बसने लगे। बाद में मध्य एशियाई खानाबदोश, जनजाति के बर्बरों ने भी ईरान को लूटा और लूट का माल लेकर आये।

तथापि यहाँ यह भी स्पष्ट करना समुचित होगा कि आर्यों के वासनन (settlements) भी मध्य जम्बू-मेरु यानी मध्य एशिया-उराल और साइबेरिया के कुछ भागों तक ही था उससे आगे उत्तरकुरु (स्वर्ग द्वार) और तत्पश्चात देवलोक यानी स्वर्ग भूमि थी।

इतिहास की अति प्राचीन यात्रा से संकेत मिलता है कि माया (Mayan जिन्हें अमेरिका में मायू-मीअन कहा जाता है), इन्का (Incas जिन्हें इंक्‍कू कहा जाता है), रोमां या रोमु-जिप्सी (Roma-Gypsies) तथा अजटेक (Aztecs) लोग कभी आर्य लोगों के कामगार, शिल्पी एवं मनोरंजक रहे होंगे। माया और रोमां जिप्सी खुले रूप में अपने को भारत से आया हुआ मानते है। कुछ विचारक रोमां लोगों को उत्तर भारत का बताते है। लेकिन ऐसा है नहीं। ये सभी लोग मध्य जम्बू से ही स्थल अथवा समुद्री मार्ग द्वारा वर्तमान अमेरिकी महाद्वीपों और उनके नगरों जैसे मैक्सिको, पेरु, बोलिविया एवं पराग्वे गये। सम्भव है कि इन लोगों ने एक स्थान से पुनः दूसरे स्थान प्रवास किया हो और अलग होकर अपनी अलग सभ्यता बसाई हो। ये भी सम्भव है कि आर्यों एवं बर्बर जंगली आदम लोगों के बीच समय-समय पर हो रहे युद्धों से उद्विग्न होकर शान्ति की खोज में ये लोग दूर-दूर चले गये। वह समय ऐसा था जब सागर नौकायन (navigation) के उपयुक्त थे खासतौर से आर्कटिक सागर। बोलिविया में प्राप्त अवशेषों से भी-जिनका वर्णन पहले किया जा चुका है-यह प्रवास सिद्ध होता है।

माया लोग आमतौर पर मैक्सिको में बस गये और मैक्सिकन इण्डियन कहे जाने लगे। ऐसा माना जाता है कि ये लोग पृथ्वी की दूसरी ओर स्थित एक पोर्ट से जिसका नाम 'अराम्रा' (Aramra) था मैक्सिको आये थे। सम्भवतः वह स्थान अरम-एरम (Aram यानि सीरिया) था। इससे माया लोगों का मध्य जम्बूद्वीपी और आर्य सानिध्य में होना सिद्ध होता है। सम्भवतः उनके साथ अरामरा के लोग भी अमेरिका गये हों जो दक्षिण अमेरिका में वस गये और वहाँ के मूल निवासियों में एक यानी अयमारा कहलाये। माया लोगों का सम्भवतः दक्षिण अमेरिका के मूल भारतीय निवासी और भाषाई कहे जाने वाले अयमारा (Aymaras) लोगों के साथ इसी कारण रक्त सम्बन्ध और वन्धुत्व है। माया संस्कृति के लोग गन्धर्व सन्तान भी हो सकते हैं जो आर्यों के गायक थे और जादू, टोना, चमत्कार, दृष्टि भ्रम (illusions) अथवा आमोद-प्रमोद पर विश्वास रखते थे जिनको दुनियादारी से बहुत मतलब नहीं था। माया लोग स्वयं को आर्यों की तरह भौतिक शरीर में पारलौकिक मानते थे।

अतः सम्भव है रोमां-जिप्सी लोगों के प्रवास का भी वही समय रहा हो जब आर्य लोग भारत की ओर प्रयाण कर रहे थे या उत्तर-पश्चिम भारत में वस रहे थे। इन लोगों का विश्वास सुख (pleasure) की खोज में रहा होगा। खाओ-पीवो मौज उड़ाओ और यायावरी भी उनका शौक रहा होगा। आज ये लोग दर-दर भीख माँग रहे है। सम्भवतः इन लोगों की प्रवृत्ति शान्ति और एकान्त में रहने के अलावा दुनियादारी से तटस्थ रहने की भी थी। आज ये लोग विश्व में सर्वत्र तितर-बितर हो गये हैं लेकिन मुख्यतः यूरोप में ही है। इनकी भाषा रोमानी है। प्रारम्भ में रोमां लोग पोलेण्ड और रूमानियाँ में बस गये थे।

इन्का (Inkas & Incas) सम्भवतः आर्यों के शिल्पी (craftsmen) दस्तकार (artisan), वास्तुकार (architect), मैकेनिक, इन्जीनियर किस्म के लोग थे जो अपनी अलग पहचान बनाये रखना चाहते थे।

यह स्थिति एशिया के बहुत से समुदायों के साथ थी जो ईरान और मध्य एशिया में रहते थे जिन्हें यूनानी चरवाहे और घुड़ सवार जनजाति का (Nomads) मानते थे। ये लोग सीथियन-सीथ (Scythian & Scyths) समुदाय के थे। यूनानी भाषा में आर्य शब्द का अपभ्रंश अथवा उच्चारण Iaones हो गया। अंग्रेजी में वही (Aryan) शब्द बन गया। इसी से आइनोस्फेयर (Ionosphere) यानी वातावरणीय

परत या आयन मण्डल बना। ये भी माना जाता है कि जिन्हें यूनानी सीथियन कहते थे उन्हें ईरानी लोग सक-शक कहते थे। ये भी सम्भव है कि कुषाण एवं सक एक ही मूल शक समुदाय की उत्पत्ति हो। इतिहास की विडम्बना देखिये कि कुषाण लोगों को पाश्चात्यों ने अमेरिकी राज्य ओरुगन (Oregon) का उत्तर अमेरिकी भारतीय बताया है। जबकि कुषाण और सक लोग सीथिया (Scythia) यानी ईरान-मध्य एशिया, रूस, उक्रेन के आसपास के निवासी थे। इनकी संस्कृति आपस में मिलती जुलती थी। इतिहासकार ये भी मानते हैं कि इन समुदायों की कद-काठी आर्यों से मिलती जुलती थी। अतः स्पष्ट है कि अमेरिका में अधिकतर प्रवास मध्य जम्बूद्वीप से ही हुआ। महाभारत और पुराणों के आधार पर ये निष्कर्ष निकालना सम्भव है कि ये जातियाँ कालकेयों के वंशज रहे होंगे और ईरान के पहलवी लोग पोलोमों के जिन्हें अर्जुन ने शस्त्र विद्या सीखने हेतु स्वर्ग यानी उत्तरकुरु, आर्कटिक गमन के समय मार्ग में पराजित किया था। माया लोगों के साथ सीरिया से गये अयमारा (Aymaras) लोगों को अमेरिकियों ने दक्षिण अमेरिका में बसे भारतीय मूल एवं भाषाई परिवार का बताया है।

यूनानियों के स्थानीय उच्चारण और अंग्रेजी के वर्णों, शब्दों, नामों, उच्चारणों एवं लेखन, ध्वनि ने नामों में इतनी विकृतियाँ पैदा करदीं हैं कि आज कई नदियों, पर्वतों, स्थानों, वंशों के जात्यर्थ को समझना और विन्यास (decode) करना असम्भव हो गया है और हो रहा है। भाषाई आधिपत्य स्थापित करने की होड़ में अंग्रेजी ने यूनानी शब्दों को और भी विरूपित कर दिया। ऐतिहासिक रूप से अंग्रेजी का अभिशाप बहुत भयंकर साबित हुआ।

ऐसा भी कहा जाता है कि कुषाण, सक-शक लोग एक प्राचीन ईरानी भाषा बोलते थे और आज के कैस्पियन सागर (Caspian Sea) सहित मध्य एशियाई क्षेत्र में इनका बोल बाला था। ऐतिहासिक अनुसंधान ये बताते हैं कि इन जातियों का आर्यों और उनके वंशजों से नजदीकी सम्बन्ध रहा होगा अतः इनकी भाषा वैदिक प्राकृत से मिलती जुलती थी।

आर्य पौराणिकता से जुड़ा एक और नाम है सुमेरितन (सुमेरिटन-Samaritans) जिन्हें पाश्चात्य बाइबल युग के समारिया (Samaria) का निवासी बताते हैं जिन्होंने सीथियनों को पराजित किया। यह स्पष्टतः सुमेरु पर्वत से उत्पन्न या आर्य-स्मार्त मूल का शब्द है। सीथियन लोगों का इतिहास यूनानी इतिहासकार हीरोडटस

(Herodotus 5वीं बीसी) के इतिहास एवं रोमन कवि ओविड (Ovid पहली शताब्दी एडी) की कविताओं से ज्ञात होता है। तथापि उनके जीवनस्तर के बारे में जानकारी दक्षिणी रूस और उक्रेन में दफ्न टीलों के पुरातत्त्वीय अवशेषों से प्राप्त हुई हैं जिनमें खूबसूरत नक्कासीदार स्वर्ण कलाकृतियाँ आदि प्राप्त हुई। प्रश्न यह भी है कि क्या सुमेरितन (Samaritan) सुमेरु सभ्यता अथवा आर्य स्मार्तियों से सम्बद्ध थे और यह नाम स्मार्तियन का विकृत रूप है? अंग्रेजी अर्थ की दृष्टि से भी Samaritan उन भद्र लोगों को कहा जाता है जो परोपकारी तथा सहृदय होते हैं। इन लोगों के बारे में अभी बहुत कुछ अज्ञात है जिस पर बुद्धिजीवियों का मन्थन जरूरी है। इतिहासकार ये भी मानते हैं कि अयस युग (Iron Age) में सीथियन संस्कृति पूर्वी यूरोप के मैदानी क्षेत्रों से अल्ताई पर्वत तक फैली थी जिसका संकेत महाभारत में मन्दार पर्वत से है। इतिहासकार यह भी मानते हैं कि अयस युग में यह पूरा क्षेत्र आर्य संस्कृति से ओत-प्रोत था, भले ही पाश्चात्य इसे इण्डो-यूरोपियन कहते रहे।

हीरोडटस का लिखा इतिहास सीथ लोगों (Scyths) के बारे में भले ही एक महत्वपूर्ण ऐतिहासिक अभिलेख क्यों न हो लेकिन यह भी सच है कि उसे सीथिया (Scythia) के पूर्वी भाग का बहुत ज्ञान नहीं था। हीरोडटस साहित्य से ऐसा लगता है कि परसियन लोग ही उन्हें सीथ कहते थे। सम्भवतः यही सीथ बाद में शक-सक जाति का द्योतक बन गया। कुछ इतिहासकारों ने सुगुदा (Suguda) को समरकंद भी बताया है। दूसरी तरफ अपनी प्रसिद्ध पुस्तक Four Old Iranian ethnic names में इतिहासकार ओसवाल्ड (Oswald)[1] ने सीथियन जाति की उत्पत्ति के कई पुरातन आयामों का मन्थन किया है जिनमें स्कुद्र (Skudra) भी एक है जो स्पष्टतः शूद्र से मिलता है। दूसरा सोग्डियन (Sogdian) है जो सगोत्र मूलक है। तीसरा असीरियन (Assyrian) है जिसे Askuz भी कहा जाता था जो असुर जाति वाचक है। ओसवाल्ड के अनुसार 'सक' या शक लोगों के लिये असीरियाई या मसोपोटेमियाई नाम स्कुड (Skuda) या स्कुल (Skula) था जो संस्कृत शब्द 'कुल' का अर्थक है। तात्पर्य यह है कि सक-कुषाण-सीथियन एक ही समुदाय और जाति (ethnicity) से सम्बन्धित थे। चीनी लोग सिथियन को सांईं नाम से जानते थे जो

1. Osword-Four old Iranian Ethnic Names.

सिन्धी भाषा में सम्मान का द्योतक है। सम्भवतया कुछ सक वंशी लोग परसियन साम्राज्य के सिस्तान प्रांत में वस गये थे। सिस्तान वास्तव में श्रीस्थान का ही उपभ्रंश है जो बाद में सकेस्तान (यानी सकस्थान या शकस्थान अर्थात 'शकों का स्थान') के नाम से जाना गया। जैसा कि उल्लेख किया जा चुका है स्तान शब्द स्थान का ही अपभ्रंश है। दोनों का अर्थ एक ही है। इतिहासकारों को सीथियन का ऐतिहासिक सन्दर्भ आठवीं सदी बीसी से मिला है। बाइबल (New Testament Pauline and[1] Nother epistles-अध्याय Colossians) में सिथियन को बर्बरों की श्रेणी में गिना गया है। बार्बेरियन शब्द स्वयं भी संस्कृत बर्बर शब्द से प्रस्फुटित हुआ है और आर्य प्रजाति का है। आर्य-आर्यन व्युत्पत्ति मूलक अन्य नाम सिमीरियन (Cimmerian) भी है जो Samaritan जाति का ही प्रतीत होता है। ये सभी लोग काला सागर, साइबेरिया, मध्य और पश्चिम एशिया में फैले थे। सम्भव है इन लोगों के आर्यों से युद्ध हुये हों और पराजित होने के बाद ये आर्यों के संग हो गये हों, उनसे जुड़ गये हों अथवा हारने के बाद जगह-जगह सुरक्षा और आवास के लिये विचरण करते रहे हों।

चीनी लोह आवरण डींग और असलियत : एक विवेचन

भारतीय पौराणिक इतिहास के-जिस पर पाश्चात्य और पाश्चात्य मानसिकता के भारतीय विश्वास नहीं करते-आधार पर यह निष्कर्ष निकालना सम्भव है कि पारस (Persia) पर 250 ईसा पूर्व के आस-पास राज्य करने वाले परथियन (Parthians) और ईरान के पहलवी वंशी राजा 'पोलोम' जाति से सम्बन्धित हों और सक-कुषाण तथा सीथियन (Scythians) लोग कालकेय वंशी हों। इसी तरह, किन्नर, यक्ष, गन्धर्व, किंपुरुष वंशियों से भी कई वंश, समुदाय और जातियाँ जुड़ी होंगी जिनके नामों में विकृतियाँ उत्पन्न हो जाने के कारण पता लगना और लगाना कठिन हो गया है। तथापि ज्ञात इतिहास विशेषतः महाभारत के समय चीन में किरात, तुषार अथवा तुखार, तंगण जाति के लोग थे जो मंगोलिया और तिब्बत तथा नेपाल तक फैले हुये थे। नेपाल, दार्जिलिंग, सिक्किम, तिब्बत में कई समुदाय अपने को यक्ष सन्तान मानते है। आज भी उनकी भाषा 'यख' नाम से जानी जाती है। मल वंश के यक्षमल का नाम शायद इसी 'यक्ष' नाम से जुड़ा है। मंगोलियाई और हूण

---

1. Bible-Chap Colossians

इन जातियों के वर्ण संकर हो सकते है। पूर्व और सुदूर पूर्व एशिया (East and far East) के लोग किन्नर, यक्ष, गन्धर्व और किंपुरुष वंशी हो सकते है। काल की गति के साथ प्रवास स्थान, आपसी समिश्रण और व्याह-शादी तथा कुल के किसी विशिष्ट पूर्वज के नाम से विभिन्न जातियों का सृजन होना ज्यादा सम्भव है। साथ ही धार्मिक-आध्यात्मिक आस्थाओं और विश्वासों से भी जातियों का सृजन सम्भव है। नामों की विकृतियों के अलावा विजित और विजेता राजाओं के नाम से भी जातियों का सृजन हुआ। लेकिन जातियों, वंशों के सृजन का मुख्य आधार प्रवास, निवास स्थान और मुख्य वंशज तथा सामाजिक कुल ही रहे है। अमेरिका के लोग भी मुख्यतः प्रवासी ही है। जापानी और कोरियाई स्वयं को सूर्य वंशी कहते है। विश्व के मुख्य समुदाय आर्य-आरिया प्रत्यय या उपसर्ग से ही प्रजनित है। प्राचीन काल से ही पारसी लोग सूर्य और अग्नि के उतने ही बड़े उपासक रहे हैं जितने कि आर्य जन और आज भारतीय।

इतिहासकार यह भी कहते हैं कि दक्षिण एशिया के सक लोग जिन कुठारों या खुकरियों से युद्ध करते थे उनको सगरी (Sagari) कहते थे जो संस्कृत शब्द गर से बना है जिसका अर्थ है स + गर यानी विषैला अर्थात जहर में डुबोया हुआ। इसी तरह इण्डो सिथियन राजा अजेज (Azes) का नाम संस्कृत 'अजेय' से व्युत्पन्न है तथा तीसरी-पाँचवीं शताब्दी के दौरान रोमन राज्य पर आक्रमण करने वाले गोथ (Goths) भी गोत्र यानी रक्त सम्बन्ध से जुड़े हुये थे जिन्होंने समारियन (Samarians) को पराजित किया था जो आरियन प्रत्यय से ही बना है जैसे स्मार्तियन। इण्डो सिथियन राजा अजेज (Azes) के वंशज अमेरिका के अजटेक (Aztec) हो सकते है। कोरिया के बहुत सारे प्राचीन औजारों, उपकरणों, वसूला आदि के साथ कई कलाकृतियों में संस्कृत नाम पाये गये। वहाँ के प्राचीन सिला राज्य का नाम संस्कृत शब्द शिला का ही अर्थक है जोकि पहाड़ी पर बना हुआ था।

ऐसा समझा जाता है कि आर्य सभ्यता का विस्तार मध्य एशिया से ईरान के साथ चीन के उत्तर की उन उपजाऊ वादियों में हुआ जो कि अब सूखी और अनउपजाऊ हो गई है। आर्य सभ्यता, ऐसा माना जाता है कि, कुनलुन पर्वत श्रेणियों से दो दिशाओं में फैली। पहली ह्वांग हो नदी के साथ-साथ उसके बहाव की दिशा की ओर और बाद में यांगत्से कियांग (Yangtse kiang) नदी की घाटियों की ओर। इन दो नदियों के आस-पास आर्यों ने अपने निवास, आवास बनाये तथा कृषि

का विकास किया। इस प्रकार चीन में आर्य सभ्यता उत्तर से उत्तर मध्य तक फैली। हमें वहाँ के पुरातत्त्व के बारे में कुछ ज्यादा मालूम नहीं है, शायद हो भी नहीं सकेगा। चीनी लोह आवरण सही इतिहास का ज्ञान होने ही नहीं देगा। यही स्थिति 1991 से पहले रूस की थी। वैश्वीकरण के वावजूद चीन कोई भी उत्खनन का कार्य करने की रिस्क नहीं ले सकता क्योंकि ऐसा करने से उसको अपनी पोल खुलने का भय है। उसे मालूम है धरती के नीचे क्या छिपा है। चीन को पता है कि आर्य लोग वहाँ के प्रथम आवासी (settlers) थे। सच ये है कि आर्य जन भारत में आने से पहले सुचक्षु यानी गंगा की सुचक्षु धारा का अनुसरण करते हुये चीन गये थे और रिहायस बनाई थी। यही हिमयुगी सुचक्षु आज विभाजित होकर ईरान की ऑक्सस और चीन की ह्वांग हो नदी है। हिमयुग की समाप्ति और भौगोलिक परिवर्तनों के कारण सम्भवतः सुचक्षु नदी की मूल धारा टूट गई और उसकी एक धारा ओक्षस (Oxus) तथा दूसरी 'ह्वांग हो' हो गई और उनका मूल स्रोत भी बदल गया। इतिहासकारों को चीन के पाषाण काल का इतिहास कोई ज्यादा ज्ञात नहीं है लेकिन महाभारत, रामायण और पुराणों के ज्ञाताओं को उसका आभास है।

चीन की प्रारम्भिक सभ्यता का इतिहास भी इतिहासकारों को अपूर्ण रूप से अनुसंधानित मंगोलियाई सभ्यता के चीनी साहित्य से ही मिलता है। ये कहना कि चीन ने अपनी सभ्यता का विकास बिना किसी निर्भरता के सहज रूप से अकस्मात किया सच नहीं है। कई इतिहासकार प्राचीन सुमेरियन सभ्यता से भी चीन की सभ्यता को जोड़ते हैं। ये भूलना भी एक बड़ी चूक होगी कि सुमेरियन सभ्यता भी आर्य सभ्यता का ही अङ्ग थी। लेकिन सुमेर (इराक) से चीन प्रवास में पर्वतों और रेगिस्तान की कई भयंकर बाधायें थी। तरिम घाटी और यूफ्रेट्स नदी (Tarim valley and Euphrates) को पार करना इतना आसान नहीं था अतः सच और सम्भावना यही है कि मध्य एशिया (मध्य जम्बू द्वीप) से ही आर्य लोगों ने सुचक्षु धारा का अनुशरण करते हुये चीन प्रवास किया।

इतिहासकारों को चीन खास तौर से दक्षिण चीन के जाति समुदाय बन्धुत्व (ethnology) और प्राक-ऐतिहासिकता के बारे में बहुत कम ज्ञात हो सका है क्योंकि वहाँ चीनियों का अन्य जातियों जैसे श्यामी (Siamese वर्तमान थाई लेण्ड[1]

1. श्याम से तात्पर्य नीलवर्ण अतिमानव योनियों की प्रजाति के स्थान से भी हो सकता है।

के लोग), कम्बोडियाई (Cambodians), वर्मी (Burmese) तथा श्याम वर्ण एलम (Elam) लोगों-जिन्हें पाश्चात्य द्रविड़ भी कहते हैं एवं मलेसियाइयों से काफी समिश्रण है। पाश्चात्य इतिहासकार चीन की मुख्य एवं आम सभ्यता को मंगोलियन मूल का मानते हैं जिसकी शुरुआत 2000 बीसी के आसपास की मानी जाती है। चीन की आधुनिक सभ्यता का उदय दोनों ओर यानी उत्तर और दक्षिण चीन से हुआ जो कि दोनों के बीच संघर्ष, मिश्रण आदान-प्रदान की लंबी प्रक्रिया का परिणाम है। चीन की प्राचीन सभ्यता उत्तर से विकसित हुई जो आर्य सभ्यता की अङ्ग थी और जिसका विस्तार मध्य एशिया, अल्ताई, मंगोलिया की ओर से हुआ लेकिन कहा जाता है कि आधुनिक सभ्यता के विकास में दक्षिण चीन का ही अधिकांश अंश दान है। पाश्चात्य लेखक-इतिहासकार यहाँ भी राजनीति करने से नहीं चूके। उनके अनुसार दक्षिण चीन की सभ्यता ज्यादा पुरानी है और उत्तर की सभ्यता के विकास में उसका बड़ा योगदान है। इसका कारण साफ दिखता है क्योंकि दक्षिण चीन के अधिकतर लोगों को पाश्चात्य इतिहासकार द्रविड़ मूल का मानते है। इतिहासकर यह भी मानते हैं कि 2330 वर्ष पूर्व सिकंदर (Alexander) के आक्रमण के समय आर्य सभ्यता चीन में विलुप्ति के कगार पर पहुँच रही थी और उत्तरी अफ्रीकी (Hamitic) प्रभाव बढ़ रहा था। यहीं से सम्भवतः जाति कुल परिवर्तन चीन में द्रुत गति से हुआ।

पाश्चात्य दुर्भावना, भारतीय जागृति, आत्म गौरव और भारतीयत्व

पाश्चात्यों की, खास तौर से भारत के प्रति और भारतीय इतिहास की व्याख्या करने के साथ आम तौर पर एशिया के इतिहास के प्रति अपनी दुर्भावनायें और पूर्वाग्रह रहे है। उन्होंने चीन की सभ्यता को भारत से प्राचीन बताया है जो कि सही है क्योकि आर्य जन भारत से पहले चीन गये थे और कृषि कार्य प्रारम्भ किया था लेकिन मानवीय मूल्यों का ज्ञान, सनातन विश्व वन्धुत्व, सृष्टि, ब्रह्माण्ड तथा दर्शन एवं अध्यात्म का जो मन्थन भारत में हुआ वो कहीं नहीं हुआ और यही ज्ञान भारतीजों के लिये अभिशाप बन गया। जितना वो हिंसा से भागे उतना ही हिंसकों ने उन्हें अपनी हिंसा का शिकार बनाया और ज्ञान की ही चेतना ने उन्हें पराजित करवा दिया। उनके 'वसुधैव कुटुम्बकम् दर्शन' ने ही उन्हें चिर काल तक दास बनवा दिया। अज्ञान, ज्ञान पर उसी तरह भारी पड़ता दिखाई दिया जैसे बेमान, ईमान पर, भ्रष्टता नैतिकता पर। लेकिन अन्धकार प्रकाश को कितना ही आच्छादित करना चाहे प्रकाश की एक किरण ही ब्रह्माण्ड के अन्धकार तक को नष्ट कर देती है।

पाण्डव लोग उत्तराखण्ड के गन्धमादन-बदरीवन से ही मध्य एशिया के भ्रमण पर चीन से होते हुए गये थे। कहा जा सकता है कि तिब्बत की जनसंख्या भी किरात, तंगण, तुखार, खस आदि मिश्रित थी। चीन को मध्य एशिया और भारत दोनों के बीच में होने का बहुत बड़ा लाभ मिला। लेकिन यह भी नहीं भूलना चाहिये कि आज जिसे सिल्क रूट (Silk route) कहा जाता है वह आर्यों और पाण्डवों की ही देन है जिसका चीन को बहुत बड़ा व्यापारिक लाभ मिला। इसी मार्ग से मिस्र तक उसका व्यापार होता था। पाण्डवों ने दो मार्गों का अनुसरण किया था। पहला बनवास के समय बदरी यात्रा के दौरान गन्धमादन से मेरू, उत्तरकुरु तक और दूसरा स्वर्गारोहण के समय लेकिन दोनों मार्ग चीन में एक बिन्दु पर भिलते थे। चीन का अर्थ संस्कृत में रेशम होने से अंग्रेजों ने उसका सही नामकरण 'सिल्क रूट' किया, जैसे मध्य जम्बू का सेन्ट्रल एशिया।

इतिहास कितना विरोधाभाषी हो सकता है इसका उदाहरण ये है कि एक तरफ पाश्चात्य इतिहासकार कहते हैं कि मंगोलों ने पहली बार चीन पर करीब दशवीं शताब्दी बीसी में राज्य किया था। दूसरी तरफ कहा जाता है कि चीन की सभ्यता 7-8 हजार ईसवी वर्ष पूर्व की है जो आर्य रिहायसों के साथ प्रारम्भ हुई। चीन की अपनी पुरातन सभ्यता 4000 वर्ष ईसा पूर्व शेंग वंश (Shang Dynasty) की स्थापना के साथ हुई थी जो कि सूर्य वंशी थे क्योंकि वो अपने को देव पुत्र (Son of Heavens) कहते थे। साम्यवादी रूस की तरह चीन का अपने यहाँ खुदाई न करने के पीछे यही भय है कि अगर आर्य सभ्यता मिल गई अथवा रामायण-महाभारत कालीन साक्ष्य मिल गये तो भारत कहीं इसी आधार पर चीन को अपना न बता दे। आज चीन जब चाहे भारत के किसी भी हिस्से को अपना बता देता है।

प्राचीन चीनी ऐतिहासिक साहित्य में उन प्रथम आवासीय उपनिवेशों का जिक्र है जिन्हें इतिहासकारों ने उराल, अल्ताई से आये विदेशियों का बताया है। स्पष्टतः वह आर्य ही थे। 'कासी' आज भी मध्य एशिया की सीमा के पास ही चीन मे स्थित है। तुंग, के अलावा पर्वतों के नाम के साथ शैन (Shan) निःसन्देह संस्कृत शब्द शृंग का अपभ्रंश है जैसे कुन लुन शैन, यिन शैन, वन शैन आदि चीन में इस तरह के कई पर्वत है। माओत्से तुंग में तुंग शुद्ध संस्कृत शब्द है जिसका अर्थ शृंग ही है। इसी भय से तो माओ-त्से-तुंग का नाम बदल कर माओ-जे-डोंग किया गया।

भारतीय पुराणों की तरह ही जल प्लावन की कथा चीन के ऐतिहासिक पुराण साहित्य में भी है। बाँस ग्रन्थों (Books of Bamboo)[1] के अनुसार भयंकर बाढ़ ने चीन के पूरे साम्राज्य को अपने आगोश में ले लिया था। ऊँचे पर्वत तक डूब गये। इस खेल के समाप्त और सामान्य होने में करीब 12 वर्ष लगे। इसी तरह की अवधि भारतीय पुराण शास्त्रों में भी दी गई है।

पाश्चात्यों को चीन के इतिहास के बारे में अधिक पता चल भी नहीं सकता था क्योंकि उन्होंने और उनके पिठ्ठुओं ने महाभारत नहीं पढ़ा, पढ़ा है तो समझा नहीं है। हूण नाम प्राकृत शब्दावली का जन-जात्यर्थक शब्द है। यह असभ्य जंगली जाति मंगोलिया, चीन और तिब्बत तक फैली हुई थी। चीन पर यूनानी आर्य पद्धति का असर काफी दृष्टि गोचर हुआ क्योंकि चीन में यूनान की तरह ही कई नगर या जनपद (city states) बने थे जिन्होंने बाद में स्वयं को स्वतंत्र गणतन्त्र घोषित कर दिया। महाभारत काल तक चीन में एक विखराव की सी स्थिति थी और वह राष्ट्र नहीं बन पाया था।

चीन को अब ये याद दिलाना जरूरी है कि भगवान बुद्ध और कन्फ्यूशियस समकालीन होते हुये भी बुद्ध और उनकी शिक्षाओं ने बुद्ध के 250 वर्ष बाद भी अशोक महान के समय कन्फ्यूशियस दर्शन को पीछे ढकेल दिया और वह स्थिति आज तक बनी हुई है। यही 'वसुधैव कुटुम्बकम' के आर्य दर्शन का प्रभाव है।

अतः भारतीयों को अब यह ज्ञान होना जरूरी है कि वो कोन हैं, उनकी अस्मिता, अस्तित्व और सत्व क्या है। अगर हम अपना मूल नहीं जानते तो हम कभी नहीं जान सकते हम कौन है। इसके लिये इतिहास की खोज न सही, अध्ययन और ज्ञान जरूरी है। साथ ही संविधान को भी शास्त्र (Scripture) की तरह समझना और फिर शस्त्र की तरह सदुपयोग करना भी उतना ही आवश्यक है। यही व्यवस्था परिवर्तन (Transformation) का एक मात्र विकल्प है। यही राष्ट्रीयता का आत्मगौरव पथ है। इन्हीं का सामूहिक परिणाम और रूप सुराज-सुशासन-कायाकल्प (metamorphosis) है और होगा।

अतः बिना अपना ऋत इतिहास जाने और बिना व्यवस्था परिवर्तन के यानी शासन तंत्र, प्रशासन पद्धति और संविधान बदले कुछ होने वाला नहीं है-केवल पछतावा।

❐

जम्बू द्वीप का रेखा चित्र

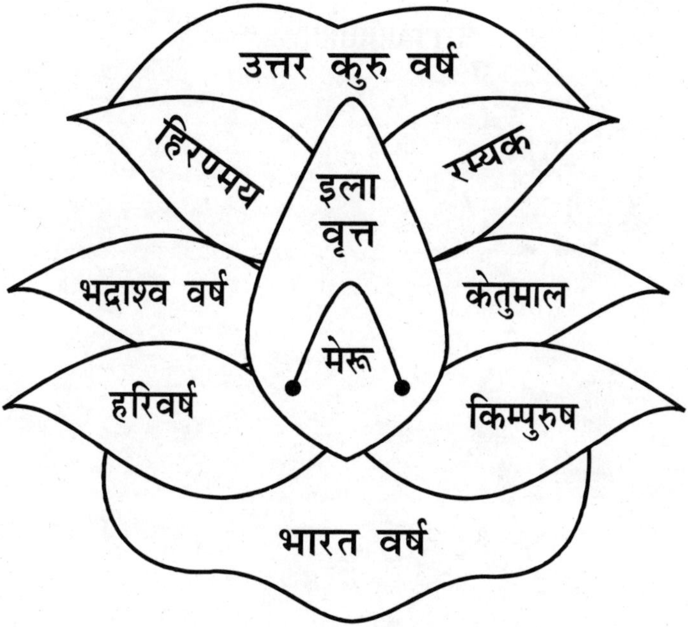

आधारः पुराण एवं मरकेटर

पाण्डवों का स्वर्गारोहण पथ

Map: Deontological location of Meru, Uttarkuru & Uttar Samudra

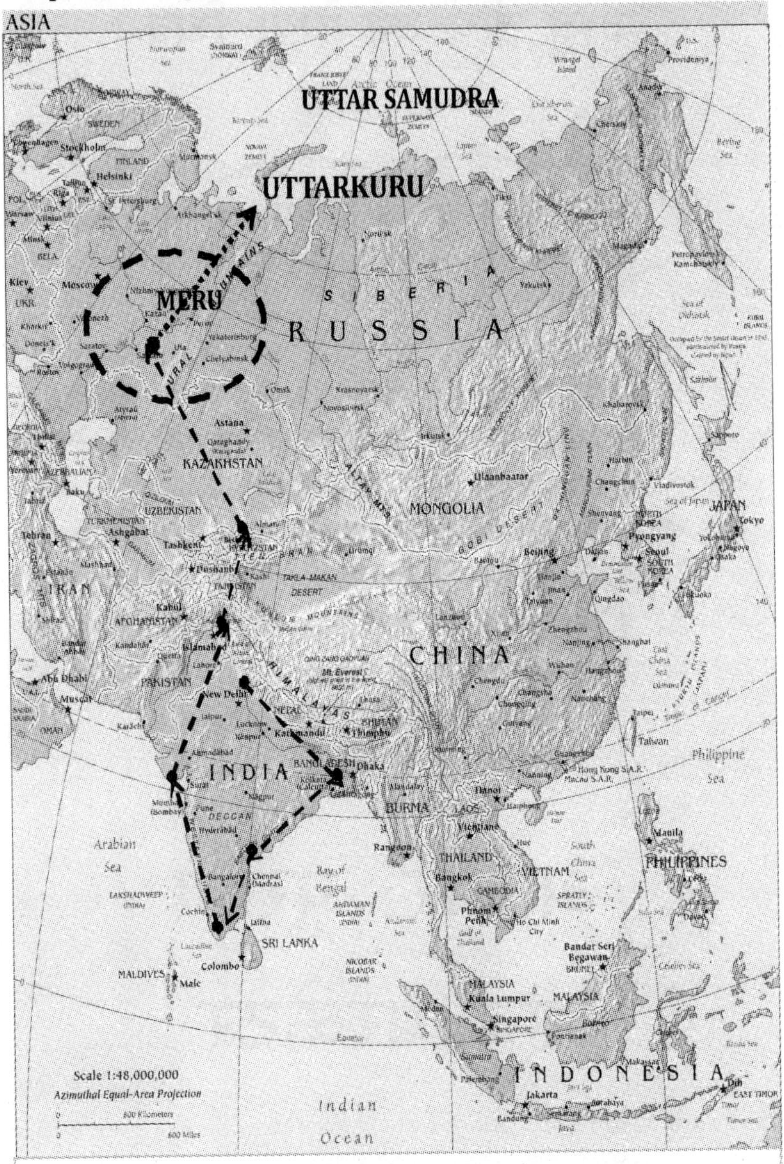

Route followed by Pandavas to their heavenly journey

आधारः म० भारत (महा प्रस्था० पर्व-1-2)

प्राचीन जम्बू द्वीप-आधुनिक रूप

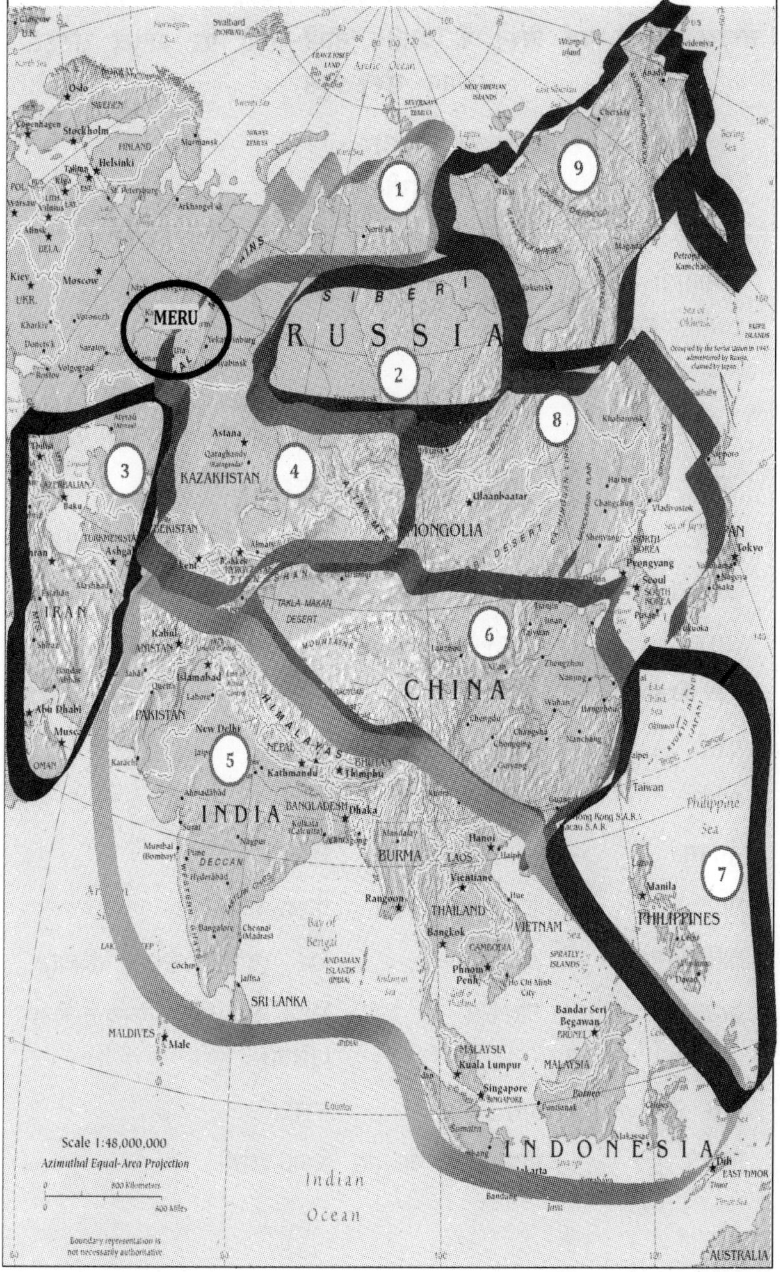

परिशिष्ट

सेन्ट्रल एशिया एवं विश्व के प्राचीन नामों-शब्दों पर प्राकृत संस्कृत प्रभाव संस्कृतमूल

अजरबेजान	-	अदृश्यवेदम, अजर वेदम या अदूरवेदम का अपभ्रंश	(सेन्ट्रल एशिया का देश
अनातोली (अनातोलिया)	-	अनुतुल्य, अतुल्य आर्यतुल्य	टर्की देश (एशिया माइनर)
अर्वतस्प	-	नाम	(अर्मेनिया-पुरातन हयस्थान का राजा)
अहूर	-	असुर	जेण्ड-पारसी
इष्टि	-	ईष्ट	जेण्ड (अवेस्ता, ईरान-पारस)
उपशल्य	-	उपशल्य-उपशाल	(स्थान का नाम स्वीडन-स्वेडन)
उराल	-	अराल-उरु	पर्वत (यूरेशिया सीमा मानदण्ड)
कवि वितस्प	-	नाम	(अर्मेनिया-पुरातन हयस्थान का राजा)
कासी	-	स्थान	चीन
खर्ण	-	स्वर्ण	(जेण्ड-पारसी)
गगनम्	-	नृत्य	चीन
गौ	-	गोचर भूमि मैदान	पारस-जेण्ड
ताजिकिस्तान	-	तालस्थान	देश (वर्तमान सेन्ट्रल एशिया)
ताशकंद	-	तालकेन्द्र	स्थान नाम (ऊजबेकिस्थान-सेन्ट्रल एशिया)
तास	-	दास	रूस
तिष्त्रय	-	तिष्य नक्षत्र या पुष्य	जेण्ड-पारसी

तुर्किस्तान	-	तुरुष्क स्थान	(वर्तमान तुर्कमेनिस्तान सेन्ट्रल एशिया)
तुखारिस्तान	-	तुषारिस्थान	स्थान (रूस-Tokharistan)
तुंग	-	तुंग-शिखर	चीन
तूलि	-	तूल	हवा (फिनलैण्ड)
तेजस्वत	-	तेजस (अग्नि)	(जेण्ड-पारसी)
दाउलोस-दाई	-	दास	यूनान (नेपाल-दाई-प्राजी)
दाह	-	दास	ईरान
दाही	-	दास	लैटिन भाषा
दीवोदुत्ते	-	देवदुहिता	लैटविया
देवास्तिक	-	नाम	(अर्मेनिया-पुरातन हयस्थान का राजा)
पंजिकेंट	-	पंच केन्द्र	स्थान (अर्मेनिया Penjikent)
पर्म	-	परम	रूस
पीताह	-	पिता-पितुः	मिस्त्र (पितामह ब्रह्मा के लिए)
पौरुषस्प	-	पौरुषेय	जरुथुष्ट के पिता का नाम
बलख	-	वाल्हीक	स्थान ईरान-मध्य एसिया
बारबेरियन	-	बर्बर	अंगेजी
बोखरा	-	वैखानस	स्थान सेन्ट्रल एशिया
मरु	-	मेरू	नाम पर्वत (मिस्त्र देश में)
मित्र	-	मित्र	(मित्रावरुण देव-जेण्ड फारसी)
लुहारस्प	-	नाम	राजा (अर्मेनिया-हयस्थान)
वट्टिट	-	वटिका, वटिन, वटी	गोल टोकरी-फिनलैंण्ड
विवंधत	-	वैवश्वत (मनु)	जेण्ड

विसतस्प	-	नाम	(अर्मेनिया-पुरातन हयस्थान का राजा)
वोहुमान	-	बहुमान्य	(जेण्ड-पारसी)
शखारिस्तान	-	शक्तिस्थान	स्थान का नाम (Shokharistan)
शत	-	शतम्	फिनलैण्ड
शैंन	-	श्रृंग	पर्वत शिखर (चीन)
सकेस्तान	-	सक स्थान	एशिया
स्तान	-	स्थान	तदैव
समरकंद	-	समर केन्द्र	स्थान नाम (सेन्ट्रल एशिया)
सिरदर्या	-	सैलोदा	नदी (उज़्बेकिस्तान)
सिस्तान	-	श्रीस्थान	देश (गल्फ क्षेत्र)
स्वोमी	-	सोमिन	भाषा (फिनलैण्ड)
सुतोसा	-	नाम	(अर्मेनिया-पुरातन हयस्थान की रानी)
श्रुतो	-	श्रुत-विश्रृत	जेण्ड
हप्तांग	-	सप्तांग	जेण्ड
हमा	-	समाः (वर्ष)	वेद में आदि-आदि।

परिशिष्ट–1

एशिया एवं विश्व भाषा पर आर्य संस्कृत प्रभाव (तत्सम शब्द)

संस्कृत	फारसी-जेण्ड	अंग्रेजी	रूसी	अन्य
1. अवेक्षा	अवेस्ता शास्त्र			
2. इष्ट-इष्टि	इष्टि	–	–	–
3. अराल-उरु		Ural	उराल	
4. इन्द्र	इन-दार			
5. गिरि				कंग्री चीन
6. गगनम्	–	–	–	नृत्य-चीन
7. गाथा	गाथा			
8. गौ	गौ (गोचर भूमि)			
9. गिरि				ग्री-चीन
10. तिष्य-पुष्य	तिष्त्रय			
11. तुंग		(शिखर)		तुंग-चीन
12. तेजस्	तेजस्वत			
13. तूल				तूलि-फिनलैंड
14. दास	दाह		तास	दाई-यूनान
15. दास	दाही (लैटिन)			दाउलोस (भी) यूनान
16. देवदुहिता				दीवोदुत्ते-लैटविया
17. परम			पर्म	
18. पिता			पीताह (पितामह)-मिश्र-मिस्त्र	
19. बर्बर		Barbarian		
20. मरुत	मर्तषस			
21. मित्र	मित्र-मिइतर			
22. वटिका-वटिन			वट्टी (फिनलेण्ड)	

23. बहु	वोहु		
24. बहुमान्य	वोहुमान		
25. मातृ	मादर	मात	रूसी
26. शत	-	-	शत फिनलैण्ड
27. श्रृंग	-	-	शैन-श्येंन (चीन)
28. श्रुत-विद्युत	श्रुतो		
29. सप्तांग	हप्तांग		
30. सरस्वती	हुराहवती		
31. समाः (वर्ष)	हमा		
32. सूर्य	सुरिअस		
33. सोमन्-सोमिन्			स्वोमी फिनलैंड (भाषा)
34. स्वर्ण	खर्ण		
35. क्षत्र	क्षत्र (क्षत्रिय, शासन, वीरत्व)		

नोट : अन्य उदाहरण पुस्तक में यत्र तत्र दिए गये हैं।

'तिब्बत नाम भी पौराणिक ''त्रिविष्टप अथवा 'त्रिविष्टप पुरी का ही अपभ्रंश है जिसका अर्थ है-इन्द्र लोक

परिशिष्ट-2

एशिया एवं विश्व के स्थानों के नामों पर आर्य संस्कृत प्रभाव

- अदृश्य वेदम्/अजर वेदम् = अजरवेजान (सेंट्रल एशिया देश)
- आर्य तुल्य/अतुल्य/अनुतुल्य = अनातोली-अनातोलिया (टर्की)
- उपशाल = उपशल्य स्थान (स्वीडन-स्वेडन)-यूरोप-एशिया सीमा विभाजक
- अराल-उरु (मेरु) = उराल (पर्वत-यूरेशिया)
- कासी = काशी (स्थान-चीन)
- तालस्थान = तजाकिस्तान (देश-सेन्ट्रल एशिया)
- ताल केन्द्र = ताशकंद (नृत्य संगीत वाद्य केन्द्र अथवा ताड़ वृक्षों से भरा)
- तुरुष्क = तुर्किस्तान वर्तमान तर्कमेनिस्तान (सेंट्रल एशिया)
- तुषारिस्थान = तुखारिस्तान (Tokharistan) (एशिया)
- पंच केन्द्र = पंजिकेंट Penjikent स्थान-अर्मेनिया
- वाल्हीक = बलख (स्थान) (एशिया)
- वैखानस = बोखरा (सेंट्रल एशिया)
- मेरु = मरु (पर्वत)
- शक्तिस्थान = शरवारिस्तान (एशिया)
- शकस्थान-सकस्थान = सकेस्तान (एशिया)
- शैलोदा (सलोद) नदी = सिरदर्या-कजाकिस्तान
- समरकेन्द्र = समरकंद-स्थान (सेंट्रल एशिया)
- श्रीस्थान = सिस्तान (एशिया)

नोट : अन्य उदाहरण पुस्तक में यत्र तत्र दिये गये हैं।

'तिब्बत नाम भी पौराणिक ''त्रिविष्टप अथवा 'त्रिविष्टप पुरी का ही अपभ्रंश है जिसका अर्थ है-इन्द्र लोक

परिशिष्ट-3

एशिया और विश्व के मानवीय नामों पर आर्य संस्कृत प्रभाव

1. अर्वतस्प = पुरातन हयस्थान वर्तमान अर्मेनिया का राजा

2. असुर वर्णपाल = प्राचीन राजा अहूर बनि पाल (सीरिया ७०० बी सी)

3. आहूर (मज्द) = आह्वनम्, आहवनीय, अहत, अनाहत (जेण्ड धर्म के ब्रह्म)

4. ऊँ नम् = प्राचीन राजा (सुमेर = ईराक-सीरिया

5. कवि वितस्प = अर्मेनिया (हयस्थान) के राजा

6. देवास्तिक = अर्मेनिया के प्राचीन राजा

7. नरम सिन = नरसिंह, नरसिम्हा (प्राचीन राजा-पारस देश)

8. निमरोद = प्राचीन राजा (सुमेर = ईराक-सीरिया)

9. Nebuchadnezzar II 630?7562 BC कल्दी राजा नवल या नव चन्द्र

10. पतेशी = प्राचीन अकेडियन राजा (मेसुपुटेमिया-ईराक)

11. पी ताह = पितामह ब्रह्मा (मिस्त्र) Ptah

12. पौरुषस्प = पारस (जेण्ड संत जरुथुष्ट जी के पिता का नाम)

13. मनेस = मनु-मिस्त्र के आदि पितर (विधि प्रणेता)

14. लुहारस्प = अर्मेनिया के राजा

15. विवंघत = वैवश्वत (मनु) जेण्ड शास्त्र

16. विसतस्प = राजा (अर्मेनिया)

17. सुतोषा = अर्मेनिया की रानी

नोट : अन्य उदाहरण पुस्तक में यत्र तत्र दिये गये हैं।

परिशिष्ट–4

आदिकाल में जम्बूद्वीप से अलास्का मार्ग से अमेरिका प्रवासित वर्तमान आर्य जातियाँ

1. Aymara-An indigenous people and language of South America
2. Arawak-widespread group of Amerindians (American Indian) living in northerstern South Amercia
3. Aztecs-A member of the Nahuatl people who established an empire in Mexico that was overthrown by Cortes in 1519
4. Gypsy-Gipsy-Roma-Romani Romas-A member of people with dark skin and hair who speak Romany and who traditionally live by seasonal work and fortunetelling; they are belived to have originated in northern India but now are living on all continents (but mostly in Europe, North Africa, and North America
5. Incas-(Inkas) - A member of the Quechuan (Quechua) people living in the Cuzco valley in Peru, created an empire that lasted form about 1100 until the Spanish conquest in the early 1530s
6. Iroquois-North American Indian languages spoken by the Iroquosi. Any members of the warlike North American India peoples.
7. Kusan-North American Indian people of Oregon
8. Maya-A member of an American Indian people of Yucatan and Belize and Gautemala who had culture characterised by outstanding architecture and pottery and astronomy accuracy of calender (अमेरिका में प्रवास करने वाले आदि आर्य मूल के लोग)
9. Nahuatal-The Uto-Aztecan language spokebn by the Nahual. Indian peoples of central Mexico

10. Penutian-North American Indian people speaking one of the Penutian languages family of Ameriandian (Indo-American) spoken in the great interior valley of California

11. Quechua-Quechuan: A community of South American Indians in Peru who were formely the ruling class of the Incan Empre. Speaking Kechuan language

12. Romas-जिप्सी speak Romany and traditionally live by seasonal work, they are believed to have originated in northern **India** but now living on all continents (but mostly) in Eurpope, North Africa and North America रमण-भ्रमणशील

13. Shasta-Indian people of northern California and southern Oregon इसी नाम का वहाँ पर्वत भी है।

14. Uto-Aztecan-A family American Indian languages

Note : There are many others. Therefore Americans are not originals of America.